UPPSC RO/ARO

प्रारंभिक परीक्षा

नवीनतम संस्करण

अभ्यास किट

16 टेस्ट्स

16 मॉक टेस्ट्स

वास्तविक परीक्षा प्रारूप पर आधारित टेस्ट

✓ पूर्णतः संशोधित और अद्यतन

✓ सभी बहुविकल्पीय प्रश्नो का विस्तृत विश्लेषण

शीर्षक : UPPSC RO/ARO प्रारंभिक परीक्षा
लेखक का नाम : Mr. Rohit Manglik
प्रकाशक : EduGorilla Community Pvt. Ltd.
प्रकाशक का पता : 12/651 प्रथम तल, अरविन्दो पार्क के सामने, निकट जामा मस्जिद, इंदिरा नगर लखनऊ, उत्तर प्रदेश, 226016, भारत।

कॉपीराइट EduGorilla

ISBN : 978-93-90893-84-3
द्वितीय संस्करण

अस्वीकरण EduGorilla

Compiled and created by EduGorilla Community Pvt. Ltd

EduGorilla Community Pvt. Ltd. द्वारा मुद्रित

रोहित मांगलिक
सीईओ, EduGorilla

प्रिय छात्रों,

एक बहुत ही प्रचलित कहावत है कि "सफलता उन्हीं को मिलती है जो उसके लिए कड़ी मेहनत करते हैं।" लेकिन मैंने लोगों को उनकी परीक्षाओं के लिए दिन-रात एक करके मेहनत करते हुए देखा है, पर फिर भी वे सफल नहीं हो पाते। तो वहीं दूसरी ओर, कुछ लोग बस आधी मेहनत करके परीक्षा में सफलता प्राप्त करते हैं। तो, क्या वे किस्मत वाले हैं? नहीं मेरा मानना है, कि ऐसा इसलिए है क्योंकि वे सिर्फ कड़ी नहीं बल्कि कुशल तरीके से अपनी तैयारी करते हैं। इसी तरह आपको भी अपनी परीक्षाओं की तैयारी के लिए अपनी योजना बनानी चाहिए, ताकि आपकी भी सफलता की संभावना बढ़ सके। तो तैयार हो जाइये EduGorilla के साथ अपनी परीक्षा में चयन होने की संभावना को 16 गुना बढ़ाने के लिए।

EduGorilla आपको न केवल कड़ी मेहनत करने में मदद करता है, बल्कि एक स्मार्ट और योजनाबद्ध तरीके से तैयारी करने में भी सहायता प्रदान करता है। EduGorilla की तैयारी पैकेज के साथ आप अपने परीक्षा में चयन होने के रास्ते को सहज और मनोरंजक बना सकते हैं। अपनी तैयारी के लिए सही रास्ता खोजना मुश्किल हो सकता है, यदि आप ये नहीं जानते कि आपको किस दिशा में जाना है। चिंता न करें हम आपके साथ खड़े हैं! EduGorilla आपकी सफलता में आपका मार्गदर्शक बनेगा। हमारे तैयारी पैकेज के साथ आप रणनीतिक रूप से तैयारी कर, अपनी परीक्षा में सिर्फ एक ही प्रयास में सफल हो सकते हैं।

EduGorilla के तैयारी पैकेज में शामिल हैं-

- टेस्ट सीरीज़
- किताबें

हमारे तैयारी पैकेज को सभी तरह के नये बदलवों, विशेषज्ञों की राय एवं छात्रों के प्रतिक्रिया के अनुसार तैयार किया गया है। जो आपको परीक्षा के प्रत्येक चरण की चयन प्रक्रिया को पार करने के योग्य बनाता है।

हमारी किताबें शिक्षकों और विशेषज्ञों द्वारा आपकी परीक्षा के लिए तैयार की गई हैं, 150+ वर्षों के अनुभव के साथ; ताकि आपको आसान, कुशल और प्रभावी शिक्षण प्रदान किया जा सके। हमारी स्मार्ट किताबें न सिर्फ आपको प्रश्नों के उत्तर देने की समझ देती हैं, अपितु आपके अभ्यास के लिए समान रूप के प्रश्न भी प्रदान करती हैं।

EduGorilla की सक्षम टेस्ट सीरीज आपको वास्तविक अनुभव और आत्मविश्वास प्रदान करती हैं, जिसके माध्यम से आप केवल एक प्रयास में अपनी ऑफलाइन अथवा ऑनलाइन परीक्षा पास कर सकते हैं। वर्तमान में हम 83,000+ मॉक टेस्ट्स और 1,440+ प्रतियोगी एवं शैक्षणिक परीक्षाओं की तैयारी कराते हैं।

अर्थात, EduGorilla आपकी तैयारी में आपकी सहायता करने का कोई भी मौका नहीं छोड़ता है और परीक्षा के सभी चरणों को कवर करता है, ताकि परीक्षा की तैयारी के लिए आपको कहीं और भटकना ना पड़े।

हम आपको डिफेन्स, बैंकिंग, टीचिंग और अन्य राष्ट्रीय एवं राज्य स्तरीय परीक्षाओं के लिए सम्पूर्ण तैयारी पैकेज प्रदान करते हैं। अतः इससे कोई फर्क नहीं पड़ता कि आप किस परीक्षा के लिए तैयारी कर रहे हैं, क्योंकि आप सफलता हासिल करेंगे।

आपको परीक्षा की शुभकामनाएं!

रोहित मांगलिक,
संस्थापक और मुख्य कार्यकारी अधिकारी, EduGorilla

संपादक की कलम से

प्रस्तावना

EduGorilla छात्रों को उनकी परीक्षा में सफल होने के लिए मार्गदर्शन प्रदान करता है। जिसको ध्यान में रखते हुए हमारे कुल 150+ वर्षों का अनुभव रखने वाले प्रतिष्ठित विशेषज्ञों ने कड़े प्रयासों के द्वारा "UPPSC RO/ARO : प्रारंभिक परीक्षा" को तैयार किया है। इस किताब के प्रश्नों को हाल ही में परीक्षा के पाठ्यक्रम और पैटर्न में हुए सभी बदलावों को ध्यान में रखकर बनाया गया है। वो प्रश्न जिनकी UPPSC RO/ARO परीक्षा में आने कि संभवना काफी प्रबल है, उनको इस किताब मे रखा गया है। आप EduGorilla की "UPPSC RO/ARO : प्रारंभिक परीक्षा" के माध्यम से अपनी सफलता की संभावना को 16 गुना बढ़ा सकते हैं।

EduGorilla ये अपनी संपूर्ण तैयारी पैकेज के माध्यम से साकार करता है। इस किट में आपको प्रश्न अच्छी तरह अवधारित एवं संरचित रूप मे मिलेंगे जिन्हे आपकी जरूरतों के अनुसार बनाया गया है। इसके माध्यम से आपको स्मार्ट तरीके से परीक्षा के लिए अभ्यास करने में मदद मिलेगी। साथ ही आपको सहायक, समाधान और स्मार्ट उत्तर पत्रिका भी प्रदान की जायेंगी। जिससे आप अपना मूल्यांकन स्वयं कर सकते हैं। आप स्वयं की समीक्षा कर, उन सभी बिन्दुओं पर खुद को बेहतर तरीके से तैयार कर सकते हैं।

EduGorilla आपको अपनी परीक्षा में सफ़लता दिलाने और आपके लक्ष्य को हासिल करने में आपकी सहायता करने का वादा करता हैं। हम अपने प्रतिभागियों पर पूरा भरोसा करते हैं और उन्हें मेरिट सूची के शीर्ष पर देखते हैं। शीर्ष स्थान की ओर आपका पहला कदम है हमारे साथ तैयारी शुरू करना। EduGorilla की "UPPSC RO/ARO : प्रारंभिक परीक्षा" की विशेषताएं कुछ इस प्रकार हैं।

➤ अच्छी तरह से शोध किया हुआ पाठ्यक्रम

➤ उच्च गुणवत्ता

➤ विस्तृत उत्तर और विश्लेषण

➤ स्मार्ट उत्तर पत्रिका

➤ परीक्षा सुसंगत प्रश्न

इस प्रकार EduGorilla आपकी तैयारी को मजबूत और आपको परीक्षा में सफल होने के योग्य बनाता है।

UPPSC RO/ARO
परीक्षा की योग्यता, परीक्षा पैटर्न, विषय को जानने के लिए QR कोड को स्कैन करें।

Book ID: 0738

विषय-सूची

सामान्य अध्ययन (पेपर-I) : मॉक टेस्ट 01

Q.1 कारगिल विजय दिवस कब मनाया जाता है?
A. 26 मार्च **B.** 26 मई
C. 26 जुलाई **D.** 26 सितम्बर

Q.2 सिमलीपाल वन्यजीव अभयारण्य निम्नलिखित में से किस राज्य में स्थित है?
A. मेघालय **B.** ओडिशा
C. कर्नाटक **D.** हिमाचल प्रदेश

Q.3 ऐरोसॉल का उदाहरण है?
A. दूध **B.** नदी का जल
C. धुआँ **D.** रुधिर

Q.4 टीपू सुल्तान ने अंग्रेज़ों के साथ युद्ध करते हुए कब वीरगति प्राप्त की?
A. 1857 ई. **B.** 1793 ई. **C.** 1799 ई. **D.** 1769 ई.

Q.5 बुद्ध में वैराग्य भावना किन चार दृश्यों के कारण बलवती हुई?
A. बूढ़ा, रोगी, मृतक, संन्यासी
B. अन्धा, रोगी, लाश, संन्यासी
C. लंगड़ा, रोगी, लाश, संन्यासी
D. युवा, रोगी, लाश, संन्यासी

Q.6 'विधवा विवाह मण्डल' समिति की स्थापना की थी:
A. गोपाल कृष्ण गोखले
B. वी. डी. सावरकर
C. एम. जी. रानाडे
D. स्वामी सहजानंद सरस्वती

Q.7 निम्नलिखित में से सबसे प्राचीन राजवंश कौन सा है?
A. मौर्य वंश **B.** गुप्त वंश **C.** कुषाण वंश **D.** कण्व वंश

Q.8 अशोक के शिलालेखों को पढ़ने वाला प्रथम अंग्रेज़ कौन था?
A. कर्नल टॉड **B.** जेम्स प्रिंसेप
C. हेमचंद्र रायचौधरी **D.** चार्ल्स मैटकॉफ़

Q.9 महावीर ने 'जैन संघ' की स्थापना कहाँ की थी?
A. कुण्डग्राम **B.** वैशाली **C.** पावापुरी **D.** वाराणसी

Q.10 वैदिक कालीन लोगों ने सर्वप्रथम किस धातु का प्रयोग किया?
A. लोहा **B.** कांसा **C.** ताँबा **D.** सोना

Q.11 हल सम्बन्धी अनुष्ठान का पहला व्याख्यात्मक वर्णन कहाँ से मिला है?
A. गोपथ ब्राह्मण में **B.** ऐतरेय ब्राह्मण में
C. पंचविंश ब्राह्मण में **D.** शतपथ ब्राह्मण में

Q.12 किस वेद की रचना गद्य एवं पद्य दोनों में की गई है?
A. ऋग्वेद **B.** सामवेद **C.** यजुर्वेद **D.** अथर्ववेद

Q.13 किस विदेशी दूत ने अपने को 'भागवत' घोषित किया था?
A. मेगस्थनीज़ **B.** हेलिओडोरस
C. प्लूटार्क **D.** उपर्युक्त में से कोई नहीं

Q.14 कुजबास प्रदेश में लोहा इस्पात उद्योग के व्यापक रूप से संकेन्द्रित होने के क्या कारण हैं?
A. लौह अयस्क की उपलब्धता
B. कोयला की उपलब्धता
C. स्थानीय बाज़ार की सुविधा
D. स्थानीय श्रम शक्ति की आपूर्ति

Q.15 प्रथमतः सौरमण्डल के बारे में विश्व के समक्ष जानकारी प्रस्तुत करने का श्रेय निम्न में से किस विद्वान को है?
A. गैलीलियो गैलिली **B.** कॉपरनिकस
C. स्ट्रैबो **D.** कैपलर

Q.16 भूगोल को एक अलग अध्ययन शास्त्र के रूप में स्थापित करने का श्रेय निम्न में से किस विद्वान् को है?
A. इरैटोस्थनीज **B.** हिप्पार्कस
C. हेरोडोटस **D.** हिकैटियस

Q.17 भूमध्य सागरीय जलवायु निम्न में से किस फ़सल की कृषि के लिए सर्वाधिक उपयुक्त है?
A. चावल **B.** फल **C.** गेहूँ **D.** दालें

Q.18 रिहन्द बाँध किस नदी की सहायक नदी पर बनाया गया है?
A. चम्बल **B.** सोन **C.** यमुना **D.** पेरियार

Q.19 व्यापारिक रूप से मत्स्य पालन का व्यवसाय किस नाम से जाना जाता है?
A. विटीकल्चर **B.** सेरीकल्चर
C. एपीकल्चर **D.** पिसीकल्चर

Q.20 'मॅरीकल्चर' में किसका उत्पादन किया जाता है?
A. वृक्ष तथा झाड़ियाँ **B.** समुद्री जीव
C. फूल **D.** मधुमक्खियाँ

Q.21 सेलेबीस सागर कहाँ है?
A. प्रशान्त महासागर **B.** अटलांटिक महासागर
C. आर्कटिक महासागर **D.** दक्षिण महासागर

Q.22 निम्नलिखित में से कौन सी चट्टान अवसादी चट्टान का उदाहरण है?
[UPTET Social Studies, 2022]
A. स्लेट **B.** संगमरमर **C.** शेल **D.** ग्रेनाइट

Q.23 निम्नलिखित में से कौन सा बादल अत्यधिक तीव्र वर्षा के लिए उत्तरदायी होता है?
A. कपासी **B.** कपासी-वर्षी
C. वर्षा-स्तरी **D.** पक्षाभ-स्तरी

Q.24 ब्राज़ील की मुद्रा का नाम क्या है?
A. ब्राजीलियन रिंग्गित **B.** ब्राजीलियन रियल
C. ब्राजीलियन रैंड **D.** ब्राजीलियन पेसो

Q.25 निम्नलिखित में से कौन सा लोक नृत्य पंजाब से संबंधित है?
A. गिद्दा नृत्य **B.** अकिरी नृत्य
C. मोनीयो अशो **D.** लूर नृत्य

Q.26 हड़प्पा किस नदी के तट पर स्थित था?
A. लूनी **B.** भोगवा **C.** सिंधु **D.** रावी

Q.27 हड़प्पा की मुहरें ज्यादातर _______ की बनी थीं।
A. सिलखड़ी **B.** लाल बलुआ पत्थर
C. टेराकोटा **D.** हाथीदाँत

Q.28 निम्नलिखित में से कौन सा राज्य भारत में लौह अयस्क का सबसे बड़ा उत्पादक है?

A. छत्तीसगढ़ **B.** झारखण्ड **C.** ओडिशा **D.** मध्य प्रदेश

Q.29 शतपथ ब्राह्मण और तैत्रिय ब्राह्मण ______के ब्राह्मण मूलपाठ हैं।

A. सामवेद **B.** अथर्ववेद **C.** ऋग्वेद **D.** यजुर्वेद

Q.30 बाबर ने 1529 में किस नदी के किनारे मुहम्मद लोदी को हराया ?

A. गंगा **B.** सतलुज **C.** घाघरा **D.** सरस्वती

Q.31 'भारत छोड़ो आंदोलन' कब शुरू किया गया था?

A. अगस्त 1942 **B.** अप्रैल 1919
C. अक्टूबर 1905 **D.** फरवरी 1928

Q.32 1924 में भारतीय राष्ट्रीय कांग्रेस के बेलगाम सत्र की अध्यक्षता किसने की?

A. मौलाना अब्दुल कलाम आज़ाद
B. मदन मोहन मालवीय
C. मोहनदास करमचंद गाँधी
D. सुभाष चंद्र बोस

Q.33 ब्रिटिश संसद के सदस्य के रूप में पहला भारतीय किसे चुना गया था?

A. आर. सी. दत्त **B.** दादाभाई नौरोजी
C. राममोहन राय **D.** मेघनाद देसाई

Q.34 भारतीय संविधान में 9वीं अनुसूची परिवर्तित हुई:

A. 42 वें संशोधन द्वारा **B.** नौवें संशोधन द्वारा
C. आठवें संशोधन द्वारा **D.** प्रथम संशोधन द्वारा

Q.35 भारतीय संविधान के किस अनुच्छेद के तहत राष्ट्रपति पर महाभियोग लगाया जा सकता है?

A. अनुच्छेद 61 **B.** अनुच्छेद 63
C. अनुच्छेद 54 **D.** अनुच्छेद 64

Q.36 विश्व बैंक की स्थापना किस वर्ष हुई थी?

A. 1944 **B.** 1945 **C.** 1946 **D.** 1947

Q.37 भारत के राष्ट्रपति द्वारा राज्यसभा के कितने सदस्यों को नामित किया जा सकता है?

A. 12 सदस्यों **B.** 10 सदस्यों
C. 14 सदस्यों **D.** 16 सदस्यों

Q.38 'धर्मनिरपेक्ष' और 'समाजवादी' शब्द को संविधान के प्रस्तावना में _______ के द्वारा जोड़ा गया।

A. 28वे संशोधन **B.** 42वे संशोधन
C. 43वे संशोधन **D.** 44वे संशोधन

Q.39 भारत का संविधान भारत को किस रूप में वर्णित करता है?

A. एक संघ राज्य
B. अर्ध संघीय
C. राज्य और केंद्र शासित प्रदेशों का एक महासंघ
D. एक एकात्मक राज्य

Q.40 भारत के संविधान को अपनाया गया था :

A. 26 जनवरी 1950 **B.** 26 जनवरी 1949
C. 26 नवंबर 1949 **D.** 31 दिसंबर 1949

Q.41 निम्नलिखित में से कौन सा भारतीय संविधान की प्रस्तावना का हिस्सा नहीं है?

A. समाजवाद **B.** लोकतंत्रीय
C. धर्मनिरपेक्षता **D.** संघवाद

Q.42 भारत के मुख्य न्यायाधीश की नियुक्ति कौन करता है?

A. सर्वोच्च न्यायालय और उच्च न्यायालय के न्यायाधीश
B. भारत के राष्ट्रपति
C. सर्वोच्च न्यायालय और उच्च न्यायालय के वरिष्ठ न्यायाधीशों के परामर्श से भारत के राष्ट्रपति
D. सर्वोच्च न्यायालय के वरिष्ठ न्यायाधीशों के परामर्श से भारत के राष्ट्रपति

Q.43 निम्नलिखित में से किस राज्य में द्विसदनीय विधायिका नहीं है?

A. बिहार **B.** उत्तर प्रदेश
C. मध्य प्रदेश **D.** महाराष्ट्र

Q.44 संविधान की 7वीं अनुसूची के तहत, 'शिक्षा' विषय किस सूची के अंतर्गत आता है?

A. राज्य सूची **B.** उप सूची
C. संघ सूची **D.** समवर्ती सूची

Q.45 नीति (NITI) का पूर्ण रूप क्या है?

A. नेशनल इंटरनल ट्रेड इन्फॉर्मेशन
B. नेशनल इंस्टीट्यूशन फॉर ट्रांसफॉर्मिंग इंडिया
C. नेशनल इंटीग्रेटेड ट्रीटी इंस्टीट्यूट
D. नेशनल इंट्लेक्चुअल ट्रेनिंग इंस्टीट्यूट

Q.46 मौद्रिक नीति किसके द्वारा लागू की जाती है ?

A. भारतीय रिजर्व बैंक **B.** भारतीय स्टेट बैंक
C. पंजाब नेशनल बैंक **D.** भारत सरकार

Q.47 सूक्ष्मअर्थशास्त्र में निम्न का अध्ययन शामिल है:

A. जीडीपी **B.** बेरोजगारी दर
C. अंतर्राष्ट्रीय व्यापार **D.** उपरोक्त सभी

Q.48 सकल राष्ट्रीय उत्पाद में शामिल हैं -

A. घरेलू उत्पादन
B. विदेशी उत्पादन
C. घरेलू व विदेशी उत्पादन दोनों
D. उपरोक्त में से कोई नहीं

Q.49 मंदी को परिभाषित किया जा सकता है -

A. आर्थिक गतिविधियों में गिरावट
B. आर्थिक गतिविधियों में वृद्धि
C. अर्थव्यवस्था में अपरिवर्तनशील स्थिति
D. उपरोक्त में से कोई नहीं

Q.50 भारत में कौन सा राज्य है जो सबसे अधिक मात्रा में केसर का उत्पादन करता है?

A. असम **B.** हिमाचल प्रदेश
C. जम्मू और कश्मीर **D.** मेघालय

Q.51 वस्तु एवं सेवा कर (जीएसटी) में निम्नलिखित में से कौन सा कर शामिल नहीं है?

A. उत्पाद शुल्क **B.** सीमा शुल्क
C. मूल्य वर्धित कर **D.** सेवा कर

Q.52 एक "बंद अर्थव्यवस्था" वह अर्थव्यवस्था है जिसमें _____________।

A. पैसे की आपूर्ति पूरी तरह से नियंत्रित होती है
B. न निर्यात होता और न ही आयात
C. केवल निर्यात होता है
D. घाटे की वित्त व्यवस्था होती है

Q.53 निम्नलिखित में से कौन सा आर्थिक अधिकार है?

A. संपत्ति का अधिकार **B.** अनुबंध का अधिकार

C. शिक्षा का अधिकार D. रोजगार का अधिकार

Q.54 निम्नलिखित में से कौन सा अप्रत्यक्ष कर नहीं है?

A. आयकर B. सीमा शुल्क
C. उत्पाद शुल्क D. वैट

Q.55 राष्ट्रीय आय को निर्धारित करने वाले पहले व्यक्ति कौन थे?

A. डॉ भीम राव अम्बेडकर
B. सरदार वल्लभ भाई पटेल
C. दादाभाई नौरोजी
D. प्रशान्त चन्द्र महालनोबिस

Q.56 _____ भारत में सभी औद्योगिक उत्पादों के लिए गुणवत्ता का प्रतीक है।

A. एगमार्क B. आईएसआई
C. एफपीओ D. इकोमार्क

Q.57 भारत में बजट का राजस्व अनुमान निम्न द्वारा तैयार किया जाता है:

A. केंद्रीय प्रत्यक्ष कर बोर्ड B. कैबिनेट सचिवालय
C. संबंधित आयोगों D. वित्त मंत्रालय

Q.58 मणिपुर का शास्त्रीय नृत्य कौन सा है?

A. रास लीला B. बिहु
C. झूमर नृत्य D. सत्रिया नृत्य

Q.59 विश्व उपभोक्ता अधिकार दिवस कब मनाया जाता है?

A. 15 मार्च B. 18 अप्रैल
C. 27 सितंबर D. 10 दिसंबर

Q.60 मिजोरम के पारंपरिक बांस नृत्य को क्या कहा जाता है?

A. थांग टा B. मांच C. चेरव नृत्य D. याक चाम

Q.61 निम्नलिखित में से किस घटना की प्रतिक्रिया के रूप में भारत छोड़ो आंदोलन शुरू किया गया था?

A. साइमन कमीशन B. क्रिप्स मिशन
C. वेवेल योजना D. कैबिनेट मिशन योजना

Q.62 मनसबदारी प्रणाली का परिचय किस मुगल सम्राट ने दिया था?

A. अकबर B. जहांगीर C. शाहजहाँ D. औरंगजेब

Q.63 आर्य समाज की स्थापना कहाँ और कब हुई थी?

A. मुंबई, 1875 B. लाहौर, 1875
C. आगरा, 1885 D. मुंबई, 1885

Q.64 त्रिपिटक __________ का पवित्र ग्रन्थ है।

A. जैन B. हिन्दू C. पारसी D. बौद्ध

Q.65 हरित क्रांति सबसे सफल रही है:

A. गेंहू B. बाजरा C. ग्राम D. मक्का

Q.66 उस योजना का नाम क्या है जो देश के शहरी स्ट्रीट वेंडर्स को प्रति वर्ष 10,000 रुपये की कार्यशील पूंजी की सुविधा प्रदान करती है?

A. प्रधानमंत्री स्वनिधि योजना
B. अन्त्योदय अन्न योजना
C. प्रधानमंत्री रोजगार योजना
D. प्रधानमंत्री फसल बीमा योजना

Q.67 भारत में माल और सेवा कर लागू किया गया :

A. 1-जुलाई-2016 B. 1-जुलाई-2017
C. 1-अगस्त-2017 D. 1-सितम्बर-2017

Q.68 माल और सेवा कर ने भारत को _______ बनाया है।

A. एक पूर्व और एक पश्चिम बाजार
B. एक साझा बाजार
C. अलग बाजारों का समूह
D. एक दक्षिण और एक उत्तर बाजार

Q.69 निम्नलिखित में से "राष्ट्रीय चावल अनुसंधान संस्थान" भारत में कहाँ स्थित है?

A. कोलकाता B. चेन्नई C. कटक D. बैंगलोर

Q.70 भारत में चिपको आंदोलन की शुरुआत किसने की ?

[Punjab Patwari, 2016]

A. हेमवती नंदन बहुगुणा B. सुंदरलाल बहुगुणा
C. सुंदरलाल देशमुख D. हेमवती देशमुख

Q.71 विनेश फोगाट ने 2020 में निम्नलिखित में से किस पुरस्कार से सम्मानित किया है?

A. ध्यानचंद पुरस्कार
B. राजीव गांधी खेल रत्न पुरस्कार
C. एकलव्य पुरस्कार
D. द्रोणाचार्य पुरस्कार

Q.72 कितने लोगों को पद्म विभूषण 2020 से सम्मानित किया गया है?

A. 6 B. 7 C. 8 D. 9

Q.73 महावीर हरिना वनस्थली राष्ट्रीय उद्यान निम्नलिखित में से किस राज्य में स्थित है?

A. तेलंगाना B. बिहार
C. उत्तर प्रदेश D. मध्य प्रदेश

Q.74 भारत में किसके जन्म दिवस को "देश प्रेम दिवस" के रूप में मनाया जाता है?

A. महात्मा गाँधी B. स्वामी विवेकानंद
C. अबुल कलाम आज़ाद D. सुभाष चन्द्र बोस

Q.75 वायुमण्डल में कौन सी गैस, पराबैंगनी किरणों का अवशोषण कर लेती है?

A. ओजोन B. मीथेन C. नाइट्रोजन D. हीलियम

Q.76 संस्कृत में रामायण किसके द्वारा लिखी गई है?

[AFCAT, 2021]

A. वाल्मीकि B. कबीर C. तुलसीदास D. व्यास

Q.77 जैन दर्शन के संदर्भ में, जो निम्नलिखित में से एक जैनियों के तीन रत्नों में से एक नहीं है:

A. सम्यक विश्वास B. सम्यक प्रयास
C. सम्यक ज्ञान D. सम्यक कर्म

Q.78 नवाबगंज पक्षी अभयारण्य _____ के पास स्थित है।

A. NH-22 B. NH-25 C. NH-42 D. NH-10

Q.79 परम्परागत कृषि विकास योजना (PKVY) का मुख्य उद्देश्य क्या है?

[Rajasthan Police Sub Inspector, 2016]

A. सिंचाई के पारंपरिक तरीकों को अपनाना
B. जैविक कृषि को बढ़ावा देना
C. वर्षा जल संचयन की तकनीक को अपनाना
D. कृषि में यंत्रीकृत तकनीक का उपयोग कम करना

Q.80 भारत द्वारा सबसे ज्यादा निर्यात किया जाने वाला कृषि पदार्थ है:-

A. चाय B. कॉफी
C. बासमती चावल D. दाल

Q.81 न्यूरॉन में, विद्युत संकेत का रूपांतरण ____ में होता है।
A. कोशिका **B.** अक्षीय सिरा
C. द्रुमाकृति **D.** तंत्रिकाक्ष

Q.82 भारत में जूट का मुख्य उत्पादक _______ है।
A. पश्चिम बंगाल **B.** कर्नाटक
C. तमिलनाडु **D.** असम

Q.83 उत्तर प्रदेश को पूर्व में किस नाम से जाना जाता था?
A. यूनाइटेड प्रोविन्स **B.** आर्य प्रदेश
C. अवध प्रान्त **D.** उत्तरी प्रान्त

Q.84 उत्तर प्रदेश में राजकीय खाद्य प्रसंस्करण प्रौद्योगिकी संस्थान कहाँ है?
A. कानपुर **B.** महोबा **C.** लखनऊ **D.** फ़र्रुख़ाबाद

Q.85 सबसे कम ज़िलों को स्पर्श करने वाला उत्तर प्रदेश का ज़िला कौन-सा है?
A. इलाहाबाद **B.** ललितपुर **C.** आगरा **D.** मथुरा

Q.86 उत्तर प्रदेश को अपना वर्तमान नाम 'उत्तर प्रदेश' कब मिला?
A. 26 जनवरी, 1950 **B.** 12 जनवरी, 1949
C. 15 अगस्त, 1955 **D.** 8 मार्च, 1951

Q.87 अशोक द्वार निर्मित भारत का राजचिह्न 'सिंह स्तम्भ' उत्तर प्रदेश में कहाँ पर है?
A. इलाहबाद **B.** मथुरा **C.** अलीगढ़ **D.** सारनाथ

Q.88 बौद्ध धर्म की वज्रयान शाखा का उदय उत्तर प्रदेश में कहाँ पर हुआ?
A. बुन्देलखण्ड **B.** सारनाथ
C. इलाहबाद **D.** मथुरा

Q.89 उत्तर प्रदेश में 'भारतेंदु नाट्य अकादमी' कहां है?
A. आगरा **B.** कानपुर **C.** बनारस **D.** लखनऊ

Q.90 उत्तर प्रदेश की प्रथम महिला मुख्यमंत्री कौन थीं?
A. सुचेता कृपलानी **B.** सरोजिनी नायडू
C. मायावती **D.** विजयलक्ष्मी पण्डित

Q.91 किस सन में उत्तर प्रदेश का नाम संयुक्त प्रांत रखा गया?
A. 1937 **B.** 1935 **C.** 1856 **D.** 1961

Q.92 उत्तर प्रदेश की मुख्य फसल ____ है।
A. मक्का **B.** चावल
C. गेहूँ **D.** इनमें से कोई नहीं

Q.93 उत्तर प्रदेश में 1857 की क्रांति का आरम्भ सर्वप्रथम किस नगर से हुआ?
A. लखनऊ **B.** इलाहाबाद **C.** मेरठ **D.** कानपुर

Q.94 लेंस की क्षमता का मात्रक क्या है?
A. वाट **B.** डायोप्टर **C.** जूल **D.** प्वाइज

Q.95 रडार की कार्यप्रणाली निम्न सिद्धान्त पर आधारित है-
A. तरंगों का अपवर्तन
B. डाप्लर प्रभाव
C. रेडियों तरंगों का परावर्तन
D. रमन प्रभाव

Q.96 न्यूटन की गति के नियमों के अनुसार निम्न में से कौन-सा कथन सत्य है?
A. प्रथम नियम से बल की परिभाषा ज्ञात की जाती है।
B. द्वितीय नियम से बल की परिभाषा ज्ञात की जाती है।
C. तृतीय नियम से संवेग संरक्षण सिद्धांत प्रतिपादित होता है।
D. उपर्युक्त सभी

Q.97 किसी पिण्ड के उस गुणधर्म को क्या कहते हैं, जिससे वह सीधी रेखा में विराम या एकसमान गति की स्थिति में किसी भी परिवर्तन का विरोध करता है?
A. गतिहीनता **B.** जड़त्व **C.** कुल भार **D.** अक्रियता

Q.98 लेजर निम्न सिद्धान्त पर कार्य करती है-
A. विकरण का उद्दीप्ति उत्सर्जन
B. प्रकाश विद्युत प्रभाव
C. रमन प्रभाव
D. उपर्युक्त सभी

Q.99 समुद्र की गहराई नापने के लिए कौन-सा उपकरण प्रयोग किया जाता है?
A. अल्टीमीटर **B.** फ़ैदोमीटर
C. बैरोमीटर **D.** पायरोमीटर

Q.100 कम्प्यूटर की IC चिप्स किस पदार्थ की बनी होती हैं?
A. सिलिकॉन **B.** कार्बन **C.** कैल्शियम **D.** इस्पात

Q.101 वह काल्पनिक रेखा जो फ़ोकस एवं पोल से गुजरते हुए गोलकार दर्पण पर पड़ती है, वह कहलाती है?
A. फोकल लेंथ **B.** मुख्य अक्ष
C. एपरचर **D.** इनमें से कोई नहीं

Q.102 वह धातु जो अम्ल एवं क्षार के साथ क्रिया करके हाइड्रोजन गैस मुक्त करता है?
A. जिंक **B.** पोटैशियम **C.** सोडियम **D.** कैल्सियम

Q.103 निम्नलिखित में से कौन धातु होते हुए भी विद्युत का कुचालक है?
A. टिन **B.** तांबा **C.** सीसा **D.** निकिल

Q.104 उपभोक्ता मामले, खाद्य एवं सार्वजनिक वितरण मंत्रालय ने प्रवासी मजदूरों की मदद हेतु किस ऐप को लॉन्च किया है?
A. मेरा राशन ऐप **B.** मेरा घर संसार
C. मेरा खाद्य ऐप **D.** इनमें से कोई नहीं

Q.105 भारतीय क्रिकेट टीम के किस पूर्व कप्तान को भारतीय पेशेवर गोल्फ टूर (पीजीटीआई) के बोर्ड में सदस्य के रूप में शामिल किया गया?
A. महेंद्र सिंह धोनी **B.** राहुल द्रविड़
C. सचिन तेंदुलकर **D.** कपिल देव

Q.106 निम्न में से कौन सा देश सऊदी अरब को पीछे छोड़कर भारत का दूसरा सबसे बड़ा तेल आपूर्तिकर्ता देश बन गया है?
A. जापान **B.** नेपाल **C.** अमेरिका **D.** चीन

Q.107 भारत की किस अंतर्राष्ट्रीय महिला तलवारबाज को 23 जुलाई 2021 से शुरू होने वाले टोक्यो ओलंपिक के लिए चयनित किया गया है ?
A. ज्योतिका दत्ता **B.** भवानी देवी
C. अंकिता रैना **D.** मोहनी अग्रवाल

Q.108 भारत के लिए टी-20 क्रिकेट में सबसे ज्यादा विकेट लेने वाले बॉलर निम्न में से कौन बन गए हैं?
A. कुलदीप यादव **B.** रवींद्र जडेजा
C. युजवेंद्र चहल **D.** जसप्रीत बुमराह

Q.109 जम्मू और कश्मीर प्रशासनिक परिषद ने आवास और शहरी विकास विभाग के कितने लाख रुपये तक के ब्याज मुक्त ऋण प्रदान करने के प्रस्ताव को मंजूरी दे दी है?
A. 2 लाख रुपये **B.** 4 लाख रुपये

C. 7 लाख रुपये **D.** 8 लाख रुपये

Q.110 अंतर्राष्ट्रीय सौर गठबंधन के महानिदेशक के रूप में निम्न में से किसने पदभार ग्रहण किया?

A. राहुल सचदेवा **B.** अजय माथुर
C. मोहन अग्रवाल **D.** शंकर दास

Q.111 निम्न में से किस राज्य में 'काला नमक चावल महोत्सव' आयोजित किया जायेगा?

A. बिहार **B.** पंजाब
C. उत्तर प्रदेश **D.** दिल्ली

Q.112 अन्तर्राष्ट्रीय महिला दिवस निम्न में से किस दिन मनाया जाता है?

A. 8 मार्च **B.** 10 जनवरी **C.** 12 मार्च **D.** 20 अगस्त

Q.113 केंद्रीय प्रदूषण नियंत्रण बोर्ड (सीपीसीबी) ने देश के 112 सबसे प्रदूषित स्थलों में किस राज्य को पहला स्थान दिया है?

A. बिहार **B.** पंजाब **C.** ओडिशा **D.** कर्नाटक

Q.114 निर्देश: निम्नलिखित प्रश्न में दिए गए विकल्पों में से संबंधित शब्द युग्म को चुनिए।

व्यवहार: मनोविज्ञान :: पादप : ?

A. पादप **B.** वनस्पति-विज्ञान
C. प्राणी-विज्ञान **D.** शरीरक्रिया-विज्ञान

Q.115 निर्देश: निम्नलिखित प्रश्न में दिए गए विकल्पों में से संबंधित शब्द युग्म को चुनिए।

कबूतर : शांति :: सफ़ेद झंडा : ?

A. मित्रता **B.** जीत
C. आत्मसमर्पण **D.** युद्ध

Q.116 यदि MANSON को 5 और BELIEVED को 7 के रूप में कोडित किया गया है, तो NEGOTIABLE के लिए क्या कोडित किया जाएगा?

A. 7 **B.** 9 **C.** 6 **D.** 10

Q.117 यदि DDMUQZM को CENTRAL के रूप में कोडित किया गया है तो UZMHKDE को कोड किया जा सकता है :

A. VYLIJCF **B.** NATGLED
C. TANLEDG **D.** TANGLED

Q.118 एक निश्चित कोड भाषा में यदि "TRAIN" को UTDMS के रूप में कोडित किया जाता है, तो उसी कोड भाषा में "GRASS" को कैसे कोडित किया जाएगा?

A. HTCWW **B.** HTDWW
C. HTDXX **D.** HTDWX

Q.119 सुशील दक्षिण की ओर 15 मीटर तक चला, बाएं मोड़ लिया और 20 मीटर की दूरी तक चला फिर से बाएं मोड़ लिया और 15 मीटर तक चला। वह प्रारंभिक बिन्दु से कितनी दूर और किस दिशा में है?

A. 20 मीटर, पश्चिम **B.** 20 मीटर, पूर्व
C. 50 मीटर, पश्चिम **D.** 50 मीटर, पूर्व

Q.120 एक व्यक्ति 2 मील तक यात्रा करता है, बाएं मुड़ता है और 3 मील तक यात्रा करता है, फिर से बाएं मुड़ता है और 6 मील तक यात्रा करता है। वह प्रारंभिक बिन्दु से कितनी दूरी पर है?

A. 4 मील **B.** 7 मील **C.** 5 मील **D.** 9 मील

Q.121 निम्न विकल्पों में से विषम चुनिए:

A. BBLU **B.** ATNNLER
C. PALM **D.** NFA

Q.122 निर्देश : निम्नलिखित प्रश्न में एक श्रृंखला दी गयी है। समान पैटर्न के बाद कुछ लुप्त शब्दों के साथ एक और श्रृंखला भी दी गई है। हमें दो श्रृंखलाओं के पैटर्न को ज्ञात करने के बाद लुप्त संख्या को ज्ञात करना होगा। निम्न विकल्पों में से लुप्त संख्या का मान बताईये।

12, 28, 51, 81, 118, 162
?, __, __, __, __, 172

A. 22 **B.** 14 **C.** 36 **D.** 42

Q.123 श्रृंखला में लुप्त संख्या का पता लगाएं:

2, 5, __, 19, 37, 75

A. 11 **B.** 10 **C.** 9 **D.** 12

Q.124 एक व्यक्ति को एक लंबी पट्टी के 141 टुकड़े करने होते हैं। एक टुकड़े को काटने में उन्हें 2 सेकंड का समय लगता है। 141 टुकड़े करने के लिए उसके द्वारा लिया गया कुल समय कितना है?

A. 560 **B.** 280 **C.** 112 **D.** 324

Q.125 सितारा देवी का सम्बन्ध शास्त्रीय नृत्य की किस शैली से है?

A. मणिपुरी नृत्य **B.** कथक
C. गरबा नृत्य **D.** हिन्दुस्तानी गायन

Q.126 हॉलीवुड की फिल्मों में काम करने वाले प्रथम भारतीय कौन थे?

A. अशोक कुमार **B.** शशि कपूर
C. साबू दस्तगीर **D.** टॉम अल्टर

Q.127 दूसरी अनुसूची के बारे में निम्नलिखित पर विचार करें-

1. राष्ट्रपति और उपराष्ट्रपति दूसरे अनुसूची के प्रावधानों में शामिल हैं।
2.अनुच्छेद 221 उच्च न्यायालय के न्यायाधीशों के वेतन को निर्धारित करता है।
3.दूसरी अनुसूची के तहत वेतन भारत के समेकित कोष से लिया जाता है।

उपर्युक्त कथनों में से कौन सा सही है / हैं?

A. 1 और 2 **B.** 2 और 3
C. 1 और 3 **D.** उपरोक्त सभी

Q.128 कर्नाटक अवनद वाद्य के एक गुरु कौन हैं?

A. पालघाट मणि अय्यर **B.** टी. आर. महालिंगम
C. मदुराई मणि अय्यर **D.** चेंबई वैद्यनाथ अय्यर

Q.129 20वीं शताब्दी का गायक कौन है?

A. चेम्बई वैद्यनाथ अय्यर **B.** मुथुस्वामी दीक्षितर
C. त्यागराज **D.** सुब्रह्मण्यम भारती

Q.130 आन्ध्र प्रदेश की गोंड जनजाति का प्रसिद्ध नृत्य कौन-सा है?

A. गुसादी **B.** आम्र नृत्य **C.** मोर नृत्य **D.** बिहू नृत्य

Q.131 भारत में निम्न में से किस कीट/रोगनाशी को रोका गया?

A. रोगार **B.** डी.डी.टी.
C. मेटासिस्टॉक्स **D.** डिमेक्रान

Q.132 जौ की आवृत कंडुआ बीमारी किस प्रकार की है?

A. बाह्य बीज जनित **B.** आंतरिक बीज जनित
C. वायु जनित **D.** इनमें से कोई नहीं

Q.133 राष्ट्रीय शर्करा संस्थान (एन.एस.आई.) कहाँ स्थित है?

A. लखनऊ **B.** वाराणसी **C.** कानपुर **D.** नई दिल्ली

Q.134 सफ़ेद भृंगाक का वैज्ञानिक नाम क्या है?

A. हेलिकोवरपा आरमिजेरा
B. होलोट्राइकिया कोन्सेन्गोनिया
C. स्पोडोप्टेरा लाइट्यूरा

D. बमेरिया टबेसाई

Q.135 भूमि क्या है?

A. सक्रिय साधन
B. असीमित
C. गतिशील
D. उर्वरा शक्ति भिन्न-भिन्न होती है

Q.136 भारत के संघ राज्य क्षेत्रों में सर्वाधिक नगरीकृत है :

A. चंडीगढ़ **B.** दिल्ली **C.** लक्षद्वीप **D.** पांडिचेरी

Q.137 भारत के निम्नलिखित राज्यों में से किस एक का जनसंख्या घनत्व सबसे कम है ?

A. हिमाचल प्रदेश **B.** मेघालय
C. अरुणाचल प्रदेश **D.** सिक्किम

Q.138 मोंट्रिक्स रिकॉर्ड किसका रजिस्टर है?

A. खतरे में स्थित विदेशी प्रजातियाँ
B. खतरे में स्थित वन्य प्रजातियाँ
C. मानवजनित गतिविधियों के तहत खतरे में जलीय स्थान
D. इनमें से कोई नहीं

Q.139 निम्नलिखित में कौन सी बीमारी से कोयले की खान में काम करने वाले मजदूरों की उम्र कम हो जाती है और उस बीमारी को ब्लैक लंग्स बीमारी कहा जाता है?

A. क्लोमगोलाणुरुग्णता
B. प्रगतिशील विशाल फाइब्रोसिस
C. मेसोथेलियोमा
D. इनमें से कोई नहीं

Q.140 वन्यजीव संरक्षण के क्षेत्र में अदम्य साहस दिखाने वाले को कौन सा पुरस्कार दिया जाता है?

A. इंदिरा गांधी पर्यावरण पुरस्कार
B. मेदिनी पुरस्कार योजना
C. अमृता देवी बिश्नोई पुरस्कार
D. पीताम्बर पंत राष्ट्रीय पुरस्कार

// स्मार्ट उत्तर पुस्तिका //

सही उत्तर उन छात्रों के प्रतिशत को इंगित करता है जिन्होंने प्रश्नों का सही उत्तर दिया था।

छोड़ दिया उन छात्रों के प्रतिशत को इंगित करता है जिन्होंने प्रश्नों को छोड़ दिया था।

प्रश्न संख्या	उत्तर	सही उत्तर	छोड़ दिया
1	C	29.08 %	20.58 %
2	B	40.22 %	27.42 %
3	C	43.0 %	27.1 %
4	C	21.61 %	33.01 %
5	A	35.52 %	37.3 %
6	C	19.98 %	31.66 %
7	A	24.4 %	35.3 %
8	B	36.45 %	33.63 %
9	C	15.52 %	35.3 %
10	C	32.49 %	32.69 %
11	D	11.53 %	31.23 %
12	C	25.24 %	31.71 %
13	B	21.89 %	27.23 %
14	B	9.42 %	32.52 %
15	B	18.28 %	31.38 %
16	D	16.19 %	26.66 %

प्रश्न संख्या	उत्तर	सही उत्तर	छोड़ दिया
17	B	20.22 %	35.3 %
18	B	25.88 %	33.99 %
19	D	45.68 %	11.58 %
20	B	29.23 %	16.45 %
21	A	20.26 %	21.94 %
22	C	29.73 %	29.75 %
23	C	21.89 %	13.74 %
24	B	29.84 %	26.5 %
25	A	35.36 %	37.44 %
26	D	19.96 %	36.95 %
27	A	33.08 %	20.43 %
28	C	20.37 %	32.45 %
29	D	14.93 %	25.64 %
30	C	34.91 %	29.33 %
31	A	39.65 %	29.99 %
32	C	30.53 %	27.82 %

प्रश्न संख्या	उत्तर	सही उत्तर	छोड़ दिया
33	B	45.72 %	13.47 %
34	D	45.35 %	25.2 %
35	A	39.02 %	28.51 %
36	A	32.54 %	26.2 %
37	A	32.67 %	37.82 %
38	B	34.73 %	34.28 %
39	A	24.27 %	34.82 %
40	C	20.59 %	35.34 %
41	D	33.17 %	25.79 %
42	B	25.64 %	34.19 %
43	C	24.44 %	28.57 %
44	D	36.82 %	32.34 %
45	B	42.33 %	28.16 %
46	A	33.84 %	32.38 %
47	C	12.8 %	30.88 %
48	C	27.14 %	34.78 %

प्रश्न संख्या	उत्तर	सही उत्तर	छोड़ दिया
49	A	27.64 %	39.45 %
50	C	35.15 %	34.34 %
51	B	27.68 %	27.82 %
52	B	31.8 %	26.09 %
53	D	16.37 %	33.92 %
54	A	22.83 %	32.75 %
55	C	41.13 %	27.92 %
56	B	24.27 %	33.03 %
57	D	29.53 %	39.2 %
58	A	12.62 %	33.39 %
59	A	34.39 %	28.79 %
60	C	18.93 %	25.71 %
61	B	21.94 %	35.51 %
62	A	30.66 %	33.02 %
63	A	24.16 %	29.27 %
64	D	33.19 %	34.41 %

प्रश्न संख्या	उत्तर	सही उत्तर	छोड़ दिया
65	A	31.77 %	36.85 %
66	A	23.5 %	33.71 %
67	B	30.88 %	35.52 %
68	B	26.42 %	37.63 %
69	C	27.44 %	38.13 %
70	B	32.97 %	34.8 %
71	B	40.52 %	17.3 %
72	B	30.38 %	19.8 %
73	A	15.1 %	34.06 %
74	D	24.61 %	33.82 %
75	A	31.43 %	35.82 %
76	A	41.57 %	31.2 %
77	B	26.16 %	35.65 %
78	B	11.53 %	35.09 %
79	B	27.62 %	19.56 %
80	C	29.42 %	21.09 %

प्रश्न संख्या	उत्तर	सही उत्तर / छोड़ दिया
81	B	15.69 % / 22.57 %
82	A	39.65 % / 28.75 %
83	A	31.51 % / 37.3 %
84	C	24.48 % / 31.78 %
85	B	27.09 % / 36.57 %
86	A	27.83 % / 34.22 %
87	D	33.25 % / 36.8 %
88	B	29.4 % / 37.91 %
89	D	20.39 % / 39.7 %
90	A	32.62 % / 36.3 %
91	A	17.32 % / 38.09 %
92	B	13.91 % / 37.49 %

प्रश्न संख्या	उत्तर	सही उत्तर / छोड़ दिया
93	C	41.94 % / 26.68 %
94	B	34.1 % / 34.74 %
95	C	31.82 % / 30.55 %
96	B	13.82 % / 31.1 %
97	B	31.08 % / 35.49 %
98	A	17.32 % / 35.06 %
99	B	29.86 % / 30.36 %
100	A	40.61 % / 29.01 %
101	B	14.78 % / 36.84 %
102	A	13.78 % / 37.23 %
103	C	25.05 % / 37.76 %
104	A	20.46 % / 32.68 %

प्रश्न संख्या	उत्तर	सही उत्तर / छोड़ दिया
105	D	22.29 % / 34.86 %
106	C	25.72 % / 36.33 %
107	B	29.1 % / 28.42 %
108	C	21.92 % / 33.07 %
109	A	24.81 % / 24.92 %
110	B	21.52 % / 29.86 %
111	C	24.03 % / 21.19 %
112	A	35.87 % / 31.7 %
113	C	14.58 % / 23.31 %
114	B	35.58 % / 32.8 %
115	C	27.79 % / 32.6 %
116	B	29.53 % / 36.96 %

प्रश्न संख्या	उत्तर	सही उत्तर / छोड़ दिया
117	D	33.43 % / 20.26 %
118	D	21.81 % / 28.11 %
119	B	30.92 % / 21.2 %
120	C	18.85 % / 21.78 %
121	D	25.72 % / 22.33 %
122	A	18.93 % / 34.95 %
123	C	22.02 % / 30.78 %
124	B	24.11 % / 37.2 %
125	B	19.74 % / 39.8 %
126	C	13.17 % / 35.49 %
127	A	23.46 % / 21.94 %
128	B	9.53 % / 30.62 %

प्रश्न संख्या	उत्तर	सही उत्तर / छोड़ दिया
129	C	10.66 % / 24.42 %
130	A	15.17 % / 29.53 %
131	B	36.91 % / 23.0 %
132	A	17.76 % / 21.43 %
133	C	16.82 % / 35.95 %
134	B	15.8 % / 37.67 %
135	D	26.55 % / 25.2 %
136	B	23.83 % / 33.45 %
137	C	25.81 % / 24.22 %
138	C	19.89 % / 32.25 %
139	A	17.06 % / 37.96 %
140	C	22.11 % / 31.03 %

कार्य विश्लेषण	
औसत अंक (%)	16.43%
टॉपर्स स्कोर (%)	100.0%
आपका स्कोर	

//संकेत और समाधान//

1.

- यह दिन 26 जुलाई, 1999 को पाकिस्तानी सेना द्वारा कब्जे में ली गई पहाड़ की ऊंचाइयों को पुनः प्राप्त करने में भारतीय सैनिकों की जीत का प्रतीक है, जिसे कारगिल युद्ध के नाम से जाना जाता है।
- कारगिल विजय दिवस हर साल 26 जुलाई तक तीन दिनों के लिए मनाया जाता है ताकि पाकिस्तान के खिलाफ भारत की जोरदार जीत का जश्न मनाया जा सके।
- कारगिल विजय दिवस समारोह जम्मू और कश्मीर के द्रास युद्ध स्मारक में होता है।
- युद्ध के दौरान, भारतीय सेना ने पाकिस्तानी घुसपैठियों को बाहर निकाल दिया और ऑपरेशन विजय के एक भाग के रूप में टाइगर हिल और अन्य चौकियों को फिर से हासिल करने में सफल रही।

अतः विकल्प (C) सही है।

2. ओडिशा राज्य के मयूरभंज जिले में स्थित सिमलीपाल, भारत के चुनिंदा सबसे खास अभयारण्यों में गिना जाता है। यह अभयारण्य टाइगर प्रोजेक्ट के रूप में जाना जाती है। सिमलीपाल वन्यजीव अभयारण्य लगभग 2,750 वर्ग किमी के क्षेत्र में फैला है, जो विभिन्न वनस्पतियों और जीव जन्तुओं को सुरक्षित आश्रय प्रदान करने का काम करता है।

अतः विकल्प (B) सही है।

3. सूक्ष्म ठोस कणों अथवा तरल बूंदों के हवा या किसी अन्य गैस में कोलाइड को ऐरोसॉल कहा जाता है। ऐरोसॉल प्राकृतिक या मानव जनित हो सकते हैं। हवा में उपस्थित ऐरोसॉल को वायुमंडलीय ऐरोसॉल कहा जाता है। धुंध, धूल, वायुमंडलीय प्रदूषक कण तथा धुआँ ऐरोसॉल के उदाहरण हैं।

अतः विकल्प (C) सही है।

4. 'टीपू सुल्तान' भारतीय इतिहास में 'शेर-ए-मैसूर' के नाम से प्रसिद्ध है। वह प्रसिद्ध योद्धा हैदर अली का पुत्र था। हैदर अली की मृत्यु के बाद पुत्र टीपू सुल्तान ने मैसूर की सेना की कमान संभाली थी। टीपू अपने पिता की ही भांति योग्य एवं पराक्रमी था। 'मैसूर की तीसरी लड़ाई' में भी जब अंग्रेज़ टीपू सुल्तान को नहीं हरा पाए, तो उन्होंने मैसूर के इस शेर से 'मेंगलूर की संधि' नाम से एक समझौता किया। लेकिन 'फूट डालो और शासन करो' की नीति चलाने वाले अंग्रेज़ों ने संधि करने के कुछ समय बाद ही टीपू से गद्दारी कर डाली। ईस्ट इंडिया कंपनी ने हैदराबाद के साथ मिलकर चौथी बार टीपू पर ज़बर्दस्त हमला किया और आख़िरकार '4 मई, सन् 1799 ई.' को मैसूर का शेर श्रीरंगपट्टनम की रक्षा करते हुए शहीद हुआ।
अतः विकल्प (C) सही है।

5. गौतम बुद्ध का मूल नाम 'सिद्धार्थ' था। वे राजा शुद्धोदन और महामाया के पुत्र थे। शुद्धोदन ने सिद्धार्थ को चक्रवर्ती सम्राट बनाना चाहा, उसमें क्षत्रियोचित गुण उत्पन्न करने के लिये समुचित शिक्षा आदि का प्रबंध भी किया, किंतु सिद्धार्थ सदा किसी चिंता में डूबे दिखाई देते थे। अंत में पिता ने उन्हें विवाह बंधन में बांध दिया। एक दिन जब सिद्धार्थ रथ पर भ्रमण के लिये निकले तो उन्होंने मार्ग में जो कुछ भी देखा, उसने उनके जीवन की दिशा ही बदल डाली। एक बार एक दुर्बल **बूढ़े** व्यक्ति को, एक बार एक **रोगी** को और एक बार एक **मृतक** को देख कर वे संसार से और भी अधिक विरक्त तथा उदासीन हो गये। एक अन्य अवसर पर उन्होंने प्रसन्नचित्त **संन्यासी** को देखा। उसके चेहरे पर शांति और तेज़ की अपूर्व चमक विराजमान थी। इस दृश्य को देखकर सिद्धार्थ अर्थात बुद्ध अत्यधिक प्रभावित हुए और उनके मन में वैराग्य की भावना बलवती हो उठी।

अतः विकल्प (A) सही है।

6. 'एम. जी. रानाडे' भारत के प्रसिद्ध राष्ट्रवादी, समाज सुधारक, विद्वान् और न्यायविद थे। उन्होंने विभिन्न प्रकार के समाज सुधार के कार्यों में बढ़-चढ़ कर हिस्सा लिया था। प्रार्थना समाज, आर्य समाज और ब्रह्म समाज का एम. जी. रानाडे के जीवन पर बहुत प्रभाव था। उन्होंने स्त्री शिक्षा का प्रचार किया। वे 'बाल विवाह' के कट्टर विरोधी और 'विधवा विवाह' के समर्थक थे। इसके लिए उन्होंने एक समिति 'विधवा विवाह मण्डल' की स्थापना भी की थी। महादेव गोविन्द रानाडे 'दकन एजुकेशनल सोसायटी' के संस्थापकों में भी प्रमुख थे।

अतः विकल्प (C) सही है।

7. सबसे प्राचीन राजवंश मौर्य वंश है। चंद्रगुप्त मौर्य की माता का नाम 'मुरा' था। इसी से यह वंश 'मौर्य वंश' कहलाया। चंद्रगुप्त के बाद उसके पुत्र बिंदुसार ने 298 ई. पू. से 273 ई. पू. तक राज्य किया। बिंदुसार के बाद उसका पुत्र अशोक 273 ई. पू. से 232 ई. पू. तक गद्दी पर रहा। अशोक के समय में कलिंग का भारी नरसंहार हुआ, जिससे द्रवित होकर उसने बौद्ध धर्म ग्रहण कर लिया।

अतः विकल्प (A) सही है।

8. जेम्स प्रिंसेप ईस्ट इण्डिया कम्पनी में एक अधिकारी के पद पर नियुक्त थे। उन्होंने 1837 ई. में सर्वप्रथम ब्राह्मी और खरोष्ठी लिपियों को पढ़ने में सफलता प्राप्त की। इन लिपियों का उपयोग सबसे आरम्भिक अभिलेखों और सिक्कों में किया गया है। ये अशोक के शिलालेखों को पढ़ने वाले प्रथम अंग्रेज़ थे।

अतः विकल्प (B) सही है।

9. 'बिहार शरीफ़' से लगभग आठ किलोमीटर की दूरी पर दक्षिण-पूर्व पावापुरी जैनियों का प्रमुख तीर्थ स्थल है। जैन धर्म के ग्रंथ 'कल्पसूत्र' के अनुसार महावीर स्वामी ने पावापुरी में एक वर्ष बिताया था। यहीं उन्होंने अपना प्रथम धर्म-प्रवचन किया था, इसी कारण इस नगरी को जैन धर्म के संम्प्रदाय का सारनाथ माना जाता है। महावीर ने 'जैन संघ' की स्थापना **पावापुरी** में की थी।

अतः विकल्प (C) सही है।

10. 'ताँबा' गुलाबी रंग और लाल रंग की एक चमकदार धातु है। यह चाँदी के अतिरिक्त विद्युत की सबसे अच्छी सुचालक है। विद्युत सुचालक होने के कारण इसका प्रयोग विद्युत यंत्र 'कैलोरीमीटर' आदि बनाने में किया जाता है। भारत में ताँबे का प्रयोग काफ़ी लम्बे समय से किया जाता रहा है। वैदिक काल में इसका प्रथमत: प्रयोग किया गया था। झारखण्ड राज्य का सिंहभूमि ज़िला ताँबा उत्खनन की दृष्टि से सर्वाधिक महत्त्वपूर्ण है। यहाँ से उड़ीसा राज्य तक लगभग 140 कि.मी. लम्बी पट्टी में ताँबा मिलता है। राजस्थान का खेतड़ी ताँबा क्षेत्र सिन्धु घाटी सभ्यता काल से ही ताँबा उत्खनन का प्रमुख क्षेत्र रहा है।
अतः विकल्प (C) सही है।

11. 'शतपथ ब्राह्मण' शुक्ल यजुर्वेद की दोनों शाखाओं 'काण्व' व 'माध्यन्दिनी' से सम्बद्ध है। यह सभी ब्राह्मण ग्रन्थों में सर्वाधिक महत्त्वपूर्ण ग्रन्थ है। इसका रचयिता याज्ञवल्क्य को माना जाता है। 'शतपथ ब्राह्मण' में वैदिक संस्कृत के सारस्वत मण्डल से पूर्व की ओर प्रसार होने का संकेत मिलता है। इसमें यज्ञों को जीवन का सबसे महत्त्वपूर्ण कृत्य बताया गया है। हल सम्बन्धी अनुष्ठान का विस्तृत वर्णन भी इसमें प्राप्त होता है। अश्वमेध यज्ञ के सन्दर्भ में अनेक प्राचीन सम्राटों का उल्लेख इसमें है, जिसमें जनक, दुष्यन्त और जनमेजय का नाम महत्त्वपूर्ण है।

अतः विकल्प (D) सही है।

12. यजुर्वेद वेद की रचना गद्य एवं पद्य दोनों में की गई है। यजुर्वेद हिन्दू धर्म का एक महत्त्वपूर्ण श्रुति धर्मग्रन्थ और चार वेदों में से एक है। इसमें यज्ञ की असल प्रक्रिया के लिये गद्य और पद्य मन्त्र हैं। ये हिन्दू धर्म के चार पवित्रतम प्रमुख ग्रन्थों में से एक है और अक्सर ऋग्वेद के बाद दूसरा वेद माना जाता है - इसमें ऋग्वेद के 663 मंत्र पाए जाते हैं। फिर भी इसे ऋग्वेद से अलग माना जाता है क्योंकि यजुर्वेद मुख्य रूप से एक गद्यात्मक ग्रन्थ है। यज्ञ में कहे जाने वाले गद्यात्मक मन्त्रों को ''यजुस'' कहा जाता है। यजुर्वेद के पद्यात्मक मन्त्र ऋग्वेद या अथर्ववेद से लिये गये है। इनमें स्वतन्त्र पद्यात्मक मन्त्र बहुत कम हैं। यजुर्वेद में दो शाखा हैं : दक्षिण भारत में प्रचलित कृष्ण यजुर्वेद और उत्तर भारत में प्रचलित शुक्ल यजुर्वेद शाखा।

अतः विकल्प (C) सही है।

13. 'हेलिओडोरस' 'दियोन' का पुत्र और तक्षशिला का निवासी था। वह पाँचवें शुंग राजा काशीपुत भागभद्र के राज्य काल के चौदहवें वर्ष में तक्षशिला के यवन राजा एण्टिआल्कीडस का दूत बनकर विदिशा आया था। हेलिओडोरस यवन होते हुए भी भागवत धर्म का अनुयायी हो गया था। इसीलिए उसने अपने को 'भागवत' घोषित किया था। उसके द्वारा निर्मित विदिशा का 'गरुड़ स्तम्भ' कला का एक अच्छा नमूना है। यह मूलतः अशोक के ही स्तम्भों के आदर्श पर बना था। पर साथ ही उसमें कुछ मौलिक विशेषतायें भी हैं। इसका सबसे निचला भाग आठ कोनों का है।

अतः विकल्प (B) सही है।

14. कुजबास प्रदेश में लोहा इस्पात उद्योग के व्यापक रूप से संकेन्द्रित होने का कारण कोयला की उपलब्धता है। भारत के कुल कोयला उत्पादन का सर्वाधिक भाग गोण्डवाना युगीन चट्टानों में मिलता है, जिसका विस्तार 90650 वर्ग किमी. क्षेत्र पर है। इसका सबसे प्रमुख क्षेत्र पश्चिम बंगाल, झारखण्ड, तथा उड़ीसा राज्यों में फैला हैं, जहाँ से कुल उत्पादन का 76 प्रतिशत कोयला प्राप्त किया जाता है, जबकि 17 प्रतिशत कोयला मध्य प्रदेश व छत्तीसगढ़ तथा 6 प्रतिशत कोयला आन्ध्र प्रदेश में मिलता है।

अतः विकल्प (B) सही है।

15. सौरमण्डल के बारे में विश्व के समक्ष जानकारी प्रस्तुत करने का श्रेय विद्वान कॉपरनिकस को है। कॉपरनिकस ने सबसे पहले यह सिद्धांत दिया था कि सभी ग्रह सूर्य के चारों ओर घूमते हैं। सौरमण्डल में सूर्य का आकार सब से बड़ा है जिसका प्रभुत्व है, क्योंकि सौरमण्डल निकाय के द्रव्य का लगभग 99.999 द्रव्य सूर्य में निहित है।

अतः विकल्प (B) सही है।

16. भूगोल को एक अलग अध्ययन शास्त्र के रूप में स्थापित करने का श्रेय विद्वान हिकैटियस को है। एच. एफ. टॉजर ने हिकैटियस (500 ईसा पूर्व) को भूगोल का पिता माना था, जिसने स्थल भाग को सागरों से घिरा हुआ माना तथा दो महादेशों का ज्ञान दिया। हिकैटियस की प्रसिद्ध पुस्तक 'जस पीरियड्स' अर्थात् 'पृथ्वी का वर्णन' थी जो सम्भवतः छठी शताब्दी के अन्त में प्रकाशित हुई थी।

अतः विकल्प (D) सही है।

17. भूमध्य सागरीय जलवायु फल के लिए सर्वाधिक उपयुक्त है। भूमध्यसागरीय क्षेत्र को 'विश्व के बागानों' की भूमि के नाम से जाना जाता है। यह रसीले फलों के लिये विख्यात है जिनमें संतरा, नींबू, सीट्रोंन, अंगूर, जैतून, अंजीर आदि प्रमुखता से पाए जाने वाले फल हैं। सिट्रस फलों के कुल वैश्विक निर्यात का लगभग 70 प्रतिशत निर्यात इन्हीं क्षेत्रों से होता है।

अतः विकल्प (B) सही है।

18. रिहन्द बाँध सोन नदी की सहायक नदी रेणुका नदी पर बनाया गया है। इस बाँध से बने जलाशय को उत्तर प्रदेश के प्रथम मुख्य मंत्री गोबिन्द बल्लभ पन्त के नाम पर गोबिन्द बल्लभ पन्त साग़र कहते हैं। यह बाँध और जलाशय मध्य प्रदेश के सिंगरौली जिले और उत्तर प्रदेश के सोनभद्र जिले में स्थित है।

अतः विकल्प (B) सही है।

19. व्यापारिक रूप से मत्स्य पालन का व्यवसाय पिसीकल्चर के नाम से जाना जाता है। पिसीकल्चर का समबन्ध जलीय कृषि या मत्स्य पालन से है इसके अंतर्गत मछलियों का पालन एवं प्रजनन किया जाता है। पिसीकल्चर में मछलियों के प्रजनन एवं उन्हें पालने के लिए विशेष प्रकार के टैंक व तालाबों को निर्मित किया जाता है।
अतः विकल्प (D) सही है।

20. 'मॅरीकल्चर' में समुद्री जीव का उत्पादन किया जाता है। समुद्री जीव दो प्रकार के होते हैं - पौधे तथा प्राणी। समुद्र में केवल प्राथमिक समूह थैलोफ़ाइटा और कुछ आवृतबीजी पौधे ही पाए जाते हैं। समुद्रों में मॉस तथा पर्णांग बिल्कुल नहीं पाए जाते। अधिकांश समुद्री पौधे हरे, भूरे तथा लाल शैवाल हैं। शैवाल आधार से संलग्नक द्वारा जुड़े रहते हैं। ये 50 मीटर से कम की गहराई में पाए जाते हैं।

अतः विकल्प (B) सही है।

21. सेलेबीस सागर पश्चिमी प्रशांत महासागर में हैं।

सेलेबीस सागर दक्षिणपूर्वी एशिया का एक सागर है। यह उत्तर में मिन्दनाओ द्वीप और सुलु द्वीपसमूह द्वारा सुलु सागर से और पूर्व में सांगीहे द्वीपसमूह और सुलावेसी के मिनाहासा प्रायद्वीप द्वारा मलक्का सागर से विभाजित है।

अतः विकल्प (A) सही है।

22. शेल चट्टान अवसादी चट्टान का उदाहरण है।

शेल चट्टानें महीन-दानेदार, टुकड़े टुकड़े वाली अवसादी चट्टानों का एक समूह है, जिसमें गाद और मिट्टी के कण होते हैं। शेल चट्टानें सबसे प्रचुर मात्रा वाली अवसादी चट्टानों से बनी होती है और पृथ्वी की पर्पटी इस चट्टान की लगभग 70 प्रतिशत हिस्से से बनी होती है। शेल चट्टानें अक्सर बलुआ पत्थर या चूना पत्थर की परतों के साथ पाए जाती हैं।

अतः विकल्प (C) सही है।

23. वर्षा-स्तरी बादल अत्यधिक तीव्र वर्षा के लिए उत्तरदायी होता है। ये भी स्तरी बादल ही हैं। अंतर यह है, कि इनमें हाइग्रोस्कोपिक कणों की सांद्रता ज्यादा होती है, जिसके कारण इनका रंग धूसर होता है। हाइग्रोस्कोपिक कणों पर अत्यधिक संघनन के कारण ये वर्षा करने में समर्थ हो जाते हैं।

अतः विकल्प (C) सही है।

24.

- ब्राज़ील की मुद्रा का नाम ब्राजीलियन रियल है।
- ब्राज़ील देश दक्षिण अमेरिका महाद्वीप में स्थित है।
- ब्राज़ील की राजधानी ब्रासीलिया है।

अतः विकल्प (B) सही है।

25. गिद्दा नृत्य पंजाब का एक लोक नृत्य है। गिद्दा, एक पारंपरिक देहाती नृत्य है जो पंजाब, भारत और पाकिस्तान की महिलाओं द्वारा त्यौहार के समय और फसल की बुवाई और कटाई के समय किया जाता है।

अतः विकल्प (A) सही है।

26. हड़प्पा रावी नदी के तट पर स्थित था। सिंधु घाटी सभ्यता की खोज सबसे पहले 1921 में पाकिस्तान में पश्चिम पंजाब प्रांत में स्थित हड़प्पा के आधुनिक स्थल पर हुई थी। हड़प्पा सभ्यता को सिंधु नदी के तट पर और उसके आसपास स्थित होने के कारण सिंधु घाटी सभ्यता के रूप में भी जाना जाता है।

अतः विकल्प (D) सही है।

27.

- हड़प्पा की मुहरें ज्यादातर सिलखड़ी की बनी हुई थीं।
- हड़प्पा स्थलों से पुरातत्वविदों द्वारा हजारों मुहरों की खोज की गई है।
- अधिकांश मुहरों को सिलखड़ी से बनाया गया था, जो एक प्रकार का नरम पत्थर है।
- उनमें से कुछ टेराकोटा, सोना, अगेट, चर्ट, आइवरी और फेयेंस से भी बने थे।
- मानक हड़प्पा मुहर 2×2 आयाम के साथ आकार में चौकोर था।

अतः विकल्प (A) सही है।

28. ओडिशा भारत में लौह अयस्क का सबसे बड़ा उत्पादक है। ओडिशा में, लौह अयस्क सुंदरगढ़, मयूरभंज और झार की पहाड़ी श्रृंखलाओं में पाया जाता है।

भारत लौह अयस्क के काफी प्रचुर संसाधनों से संपन्न है। यह एशिया में लौह अयस्क का सबसे बड़ा भंडार है। हमारे देश में पाए जाने वाले दो मुख्य प्रकार के अयस्क हैंमेटाइट और मैग्रेटाइट हैं।

अतः विकल्प (C) सही है।

29.

- यजुर्वेद हिन्दू धर्म का एक महत्त्वपूर्ण श्रुति धर्मग्रन्थ और चार वेदों में से एक है।
- यजुर्वेद की दो मुख्य शाखाएं हैं और वे हैं कृष्ण एवं शुक्ल यजुर्वेद।
- शुक्ल यजुर्वेद में केवल भजन हैं लेकिन कृष्ण यजुर्वेद में पाठ के अतिरिक्त गद्य में भाष्य हैं।
- शतपथ ब्राह्मण और तैत्रिय ब्राह्मण यजुर्वेद के ब्राह्मण मूलपाठ हैं।

अतः विकल्प (D) सही है।

30.

- बाबर ने 1529 में घाघरा नदी के किनारे मुहम्मद लोदी को हराया।
- 1529 में, बाबर ने घाघरा नदी के तट पर मुहम्मद लोदी और नुसरत शाह को हराया।
- मुगल शासन 1526 में बाबर द्वारा भारत में स्थापित किया गया था।

अतः विकल्प (C) सही है।

31.

- 8 अगस्त 1942 को अखिल भारतीय कांग्रेस कमेटी के अधिवेशन के दौरान बंबई में, मोहनदास करमचंद गांधीजी ने 'भारत छोड़ो आंदोलन' शुरू किया।
- उसके बाद अगले दिन, गांधीजी, नेहरूजी और भारतीय राष्ट्रीय कांग्रेस के कुछ अन्य नेताओं को ब्रिटिश सरकार ने गिरफ्तार कर लिया। आने वाले दिनों में पूरे देश में अव्यवस्थित और अहिंसक प्रदर्शन हुए।
- और 1942 के मध्य में, जापानी सैनिक भारत की सीमाओं के निकट आ रहे थे। युद्ध की नोक पर खड़े भारत की लंबे समय से चली आ रही इस स्थिति की समस्या को हल करने के लिए चीन, अमेरिका और ब्रिटेन से दबाव बढ़ रहा था।

अतः विकल्प (A) सही है।

32.

- बेलगाम में आईएनसी का 39 वां सत्र 26 दिसंबर, 1924 को आयोजित किया गया था।
- भारतीय राष्ट्रीय कांग्रेस के बेलगाम सत्र की अध्यक्षता गांधी ने की थी।
- यह पहली और आखिरी बार था जब गांधी ने कांग्रेस के एक अधिवेशन की अध्यक्षता की।
- इस अवसर पर, गांधी ने कहा कि केवल मृत्यु मुझे बेलगाम जाने से रोक सकती है।

अतः विकल्प (C) सही है।

33. दादाभाई नौरोजी को ब्रिटिश के द्वारा सम्मानित किया गया था। इसी कारण से उन्हें भारतीय राष्ट्रीय कांग्रेस के अध्यक्ष के रूप में चुना गया था। उन्हें भारतीय राष्ट्रीय कांग्रेस के अध्यक्ष के रूप में एक बार या दो बार नहीं बल्कि तीन बार यानी 1886, 1893 और 1906 में चुना गया था। ब्रिटिश संसद के सदस्य के रूप में पहला भारतीय दादाभाई नौरोजी को चुना गया था।

अतः विकल्प (B) सही है।

34. 9वीं अनुसूची को वर्ष 1951 में प्रथम संविधान संशोधन अधिनियम के माध्यम से भारतीय संविधान में शामिल किया गया था। यह पहली बार था, जब संविधान में संशोधन किया गया था। उल्लेखनीय है कि संविधान की 9वीं अनुसूची में शामिल विभिन्न कानूनों को संविधान के अनुच्छेद 31B के तहत संरक्षण प्राप्त होता है।

अतः विकल्प (D) सही है।

35. भारतीय संविधान के अनुच्छेद 61 के तहत राष्ट्रपति पर महाभियोग लगाया जा सकता है।अनुच्छेद 61(1) में निर्दिष्ट राष्ट्रपति के महाभियोग के लिए संविधान का उल्लंघन 'है।भारतीय संसद में एक महाभियोग अर्ध-न्यायिक प्रक्रियात्मक है।अनुच्छेद 63 का संबंध भारत के उपाध्यक्ष के रूप में है।अनुच्छेद 54 राष्ट्रपति के चुनाव से संबंधित है।अनुच्छेद 64 राज्यों की परिषद के पूर्व-अध्यक्ष के उपराष्ट्रपति होने से संबंधित है।

अतः विकल्प (A) सही है।

36. विश्व बैंक की स्थापना 1944 के ब्रेटन वुड्स सम्मेलन में अंतर्राष्ट्रीय मुद्रा कोष (IMF) के साथ मिलकर की गई थी। विश्व बैंक के अध्यक्ष परंपरागत रूप से एक अमेरिकी हैं। विश्व बैंक और आईएमएफ दोनों वाशिंगटन, डीसी में स्थित हैं, और एक दूसरे के साथ मिलकर काम करते हैं।

अतः विकल्प (A) सही है।

37. संविधान के अनुच्छेद 80 के तहत, राज्य परिषद (राज्य सभा) 250 से अधिक सदस्यों से नहीं बना है। 12 भारत के राष्ट्रपति द्वारा उन व्यक्तियों में से नामित किए जाते हैं जिनके पास साहित्य, विज्ञान, कला और सामाजिक सेवा जैसे मामलों के संबंध में विशेष ज्ञान या व्यावहारिक अनुभव है।

अतः विकल्प (A) सही है।

38. सन 1976 में 42वें संविधान संशोधन अधिनियम द्वारा इसमें संशोधन किया गया था। जिसमें तीन नए शब्द समाजवादी, धर्मनिरपेक्ष और अखंडता को जोड़ा गया था। भारत के सभी नागरिकों के लिए न्याय, स्वतंत्रता, समानता को सुरक्षित करती है। और लोगों के बीच भाई चारे को बढावा देती है।

अतः विकल्प (B) सही है।

39. अनुच्छेद 1 में भारत का संविधान भारत को राज्यों के संघ के रूप में वर्णित करता है। और इसके अनुसार, भारत के क्षेत्र को तीन श्रेणियों में वर्गीकृत किया जा सकता है:

- राज्यों का क्षेत्र
- केंद्र शासित प्रदेश
- वे क्षेत्र जो किसी भी समय भारत सरकार द्वारा अधिग्रहित किए जा सकते हैं।

अतः विकल्प (A) सही है।

40.

- भारत का संविधान 26 नवंबर 1949 को भारत की संविधान सभा द्वारा अपनाया गया था।
- नागरिकता, चुनाव, अस्थायी संसद, अस्थायी और संक्रमणकालीन प्रावधानों से संबंधित प्रावधानों को 26 नवंबर, 1949 से तत्काल प्रभाव दिया गया।
- 26 जनवरी 1950 को पूरा संविधान प्रभावी हो गया।
- मसौदा समिति के अध्यक्ष बी. आर. अम्बेडकर को व्यापक रूप से इसका मुख्य वास्तुकार माना जाता है।

अतः विकल्प (C) सही है।

41.

- संघवाद भारतीय संविधान की प्रस्तावना का हिस्सा नहीं है।
- एक प्रस्तावना मूल रूप से दस्तावेज़ के दर्शन और उद्देश्यों को समझाते हुए एक दस्तावेज़ में एक परिचयात्मक बयान है।

- प्रस्तावना के आदर्शों को जवाहरलाल नेहरू द्वारा उद्देश्य संकल्प में रखा गया था।
- प्रस्तावना भारत को एक संप्रभु, समाजवादी, धर्मनिरपेक्ष और लोकतांत्रिक गणराज्य घोषित करती है।
- 42 वें संशोधन, 1976 में प्रस्तावना में 'समाजवादी' शब्द जोड़ा गया था।
- 42 वें संवैधानिक संशोधन, 1976 द्वारा प्रस्तावना में 'धर्मनिरपेक्ष' शब्द जोड़ा गया था।

अतः विकल्प (D) सही है।

42. भारत के मुख्य न्यायाधीश (सीजेआई) की नियुक्ति भारत के राष्ट्रपति द्वारा संविधान के अनुच्छेद 124 के खंड (2) के तहत की जाती है।

सीजेआई की नियुक्ति के लिए अपनाई जाने वाली मूल प्रक्रिया है:

- भारत के मुख्य न्यायाधीश के रुप में नियुक्ति सर्वोच्च न्यायालय के वरिष्ठतम न्यायाधीश की होनी चाहिए जो इस पद के लिए उपयुक्त माने जाते हैं।
- केंद्रीय कानून, न्याय और कंपनी मामलों के मंत्री, उचित समय पर, भारत के अगले मुख्य न्यायाधीश की नियुक्ति के लिए भारत के निवर्तमान मुख्य न्यायाधीश की सिफारिश मांगेंगे।

अतः विकल्प (B) सही है।

43. वर्ष 1956 में 7वें संविधान संशोधन अधिनियम द्वारा मध्य प्रदेश के लिये विधानपरिषद की स्थापना का प्रावधान किया गया था किंतु अभी तक राष्ट्रपति द्वारा अधिसूचना जारी न किये जाने के कारण मध्य प्रदेश में विधानपरिषद का गठन नहीं हो सका है। भारत के सभी राज्यों में दो सदन अस्तित्व में नहीं हैं। अतः मध्य प्रदेश राज्य में द्विसदनीय विधायिका नहीं है।

अतः विकल्प (C) सही है।

44.

- संविधान की 7वीं अनुसूची के तहत, विषय 'शिक्षा' समवर्ती सूची के अंतर्गत आता है।
- भारतीय संविधान की 7वीं अनुसूची केंद्र सरकार और राज्य सरकार के बीच शक्तियों के विभाजन से संबंधित है।
- संविधान संघ और राज्यों के बीच विधायी विषयों के त्रिविध वितरण के लिए प्रदान करता है।
- 1976 के 42वें संशोधन अधिनियम ने पांच विषयों को राज्य सूची से समवर्ती सूची में स्थानांतरित कर दिया है।

अतः विकल्प (D) सही है।

45. नीति (NITI) का पूर्ण रूप नेशनल इंस्टीट्यूशन फॉर ट्रांसफॉर्मिंग इंडिया है। नीति अयोग की संरचना में निम्नलिखित घटक हैं-

1. शासन परिषद - मुख्यमंत्री और उपराज्यपाल
2. क्षेत्रीय परिषद- आवश्यकता के आधार पर गठित
3. सदस्य- पूर्णकालिक आधार
4. अंशकालिक आधार- अधिकतम 2
5. पदेन सदस्य - पीएम द्वारा नामित, मंत्रिपरिषद से अधिकतम 4
6. विशेष आमंत्रित विशेषज्ञ- डोमेन ज्ञान के साथ विशेषज्ञ, अभ्यासकर्ता
7. मुख्य कार्यकारी अधिकारी- निश्चित कार्यकाल के लिए पीएम द्वारा नियुक्त

अतः विकल्प (B) सही है।

46.

- मौद्रिक नीति भारतीय रिजर्व बैंक द्वारा लागू की जाती है।
- मौद्रिक नीति ब्याज दर या मुद्रा आपूर्ति को नियंत्रित करने के लिए जिम्मेदार है।
- मौद्रिक नीति राजकोषीय नीति के विपरीत है।

मौद्रिक नीति से प्रभावित होने वाले कुछ महत्वपूर्ण कारक हैं -

1. सकल घरेलु उत्पाद
2. कम बेरोजगारी बनाए रखना
3. अन्य देशों के साथ विनिमय दर बनाए रखना।

अतः विकल्प (A) सही है।

47. सूक्ष्मअर्थशास्त्र अर्थशास्त्र की उस शाखा को संदर्भित करता है जो अर्थव्यवस्था के प्रदर्शन, संरचना और विकास दर से संबंधित है सूक्ष्मअर्थशास्त्र के अध्ययन में शामिल होने वाले कुछ महत्वपूर्ण विषयों में शामिल हैं -

1. राष्ट्रीय आय
2. मूल्य संकेत
3. बचत
4. निवेश
5. राष्ट्रीय और अंतर्राष्ट्रीय व्यापार

अतः विकल्प (C) सही है।

48.

- सकल राष्ट्रीय उत्पाद को सकल राष्ट्रीय आय भी कहा जाता है।
- इसमें देश के निवासियों द्वारा दावा किया जाने वाला घरेलू और विदेशी उत्पादन दोनों शामिल हैं।

अतः विकल्प (C) सही है।

49. मंदी एक आर्थिक शब्द है जो आर्थिक गतिविधि में गिरावट को दर्शाता है यह अर्थव्यवस्था में वित्तीय संकट का कारण बनता है। यह दर्शाता है कि देश के निवासियों ने समय की अवधि के लिए उत्पादों को खरीदना बंद कर दिया है जो जीडीपी में गिरावट का कारण बनता है। यह प्रगति के विपरीत है।

अतः विकल्प (A) सही है।

50. भारत में केसर का प्रमुख उत्पादक राज्य जम्मू और कश्मीर है। केसर की खेती जम्मू के किश्तवाड और पम्पोर के सीमावर्ती क्षेत्रों में अधिक की जाती हैं। यहाँ की केसर पतली,लाल रंग की कमल की तरह सुगन्धित होती हैं।

अतः विकल्प (C) सही है।

51. वस्तु एवं सेवा कर (जीएसटी) में सीमा शुल्क कर शामिल नहीं है। सीमा शुल्क का अर्थ उन वस्तुओं पर लगाए गए कर से है जब उन्हें अंतर्राष्ट्रीय सीमाओं के पार ले जाया जाता है। सरल शब्दों में, यह वह कर है जो वस्तु के आयात और निर्यात पर लगाया जाता है। सरकार इस शुल्क का उपयोग अपने राजस्व को बढ़ाने, घरेलू उद्योगों की सुरक्षा और माल की आवाजाही को विनियमित करने के लिए करती है। सीमा शुल्क एक अप्रत्यक्ष कर का एक रूप है जो वस्तु और सेवाओं के आयात और निर्यात दोनों के समय लगाया जाता है।

अतः विकल्प (B) सही है।

52. एक "बंद अर्थव्यवस्था" वह अर्थव्यवस्था है जिसमें न निर्यात होता और न ही आयात होता है एवं जिसमें बाहरी अर्थव्यवस्थाओं के साथ कोई व्यापारिक गतिविधि नहीं होती है। इसलिए बंद अर्थव्यवस्था पूरी तरह से आत्मनिर्भर होती है , जिसका मतलब है कि कोई भी आयात देश में नहीं आता है और कोई भी निर्यात देश से बाहर नहीं जाता है। एक बंद अर्थव्यवस्था का लक्ष्य घरेलू उपभोक्ताओं को देश की सीमाओं के भीतर से उनकी जरूरत की हर चीज उपलब्ध कराना है। कच्चे माल की आवश्यकता कहीं और उत्पन्न होती है जो अंतिम माल के इनपुट के रूप में एक महत्वपूर्ण भूमिका निभाते हैं, तथा जो बंद

अर्थव्यवस्थाओं को अक्षम बनाता है। सरकार कोटा, सब्सिडी और टैरिफ के उपयोग के माध्यम से अंतरराष्ट्रीय प्रतिस्पर्धा से एक विशिष्ट उद्योग को बंद कर सकती है। यह वास्तव में, ऐसे राष्ट्र नहीं हैं जिनकी अर्थव्यवस्थाएं पूरी तरह से बंद हैं।

अतः विकल्प (B) सही है।

53. 'रोजगार का अधिकार' आर्थिक अधिकार है। भारतीय संविधान में 'राइट टू वर्क' को नीति के निर्देशक सिद्धांतों में रखा जा रहा है, लेकिन कहा यह गया कि इसके बिना मूल अधिकार निरर्थक रह जाएँगे। अतः राज्य का दायित्व होगा कि वह जल्द से जल्द अपनी आर्थिक अवस्था के अनुसार 'रोज़गार का अधिकार' लागू करेगा। इस प्रकार 'रोज़गार का अधिकार' संविधान का अखण्ड हिस्सा है।

अतः विकल्प (D) सही है।

54. अप्रत्यक्ष कर एक ऐसा कर है जिसे किसी अन्य व्यक्ति या संस्था को हस्तांतरित किया जा सकता है। अप्रत्यक्ष कर आम तौर पर आपूर्तिकर्ताओं या निर्माताओं पर लगाया जाता है जो इसे अंतिम उपभोक्ता को देते हैं। **उत्पाद शुल्क, सीमा शुल्क और मूल्य वर्धित कर (वैट)** अप्रत्यक्ष करों के उदाहरण हैं।

प्रत्यक्ष कर एक ऐसा कर है जो एक व्यक्ति या संगठन सीधे उस संस्था को देता है जिसने इसे लगाया है। एक व्यक्तिगत करदाता, उदाहरण के लिए, **आयकर, वास्तविक संपत्ति कर, व्यक्तिगत संपत्ति कर, या संपत्ति पर कर** सहित विभिन्न उद्देश्यों के लिए सरकार को प्रत्यक्ष कर का भुगतान करता है।

अतः विकल्प (A) सही है।

55.

- दादाभाई नौरोजी राष्ट्रीय आय को निर्धारित करने वाले पहले व्यक्ति थे।
- वह भारत के अनौपचारिक राजदूत भी थे।
- ब्रिटेन में, वह 1892 में हाउस ऑफ़ कॉमन्स के सदस्य थे।
- वह ब्रिटिश संसद का सदस्य बनने वाले पहले भारतीय थे।

अतः विकल्प (C) सही है।

56. भारतीय मानक संस्थान (आईएसआई) 1955 से भारत में सभी औद्योगिक उत्पादों की गुणवत्ता का एक मानक चिह्न है। आईएसआई का नाम बदलकर बीआईएस (भारतीय मानक ब्यूरो) कर दिया गया। बीआईएस उपभोक्ता मामलों, खाद्य और सार्वजनिक वितरण मंत्रालय के तत्वावधान में भारत का राष्ट्रीय मानक निकाय है। भारतीय मानक ब्यूरो अधिनियम, 1986 द्वारा बीआईएस की स्थापना की गई जो 23 दिसंबर 1986 को लागू हुई। बीआईएस हॉलमार्क सोने की एक हॉलमार्किंग प्रणाली है और साथ ही भारत में बेची जाने वाली चांदी की ज्वैलरी भी धातु की शुद्धता को प्रमाणित करती है।

अतः विकल्प (B) सही है।

57.

- भारत में बजट का राजस्व अनुमान वित्त मंत्रालय द्वारा तैयार किया जाता है।
- बजट सरकार की राजकोषीय नीति का एक साधन है।
- बजट किसी सरकार का वार्षिक वित्तीय विवरण होता है।
- यह अगले साल के लिए देश के लिए एक राजकोषीय रोडमैप तैयार करता है।
- इसे वित्त मंत्रालय द्वारा नीती अयोग और अन्य संबंधित मंत्रालयों के परामर्श से तैयार किया गया है।
- वित्त मंत्रालय में आर्थिक मामलों के विभाग (डीईए) का बजट प्रभाग बजट निर्माण के लिए जिम्मेदार नोडल निकाय है।
- वित्त मंत्री लोकसभा में बजट पेश करता है। 2016 तक, यह फरवरी के अंतिम दिन प्रस्तुत किया गया था। हालांकि, 2017 के बाद से बजट हर साल 1 फरवरी को पेश किया गया है।

अतः विकल्प (D) सही है।

58. रास लीला पारंपरिक मणिपुरी संस्कृति का एक महत्वपूर्ण हिस्सा है। जब नर्तक रास लीला करते हैं, तो यह भगवान कृष्ण के आध्यात्मिक प्रेम का प्रतीक है। यह मणिपुरी शास्त्रीय भारतीय नृत्य के सबसे महत्वपूर्ण हिस्सों में से एक है। रास लीला को पहली बार 1779 में निंगथो चिंग-थांग खोंबा द्वारा नृत्य रूप में शुरू किया गया था, जिसे राजर्षि भाग्य चंद्र, 18वीं शताब्दी की मीती सम्राट के रूप में भी जाना जाता है।

अतः विकल्प (A) सही है।

59.

- उपभोक्ता आंदोलन, उपभोक्ता अधिकारों और जरूरतों के बारे में वैश्विक जागरूकता बढ़ाने के साधन के रूप में हर वर्ष 15 मार्च को विश्व उपभोक्ता अधिकार दिवस के रूप में चिह्नित करता है।
- इस दिन को मनाना यह मांग करने का मौका है कि सभी उपभोक्ताओं के अधिकारों का सम्मान किया जाए और उनकी रक्षा की जाए, और उन अधिकारों का हनन करने वाले बाजार के दुरुपयोग और सामाजिक अन्याय का विरोध किया जाए।
- विश्व उपभोक्ता अधिकार दिवस 2021 की विषयवस्तु, 'द सस्टेनेबल कंज्यूमर' थी।

अतः विकल्प (A) सही है।

60. चेरव या बाँस नृत्य मिज़ोरम का पारंपरिक नृत्य है। इसे मिजोरम के सबसे पुराने नृत्यों में से एक माना जाता है। माना जाता है कि नृत्य एक अनुष्ठान से निकला है। नृत्य के रूप में, बांस को जमीन पर क्षैतिज या क्रॉस रूप में रखा जाता है। इन बांस के जोड़ों को छह से आठ लोगों द्वारा पकड़ा जाता है। पुरुष नर्तक इन बांसों को एक लयबद्ध ताल पर ले जाते हैं, जबकि महिला नर्तक बांस की संरचनाओं से अंदर और बाहर कदम रखते हुए शान से नृत्य करती हैं। बाँस को एक साथ ताल पर पुरुष नर्तक द्वारा बजाया जाता है।

अतः विकल्प (C) सही है।

61.

- मार्च 1942 में ब्रिटिश सरकार द्वारा क्रिप्स मिशन भेजा गया था।
- इसका उद्देश्य द्वितीय विश्व युद्ध में भारतीय समर्थन प्राप्त करना था।
- इसकी अध्यक्षता सर रिचर्ड स्टेफर्ड क्रिप्स ने की, जो विंस्टन चर्चिल की सरकार में श्रम मंत्री थे।
- मिशन को भारतीय राष्ट्रीय कांग्रेस, मुस्लिम लीग और अन्य भारतीय समूहों द्वारा अस्वीकार कर दिया गया था।

अतः विकल्प (B) सही है।

62.

- अकबर ने अपने प्रशासन में मनसबदारी प्रणाली की शुरुआत की थी।
- मनसबदारी रैंक वंशानुगत नहीं थी।
- सभी नियुक्तियों और पदोन्नति, साथ ही साथ बर्खास्तगी, सीधे सम्राट द्वारा की गई थी।
- मनसबदारों को या तो नकद या भूमि के क्षेत्रों के कार्यों के रूप में भुगतान किया गया था
- नकद में भुगतान पाने वाले को नक़दी के नाम से जाना जाता था।
- जागीर के कार्य के माध्यम से भुगतान करने वालों को जागीरदार कहा जाता था।

अतः विकल्प (A) सही है।

63.

- आर्य समाज ने अपने धर्म पर गर्व करने के लिए आंदोलन किया और अपने आप में आत्मविश्वास से भारत में ब्रिटिश शासन के खिलाफ एक राष्ट्रीय आंदोलन के उदय का मार्ग प्रशस्त किया।
- थियोसोफिकल सोसायटी की श्रीमती एनी बेसेंट ने कहा, "यह दयानंद सरस्वती थे जिन्होंने पहली बार घोषणा की थी कि भारत भारतीयों के लिए है"।
- आर्य समाज की स्थापना महर्षि दयानंद सरस्वती ने 10 अप्रैल 1875 को मुंबई में की थी।

अतः विकल्प (A) सही है।

64.

- त्रिपिटक बौद्धों का पवित्र ग्रन्थ है।
- विनय पिटक में भिक्षुओं के लिए मठ के अनुशासन के नियम हैं।
- सुत्त पिटक बुद्ध के उपदेशों का संग्रह है।
- अभिधम्म पिटक बुद्ध की शिक्षाओं का दर्शन है।

अतः विकल्प (D) सही है।

65. हरित क्रांति खाद्यान्नों (विशेषकर गेहूँ और चावल) के उत्पादन में भारी वृद्धि है। इसने 20 वीं शताब्दी की शुरुआत में, नए, उच्च उपज देने वाली किस्मों के विकासशील देशों में बड़े हिस्से की शुरूआत की। इसकी प्रारंभिक नाटकीय सफलताएँ मैक्सिको और भारतीय उपमहाद्वीप में थीं। नई किस्मों को अपनी उच्च पैदावार के लिए बड़ी मात्रा में रासायनिक उर्वरकों और कीटनाशकों की आवश्यकता होती है, जिससे लागत और संभावित हानिकारक पर्यावरणीय प्रभावों के बारे में चिंता बढ़ जाती है।

अतः विकल्प (A) सही है।

66. प्रधानमंत्री स्वनिधि योजना के तहत, शहरी स्ट्रीट वेंडर्स को बैंकों द्वारा प्रति वर्ष 10,000 रुपये तक की कार्यशील पूंजी ऋण की मंजूरी दी जाती है। यह योजना भारत सरकार द्वारा कोविड-19 लॉकडाउन के दौरान विक्रेताओं को माइक्रो-क्रेडिट सुविधा प्रदान करने के लिए शुरू की गई थी। गृह मंत्रालय के आंकड़ों के अनुसार, इस योजना के तहत कुल संवितरण में से, निजी बैंकों ने केवल 1.6% का योगदान दिया है।

अतः विकल्प (A) सही है।

67. माल और सेवा कर अधिनियम 29 मार्च 2017 को संसद में पारित किया गया था और 1 जुलाई 2017 को जीएसटी कर लागू हुआ। जीएसटी कराधान में समानता लाता है और इसने भारत में कई अप्रत्यक्ष करों (एक ऐसा कर जो आय या मुनाफे के बजाय वस्तुओं और सेवाओं पर लगाया गया हो) को बदल दिया है।

अतः विकल्प (B) सही है।

68. माल और सेवा कर ने भारत को एक साझा बाजार बनाया है। पूरे भारत में वस्तुओं और सेवाओं के निर्माण, बिक्री और उपभोग पर माल और सेवा कर (जीएसटी) एक व्यापक अप्रत्यक्ष कर है। माल और सेवा कर जीएसटी के तहत, वस्तुओं और सेवाओं को निम्न दरों पर लगाया जाता है, 0%, 5%, 12% और 18% मोटे कीमती और अर्ध कीमती पत्थरों पर 0.25% की एक विशेष दर और सोने पर 3% की दर है। इसके अलावा 15% या अन्य दरें 28% जीएसटी के ऊपर सेसेंट पेय, लक्जरी कारों और तम्बाकू उत्पादों जैसी कुछ वस्तुओं पर लागू होती है।

अतः विकल्प (B) सही है।

69.

- राष्ट्रीय चावल अनुसंधान संस्थान कटक में स्थित है।
- चावल की खेती के लिए आवश्यक न्यूनतम वर्षा 125 सेमी से 200 सेमी है।
- अंतर्राष्ट्रीय चावल अनुसंधान संस्थान मनीला में स्थित है।
- मीथेन गैस का उत्पादन चावल की फसलों में होता है।
- चावल का सर्वाधिक उत्पादन करने वाला राज्य पश्चिम बंगाल है।
- चीन दुनिया में अधिकतम चावल का उत्पादन करता है।
- चावल उत्पादन में भारत दूसरे नंबर पर आता है।

अतः विकल्प (C) सही है।

70. सुंदरलाल बहुगुणा ने भारत में चिपको आंदोलन शुरू किया। सुंदरलाल बहुगुणा गांधीवादी कार्यकर्ता थे। उन्होंने चिपको आंदोलन और भारत के तत्कालीन प्रधान मंत्री इंदिरा गांधी को अपनी अपील के लिए एक दिशा दी, जिसके परिणामस्वरूप पेड़ों को काटने पर प्रतिबंध लगा दिया गया।

अतः विकल्प (B) सही है।

71. विनेश फोगाट 2020 में राजीव गांधी खेल रत्न पुरस्कार से सम्मानित किया गया है। वह एक भारतीय पहलवान हैं। विनेश फोगट कॉमनवेल्थ और एशियाई दोनों खेलों में गोल्ड जीतने वाली पहली भारतीय महिला पहलवान बनीं। उन्हें अर्जुन पुरस्कार से भी सम्मानित किया गया है।

अतः विकल्प (B) सही है।

72.

क्रम संख्या	नाम	क्षेत्र	राज्य / देश
1	अरुण जेटली (मरणोपरांत)	सार्वजनिक मामलों	दिल्ली
2	जॉर्ज फर्नांडीस (मरणोपरांत)	सार्वजनिक मामलों	बिहार
3	सर अनिरुद्ध जुगनौत	सार्वजनिक मामलों	मॉरीशस
4	एम. सी. मैरी कॉम	खेलों	मणिपुर
5	सुषमा स्वराज (मरणोपरांत)	सार्वजनिक मामलों	दिल्ली
6	श्री विश्वश्रेष्ठ स्वामीजी श्री पेजवारा अधोखजा मठ उडुपी (मरणोपरांत)	अन्य-अध्यात्मवाद	कर्नाटक
7	छन्नूलाल मिश्र	कला	उत्तर प्रदेश

अतः विकल्प (B) सही है।

73.

- हैदराबाद, तेलंगाना में महावीर हरिना वनस्थली राष्ट्रीय उद्यान स्थित है।
- इसका नाम जैनियों के पवित्र संत भगवान महावीर के नाम पर रखा गया है, जो वनस्थलीपुरम में स्थित है, जो मुख्य शहर से लगभग 15 किमी दूर एक आवासीय उपनगर है।
- यह विशेष रूप से लुप्तप्राय पशु प्रजातियों, काला हिरण के लिए एक घर होने के लिए जाना जाता है।

अतः विकल्प (A) सही है।

74.

- सुभाष चंद्र बोस एक भारतीय स्वतंत्रता सेनानी थे।
- उनका जन्म 23 जनवरी 1897 को कटक में हुआ था।

- सुभाष चंद्र बोस के जन्मदिन को भारत में "देश प्रेम दिवस" के रूप में मनाया जाता है।
- 23 जनवरी को देश प्रेम दिवस के रूप में मनाने का प्रस्ताव पश्चिम बंगाल सरकार द्वारा दिया गया था।
- जनवरी 2021 तक, सरकार ने घोषणा की है कि यह हर साल पराक्रम दिवस के रूप में मनाया जाएगा।
- सुभाष चंद्र बोस को लोकप्रिय रूप से "नेताजी" कहा जाता है।
- वह आजाद हिंद सरकार के संस्थापक-प्रमुख थे।
- वह भारतीय राष्ट्रीय सेना के प्रमुख थे।
- वे 1938 में हरिपुरा अधिवेशन में INC के अध्यक्ष बने।
- वह भारतीय राष्ट्रीय कांग्रेस के पहले निर्वाचित अध्यक्ष हैं।

अतः विकल्प (D) सही है।

75. ओज़ोन परत पृथ्वी के वायुमंडल की एक परत है जिसमें ओजोन गैस की सघनता अपेक्षाकृत अधिक होती है। ओज़ोन परत के कारण ही धरती पर जीवन संभव है। यह परत सूर्य के उच्च आवृत्ति के पराबैंगनी किरणों का 93-99 % मात्रा अवशोषित कर लेती है, जो पृथ्वी पर जीवन के लिये हानिकारक है।

अतः विकल्प (A) सही है।

76. महर्षि वाल्मीकि संस्कृत महाकाव्य 'रामायण' की लिखी थी। रामायण के बाद से ही श्रीराम कथा को कई भाषाओं में रामायण या फिर इसके समकक्ष नामों से लिखा गया। हनुमानजी ने इसे एक शिला पर लिखा था। रामायण में 24,000 श्लोक और सात छंद हैं।

अतः विकल्प (A) सही है।

77. जैन दर्शन को सर्वप्रथम प्रथम तीर्थंकर ऋषभ देव ने प्रतिपादित किया था। जैन दर्शन के विकास में सहयोग के लिए अजितनाथ और अरिस्टेनेमि जैसे अन्य तीर्थंकरों का भी उल्लेख किया गया था। जैन धर्म के तीन रत्न निम्नलिखित हैं:

1. सम्यक विश्वास
2. सम्यक ज्ञान
3. सम्यक कर्म

अतः विकल्प (B) सही है।

78. नवाबगंज पक्षी अभयारण्य NH-25 के पास स्थित है।

नवाबगंज पक्षी अभयारण्य उत्तर प्रदेश में स्थापित किया गया था। यह उत्तर प्रदेश में उन्नाव जिले के 224.6 हेक्टेयर क्षेत्र में शांत हरे भरे खंड में स्थित है।

अतः विकल्प (B) सही है।

79. परम्परागत कृषि विकास योजना (PKVY) के तहत जैविक कृषि को क्लस्टर पद्धति और पीजीएस प्रमाणीकरण द्वारा बढ़ावा दिया जाता है। भारत सरकार कृषि एवं सहकारिता विभाग द्वारा वर्ष 2015-16 से एक नई-परम्परागत कृषि विकास योजना का शुभारम्भ किया गया है।इस योजना का उद्देश्य जैविक उत्पादों के प्रमाणीकरण और विपणन को प्रोत्साहन करना है। इसी दिशा में भारत सरकार कृषि एवं सहकारिता विभाग द्वारा क्षेत्रीय परिषद (रीजनल काउन्सिल) के रूप में राष्ट्रीय जैविक खेती केन्द्र गाजियाबाद से पंजीयन करवाकर, पीजीएस लागू करने संबंधी कार्यवाही के लिये जिला आत्मा समितियों को अधिकृत किया गया है।

अतः विकल्प (B) सही है।

80. बासमती चावल भारत द्वारा सबसे ज्यादा निर्यात किया जाने वाला कृषि पदार्थ है। बासमती भारत की लम्बे चावल की एक उत्कृष्ट किस्म है। इसका वैज्ञानिक नाम है ओराय्ज़ा सैटिवा। यह अपने खास स्वाद और मोहक खुशबू के लिये प्रसिद्ध है। भारत इस किस्म का सबसे बड़ा उत्पादक है, जिसके बाद पाकिस्तान, नेपाल और बांग्लादेश आते हैं।

अतः विकल्प (C) सही है।

81. न्यूरॉन में, विद्युत संकेत का रूपांतरण अक्षीय सिरे में होता है। एक अक्षीय सिरा फाइबर एक तंत्रिका कोशिका, या न्यूरॉन का एक लंबा, पतला प्रक्षेपण होता है, जो न्यूरॉन के सेल शरीर, या सोम से दूर विद्युत आवेगों ("एक्शन पोटेंशिअल") का संचालन करता है, ताकि अन्य आवेगों को उन आवेगों को प्रेषित किया जा सके।

अतः विकल्प (B) सही है।

82.

- पश्चिम बंगाल भारत में जूट का सबसे बड़ा उत्पादक है।
- कर्नाटक मक्का और कॉफी का प्रमुख उत्पादक है।
- तमिलनाडु मूंगफली के प्रमुख उत्पादकों में से एक है।
- असम भारत का प्रमुख चाय उत्पादक है।

अतः विकल्प (A) सही है।

83. उत्तर प्रदेश को पूर्व में यूनाइटेड प्रोविन्सनाम से जाना जाता था।26 जनवरी, 1950 को भारत के गणतंत्र बनने पर राज्य को अपना वर्तमान नाम "उत्तर प्रदेश" मिला था। उत्तर प्रदेश भारत का प्रथम राज्य है, जहाँ कोई महिला मुख्यमंत्री नियुक्त हुई थी। सुचेता कृपलानी इस प्रदेश की ही नहीं अपितु भारत के किसी राज्य में मुख्यमंत्री बनने वाली प्रथम महिला थीं।

अतः विकल्प (A) सही है।

84. उत्तर प्रदेश में राजकीय खाद्य प्रसंस्करण प्रौद्योगिकी संस्थान लखनऊ में स्थित है। राजकीय खाद्य प्रसंस्करण प्रौद्योगिकी संस्थान, लखनऊ (पूर्व-राजकीय फल संरक्षण एवं डिब्बा बन्दी संस्थान, लखनऊ) गत 67 वर्षो से फल एवं सब्जी प्रसंस्करण के क्षेत्र में उल्लेखनीय योगदान दे रहा है। इस संस्थान की स्थापना वर्ष 1949 में लखनऊ में लघु एवं कुटीर उद्योग निदेशालय के अन्तर्गत ''राजकीय फल संरक्षण एवं डिब्बा बन्दी संस्थान'' के नाम से स्थापित हुई।

अतः विकल्प (C) सही है।

85. सबसे कम ज़िलों को स्पर्श करने वाला उत्तर प्रदेश का ललितपुर ज़िला है।ललितपुर ज़िला भारत के उत्तर प्रदेश राज्य का एक ज़िला है। ज़िले का मुख्यालय ललितपुर है। ललितपुर के उत्तर में झांसी, दक्षिण में सागर, पूर्व में मध्यप्रदेश के टीकमगढ़, छतरपुर एवं शिवपुरी तथा पश्चिम गुना से सटा हुआ है।

अतः विकल्प (B) सही है।

86. उत्तर प्रदेश को अपना वर्तमान नाम 'उत्तर प्रदेश' 26 जनवरी, 1950 को मिला। उत्तर प्रदेश भारत की जनसंख्या के आधार पर सबसे बड़ा राज्य है। उत्तर प्रदेश भारत का प्रथम राज्य है, जहाँ एक महिला मुख्यमंत्री की नियुक्त हुई थी। सुचेता कृपलानी इस प्रदेश की ही नहीं अपितु भारत के किसी भी राज्य में मुख्यमंत्री बनने वाली प्रथम महिला थीं।

अतः विकल्प (A) सही है।

87. अशोक द्वार निर्मित भारत का राजचिह्न 'सिंह स्तम्भ' उत्तर प्रदेश में सारनाथ में है। सारनाथ में अशोक ने जो स्तम्भ बनवाया था उसके शीर्ष भाग को सिंहचतुर्मुख कहते हैं। इस मूर्ति में चार भारतीय सिंह पीठ-से-पीठ सटाये खड़े हैं। अशोक स्तम्भ अब भी अपने मूल स्थान पर स्थित है किन्तु उसका यह शीर्ष-भाग सारनाथ के संग्रहालय में रखा हुआ है। सिंहचतुर्मुखस्तम्भशीर्ष ही भारत के राष्ट्रीय चिह्न के रूप में स्वीकार किया गया है।

अतः विकल्प (D) सही है।

88. बौद्ध धर्म की वज्रयान शाखा का उदय उत्तर प्रदेश में सारनाथ में हुआ। सारनाथ काशी से सात मील पूर्वोत्तर में स्थित बौद्धों का प्राचीन तीर्थ है, ज्ञान प्राप्त करने के बाद भगवान बुद्ध ने प्रथम उपदेश यहाँ दिया था, यहाँ से ही उन्होंने "धर्म चक्र प्रवर्तन" प्रारम्भ किया।

अतः विकल्प (B) सही है।

89. उत्तर प्रदेश में 'भारतेंदु नाट्य अकादमी' लखनऊ में है। भारतेन्दु नाट्य अकादमी की स्थापना ०२ जुलाई,१९७५ को उ० प्र० संगीत नाटक अकादमी के अन्तर्गत एक नाट्य केन्द्र के रूप में हुई। पदेमभूषण स्व० अमृतलाल नागर इसके प्रथम अध्यक्ष नामित किये गये। कालान्तर में भारतेन्दु नाट्य अकादमी एक स्वतन्त्र स्वायत्तजासी संस्था के रूप में स्थापित हुई।

अतः विकल्प (D) सही है।

90. सुचेता कृपलानी प्रसिद्ध भारतीय स्वतंत्रता सेनानी एवं राजनीतिज्ञ थीं। ये उत्तर प्रदेश की चौथी और भारत की प्रथम महिला मुख्यमंत्री थीं। भारत के संविधान को मूल रूप देने वाली समिति में 15 महिलाएं भी शामिल थीं।

अतः विकल्प (A) सही है।

91. सन 1937 में उत्तर प्रदेश का नाम संयुक्त प्रांत रखा गया। उत्तर प्रदेश सघन आबादी वाले गंगा नदी और यमुना नदी के मैदान में बसा है। लगभग 16 करोड़ की जनसंख्या के साथ उत्तर प्रदेश केवल भारत ही नहीं, बल्कि विश्व की सर्वाधिक आबादी वाला उपराष्ट्रीय प्रदेश है। समूचे विश्व के सिर्फ़ पांच राष्ट्रों चीन, भारत, संयुक्त अमरीका, इंडोनिशिया और ब्राज़ील की जनसंख्या ही उत्तर-प्रदेश की जनसंख्या से अधिक है। उत्तर प्रदेश का भारतीय एवं हिन्दू धर्म के इतिहास में बहुत योगदान है। उत्तर प्रदेश आधुनिक इतिहास और राजनीति का सदैव से केन्द्र बिन्दु रहा है।

अतः विकल्प (A) सही है।

92. उत्तर प्रदेश की मुख्य फसल चावल है।

यह खेती मुख्य रूप से नदी घाटियों, डेल्टाओं और निचले इलाकों में केंद्रित है। चावल उत्पादक राज्यों में पश्चिम बंगाल, उत्तर प्रदेश, आंध्र प्रदेश, पंजाब, तमिलनाडु, ओडिशा और बिहार शामिल हैं।

अतः विकल्प (B) सही है।

93. लॉर्ड कैनिंग के गवर्नर-जनरल के रूप में शासन करने के दौरान ही 1857 ई. की क्रान्ति हुई। इस क्रान्ति का आरम्भ 10 मई, 1857 ई. को मेरठ से हुआ, जो धीरे-धीरे कानपुर, बरेली, झांसी, दिल्ली, अवध आदि स्थानों पर फैल गया। इस क्रान्ति की शुरुआत तो एक सैन्य विद्रोह के रूप में हुई, परन्तु कालान्तर में उसका स्वरूप बदल कर ब्रिटिश सत्ता के विरुद्ध एक जनव्यापी विद्रोह के रूप में हो गया, जिसे भारत का प्रथम स्वतन्त्रता संग्राम कहा गया।

अतः विकल्प (C) सही है।

94. किसी लेंस द्वारा प्रकाश किरणों को अभिसरण या अपसरण करने की मात्रा (डिग्री) को उसकी क्षमता कहते है। यह उस लेंस के फोकस दूरी के व्युत्क्रम के बराबर होता हैं। इसका SI मात्रक डायोप्टर(D) होता हैं।

अतः विकल्प (B) सही है।

95. रडार की कार्यप्रणाली रेडियों तरंगों का परावर्तन के सिद्धान्त पर आधारित है। रडार का अविष्कार टेलर और लिओ यिंग ने 1922 में किया था। इसका उपयोग वायुयान ,जलयान ,मोटरगाड़ियों का पता करने में किया जाता है।

रडार मुख्यत दो प्रकार के होते है : पहली मिलिट्री रडार और दूसरी सिविलियन रडार।

रडार को काम करने के लिए मुख्यत कुछ खास उपकरण की आवश्यकता होती है, जैसे एंटीना ,ट्रांसमीटर ,रिसीवर ,मैग्नेट्रॉन ,डिस्प्ले आदि उपकरणों की आवश्यकता होती है। रडार में मैग्नेट्रॉन से रेडियो तरंगे को छोड़ा जाता है और इसमें उपस्थित एंटीना की सहयता से इन तरंगो को फैलाया जाता है। जब ये रेडियो तरंगे किसी वस्तु से टकराकर वापिस रडार तक पहुँचती है इन्हे एंटीना के द्वारा ग्रहण किया जाता है तो इन रेडिओ तरंगो को रिसीव करके उससे प्राप्त जानकारी को स्क्रीन पर दिखया जाता है की वह वस्तु किस दिशा में और कितनी दूरी पर तथा किस गति से चल रही है इससे टारगेट का पता लग जाता है।

अतः विकल्प (C) सही है।

96. द्वितीय नियम के अनुसार संवेग परिवर्तन की दर बल के अनुक्रमानुपाती होती है तथा यह उसी दिशा में होती है, जिसमें बल कार्य करता है। इस प्रकार, "किसी वस्तु पर आरोपित बल, उस वस्तु के द्रव्यमान तथा उसमें बल की दिशा में उत्पन्न त्वरण के गुणनफल के बराबर होता है।"

अतः विकल्प (B) सही है।

97. किसी वस्तु का वह गुण जो उसकी गति की अवस्था में किसी भी प्रकार के परिवर्तन का विरोध करता है, जड़त्व कहलाता है। 'गति की अवस्था में परिवर्तन' का मतलब है - उसकी चाल में परिवर्तन, उसकी गति की दिशा में परिवर्तन, या चाल और दिशा दोनों में परिवर्तन।

अतः विकल्प (B) सही है।

98. लेजर (विकिरण के उद्दीप्त उत्सर्जन द्वारा प्रकाश का प्रवर्धन) एक ऐसा विद्युतवुम्बकीय विकिरण है जो प्रेरित उत्सर्जन की प्रक्रिया द्वारा उत्पन्न किया जाता है। लेजर विकरण का उद्दीप्ति उत्सर्जन के सिद्धान्त पर कार्य करता है।

अतः विकल्प (A) सही है।

99. फ़ैदोमीटर एक वैज्ञानिक उपकरण है। यह यंत्र समुद्र की गहराई नापने के काम आता है।

1 फ़ैदोमीटर = 1.852 मीटर अथवा 6 फीट

100 फ़ैदोमीटर = 10 केबिल

तथा 1000 फ़ैदोमीटर = 100 केबिल = 1 समुद्री मील

अतः विकल्प (B) सही है।

100. कम्प्यूटर की IC चिप्स सिलिकॉन की बनी होती हैं। सिलिकॉन आवर्त सारणी के चतुर्थ समूह का दूसरा अधातु तत्व है। सिलिकॉन के तीन स्थायी समस्थानिक होते है, जिनके परमाणु भार क्रमश: 28.29 है। यह स्वतंत्र अवस्था में नहीं मिलता है।

अतः विकल्प (A) सही है।

101. वह काल्पनिक रेखा जो फ़ोकस एवं पोल से गुजरते हुए गोलकार दर्पण पर पड़ती है, उसे मुख्य अक्ष कहते है। दर्पण के ध्रुव P तथा वक्रता केंद्र C को मिलाने वाली रेखा या इन दोनों से गुजरने वाली रेखा को दर्पण की मुख्य अक्ष कहते है।
अतः विकल्प (B) सही है।

102. जब जिंक धातु प्रबल अम्लों के तनु विलयनों के साथ अभिक्रिया करता है तो यह लवण बनाता है तथा हाइड्रोजन गैस मुक्त होती है। जिंक आवर्त सारणी का एक तत्त्व है। जिंक का प्रतीकानुसार 'Zn' तथा परमाणु संख्या 30 होती है। जिंक का परमाणु भार 65.38 होता है।

अतः विकल्प (A) सही है।

103. सीसा धातु होते हुए भी विद्युत का कुचालक है। सीसा एक मुलायम नीलापन लिये भूरा धातु है। सीसे में धातुई चमक पायी जाती है। सीसा काग़ज़ पर निशान छोड़ता है। सीसा एक भारी धातु है। इसका घनत्व 11.34, द्रवणांक - 327.4 °C तथा क्वथनांक 1620 °C होता है। यह ताप और विद्युत का कुचालक होता है। यह एक उभयधर्मी धातु है।

अतः विकल्प (C) सही है।

104. सरकार ने प्रवासी मजदूरों की मदद के लिए मेरा राशन ऐप लॉन्च किया है। मेरा राशन ऐप भारत सरकार द्वारा शुरू की गई वन नेशन वन राशन कार्ड योजना का ही हिस्सा है। इसे उपभोक्ता मामले, खाद्य और सार्वजनिक वितरण मंत्रालय द्वारा लॉन्च किया गया है। इस ऐप के जरिए ऐसे मजदूरों को काफी मदद मिलेगी जो काम के सिलसिले में एक जगह से दूसरी जगह जाते रहते हैं।

अतः विकल्प (A) सही है।

105. भारतीय क्रिकेट टीम के पूर्व कप्तान और दिग्गज क्रिकेटर कपिल देव को भारतीय पेशेवर गोल्फ टूर (पीजीटीआई) के बोर्ड में सदस्य के रूप में

शामिल किया गया। इस मौके पर 1983 विश्व कप में भारत की खिताबी जीत के दौरान टीम की अगुवाई करने वाले कपिल ने कहा कि वह देश में गोल्फ के विकास के लिए काम करेंगे।

अतः विकल्प (D) सही है।

106. सऊदी अरब को पीछे छोड़कर अमेरिका अब भारत का दूसरा सबसे बड़ा तेल आपूर्तिकर्ता बन गया है। भारत विश्व का तीसरा सबसे बड़ा आयातक और उपभोक्ता है। भारत ने तेल उत्पादक देशों से बार बार आपूर्ति बढ़ाने की अपील की, जिससे वैश्विक आर्थिक सुधार में मदद मिल सके।

अतः विकल्प (C) सही है।

107. भारत की अंतर्राष्ट्रीय महिला तलवारबाज भवानी देवी को 23 जुलाई 2021 से शुरू होने वाले टोक्यो ओलंपिक के लिए चयनित किया गया है। ओलंपिक के लिए चयनित होने वाली भवानी पहली भारतीय तलवारबाज बनी हैं| टोक्यो ओलिंपिक 23 जुलाई 2021 से शुरू होगा और 08 अगस्त 2021 तक चलेगा। भवानी ने साल 2017 में आइसलैंड में पहली बार एक अंतर्राष्ट्रीय टूर्नामेंट जीता था।

अतः विकल्प (B) सही है।

108. इंग्लैंड के खिलाफ पहले 20-20 मुकाबले में टीम इंडिया को 8 विकेट से हार का सामना करना पड़ा। लेकिन नरेंद्र मोदी स्टेडियम में खेले गए इस मैच में टीम इंडिया के स्टार स्पिनर युजवेंद्र चहल इतिहास रचने में कामयाब हो गए है। चहल टी-20 फॉर्मेट में जसप्रीत बुमराह को पछाड़कर इंडिया के लिए सबसे ज्यादा विकेट लेने वाले गेंदबाज बन गए हैं। इस विकेट के साथ ही इंटरनेशनल टी-20 में चहल के विकेटों की संख्या 60 हो गई है। टी-20 इंटरनेशनल में जसप्रीत बुमराह 50 मैचों में 59 विकेट ले चुके हैं।

अतः विकल्प (C) सही है।

109. जम्मू और कश्मीर प्रशासनिक परिषद ने आवास और शहरी विकास विभाग के 2 लाख रुपये तक के ब्याज मुक्त ऋण प्रदान करने के प्रस्ताव को मंजूरी दे दी है। यह मंजूरी उप-राज्यपाल मनोज सिन्हा के नेतृत्व में दी गई है। यह ब्याज मुक्त ऋण 10 वर्षों की अवधि के लिए प्रदान किया जाएगा। इसमें छह महीने की मोहलत भी शामिल है। इस ऋण राशि को 2,500 रुपये की मासिक किस्त द्वारा चुकाया जा सकता है।

अतः विकल्प (A) सही है।

110. अजय माथुर ने अंतर्राष्ट्रीय सौर गठबंधन (आईएसए) के महानिदेशक का पदभार संभाला। जलवायु परिवर्तन पर प्रधानमंत्री की परिषद के सदस्य माथुर, टेरी और बिजली मंत्रालय के अधीन आने वाले ऊर्जा दक्षता ब्यूरो (बीईई) के महानिदेशक रह चुके हैं। उनकी नियुक्ति चार साल के लिये की गयी है जिसे अगले कार्यकाल के लिये बढ़ाया जा सकता है।

अतः विकल्प (B) सही है।

111. उत्तर प्रदेश के मुख्यमंत्री योगी आदित्यनाथ ने घोषणा की है कि राज्य 'काला नमक चावल महोत्सव' का आयोजन करेगा। काला नमक चावल महोत्सव में रंगारंग सांस्कृतिक कार्यक्रम भी आयोजित किए जाएंगे जिसमें स्थानीय कलाकारों एवं छात्रों को अपनी प्रतिभा प्रदर्शन का मौका मिलेगा। काला नमक चावल बुद्ध के महाप्रसाद के रूप में प्रतिष्ठित है।

अतः विकल्प (C) सही है।

112. अन्तर्राष्ट्रीय महिला दिवस प्रत्येक साल 8 मार्च को दुनियाभर में मनाया जाता है। इसे पहली बार अमेरिका के न्यूयार्क शहर में 28 फरवरी 1909 को मनाया गया था। इसका आयोजन अमेरिका के सोशलिस्ट पार्टी ने किया था।ये दिन राजनीतिक, सामाजिक, आर्थिक और सांस्कृतिक विकास में महिलाओं की भागीदारी को बढ़ावा देने हेतु मनाया जाता है।

अतः विकल्प (A) सही है।

113. केंद्रीय प्रदूषण नियंत्रण बोर्ड (सीपीसीबी) ने देश के 112 सबसे प्रदूषित स्थलों में ओडिशा को पहला स्थान दिया है। सीपीसीबी ने उत्तर प्रदेश को दूसरा और दिल्ली को इस सूची में तीसरा नंबर दिया है। पर्यावरण मंत्रालय के अनुसार प्रदूषित स्थल ऐसे क्षेत्र हैं, जहां कूड़े-कचरों में विषैले और खतरनाक पदार्थों की मात्रा अत्यधिक होने से आसपास रहने वालों की सेहत पर प्रतिकूल असर पड़ रहा है।
अतः विकल्प (C) सही है।

114. जिस प्रकार व्यवहार मनोविज्ञान से सम्बंधित है उसी प्रकार पादप वनस्पति विज्ञान से सम्बंधित है।

अतः विकल्प (B) सही है।

115. जिस प्रकार कबूतर शांति का प्रतीक है उसी प्रकार सफ़ेद झंडा आत्मसमर्पण का प्रतीक है।

अतः विकल्प (C) सही है।

116. चूंकि MANSON एक 6 अक्षर का शब्द है, इसलिए इसका कोड 6 - 1 = 5 है।

इसी तरह BELIEVED एक 8 अक्षर का शब्द है और इसका कोड 8 - 1 = 7 है।

समान पैटर्न के आधार पर NEGOTIABLE एक 10 अक्षर का शब्द है, इसलिए इसका कोड 10 - 1 = 9 है।
अतः विकल्प (B) सही है।

117. निम्नलिखित प्रतिरूप है:

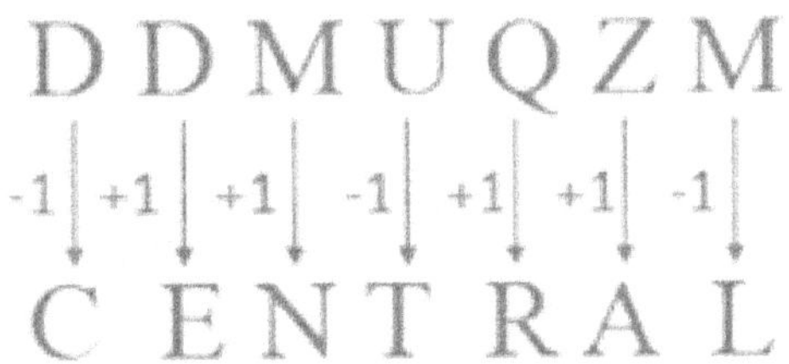

इसी तरह के पैटर्न के आधार पर UZMHKDE को कोडित किया गया है:

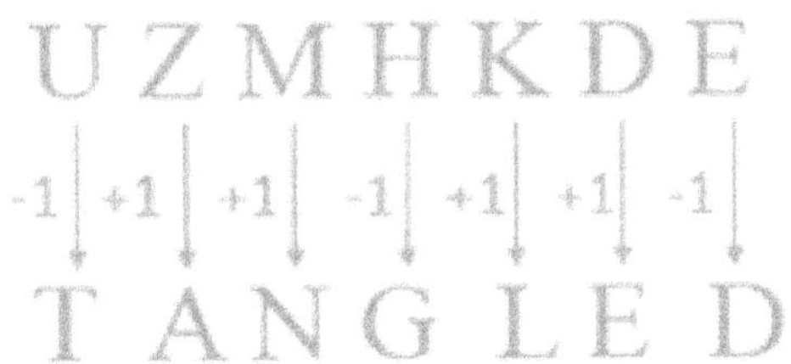

अतः विकल्प (D) सही है।

118. निम्नलिखित व्यवस्था से:

T R A I N
+1 +2 +3 +4 +5
U T D M S

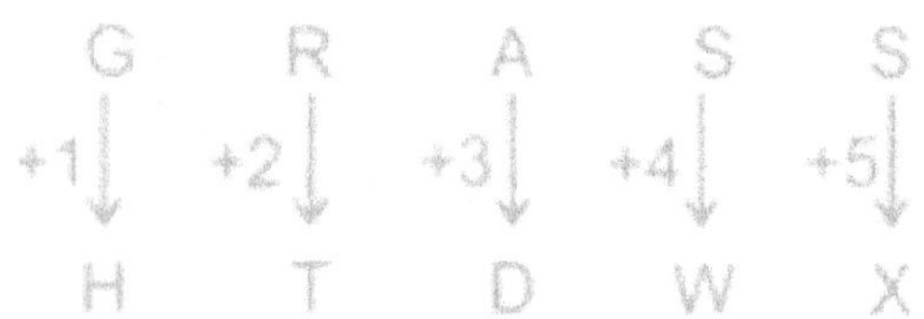

इसलिए GRASS को HTDWX के रूप में कोडित किया जा सकता है।

अतः विकल्प (D) सही है।

119. सुशील द्वारा लिये गये पथ का पता इस प्रकार से लगाया जा सकता है:

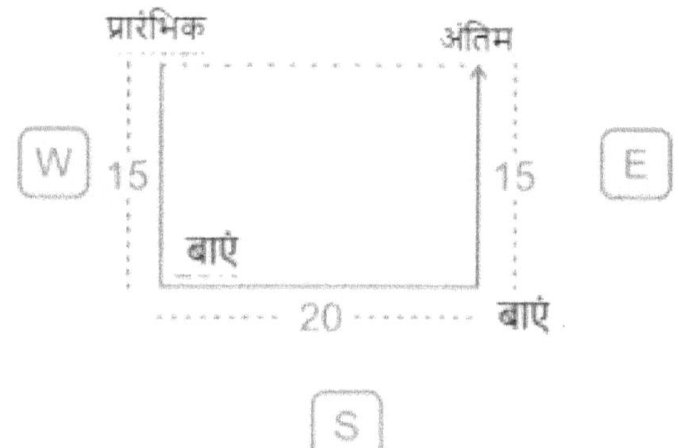

स्पष्ट रुप से पता चल रहा है कि अंतिम बिन्दु, प्रारंभिक बिन्दु से पूर्व दिशा में 20 मी दूर है।
अतः विकल्प (B) सही है।

120. माना कि A प्रारंभिक बिन्दु और B अंतिम बिन्दु है।

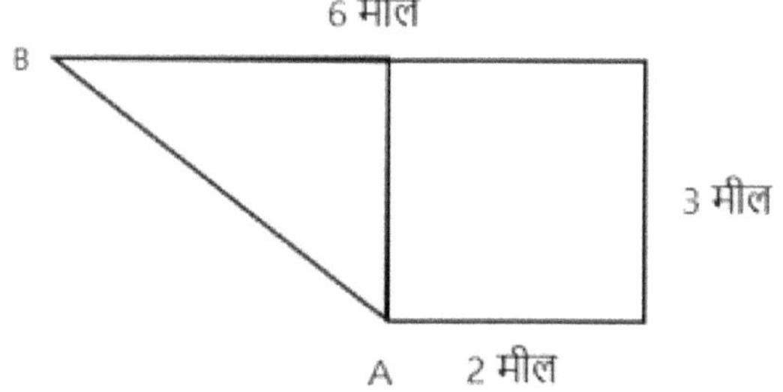

$AB^2 = 4^2 + 3^2$

$\Rightarrow AB^2 = 16 + 9$

$\Rightarrow AB^2 = 25$

AB = 5 मील
अतः विकल्प (C) सही है।

121. सभी अक्षरों को पुनः व्यवस्थित करने पर:

1) BBLU → BULB

2) ATNNLER → LANTERN

3) PALM → LAMP

4) NFA → FAN

FAN (पंखे) के अलावा बाक़ी सभी रोशनी प्रदान करते हैं।

अर्थात FAN सबसे अलग है।

अतः विकल्प (D) सही है।

122. पैटर्न है,

12 +16 =28,

28 + 23=51,

51 + 30=81,

81 + 37=118,

118 + 44= 162

(23-16 = 30 - 23 = 37 - 30 = 44 - 37=7)

इसलिए,

22 +16 =38

अतः विकल्प (A) सही है।

123. निम्नलिखित प्रतिरूप है:

$(2 \times 2) + 1 = 4 + 1 = 5$

$(5 \times 2) - 1 = 10 - 1 = 9$

$(9 \times 2) + 1 = 18 + 1 = 19$

$(19 \times 2) - 1 = 38 - 1 = 37$

$(37 \times 2) + 1 = 74 + 1 = 75$

इसलिए लुप्त संख्या 9 है।

अत: विकल्प (C) सही है।

124. 141 टुकड़े करने के लिए 140 कट की आवश्यकता होती है।

प्रत्येक कट में 2 सेकंड लगते हैं।

इसलिए व्यक्ति को 140 × 2 = 280 सेकंड की आवश्यकता होगी।
अतः विकल्प (B) सही है।

125. सितारा देवी का सम्बन्ध शास्त्रीय नृत्य की कथक शैली से है। सितारा देवी भारत की प्रसिद्ध कथक नृत्यांगना थीं। जब वे मात्र 16 वर्ष की थीं, तब उनके नृत्य को देखकर रवीन्द्रनाथ ठाकुर ने उन्हें 'नृत्य सम्राज्ञी' कहकर सम्बोधित किया था। इनका जन्म 1920 के दशक की एक दीपावली की पूर्वसंध्या पर कलकत्ता हुआ था।

अतः विकल्प (B) सही है।

126. साबू दस्तगीर एक भारतीय फिल्म अभिनेता थे जिन्होंने बाद में संयुक्त राज्य अमेरिका की नागरिकता प्राप्त की। उन्हें साबू नाम के तहत श्रेय दिया गया और उन्हें मुख्य रूप से ब्रिटेन और संयुक्त राज्य अमेरिका में 1930-1940 के दौरान फिल्मों में उनके काम के लिए जाना जाता है। ये हॉलीवुड की फिल्मों में काम करने वाले प्रथम भारतीय थे।

अतः विकल्प (C) सही है।

127. भारतीय संविधान की दूसरी अनुसूची:

परिलब्धियां, भत्ते, विशेषाधिकार और अन्य से संबंधित प्रावधान

- राष्ट्रपति
- राज्यों के राज्यपाल

- लोकसभा के अध्यक्ष और उपाध्यक्ष
- राज्यसभा के सभापति और उपाध्यक्ष
- विधानसभा अध्यक्ष और उपसभापति
- विधान परिषद के अध्यक्ष और उपाध्यक्ष
- न्यायधीश एस.सी.
- एचसी के न्यायाधीश
- सीएजी

चूंकि राज्यसभा का सभापति उपराष्ट्रपति होता है, इसलिए, कथन 1 सही है।

अनुच्छेद 221 उच्च न्यायालय के न्यायाधीशों के वेतन को निर्धारित करता है। इसलिए, कथन 2 सही है।

दूसरी अनुसूची के तहत वेतन हमेशा भारत के समेकित कोष से नहीं लिया जाता है। उदाहरण के लिए, उच्च न्यायालय के न्यायाधीशों के वेतन से संबंधित प्रावधान का दूसरी अनुसूची में उल्लेख किया गया है, लेकिन यह संबंधित राज्यों के समेकित धन पर लगाया जाता है। इसलिए, कथन 3 गलत है।

अतः विकल्प (A) सही है।

128. टी. आर. महालिंगम कर्नाटक अवनद वाद्य के गुरु हैं। टी. आर. महालिंगम भारतीय फ़िल्म अभिनेता, गायक और प्रसिद्ध संगीतकार थे। मुख्यत: वे 1940 से 1950 के दशक में सक्रिय थे। वह अपने मधुर गीतों के लिए जाने जाते थे, जो ज्यादातर रोमांटिक या भक्तिपूर्ण विषयों पर आधारित थे।

अतः विकल्प (B) सही है।

129. त्यागराज 20वीं शताब्दी के गायक है। त्यागराज प्रसिद्ध संगीतज्ञ थे। वे 'कर्नाटक संगीत' के महान् ज्ञाता तथा भक्तिमार्ग के कवि थे। इन्होंने भगवान श्रीराम को समर्पित भक्ति गीतों की रचना की थी। उनके सर्वश्रेष्ठ गीत अक्सर धार्मिक आयोजनों में गाए जाते हैं।
अतः विकल्प (C) सही है।

130. गुसादी आन्ध्र प्रदेश की गोंड जनजाति का प्रसिद्ध नृत्य है। गुसादी नृत्य आंध्र प्रदेश में गोंड जनजाति के लोगों द्वारा किया जाता है। आदिलाबाद जनपद में 'राजगौंड' जनजाति का विशिष्ट स्थान हैं। इनके द्वारा मनाये जाने वाले उत्सवों में इनकी संस्कृति की स्पष्ट झलक मिलती है। पर्वों एवं किसी विशेष अवसर पर होने वाले नृत्य और गीत आदि को गोंड अत्यधिक महत्त्व देते हैं। गोंडों के नृत्य में 'गुसादी नृत्य' सर्वाधिक आकर्षक है, जो दशहरे के बाद आरम्भ होता है तथा दीपावली में समाप्त होता है।
अतः विकल्प (A) सही है।

131. मनुष्यों के लिए नुकसानदायक होने के कारण तथा कीटों द्वारा सहनशील होने के कारण सरकार द्वारा डी.डी.टी. की बिक्री पर प्रतिबन्ध लगा दिया गया।
अतः विकल्प (B) सही है।

132. जौ प्राचीन काल से कृषि किये जाने वाले अनाजों में से एक है। इसका उपयोग प्राचीन काल से धार्मिक संस्कारों में होता रहा है। संस्कृत में इसे 'यव' कहते हैं। जौ की बाह्य बीज जनित बीमारी आवृत कंडुआ है तथा गेरुए रोग वायुजनित है।

अतः विकल्प (A) सही है।

133. राष्ट्रीय शर्करा संस्थान, कानपुर (खाद्य और सार्वजनिक वितरण विभाग का एक अधीनस्थ कार्यालय) देश का एक अग्रणी वैज्ञानिक एवं तकनीकी संस्थान है, जो शर्करा प्रौद्योगिकी, शर्करा इंजीनियरी एवं औद्योगिक फरमेंटेशन और अल्कोहल प्रौद्योगिकी के क्षेत्र में शिक्षण तथा प्रशिक्षण प्रदान करता है। इसके अतिरिक्त, यह संस्थान शर्करा और संबद्ध क्षेत्रों में अन्संधान एवं विकास कार्य करता है।

अतः विकल्प (C) सही है।

134. हेलिकोवरपा आरमिजेरा -चने की सूँड़ी,

होलोट्राइकिया कोन्सेनोनिया -सफ़ेद भृंगक,

स्पोडोप्टेरा लाइटूरा -कारब वर्ग,

बमेरिया टबेसाई -सफ़ेद मक्खी
अतः विकल्प (B) सही है।

135. भूमि का अर्थ केवल भूमि की ऊपरी सतह से नहीं है, वरन् उन समस्त भौतिक पदार्थों एवं शक्तियों से है, जो प्रकृति ने मनुष्य की सहायतार्थ नि:शुल्क रूप से जल, वायु और प्रकाश के रूप में प्रदान की हैं। भूमि प्रकृति का नि:शुल्क उपहार है। भूमि को प्रकृति का एक नि:शुल्क उपहार बताया गया है। भूमि की उर्वरा शक्ति भिन्न-भिन्न होती है।
अतः विकल्प (D) सही है।

136. राज्यों का एक संघ, भारत एक प्रभुसत्ता सम्पन्न, धर्मनिरपेक्ष, लोकतांत्रिक गणराज्य है जिसमें संसदीय प्रणाली की सरकार है। राष्ट्रपति इस संघ की कार्यकारिणी का संवैधानिक प्रमुख है। राज्यों में सरकार की प्रणाली केन्द्र की प्रणाली से बिल्कुल मेल खाती है। देश में 28 राज्य और 8 संघ राज्य क्षेत्र हैं। संघ राज्य क्षेत्रों को राष्ट्रपति द्वारा नियुक्त किए गए प्रशासक के माध्यम से प्रशासित किया जाता है। भारत के संघ राज्य क्षेत्रों में सर्वाधिक नगरीकृत राज्य दिल्ली है।

अतः विकल्प (B) सही है।

137. 2011 की जनगणना के अनुसार, अरुणाचल प्रदेश की कुल आबादी 1,383,727 हैं। पुरुषों की जनसंख्या 713,997 हैं। महिलाओं की जनसंख्या 669,730 हैं। लिंग अनुपात 938 हैं। बच्चों का लिंग अनुपात 972 हैं। जनसंख्या' घनत्व (प्रति वर्ग कि.मी.) 17 हैं।

अतः विकल्प (C) सही है।

138. मानवजनित गतिविधियों से उत्पन्न प्रदूषण से खतरे में स्थित जलीय स्थानों को मोंट्रिक्स रिकॉर्ड में रखा जाता है। मोंट्रिक्स रिकॉर्ड अंतरराष्ट्रीय महत्व के रामसर आर्द्रभूमि की सूची पर आर्द्रभूमि साइटों का एक रजिस्टर है जहां पारिस्थितिक चरित्र में परिवर्तन हुए हैं, हो रहे हैं, या तकनीकी विकास, प्रदूषण या अन्य मानव हस्तक्षेप के परिणामस्वरूप होने की संभावना है, अंकित किये जाते है।

अतः विकल्प (C) सही है।

139. क्लोमगोलाणुरुग्णता से कोयले की खान में काम करने वाले मजदूरों की उम्र कम हो जाती है। और उस बीमारी को ब्लैक लंग्स बीमारी कहा जाता है। यह मुख्य रूप से खदानों में काम करने वाले लोगों को होती है। इसका कोई स्थायी इलाज नहीं है।

अतः विकल्प (A) सही है।

140. अमृता देवी बिश्नोई पुरस्कार वन्यजीव संरक्षण के क्षेत्र में अदम्य साहस दिखाने वाले को दिया जाता है। इसमें 1 लाख रुपये की राशि प्रदान की जाती है। यह पुरस्कार अमृता देवी बिश्नोई की याद में है, जिनकी 1731 में खेजड़ली नरसंहार में मृत्यु हो गई थी।

अतः विकल्प (C) सही है।

सामान्य अध्ययन (पेपर-I) : मॉक टेस्ट 02

Q.1 गुरु नानक के संबंध में, निम्नलिखित कथनों पर विचार करें।

I. करतारपुर में रावी नदी पर डेरा बाबा नानक नामक एक केंद्र की स्थापना की।

II. इस प्रकार गुरु नानक द्वारा बनाए गए पवित्र स्थान को धर्मशाल के नाम से जाना गया।

III. उनकी मृत्यु से पहले गुरु ने लहना को अपना उत्तराधिकारी नियुक्त किया।

सही कथन चुनें:

A. I और II **B.** II और III
C. I और III **D.** सभी कथन सही हैं

Q.2 सूची 1 और सूची 2 का मिलान करें और दिए गए विकल्पों में से सही उत्तर का चयन कीजिए।

सूची - I	सूची - II
a. पारिजातपहरनम	1. नंदी थिम्मना
b. पांडुरंग महात्यम	2. गंगा देवी
c. कालहस्ती महात्यम	3.तेनाली रामलिंगा
d. मदुरा विजयम	4.धुजाति

A. a-1, b-3, c-4, d-2 **B.** a-2, b-4, c-3, d-1
C. a-2, b-4, c-3, d-1 **D.** a-2, b-1, c-3, d-4

Q.3 ऋषियों की तपस्थली नैमिषारण्य कहाँ है?

A. चित्रकूट **B.** अयोध्या **C.** काशी **D.** सीतापुर

Q.4 उत्तर प्रदेश में अप्रवासी भारतीयों के लिए अपने पूर्वजो की तलाश सबंधी कौन सी योजना चलायी जा रही है?

A. पैरेन्टल सर्च स्कीम
B. नो योर सेल्फ प्लान
C. डिस्कवर योर रूट्स प्लान
D. इनक्रेडिबल उतर प्रदेश योजना

Q.5 देश के शासन में निम्नलिखित में से कौन सा मौलिक है?

A. मौलिक अधिकार **B.** मौलिक कर्तव्य
C. प्रस्तावना **D.** उपर्युक्त में से कोई नहीं

Q.6 उत्तर-दक्षिण तथा पूर्व-पश्चिमन गलियारे ___ मिलते हैं।

A. झांसी में **B.** कानपुर में
C. लखनऊ में **D.** वाराणसी में

Q.7 प्रसिद्ध इतिहासकार जियाउद्दीन बरनी का जन्म किस जनपद में हुआ था?

A. बुलंदशहर **B.** कानपुर **C.** आगरा **D.** वाराणसी

Q.8 सूची-I व सूची-II को सुमेलित कर सही उत्तर चुने:

मेला / त्योहार	**आयोजन स्थल**
A. पशु मेला	1. इलाहाबाद
B. ध्रुपद मेला	2. अम्बेडकर नगर
C. गोविन्द साहब मेला	3. बटेश्वर
D. माघ मेला	4. वाराणसी

A. A-3, B-4, C-2, D-1 **B.** A-2, B-4, C-3, D-1
C. A-3, B-1, C-4, D2 **D.** A-1, B-3, C-2, D-4

Q.9 किस स्थिति के तहत एक उम्मीदवार अपनी जमानत राशि है?

A. यदि वह चुनाव जीतने में विफल रहता है
B. यदि कोई उम्मीदवार अपने निर्वाचन क्षेत्र में डाले गए वैध मतों की कुल संख्या का दसवां हिस्सा प्राप्त करने में विफल रहता है
C. यदि कोई उम्मीदवार अपने निर्वाचन क्षेत्र में डाले गए वैध मतों की कुल संख्या का छठे से अधिक हिस्सा प्राप्त करने में विफल रहता है
D. इनमें से कोई नहीं

Q.10 सबसे बड़ा स्तनपायी कौन सा है ?

A. ब्लू व्हेल **B.** अफ्रीकी हाथी
C. दरियाई घोड़ा **D.** ध्रुवीय भालू

Q.11 थर्मोस्कोप जो कि थर्मामीटर का प्रारम्भिक रुप था, का आविष्कार किसने किया था ?

A. सर क्रिस्टोफर रेन **B.** चार्ल्स एफ. रिचर
C. गैलीलियो **D.** बेनो गटेनबर्ग

Q.12 किस राज्य के तेलिया रुमाल को भौगोलिक संकेत (जीआई) टैग दिया गया था?

A. तेलंगाना **B.** ओडिशा **C.** झारखंड **D.** पंजाब

Q.13 बाकू किस खनिज के लिए प्रसिद्ध है?

A. स्वर्ण **B.** लौह अयस्क
C. खनिज तेल **D.** जस्ता

Q.14 निम्न में से कौन से शीतोष्ण घास के मैदान हैं:

1. कंपोस
2. प्रेयरी
3. वेल्ड
4. लानोस
5. डाउन्स

A. केवल 1, 3 और 4 **B.** केवल 2, 3, 4 और 5
C. केवल 1 और 3 **D.** केवल 2, 3 और 5

Q.15 निम्नलिखित में से कौन सा गलत सुमेलित है?

A. शिशिर कुमार घोष: इंडियन लीग
B. के.टी. तेलांग: बॉम्बे प्रेसीडेंसी एसोसिएशन
C. द्वारकानाथ टैगोर: बंगाल ब्रिटिश इंडिया सोसाइटी
D. उपरोक्त में से कोई नहीं

Q.16 प्रश्न चिह्न के स्थान पर क्या आएगा?

2816, ?, 176, 44, 11

A. 704 **B.** 1408 **C.** 352 **D.** 2640

Q.17 प्रश्न चिह्न के स्थान पर क्या आएगा?

113, 225, 449, ?, 1793

A. 897 **B.** 789 **C.** 987 **D.** 978

Q.18 निम्नलिखित कथनों पर विचार करें :

A) कांग्रेस के कराची सत्र में, दिल्ली प्रस्तावों के रूप में जानी जाने वाली मुस्लिम लीग की मांगों को स्वीकार किया गया था।

B) हिंदू महासभा ने दिल्ली प्रस्ताव में सिफारिश की गई मांगों को स्वीकार कर लिया।

निम्न में से कौन सा/से कथन सही हैं ?

A. केवल A सही है **B.** केवल B सही है

C. दोनों सही हैं **D.** कोई भी सही नहीं है

Q.19 प्रश्न चिह्न के स्थान पर क्या आएगा?
6, 11, 31, 121, 601,?

A. 3600 **B.** 3621 **C.** 3601 **D.** 3611

Q.20 निम्नलिखित को मिलाएं:
बुद्ध के जीवन प्रतीकों की घटनाएँ

सूची -1	सूची -2
1. धम्मचक्रप्रवर्तन	A. पहिया
2. महापरिनिर्वाण	B. बोधि वृक्ष
3. निर्वाण	C. घोड़ा
4. महाभिनिष्क्रमण	D. स्तूप

A. 1- A, 2 –B, 3 – C, 4 – D
B. 1 – B, 2 – A, 3 – D, 4 – C
C. 1 – D, 2 – B, 3 – A, 4 – C
D. 1- A, 2 – D, 3 – B, 4 – C

Q.21 राष्ट्रपति को अपना इस्तीफा किसको सौंपना होता है?

A. मुख्य न्यायाधीश **B.** प्रधान मंत्री
C. उपराष्ट्रपति **D.** अध्यक्ष

Q.22 केंद्र सरकार ने बिहार में किन नदियों के लिए 4,900 करोड़ रुपये की एक नदी इंटरलिंकिंग परियोजना को मंजूरी दी है?

A. गंगा-सोन **B.** गंडक-कोशी
C. कोशी-मेची **D.** केन-बेतवा

Q.23 निर्देश: निम्नलिखित प्रश्न में, चार शब्द दिए गए हैं, जिनमें से तीन किसी तरह से समान हैं और एक अलग है। विषम चुनें।

A. केला **B.** आम **C.** कश्यु **D.** अमरूद

Q.24 रासायनिक रूप से रेशम के रेशे प्रमुखतः_______ है

A. प्रोटीन
B. कार्बोहाइड्रेट
C. सम्मिश्र लिपिड
D. बहुशर्कराइड और वसा का मिश्रण

Q.25 निर्देश: निम्नलिखित प्रश्न में, चार शब्द दिए गए हैं, जिनमें से तीन किसी तरह से समान हैं और एक अलग है। विषम चुनें।

A. सुनना **B.** तैरना **C.** टहलना **D.** चढना

Q.26 औपचारिक या प्रक्रियात्मक लोकतंत्र किसी भी तरह से___ गारंटी से नहीं होता है।

A. राजनीतिक एवं नागरिक अधिकार
B. संविधानवाद
C. विधि का शासन
D. जाति भेदभाव का अभाव

Q.27 निम्नलिखित में से कौन सा एक भूमध्य रेखा से ध्रुव की ओर सतही पवनो का आदर्श भूमण्डलीय प्रतिरूप है ?

A. डोलड्रम - पश्चिमी पवन - व्यापारिक पवन - पूर्वी पवन
B. पूर्वी पवन - पश्चिमी पवन - व्यापारिक पवन - डोलड्रम
C. डोलड्रम - व्यापारिक पवन - पश्चिमी पवन - पूर्वी पवन
D. पश्चिमी पवन - व्यापारिक पवन - डोलड्रम - पूर्वी पवन

Q.28 'प्रोगेरिया' ग्रस्त लोगों का सबसे स्पष्ट प्रमुख लक्षण क्या है?

A. शरीर पर अधिक बाल
B. समयानुवर्ती संक्रमण के प्रति कम रोध क्षमता
C. जरण की अपेक्षाकृत तेज दर
D. अनुर्वरता से पीड़ित

Q.29 निर्देश: निम्नलिखित प्रश्न में, चार शब्द दिए गए हैं, जिनमें से तीन किसी तरह से समान हैं और एक अलग है। विषम चुनें।

A. सोना **B.** चांदी **C.** कार्बन **D.** हीरा

Q.30 एक मनुष्य द्वारा भूमि पर लगाया गया दबाव सबसे अधिक कब होता है ?

A. जब वह नीचे भूमि पर लेट जाता है
B. जब वह एक पैर की पादांगुलि पर खड़ा होता है
C. जब वह दोनों पैरो को भूमि पर सपाट रख कर खड़ा होता है
D. उपर्युक्त सभी समान दबाव उत्पन्न करते हैं

Q.31 एक आदमी ने उत्तर की ओर मुंह किया हुआ है। वह घड़ी की दिशा में 45 डिग्री और फिर उसी दिशा में एक और 180 डिग्री और फिर घड़ी की विपरीत दिशा में 45 डिग्री घूम जाता है। अब वह किस दिशा का सामना कर रहा है?

A. उत्तर **B.** पूर्व **C.** पश्चिम **D.** दक्षिण

Q.32 एक कुत्ता पूर्व की ओर 20 मीटर चलता है और दाएं मुड़ता है, 10 मीटर चलता है और दाएं मुड़ता है, 9 मीटर चलता है और फिर से बाएं तरफ मुड़ता है, 5 मीटर चलता है और फिर बाईं ओर मुड़ता है, 12 मीटर चलता है और अंत में बाएं ओर मुड़ता है और 6 मीटर चलता है। अब कुत्ते का मुँह किस दिशा में है?

A. पूर्व **B.** उत्तर **C.** पश्चिम **D.** दक्षिण

Q.33 भारत में शास्त्रीय और लोक रंगमंच के बीच मतभेदों के संदर्भ में, निम्न में से कौन सा/से कथन सही है/हैं?

1) शास्त्रीय रंगमंच अपने रूप में अधिक परिष्कृत और दृढ़ था जिसका लक्ष्य सौंदर्यशास्त्र की एक उच्च भावना के साथ एक संभ्रान्त वर्ग के दर्शकों के लिए था।

2) लोक रंगमंच ग्रामीण आधार से विकसित हुआ जिसका उद्देश्य शब्दशास्त्र और नियमों पर ध्यान दिए बिना स्वच्छंद मनोरंजन था।

नीचे दिए गए कोड का उपयोग करके सही उत्तर का चयन करें:

A. केवल 1 **B.** केवल 2
C. 1 और 2 दोनों **D.** न तो 1 न ही 2

Q.34 निम्नलिखित में से कौन वाराबंदी प्रणाली को सर्वश्रेष्ठ ढंग से वर्णित करता है?

1) यह छोटे-छोटे चेक डैमों के निर्माण से मृदा संरक्षण की एक प्रणाली है|
2) यह नहर सिंचाई क्षेत्रों में पानी के समान वितरण की एक प्रणाली है।

ऊपर दिया गया कौन सा कथन सही है?

A. केवल 1 **B.** केवल 2
C. दोनो 1 और 2 **D.** न तो 1 न ही 2

Q.35 निम्नलिखित पर्वत श्रृंखलाओं को दक्षिण से उत्तर की ओर व्यवस्थित करें:

1) पालकोंडा पहाड़ियाँ
2) जावादी पहाड़ियाँ
3) नल्लामलाई पहाड़ियाँ
4) इलायची की पहाड़ियाँ
5) शेवरा॑य पहाड़ियाँ

नीचे दिए गए विकल्पों में से उत्तर चुनें:

A. 4-5-2-1-3 **B.** 4-2-5-1-3
C. 4-1-3-5-2 **D.** 5-4-3-2-1

Q.36 मैं दक्षिण दिशा का सामना कर रहा हूं। मैं दाएं मुड़ता हूं और 20 मीटर चलता हूं। फिर मैं पुनः दाएं मुड़ता हूं और 10 मीटर चलता हूं। फिर मैं बाएं मुड़ता हूं और 10 मीटर चलता हूं और फिर दाएँ मुड़कर 20 मीटर

चलता हूं। फिर मैं पुनः दाएं मुड़ता हूं और 60 मीटर चलता हूं। मैं शुरुआती बिंदु से किस दिशा में हूं?

A. उत्तर-पूर्व **B.** उत्तर-पश्चिम
C. उत्तर **D.** पश्चिम

Q.37 निम्न में से कौन सा भारत का रामसर क्षेत्र नहीं है?

A. रेणुका आर्द्रभूमि **B.** पोंगडम झील
C. रोपड़ आर्द्रभूमि **D.** हुसैन सागर झील

Q.38 रामसर आर्द्रभूमि 'रूद्रसागर झील' किस राज्य में स्थित है?

A. असम **B.** त्रिपुरा **C.** मेघालय **D.** मणिपुर

Q.39 नवगठित इंडियन ऑयल कॉर्पोरेशन- फिनर्जी जेवी ने इलेक्ट्रिक वाहनों के लिए बैटरी बनाने के लिए किस धातु के साथ लिथियम को बदला है?

A. चांदी **B.** तांबा
C. अल्युमीनियम **D.** पारा

Q.40 'शोला वन' के नाम से प्रसिद्ध अनूठी वनस्पतियां निम्न में से किस राष्ट्रीय उद्यान में पाई जाती है?

A. ग्रेट हिमालय राष्ट्रीय उद्यान
B. सरिस्का राष्ट्रीय उद्यान
C. एराविकुलम राष्ट्रीय उद्यान
D. सिमलिपाल राष्ट्रीय उद्यान

Q.41 ''बाथुकम्मा'' किस राज्य का पर्व है?

[Uttarakhand Public Service Commission (UKPSC), 2016]

A. ओडिशा **B.** तेलंगाना **C.** गुजरात **D.** बिहार

Q.42 1857 की क्रांति के दौरान बिहार में क्रांतिकारियों का नेता कौन था?

A. नामदार खान **B.** कुंवर सिंह
C. बिरसा मुंडा **D.** शंकर शाह

Q.43 निम्नलिखित में से विषम का चयन करें:

A. बेसाल्ट: ग्रीनस्टोन **B.** मिट्टी: स्लेट
C. चूना पत्थर: संगमरमर **D.** बलुआ पत्थर: नीस

Q.44 एक निश्चित रिश्ते में

(a) S x T का अर्थ है S, T का भाई है
(b) S - T का अर्थ है S, T की माँ है
(c) S + T का अर्थ है S, T का पिता है

M + N + O के पैटर्न में M, O से कैसे संबंधित है?

A. चाचा **B.** पिता **C.** चचेरा भाई **D.** दादा

Q.45 निम्नलिखित कथनों में से कौन सा एक अस्त्र मिसाइल के सम्बंध में सही नहीं है?

A. यह एक हवा से हवा में मार करने वाली बैलिस्टिक मिसाइल है
B. इसे स्वदेशी रूप से डीआरडीओ द्वारा बनाया गया है
C. यह सर्व मौसम दृश्य श्रेणी से परे मिसाइल है
D. इनमें से कोई नहीं

Q.46 इस अंतर्राष्ट्रीय समुद्री मार्ग को पहचानें:

1) इस मार्ग पर विदेशी व्यापार, दुनिया के बाकी हिस्सों की तुलना में अधिक है।
2) इस मार्ग पर दुनिया के विदेशी व्यापार के एक चौथाई भाग का यातायात संचालित होता है।
3) इस प्रकार यह दुनिया का सबसे व्यस्त मार्ग है और इसे "बिग ट्रंक रूट" के नाम से पुकारा जाता है।

A. भूमध्य-भारतीय महासागर समुद्री मार्ग
B. उत्तरी अटलांटिक समुद्री मार्ग
C. "द केप ऑफ गुड होप" समुद्री मार्ग
D. उत्तरी प्रशांत समुद्री मार्ग

Q.47 बीजू ने रेबती से शादी की है। रेबती का पुलक नाम का एक बेटा है। बीजू पुलक से कैसे संबंधित है?

A. बेटा **B.** भइया **C.** पिता **D.** चचेरा भाई

Q.48 सही कथन को चुनें:

1) 10 लाख से 50 लाख के बीच जनसंख्या निवास वाले शहरों को मेगासिटी कहा जाता है।
2) किसी शहरी लमूह में दो या अधिक सीमावर्ती कस्बों को उनके बाहरी क्षेत्रों के साथ अथवा उसके बिना शामिल किया जा सकता है।

A. केवल 1 **B.** केवल 2 **C.** दोनों **D.** कोई नहीं

Q.49 निम्नलिखित में से कौन सा कथन कानूनी निविदा धन के अर्थ का सही वर्णन करता है?

[UPSC Prelims, 2018]

A. वह धन जो कानूनी मामलों के शुल्क को चुकाने के लिए कानून की अदालतों में दिया जाता है
B. वह धन जो लेनदार अपने दावों के निपटारे में स्वीकार करने के लिए बाध्य है
C. चेक, ड्राफ्ट, एक्सचेंज बिल आदि के रूप में बैंक धन
D. एक देश में परिसंचरण में धातु मुद्रा

Q.50 कोवैक्स योजना के माध्यम से मुफ्त कोविड टीकों का बैच प्राप्त करने वाला पहला देश कौन सा है?

A. गैबन **B.** घाना
C. सूडान **D.** इथियोपिया

Q.51 केंद्रीय मंत्रिमंडल ने ____ में इसरो तकनीकी लैजन यूनिट (ITLU) की स्थापना को मंजूरी दे दी है।

A. न्यूयॉर्क, अमेरिका **B.** मॉस्को, रूस
C. लंदन, यू.के **D.** रियाद, सऊदी अरब

Q.52 निम्नलिखित में से कौन सा निम्न से उच्च रैंक का सही अनुक्रम है?

A. लेफ्टिनेंट कर्नल – कैप्टन - मेजर - ब्रिगेडियर - कर्नल
B. फ्लाइंग ऑफिसर - स्क्वाड्रन लीडर - ग्रुप कैप्टन - विंग कमांडर - एयर कमोडोर
C. सब लेफ्टिनेंट - कमांडर - कैप्टन - कमोडोर - रीयर एडमिरल - वाइस एडमिरल
D. फ्लाइंग ऑफिसर - स्क्वाड्रन लीडर – फ्लाइट लेफ्टिनेंट – विंग कमांडर - एयर कमोडोर

Q.53 केरल में मानसून लगभग छह महीने तक सक्रिय रहता है और राजस्थान में तीन महीने से कम समय के लिए रहता है क्योंकि:

A. राजस्थान समुद्र से दूर है
B. ग्रीष्मकालीन मानसून का देर से आना और जल्दी जाना
C. पर्वतीय रोध
D. उपरोक्त सभी

Q.54 पार्क में महिला को दिखाते हुए विवेक ने कहा, "वह मेरे दादा के इकलौते बेटे की लड़की है।" विवेक उस महिला से कैसे संबंधित है?

A. भाई **B.** पिता **C.** चचेरा भाई **D.** चाचा

Q.55 प्रश्न चिह्न को कौन प्रतिस्थापित करेगा?

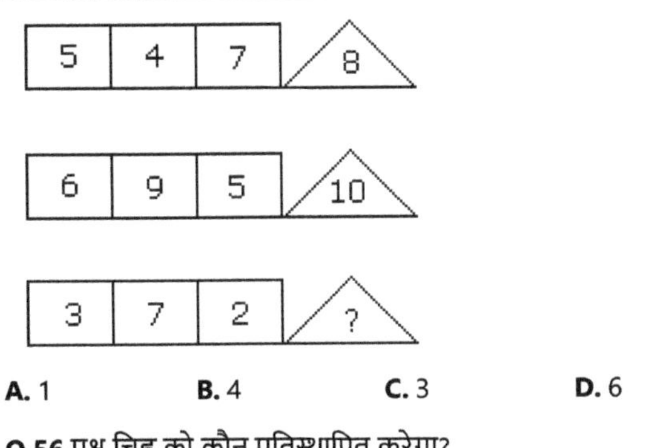

A. 1 **B.** 4 **C.** 3 **D.** 6

Q.56 प्रश्न चिह्न को कौन प्रतिस्थापित करेगा?

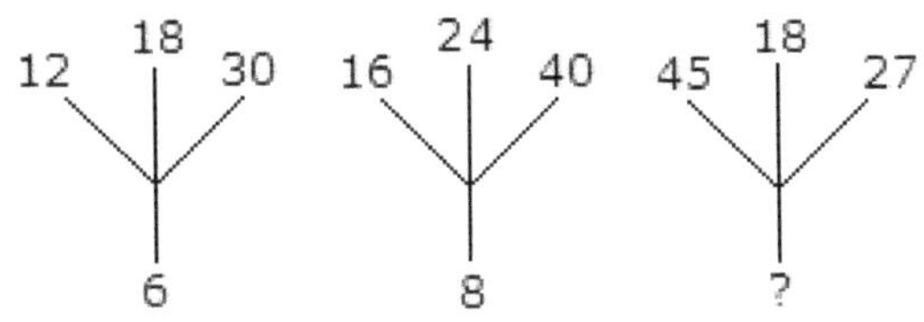

A. 18 **B.** 12 **C.** 9 **D.** 6

Q.57 प्रश्न चिह्न को कौन प्रतिस्थापित करेगा?

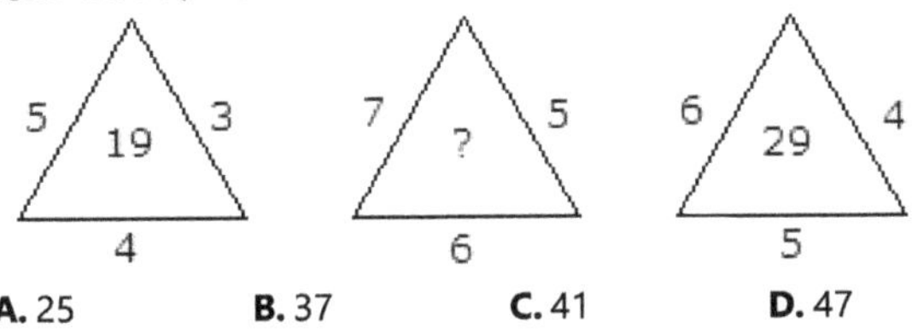

A. 25 **B.** 37 **C.** 41 **D.** 47

Q.58 क्षेत्रफल की दृष्टि से निम्नलिखित में से कौन सबसे बड़ा द्वीप है?

[Bihar PSC, 2018]

A. बोर्नियो **B.** ग्रेट ब्रिटेन
C. मेडागास्कर **D.** सुमात्रा

Q.59 निम्नलिखित में से कौन विद्युत का सर्वोत्तम चालक है ?

A. माइका **B.** ताँबा **C.** स्वर्ण **D.** चाँदी

Q.60 किसी अर्द्धचालक का प्रतिरोध गर्म करने पर:

A. स्थिर रहता है **B.** घटता है
C. बढ़ता है **D.** उपरोक्त में से कोई नहीं

Q.61 भारत के उप-राष्ट्रपति के पद की चुनाव प्रक्रिया के संदर्भ में निम्नलिखित कथनों पर विचार करें:

1. चुनाव प्रक्रिया में केवल संसद के चयनित सदस्य ही भाग लेते हैं।
2. उप-राष्ट्रपति के रूप में चुनाव हेतु पात्र होने के लिए, व्यक्ति को राज्यसभा के सदस्य के रूप में चुनाव के लिए योग्य होना चाहिए।
3. उप-राष्ट्रपति के पद की शपथ भारत के मुख्य न्यायाधीश या उसके द्वारा नियुक्त किए गए किसी अन्य व्यक्ति द्वारा दिलाई जाती है।

उपरोक्त दिए गए कथनों में से कौन सा/से सही हैं?
नीचे दिए गए कोड़ का उपयोग करके सही उत्तर का चयन करें:

A. केवल 1 और 2 **B.** केवल 2
C. केवल 2 और 3 **D.** 1, 2 और 3

Q.62 संसद के दोनों सदनों की संरचना के संदर्भ में निम्नलिखित कथनों पर विचार करें:

1. राज्यसभा के सदस्यों की अधिकतम संख्या 252 निर्धारित की गई है।
2. लोक सभा के सदस्यों की अधिकतम संख्या 550 निर्धारित की गई है।

नीचे दिए गए कोड़ का उपयोग करके सही उत्तर का चयन करें:

A. केवल 1 **B.** केवल 2
C. दोनों 1 और 2 **D.** न तो 1 न ही 2

Q.63 निम्न में से कौन सा/से युग्म सही सुमेलित हैं?

क्रम संख्या .	पद	आवश्यक न्यूनतम आयु
1.	लोक सभा सदस्य	25 वर्ष
2.	एक राज्य की विधान परिषद् के सदस्य	30 वर्ष
3.	राज्य सभा सदस्य	35 वर्ष
4.	राज्यपाल (गवर्नर)	35 वर्ष

नीचे दिए गए कोड़ का उपयोग करके सही उत्तर का चयन करें:

A. केवल 1और 2 **B.** केवल 1, 2 और 3
C. केवल 1, 2 और 4 **D.** केवल 1, 3 और4

Q.64 भारत के सर्वोच्च न्यायालय के न्यायाधीशों की नियुक्ति के संदर्भ में निम्नलिखित कथनों पर विचार करें:

1. व्यक्ति को छह वर्ष की अवधि तक उच्च न्यायालय (या उच्च न्यायालय के अनुक्रमण में) के न्यायाधीश के पद पर सेवा किए होना चाहिए था।
2. उसे राष्ट्रपति के विचार में एक विशिष्ट कानूनविद होना चाहिए।
3. उसकी न्यूनतम आयु 35 वर्ष होनी चाहिए।

उपरोक्त दिए गए कथनों में से कौन सा/से सही हैं?
नीचे दिए गए कोड़ का उपयोग करके सही उत्तर का चयन करें:

A. केवल 1और 2 **B.** केवल 2
C. केवल 2और 3 **D.** 1, 2 और 3

Q.65 क्षेत्रीय परिषदों के संदर्भ में निम्नलिखित कथनों पर विचार करें:

1. क्षेत्रीय परिषदें संवैधानिक निकाय होती हैं।
2. प्रत्येक मुख्यमंत्री (उस विशेष क्षेत्र से संबंधित) परिक्रमण द्वारा एक बार में एक वर्ष की अवधि के लिए कार्यालय धारण करते हुए परिषद के अध्यक्ष के रूप में कार्य करता है।

उपरोक्त दिए गए कथनों में से कौन सा/से सही हैं?

A. केवल 1 **B.** केवल 2
C. दोनों 1और 2 **D.** न तो 1 न ही 2

Q.66 भारत में न्यायपालिका के संदर्भ में निम्नलिखित कथनों पर विचार करें:

1. संविधान ने भारत में न्यायालयों की दोहरी प्रणाली अर्थात् सर्वोच्च न्यायालय एवं उच्च न्यायालय को स्थापित किया है न कि एक एकीकृत न्यायिक प्रणाली को।
2. सर्वोच्च न्यायालय की क्षमता (न्यायाधीशों की संख्या) संसद द्वारा निर्धारित की जाती है।
3. उच्च न्यायालय की क्षमता समय-समय पर संसद द्वारा निर्धारित की जाती है।

उपरोक्त दिए गए कथनों में से कौन सा/से सही हैं?

A. केवल 1 **B.** केवल 2
C. केवल 1 और 2 **D.** केवल 2 और 3

Q.67 भारत में पंचायती राज के विकास के संदर्भ में निम्नलिखित कथनों पर विचार करें:

1. अशोक मेहता समिति
2. बलवंत राय मेहता समिति
3. एल.एम. सिंघवी समिति
4. जी.वी.के. राव समिति

उपरोक्त दी गई समितियों को उनकी नियुक्ति के कालानुक्रमिक क्रम में व्यवस्थित करें।

A. 1, 2, 3 और 4 **B.** 2, 1, 4 और 3

C. 2, 1, 3 और 4 **D.** 1, 2, 4 और 3

Q.68 अनुसूचित तथा आदिवासी क्षेत्रों के संदर्भ में निम्नलिखित कथनों पर विचार करें:

1. एक राज्य का राज्यपाल एक क्षेत्र को एक अनुसूचित क्षेत्र घोषित करने में सशक्त होता है।

2. संविधान की छठी अनुसूची के तहत आदिवासी क्षेत्रों वाले राज्यों में जनजातीय सलाहकार परिषद का प्रावधान है।

3. चकमा जिला, मिजोरम राज्य में एक आदिवासी क्षेत्र है।

उपरोक्त दिए गए कथनों में से कौन सा/से कथन सही हैं?

A. केवल 1और 2 **B.** केवल 2 और 3
C. केवल 3 **D.** केवल 1और 3

Q.69 वित्त आयोग के संदर्भ में निम्नलिखित कथनों पर विचार करें:

1. वित्त आयोग में एक अध्यक्ष और चार अन्य सदस्य शामिल होते हैं, जिनकी नियुक्ति राष्ट्रपति द्वारा की जाती है।

2. संविधान राष्ट्रपति को आयोग के सदस्यों की योग्यता निर्धारित करने के लिए अधिकृत करता है।

3. वित्त आयोग के सदस्य पुन:नियुक्ति के लिए पात्र होते हैं।

उपरोक्त दिए गए कथनों में से कौन सा/से कथन सही हैं?

A. केवल 1 और 2 **B.** केवल 2 और 3
C. केवल 1 और 3 **D.** 1, 2 और 3

Q.70 भारत के नियंत्रक और महालेखा परीक्षक के कार्यालय के संदर्भ में निम्नलिखित कथनों पर विचार करें:

1) कैग केवल केन्द्र सरकार की वित्तीय व्यवस्था का नियंत्रण करता है, न कि राज्यों की।

2) वह पांच वर्षों या 65 वर्ष की आयु तक, जो भी पहले हो, के लिए कार्यभार संभालता है।

उपरोक्त दिए गए कथनों में से कौन सा/से कथन सही हैं?

A. केवल 1 **B.** केवल 2
C. दोनों 1और 2 **D.** न तो 1 न ही 2

Q.71 अहमदिया आंदोलन के बारे में निम्नलिखित पर विचार करें:

1) इसकी स्थापना सर सैयद अहमद खान ने की थी।

2) यह पंजाब में आर्य समाज और ईसाई मिशनरियों की गतिविधियों के विरुद्ध सबसे संगठित आंदोलन था।

3) 1875में इस आंदोलन के हिस्से के रूप में अलीगढ़ में एंग्लो मोहम्मदियन स्कूल की स्थापना की गई थी।

सही कथन चुनें:

A. 1 और 2 **B.** केवल 2 **C.** 1 और 3 **D.** केवल 1

Q.72 ये कथन गरमपंथ युग से संबंधित हैं-

1) बाल गंगाधर तिलक चरमपंथी विचारों के संस्थापक थे।

2) तिलक की पुस्तिका 'न्यू लैम्पस फाॅर द ओल्ड' को गरमपंथ का बाइबल माना जाता है।

3) उन्होंने 1893 में गणेश महोत्सव समिति की भी स्थापना की थी।

उपरोक्त में से कौन सा गलत हैं?

A. 2 और 3 **B.** केवल 3
C. 1 और 2 **D.** सभी गलत हैं

Q.73 निम्नलिखित पर विचार करें:

1) चरमपंथ का नारा "स्वराज" पहले आर्य समाज द्वारा दिया गया था।

2) विवेकानंद और दयानंद सरस्वती की शिक्षाओं से चरमपंथी विचार को समर्थन मिला।

सही कथन चुनें:

A. केवल 1 **B.** केवल 2 **C.** दोनों **D.** कोई नहीं

Q.74 निम्नलिखित में से कौन सा सही हैं?

1) बिपिन चंद्र पाल, लाल-बाल-पाल तिकड़ी से सम्बन्धित थे।

2) टैगोर ने असहयोग आंदोलन के दौरान शांति निकेतन की स्थापना की।

3) डॉन सोसायटी देशी शिक्षा प्रदान करने के लिए सतीश मुखर्जी के साथ जुड़ी थी।

A. केवल 1 **B.** 1 और 2
C. 1, 2 और 3 **D.** 1 और 3

Q.75 1911 में निम्न में से कौन सी घटनाएं हुईं?

1) गवर्नर जनरल लॉर्ड हार्डिंग ने बंगाल के विभाजन को रद्द कर दिया।

2) शाही राजधानी शहर को कलकत्ता से दिल्ली स्थानांतरित कर दिया गया था।

3) मुस्लिम लीग की स्थापना।

A. केवल 2 **B.** 1 और 2 **C.** 2 और 3 **D.** 1, 2और 3

Q.76 होमरूल आन्दोलन के संबंध में निम्नलिखित पर विचार करें:

1) यह एनी बेसेंट द्वारा शुरू किया गया था।

2) इस आंदोलन के साथ पहली बार सिंधी समुदाय ने स्वतंत्रता संग्राम में प्रवेश किया।

3) मोहम्मद अली जिन्ना ने इसका विरोध किया था।

उपरोक्त में से कौन सा सही हैं?

A. 1 और 2 **B.** केवल 2
C. 1 और 3 **D.** उपरोक्त सभी

Q.77 निम्नलिखित पर विचार करें:

1) गांधी को खिलाफत समिति का अध्यक्ष बनाया गया था।

2) पुरी के शंकराचार्य ने खिलाफत समिति के लिए हिंदुओं का समर्थन बढ़ाया।

3) 1916 के लखनऊ सत्र में जिसमें निष्कासित गरमपंथियो को कांग्रेस में वापस लिया गया था, की अध्यक्षता ए.सी. मजूमदार न की थी।

सही कोड चुनें:

A. 1 और 3 **B.** 2 और 3
C. 1 और 2 **D.** उपरोक्त सभी

Q.78 आंदोलन की पहचान करें:

1) चरखा आंदोलन का प्रतीक बना।

2) इस आंदोलन के दौरान केरल के मालाबार तट के मोपला और मुसलमान कृषि मजदूरों ने नम्बूदिरी के खिलाफ विद्रोह किया।

3) इस आंदोलन के दौरान, दिल्ली में जामिया मिलिया इस्लामिया की स्थापना हुई।

A. वन्दे मातरम् आन्दोलन
B. सविनय अवज्ञा आन्दोलन
C. भारत छोड़ो आन्दोलन
D. असहयोग आन्दोलन

Q.79 निम्नलिखित को सही कालानुक्रमिक क्रम में व्यवस्थित करें:

1) अखिल भारतीय हिंदू महासभा ने अपने गठन को आधिकारिक तौर पर घोषित किया

2) गांधी भारतीय राष्ट्रीय कांग्रेस के अध्यक्ष बने

3) हरकोर्ट बटलर समिति

4) चौरी-चौरा घटना हुई

A. 4-1-2-3 **B.** 4-2-1-3 **C.** 4-3-2-1 **D.** 4-1-3-2

Q.80 निम्नलिखित पर विचार करें और गलत कथन चुनें:

1) घर में नजरबंदी से भाग निकलने के बाद बोस ने आईएनए की स्थापना की।

2) यह सांप्रदायिक सौहार्द का एक शानदार उदाहरण था।

A. केवल 1 **B.** केवल 2
C. दोनों 1 और 2 **D.** न तो 1 और न ही 2

Q.81 वनों पर संयुक्त राष्ट्र फोरम (यूएनएफएफ) के संबंध में कथनों पर विचार करें।

i. संयुक्त राष्ट्र की आर्थिक और सामाजिक परिषद (ईसीओएसओसी) ने यूएनएफएफ की स्थापना की हैं।

ii. यूएनएफएफ का मुख्य उद्देश्य सभी प्रकार के वनों के प्रबंधन, संरक्षण और स्थायी विकास को बढ़ावा देना है।

A. केवल i **B.** केवल ii
C. दोनों i और ii **D.** न तो i न ही ii

Q.82 मेथेनॉल को वैकल्पिक परिवहन ईंधन के रूप में बढ़ावा दिया गया है। मेथेनॉल के संबंध में निम्नलिखित कथनों पर विचार करें

i. यह प्राकृतिक गैस से उत्पादित किया जा सकता है।

ii. यह एक जैवनिम्नीकरण ईंधन है।

iii. हाइड्रोकार्बन ईंधन की तरह, यह पानी में घुलनशील नहीं है।

A. केवल i और ii **B.** केवल i और iii
C. i, ii और iii **D.** कोई नहीं

Q.83 दो जीवों के बीच एक पारस्परिक संबंध, जहां दोनों को दूसरे से लाभ हो रहा है:

A. पारस्परिकता **B.** सहजीवी
C. परजीविता **D.** खाद्य श्रृंखला

Q.84 पृथ्वी के आवरण के निचले इलाको में ठोस कचरे को डंप करना ___ कहलाता है।

A. सेनेटरी लैंडफिलिंग **B.** खुले में डंपिंग
C. खाद **D.** भस्मीकरण

Q.85 मथुरा के बैठे हुए बुद्ध के संदर्भ में निम्नलिखित कथनों पर विचार करें। गलत विकल्प का चयन करें।

A. इसके साथ दो बोधिसत्व- पद्मपनी और वज्रपनी भी हैं।
B. बुद्ध का दाहिना हाथ अभय मुद्रा में हैं और वह पद्मासन की मुद्रा में (पैरों को मोड़कर बैठें हुए) हैं।
C. वह एक कमल सिंहासन पर बैठे हैं।
D. उनके मस्तक के चारों ओर एक प्रभामंडल है।

Q.86 बांस मिशन के बारे में कथनों पर विचार करे।

i. राष्ट्रीय बांस मिशन एक 100% केंद्र प्रायोजित योजना है।

ii. बांस घास की श्रेणी के अंतर्गत सूचीबद्ध है।

A. केवल i **B.** केवल ii
C. दोनों i और ii **D.** न तो i न ही ii

Q.87 निम्न सम्मेलनों में से कौन सा खतरनाक कचरा सामग्री के संचालन और आवागमन के साथ जुड़ा हुआ है?

i. रॉटरडम सम्मेलन

ii. बेसेल सम्मेलन

iii. एजेंडा 21

A. केवल i **B.** केवल ii और iii
C. केवल i और ii **D.** i, ii और iii

Q.88 ताजे पानी का सबसे बड़ा भंडार है:

A. भूजल **B.** तालाब **C.** झील **D.** हिमनदियाँ

Q.89 मोंटेग-चेम्सफोर्ड सुधारों के संदर्भ में, गलत कथन का चयन करें।

A. प्रांतों में द्विशासन प्रणाली पेश की गई थी।
B. भारतीय विधायिका पहली बार 'द्विसदनीय' बनी।
C. भारतीय राज्य सचिव की भारतीय परिषद को समाप्त कर दिया गया।
D. अब भारत राज्य सचिव का भुगतान ब्रिटिश सरकार द्वारा किया जाना था।

Q.90 निम्नलिखित जोड़ों पर विचार करें:

सम्मेलन	सम्बंधित
स्टॉकहोम सम्मेलन	सतत कार्बनिक प्रदूषक
सीआईटीईएस	वन्य जीव और वनस्पति
बंकर सम्मेलन	तेल रिसाव
मिनीमाता सम्मेलन	पारा प्रदूषण

उपरोक्त जोड़ी में से किसका सही मिलान किया गया है?

A. i और ii **B.** i, ii और iii
C. ii, iii और iv **D.** i, ii, iii और iv

Q.91 भारत में स्टील उद्योग के संदर्भ में, निम्न में से कौन सा/से कथन गलत हैं?

1) यह आठ प्रमुख अवसंरचना सहायक उद्योगों में से एक है।

2) सरकार ने सस्ते आयात को रोकने के लिए एंटी डंपिंग शुल्क और न्यूनतम आयात मूल्य दोनों का इस्तेमाल किया है।

A. केवल 1 **B.** केवल 2
C. दोनों 1 और 2 **D.** न तो 1 न ही 2

Q.92 नेशनल काउंसिल ऑफ साइंस म्यूजियम (NCSM) ने उदयपुर में किस राज्य में विज्ञान केंद्र की स्थापना की है?

A. असम **B.** अरुणाचल प्रदेश
C. त्रिपुरा **D.** झारखंड

Q.93 एनेमोफिली को ___ रुप में परिभाषित किया जाता है।

A. यह सूर्य के प्रकाश द्वारा परागण है
B. यह हवा द्वारा परागण है
C. यह हवा और धूप दोनों द्वारा परागण है
D. इनमे से कोई भी नहीं

Q.94 थेियोसोफिकल सोसायटी का उद्देश्य क्या था?

A. जाति, पंथ, लिंग, जाति या रंग के भेद के बिना मानवता के सार्वभौमिक भाईचारे का एक केन्द्र बनाना।
B. तुलनात्मक धर्म, दर्शन और विज्ञान के अध्ययन को प्रोत्साहित करना।
C. प्रकृति और मानव में निहित शक्तियों के अस्पष्टीकृत कानूनों की जांच करना।
D. ऊपर के सभी

Q.95 अंतर्राष्ट्रीय सौर गठबंधन के संदर्भ में, निम्न कथनों में से कौन सा/से सही हैं?

1) आई.एस.ए., सौर संसाधन संपन्न देशों का गठबंधन है, जो पूरी तरह या आंशिक रूप से कर्करेखा और मकररेखा के बीच में आते हैं।

2) आई.एस.ए. का मुख्यालय भारत में है। यह पहला अंतर्राष्ट्रीय अंतर-सरकारी संधि आधारित संगठन है।

A. केवल 1 **B.** केवल 2
C. दोनों 1 और 2 **D.** न तो 1 न ही 2

Q.96 हाल ही में, पशु चिकित्सकों ने 'मोरे ईल' एक दुर्लभ ऑपरेशन किस भारतीय राज्य में किया?

A. केरल **B.** उत्तर प्रदेश
C. तमिलनाडु **D.** पंजाब

Q.97 दूध एक है:

A. इमल्सन **B.** सस्पेंसन **C.** फोम **D.** जेल

Q.98 वित्तीय संकल्प और जमा बीमा (एफ.आर.डी.आई.) बिल के संदर्भ में निम्न में से कौन सा/से सही हैं?

1) यह बैंकों जैसे वित्तीय क्षेत्र की संस्थाओं में दिवालियापन से संबंधित है।

2) इसे व्यथित संस्थाओं को जमानत के लिए सार्वजनिक रूपये के उपयोग को सीमित करने के लिए प्रदान किया जाता है।

A. केवल 1 **B.** केवल 2
C. दोनों 1 और 2 **D.** न तो 1 न ही 2

Q.99 नायलॉन ___ से बना है।

A. पॉलिएमाइड **B.** पॉलिएस्टर
C. पॉलीथीन **D.** पॉलीप्रोपाइलीन

Q.100 निम्न में से कौन सा/से भारत में फसल प्रकृति पर असर डालेगा?

1) कृषि-जलवायु परिस्थितियां
2) भूमि का आकार
3) न्यूनतम समर्थन मूल्य
4) सरकारी नीतियां

नीचे दिए गए कोड (संकेत) का उपयोग करके सही कथन का चयन करें:

A. केवल 1 **B.** केवल 1 और 3
C. केवल 1, 2 और 4 **D.** 1, 2, 3 और 4

Q.101 उत्तर से दक्षिण तक भारत के निम्नलिखित लोहे और इस्पात संयंत्रों को व्यवस्थित करें।

1) भिलाई
2) जमशेदपुर
3) बोकारो
4) राउरकेला

A. 3-1-2-4 **B.** 3-2-4-1 **C.** 4-2-1-3 **D.** 2-1-4-3

Q.102 सीएसआईआर फ्लोरिकल्चर मिशन को भारत के कितने राज्यों / केंद्र शासित प्रदेशों में कार्यान्वयन के लिए स्वीकृति दी गई थी?

A. 6 **B.** 12 **C.** 18 **D.** 21

Q.103 निम्नलिखित पर विचार करें:

1) लौह अयस्क को गलाने के लिए मैंग्नीज एक महत्वपूर्ण कच्चा माल है और इसका प्रयोग लोहे की मिश्रधातु बनाने के लिए भी इस्तेमाल किया जाता है।

2) मैंगनीज की खानें भौगोलिक संरचना की धारवाड़ प्रणाली में विशेष रूप से पायी जाती हैं।

3) ओडिशा मैंगनीज का अग्रणी उत्पादक है।

A. 1 और 3 **B.** 2 और 3
C. 1 और 2 **D.** 1, 2 और 3

Q.104 निम्नलिखित कथनों में से कौन सा सही हैं?

1) भारत में प्रचुर मात्रा में गैर-लौह धातु खनिज मौजूद हैं।

2) बॉक्साइट मुख्य रूप से टर्शियरी निक्षेपो में पाया जाता है।

3) यह प्रायद्वीपीय भारत के पठार या पर्वत श्रेणियों पर तथा देश के तटीय क्षेत्रों में बड़े पैमाने पर मिलने वाली लेटेराइट चट्टानों के साथ जुड़ा हुआ है।

A. 1 और 2 **B.** 2 और 3 **C.** 1, 2और 3 **D.** 1 और 3

Q.105 निम्नलिखित में से किस खनिज को भूरे हीरे के रूप में जाना जाता हैं?

A. मैंगनीज **B.** अभ्रक **C.** लोहा **D.** लिग्नाइट

Q.106 निम्नलिखित में से कौन सा वाटर-शेड प्रबंधन के बारे में सही नहीं है?

1) इसमें जल अपवाह की रोकथाम और भूजल का भंडारण और रिचार्ज शामिल है।

2) वाटर-शेड प्रबंधन सभी संसाधनों (प्राकृतिक और मानव) के संरक्षण, पुनरुद्धार और न्यायोचित उपयोग सुनिश्चित करता हैं।

3) वाटरशेड प्रबंधन का उद्देश्य एक तरफ प्राकृतिक संसाधनों और दूसरी ओर समाज के बीच संतुलन लाना है।

A. केवल 1 **B.** केवल 2 **C.** केवल 3 **D.** कोई नहीं

Q.107 कुओं और नलकूपों द्वारा सिंचाई किये जाने वाले कुल क्षेत्र को प्रतिशत के आधार पर, निम्नलिखित राज्यों को छोटे से बड़े की ओर व्यवस्थित कीजिये।

1) महाराष्ट्र
2) तमिलनाडु
3) राजस्थान
4) उत्तरप्रदेश

A. 3-1-2-4 **B.** 2-1-3-4 **C.** 2-4-1-3 **D.** 3-2-1-4

Q.108 सही सुमेल को चुनें:

1) कृषियोग्य बंजर भूमि : एक या एक से कम कृषि वर्ष के लिए खेती ना किया जाने वाली भूमि

2) अनुपजाऊ और बंजर भूमि : उपलब्ध प्रोद्योगिकी के साथ खेती के उपयोग में नहीं लाया जा सकता।

3) वर्तमान परती : कोई भूमि जो पाँच वर्ष के लिये बंजर (खेती नहीं किया गया हो) पड़ी हुई हैं को इस श्रेणी में शामिल किया गया हैं।

A. 1 और 2 **B.** केवल 2
C. 2 और 3 **D.** उपरोक्त सभी

Q.109 निम्नलिखित में से कौन सा भारत के उत्तरी राज्यों में ख़रीफ़ की फसल नहीं हैं?

1) सफ़ेद सरसों
2) तूर
3) बाजरा
4) जौ

A. 1 और 4 **B.** केवल 2 **C.** 2 और 3 **D.** केवल 1

Q.110 निम्नलिखित पर विचार करें:

1) मक्का एक खाद्य है और साथ ही चारा फसल भी है जो अर्ध-शुष्क जलवायु परिस्थितियों में और निकृष्ट मृदा पर उगाई जाती है।

2) मक्के की खेती किसी विशिष्ट क्षेत्र पर केंद्रित नहीं है।

3) यह पूर्वी और उत्तर-पूर्वी क्षेत्रों को छोड़कर पूरे भारत में बोया जाता है।

उपरोक्त में से कौन सा सही हैं?

A. 1 और 3 **B.** 1 और 2
C. 2 और 3 **D.** उपरोक्त सभी

Q.111 केरमाडेक द्वीप समूह किस देश में स्थित हैं?

A. न्यूज़ीलैंड **B.** अमेरिका **C.** यूके **D.** फ्रांस

Q.112 पोलियो का आकस्मिक जीव है:

A. एक कवक **B.** एक विषाणु
C. एक कीड़ा **D.** एक जीवाणु

Q.113 लुप्त पद ज्ञात करें:

6, 18, 3, 21, 7, 56, ?

A. 8 **B.** 9 **C.** 63 **D.** 64

Q.114 डीएनए डबल हेलिक्स संरचना की खोज किसने की थी?

A. जेम्स वाटसन और फ्रांसिस क्रिक
B. ग्रेगर मेंडल
C. जोहानसेन
D. उपरोक्त में से कोई नहीं

Q.115 विद्युत शक्ति की इकाई है:

[Bihar PSC, 2019], [Bihar PSC, 2018]

A. एम्पीयर **B.** वोल्ट **C.** कूलॉम **D.** वाट

Q.116 निम्नलिखित घटनाओं में से कौन सी सबसे पहले घटित हुई?

A. स्वामी दयानंद ने आर्य समाज की स्थापना की
B. दीनबंधू मित्रा ने नीलदर्पण लिखा था
C. बंकिमचंद्र चट्टोपाध्याय ने आनंदमठ लिखा
D. सत्येंद्रनाथ टैगोर भारतीय सिविल सेवा परीक्षा में सफल होने वाले पहले भारतीय बने

Q.117 उन जंगलों का नाम क्या है जो एक बड़ी उम्र तक पहुंच चुके हैं और मानव गतिविधि के कोई स्पष्ट संकेत नहीं हैं?

A. पुराने विकास के जंगल **B.** अछूता वन
C. सामुदायिक वन **D.** उष्णकटिबंधीय वन

Q.118 हाल ही में किस भारतीय पहलवान ने विश्व रैंकिंग में शीर्ष स्थान हासिल किया है?

A. विनेश फोगट **B.** बजरंग पुनिया
C. योगेश्वर दत्त **D.** साक्षी मलिक

Q.119 शिवसमुद्रम जलप्रपात किस नदी पर स्थित है?

A. कावेरी **B.** नोय्याल **C.** वैगई **D.** भवानी

Q.120 समुद्र में ज्वार मुख्य रूप से निम्नलिखित के कारण होते हैं:

A. पृथ्वी का वायुमंडलीय प्रभाव
B. पृथ्वी पर शुक्र का गुरुत्वाकर्षण प्रभाव
C. पृथ्वी पर सूर्य का गुरुत्वाकर्षण प्रभाव
D. पृथ्वी पर चंद्रमा का गुरुत्वाकर्षण प्रभाव

Q.121 बाओ धान किस्म के चावल की खेती किस भारतीय राज्य में की जाती है?

A. पश्चिम बंगाल **B.** असम
C. ओडिशा **D.** कर्नाटक

Q.122 भारत के राष्ट्रीय भुगतान निगम के साथ किस भुगतान प्रदाता ने "RuPay SoftPoS" लॉन्च किया है?

A. एसबीआई भुगतान **B.** सीसी एवेन्यू
C. रेजरपे **D.** इंस्टामोजो

Q.123 सिंगौरगढ़ किला, जो हाल ही मे चर्चा में था, किस राज्य / केन्द्र शासित प्रदेश में स्थित है?

A. महाराष्ट्र **B.** मध्य प्रदेश **C.** ओडिशा **D.** केरल

Q.124 अपराध की रोकथाम पर संयुक्त राष्ट्र कांग्रेस का मेजबान कौन सा देश है?

A. भारत **B.** चीन **C.** अमेरीका **D.** जापान

Q.125 मनुष्य ध्वनि तरंगों की आवृत्ति ___ रेंजों में सुनता है।

A. 0 - 5 हर्ट्ज **B.** 6 - 10 हर्ट्ज
C. 11-15 हर्ट्ज **D.** 20 - 20000 हर्ट्ज

Q.126 रूस ने किस देश के साथ अपनी संयुक्त अंतरिक्ष योजनाओं का अनावरण किया है?

A. भारत **B.** जापान **C.** चीन **D.** अमेरीका

Q.127 किस देश ने दुनिया का सबसे शक्तिशाली सुपर कंप्यूटर, फुगाकू विकसित किया है?

A. चीन **B.** रूस **C.** जापान **D.** इजराइल

Q.128 विश्व आर्थिक मंच की यंग ग्लोबल लीडर्स (YGLs) सूची में किस बॉलीवुड अभिनेता/अभिनेत्री को हाल ही में नामित किया गया था?

A. प्रियंका चोपड़ा **B.** दीपिका पादुकोण
C. विद्या बालन **D.** नवाजुद्दीन सिद्दीकी

Q.129 सभी प्रारूपों में 10,000 रन बनाने वाली पहली भारतीय महिला क्रिकेटर कौन बनी?

A. स्मृति मंदाना **B.** मिताली राज
C. दीप्ति शर्मा **D.** हरप्रीत कौर

Q.130 कोयले से हाइड्रोजन का उत्पादन करने के लिए किस कंपनी ने एक परीक्षण परियोजना शुरू की है?

A. एनटीपीसी
B. कोल इंडिया लिमिटेड
C. कावासाकी हेवी इंडस्ट्रीज
D. ब्रिटिश पेट्रोलियम

Q.131 फरवरी 2021 के महीने के लिए WPI आधारित मुद्रास्फीति क्या है?

A. 2% **B.** 2.5% **C.** 3% **D.** 4.17%

Q.132 अंतर-संसदीय संघ (IPU) का मुख्यालय कहाँ स्थित है?

A. जिनेवा **B.** रोम **C.** पेरिस **D.** नैरोबी

Q.133 केंद्र सरकार द्वारा स्थापित की जाने वाली विकास वित्तीय संस्था (DFI) की प्रारंभिक भुगतान-योग्य पूंजी क्या है?

A. 5000 करोड़ रु **B.** 10000 करोड़ रु
C. 20000 करोड़ रु **D.** 50000 करोड़ रु

Q.134 राष्ट्रीय सुरक्षा गार्ड के महानिदेशक के रूप में किसे नियुक्त किया गया है?

A. स्वपन दासगुप्ता **B.** एम. ए. गणपति
C. पी. के. सिन्हा **D.** ए. पी. माहेश्वरी

Q.135 किस देश ने अति स्फीति के कारण बड़े-मूल्यवर्ग के बैंकनोट उतारे हैं?

A. ईरान **B.** वेनेजुएला **C.** सूडान **D.** गिनि

Q.136 निम्नलिखित का मिलान करें:

सूची - I	सूची - II
I. खासी विद्रोह	a. रानी गाइडिन्ल्यू
II. अहोम विद्रोह	b. निरंग फिडू
III. सिंघफोस विद्रोह	c. तीरोट सिंह
IV. जेलियांग्रोंग आंदोलन	d. गोमधर कुंअर

A. I-d, II-c, III-a, IV-b **B.** I-c, II-b, III-d, IV-a
C. I-d, II-a, III-c, IV-b **D.** I-c, II-d, III-b, IV-a

Q.137 निम्नलिखित कथनों पर विचार करें।

I. सत्रिया नृत्य 15वीं शताब्दी ईसा पूर्व में शंकरदेव ने प्रस्तुत किया था।
II. यह शैवती विश्वास के प्रसार के लिए एक शक्तिशाली माध्यम था।
III. इस नृत्य परंपरा को हस्तमुद्रा, पगकार्य, अहिरिया, संगीत इत्यादि के संदर्भ में निर्धारित सिद्धांतों द्वारा नियंत्रित किया जाता है।

सही कथन का चयन करें।

A. I और II **B.** II और III
C. I और III **D.** उपरोक्त सभी सही हैं

Q.138 निम्नलिखित कथनों पर विचार करें.

I. नटराज शिव के साथ जुड़ा हुआ है जो की ब्रह्माण्ड के अंत से जुड़ा हुआ है।

II. चोल राजवंश में नटराज की कांस्य मूर्तिकला में, उन्हें अपने दाहिने पैर पर खुद को संतुलित होते हुए दिखाया गया है।

III. उनके चारों हाथों को फैलाया हुआ दिखाया गया है और मुख्य दाहिने हाथ को अभय हस्त मुद्रा में दिखाया गया है।

गलत कथन का चयन करें।

A. केवल I
B. केवल II
C. केवल III
D. उपरोक्त में से कोई नहीं

Q.139 मौलिक अधिकारों के उल्लंघन के आधार पर निम्न में से कौन से कानून /अधिनियम को चुनौती दी जा सकती है?

1) संसद द्वारा अधिनियमित कानून
2) राष्ट्रपति और राज्यपाल द्वारा अधिनियमित अध्यादेश
3) कार्यकारी आदेश
4) संवैधानिक संशोधन

नीचे दिए गए कूट का उपयोग करके सही उत्तर चुनें:

A. केवल 1और 2
B. केवल 1, 2 और 4
C. केवल 1, 3 और 4
D. 1, 2, 3 और 4

Q.140 दल-बदल विरोधी कानून के संदर्भ में निम्नलिखित कथनों पर विचार करें:

1) यह संविधान के 52वें संशोधन अधिनियम द्वारा पारित है जिसके द्वारा एक राजनैतिक दल से दूसरे दल में दल-बदल करने के आधार पर सांसदों और विधायकों की सदस्यता को निरस्त किया जा सकता है।

2) यह संशोधन अधिनियम संविधान की नौवीं अनुसूची में जोड़ा गया है।

ऊपर दिए गए कथनों में से कौन सा/से सही हैं?

नीचे दिए गए कोड़ का उपयोग करके सही उत्तर का चयन करें:

A. केवल 1
B. केवल 2
C. दोनों 1और 2
D. दोनों में से कोई नहीं

// स्मार्ट उत्तर पुस्तिका //

सही उत्तर उन छात्रों के प्रतिशत को इंगित करता है जिन्होंने प्रश्नों का सही उत्तर दिया था।

छोड़ दिया उन छात्रों के प्रतिशत को इंगित करता है जिन्होंने प्रश्नों को छोड़ दिया था।

प्रश्न संख्या	उत्तर	सही उत्तर	छोड़ दिया
1	D	22.41 %	23.13 %
2	A	8.67 %	43.62 %
3	D	22.17 %	34.46 %
4	C	15.18 %	44.1 %
5	D	9.4 %	45.06 %
6	A	19.04 %	40.96 %
7	A	20.0 %	45.3 %
8	A	19.28 %	42.17 %
9	C	9.4 %	46.5 %
10	A	44.34 %	40.72 %
11	C	17.83 %	37.11 %
12	A	20.72 %	41.69 %
13	C	25.06 %	32.53 %
14	D	11.57 %	42.65 %
15	D	7.95 %	37.35 %
16	A	15.66 %	36.15 %
17	A	15.9 %	46.75 %
18	D	2.65 %	44.1 %
19	C	19.04 %	10.12 %
20	D	20.96 %	31.09 %
21	C	20.96 %	30.85 %
22	C	12.29 %	42.17 %
23	C	48.92 %	16.86 %
24	A	14.7 %	43.13 %
25	A	20.72 %	44.82 %
26	A	10.6 %	42.65 %
27	C	20.72 %	27.23 %
28	C	9.4 %	46.99 %
29	C	14.7 %	32.05 %
30	B	23.86 %	40.72 %
31	D	31.08 %	37.11 %
32	B	26.51 %	36.86 %
33	C	35.66 %	20.0 %
34	B	6.75 %	42.89 %
35	A	10.84 %	38.08 %
36	A	13.73 %	37.35 %
37	D	14.7 %	46.26 %
38	B	12.05 %	42.41 %
39	C	11.81 %	44.82 %
40	C	12.05 %	44.09 %
41	B	30.84 %	31.09 %
42	B	34.46 %	41.93 %
43	D	12.77 %	35.18 %
44	D	14.94 %	44.34 %
45	D	12.05 %	31.81 %
46	B	11.57 %	43.37 %
47	C	10.6 %	39.52 %
48	B	7.23 %	44.1 %
49	B	11.57 %	47.47 %
50	B	9.16 %	42.65 %
51	B	13.73 %	35.91 %
52	C	12.05 %	33.97 %
53	D	16.87 %	44.58 %
54	A	24.1 %	40.72 %
55	D	14.7 %	39.03 %
56	C	11.81 %	44.09 %
57	C	13.98 %	46.02 %
58	A	8.43 %	40.73 %
59	D	31.57 %	38.79 %
60	B	23.86 %	32.28 %
61	B	8.19 %	45.79 %
62	D	11.08 %	40.73 %
63	C	20.96 %	39.52 %
64	B	8.19 %	44.82 %
65	D	2.65 %	46.02 %
66	B	5.06 %	41.45 %
67	B	12.05 %	45.3 %
68	C	5.06 %	45.3 %
69	C	5.54 %	46.27 %
70	D	3.37 %	43.86 %
71	B	9.64 %	22.65 %
72	B	16.87 %	33.25 %
73	C	18.55 %	45.06 %
74	D	3.37 %	42.9 %
75	B	25.06 %	44.1 %
76	B	4.82 %	40.72 %
77	D	13.01 %	45.3 %
78	D	17.59 %	41.21 %
79	B	23.86 %	23.13 %
80	A	18.55 %	35.18 %

प्रश्न संख्या	उत्तर	सही उत्तर	छोड़ दिया
81	C	31.08 %	31.33 %
82	A	9.16 %	41.44 %
83	A	9.16 %	45.06 %
84	A	20.0 %	41.69 %
85	C	16.87 %	45.3 %
86	C	28.19 %	41.69 %
87	C	9.88 %	45.78 %
88	D	20.48 %	44.34 %
89	C	10.36 %	46.99 %
90	D	15.9 %	45.06 %
91	D	2.65 %	45.78 %
92	D	4.58 %	44.58 %

प्रश्न संख्या	उत्तर	सही उत्तर	छोड़ दिया
93	B	13.01 %	32.29 %
94	D	21.69 %	44.09 %
95	C	23.13 %	40.97 %
96	B	13.01 %	40.97 %
97	A	31.33 %	45.54 %
98	C	15.66 %	44.1 %
99	A	9.88 %	41.69 %
100	D	26.27 %	36.14 %
101	B	13.73 %	45.79 %
102	D	1.93 %	44.82 %
103	D	5.3 %	45.78 %
104	B	8.67 %	42.41 %

प्रश्न संख्या	उत्तर	सही उत्तर	छोड़ दिया
105	D	11.81 %	45.3 %
106	D	5.3 %	45.3 %
107	C	11.33 %	35.42 %
108	B	4.1 %	44.82 %
109	A	18.55 %	31.33 %
110	D	14.7 %	42.41 %
111	A	31.33 %	24.09 %
112	B	31.08 %	43.38 %
113	A	21.93 %	27.47 %
114	A	8.19 %	42.65 %
115	D	28.67 %	40.0 %
116	B	7.95 %	43.13 %

प्रश्न संख्या	उत्तर	सही उत्तर	छोड़ दिया
117	A	13.73 %	24.34 %
118	B	21.93 %	41.68 %
119	A	34.7 %	24.58 %
120	D	31.33 %	33.97 %
121	B	25.3 %	32.29 %
122	A	15.18 %	42.89 %
123	B	28.92 %	35.9 %
124	D	12.77 %	47.47 %
125	D	27.47 %	45.3 %
126	C	13.25 %	42.41 %
127	C	19.04 %	26.26 %
128	B	4.58 %	44.82 %

प्रश्न संख्या	उत्तर	सही उत्तर	छोड़ दिया
129	B	40.0 %	27.47 %
130	C	35.18 %	41.21 %
131	D	42.89 %	25.54 %
132	A	12.53 %	33.25 %
133	A	15.18 %	46.02 %
134	B	7.71 %	43.13 %
135	B	9.88 %	28.43 %
136	D	7.95 %	41.69 %
137	C	7.71 %	29.88 %
138	D	6.51 %	44.82 %
139	D	16.63 %	45.78 %
140	A	24.82 %	35.66 %

कार्य विश्लेषण	
औसत अंक (%)	7.86%
टॉपर्स स्कोर (%)	72.86%
आपका स्कोर	

//संकेत और समाधान//

1. रावी नदी पर डेरा बाबा नानक नाम के करतारपुर में एक केंद्र की स्थापना की।

इस प्रकार गुरु नानक द्वारा निर्मित पवित्र स्थान धर्मशाल के रूप में जाना जाता था। इसे अब गुरुद्वार के नाम से जाना जाता है।

अपनी मृत्यु से पहले गुरु ने लेहना जिन्हे गुरु अंगद के रुप में भी जाना जाता है, को अपना उत्तराधिकारी नियुक्त किया।

अतः विकल्प (D) सही है।

2. सही मिलान a-1, b-3, c-4, d-2 है।

पारिजातपहरनम एक तेलुगु कविता है जो नंदी थिम्मना द्वारा रचित है।

पांडुरंग महात्यम 16वीं शताब्दी के कवि तेनाली रामलिंगा की एक भव्य कृति है।

धुजाति राजा कृष्णदेवराय के दरबार में एक तेलुगु कवि थे। उन्होंने कालहस्ती महात्म्य लिखा।

मदुरा विजयम, जिसका अर्थ है "द कॉन्क्वेस्ट ऑफ़ मदुरै", 14वीं शताब्दी ईसवी की संस्कृत कविता है जिसे कवयित्री गंगादेवी ने लिखा है।

अतः विकल्प (A) सही है।

3. नैमिषारण्य सीतापुर जिले में गोमती नदी के बाएँ तट पर स्थित एक प्रसिद्ध हिन्दू तीर्थ है। यह हिंदुओं के सभी तीर्थस्थल केंद्रों में सबसे अधिक पवित्र माना जाता है।

अतः विकल्प (D) सही है।

4. प्रवासी भारतीयों के मामले से जुड़े मंत्रालय के निर्देश पर यूपी सरकार ने अपनी 'डिस्कवर योर रूट्स' स्कीम लांच की है। 2003 में शुरू हुई इस योजना की बदौलत अब तक मॉरीशस, साउथ अफ्रीका, फिजी, त्रिनिदाद एंड टोबेगो और वेस्ट इंडीज के द्वीपों से आयें लोग अपने पुरखों के मूल गांवों और कस्बों को ढूंढने में कामयाब रहे हैं। उनके पूर्वज 18वीं शताब्दी के अंत या 19वीं सदी के प्रारंभ में मजदूरों के रूप में विदेश में ले जाए गए थे।

अतः विकल्प (C) सही है।

5. राज्य नीति के निर्देशक सिद्धांत देश के शासन में मौलिक होते हैं। अनुच्छेद 37 राज्यों को कानून बनाने में इन सिद्धांतों को लागू करने के लिए राज्य पर कर्तव्य बताता है। संविधान का भाग IV राज्यों के लिए निर्देशक सिद्धांतों से संबंधित है। इन्हें "कल्याणकारी राज्य" सुनिश्चित करने के लिए शामिल किया गया है और इसलिए शासन में मौलिक माना जाता है।
अतः विकल्प (D) सही है।

6. झांसी उत्तर-दक्षिण और पूर्व-पश्चिम गलियारों का जंक्शन है।

उत्तर-दक्षिण गलियारा श्रीनगर से कन्याकुमारी तक और पश्चिम-पूर्वी गलियारा पोरबंदर से सिलचर तक जाती है।

अतः विकल्प (A) सही है।

7. ज़ियाउद्दीन बरनी का जन्म 1285 ई. में सैय्यद परिवार मे हुआ था। ज़ियाउद्दीन बरन (आधुनिक बुलन्दशहर) के रहने वाले थे, इसीलिए अपने नाम के साथ बरनी लिखते थे। भारत का इतिहास लिखने वाले पहले ज्ञात मुसलमान थे।

अतः विकल्प (A) सही है।

8.

मेला / त्योहार	आयोजन स्थल
A. पशु मेला	3. बटेश्वर
B. ध्रुपद मेला	4. वाराणसी
C. गोविन्द साहब मेला	2. अम्बेडकर नगर
D. माघ मेला	1. इलाहाबाद

अतः विकल्प (A) सही है।

9. एक पराजित उम्मीदवार जो निर्वाचन क्षेत्र में मतदान किए गए वैध मतों के एक-छठे से अधिक को सुरक्षित करने में विफल रहता है, वह अपनी जमानत राशि खो देगा।

अतः विकल्प (C) सही है।

10. ब्लू व्हेल एक समुद्री स्तनपायी जीव है। इसकी लंबाई 30 मीटर तक पायी गई है। यह वर्तमान जानवरों में सबसे बड़ा जानवर है।

अतः विकल्प (A) सही है।

11. गैलिलियो गैलीली द्वारा 1593 में थर्मोस्कोप और थर्मामीटर का आविष्कार किया गया था।

थर्मोस्कोप एक उपकरण है जो तापमान में परिवर्तन दिखाता है। इसका विशिष्ट डिजाइन एक ट्यूब है जिसमें तापमान में परिवर्तन के फलस्वरुप तरल चढता एवं गिरता है।

अतः विकल्प (C) सही है।

12. झारखंड की सोहराई खोवर पेंटिंग और तेलंगाना के तेलिया रूमाल को भौगोलिक संकेत दिया गया।

तेलिया रुमाल कपड़े में कॉटन लूम के साथ जटिल हस्तनिर्मित कार्य शामिल हैं, जो तीन विशेष रंगों - लाल, काले और सफेद - में विभिन्न प्रकार के डिजाइन और रूपांकनों को प्रदर्शित करता है।
अतः विकल्प (A) सही है।

13. बाकू क्षेत्र खनिज तेल खनन के लिए प्रसिद्ध है। बाकू क्षेत्र पूर्व सोवियत संघ में स्थित है। यह कैस्पियन और काला सागर के पास स्थित है। बाकू में सबसे गहरे तेल के कुएँ पाए जाते हैं।

अतः विकल्प (C) सही है।

14. उष्णकटिबंधीय घास के मैदान:

पूर्वी अफ्रीका-सवाना

ब्राजील-कैम्पोस

वेनेजुएला-लानोस

शीतोष्ण घास के मैदान

अर्जेंटीना- पम्पास

उत्तरी अमेरिका- प्रेयरी

दक्षिण अफ्रीका- वेल्ड

मध्य एशिया- स्टेपी

ऑस्ट्रेलिया- डाउन्स
अतः विकल्प (D) सही है।

15. इंडियन लीग की शुरुआत 1875 में शिशिर कुमार घोष ने 'लोगों में राष्ट्रीयता की भावना को प्रोत्साहित करने' और राजनीतिक शिक्षा को प्रोत्साहित करने के उद्देश्य से की थी।

बॉम्बे प्रेसीडेंसी एसोसिएशन की शुरुआत बदरुद्दीन तैयबजी, फ़िरोज़शाह मेहता और के.टी. तेलंग नें 1885 में की थी।

बंगाल ब्रिटिश इंडिया सोसाइटी की स्थापना 1843 में द्वारकानाथ टैगोर और जॉर्ज थॉम्पसन ने की थी, जो ब्रिटिश भारत के लोगों की वास्तविक स्थिति से

संबंधित सूचनाओं के संग्रह और प्रसार के उद्देश्य से था।
अतः विकल्प (D) सही है।

16. अगला पद = पिछला पद / 4

$$\frac{2816}{4} = 704$$

$$\frac{704}{4} = 176$$

$$\frac{176}{4} = 44$$

$$\frac{44}{4} = 11$$

अतः विकल्प (A) सही है।

17. 113

113 × 2 = 226 -1 = 225

225 × 2 = 450 -1 = 449

449 × 2 = 898 - 1 = **897**

897 × 2 = 1794 -1 = 1793
अतः विकल्प (A) सही है।

18. A. मुस्लिम नेताओं ने दिल्ली में मुलाकात की और मसौदा संविधान में मुस्लिम मांगों को शामिल करने के लिए चार प्रस्तावों को विकसित किया। ये प्रस्ताव, जिसे कांग्रेस के मद्रास सत्र द्वारा स्वीकार किया गया था, दिल्ली प्रस्ताव के रूप में जाना जाने लगा। ये थे:

1. मुसलमानों के लिए आरक्षित सीटों के साथ पृथक निर्वाचकों के स्थान पर संयुक्त निर्वाचक मंडल।

2. केंद्रीय विधान सभा में मुसलमानों के लिए एक तिहाई प्रतिनिधि।

3. पंजाब और बंगाल में मुसलमानों का उनकी आबादी के अनुपात में प्रतिनिधित्व।

4. तीन नए मुस्लिम बहुमत वाले प्रांतों का गठन- सिंध, बलूचिस्तान और उत्तर-पश्चिम सीमा प्रांत।

B. हिंदू महासभा पंजाब और बंगाल में मुस्लिम बहुल प्रांतों के लिए नए मुस्लिम-बहुल प्रांत बनाने और सीटों के आरक्षण के प्रस्तावों का पुरजोर विरोध कर रही थी। इसने एक सख्त एकात्मक संरचना की भी मांग की।
अतः विकल्प (D) सही है।

19. पहला पद = 6

दूसरा पद = 6 × 2 - 1 = 11

तीसरा पद = 11 × 3 - 2 = 31

चौथा पद = 31 × 4 - 3 = 124 -3 = 121

पांचवां पद = 121 × 5 - 4 = 601

छठा पद = 601 × 6 = 3606 - 5 = 3601
अतः विकल्प (C) सही है।

20. 1. धम्मचक्रप्रवर्तन, बुद्ध द्वारा सारनाथ में अपने पांच शिष्यों को दिया गया पहला उपदेश है। इसका प्रतीक चक्र है।

2. बुद्ध का 80 वर्ष की आयु में 483 ईसा पूर्व में कुशीनगर में निधन हो गया। इसे महापरिनिर्वाण के नाम से जाना जाता है। इसका प्रतीक स्तूप है।

3. बुद्ध ने 49 दिनों के निरंतर ध्यान के बाद निरंजना नदी के किनारे बोधगया में एक पीपल के पेड़ के नीचे 35 वर्ष की आयु में निर्वाण (ज्ञान) प्राप्त किया। इसका प्रतीक बोधि वृक्ष है।

4. बुद्ध ने 29 वर्ष की आयु में घर त्याग दिया और भटकते हुए तपस्वी बन गए। इस घटना को महाभिनिष्कर्ण (त्याग) कहा जाता था। इसका प्रतीक घोड़ा है।
अतः विकल्प (D) सही है।

21. राष्ट्रपति को उपराष्ट्रपति को अपना इस्तीफा देना होता है।
अतः विकल्प (C) सही है।

22. • केंद्र सरकार ने बिहार में 4,900 करोड़ रुपए की कोसी-मेची नदी इंटरलिंकिंग परियोजना को मंजूरी दी है।

• इस परियोजना से उत्तर बिहार में बाढ़ को रोका जा सकेगा और बिहार में 2.14 लाख हेक्टेयर से अधिक खेती योग्य भूमि की सिंचाई भी हो सकेगी।

• केंद्र सरकार ने सिंचाई उद्देश्य के लिए कोसी के पूर्वी तट पर 76.20 किमी नहरों के निर्माण को मंजूरी दी है,

• इस परियोजना का उद्देश्य लोगो की बाढ़ से उत्पन्न कठिनाइयों को कम करना है और सीमांचल क्षेत्र में हरित क्रांति की शुरूआत करने की क्षमता है।

• यह मध्य प्रदेश में केन-बेतवा परियोजना के बाद अनुमोदित होने वाली देश की दूसरी बड़ी नदी इंटरलिंकिंग परियोजना है।
अतः विकल्प (C) सही है।

23. काजू को छोड़कर, केला, आम और अमरुद सभी फल हैं।
अतः विकल्प (C) सही है।

24. रेशम एक प्राकृतिक प्रोटीन फाइबर है, जिसके कुछ रूपों को वस्त्रों में बुना जा सकता है।

रेशम का प्रोटीन फाइबर मुख्य रूप से फाइब्रोइन से बना होता है और कोकून बनाने के लिए कुछ कीट लार्वा द्वारा निर्मित होता है।
अतः विकल्प (A) सही है।

25. सुनने को छोड़कर, अन्य सभी को शारीरिक गति की आवश्यकता होती है।
अतः विकल्प (A) सही है।

26. प्रक्रियात्मक लोकतंत्र एक लोकतंत्र है जिसमें राज्य के लोगों या नागरिकों का पारंपरिक उदार लोकतंत्रों की तुलना में कम प्रभाव पड़ता है। इस प्रकार के लोकतंत्र की विशेषता है कि मतदाताओं को स्वतंत्र चुनाव में प्रतिनिधियों का चुनाव करना ।

नागरिक और राजनीतिक अधिकार अधिकारों का एक वर्ग है जो व्यक्तियों की स्वतंत्रता को सरकारों, सामाजिक संगठनों और निजी व्यक्तियों द्वारा उल्लंघन से बचाता है। वे बिना भेदभाव या दमन के समाज और राज्य के नागरिक और राजनीतिक जीवन में भाग लेने की क्षमता सुनिश्चित करते हैं।
अतः विकल्प (A) सही है।

27. डोलड्रम : भूमध्य रेखा से सम्बन्धिचत इंटरट्रॉपिकल कन्वर्जेंस ज़ोन या डॉल्ड्रम्स, कभी-कभार गरज-चमक के साथ से प्रकाश और अनियमित हवा का एक क्षेत्र होता है।

व्यापार हवाएं: भूम्धय रेखा से 0 से 30 डिग्री उत्तरी एवं दक्षिणी क्षेत्रों मे बहने वाली पवन है।

पूर्ववर्ती पश्चिमी पवन: पश्चिमी यूरोप और अमेरिका (30-60 डिग्री) के अक्षांश से सम्बन्धित पश्चिम पवने, पश्चिम की ओर से चलती हैं ं, जो उत्तर की ओर कुछ ओर प्रवृत्त होती हैं।

ध्रुवीय पूर्वी पवन: नॉर्वे और उत्तर की ओर (60-90 डिग्री) के अक्षांश से सम्बन्धित ध्रुवीन पूर्वी पवनें पूर्व और उत्तर से अनियमित रूप से चलती हैं।

अतः विकल्प (C) सही है।

28. प्रोजेरिया एक अत्यंत दुर्लभ आनुवांशिक विकार है जिसमें उम्र बढ़ने के पहलुओं से संबंधित लक्षण बहुत कम उम्र में प्रकट होते हैं।
अतः विकल्प (C) सही है।

29. कार्बन के अलावा अन्य गहनों में इस्तेमाल किया जाता है।
अतः विकल्प (C) सही है।

30. यदि जमीन के संपर्क में क्षेत्र सबसे छोटा है तो जमीन पर डाला गया दबाव सबसे ज्यादा होगा।

इसलिए, जब कोई व्यक्ति अपने पैर की उंगलियों पर खड़ा होता है, तो दबाव सबसे ज्यादा होगा।
अतः विकल्प (B) सही है।

31.

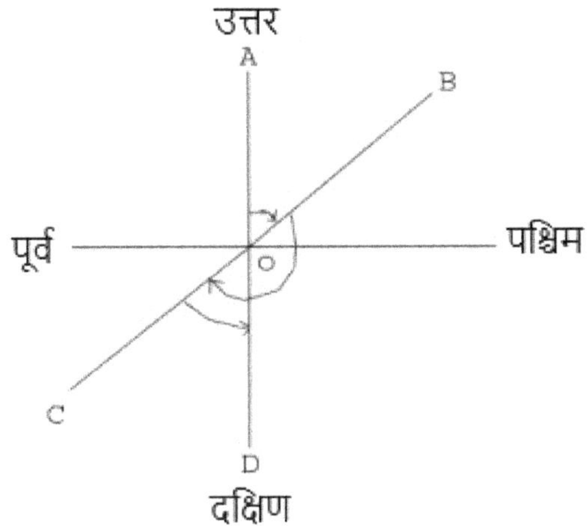

वैन आरेख के अनुसार हम कह सकते हैं कि वह दक्षिण दिशा का सामना कर रहा है।

अतः विकल्प (D) सही है।

32.

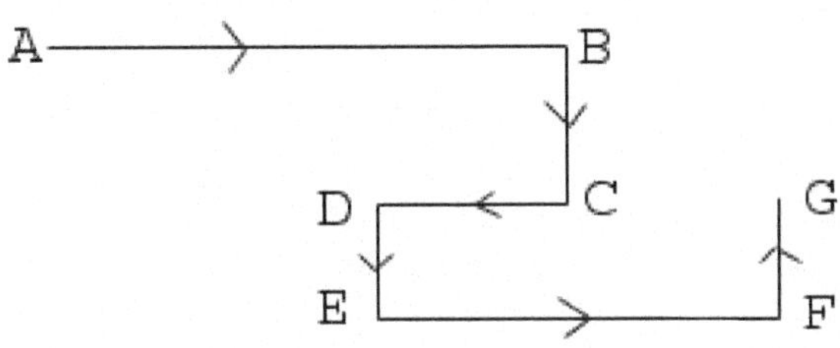

अब कुत्ते का मुँह उत्तर दिशा में है।

अतः विकल्प (B) सही है।

33. नाट्य शास्त्र पर आधारित शास्त्रीय रंगमंच अपने स्वरूप में अधिक परिष्कृत और कठोर था। इसका उद्देश्य एक संभ्रांत दर्शकों के लिए सौंदर्यशास्त्र की ऊँची भावना के साथ है।

लोक या पारंपरिक रंगमंच ग्रामीण जड़ों से विकसित हुआ। यह व्याकरण और नियमों पर ज्यादा ध्यान दिए बिना बेलगाम मनोरंजन के उद्देश्य से था। हालांकि लोक रंगमंच ने संगीत, अंगविक्षेप, आंदोलन, नृत्य और कथा तत्वों का उपयोग किया, लेकिन यह समकालीन होने की सीमा तक भी अधिक सरल, तत्काल और सुधारवादी था।

इसके अलावा, जबकि शास्त्रीय रंगमंच एक विशेष समय में भारत के सभी हिस्सों में अपनी प्रस्तुति में लगभग समान था, पारंपरिक थिएटर अलग-अलग प्रस्तुति के तरीकों पर ले गया।
अतः विकल्प (C) सही है।

34. भारत के कई हिस्सों में नहर सिंचाई प्रणाली के लिए जल वितरण की वारबंदी प्रणाली का पालन किया जाता है। यह देखा गया है कि खेतो के अन्तिम क्षेत्र पानी के स्त्रोतो के पास स्थित खेतों की तुलना में कम मात्रा में पानी प्राप्त करते हैं। इसका कारण असूचीगत जल स्त्रोतो में सीपेज की कमी है। वारबांदी सिंचाई प्रणाली में उपलब्ध पानी के समान वितरण के लिए एक घूर्णी विधि है, जो कि एक पूर्व निर्धारित कार्यक्रम के अनुसार, वर्ष, दिन, समय और प्रत्येक भू-स्वामी के आकार के अनुपात में प्रत्येक सिंचाई के लिए आपूर्ति की अवधि के अनुसार तय की जाती है।
अतः विकल्प (B) सही है।

35. दी गई पर्वत श्रेणियों का दक्षिण से उत्तर की ओर क्रम है-

इलायची की पहाड़ियाँ- शेवरॉय पहाड़ियाँ- जावादी पहाड़ियाँ- पालकोंडा पहाड़ियाँ - नल्लामलाई पहाड़ियाँ

अतः विकल्प (A) सही है।

36.

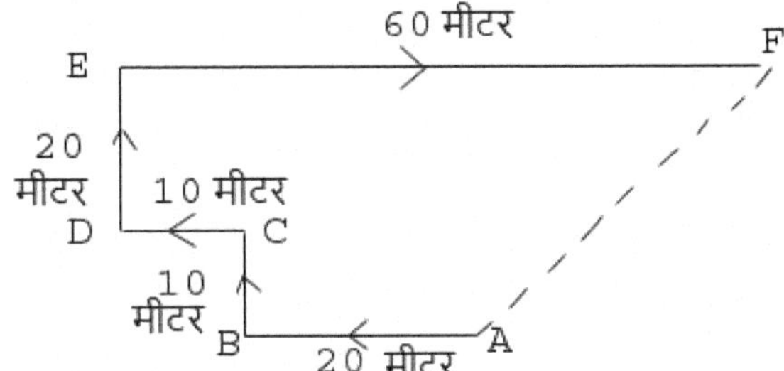

प्रारंभिक दिशा के संदर्भ में अंतिम दिशा उत्तर-पूर्व होगी।
अतः विकल्प (A) सही है।

37. वर्तमान में, भारत में 42 रामसर आर्द्रभूमि स्थल हैं। कुछ उदाहरण हैं-

रेणुका आर्द्रभूमि, पोंगडैम झील, रोपड़ आर्द्रभूमि, नवाबगंज पक्षी अभयारण्य, आसन संरक्षण रिजर्व, काबरताल आर्द्रभूमि, लोनार झील, सुर सरोवर, त्सो कर आर्द्रभूमि परिसर आदि।

आर्द्रभूमि पर अभिसमय, जिसे रामसर अभिसमय कहा जाता है, एक अंतर-सरकारी संधि है जो आर्द्रभूमि और उनके संसाधनों के संरक्षण और बुद्धिमान उपयोग के लिए रूपरेखा प्रदान करती है। अभिसमय को1971 में ईरानी शहर रामसर में अपनाया गया था।

अतः विकल्प (D) सही है।

38. रुद्रसागर झील मेलाघर, त्रिपुरा, भारत में स्थित एक झील है।

रुद्रसागर एक महत्वपूर्ण संभावित पक्षी क्षेत्र है और सर्दियों में बड़ी संख्या में जलपक्षियों को आकर्षित करता है।

अतः विकल्प (B) सही है।

39. राज्य के स्वामित्व वाली इंडियन ऑयल कॉरपोरेशन (आईओसी) और इजरायली बैटरी डेवलपर फिनर्जी ने इलेक्ट्रिक वाहनों (EVs) के लिए अल्ट्रा-लाइट मेटल-एयर बैटरी बनाने के लिए एक संयुक्त उद्यम का गठन किया।

संयुक्त उद्यम बैटरी बनाने के लिए एल्यूमीनियम लिथियम की जगह लेगा जो तेजी से चार्ज करेगा और लंबे समय तक काम करेगा। कंपनी के पहले ग्राहक मारुति सुजुकी और अशोक लेलैंड हैं। आइओसी ने पिछले साल फिनर्जी लिमिटेड में अल्पमत हिस्सेदारी हासिल कर ली थी।

अतः विकल्प (C) सही है।

40. एराविकुलम राष्ट्रीय उद्यान केरल के इडुक्की, पश्चिमी घाट में मुन्नार में स्थित है। पार्क के मुख्य भाग में लगभग 2,000 मीटर की ऊँचाई के साथ एक उच्च झुका हुआ पर्वतीय पठार है। इलाके में ऊँचाई वाले घास के मैदान हैं जो शोलों से जुड़े हैं।

अतः विकल्प (C) सही है।

41. "बाथुकम्मा" तेलंगाना की हिंदू महिलाओं द्वारा मनाया जाने वाला पुष्पो का उत्सव है।
अतः विकल्प (B) सही है।

42. 1857 के स्वतंत्रता संग्राम के दौरान 80 वर्ष की आयु में कुअंर सिंह ने आरा की लड़ाई का नेतृत्व किया।
अतः विकल्प (B) सही है।

43.

मूल शैल	रूपांतरित शैल
बेसाल्ट	ग्रीनस्टोन
मिट्टी	स्लेट
कोयला	एन्थ्रेसाइट, ग्रेफाइट, हीरा
चूना पत्थर	संगमरमर
बलुआ पत्थर	क्वार्टजाइट
ग्रेनाइट	नीस

अतः विकल्प (D) सही है।

44.

वैन आरेख के अनुसार हम कह सकते हैं कि M, O का दादा है।

अतः विकल्प (D) सही है।

45. अस्त्र रक्षा अनुसंधान और विकास संगठन द्वारा विकसित एक भारतीय सर्व मौसम-दृश्य से परे हवा से हवा मिसाइल है। यह भारत द्वारा विकसित पहली हवा से हवा में मार करने वाली मिसाइल है। अस्त्र को अलग-अलग दूरी और ऊंचाई में आकर्षक लक्ष्यों को प्राप्त करने में सक्षम बनाया गया है जो दोनो 10 किमी की दूरी पर शॉर्ट-रेंज लक्ष्य और 110 किमी की दूरी तक लंबी दूरी के लक्ष्य को भेदने की अनुमति देता है।

अतः विकल्प (D) सही है।

46. उत्तरी अटलांटिक सागर मार्ग दुनिया के दो औद्योगिक रूप से विकसित क्षेत्रों, उत्तर-पूर्वी यू.एस.ए. और उत्तर-पश्चिमी यूरोप को जोड़ता है। इस मार्ग पर विदेशी व्यापार संयुक्त दुनिया के बाकी हिस्सों की तुलना में अधिक है। इस मार्ग पर दुनिया का एक चौथाई विदेशी व्यापार चलता है। इसलिए, इसे दुनिया का सबसे व्यस्त और अन्यथा, बिग ट्रंक रूट कहा जाता है। दोनों तटों में अत्यधिक उन्नत बंदरगाह और बंदरगाह सुविधाएं हैं।

अतः विकल्प (B) सही है।

47.

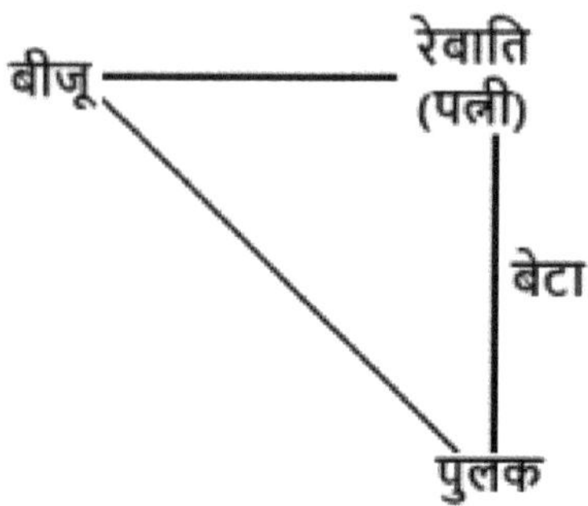

अतः विकल्प (C) सही है।

48. एक से पाँच मिलियन के बीच आबादी वाले शहरों को महानगरीय शहर और पाँच मिलियन से अधिक वाले को मेगा शहर कहा जाता है हैं। अधिकांश महानगरीय और मेगा शहरों में शहरी समूह हैं। एक शहरी समूह में निम्नलिखित तीन संयोजनों में से किसी एक को शामिल किया जा सकता है: (i) एक शहर और इसके आस-पास के शहरी बहिर्वाह (ii) दो या अधिक सन्निहित शहर बिना बहिर्वाह वाले क्षेत्रो के और (iii) एक शहर और एक या एक से अधिक समीपवर्ती कस्बों में एक साथ एक फैलाने वाले फैलने के साथ उनके बहिर्वाह।

अतः विकल्प (B) सही है।

49. कानूनी निविदा धन, वह धन है जो एक लेनदार अपने दावों के निपटान में स्वीकार करने के लिए बाध्य है।

कानूनी निविदा मुद्रा एक वैधानिक मुद्रा है जिस प्रकार एक चलन में नोट होता है जिसका उपयोग भुगतान के माध्यम के रूप में किया जा सकता है।
अतः विकल्प (B) सही है।

50. घाना कोवैक्स पहल के माध्यम से मुफ्त कोविड वैक्सीन खुराक का एक बैच प्राप्त करने वाला पहला देश बन गया।

विश्व स्वास्थ्य संगठन (डब्लूएचओ) गावी वैक्सीन संधि और महामारी संबंधी तैयारी नवाचारों के लिए गठबंधन के साथ मिलकर कोवैक्स पहल की अगुवाई करता है। इसका उद्देश्य गरीब देशों के साथ टीकों को साझा करना है।
अतः विकल्प (B) सही है।

51. केंद्रीय मंत्रिमंडल ने मॉस्को, रूस में इसरो तकनीकी संपर्क इकाई की स्थापना के लिए अपनी मंजूरी दे दी है।

इकाई रूस और पड़ोसी देशों में पारस्परिक रूप से तालमेल परिणामों के लिए अंतरिक्ष एजेंसियों और उद्योगों के साथ सहयोग करेगी।

ITLU इसरो की ओर से अंतरिक्ष प्रौद्योगिकी में द्विपक्षीय कार्यक्रम का समर्थन करेगा और इसरो की ओर से काम करेगा।

मंत्रिमंडल ने शांतिपूर्ण उद्देश्यों के लिए बाह्य अंतरिक्ष की खोज और उपयोग में सहयोग पर इसरो और बोलिवियाई अंतरिक्ष एजेंसी के बीच समझौता ज्ञापन को भी मंजूरी दी।
अतः विकल्प (B) सही है।

52. शस्त्र बलों में रैंक की सही पदानुक्रम निम्नानुसार हैं (उच्च रैंक से निचले रैंक तक)।

भारतीय सेना

फील्ड मार्शल - जनरल - लेफ्टिनेंट जनरल - मेजर जनरल - ब्रिगेडियर - कर्नल - लेफ्टिनेंट कर्नल - मेजर - कैप्टन-लेफ्टिनेंट

भारतीय वायु सेना

मार्शल ऑफ द एयर फोर्स - एयर चीफ मार्शल - एयर मार्शल - एयर वाइस मार्शल - एयर कमोडोर - ग्रुप कैप्टन - विंग कमांडर - स्काड्रन लीडर - फ्लाइट लेफ्टिनेंट - फ्लाइंग ऑफिसर

भारतीय नौसेना

बेड़े के एडमिरल - एडमिरल - वाइस एडमिरल - रियर एडमिरल - कमोडोर - कप्तान - कमांडर - लेफ्टिनेंट कमांडर - लेफ्टिनेंट - वाइस लेफ्टिनेंट
अतः विकल्प (C) सही है।

53. केरल भारत के पश्चिमी तट के दक्षिणी भाग में है जहाँ ग्रीष्मकालीन मानसून पहले पहुँचता है तथा मानसूनी पवनो के टकराव के लिए यहाँ पश्चिमी घाट है। इसके विपरीत, राजस्थान में मानसूनी पवनें अरावली के समानान्तर बहती है तथा यहाँ मानसून आखिरी में पहुंचता है और अवरोधक न होने से पवनें जल्दी से हट जाती हैं। राजस्थान समुद्र से दूर स्थित है तथा यहाँ पर मानसून का आगमन बहुत देर से होता है।

अतः विकल्प (D) सही है।

54.

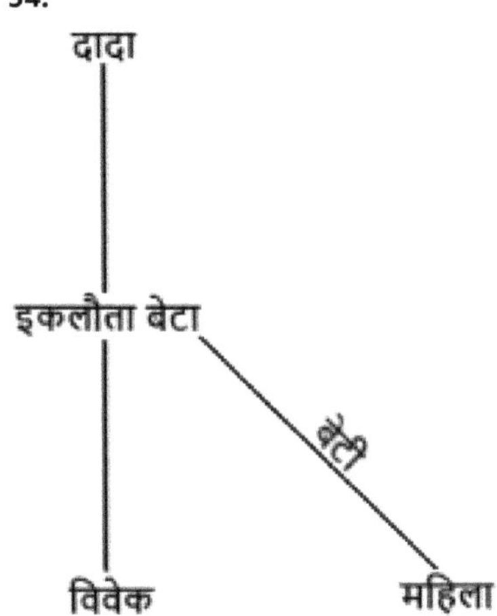

हम कह सकते हैं कि विवेक महिला का भाई है।

अतः विकल्प (A) सही है।

55. $\frac{(5+4+7)}{2} = 8$

$\frac{(6+9+5)}{2} = 10$

$\frac{(3+7+2)}{2} = 6$
अतः विकल्प (D) सही है।

56. $\frac{(12+18+30)}{10} = 6$

$\frac{(16+24+40)}{10} = 8$

इसी प्रकार,

$\frac{(45+18+27)}{10} = 9$
अतः विकल्प (C) सही है।

57. (5 x 3) + 4 = 19

तथा,

(6 x 4) + 5 = 29

इसलिए,

(7 x 5) + 6 = 41
अतः विकल्प (C) सही है।

58. बोर्नियो (क्षेत्र -743,330 वर्ग किमी) ऊपर दिए गए समूह में सबसे बड़ा है लेकिन ग्रीनलैंड 2,130,800 वर्ग किमी के क्षेत्र के साथ श्रेणी में पहले स्थान पर है।
अतः विकल्प (A) सही है।

59. अन्य तत्वों की तुलना में चांदी के इलेक्ट्रॉनों प्रवाह करने के लिए अधिक स्वतंत्र है, इसलिए बिजली का सबसे अच्छा चालक चांदी है।
अतः विकल्प (D) सही है।

60. जैसे-जैसे अर्धचालकों का तापमान बढ़ता है, वैलेन्स बैंड के इलेक्ट्रॉनों को अपने परमाणुओं के संधि से बचने के लिए पर्याप्त ऊर्जा मिलती है। नतीजतन, अर्धचालक के ताप में वृद्धि से विद्युत चालकता बढ़ जाती है, प्रतिरोध कम हो जाता है।
अतः विकल्प (B) सही है।

61. कथन 1 गलत है क्योंकि उपराष्ट्रपति का चुनाव एक निर्वाचक मंडल के सदस्यों द्वारा किया जाता है जिसमें संसद के दोनों सदनों के सदस्य (निर्वाचित और नामांकित दोनों) होते हैं। राष्ट्रपति के मामले में, केवल चुने हुए सदस्य प्रक्रिया में भाग लेते हैं।

कथन 2 सही है क्योंकि यह उपराष्ट्रपति के रूप में चुने जाने के लिए आवश्यक योग्यताओं में से एक है

कथन 3 गलत है क्योंकि शपथ राष्ट्रपति या उनके द्वारा नियुक्त किसी अन्य व्यक्ति द्वारा दिलाई जाती है।
अतः विकल्प (B) सही है।

62. तथ्यात्मक सवाल

राज्यसभा की अधिकतम शक्ति 250 सदस्यों पर निर्धारित है।

लोकसभा की अधिकतम शक्ति 552 सदस्यों पर निर्धारित है।
अतः विकल्प (D) सही है।

63. न्यूनतम आयु की आवश्यकता इस प्रकार है:

लोकसभा - 25 वर्ष

राज्यसभा - 30 वर्ष

विधान परिषद - 30 वर्ष

राज्यपाल / राष्ट्रपति / उपराष्ट्रपति - 35 वर्ष
अतः विकल्प (C) सही है।

64. कथन 1 गलत है क्योंकि एक व्यक्ति को पांच साल के लिए उच्च न्यायालय (या उच्च न्यायालय के अनुक्रमण में) का न्यायाधीश होना चाहिए था।

कथन 2 सही है क्योंकि यह सर्वोच्च न्यायालय के न्यायाधीशों की योग्यता में से एक है।

कथन 3 गलत है क्योंकि संविधान ने सर्वोच्च न्यायालय के न्यायाधीश के रूप में नियुक्ति के लिए न्यूनतम आयु निर्धारित नहीं की है।
अतः विकल्प (B) सही है।

65. कथन 1 गलत है क्योंकि क्षेत्रीय परिषदें वैधानिक (और संवैधानिक नहीं) निकाय हैं। वे संसद के एक अधिनियम, अर्थात् राज्य पुनर्गठन अधिनियम 1956 द्वारा स्थापित किए गए हैं

कथन 2 गलत है क्योंकि केंद्रीय गृह मंत्री प्रत्येक क्षेत्रीय परिषद के आम अध्यक्ष के रूप में कार्य करता है। प्रत्येक मुख्यमंत्री परिक्रमण द्वारा एक बार में एक वर्ष की अवधि के लिए कार्यालय धारण करते हुए परिषद के उपाध्यक्ष के रूप में कार्य करता है।
अतः विकल्प (D) सही है।

66. कथन 1 गलत है क्योंकि संविधान ने एक एकीकृत न्यायिक प्रणाली स्थापित की है न कि संयुक्त राज्य अमेरिका जैसी अदालतों की दोहरी प्रणाली।

कथन 2 सही है।

कथन 3 गलत है क्योंकि संविधान एक उच्च न्यायालय की क्षमता को निर्दिष्ट नहीं करता है और इसे राष्ट्रपति के विवेक पर छोड़ देता है।
अतः विकल्प (B) सही है।

67. समितियों को दिए गए कालानुक्रमिक क्रम में नियुक्त किया गया था:

1) बलवंत राय मेहता समिति

2) अशोक मेहता समिति

3) जी. वी. के. राव समिति

4) एल. एम. सिंघवी समिति

अंत में, 73वें संवैधानिक संशोधन अधिनियम, 1992 ने "पंचायत" शीर्षक का एक नया भाग - IX संविधान में जोड़ा।

अतः विकल्प (B) सही है।

68. कथन 1 गलत है क्योंकि राष्ट्रपति को एक क्षेत्र को अनुसूचित क्षेत्र घोषित करने का अधिकार है। राष्ट्रपति संबंधित राज्य के राज्यपाल के परामर्श से भविष्य में क्षेत्र और उसकी सीमाओं को बदल सकते हैं।

कथन 2 गलत है क्योंकि जनजातीय सलाहकार परिषद (TAC) के प्रावधान अनुसूची V राज्यों के लिए हैं न कि अनुसूची VI राज्यों के लिए। अनुसूची VI राज्यों में स्वायत्त जिलों का प्रावधान है।

कथन 3 सही है क्योंकि चकमा मिजोरम के 3 स्वायत्त जिलों में से एक है। अन्य दो हैं: लाई जिला और मारा जिला।
अतः विकल्प (C) सही है।

69. कथन 1 सही है।

कथन 2 गलत है क्योंकि संविधान आयोग के सदस्यों की योग्यता और उन्हें चुने जाने के तरीके को निर्धारित करने के लिए संसद को अधिकृत करता है।

कथन 3 सही है।
अतः विकल्प (C) सही है।

70. • कथन 1 गलत है क्योंकि कैग सार्वजनिक धन का संरक्षक है और देश की संपूर्ण वित्तीय प्रणाली को केंद्र और राज्यों दोनों स्तरों पर नियंत्रित करता है।

• कथन 2 गलत है क्योंकि कैग छह साल की अवधि या 65 वर्ष की आयु तक जो भी पहले हो, के लिए कार्यभार संभालता है।

अतः विकल्प (D) सही है।

71. अहमदिया आंदोलन मिर्ज़ा गुलाम अहमद द्वारा पश्चिम पंजाब के खैदन में स्थापित किया गया

यह पंजाब में आर्य समाज और ईसाई मिशनरियों की गतिविधियों के खिलाफ सबसे संगठित आंदोलन था

अलीगढ़ में एंग्लो मोहम्मडन स्कूल की स्थापना 1875 में अलीगढ़ आंदोलन के हिस्से के रूप में हुई थी जिसे सर सैयद अहमद खान ने शुरू किया था।
अतः विकल्प (B) सही है।

72. अरबिंदो घोष गरमपंथी विचार के संस्थापक थे। उनके पैम्फलेट 'न्यू लैम्पस फा़ॅर द ओल्ड' को गरमपंथ की बाइबिल माना जाता है।

तिलक सबसे अग्रणी चरमपंथी थे जिन्हें भारतीय अशांति का जनक भी कहा जाता है। उन्होंने 1893 में गणेश उत्सव समिति की स्थापना की। उन्होंने गीता रहस्या लिखी।
अतः विकल्प (B) सही है।

73. चरमपंथी नारा स्वराज को सबसे पहले आर्य समाज ने पेश किया था। चरमपंथी विचार विवेकानंद और दयानंद सरस्वती की शिक्षाओं से समर्थित था।
अतः विकल्प (C) सही है।

74. लाला लाजपत राय और बाल गंगाधर तिलक के साथ बिपिन चंद्र पाल लाल-बाल-पाल तिकड़ी के थे, जो क्रांतिकारी गतिविधियों से जुड़े थे।

स्वदेशी आंदोलन के तहत, रबींद्रनाथ टैगोर ने शांति निकेतन की स्थापना की और सतीश मुखर्जी ने देशी शिक्षा प्रदान करने के लिए डॉन सोसाइटी की स्थापना की।

अतः विकल्प (D) सही है।

75. गवर्नर-जनरल-समिति के सुझाव के अनुसार, दिसंबर 1911 में दिल्ली में अपने कोरोनेशन दरबार में किंग जॉर्ज पंचम ने बंगाल के विभाजन को रद्द करने की घोषणा की और बंगाल के दो हिस्सों को फिर से जोड़ा गया। इसी समय, प्रशासन में कुछ बदलाव किए गए, भारत सरकार को कलकत्ता के बजाय दिल्ली में अपनी स्थान बदलना था।

मुस्लिम लीग की नींंव 1906 में सलीम उल्लाह और आगा खान द्वारा रखी गई थी।

अतः विकल्प (B) सही है।

76. एनी बेसेंट ने 1915 के बॉम्बे सत्र में पहली बार होम रूल के विचार का सुझाव दिया। हालांकि, तिलक अप्रैल 1916 में होम रूल लीग बनाने वाले पहले व्यक्ति थे, जबकि एनी बेसेंट ने अक्टूबर 1916 में अपना होम रूल लीग शुरू किया था।

सिंधी समुदाय ने इस आंदोलन के साथ पहली बार स्वतंत्रता संग्राम में प्रवेश किया।

आंदोलन ने मो. अली जिन्ना और मोतीलाल नेहरू को आकर्षित किया।

अतः विकल्प (B) सही है।

77. खिलाफत समिति ने 1919 में लखनऊ में अपना पहला सत्र आयोजित किया। 1920 में, इसके दिल्ली सत्र को पुरी के शंकराचार्य ने संबोधित किया और खिलाफत समिति को हिंदुओं का समर्थन दिया।

1916 का लखनऊ सत्र जिसमें निष्काषित गरमपंथियो को वापस लिया गया था, की अध्यक्षता ए. सी,. मजूमदार द्वारा किया गया था। उसी सत्र में, गांधी को खिलाफत समिति का अध्यक्ष बनाया गया।

अतः विकल्प (D) सही है।

78. असहयोग आंदोलन - गांधी ने "स्वदेशी", सत्याग्रह, कुल बहिष्कार और नो टैक्स अभियान के नारे के साथ आंदोलन के कार्यक्रम का मसौदा तैयार किया। चरखा आंदोलन का प्रतीक बन गया।

स्वदेशी के विचार के तहत, जामिया मिल्लिया इस्लामिया की स्थापना दिल्ली में अली बंधुओं ने इस आंदोलन के दौरान की थी।

इस आंदोलन के दौरान, केरल के मालाबार तट में मोपला और मुस्लिम खेतिहर मजदूरों ने नंबूदरी (ब्राह्मण जमींदारों) के खिलाफ विद्रोह कर दिया।
अतः विकल्प (D) सही है।

79. 1) अखिल भारतीय हिंदू महासभा ने आधिकारिक रूप से अपना गठन घोषित किया: - 1925

2) गांधी बेलगाम सत्र में भारतीय राष्ट्रीय कांग्रेस के अध्यक्ष बने। यह एकमात्र सत्र है जहां गांधी ने अध्यक्ष के रूप में कार्य किया: - 1924

3) ब्रिटिश भारत और रियासतों के बीच संबंधों का अध्ययन करने और बढ़ावा देने के लिए हरकोर्ट बटलर समिति: - 1927

4) चौरी- चौरा की घटना: - 1922
अतः विकल्प (B) सही है।

80. आईएनए वास्तव में कैप्टन मोहन सिंह द्वारा स्थापित किया गया था जिसमें जापान द्वारा पकड़े गए 20000 भारतीय युद्ध बंदी शामिल थे। बोस ने आईएनए की कमान संभाली और इसका नाम बदलकर आजाद हिन्द फौज रखा।

यह सांप्रदायिक सद्भाव का एक शानदार उदाहरण था। आईएनए कमांडरों में कैप्टन शाहनवाज खान, प्रेम सहगल, कैप्टन ढिल्लन आदि शामिल हैं।
अतः विकल्प (A) सही है।

81. अक्टूबर 2000 में ईसीओएसओसी ने यूएनएफएफ की स्थापना की।

यूएनएफएफ का मुख्य उद्देश्य सभी प्रकार के जंगलों के प्रबंधन, संरक्षण और सतत विकास को बढ़ावा देना है और रियो घोषणा, वन सिद्धांतों, एजेंडा 21 और वनों के लिए अंतर सरकारी पैनल के परिणाम के आधार पर इस घोषणा के लिए दीर्घकालिक राजनीतिक प्रतिबद्धता को मजबूत करना है।

अतः विकल्प (C) सही है।

82. अक्षय बायोमास से उत्पादित, मेथेनॉल लंबे समय में एक आकर्षक ग्रीन हाउस गैस में कमी करने वाला परिवहन ईंधन विकल्प है।

मेथेनॉल, इथेनॉल की तरह लेकिन हाइड्रोकार्बन ईंधन के विपरीत पानी में घुलनशील है। यह शलाका के मामले में जल्दी से पेट्रोलियम ईंधन की तुलना में जैवनिम्नीकृत होता है।

अतः विकल्प (A) सही है।

83. पारस्परिकता मेजबान और एक सहजीवी के बीच का संबंध है, जहां दोनों जीवों को लाभ होता है और किसी को कोई नुकसान नहीं होता है। यह संबंध या तो लंबे समय तक या कम अवधि के लिए जारी रह सकता है।

अतः विकल्प (A) सही है।

84. सेनेटरी लैंडफिलिंग निचले इलाकों के पृथ्वी के आवरण में ठोस कचरे को डंप करने की एक विधि है।
अतः विकल्प (A) सही है।

85. इसके साथ दो बोधिसत्व हैं- पद्मपाणि और वज्रपाणि।

बुद्ध अभयमुद्रा में दाहिने हाथ से पद्मासन (पैर मुड़ा हुआ) है। उसके पास व्यापक कंधों वाला मांसल शरीर है। परिधान एक कंधे को कवर करता है।

वह एक सिंह सिंहासन पर बैठे हैं।

उशनिशा (बालों की गाँठ) के साथ उसके सिर के चारों ओर एक प्रभामंडल है।
अतः विकल्प (C) सही है।

86. बांस को एक घास की श्रेणी में सूचीबद्ध किया गया है और व्यावसायिक प्रयोजन के लिए वन विभाग की अनुमति और इसे काटने की आवश्यकता नहीं है, इससे जैव-इथेनॉल का उत्पादन किया जा सकता है। इसे कृषि मंत्रालय द्वारा लागू किया जा रहा है।
अतः विकल्प (C) सही है।

87. बेसेल सम्मेलन और रॉटरडम सम्मेलन दोनों अपशिष्ट पदार्थों के संचालन और आवागमन से जुड़े हैं।

बेसेल कन्वेंशन एक अंतर्राष्ट्रीय संधि है जिसे राष्ट्रों के बीच खतरनाक कचरे के गमनागमन को कम करने के लिए डिज़ाइन किया गया था, और विशेष रूप से खतरनाक कचरे को विकसित से कम विकसित देशों (एलडीसी) में स्थानांतरित करने से रोकने के लिए बनाया गया था।

रॉटरडम कन्वेंशन एक पूर्व सूचना सहमति के साथ खतरनाक रसायनों के आयात के संबंध में साझा जिम्मेदारियों को बढ़ावा देने के लिए एक बहुपक्षीय संधि है।

एजेंडा 21 सतत विकास से संबंधित है, यह पृथ्वी शिखर सम्मेलन का परिणाम है।
अतः विकल्प (C) सही है।

88. हिमनदी की बर्फ पृथ्वी पर पानी का दूसरा सबसे बड़ा भंडार है और पृथ्वी पर ताजे पानी का सबसे बड़ा भंडार है।

अतः विकल्प (D) सही है।

89. भारत सरकार अधिनियम, 1919 (द मोंटेग-चेम्सफोर्ड सुधार)

प्रांतों में द्वैध प्रणाली की शुरुआत की गई।

प्रशासन के प्रांतीय विषयों को दो श्रेणियों 'हस्तांतरित' और 'आरक्षित' विषयों में विभाजित किया गया था।

भारतीय विधायिका पहली बार 'द्विसदनीय' बनी।

भारत के राज्य सचिव को अब ब्रिटिश राजस्व से भुगतान किया जाना है।

भारत के उच्चायुक्त का एक अधिकारी लंदन में बनाया गया था।

भारत सरकार के अधिनियम 1935 में भारत के लिए भारतीय सचिव परिषद को समाप्त कर दिया गया था।
अतः विकल्प (C) सही है।

90. सतत कार्बनिक प्रदूषक के उत्पादन और उपयोग को समाप्त करने या प्रतिबंधित करने के लिए 2001 में सतत कार्बनिक प्रदूषक पर स्टॉकहोम कन्वेंशन पर हस्ताक्षर किए गए थे।

लुप्तप्राय प्रजाति (CITES) में अंतर्राष्ट्रीय व्यापार पर कन्वेंशन सभी भागों और डेरिवेटिव सहित जंगली जानवरों और पौधों में अंतर्राष्ट्रीय व्यापार सुनिश्चित करने के लिए है, जिससे उनके अस्तित्व को खतरा नहीं हो।

बंकर कन्वेंशन को पर्याप्त, त्वरित और प्रभावी मुआवजा सुनिश्चित करने के लिए अपनाया गया था, जो जहाज के बंकर में ले जाने पर तेल के रिसाव से होने वाले नुकसान का सामना करने वाले लोगों के लिए उपलब्ध है।

पारा पर मिनीमाता सम्मेलन मानव स्वास्थ्य और पर्यावरण की रक्षा के लिए एक वैश्विक संधि है।

अतः विकल्प (D) सही है।

91. चीन, दक्षिण कोरिया और यूक्रेन से सस्ते इस्पात आयात के डंपिंग को संबोधित करने के लिए, सरकार ने सीमा शुल्क बढ़ाया और डंपिंग रोधी शुल्क लगाया।

इसी प्रकार, न्यूनतम आयात मूल्य (एमआईपी) को फरवरी 2016 में एक वर्ष के सूर्यास्त खंड के साथ कई वस्तुओं पर पेश किया गया था। इन उपायों से घरेलू उत्पादकों को मदद मिली और निर्यात की वसूली शुरू हुई।

अतः विकल्प (D) सही है।

92. नेशनल काउंसिल ऑफ साइंस म्यूज़ियम (NCSM) ने त्रिपुरा राज्य में उदयपुर में विज्ञान केंद्र की स्थापना की है।

त्रिपुरा के राज्यपाल रमेश ब्यास ने उदयपुर विज्ञान केंद्र का उद्घाटन किया है, जिसे 6 करोड़ रुपये की लागत से विकसित किया गया है। यह संस्कृति और विज्ञान, प्रौद्योगिकी और पर्यावरण मंत्रालय, त्रिपुरा सरकार द्वारा संयुक्त रूप से वित्त पोषित है।
अतः विकल्प (D) सही है।

93. एनेमोफिली या पवन परागण, परागण का एक रूप है जिससे पराग को हवा से वितरित किया जाता है। लगभग सभी जिम्नोस्पर्म एनेमोफिलस होते हैं, जैसा कि ऑर्डर पॉल्स में कई पौधे हैं, जिसमें घास, सेज और रश शामिल हैं।
अतः विकल्प (B) सही है।

94. थियोसोफिकल सोसायटी आधिकारिक तौर पर न्यूयॉर्क शहर, संयुक्त राज्य अमेरिका में 17 नवंबर 1875 को हेलेना पेत्रोव्ना ब्लावात्स्की, कर्नल हेनरी स्टील ओलकोट, विलियम क्वान जज और अन्य द्वारा बनाई गई थी। इसके उद्देश्य:

• जाति, पंथ, लिंग, जाति या रंग के भेद के बिना मानवता के सार्वभौमिक भाईचारे का एक केन्द्र बनाना।

• तुलनात्मक धर्म, दर्शन और विज्ञान के अध्ययन को प्रोत्साहित करने के लिए।

• प्रकृति के अस्पष्ट नियमों और मनुष्य में निहित शक्तियों की जांच करना।
अतः विकल्प (D) सही है।

95. • अंतर्राष्ट्रीय सौर गठबंधन (आईएसए), जिसे पेरिस में फ्रांस के पूर्व राष्ट्रपति श्री फ्रांस्वा ओलांद और नरेंद्र मोदी द्वारा लॉन्च किया गया था, लागू हुआ।

• आईएसए सौर संसाधन संपन्न देशों का एक गठबंधन है जो पूरी तरह से या आंशिक रूप से कर्क और मकर रेखा के बीच स्थित है।

• आईएसए भारत में मुख्यालय वाला पहला अंतर्राष्ट्रीय अंतर-सरकारी संधि-आधारित संगठन भी है।

अतः विकल्प (C) सही है।

96. हाल ही में, केरल के पशु चिकित्सकों ने एक दुर्लभ ऑपरेशन मोरे ईल किया, तिरुवनंतपुरम चिड़ियाघर में किया जो देश के सबसे पुराने चिड़ियाघरों में से एक है।

मोरे ईल समुद्री और खारे पानी की ईल का परिवार है जो दुनिया भर में होती हैं।

अतः विकल्प (B) सही है।

97. एक इमल्सन दो या दो से अधिक तरल पदार्थों का मिश्रण होता है जो सामान्य रूप से अमिश्रणीय (अनब्लेंडेबल) होते हैं। इमल्शन का उपयोग तब किया जाता है जब फैलाव और निरंतर चरण दोनों तरल होते हैं। इमल्सन के उदाहरणों में धातु के काम के लिए कुछ काटने वाले तरल पदार्थ, विनैग्रेट, दूध शामिल हैं।
अतः विकल्प (A) सही है।

98. • वित्त मंत्रालय के अनुसार, FRDI बिल, 2017 वित्तीय संकट के समय में वित्तीय सेवा प्रदाताओं के ग्राहकों की रक्षा करना चाहता है।

• इसका उद्देश्य व्यथित संस्थाओं को जमानत देने के लिए सार्वजनिक धन के उपयोग को सीमित करके वित्तीय संकटों की स्थिति में वित्तीय सेवा प्रदाताओं के बीच अनुशासन को विकसित करना है।
अतः विकल्प (C) सही है।

99. सिंथेटिक पॉलिमर के एक परिवार के लिए नायलॉन एक सामान्य पदनाम है, विशेष रूप से स्निग्ध या अर्ध-सुगंधित पॉलीमाइड्स। उन्हें तंतुओं, फिल्मों या आकृतियों में संसाधित किया जा सकता है।
अतः विकल्प (A) सही है।

100. फसल की प्रकृति को कृषि-जलवायु परिस्थितियों, खेत के आकार, कीमतों, लाभप्रदता और सरकारी नीतियों जैसे विभिन्न कारकों द्वारा निर्धारित किया जाता है।
अतः विकल्प (D) सही है।

101. उत्तर से दक्षिण तक इन लौह और इस्पात संयंत्रों का सही क्रम है:

बोकारो-जमशेदपुर-राउरकेला-भिलाई।

अतः विकल्प (B) सही है।

102. हाल ही में, सीएसआईआर फ्लोरिकल्चर मिशन को भारत के 21 राज्यों और केंद्र शासित प्रदेशों में लागू करने के लिए मंजूरी दे दी गई है, जिसमें सीएसआईआर संस्थानों में उपलब्ध नॉलेजबेस का उपयोग किया जाएगा और आयात की आवश्यकताओं को पूरा करने के लिए भारतीय किसानों और उद्योग को पुनः स्थिति में लाने में मदद की जाएगी।

अतः विकल्प (D) सही है।

103. मैंगनीज लौह अयस्क को गलाने के लिए एक महत्वपूर्ण कच्चा माल है और इसका उपयोग लौह मिश्र धातुओं के निर्माण के लिए भी किया जाता है। मैंगनीज भंडारण लगभग सभी भूवैज्ञानिक संरचनाओं में पाए जाते हैं, हालांकि, यह मुख्य रूप से धारवाड़ रॉक क्रम से जुड़ा हुआ है।

ओडिशा भारत में मैंगनीज अयस्क का सबसे बड़ा उत्पादक है। यह देश के कुल उत्पादन का एक तिहाई हिस्सा है।

अतः विकल्प (D) सही है।

104. भारत बॉक्साइट को छोड़कर अलौह धात्विक खनिजों में विपन्न है।

बॉक्साइट वह अयस्क है, जो एल्युमीनियम के निर्माण में प्रयुक्त होता है। बॉक्साइट मुख्य रूप से टर्शियरी निक्षेपो में पाया जाता है।

यह लेटराइट चट्टानों के साथ जुड़ा हुआ है जो बड़े पैमाने पर या तो प्रायद्वीपीय भारत की पठार या पहाड़ी श्रृंखलाओं और देश के तटीय इलाकों में होती हैं। ओडिशा बॉक्साइट का सबसे बड़ा उत्पादक है।

अतः विकल्प (B) सही है।

105. लिग्नाइट एक खनिज है जिसे भूरे हीरे के रूप में जाना जाता है। 60-70% तक कार्बन सामग्री के साथ आसानी से दहनशील है।
अतः विकल्प (D) सही है।

106. वाटरशेड प्रबंधन मूल रूप से सतह और भूजल संसाधनों के कुशल प्रबंधन और संरक्षण को संदर्भित करता है। इसमें अपवाह टैंक, पुनर्भरण कुओं आदि जैसे विभिन्न तरीकों के माध्यम से अपवाह और भंडारण और भूजल के पुनर्भरण शामिल है, हालांकि, व्यापक अर्थों में वाटरशेड प्रबंधन में सभी संसाधनों का संरक्षण, पुनर्जनन और विवेकपूर्ण उपयोग शामिल है - एक वाटरशेड में प्राकृति (जैसे भूमि, जल, पौधे और जानवरों) और मानव। वाटरशेड प्रबंधन का उद्देश्य एक ओर प्राकृतिक संसाधनों और दूसरी ओर समाज के बीच संतुलन लाना है। वाटरशेड विकास की सफलता काफी हद तक सामुदायिक भागीदारी पर निर्भर करती है।

अतः विकल्प (D) सही है।

107. कुओं और नलकूपो द्वारा कुल सिंचित क्षेत्र का प्रतिशत:

राज्य	प्रतिशत
गुजरात	80.6
राजस्थान	77.2
मध्य प्रदेश	66.5
महाराष्ट्र	65
उत्तर प्रदेश	58.21
पश्चिम बंगाल	57.6
तमिल नाडू	54.7

अतः विकल्प (C) सही है।

108. भू-राजस्व रिकॉर्ड में अनुरक्षित भूमि-उपयोग श्रेणियां इस प्रकार हैं:

कृषियोग्य बंजर भूमि: कोई भी भूमि जो पाँच साल से अधिक समय तक परती (अप्रयुक्त) रह जाती है उसे इस श्रेणी में शामिल किया जाता है। इसे रिक्लेमेशन प्रथाओं के माध्यम से सुधारने के बाद खेती के तहत लाया जा सकता है।

अनुपजाऊ और बंजर भूमि: जिस भूमि को बंजर भूमि जैसे बंजर पहाड़ी इलाकों, रेगिस्तानी भूमि, बीहड़ों आदि के रूप में वर्गीकृत किया जा सकता है, आमतौर पर उपलब्ध तकनीक के साथ खेती के अंतर्गत नहीं लाया जा सकता है।

वर्तमान परती: यह वह भूमि है जिसे खेती के बिना एक या कम कृषि वर्ष के लिए छोड़ दिया जाता है। भूमि को आराम देने के लिए गोद लेना एक सांस्कृतिक प्रथा है। भूमि प्राकृतिक प्रक्रियाओं के माध्यम से खोई हुई उर्वरता को पुनः प्राप्त करती है।

अतः विकल्प (B) सही है।

109. खरीफ (जून-सितंबर) चावल, कपास, बाजरा, मक्का, तुअर और ज्वार।

रबी (अक्टूबर - मार्च) गेहूं, चना, रेपसीड्स और सरसों, जौ।

जायद (अप्रैल-जून) सब्जियाँ, फल, चारा।
अतः विकल्प (A) सही है।

110. मक्का एक खाद्य है और साथ ही चारा फसल अर्ध शुष्क जलवायु परिस्थितियों में और अधिक निम्न मिट्टी पर उगाया जाता है। यह फसल कुल फसली क्षेत्र का लगभग 3.6 प्रतिशत है। मक्का की खेती किसी विशिष्ट क्षेत्र में केंद्रित नहीं है। यह पूर्वी और उत्तर-पूर्वी क्षेत्रों को छोड़कर पूरे भारत में बोया जाता है। प्रमुख मक्का उगाने वाले राज्यों में कुल मक्का उत्पादन का 80% से अधिक योगदान आंध्र प्रदेश (20.9%), कर्नाटक (16.5%), राजस्थान (9.9%), महाराष्ट्र (9.1%), बिहार (8.9%), उत्तर प्रदेश (6.1%), मध्य प्रदेश (5.7%), हिमाचल प्रदेश (4.4%) है।
अतः विकल्प (D) सही है।

111. केरमाडेक द्वीप उप-उष्णकटिबंधीय द्वीपों का एक समूह है जो प्रशांत महासागर के दक्षिणी भाग में स्थित है। यह न्यूजीलैंड के उत्तर-पूर्व में स्थित है।

वे निर्जन हैं और न्यूजीलैंड के प्रशासन के अधीन हैं। तीन भूकंपों ने हाल ही में दक्षिणी प्रशांत महासागर में केरमाडेक द्वीप समूह और न्यूजीलैंड को झटके दिए।
अतः विकल्प (A) सही है।

112. पोलियो एक विषाणु के कारण होने वाला एक अत्यधिक संक्रामक रोग है।
इसके प्रेरक एजेंट, पोलियोवायरस, की पहचान 1908 में कार्ल लैंडस्टीनर ने की थी। पोलियो वायरस तंत्रिका तंत्र पर आक्रमण करता है और कुछेक घंटे में कुल पक्षाघात का कारण बन सकता है।
अतः विकल्प (B) सही है।

113. श्रृंखला में सम स्थान का प्रत्येक पद अपने दो आसन्न पदो का गुणनफल है।

इस प्रकार, यदि लुप्त पद x है, तो हमारे पास है:

7 × x = 56 या x = 56 x 7 = 8
अतः विकल्प (A) सही है।

114. डीएनए को पहली बार 1869 में स्विस जीवविज्ञानी, जोहान्स फ्रेडरिक मिसेचर द्वारा पहचाना और पहचाना गया था। डीएनए अणु की डीएनए डबल हेलिक्स संरचना को बाद में जेम्स वाटसन और फ्रांसिस क्रिक द्वारा प्रयोगात्मक डेटा के माध्यम से खोजा गया था। अंत में, यह साबित हो गया कि यह मानव की आनुवंशिक जानकारी को संग्रहीत करने के लिए जिम्मेदार है।
अतः विकल्प (A) सही है।

115. विद्युत शक्ति को दर, प्रति यूनिट समय के रूप में परिभाषित किया जाता है, जिस पर विद्युत ऊर्जा को एक विद्युत परिपथ द्वारा स्थानांतरित किया जाता है। शक्ति की SI इकाई वाट, प्रति सेकंड एक जूल है।

एम्पीयर- विद्युत धारा

वोल्ट- विद्युत क्षमता (वोल्टेज)

कूलॉम- विद्युत आवेश

अतः विकल्प (D) सही है।

116. दीनबंधु मित्र ने नीलदर्पण लिखा - 1858-59

स्वामी दयानंद ने आर्य समाज की स्थापना की - 1875

बंकिम चंद्र चट्टोपाध्याय ने आनंदमठ लिखा - 1882

सत्येन्द्रनाथ टैगोर भारतीय सिविल सेवा परीक्षा में सफल होने वाले पहले भारतीय बने - 1863
अतः विकल्प (B) सही है।

117. अछूते जंगलों के पुराने विकास वाले जंगल वे जंगल हैं जो बड़ी उम्र तक पहुँच चुके हैं और मानव गतिविधि के कोई भी लक्षण दिखाई नहीं देते हैं। दुनिया के लगभग एक-तिहाई जंगल पुराने विकास वाले जंगल हैं।

उनमें से एक बड़ा हिस्सा रूस, ब्राजील और कनाडा में है। इन वनों द्वारा प्रदान किया जाने वाला अपेक्षाकृत अव्यवस्थित वातावरण अद्वितीय पारिस्थितिक विशेषताओं को जन्म देता है और वन्यजीव प्रजातियों की एक श्रृंखला का घर है।
अतः विकल्प (A) सही है।

118. ऐस भारतीय पहलवान बजरंग पुनिया ने मैट्टे पल्कोन रैंकिंग में लगातार दूसरा स्वर्ण पदक जीतने के बाद विश्व रैंकिंग में शीर्ष स्थान हासिल किया है।

रोम में 65 किलोग्राम फ्रीस्टाइल इवेंट फाइनल में, उन्होंने अपने मंगोलियाई समकक्ष को हराकर स्वर्ण पदक जीता। बजरंग पुनिया ने पिछले साल भी टूर्नामेंट में स्वर्ण पदक जीता था। उन्होंने टोक्यो ओलंपिक के लिए भी अपना कोटा अर्जित किया।
अतः विकल्प (B) सही है।

119. शिवनसमुद्र कर्नाटक राज्य के मंड्या जिले का एक शहर है। यह कावेरी नदी के तट पर स्थित है। शिवनसमुद्र जलप्रपात, कावेरी नदी पर एक खंडित जलप्रपात है।
अतः विकल्प (A) सही है।

120. पृथ्वी पर चंद्रमा के गुरुत्वाकर्षण प्रभाव के कारण समुद्र और महासागरों में ज्वार-भाटे आते हैं।एक पूर्णिमा में अधिक पानी खींचने की प्रवृत्ति होती है जिससे एक नए चंद्रमा की तुलना में अधिक ज्वार होता है।
अतः विकल्प (D) सही है।

121. बाओ धान लाल चावल की एक किस्म है जो लोहे से समृद्ध है। असम में ब्रह्मपुत्र घाटी में जलोढ़ मिट्टी में इसकी खेती की जाती है।

हाल ही में, संयुक्त राज्य अमेरिका (यूएसए) के लिए 'लाल चावल' की पहली खेप को रवाना किया गया था। चावल की अनूठी विशेषता यह है कि यह बिना किसी रासायनिक उर्वरक के उपयोग के उगाया जाता है।
अतः विकल्प (B) सही है।

122. नेशनल पेमेंट्स कॉरपोरेशन ऑफ इंडिया (NPCI) ने करोड़ों भारतीय व्यापारियों के लिए 'RuPay SoftPoS' शुरू करने की घोषणा करने के लिए एसबीआई भुगतान के साथ भागीदारी की है। यह अभिनव समाधान खुदरा विक्रेताओं के लिए NFC- सक्षम स्मार्टफ़ोन को मर्चेंट पॉइंट ऑफ़ सेल (PoS) टर्मिनलों में बदलने की क्षमता रखता है। व्यापारी अब अपने स्मार्टफ़ोन पर एक साधारण टैप और पे मैकेनिज्म के माध्यम से 5000 रुपए तक के संपर्क रहित भुगतान स्वीकार कर सकेंगे।

अतः विकल्प (A) सही है।

123. भारत के राष्ट्रपति राम नाथ कोविंद ने मध्य प्रदेश में दमोह जिले के सिंगोरगढ़ किले के संरक्षण कार्यों का शिलान्यास किया।

संस्कृति मंत्रालय और राज्य के जनजातीय मामलों के विभाग द्वारा आयोजित कार्यक्रम के दौरान, राष्ट्रपति ने भारतीय पुरातत्व सर्वेक्षण के नवगठित जबलपुर सर्कल का उद्घाटन किया।
अतः विकल्प (B) सही है।

124. अपराध रोकथाम और आपराधिक न्याय पर 14 वीं संयुक्त राष्ट्र कांग्रेस मार्च 2021 में जापान के क्योटो में आयोजित की गई थी।

सदस्य देशों ने क्योटो घोषणा को अपनाया, जिसके तहत सरकारों ने अपराधों की रोकथाम, आपराधिक न्याय को मजबूत करने और कानून के शासन को बढ़ावा देने और अंतरराष्ट्रीय सहयोग को बढ़ावा देने के लिए ठोस कार्रवाई पर सहमति व्यक्त की।

अतः विकल्प (D) सही है।

125. जिस आवृत्ति पर मनुष्य ध्वनि का अनुभव कर सकता है वह 20 हर्ट्ज और 20,000 हर्ट्ज के बीच है। यह इन आवृत्तियों के भीतर है कि लोग एक-

दूसरे से संवाद कर सकते हैं और संगीत सुन सकते हैं।
अतः विकल्प (D) सही है।

126. रूस और चीन ने अंतरिक्ष क्षेत्र में एक साथ काम करने की योजना का खुलासा किया है। दोनों देशों ने एक संयुक्त चंद्र अंतरिक्ष स्टेशन के लिए योजना बनाई है।

रूसी अंतरिक्ष एजेंसी - रोस्कोस्मोस ने चीन की राष्ट्रीय अंतरिक्ष एजेंसी के साथ इस संबंध में पृथ्वी पर या चंद्रमा की कक्षा में एक शोध सुविधा के निर्माण के लिए एक समझौते पर हस्ताक्षर किए हैं।

अतः विकल्प (C) सही है।

127. दुनिया का सबसे शक्तिशाली सुपरकंप्यूटर फुगाकू जापान में विकसित किया गया है, जिसे हाल ही में अनुसंधान उपयोग के लिए उपलब्ध कराया गया है।

जापानी वैज्ञानिक अनुसंधान संस्थानों रिकेन और फुजित्सु ने छह साल पहले अपना विकास शुरू किया था। फुगाकू ने टॉप 500 सूची में शीर्ष स्थान हासिल किया है, जो लगातार दो वर्षों तक सुपर कंप्यूटर बेंचमार्क इंडेक्स है।
अतः विकल्प (C) सही है।

128. बॉलीवुड अभिनेत्री दीपिका पादुकोण कई भारतीय नागरिकों और भारत मूल के व्यक्तियों के साथ विश्व आर्थिक मंच द्वारा संकलित यंग ग्लोबल लीडर्स (YGLs) की सूची में शामिल हुईं।

विश्व आर्थिक मंच ने 40 साल से कम उम्र के दुनिया के सबसे होनहार 112 नेताओं की घोषणा की, जो दूसरों के बीच सार्वजनिक स्वास्थ्य सेवा के लिए अभियान चलाने सहित कई गतिविधियों में शामिल हैं।

अतः विकल्प (B) सही है।

129. भारतीय महिला क्रिकेट टीम की कप्तान और अनुभवी बल्लेबाज मिताली राज ने अपने करियर में सभी प्रारूपों में 10,000 रन बनाकर एक नया मुकाम हासिल किया।

इस उपलब्धि के साथ, वह 10000 रन के मील के पत्थर तक पहुंचने वाली पहली भारतीय महिला बन गईं। इसके अलावा, वह इंग्लैंड की शार्लेट एडवर्ड्स के बाद इस मुकाम पर पहुंचने वाली दूसरी हैं।
अतः विकल्प (B) सही है।

130. जापान के कावासाकी हेवी इंडस्ट्रीज ने कोयले से तरलीकृत हाइड्रोजन का उत्पादन करने के लिए एक जापानी-ऑस्ट्रेलियाई उद्यम परीक्षण परियोजना शुरू की है।

परियोजना का उद्देश्य ऑस्ट्रेलिया में उपलब्ध कोयले से हाइड्रोजन का उत्पादन करना है और सुरक्षित रूप से जापान को निर्यात करना है। परीक्षण परियोजना विक्टोरिया राज्य में आयोजित की जा रही है जिसमें दुनिया का सबसे प्रचुर कोयला भंडार है।
अतः विकल्प (C) सही है।

131. फरवरी 2021 के महीने के लिए थोक मूल्य सूचकांक (WPI) पर आधारित मुद्रास्फीति जनवरी 2021 में 2.03% के मूल्य के मुकाबले 4.17% थी।

थोक मूल्य सूचकांक थोक वस्तुओं की एक टोकरी के मूल्य वृद्धि को मापता है। सूचकांक आर्थिक सलाहकार कार्यालय - उद्योग और आंतरिक व्यापार (DPIIT), वाणिज्य और उद्योग मंत्रालय के संवर्धन विभाग द्वारा जारी किया जाता है।
अतः विकल्प (D) सही है।

132. संसदीय कूटनीति और संवाद के माध्यम से शांति को बढ़ावा देने के लिए 1889 में अंतर-संसदीय संघ (IPU) की स्थापना की गई थी।

अंतर-संसदीय संघ (IPU) के अध्यक्ष श्री दुतेर्ते पैकेको ने हाल ही में नई दिल्ली का दौरा किया और राज्य सभा की कार्यवाही देखी। IPU में 179 सदस्य संसद और 13 एसोसिएट सदस्य हैं।
अतः विकल्प (A) सही है।

133. मंत्रिमंडल ने 20,000 करोड़ रुपये की प्रारंभिक चुकता पूंजी के साथ एक विकास वित्तीय संस्थान (डीएफआई) स्थापित करने के लिए एक विधेयक को मंजूरी दे दी है।

डीएफआई का लक्ष्य बुनियादी ढांचा परियोजनाओं के लिए लंबी अवधि के फंड उपलब्ध कराने के लिए कुछ वर्षों में बाजारों से लगभग 3 ट्रिलियन रुपये जुटाना है। सरकार संस्था को अनुदान के रूप में 5,000 करोड़ रुपये देगी।
डीएफआई पहले सरकार के स्वामित्व में होगा और हिस्सेदारी 26 प्रतिशत तक लाई जाएगी।
अतः विकल्प (A) सही है।

134. वरिष्ठ आईपीएस अधिकारी एम. ए. गणपति को राष्ट्रीय सुरक्षा गार्ड (एनएसजी) का महानिदेशक नियुक्त किया गया।

1986 बैच के अधिकारी वर्तमान में डायरेक्टर-जनरल, ब्यूरो ऑफ सिविल एविएशन सिक्योरिटी (BCAS) के रूप में सेवारत हैं। एक अन्य आईपीएस अधिकारी कुलदीप सिंह को केंद्रीय रिजर्व पुलिस बल के महानिदेशक के रूप में नियुक्त किया गया।
अतः विकल्प (B) सही है।

135. वेनेजुएला ने हाल ही में अति मुद्रास्फीति के कारण बड़े-मूल्यवर्ग के बैंकनोटों को चालू किया है। दक्षिण अमेरिकी देश की बोलिवर मुद्रा अपने मूल्य को बडे पैमाने पर खो रही है।

200,000 और 500,000 बोलिवर के बिल, जो क्रमशः 10 और 27 अमेरिकी सेंट के बराबर हैं, देश में प्रसारित होने लगे। वेनेजुएला के केंद्रीय बैंक ने भी केवल 50 अमेरिकी सेंट के मूल्य के 1 मिलियन बोलिवरों के बिल को रोल करने की योजना बनाई है।
अतः विकल्प (B) सही है।

136. खासी विद्रोह- एंग्लो-खासी युद्ध 1829-1833 के बीच खासी लोगों और ब्रिटिश साम्राज्य के बीच स्वतंत्रता संघर्ष का हिस्सा था। युद्ध की शुरुआत टिरोट सिंह के हमले से हुई, जो एक ब्रिटिश चौकी पर था जिसने खासी पहाड़ियों के माध्यम से सड़क निर्माण परियोजना को रोकने के लिए इस खासी राजा के आदेशों की अवहेलना की थी।

अहोम विद्रोह- ब्रिटिश ने असम से प्रथम बर्मा युद्ध (1824-26) के बाद वापस हटने का वादा किया था, लेकिन इसके विपरीत, ब्रिटिश ने युद्ध के बाद कंपनी के प्रभुत्व में अहोम क्षेत्रों को शामिल करने का प्रयास किया। इसने 1828 में गोमधर कोंवर के नेतृत्व में एक विद्रोह को जन्म दिया।

सिंघफोस विद्रोह- जबकि अंग्रेज खासी के साथ युद्ध में उत्पीड़न करने में लगे थे, सिंघफोस 1830 की शुरुआत में एक खुले विद्रोह में उत्पन्न हुआ, जिसे 3 महीने बाद दबा दिया गया था। 1843 में सिंघफोस चीफ निरंग फिडू ने ब्रिटिश चौकी पर हमला किया और कई सैनिकों को मार डाला।

ज़ेलियानग्रॉन्ग आंदोलन- रानी गाइदिन्ल्यू के नेतृत्व में ज़ेलियानग्रोंग आंदोलन का उद्देश्य ज़ेलियनग्रोंग के एक आम मातृभूमि में एकीकरण के लिए राजनीतिक लड़ाई का बचाव था।

अतः विकल्प (D) सही है।

137. 15 वीं सदी में ईसवी में सत्रिय नृत्य का परिचय वैष्णव विश्वास के प्रचार के लिए एक महान माध्यम वैष्णव संत और असम के सुधारक, महापुरुष शंकरदेव द्वारा किया गया था। यह नृत्य परंपरा हस्त्मुद्रों, पगकार्य, अहरिया, संगीत आदि के संबंध में सिद्धांतों को कड़ाई से निर्धारित करती है।
अतः विकल्प (C) सही है।

138. शिव लौकिक दुनिया के अंत के साथ जुड़ा हुआ है जिसके साथ इस नृत्य की स्थिति जुड़ी हुई है। चोल काल की कांस्य मूर्तिकला में वे अपने दाहिने पैर में खुद को संतुलित करते हुए दिखाई देते हैं और उसी पैर के पैर से अप्सरा, अज्ञानता या विस्मृति के दानव को दबाते हैं। उसी समय वह भुजंगत्रसिता के रुख में अपने बाएं पैर को उठाते हैं, जो कि त्रिरोहवा का प्रतिनिधित्व करता है,

जो कि भक्त के दिमाग से माया या भ्रम को दूर कर रहा है। उसकी चार भुजाएँ बाहर निकली हुई हैं और मुख्य दाहिने हाथ को अभय हस्त् या इशारे के सुझाव में रखा गया है। ऊपरी दायां डमरू को अपने पसंदीदा संगीत वाद्ययंत्र को ताल ताल पर रखने के लिए रखते हैं। ऊपरी बाएँ हाथ में ज्वाला होती है जबकि मुख्य बाएँ हाथ को डोला हस्ता में रखा जाता है और दाहिने हाथ के अभय हस्ते से जोड़ता है। उसके बालों के ताले गोलाकार ज्वाला माला या लपटों की माला को छूते हुए दोनों तरफ से उड़ते हैं, जो पूरे नाचते समय को घेरे रहते हैं।
अतः विकल्प (D) सही है।

139. संविधान का अनुच्छेद 13 घोषित करता है कि किसी भी मौलिक अधिकार के साथ असंगत या अपमानजनक सभी कानून शून्य हो जाएंगे। इस अनुच्छेद के तहत 'कानून' शब्द में निम्नलिखित शामिल हैं:

संसद या राज्य विधानसभाओं द्वारा स्थायी कानून।

राष्ट्रपति और राज्यपालों द्वारा जारी किए गए अध्यादेश जैसे अस्थायी कानून।

आदेश, उपनियम, नियम, विनियमन या अधिसूचना आदि जैसे प्रत्यायोजित विधान की प्रकृति में वैधानिक उपकरण।

कानून के गैर-विधायी स्रोत, अर्थात् कानून के बल वाले कस्टम या उपयोग।
अतः विकल्प (D) सही है।

140. कथन 1 दलबदल के आधार पर अयोग्यता के लिए प्रदान किए गए 52 वें संशोधन अधिनियम के अनुसार सही है।

कथन 2 गलत है क्योंकि संशोधन अधिनियम ने संविधान की दसवीं अनुसूची को जोड़ा गया।
अतः विकल्प (A) सही है।

सामान्य अध्ययन (पेपर-I) : मॉक टेस्ट 03

Q.1 CISF प्रत्येक वर्ष 10 मार्च को अपना स्थापना दिवस मनाता है। 2021 में, स्थापना दिवस का कौन-सा संस्करण मनाया गया?

A. 51 वां **B.** 49 वां **C.** 50 वां **D.** 52 वां

Q.2 महामदौ इस्सौफू ने "इब्राहिम प्राइज़ फॉर अचीवमेंट इन अफ्रीकन लीडरशिप-2020" जीता है। वह किस देश के राष्ट्रपति हैं?

A. माली **B.** नाइजर
C. सेनेगल **D.** मौरीटानिया

Q.3 किन देशों ने संयुक्त रूप से 'अंतर्राष्ट्रीय वैज्ञानिक लूनर स्टेशन (ISLS)', चंद्रमा पर एक चंद्र अंतरिक्ष केंद्र स्थापित करने के लिए समझौता ज्ञापन पर हस्ताक्षर किए हैं?

A. रूस और जापान
B. जापान और संयुक्त राज्य अमेरिका
C. संयुक्त राज्य अमेरिका और चीन
D. रूस और चीन

Q.4 वर्ष 2021 के लिए संयुक्त राष्ट्र के बाह्य लेखा परीक्षकों के पैनल के अध्यक्ष के रूप में किसे नियुक्त किया गया है?

A. गिरीश चंद्र मुर्मू **B.** सत्य पाल मलिक
C. तथागत रॉय **D.** सुनील अरोड़ा

Q.5 श्रीकांत मोघे, जिनका हाल ही में निधन हो गया है, एक प्रसिद्ध थिएटर और फिल्म अभिनेता किस फिल्म उद्योग से थे?

A. बंगाली **B.** मराठी **C.** मलयालम **D.** कन्नड़

Q.6 फरवरी 2021 के लिए निम्नलिखित में से किसे ICC मेन्स प्लेयर ऑफ़ द मंथ के रूप में नामित किया गया है?

A. अजिंक्य रहाणे **B.** जो रूट
C. काइल मेयर **D.** रविचंद्रन अश्विन

Q.7 इलेक्ट्रॉनिक्स और सूचना प्रौद्योगिकी मंत्रालय (MeitY) द्वारा जारी "डिजिटल भुगतान स्कोरकार्ड" की सूची में कौन-सा बैंक शीर्ष पर है?

A. एचडीएफसी बैंक **B.** सेंट्रल बैंक ऑफ इंडिया
C. भारतीय स्टेट बैंक **D.** आईसीआईसीआई बैंक

Q.8 राष्ट्रपति राम नाथ कोविंद ने हाल ही में बैटन ऑफ़ ऑनर किसको प्रदान किया?

A. जगदीप धनकर **B.** किरण बेदी
C. वजुभाई वाला **D.** नजमा हेपतुल्ला

Q.9 इंटरनेशनल फेडरेशन ऑफ फिल्म आर्काइव्स (FIAF) प्रतिष्ठित 2021 FIAF पुरस्कार किसको प्रदान किया?

A. सलमान खान **B.** शाहरुख खान
C. सोनू सूद **D.** अमिताभ बच्चन

Q.10 भारतीय रिज़र्व बैंक ने अपने संवर्धित विनियामक पर्यवेक्षण या प्रॉम्प्ट करेक्टिव एक्शन (PCA) ढांचे से __________ को हटा दिया है।

A. एक्सिस बैंक **B.** यस बैंक
C. आईडीबीआई बैंक **D.** आईसीआईसीआई बैंक

Q.11 निम्नलिखित में से किस बॉलीवुड अभिनेत्री को विश्व आर्थिक मंच द्वारा संकलित युवा वैश्विक नेताओं की सूची में शामिल किया गया है?

A. कंगना रनौत **B.** अनुष्का शर्मा
C. प्रियंका चोपड़ा **D.** दीपिका पादुकोण

Q.12 उत्तराखंड के चौबटिया, रानीखेत में आयोजित भारत - उज्बेकिस्तान के बीच संयुक्त सैन्य अभ्यास का नाम बताइए।

A. डस्टलिक- II **B.** सम्प्रीति
C. मित्र शक्ति **D.** वज्र प्रहार

Q.13 टैमी ब्यूमोंट को फरवरी 2021 के आईसीसी वीमेन प्लेयर ऑफ़ द मंथ के रूप में नामित किया गया है। वह किस देश के लिए खेलती हैं?

A. इंग्लैंड **B.** ऑस्ट्रेलिया
C. न्यूजीलैंड **D.** दक्षिण अफ्रीका

Q.14 निम्नलिखित में से कौन सा पहला उपग्रह मिशन है, जो हमारे ग्रह की सतह में एक सेंटीमीटर से कम के परिवर्तनों को मापने के लिए दो अलग-अलग रडार आवृत्तियों (L-बैंड और S-बैंड) का उपयोग करता है?

A. गगनयान **B.** निसार **C.** नेत्र **D.** शक्ति

Q.15 __________ ने ब्रांड वियर 'एन' पे के तहत पहनने योग्य संपर्क रहित भुगतान उपकरणों की एक श्रृंखला शुरू की है।

A. आईसीआईसीआई बैंक **B.** केनरा बैंक
C. एस.बी.आई. **D.** एक्सिस बैंक

Q.16 निम्नलिखित में से किस देश ने 2021 की G20 वित्त मंत्रियों और सेंट्रल बैंक गवर्नर्स (FMCBG) की पहली बैठक की अध्यक्षता की है?

A. जर्मनी **B.** रूस
C. सऊदी अरब **D.** इटली

Q.17 भारत में किस दिन को राष्ट्रीय प्रोटीन दिवस के रूप में मनाया जाता है?

A. 28 फरवरी **B.** 25 फरवरी **C.** 26 फरवरी **D.** 27 फरवरी

Q.18 भारत में, राष्ट्रीय विज्ञान दिवस प्रति वर्ष __________ को मनाया जाता है।

A. 27 फरवरी **B.** 26 फरवरी **C.** 28 फरवरी **D.** 25 फरवरी

Q.19 भारत में दुर्लभ रोग दिवस कब मनाया जाता है?

A. फरवरी के अंतिम रविवार
B. फरवरी के अंतिम दिन
C. 25 फरवरी
D. 26 फरवरी

Q.20 G-20 शिखर सम्मेलन 2021 वार्षिक आयोजन का कौन सा संस्करण होगा?

A. 12वां **B.** 14वां **C.** 15वां **D.** 16वां

Q.21 किस मंत्रालय ने नोएडा हाट में सरस आजीविका मेला -2021 आयोजित किया है?

A. कृषि और किसान कल्याण मंत्रालय
B. संस्कृति मंत्रालय
C. विज्ञान और प्रौद्योगिकी मंत्रालय
D. ग्रामीण विकास मंत्रालय

Q.22 निम्नलिखित में से कौन "CERAWeek वैश्विक ऊर्जा और पर्यावरण नेतृत्व पुरस्कार" प्राप्त करेगा?

A. एम वेंकैया नायडू **B.** नरेंद्र मोदी
C. योगी आदित्यनाथ **D.** राम नाथ कोविंद

Q.23 PSLV-C51 ने किस देश के अमेजोनिया -1 और 18 अन्य उपग्रहों को लॉन्च किया है?

A. ब्राजील **B.** रूस **C.** इंग्लैंड **D.** कनाडा

Q.24 हीरो इंडियन वीमेन लीग 2020-21 संस्करण की मेजबानी निम्नलिखित में से किस राज्य में की जाएगी?

A. बिहार **B.** उत्तर प्रदेश
C. मध्य प्रदेश **D.** ओडिशा

Q.25 निम्नलिखित में से किसने "एडवांटेज इंडिया: द स्टोरी ऑफ इंडियन टेनिस" नामक पुस्तक लिखी है?

A. विनोद गुप्ता **B.** रोहन जमवाल
C. विक्रम राणा **D.** अनिध दत्ता

Q.26 राष्ट्रीय प्रोटीन दिवस 2021 का विषय क्या है?

A. पॉवरिंग विद प्लांट प्रोटीन
B. लाइफ गोज फास्टर ऑन प्रोटीन
C. मोर प्रोटीन मोर पॉवर
D. लॉट्स ऑफ़ प्रोटीन

Q.27 भारतीय रिजर्व बैंक ने सूचित किया है कि उसने भारतीय रिज़र्व बैंक अधिनियम, 1934 की दूसरी अनुसूची में __________ को शामिल किया है।

A. एनएसडीएल पेमेंट्स बैंक
B. जिओ पेमेंट्स बैंक
C. पेटीएम पेमेंट्स बैंक
D. फिनो पेमेंट्स बैंक

Q.28 39वें अगरतला इंटरनेशनल बुक फेयर 2021 का विषय क्या है?

A. हमारा त्रिपुरा, श्रेष्ठ त्रिपुरा
B. शानदार त्रिपुरा
C. त्रिपुरा की सांस्कृतिक विविधता
D. एक त्रिपुरा, श्रेष्ठ त्रिपुरा

Q.29 भारत में अनुसूचित वाणिज्यिक बैंकों को _______अलग-अलग समूहों में वर्गीकृत किया गया है:

A. 2 **B.** 5 **C.** 8 **D.** 4

Q.30 2021 राष्ट्रीय विज्ञान दिवस का विषय क्या है?

A. साइंस फॉर पीपल, एंड पीपल फॉर द साइंस
B. वीमेन इन साइंस
C. साइंस एंड टेक्नोलॉजी फॉर अ सस्टेनेबल फ्यूचर
D. फ्यूचर ऑफ़ एसटीआई: इम्पैक्ट ऑन एजुकेशन स्किल्स एंड वर्क

Q.31 एक निश्चित कोड भाषा में TAKEN को MZPVG लिखा जाता है तब उस कोड भाषा में ORBIT को क्या लिखा जायेगा?

A. HRYIM **B.** HMBRL **C.** GIYRL **D.** GIXRL

Q.32 एक निश्चित कोड भाषा में SYDNEY को RXCOFZ लिखा जाता है। उस कोड भाषा में FILTER को कैसे लिखा जाएगा:

A. EHJUFS **B.** EGKUFS
C. EHKUFS **D.** EGJUFS

Q.33 यदि किसी सांकेतिक भाषा में MOTHER को PQWJHT लिखा जाता है, तो उसी भाषा में SISTER को किस प्रकार लिखा जायेगा?

A. VKVVHT **B.** VKVWHT
C. VKUVHT **D.** UKVVHU

Q.34 X और Y भाई-भाई है। R, Y का पिता है। S, T का भाई है और X का मामा है। T का R से क्या सम्बन्ध है?

A. माता **B.** पत्नी **C.** बहिन **D.** भाई

Q.35 A, B का भाई है। C, A की माँ है। D, C का पिता है। E,B का पुत्र है तो यह बताइए कि A से D का क्या सम्बन्ध है?

A. पुत्र **B.** पौत्र **C.** नाना **D.** पितामह

Q.36 तस्वीर में आदमी को इंगित करते हुए राम ने कहा, उनकी मां के पास सिर्फ एक पोती है जिसकी मां मेरी बहन है। तस्वीर में आदमी से राम कैसे संबंधित है?

A. भाई **B.** ससुर
C. बहनोई **D.** डेटा अपर्याप्त

Q.37 किन दो चिन्हों को आपस में परस्पर बदलने पर समीकरण सही हो जाएगा?

$16 + 31 - 3 \times 93 \div 11 = 966$

A. + और – **B.** - और ÷ **C.** ÷ और × **D.** × और +

Q.38 यदि $4 \times 5 = 30$, $5 \times 6 = 42$ और $6 \times 7 = 56$ तब $4 \times 7 = ?$

A. 35 **B.** 28 **C.** 32 **D.** 40

Q.39 यदि $(2)^{\#}*4=2$ और $(4)^{\#}*4=16$, तो $(6)^{\#}*A=18$ में A का मान क्या है?

A. 12 **B.** 14 **C.** 16 **D.** 20

Q.40 दिए गए विकल्पों में से विषम संख्या युग्म को चुनिए।

A. 25, 36 **B.** 144, 169 **C.** 49, 125 **D.** 100, 121

Q.41 दिए गए विकल्पों में से विषम संख्या चुनिए।

A. 626 **B.** 841 **C.** 962 **D.** 1090

Q.42 निम्नलिखित में से वे संख्या चुनें जो समूह में अन्यों से भिन्न है?

A. 5123 – 11 **B.** 6934 – 23
C. 7132 – 13 **D.** 1463 – 14

Q.43 विकल्पों में दिए गए चार समूहों के बीच संख्याओं का एक समूह ज्ञात कीजिए, जो प्रश्न में दिए गए समूह से सबसे अधिक समानता प्रकट करता है।

(27 : 45 : 63)

A. 25, 43, 73 **B.** 12, 92, 63
C. 18, 27, 45 **D.** 54, 92, 36

Q.44 आठ मित्र- X, Y, Z, M, N, O, P और Q एक वृत्ताकार मेज के चारों ओर केंद्र की तरह मुंह करके बैठे हैं| P और M के बीच में Y बैठा है| Q, X के दायें से दूसरा है और Y के बायें से तीसरा है। Y और N एक-दूसरे के सामने नहीं बैठे हैं। Z, X और M के बीच बैठा है।

Y के बायें से तीसरे स्थान पर कौन बैठा है?

A. Q **B.** M **C.** Z **D.** X

Q.45 A, B, C, D, E, F परस्पर बराबर की दूरी पर गोल मेज पर बैठे है। F,E के ठीक सामने और A और D के बीच में बैठा है। C,E के दाहिनी ओर और A के ठीक सामने बैठा है।

A के साथ कौन-कौन बैठा हैं?

A. F और D **B.** E और F **C.** E और C **D.** B और F

Q.46 सात साल पहले मनीष और राज की आयु का अनुपात 5:4 था। अब से पांच वर्ष बाद, मनीष और राज की आयु का अनुपात 9:8 होगा। राज की वर्तमान आयु क्या है?

A. 20 **B.** 19 **C.** 21 **D.** 24

Q.47 अनुपात 3: 4 के बराबर बनाने के लिए अनुपात 7: 11 के प्रत्येक अंक में क्या जोड़ा जाए?

A. 8 **B.** 7.5 **C.** 6.5 **D.** 5

Q.48 750 लड़कों के एक स्कूल में लड़कों की औसत आयु 15.4 वर्ष है। 50 लड़कों के छोड़ने पर औसत आयु 15.3 वर्ष रह जाती है। छोड़ने वाले लड़कों की औसत आयु कितनी थी?

A. 18 वर्ष **B.** 16.8 वर्ष **C.** 16 वर्ष **D.** 15 वर्ष

Q.49 7 के पहले पांच गुणकों का औसत है:

A. 20 **B.** 21 **C.** 28 **D.** 30

Q.50 एक निश्चित धनराशि से 4 वर्षों में 12.5% वर्ष की दर से 10800 रुपये की कुल साधारण ब्याज की राशि प्राप्त की। वह राशि (रुपये में) ज्ञात कीजिये?

A. 11800 **B.** 12800 **C.** 10800 **D.** 21600

Q.51 किसी राशि पर 5% वार्षिक ब्याज की दर से 3 वर्षों और 4 वर्षों में प्राप्त साधारण ब्याज में 42 रू. का अन्तर है तो वह राशि है?

A. 210 रु. **B.** 530 रु. **C.** 420 रु. **D.** 840 रु.

Q.52 दी गई अक्षर श्रृंखला में लुप्त पद ज्ञात कीजिए।

1, 4, 27, 16, 125, 36, _________

A. 49 **B.** 89 **C.** 161 **D.** 343

Q.53 दी गई अक्षर श्रृंखला में लुप्त पद ज्ञात कीजिए।

21, 25, 33, 49, 81, ______

A. 89 **B.** 130 **C.** 145 **D.** 112

Q.54 रिक्त स्थान पर क्या आना चाहिए?

7, 8, 18, 57, 232, _______

A. 260 **B.** 360 **C.** 1165 **D.** 560

Q.55 एपॉक्सी रेजिन के रूप में उपयोग किया जाता है:

A. डिटर्जेंट **B.** कीटनाशक
C. गोंद **D.** कीट विकर्षक

Q.56 निम्नलिखित में से कौन सी जनजाति अपनी भाषा को 'लम्बाड़ी' कहती है।

A. हो जनजाति **B.** खड़िया जनजाति
C. संथाल जनजाति **D.** बंजारा जनजाति

Q.57 निम्नलिखित में से कौन सा अम्ल एक खनिज अम्ल है?

A. साइट्रिक अम्ल **B.** नाइट्रिक अम्ल
C. एस्कॉर्बिक अम्ल **D.** टार्टरिक अम्ल

Q.58 भारत के 18 बॉयोस्फीयर रिज़र्व में से 12 बॉयोस्फीयर रिज़र्व वर्ल्ड नेटवर्क ऑफ़ बॉयोस्फीयर रिज़र्व का एक हिस्सा हैं। निम्न में से कौन सा बॉयोस्फीयर रिजर्व बॉयोस्फीयर रिजर्व के विश्व नेटवर्क में जोड़ा जाने वाला नवीनतम बॉयोस्फीयर है:

A. अगस्त्यमलाई बॉयोस्फियर रिजर्व
B. ग्रेट निकोबार बॉयोस्फीयर रिजर्व
C. अचनकमार-अमरकंटक बॉयोस्फियर रिजर्व
D. पन्ना नेशनल पार्क

Q.59 निम्नलिखित में से कौन सकल राष्ट्रीय उत्पाद (GNP) में सम्मिलित किया जाता हैं?

1) निजी प्रेषण
2) विदेशी ऋण का ब्याज
3) विदेशी अनुदान

नीचे दिए गये कूटो की सहायता से सही विकल्प का चयन करें:

A. केवल 1 एवं 2 **B.** केवल 2 एवं 3
C. केवल 1 एवं 3 **D.** उपरोक्त सभी

Q.60 सूची-I का सूची-II से मिलान कीजिए और सूचियों के नीचे दिए गए कूट का उपयोग करके सही उत्तर का चयन कीजिए।

सूची-I	सूची-II
a.अवश्रव्य तरंगे	1. 20,000 हर्ट्ज़ से अधिक आवृत्ति
b. पराश्रव्य तरंगे	2. 20 हर्ट्ज़ से 20,000 हर्ट्ज़ के बीच आवृत्ति
c. श्रव्य तरंगे	3. 20 हर्ट्ज़ से कम आवृत्ति

A. a-1, b-3, c-2 **B.** a-3, b-1, c-2
C. a-1, b-2, c-3 **D.** a-2, b-1, c-3

Q.61 निम्नलिखित में से कौन सा/से पारिस्थितिक तंत्र के कार्य है/हैं?

A. यह आवश्यक पारिस्थितिक प्रक्रियाओं को नियंत्रित करता है, जीवन प्रणालियों का समर्थन करता है और स्थिरता प्रदान करता है।
B. यह जैविक और अजैविक घटकों के बीच पोषक तत्वों के चक्रण के लिए जिम्मेदार है।
C. यह पारिस्थितिकी तंत्र में विभिन्न पोषण स्तरों के बीच संतुलन बनाए रखता है।
D. उपरोक्त सभी

Q.62 निम्नलिखित में कौन सा जलप्रपात उसके स्थान (जिला) के साथ सही सुमेलित नहीं है?

जलप्रपात - जिला

A. कांति जलप्रपात - लातेहार
B. गुआ जलप्रपात - कोडरमा
C. उसरी जलप्रपात - गिरिडीह
D. हुंड़रू जलप्रपात - रांची

Q.63 जीरोफथलमिया (शुष्काक्षिपाक) को रोकने के लिए किस विटामिन की आवश्यकता होती है?

A. रेटिनॉल **B.** थायमिन
C. कैल्सिफैरोल **D.** एस्कॉर्बिक एसिड

Q.64 "सिल्वर नाइट्रेट" किस यौगिक पदार्थ का रसायनिक नाम है?

A. सिरका **B.** लूनर कास्टिक
C. सफेदा (लिथार्ज) **D.** रेत

Q.65 किस प्रकार की रासायनिक अभिक्रिया में तत्व की संयोजकता बढ़ जाती है?

A. अपचयन अभिक्रिया **B.** ऑक्सीकरण अभिक्रिया
C. अपघटन अभिक्रिया **D.** उत्क्रमणीय अभिक्रिया

Q.66 मछली और झींगा किसका उदाहरण हैं?

A. बेंथोस **B.** प्लवक **C.** नेक्टन **D.** न्यूसटन

Q.67 जो ऊर्जा पृथ्वी की सतह के नीचे संचित ऊर्जा को उपयोग में ला सकती है उसे क्या कहा जाता है?

A. ऊष्णीय ऊर्जा **B.** परमाणु ऊर्जा
C. ज्वारीय ऊर्जा **D.** भूतापीय ऊर्जा

Q.68 _____शिशुओं के जठराम्ल(आमाशय रस) में पाया जाने वाला प्रोटीयोलाइटिक एंजाइम जो दूध प्रोटीन के पाचन में मदद करता है:

A. पेप्सिन **B.** ट्रिप्सिन **C.** रेनिन **D.** लाइपेस

Q.69 सूची -1 को सूची- 2 से सुमेलित कीजिये और सूचियों के निचे दिए गए कूट का प्रयोग करके सही उत्तर चुनिए।

	सूची I		सूची II
a.	विटामिन	1.	पेप्सिन
b.	एंजाइम	2.	केरोटीन
c.	हार्मोन	3.	कैरेटिन
d.	प्रोटीन	4.	टेस्टोस्टेरोन / प्रोजेस्टेरोन

A. a-1 b-2 c-3 d-4 **B.** a-2 b-1 c-4 d-3
C. a-2 b-1 c-3 d-4 **D.** a-1 b-2 c-4 d-3

Q.70 भारतीय रिज़र्व बैंक का 1 जनवरी 1949 को राष्ट्रीयकरण किया गया था। निम्नलिखित में से क्या भारतीय रिज़र्व बैंक का एक कार्य नहीं है?
A. मुद्रा जारी करना
B. बैंकों का बैंक
C. सरकार का बैंकर
D. भारत में वित्तीय संस्थान के प्रमुख के रूप में

Q.71 निम्नलिखित में से कौन-सी जोड़ी सुमेलित नहीं है?

पठार	स्थान
a. कोलोराडो पठार	1. संयुक्त राज्य अमेरिका
b. किम्बरली पठार	2. दक्षिण अफ्रीका
c. पाटागोनियन पठार	3.अर्जेंटीना
d. अनातोलियन पठार	4. तुर्की

A. A **B.** B **C.** C **D.** D

Q.72 मिजोरम राज्य के संदर्भ में निम्नलिखित कथनों पर विचार करें:
1 मणिपुर एक बंदरगाह विहीन (भूमिबद्ध) राज्य है।
2 यह म्यांमार और बांग्लादेश दोनों के साथ सीमा साझा करता है।
3 राज्य में साक्षरता दर 91% से ऊपर है।
दिए गए कूटों में से सही उत्तर चुनें:
A. केवल 1 **B.** केवल 2 और 3
C. केवल 3 **D.** उपरोक्त सभी

Q.73 निम्नलिखित ताजे जल के सोतों को ताजे पानी की मात्रा के आधार पर अवरोही क्रम में व्यवस्थित करें?
1. ग्लेशियर
2. भूजल
3. वायुमंडल
4. भूविज्ञान में स्थायीतुषार या पर्माफ्रोस्ट
दिए गए संकेतावली में से सही उत्तर चुनें:
A. 1-2-3-4 **B.** 2-1-3-4 **C.** 2-4-1-3 **D.** 1-2-4-3

Q.74 इंडोनेशिया के निम्नलिखित में से किस भू-क्षेत्र को भूमभ्यरेखा स्पर्शो नहीं करती है?
[UPSC NDA, 2019]
A. सुमात्रा **B.** सुलावेसी **C.** जावा **D.** कलिमंतन

Q.75 निम्नलिखित में से कौन सी नदी कृष्णा नदी की एक सहायक नदी नहीं है?
A. तुंगभद्रा **B.** कोयना **C.** मूसी **D.** साबारी

Q.76 निम्न में से कौन सा देश का सबसे पूर्वी बाघ रिजर्व है:
A. पक्के **B.** नमदाफा **C.** डम्पा **D.** नामेरी

Q.77 निम्नलिखित में से कौन सी पंचवर्षीय योजना महालनोबिस मोडल पर आधारित है?
A. प्रथम पंचवर्षीय योजना **B.** द्वितीय पंचवर्षीय योजना
C. पांचवी पंचवर्षीय योजना **D.** आठवी पंचवर्षीय योजना

Q.78 राजा हरिश्चंद्र, एक प्रारंभिक भारतीय फिल्म द्वारा निर्मित थी:
A. दादा साहब फाल्के **B.** अशोक कुमार
C. गुरुदत्त **D.** राज कपूर

Q.79 रघुनाथ राय जाने-माने हैं:
A. चित्रकार **B.** नर्तकी
C. फोटोग्राफर **D.** गायक

Q.80 निम्नलिखित में से कौन सा "मामल्ल शैली" का एक उत्कृष्ट उदाहरण है?
A. रथ मंदिर **B.** तट मंदिर
C. मंगतेश्वर मंदिर **D.** सूर्य मंदिर

Q.81 मोहनदास करमचंद गांधी द्वारा 'भारत छोड़ो आंदोलन' कब शुरू किया गया था?
A. 1946 **B.** 1939 **C.** 1942 **D.** 1940

Q.82 भारत में चरमपंथी आंदोलन के जनक हैं:
A. मोतीलाल नेहरू **B.** गोपाल कृष्ण गोखले
C. वल्लभ भाई पटेल **D.** बाल गंगाधर तिलक

Q.83 भारत छोड़ो आंदोलन के दौरान, 'समानांतर सरकार' का गठन कहाँ पर किया गया था?
A. वाराणसी **B.** इलाहाबाद **C.** लखनऊ **D.** बलिया

Q.84 निम्नलिखित में से कौन सा सही कालानुक्रमिक क्रम है?
I. भारत छोड़ो आंदोलन
II. शिमला सम्मेलन
III. पूना पैक्ट
IV. कैबिनेट मिशन
A. II, IV, I, III **B.** III, IV, II, I
C. III, I, II, IV **D.** IV, II, III, I

Q.85 किसके द्वारा आर्थिक सर्वेक्षण प्रकाशित किया जाता है?
A. वित्त मत्रांलय
B. योजना आयोग
C. भारत सरकार
D. भारतीय सांख्यिकी संस्थान

Q.86 आयकर संग्रहित किया जाता है:
A. राज्य सरकार द्वारा **B.** निगमों द्वारा
C. नगर पालिका द्वारा **D.** केंद्र सरकार द्वारा

Q.87 माउंटेन आल्प्स ______ में है।
A. अल्जीरिया **B.** ग्रीनलैंड
C. स्विट्जरलैंड **D.** न्यूजीलैंड

Q.88 निम्नलिखित में से कौन सा क्षेत्र पश्चिमी विक्षोभ के कारण शीतकालीन वर्षा प्राप्त करता है?
A. पंजाब **B.** तमिलनाडु
C. केरल **D.** कर्नाटक तट

Q.89 निम्नलिखित में से कौन एक अनाज नहीं है?
A. चावल **B.** गेहूँ **C.** चना **D.** मक्का

Q.90 निम्नलिखित में से कौन सा समूह राज्यों में झूम खेती या शिफ्टिंग खेती का अभ्यास करता है?
A. जम्मू और कश्मीर और हिमाचल प्रदेश
B. पंजाब और हरियाणा
C. मिजोरम और नागालैंड
D. उत्तरांचल और सिक्किम

Q.91 भारत की कौन सी राज्य सरकार एशिया का पहला चावल प्रौद्योगिकी पार्क स्थापित करेगी?
A. ओडिशा **B.** झारखंड
C. कर्नाटक **D.** उत्तर प्रदेश

Q.92 भारत का कौन सा राज्य मिर्च और हल्दी का सबसे बड़ा उत्पादक है?
A. उत्तर प्रदेश **B.** आंध्र प्रदेश
C. पश्चिम बंगाल **D.** महाराष्ट्र

Q.93 उत्तर प्रदेश की राजधानी कौन सी है?
A. कानपुर **B.** लखनऊ **C.** सरधना **D.** आगरा

Q.94 भारत के निम्नलिखित में से किस प्रधानमंत्री का जन्म इलाहाबाद में नहीं हुआ था?
A. जवाहर लाल नेहरू **B.** इंदिरा गांधी
C. विश्वनाथ प्रताप सिंह **D.** राजीव गांधी

Q.95 उत्तर प्रदेश के पहले राज्यपाल कौन थे?
A. सुचेता कृपलानी **B.** सरोजिनी नायडू
C. होर्मासजी पेरोसाव मोड़ी **D.** बिश्वनाथ

Q.96 आगरा प्रेसीडेंसी को बंगाल प्रेसिडेंसी से कब अलग किया गया था?
A. 1776 **B.** 1792 **C.** 1833 **D.** 1858

Q.97 भारत कला भवन संग्रहालय स्थित है:
A. आगरा **B.** लखनऊ **C.** इलाहाबाद **D.** वाराणसी

Q.98 निम्नलिखित में से किस जिले में 'आम' की खेती नहीं की जाती है?
A. वाराणसी **B.** लखनऊ **C.** मिर्जापुर **D.** आगरा

Q.99 क्षेत्रवार उत्तर प्रदेश का सबसे बड़ा जिला कौन सा है?
A. लखीमपुर खीरी **B.** सोनभद्र
C. इलाहाबाद **D.** शाहजहांपुर

Q.100 उत्तर प्रदेश के पहले मुख्यमंत्री कौन थे?
A. सुचेता कृपलानी **B.** चरण सिंह
C. गोविंद बल्लभ पंत **D.** चंद्र भानु गुप्ता

Q.101 निम्नलिखित में से कौन सा वेद जादू मंत्र और जादू टोना इत्यादि से संबंधित है?
A. ऋग्वेद **B.** सामवेद **C.** यजुर्वेद **D.** अथर्ववेद

Q.102 निम्नलिखित में से कौन संगम युग में दक्षिण भारत के सत्तारूढ़ राजवंशों में से एक नहीं था?
A. चोल **B.** चेरा **C.** पाण्ड्य **D.** पल्लव

Q.103 निम्नलिखित का मिलान कीजिए।

सूची 1	सूची 2
A. वेलेजली	1. फोर्ट विलियम कॉलेज
B. लार्ड मिन्टो	2. उच्च शिक्षा का यूरोपीयकरण
C. सर थॉमस	3. मिशनरियों के प्रचारकों द्वारा उपदेश का निषेध किया
D. कार्नवालिस	4. मद्रास में रैय्यतवाडी प्रणाली

A. A-1, B-2, C-4, D-3 **B.** A-2, B-3, C-4, D-1
C. A-3, B-4, C-2, D-1 **D.** A-4, B-3, C-1, D-2

Q.104 महात्मा गांधी के संदर्भ में, निम्नलिखित कथनों पर विचार करें:
1) उन्होंने अपना राजनीतिक अभियान 1917 में अहमदाबाद मिल कर्मचारी हड़ताल के साथ शुरू किया था।
2) उन्हें 'रिक्रूटिंग सार्जेंट' के नाम से जाना जाता था क्योंकि उन्होंने प्रथम विश्व युद्ध में अंग्रेजों का समर्थन किया था।
3) लियो टॉल्स्टॉय पूरी तरह से उनके द्वारा प्रभावित था। उनका 'द किंगडम ऑफ़ गॉड इज विदिन यू' में लेख द्वारा किया गया कार्य गांधी के विचारों से प्रभावित है।
गलत कथन का चयन करें।
A. 1 और 2 **B.** 2 और 3
C. 1 और 3 **D.** उपरोक्त में से कोई नहीं

Q.105 अकबर के दरबार की मुख्य भाषा क्या थी?
A. हिन्दी **B.** उर्दू **C.** अरबी **D.** फ़ारसी

Q.106 निम्नलिखित को मिलाएं।

सूची - I	सूची - II
I. संहिता	a. बुराई को दूर करने के लिए आकर्षण और मंत्र
II. यजुर वेद	b. ऋग वेद की प्रार्थना को धुन में तैयार करना
III. अथर्व वेद	c. भजन और मंत्र
IV. सम वेद	d. भजनों के साथ मंत्रों का अनुष्ठान

A. I-b, II-a, III-d, IV-c **B.** I-c, II-d, III-a, IV-b
C. I-d, II-c, III-b, IV-a **D.** I-a, II-b, III-c, IV-d

Q.107 निम्नलिखित में से किसने भारतीय विधानमंडल को द्विसदनात्मक बनाया?
A. भारतीय परिषद अधिनियम, 1909
B. भारत सरकार अधिनियम, 1919
C. भारत सरकार अधिनियम, 1935
D. भारतीय स्वतंत्रता अधिनियम, 1947

Q.108 सल्तनत के बारे में निम्न पर विचार कीजिये. गलत कथन का चयन कीजिये।
A. बलबान ने "रक्त और लौह" की निति को अपनाया।
B. मध्ययुगीन समाज बहुत विषमताओं का समाज था।
C. यह मुहम्मद तुगलक का समय था जब जजिया एक पृथक कर बना।
D. अलाउद्दीन पहला सुल्तान था जिसने अपने सैनिको को नकद भुगतान किया।

Q.109 संविधान का भाग V निम्न से संबंधित है:
I. केंद्रीय कार्यकारी
II. संसद
III. सर्वोच्च न्यायालय और उच्च न्यायालय
IV. नियंत्रक और महालेखा परीक्षक
A. I और II **B.** I, II और III
C. केवल I **D.** I, II, III और IV

Q.110 निम्न में से किस जोड़ी का मिलान सही नहीं है?

राज्य का नाम	बुल के साथ जुड़े संस्कृतिक खेल का नाम
a) तमिलनाडु	जल्लीकट्टू
b) केरल	कम्बला
c) कर्नाटक	मारमदी
d) महाराष्ट्र	बैलगाड़ी श्याट

निम्नलिखित में से विकल्प चुने:
A. a, c और d **B.** a, b और c
C. a और c **D.** b और c

Q.111 निम्न में से कौन सा कथन सही हैं:
1) भारत में, द्वितीयक क्षेत्र सेवा क्षेत्र से ज्यादा रोजगार पैदा करता है।
2) अधिकांश शहरी श्रमिक सेवा क्षेत्र में हैं
3) महिला कार्यबल की तीन-चौथाई से अधिक प्राथमिक क्षेत्र में कार्यरत है।
उपरोक्त कथनों में से कौन सा सही हैं:
A. केवल 1और 2 **B.** केवल 2और 3
C. केवल 1और 3 **D.** 1, 2 और 3

Q.112 अनुच्छेद 352 के तहत जारी आपातकाल की घोषणा को __________ के भीतर संसद द्वारा अनुमोदित किया जाना चाहिए।

A. 1 महीना **B.** 6 सप्ताह **C.** 2 माह **D.** तीन माह

Q.113 निम्नलिखित में से किस परिस्थिति में राष्ट्रपति अपने विवेक से कार्य करता है?

A. प्रधानमंत्री की नियुक्ति में
B. पुनर्विचार के लिए मंत्रिपरिषद के प्रस्ताव को वापस करने में
C. ऊपर के दोनों
D. इनमें से कोई नहीं

Q.114 वार्षिक वित्तीय विवरण _____________ द्वारा संसद के दोनों सदनों के समक्ष रखे जाने के कारण होता है।

A. राष्ट्रपति **B.** वक्ता
C. उप-राष्ट्रपति **D.** वित्त मंत्री

Q.115 विदेशी निवेश को आकर्षित करने के लिए सरकार ने निम्न कदम उठाए हैं:

1) विशेष आर्थिक क्षेत्र (एसईजेड) की स्थापना
2) श्रम कानूनों को लचीला बनाना
3) व्यापार अवरोधों को रोकना
4) अनिवार्य लाइसेंस देना

A. केवल 1और 2 **B.** केवल 1, 2 और 3
C. केवल 1, 3 और 4 **D.** 1, 2, 3 और 4

Q.116 कलकत्ता, मद्रास और बंबई के उच्च न्यायालयों को _______________ के तहत स्थापित किया गया था।

A. भारतीय उच्च न्यायालय अधिनियम, 1911
B. भारत सरकार अधिनियम, 1909
C. भारतीय उच्च न्यायालय अधिनियम, 1861
D. भारतीय उच्च न्यायालय अधिनियम, 1865

Q.117 कांग्रेस में नरमपंथी और उग्रवादी 1916 में फिर से आम मंच पर आए-

A. लाहौर अधिवेशन **B.** अमृतसर अधिवेशन
C. लखनऊ अधिवेशन **D.** हरिपुरा अधिवेशन

Q.118 भारत के संविधान में "संघीय" शब्द का प्रयोग कहाँ किया जाता है?

A. प्रस्तावना **B.** भाग 3
C. अनुच्छेद 368 **D.** संविधान में कहीं नहीं

Q.119 8 अगस्त, 1942 को किस शहर में भारतीय राष्ट्रीय कांग्रेस ने भारत छोड़ो प्रस्ताव पारित किया?

A. दिल्ली **B.** बॉम्बे **C.** कोलकाता **D.** गुजरात

Q.120 अशोक के शिलालेख सर्वप्रथम _______ द्वारा अस्वीकृत किए गए थे।

A. जेम्स प्रिंसप **B.** जोसेफ तिएफ़ेन्थालेर
C. विलियम जोन्स **D.** जहांगीर

Q.121 'बेनामी संपत्ति लेन-देन का निषेध अधिनियम, 1988 (PBPT अधिनियम)' के सन्दर्भ में, निम्नलिखित कथनों पर विचार कीजिए:

1. किसी संपत्ति का लेन-देन बेनामी लेन-देन नहीं समझा जाएगा यदि संपत्ति का मालिक उस लेन-देन के बारे में अवगत नहीं है।
2. बेनामी पाई गई संपत्तियाँ सरकार द्वारा जब्त किए जाने के लिए दायी होंगी।
3. यह अधिनियम जाँच के लिए तीन प्राधिकारियों का उपबंध करता है किन्तु यह किसी अपीलीय क्रियाविधि का उपबंध नहीं करता।

उपर्युक्त कथनों में से कौन-सा/से सही है/हैं?

A. केवल 1 **B.** केवल 2
C. केवल 1 और 3 **D.** केवल 2 और 3

Q.122 निम्नलिखित कथनों पर विचार करें और नीचे वर्णित प्रजातियों की पहचान करें:

1) वे एकमात्र उच्च पौधों का समूह है जो लवणीय जल में जीवन के लिए अनुकूलित है।
2) भारत में, वे तमिलनाडु तट और लक्षद्वीप द्वीप समूह में पाए जाते हैं।
3) वे समुद्री विशेषीकृत पुष्पण पौधे हैं।

नीचे दिए गए विकल्पों में से सही विकल्प चुनें:

A. समुद्री काई
B. समुद्री घास
C. दोनों (A) और (B)
D. ऊपरोक्त में से कोई नहीं

Q.123 ऋग वैदिक समाज के संबंध में, सही युग्म चुनें।

I. भाग- अनिवार्य कर
II. बलि- देवता को चढ़ाया जाने वाला बलिदान

A. केवल I **B.** केवल II
C. दोनों I और II **D.** उपरोक्त में से कोई नहीं

Q.124 मुगल चित्रकला विद्यालय के संदर्भ में, सही कथन का चयन करें।

I. मुगल चित्रकला विद्यालय का प्रारम्भ 1560 ई.पू. में शाहजहां के शासनकाल में हुआ था।
II. क्लेवलैंड कला संग्रहालय (यूएसए) में रखी हुई तुती-नामा की एक सचित्र पाण्डुलिपि मुगल विद्यालय द्वारा किया गया पहला कार्य प्रतीत होती है।
III. हमजा-नामा मूल रूप से सत्रह संस्करणों में 1400 पत्तियों सहित कपड़े पर एक चित्रण है।

A. I और II **B.** केवल III
C. II और III **D.** सभी कथन सत्य हैं

Q.125 निम्नलिखित में से किस भारतीय उपमहाद्वीप के किस स्थान पर कृषि के आरंभिक प्रमाण मिले हैं?

A. प्रतापगढ़ **B.** मेहरगढ़ **C.** क्वेटा **D.** कलात

Q.126 संविधान के किस संशोधन के अंतर्गत अन्य पिछड़ा (OBC) वर्ग को शिक्षण संस्थाओं में प्रवेश हेतु 27 प्रतिशत का आरक्षण का प्रावधान किया गया?

[Uttarakhand Public Service Commission (UKPSC), 2014]

A. 92 वें **B.** 93 वें **C.** 94 वें **D.** 96 वें

Q.127 जैन तीर्थंकर के संदर्भ में निम्नलिखित कथनों पर विचार करें और गलत कथन की पहचान करें:

A. महावीर अंतिम तीर्थंकर थे
B. पहले तीर्थंकर पार्शवनाथ थे
C. 23 वें तीर्थंकर ऋषभदेव थे
D. दोनों (B) और (C)

Q.128 निम्नलिखित को मिलाएं।

	संविधान सभा के अध्यक्ष की समितियाँ		सभा
A.	प्रारूप समिति	1.	वल्लभभाई पटेल
B.	मौलिक और अल्पसंख्यक अधिकारों पर समिति	2.	जवाहर लाल नेहरू
C.	संघ की संविधान समिति	3.	कन्हैयालाल मुंशी
D.	कार्यसमिति	4.	बीआर अंबेडकर

नीचे ABCD के क्रमानुसार में विकल्प दिए गए हैं:

A. 1 2 3 4 **B.** 4 2 1 3 **C.** 4 1 3 2 **D.** 4 1 2 3

Q.129 टुंड्रा वन के संदर्भ में निम्नलिखित में से कौन सा/से कथन सत्य हैं।

1) टुंड्रा शब्द का अर्थ बंजर भूमि है।

2) टुंड्रा सभी अक्षांशों पर पेड़ की रेखा के ऊपर ऊंचे पहाड़ों पर पाया जाता है।

A. केवल 1 **B.** केवल 2
C. दोनों 1 और 2 **D.** न तो 1 न ही 2

Q.130 सूची 1 और सूची 2 का मिलान करें और नीचे दिए गए कोड से सही उत्तर का चयन करें:

	सूची 1		सूची 2
I.	पट्टचित्र	1.	राजस्थान
II.	कलमकारी	2.	ओडिशा
III.	फड़	3.	बिहार
IV.	मधुबनी	4.	आंध्र प्रदेश

कोड:
I - II - III - IV

A. 2 – 4 – 1 – 3 **B.** 1 – 2 – 3 – 4
C. 4 – 2 – 1 – 3 **D.** 2 – 1 – 3 – 4

Q.131 बिहार के उस क्रांतिकारी का नाम बताइए जिसने सितंबर 1928 में 'हिन्दुस्तान सोशलिस्ट रिपब्लिकन आर्मी' की बैठक में भाग लिया था?

A. फणीन्द्र नाथ घोष **B.** अजय घोष
C. ज्योतिन्द्र नाथ **D.** भगत सिंह

Q.132 अशोक के शिलालेखों में निम्नलिखित में से किनका उपयोग किया गया था?

1. ग्रीक
2. आरमेइक
3. खरोष्ठी

नीचे दिए गए कूट का प्रयोग कर सही उत्तर चुनिए।

A. केवल 1 और 2 **B.** केवल 1 और 3
C. केवल 2 और 3 **D.** 1, 2 और 3

Q.133 महान संस्कृत कवि एवं नाटककार राजशेखर निम्न में से किसके दरबार से सम्बन्धित थे?

A. राजा भोज **B.** महिपाल
C. महेन्द्रपाल प्रथम **D.** इन्द्र तृतीय

Q.134 किसने 84 हजार स्तूपों का निर्माण करवाया ?

A. अशोक **B.** चंद्रगुप्त **C.** कौटिल्य **D.** अकबर

Q.135 नदियों द्वारा लाए गए गाद के तलछट से निम्न मिट्टी का क्या गठन होता है?

A. फली **B.** लाल **C.** कछार **D.** काला

Q.136 पीटि और दलदली मिट्टी पर कौन सी फसल उपयुक्त होती है?

A. चाय **B.** चावल **C.** कपास **D.** काजू

Q.137 निम्नलिखित में से कौन खरीफ फसल नहीं है?

A. ज्वार **B.** सोयाबीन **C.** गेहूँ **D.** मूंगफली

Q.138 डॉ भीम राव अम्बेडकर द्वारा संविधान के किस अनुच्छेद को 'हृदय और आत्मा' के रूप में संदर्भित किया गया था?

A. अनुच्छेद 4 **B.** अनुच्छेद 32
C. अनुच्छेद 28 **D.** अनुच्छेद 30

Q.139 1793 के चार्टर अधिनियम के संदर्भ में, 'विशेषाधिकार' और 'देश व्यापार' को परिभाषित करें?

A. यह कंपनी को अगले 20 वर्षों तक व्यापार पर एकाधिकार बनाए रखने के लिए दी गई मंजूरी थी।

B. यह कंपनी के अधिकारियों को देश के आंतरिक भागों में व्यापार करने हेतु प्रदत्त विशेषाधिकार था।

C. यह कंपनी को विभिन्न देशों में कर मुक्त व्यापार करने हेतु प्रदत्त एक विशेषाधिकार था।

D. कंपनी को यह अधिकार दिया गया कि वह व्यक्तियों और कंपनियों को भारत के अंदर व्यापार करने के लिए अनुज्ञा पत्र दे सकती है।

Q.140 भारतीय गणराज्य के संविधान का कौन सा अनुच्छेद व्यक्ति की 'जीवन और व्यक्तिगत स्वतंत्रता' के संरक्षण के संबंधित है?

A. अनुच्छेद 19 **B.** अनुच्छेद 21
C. अनुच्छेद 20 **D.** अनुच्छेद 22

// स्मार्ट उत्तर पुस्तिका //

सही उत्तर उन छात्रों के प्रतिशत को इंगित करता है जिन्होंने प्रश्नों का सही उत्तर दिया था।

छोड़ दिया उन छात्रों के प्रतिशत को इंगित करता है जिन्होंने प्रश्नों को छोड़ दिया था।

प्रश्न संख्या	उत्तर	सही उत्तर	छोड़ दिया
1	D	14.81 %	13.59 %
2	B	8.64 %	67.9 %
3	D	9.88 %	65.43 %
4	A	9.88 %	70.37 %
5	B	7.41 %	71.6 %
6	D	11.11 %	67.9 %
7	C	3.7 %	70.37 %
8	B	4.94 %	70.37 %
9	D	7.41 %	67.9 %
10	C	4.94 %	67.9 %
11	D	4.94 %	69.13 %
12	A	17.28 %	69.14 %
13	A	4.94 %	65.43 %
14	B	8.64 %	67.9 %
15	D	0 %	100 %
16	D	7.41 %	66.66 %

प्रश्न संख्या	उत्तर	सही उत्तर	छोड़ दिया
17	D	3.7 %	71.61 %
18	C	13.58 %	69.14 %
19	B	4.94 %	55.55 %
20	D	3.7 %	64.2 %
21	D	7.41 %	66.66 %
22	B	11.11 %	67.9 %
23	A	13.58 %	61.73 %
24	D	6.17 %	69.14 %
25	D	6.17 %	70.37 %
26	A	8.64 %	70.37 %
27	D	3.7 %	61.73 %
28	D	3.7 %	70.37 %
29	B	4.94 %	64.2 %
30	D	7.41 %	70.37 %
31	C	11.11 %	70.37 %
32	C	14.81 %	69.14 %

प्रश्न संख्या	उत्तर	सही उत्तर	छोड़ दिया
33	A	13.58 %	64.2 %
34	B	7.41 %	69.13 %
35	C	11.11 %	67.9 %
36	C	7.41 %	67.9 %
37	B	4.94 %	71.6 %
38	D	12.35 %	70.37 %
39	A	8.64 %	72.84 %
40	C	16.05 %	70.37 %
41	B	13.58 %	62.96 %
42	B	9.88 %	69.13 %
43	C	9.88 %	65.43 %
44	A	13.58 %	67.9 %
45	D	12.35 %	64.19 %
46	B	13.58 %	67.9 %
47	D	7.41 %	67.9 %
48	B	4.94 %	71.6 %

प्रश्न संख्या	उत्तर	सही उत्तर	छोड़ दिया
49	B	9.88 %	70.37 %
50	D	7.41 %	70.37 %
51	D	12.35 %	64.19 %
52	D	12.35 %	64.19 %
53	C	9.88 %	72.84 %
54	C	12.35 %	71.6 %
55	C	9.88 %	66.66 %
56	D	3.7 %	70.37 %
57	B	11.11 %	69.14 %
58	D	9.88 %	70.37 %
59	D	7.41 %	70.37 %
60	B	7.41 %	67.9 %
61	D	12.35 %	70.37 %
62	B	11.11 %	69.14 %
63	A	16.05 %	66.67 %
64	B	8.64 %	67.9 %

प्रश्न संख्या	उत्तर	सही उत्तर	छोड़ दिया
65	B	14.81 %	71.61 %
66	C	6.17 %	69.14 %
67	D	17.28 %	71.61 %
68	C	12.35 %	71.6 %
69	B	12.35 %	69.13 %
70	D	7.41 %	70.37 %
71	B	8.64 %	61.73 %
72	D	7.41 %	67.9 %
73	D	8.64 %	71.61 %
74	C	3.7 %	71.61 %
75	D	12.35 %	71.6 %
76	B	14.81 %	67.91 %
77	B	11.11 %	71.61 %
78	A	14.81 %	69.14 %
79	C	12.35 %	61.72 %
80	A	8.64 %	66.67 %

प्रश्न संख्या	उत्तर	सही उत्तर	छोड़ दिया
81	C	18.52 %	62.96 %
82	D	9.88 %	67.9 %
83	D	14.81 %	69.14 %
84	C	14.81 %	69.14 %
85	A	9.88 %	71.6 %
86	D	12.35 %	70.37 %
87	C	13.58 %	71.61 %
88	A	4.94 %	70.37 %
89	C	12.35 %	72.84 %
90	C	13.58 %	69.14 %
91	C	4.94 %	71.6 %
92	B	8.64 %	70.37 %
93	B	16.05 %	66.67 %
94	D	11.11 %	71.61 %
95	B	13.58 %	67.9 %
96	C	6.17 %	67.9 %
97	D	4.94 %	72.84 %
98	D	11.11 %	69.14 %
99	A	19.75 %	67.9 %
100	C	14.81 %	67.91 %
101	D	14.81 %	67.91 %
102	D	7.41 %	70.37 %
103	A	7.41 %	69.13 %
104	C	7.41 %	67.9 %
105	D	13.58 %	70.37 %
106	B	16.05 %	70.37 %
107	B	12.35 %	65.43 %
108	C	18.52 %	70.37 %
109	D	8.64 %	65.43 %
110	D	8.64 %	69.14 %
111	B	7.41 %	64.19 %
112	A	8.64 %	67.9 %
113	B	14.81 %	65.44 %
114	A	9.88 %	69.13 %
115	B	4.94 %	70.37 %
116	C	14.81 %	69.14 %
117	C	27.16 %	62.96 %
118	D	4.94 %	69.13 %
119	B	13.58 %	64.2 %
120	A	12.35 %	67.9 %
121	B	2.47 %	64.2 %
122	B	6.17 %	71.61 %
123	A	7.41 %	65.43 %
124	C	6.17 %	67.9 %
125	B	13.58 %	70.37 %
126	B	4.94 %	70.37 %
127	D	20.99 %	60.49 %
128	D	14.81 %	70.38 %
129	C	8.64 %	62.96 %
130	A	13.58 %	70.37 %
131	A	6.17 %	62.97 %
132	D	22.22 %	65.43 %
133	B	4.94 %	67.9 %
134	A	11.11 %	71.61 %
135	C	27.16 %	64.2 %
136	B	9.88 %	67.9 %
137	C	14.81 %	62.97 %
138	B	17.28 %	69.14 %
139	D	4.94 %	70.37 %
140	B	25.93 %	62.96 %

कार्य विश्लेषण	
औसत अंक (%)	7.86%
टॉपर्स स्कोर (%)	46.43%
आपका स्कोर	

//संकेत और समाधान//

1. केंद्रीय औद्योगिक सुरक्षा बल (CISF) - स्थापना दिवस (CRD) भारत में हर साल 10 मार्च को मनाया जाता है। 2021 में, राष्ट्र CISF का 52 वां स्थापना दिवस मना रहा है।

अतः विकल्प (D) सही है।

2. महामदौ इस्सौफौ, नाइजर के राष्ट्रपति ने "2020 इब्राहिम पुरस्कार के लिए अफ्रीकी नेतृत्व में उपलब्धि हासिल की", जो दुनिया का सबसे बड़ा नेतृत्व पुरस्कार है, जिसकी कीमत 5 मिलियन डॉलर है।

अतः विकल्प (B) सही है।

3. चीन और रूस की अंतरिक्ष एजेंसियों ने संयुक्त रूप से एक चंद्र अंतरिक्ष स्टेशन का निर्माण करने के लिए अपनी राष्ट्रीय सरकारों की ओर से एक समझौता ज्ञापन (एमओयू) पर हस्ताक्षर किए हैं जो सभी देशों के लिए खुला होगा।

अतः विकल्प (D) सही है।

4. भारत के नियंत्रक और महालेखा परीक्षक (CAG) गिरीश चंद्र मुर्मू को वर्ष 2021 के लिए संयुक्त राष्ट्र के बाहरी लेखा परीक्षकों के पैनल के अध्यक्ष के रूप में फिर से नियुक्त किया गया है।

अतः विकल्प (A) सही है।

5. मराठी मंच और फिल्म अभिनेता श्रीकांत मोघे का आयु संबंधी बीमारियों से पीड़ित होने के बाद पुणे में निधन हो गया है।

अतः विकल्प (B) सही है।

6. टीम इंडिया के प्रमुख ऑफ़ स्पिनर रविचंद्रन अश्विन को फरवरी 2021 के लिए ICC मेन्स प्लेयर ऑफ़ द मंथ के रूप में नामित किया गया है।

अतः विकल्प (D) सही है।

7. इलेक्ट्रॉनिक्स और सूचना प्रौद्योगिकी मंत्रालय (MeitY) ने "डिजिटल भुगतान स्कोरकार्ड" की सूची जारी की है। सूची में भारतीय स्टेट बैंक (SBI) ने लगातार तीसरे महीने टॉप किया है।

अतः विकल्प (C) सही है।

8. राष्ट्रपति राम नाथ कोविंद ने सोमवार को राष्ट्रपति भवन में पूर्व पुडुचेरी के उपराज्यपाल किरण बेदी को सम्मान का एक पत्र और प्रशंसा पत्र प्रदान किया। प्रशंसा पत्र ने पुदुचेरी में बेदी की सेवा को मान्यता दी।

अतः विकल्प (B) सही है।

9. इंटरनेशनल फेडरेशन ऑफ फिल्म आर्काइव्स (FIAF) और दुनिया भर के फिल्म अभिलेखागार और संग्रहालयों के विश्वव्यापी संगठन 19 मार्च, 2021 को एक आभासी प्रदर्शन में अमिताभ बच्चन को प्रतिष्ठित 2021 FIAF पुरस्कार प्रदान किया।

अतः विकल्प (D) सही है।

10. भारतीय रिज़र्व बैंक ने आईडीबीआई बैंक को अपने संवर्धित विनियामक पर्यवेक्षण या प्रॉम्प्ट करेक्टिव एक्शन (PCA) ढांचे से हटा दिया है।

अतः विकल्प (C) सही है।

11. अभिनेत्री दीपिका पादुकोण विश्व आर्थिक मंच द्वारा संकलित यंग ग्लोबल लीडर्स (YGLs) की सूची में शामिल हो गई हैं।

अतः विकल्प (D) सही है।

12. भारत - उज्बेकिस्तान संयुक्त सैन्य अभ्यास डस्टलिक- II ने उत्तराखंड में विदेशी प्रशिक्षण नोड चौबटिया, रानीखेत में शुरू किया है।

अतः विकल्प (A) सही है।

13. महिला वर्ग में, इंग्लैंड की टैमी ब्यूमोंट को फरवरी के लिए ICC महिला खिलाड़ी का महीना घोषित किया गया है।

अतः विकल्प (A) सही है।

14. NASA-ISRO SAR (NISAR) पृथ्वी अवलोकन के लिए दोहरी आवृत्ति L और S- बैंड SAR के लिए एक संयुक्त सहयोग है। निसार पहला उपग्रह मिशन होगा जो हमारे ग्रह की सतह में एक सेंटीमीटर से कम के परिवर्तनों को मापने के लिए दो अलग-अलग रडार आवृत्तियों (L-बैंड और S-बैंड) का उपयोग करेगा।

अतः विकल्प (B) सही है।

15. एक्सिस बैंक ने ब्रांड वियर 'एन' पे के तहत पहनने योग्य संपर्क रहित भुगतान उपकरणों की एक श्रृंखला शुरू की है।

अतः विकल्प (D) सही है।

16. केंद्रीय वित्त और कॉर्पोरेट मामलों के मंत्री निर्मला सीतारमण ने इतालवी राष्ट्रपति पद के तहत पहले G20 वित्त मंत्रियों और केंद्रीय बैंक गवर्नर (FMCBG) की बैठक में भाग लिया।

अतः विकल्प (D) सही है।

17. भारत में, 27 फरवरी को राष्ट्रीय प्रोटीन दिवस के रूप में मनाया जाता है, ताकि प्रोटीन की कमी के बारे में जागरूकता पैदा की जा सके और लोगों को अपने भोजन में इस प्रमुख पोषक तत्व को शामिल करने के लिए प्रोत्साहित किया जा सके। इस दिन को राष्ट्रीय स्तर की सार्वजनिक स्वास्थ्य पहल 'राइट टू प्रोटीन' द्वारा लॉन्च किया गया था।

अतः विकल्प (D) सही है।

18. लोगों के दैनिक जीवन में विज्ञान के महत्व के बारे में संदेश फैलाने के लिए भारत में प्रत्येक वर्ष 28 फरवरी को राष्ट्रीय विज्ञान दिवस मनाया जाता है।

अतः विकल्प (C) सही है।

19. दुर्लभ रोग दिवस हर वर्ष फरवरी के अंतिम दिन मनाया जाता है। इस वर्ष 2021 में यह 28 फरवरी, 2021 को पड़ता है।

अतः विकल्प (B) सही है।

20. आगामी 2021 G20 शिखर सम्मेलन, ग्रुप ऑफ़ ट्वेंटी की 16वीं बैठक, 30-31 अक्टूबर 2021 को रोम, इटली में होने वाली है।

अतः विकल्प (D) सही है।

21. नरेंद्र सिंह तोमर ने इस आयोजन का उद्घाटन करते हुए कहा कि ग्रामीण विकास मंत्रालय स्व-सहायता समूहों (SHGs) के तहत अधिक महिलाओं को शामिल करने के लिए काम कर रहा है।

अतः विकल्प (D) सही है।

22. भारत के प्रधान मंत्री, नरेन्द्र मोदी, मार्च 2021 में होने वाले एक वार्षिक अंतर्राष्ट्रीय ऊर्जा सम्मेलन में "CERAWeek वैश्विक ऊर्जा और पर्यावरण नेतृत्व पुरस्कार" प्राप्त करने के लिए पूरी तरह तैयार हैं।

अतः विकल्प (B) सही है।

23. 28 फरवरी को भारत के ध्रुवीय रॉकेट ने अंतरिक्ष एजेंसी इसरो के लिए वर्ष के पहले मिशन में ब्राजील के अमेजोनिया -1 और यहां के अंतरिक्ष यान से 18 अन्य उपग्रहों का सफलतापूर्वक लॉन्च किया।

अतः विकल्प (A) सही है।

24. ऑल इंडिया फुटबॉल फेडरेशन ओडिशा को आगामी हीरो इंडियन वीमेन लीग 2020-21 संस्करण के लिए स्थल के रूप में पुष्टि करता है।

अतः विकल्प (D) सही है।

25. अनिंद्य दत्ता, एक बैंकर से लेखक बनीं, "एडवांटेज इंडिया: द स्टोरी ऑफ इंडियन टेनिस" नामक एक नई पुस्तक, जिसे भारतीय टेनिस की एक रचना है।

अतः विकल्प (D) सही है।

26. राष्ट्रीय प्रोटीन दिवस 27 फरवरी को पूरे भारत में मनाया जाता है ताकि प्रोटीन के महत्व और स्वास्थ्य लाभों के बारे में जागरूकता पैदा की जा सके।

राष्ट्रीय प्रोटीन दिवस 2021 का विषय 'पावरिंग विद प्लांट प्रोटीन' है।

विषय का लक्ष्य प्रोटीन के संयंत्र-आधारित स्रोतों पर ध्यान केंद्रित करना है - जैसे कि सुलभ, सस्ती, स्वीकार्य और बहुमुखी प्रोटीन स्रोत जिन्हें अक्सर किसी देश में अनदेखा किया जाता है।

अतः विकल्प (A) सही है।

27. भारतीय रिजर्व बैंक ने सूचित किया है कि उसने भारतीय रिज़र्व बैंक अधिनियम, 1934 की दूसरी अनुसूची में फिनो पेमेंट्स बैंक को शामिल किया है।

अतः विकल्प (D) सही है।

28. त्रिपुरा में, "एक त्रिपुरा, श्रेष्ठ त्रिपुरा" विषय के साथ 39 वें अगरतला अंतर्राष्ट्रीय पुस्तक मेले की शुरुआत हुई है।

अतः विकल्प (D) सही है।

29. भारत में अनुसूचित वाणिज्यिक बैंकों को उनके स्वामित्व और / या संचालन की प्रकृति के अनुसार पांच अलग-अलग समूहों में वर्गीकृत किया गया है। ये बैंक समूह भारतीय स्टेट बैंक और उसके सहयोगी, राष्ट्रीयकृत बैंक, क्षेत्रीय ग्रामीण बैंक, विदेशी बैंक और अन्य भारतीय अनुसूचित वाणिज्यिक बैंक (निजी क्षेत्र में) हैं।

अतः विकल्प (B) सही है।

30. इस वर्ष के राष्ट्रीय विज्ञान दिवस का विषय 'फ्यूचर ऑफ़ एसटीआई: इम्पैक्ट ऑन एजुकेशन स्किल्स एंड वर्क' है।

अतः विकल्प (D) सही है।

31.

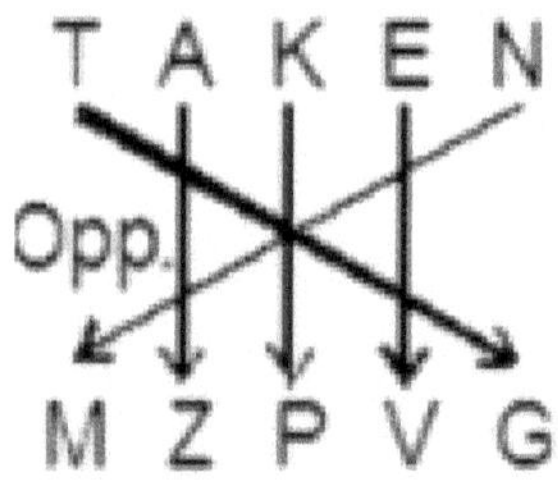

इसी प्रकार,

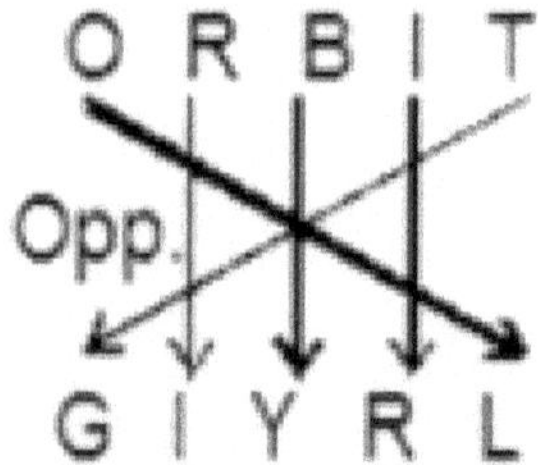

अतः विकल्प (C) सही है।

32. दी गई श्रृंखला का क्रम निम्न प्रकार है -

S Y D N E Y

-1 -1 -1 +1 +1 +1

R X C O F Z

इसी प्रकार,

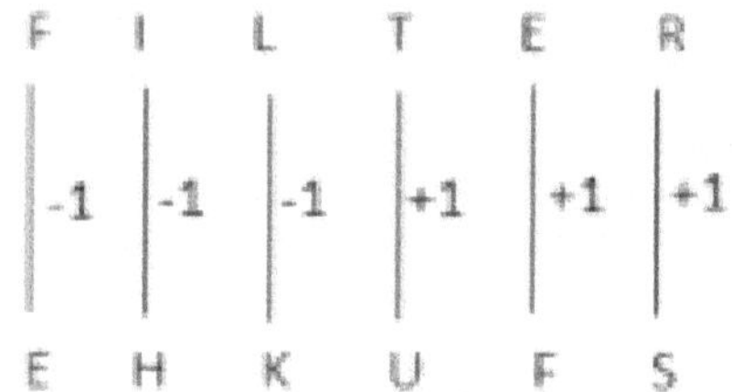

अतः विकल्प (C) सही है।

33.

M O T H E R

+3 +2 +3 +2 +3 +2

P Q W J H T

इसी प्रकार,

S I S T E R

+3 +2 +3 +2 +3 +2

V K V V H T

अतः विकल्प (A) सही है।

34.

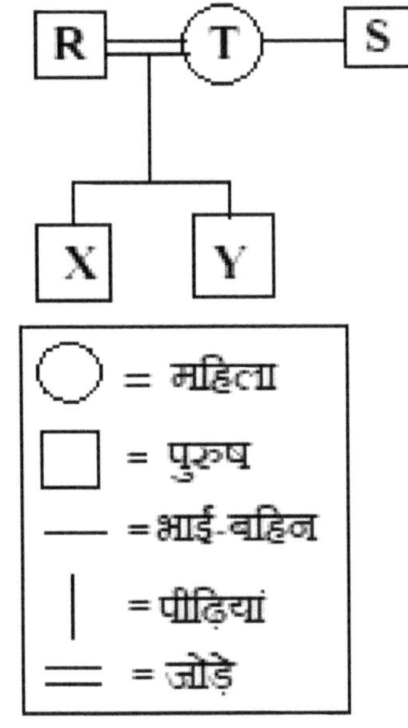

अतः विकल्प (B) सही है।

35.

D+
C−
A+ – B
E+

(+) = पुरुष
(-) = महिला

अतः विकल्प (C) सही है।

36.

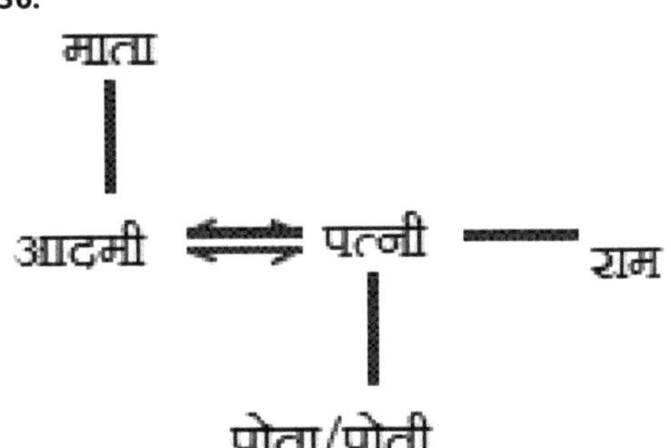

अतः विकल्प (C) सही है।

37. 16 + 31 ÷ 3 × 93 – 11 = 966

⇒ 16 + 31 × 31 -11 = 966

⇒ 16 + 961 -11 = 966

⇒ 961 + 5 = 966

⇒ 966 = 966

अतः विकल्प (B) सही है।

38. यहाँ पैटर्न इस प्रकार है: क्रम से आगे वाली संख्याओं को परिणाम प्राप्त करने के लिए गुणा किया जाता है

4 × 5 = 5 × 6 = 30

5 × 6 = 6 × 7 = 42

6 × 7 = 7 × 8 = 56

4 × 7 = 5 × 8 = 40

अतः विकल्प (D) सही है।

39. $(2)^{\#}*4=2$

⇒ $2^3÷4=2$

⇒ 8÷4=2

$(4)^{\#}*4=16$

⇒ 43÷4=16

⇒ 64÷4=16

$(6)^{\#}*A=18$

⇒ $6^3÷A=18$

⇒ $\frac{216}{A} = 18$

∴ $A = \frac{216}{18} = 12$

अतः विकल्प (A) सही है।

40. $25 = (5)^2, (36) = 6^2$

$144 = (12)^2, 169 = (13)^2$

$100 = (10)^2, 121 = (11)^2$

परंतु,

$49 = (7)^2, 125 = (5)^3$

अतः विकल्प (C) सही है।

41. $(25)^2 + 1 = 626$

$(31)^2 + 1 = 962$

$(33)^2 + 1 = 1090$

लेकिन

$(29)^2 = 841$

अतः विकल्प (B) सही है।

42. पैटर्न निम्नानुसार है: -

5+1+2+3=11

7+1+3+2=13

1+4+6+3=14

परंतु,

6+9+3+4=22≠23

अतः विकल्प (B) सही है।

43. समूह (18, 27, 45) सभी संख्याएँ 9 से विभाज्य हैं।

अतः विकल्प (C) सही है।

44. अंतिम व्यवस्था इस प्रकार है:

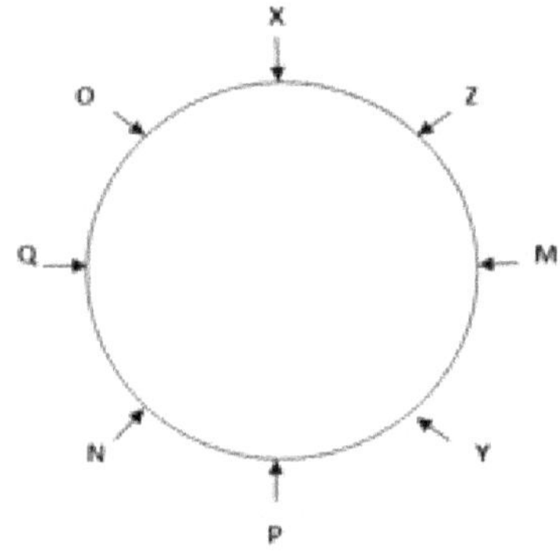

अतः विकल्प (A) सही है।

45.

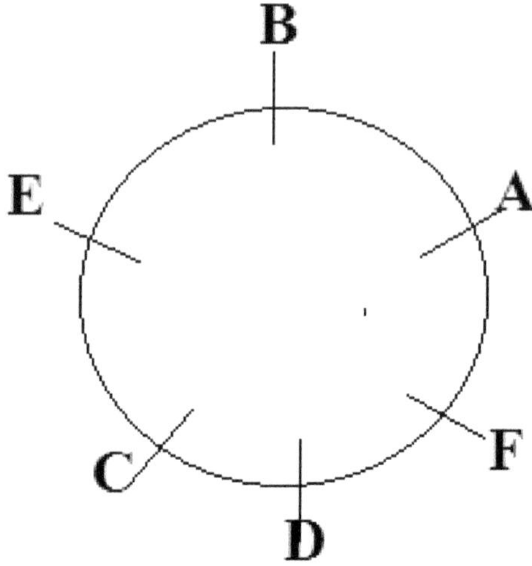

स्पष्ट रूप से, B और F, A के पड़ोसी हैं।

अतः विकल्प (D) सही है।

46. माना की सात साल पहले, मनीष और राज की आयु क्रमशः $5x$ और $4x$ साल थी

फिर,

$\frac{5x+7+5}{4x+7+5} = \frac{9}{8}$

$\Rightarrow 8(5x + 12) = 9(4x + 12)$

$\Rightarrow 40x + 96 = 36x + 108$

$\Rightarrow x = 3$

इसलिए, राज की वर्तमान आयु

$= 4x + 7 = 4 \times 3 + 7 = 19$ वर्ष

अतः विकल्प (B) सही है।

47. माना आवश्यक संख्या x

$\frac{7+x}{11+x} = \frac{3}{4}$

$\Rightarrow 28 + 4x = 33 + 3x$

$\Rightarrow x = 33 - 28 = 5$

अतः विकल्प (D) सही है।

48. 750 लड़कों की कुल आयु $= 750 \times 15.4 = 11550$
700 लड़कों की कुल आयु $= 700 \times 15.3 = 10710$
50 लड़कों की औसत आयु $= \frac{11550-10710}{50} = 16.8$ वर्ष
अतः विकल्प (B) सही है।

49. सात के पहले पाँच गुणक है

7,14,21,28,35

7 के पहले पांच गुणकों का औसत

$= \frac{7(1+2+3+4+5)}{5}$

$= 21$

अतः विकल्प (B) सही है।

50. माना वह राशि $= P$

साधारण ब्याज $= \frac{P \times R \times T}{100}$

$\Rightarrow 10800 = \frac{P \times 4 \times 12.5}{100}$

$\Rightarrow \frac{P \times 50}{100} = 10800$

$\therefore P = 21600$ रुपये

अतः विकल्प (D) सही है।

51. माना राशि $= 100x$

$\Rightarrow 20x - 15x = 42$

$\therefore x = \frac{42}{5}$

$\therefore 100x = \frac{42}{5} \times 100$

$= 840$ रू.

अतः विकल्प (D) सही है।

52. $1^3 = 1$

$2^2 = 4$

$3^3 = 27$

$4^2 = 16$

$5^3 = 125$

$6^2 = 36$

$7^3 = 343$

अतः विकल्प (D) सही है।

53. प्रत्येक दो पदों के बीच का अंतर पिछले से दोगुना है।

25 – 21 = 4

33 – 25 = 8

49 – 33 = 16

81 – 49 = 32

तो अगला पद 81 + 64 = 145 होगा

अतः विकल्प (C) सही है।

54. दी गई श्रृंखला में, निम्नलिखित पैटर्न का पालन किया जाता है:

$7 \times 1 + 1 = 8$

$8 \times 2 + 2 = 18$

$18 \times 3 + 3 = 57$

$57 \times 4 + 4 = 232$

$232 \times 5 + 5 = 1165$

अतः विकल्प (C) सही है।

55. एपॉक्सी रेजिन का उपयोग चिपकाने, प्लास्टिक, पेंट, कोटिंग्स, प्राइमर और सीलर्स, फर्श और अन्य उत्पादों और सामग्रियों के निर्माण में किया जाता है जो भवन और निर्माण अनुप्रयोगों में उपयोग किए जाते हैं।

अतः विकल्प (C) सही है।

56. बंजारा एक घुम्मकड़ जनजाति है। इनकी जनसंख्या 2011 की जनगणना के अनुसार 487 है, जो राज्य की जनजातीय जनसंख्या का 0.01 प्रतिशत है। ये झारखंड के लगभग सभी क्षेत्रों में देखे जाते हैं, लेकिन इनका मुख्य सकेन्द्रण स्थल संथाल परगना प्रमंडल के राजमहल और दुमका क्षेत्र में है। 1956 ई . में इन्हें अनुसूचित जनजाति की श्रेणी में शामिल किया गया। ये अपनी भाषा को 'लम्बाड़ी' कहते हैं। ये चार समूहों चौहान, पवार, राठौर और उर्वा में विभाजित हैं। बंजारा समाज में वैसे तो गोत्र नहीं पाया जाता है, किन्तु कुछ लोग अपने को 'कश्यप' गोत्र बतलाते हैं। राय की उपाधि इनमें काफी प्रचलित है। सगाई के समय कन्या पक्ष के द्वारा वर पक्ष को कुछ बैल या नगद 140 रुपये दिए जाते हैं। इनमें वधू - मूल्य (हरजी) का रिवाज है। इसमें नगद एवं सामान दिया जाता है। इनमें विधवा विवाह का प्रचलन है जिसे 'नियोग' कहा जाता है। नरसिंहा , ठपरा, चिंकारा, ढोल आदि इनके मुख्य वाद्य - यंत्र हैं। ये 'आल्हा – उदल' को अपना वीर पुरुष मानते हैं और इनकी लोक गाथा बहुत लोकप्रिय है। इनके गीतों में पृथ्वीराज चौहान का उल्लेख प्रायः मिलता है। इनका अत्यन्त प्रचलित लोक नृत्य 'दंड - खेलना' है। इनकी अराध्या बंजारी देवी है।

अतः विकल्प (D) सही है।

57. किसी एक या एक से अधिक अकार्बनिक यौगिकों से उत्पादित अम्लों को खनिज अम्ल (mineral acid) या 'अकार्बनिक अम्ल' (inorganic acid) कहते हैं।

- नाइट्रिक अम्ल एक खनिज अम्ल है।
- खनिज अम्ल अति अम्ल से लेकर बहुत कमजोर अम्ल तक होते हैं।
- वे पानी में बहुत घुलनशील हैं और कार्बनिक विलयन में अघुलनशील हैं।
- उनका उपयोग प्रत्यक्ष रुप से उनके संक्षारक गुणों के लिए भी किया जाता है।

अतः विकल्प (B) सही है।

58. भारत में 18 बॉयोस्फीयर रिज़र्व क्षेत्र हैं जिनका उद्देश्य संरक्षित क्षेत्र की वनस्पतियों और जीवों की रक्षा करना है। वे उन मानव समुदायों और उनके जीवन प्रणाली की भी रक्षा करते हैं जो इन क्षेत्रों में रहते हैं। भारत सरकार द्वारा 1986 से बायोस्फीयर रिजर्व नामक योजना कार्यान्वित की जा रही है।

पन्ना राष्ट्रीय उद्यान को 2020 में भारत से 12 वें बायोस्फीयर रिजर्व के रूप में यूनेस्को के विश्व नेटवर्क ऑफ बायोस्फीयर रिजर्व में जोड़ा गया था।

अतः विकल्प (D) सही है।

59. किसी अर्थव्यवस्था का सकल राष्ट्रीय उत्पाद(GNP) उसके जीडीपी में विदेशों से होने वाली आय को जोड़कर हासिल होता है। इसमें देश की सीमा से बाहर रहने वाली आर्थिक गतिविधियों को भी शामिल किया जाता है। विदेश से होने वाली आय में निम्नांकित पहलू शामिल है:

निजी प्रेषण: भारत के नागरिक दुनिया के दूसरे देशों में काम करते हैं और दुनिया के दूसरे देशों के नागरिक भारत में भी काम करते हैं इन लोगों के निजी लेनदेन से जो आय होती है उसे प्रेषण से होने वाली आय कहते हैं। भारत इस मामले में हमेशा से फायदे में रहा। विश्व बैंक की रिपोर्ट के अनुसार वर्ष 2020 में भी भारत निजी प्रेषण के मामले में विश्व का अग्रणी देश रहा है।

विदेशी ऋण का ब्याज: यह विदेशी ऋण के ब्याज की राशि के अंतः प्रवाह एवं बहिर्प्रवाह का परिणाम है। भारत की इससे होने वाली आय ऋणात्मक है, क्योंकि इसके द्वारा लिया गया विदेशी कर्ज इसके द्वारा दिए गए ऐसे कर्ज से अधिक है।

विदेशी अनुदान: इसके अंतर्गत भारत द्वारा प्राप्त किए गए एवं दूसरे देशों को दिए गए अनुदान को शामिल किया जाता है निम्न ही सही लेकिन भारत को अन्य देशों से अनुदान की प्राप्ति होती है।

हालांकि इन तीनों अलग-अलग मदों से होने वाली आय धनात्मक या ऋणात्मक हो सकती है। भारत के लिए मामले में यह हमेशा नुकसान वाली स्थिति में होती है, क्योंकि भारत पर काफी ज्यादा विदेशी कर्ज है और अनुदान की प्राप्ति घटती गई है। इसका अर्थ यह है कि भारत के जीएनपी को आकलित करने के लिए जीडीपी में विदेशों से होने वाली आय जुड़ने के बजाए घटेगी।

अतः विकल्प (D) सही है।

60.

सूची-I	सूची-II
a.अवश्रव्य तरंगे	3. 20 हर्ट्ज़ से कम आवृत्ति
b. पराश्रव्य तरंगे	1. 20,000 हर्ट्ज़ से अधिक आवृत्ति
c. श्रव्य तरंगे	2. 20 हर्ट्ज़ से 20,000 हर्ट्ज़ के बीच आवृत्ति

अतः विकल्प (B) सही है।

61. पारिस्थितिकी तंत्र उपरोक्त सभी कार्य करता है। पारिस्थितिकी तंत्र पारिस्थितिकी की संरचनात्मक और कार्यात्मक इकाई है जहां जीव-जंतु एक-दूसरे और आसपास के वातावरण के साथ अंतःक्रिया करते हैं। उपरोक्त के अलावा, पारिस्थितिकी तंत्र निम्नलिखित कार्य भी करता है - यह जीवमंडल के माध्यम से खनिजों को चक्रित करता है; और अजैविक घटक कार्बनिक घटकों के संश्लेषण में सहायता करते हैं जिसमें ऊर्जा का आदान-प्रदान शामिल है।

अतः विकल्प (D) सही है।

62. गुआ जलप्रपात चतरा जिले में अवस्थित है ।

रांची में हुंडरू जलप्रपात, गौतम धारा जलप्रपात, टोटी जलप्रपात प्रमुख जलप्रपात हैं।

अतः विकल्प (B) सही है ।

63.

- जीरोफथलमिया (शुष्काक्षिपाक) को रोकने के लिए रेटिनॉल की आवश्यकता होती है।
- जीरोफथलमिया एक चिकित्सा स्थिति है जिसमें आँख आँसू उत्पन्न करने में विफल रहती है।
- रेटिनॉल सामान्य दृष्टि, प्रतिरक्षा प्रणाली और प्रजनन के लिए महत्वपूर्ण है।

अतः विकल्प (A) सही है।

64. "सिल्वर नाइट्रेट" रासायनिक यौगिक "लूनर कास्टिक" का रासायनिक नाम है। सिल्वर नाइट्रेट कास्टिक रासायनिक यौगिक है। यह रोगाणुरोधक (एंटीसेप्टिक) के रूप में, अन्य प्रकार के लवण की औद्योगिक स्तर पर निर्माण में और विश्लेषणात्मक रसायन विज्ञान में एक अभिकर्मक के रूप में महत्वपूर्ण है। इसका रासायनिक सूत्र AgNO3 है। इसके बहुत पतले घोल कसैले और क्षीण रोगाणुरोधक हैं।

अतः विकल्प (B) सही है।

65.

- संयोजकता परमाणुओं या अणुओं की संयोजन क्षमता की माप है। यह किसी एक तत्त्व के परमाणुओं की दूसरे तत्व के परमाणुओं से संयोजन करने की क्षमता है।
- ऑक्सीकरण एक ऐसी प्रक्रिया है जिसमें तत्त्व की संयोजकता बढ़ने पर इलेक्ट्रॉनों की संख्या में कमी आती है।
- अपचयन एक ऐसी प्रक्रिया है जिसमे इलेक्ट्रॉनों की संख्या में वृद्धि के साथ तत्त्व की संयोजकता में कमी आ जाती है।
- ऑक्सीकरण अभिकर्मक वे पदार्थ हैं, जो किसी अन्य पदार्थ को आक्सीकृत कर सकते हैं। अपनी आक्सीकरण की क्षमता के कारण ये अन्य पदार्थों के इलेक्ट्रानो को खीच कर ग्रहण कर लेते हैं।
- अपचायक ऐसे रासायनिक तत्व या रासायनिक यौगिक को कहते हैं जो रासायनिक अभिक्रिया में एक या एक से अधिक इलेक्ट्रॉन किसी अन्य रसायन को देता है।
- रेडॉक्स प्रतिक्रिया में दो अर्ध अभिक्रिया होती हैं, जिनमें से एक में इलेक्ट्रॉन या इलेक्ट्रॉनों (ऑक्सीकरण) की हानि होती है और दूसरे में इलेक्ट्रॉन या इलेक्ट्रॉनों (अपचयन) की संख्या में वृद्धि होती है।

अतः विकल्प (B) सही है।

66. मछली और झींगा नेक्टन के उदाहरण हैं। नेक्टन समुद्री जीवों का एक समूह है जिसमें शक्तिशाली तैराक होते हैं जो जल धाराओं को पार कर सकते हैं। न्यूसटन ऐसे जीव हैं जो वायु-जल के अंतरापृष्ठ पर रहते हैं, उदाहरण- तैरते हुए पौधे; प्लवक सूक्ष्म तैरने वाले जीव हैं जैसे कि शैवाल, डायटम, प्रोटोजोआ और लार्वा रूप और बेंथोस वे जीव हैं जो जल द्रव्यमान के तल पर जीवित पाए जाते हैं।

अतः विकल्प (C) सही है।

67. भूतापीय ऊर्जा पृथ्वी से निकलने वाली ऊष्मा है। यह साफ और दीर्घकालिक है। भूतापीय ऊर्जा के स्रोत उथले जमीन से गर्म पानी और गर्म चट्टान से पृथ्वी की सतह के नीचे कुछ मील की दूरी पर, और पिघली हुई चट्टानों के अत्यंत उच्च तापमान से भी अधिक गहराई पर पाए जाते हैं। इन्हें मैग्मा कहा जाता है।

अतः विकल्प (D) सही है।

68.

- रेनिन शिशुओं के जठराम्ल(आमाशय रस) में पाया जाने वाला एक प्रोटीयोलाइटिक एंजाइम है जो दूध और प्रोटीन के पाचन में मदद करता है।
- पेप्सिन एक पाचक एंजाइम है जो प्रोटीन्स को प्रोटीस और पेप्टोन में परिवर्तित करता है।
- ट्रिप्सिन एक पाचन एंजाइम भी है जो अग्राशयी रस में अन्य एंजाइमों को सक्रिय करता है।
- ट्रिप्सिन छोटी आंत में बनता है जबकि पेप्सिन और रेनिन पेट में।
- लाइपेस को गैस्ट्रिक ग्रंथियों द्वारा स्त्रावित किया जाता है और पाचन में पित्त रस द्वारा सक्रिय किया जाता है।

अतः विकल्प (C) सही है।

69.

	सूची I		सूची II
a.	विटामिन	2.	केरोटीन
b.	एंजाइम	1.	पेप्सिन
c.	हार्मोन	4.	टेस्टोस्टेरोन / प्रोजेस्टेरोन
d.	प्रोटीन	3.	कैरेटिन

अतः विकल्प (B) सही है।

70. भारतीय रिजर्व बैंक का प्रमुख कार्य यह मुद्रा जारी करना है यह बैंक ऑफ बैंकर्स है इसका मतलब है कि देश में सभी राष्ट्रीय और निजी बैंक के कामकाज का कार्यवाहक हैं और यह सरकार और तथाकथित के वित्तीय आदान-प्रदान

की देखरेख के लिए भी जिम्मेदार है। सरकार के बैंकर के रूप में भी कार्य करता है।

विकल्प (D) असत्य है क्योंकि RBI देश के सभी वित्तीय संस्थानों का प्रमुख नहीं है। यह केवल भारतीय बैंकिंग प्रणाली का प्रमुख है।

अतः विकल्प (D) सही है।

71. किम्बरली पठारमूल रूप से ऑस्ट्रेलिया के उत्तरी भाग में पाया जाता है।

दुनिया भर में पाए जाने वाले पठारों के महत्वपूर्ण नाम हैं:

1. तिब्बती पठार, जिसे दुनिया की छत के रूप में भी जाना जाता है। यह दुनिया का सबसे ऊंचा और सबसे बड़ा पठार है।

2. संयुक्त राज्य अमेरिका में कोलोराडो पठार।

3. भारत में पाया जाने वाला दक्कन का पठार। इसमें डेक्कन ट्रैप भी शामिल है जो पृथ्वी पर सबसे बड़ा ज्वालामुखीय विशेषता के रूप है।

4. कांगो में कटंगा का पठार जो तांबे के उत्पादन के लिए प्रसिद्ध है।

5. हिंद महासागर में पाया जाने वाला मस्कारीन पठार।

6. कनाडा में लॉरेंटियन पठार।

7. फ्रांस में मासिफ पठार।

8. चीन में लोयस पठार।

अतः विकल्प (B) सही है।

72. मिजोरम भारत के पूर्वोत्तर के सात राज्यों में से एक है। मिजोरम अपनी सीमाओं को अन्य उत्तर-पूर्वी राज्यों मणिपुर, त्रिपुरा, और असम, और पड़ोसी देशों बांग्लादेश और म्यांमार के साथ साझा करता है।

राज्य में उद्योग एक विशिष्ट स्थान-विशिष्ट लाभ का आनंद लेते हैं। म्यांमार और बांग्लादेश की सीमा पर, मिज़ोरम दक्षिण पूर्व एशियाई देशों के साथ अंतर्राष्ट्रीय व्यापार में संलग्न होने के लिए एक प्रवेश द्वार प्रदान करता है। पिछले दशक में सड़क, रेल और हवाई संपर्क में सुधार और पड़ोसी देशों के साथ व्यापार मार्गों की स्थापना के साथ व्यापार सुगमता को बढ़ाया गया है।

91.33% की साक्षरता दर के साथ, मिज़ोरम अत्यधिक साक्षरता प्रदान करता है। मिजोरम कार्यबल के लिए अंग्रेजी का ज्ञान एक अतिरिक्त लाभ है।

अतः विकल्प (D) सही है।

73. मीठे पानी में पानी होता है जिसमें 1,000 मिलीग्राम प्रति लीटर भंग ठोस होता है, जिसमें ज्यादातर नमक होता है। पृथ्वी पर उपलब्ध पानी का केवल 2.5% ताजे पानी (96.5 महासागरीय जल और 1% खारा पानी) है।

यह ध्यान दिया जाना चाहिए कि सभी ताजा सतह / अन्य ताजे पानी का 20% एक झील, बैकाल झील में है।

अतः विकल्प (D) सही है।

74. भूमध्य रेखा इंडोनेशिया के माध्यम से चलती है और सुमात्रा, कालीमंतन, सुलावेसी और मलूकु के द्वीप क्षेत्रों को विभाजित करती है।

अतः विकल्प (C) सही है।

75. तुंगभद्रा नदी कर्नाटक राज्य से निकलती है और अपने अधिकांश प्रवाह के दौरान यहाँ से बहती है, फिर तेलंगाना और आंध्र प्रदेश के बीच की सीमा के साथ, और अंत में कृष्णा में मिल जाती है।

कोयना नदी का उद्गम महाबलेश्वर, सतारा जिले, पश्चिमी महाराष्ट्र में होता है और कृष्णा नदी में बहती है।

मूसी नदी तेलंगाना से होकर बहती है और कृष्णा नदी की एक सहायक नदी है। यह ऐतिहासिक पुराने शहर और नए शहर को अलग करने वाले हैदराबाद शहर के लिए एक विभाजन के रूप में कार्य करता है।

साबारी नदी गोदावरी की एक बाएं तटवर्ती नदी है। यह 1370 मी. MSL में ओडिशा के सिंकराम पहाड़ी श्रृंखलाओं से उद्गमित होती है। इसे वैकल्पिक रूप से ओडिशा में कोलाब नाम से जाना जाता है।

अतः विकल्प (D) सही है।

76.

- उत्तर पूर्व क्षेत्र में सात बाघ अभयारण्य- असम में मानस, काज़ीरंगा और नामेरी, अरुणाचल प्रदेश में पक्के और नमदाफा, मिज़ोरम में डम्पा और पश्चिम बंगाल में बक्सा शामिल हैं।
- नमदाफा टाइगर रिजर्व खबरों में था।
- रॉयल बंगाल टाइगर के संरक्षण ने भारत के सबसे पूर्वी बाघ अभ्यारण्य में प्रवेश कर लिया है क्योंकि हाल ही में अरुणाचल प्रदेश में नमदाफा टाइगर रिजर्व के अधिकारियों ने 53 फ्रंटलाइन कर्मचारियों की सेवाएं बंद कर दी हैं।

अतः विकल्प (B) सही है।

77. द्वितीय पंचवर्षीय योजना सार्वजनिक क्षेत्र के विकास और "तेजी से औद्योगिकीकरण" पर केंद्रित है। 1953 में, भारतीय सांख्यिकीविद् प्रशांत चंद्र महालनोबिस द्वारा विकसित एक आर्थिक विकास मॉडल महालनोबिस मॉडल का अनुसरण करता है।

अतः विकल्प (B) सही है।

78. भारत की पहली फिल्म राजा हरिश्चंद्र का निर्माण 1913 में दादासाहेब फाल्के द्वारा किया गया था।

अतः विकल्प (A) सही है।

79. रघुनाथ राय चौधरी (जन्म 1942), जिन्हें रघु राय के नाम से जाना जाता है, एक भारतीय फोटोग्राफर और फोटो जर्नलिस्ट हैं। वह हेनरी कार्टियर-ब्रेसन का एक नायक था, जिसने 1977 में मैगनम फोटोज के लिए राय को नियुक्त किया था, फिर युवा फोटो जर्नलिस्ट थे।

अतः विकल्प (C) सही है।

80. मामल्ल शैली को महामल्ल युग में नरसिंह वर्मन प्रथम ने विकसित किया था जिसके अंतर्गत दो प्रकार के स्मारक थे, पहला मंडपम और एकाश्मिक स्मारक जिन्हें रथ कहा जाता था। इस शैली में निर्मित सभी स्मारक मामल्लपुरम (महाबलीपुरम) में ही स्थित हैं।

अतः विकल्प (A) सही है।

81. 8 अगस्त 1942 को बंबई में अखिल भारतीय कांग्रेस कमेटी के सत्र में, मोहनदास करमचंद गांधी ने 'भारत छोड़ो' आंदोलन शुरू किया। अगले दिन, गांधी, नेहरू और भारतीय राष्ट्रीय कांग्रेस के कई अन्य नेताओं को ब्रिटिश सरकार ने गिरफ्तार कर लिया।

अतः विकल्प (C) सही है।

82. लोकमान्य तिलक प्रमुख भारतीय स्वतंत्रता कार्यकर्ताओं में से एक थे। वह भारतीय स्वतंत्रता आंदोलन के पहले नेता थे। वह चरमपंथी आंदोलन के जनक थे। ब्रिटिश औपनिवेशिक अधिकारियों ने अपमानजनक रूप से उन्हें 'भारतीय अशांति का पिता' कहा।

अतः विकल्प (D) सही है।

83. भारत छोड़ो आंदोलन (1942) के दौरान भारत के एक हिस्से में समानांतर सरकार की स्थापना हुई, यानी, बलिया (चित्तू पांडे), तमलुक (बंगाल), सतारा (महाराष्ट्र) में। सतारा की समानांतर सरकार दूसरों की तुलना में लंबे समय तक चली।

अतः विकल्प (D) सही है।

84. पूना पैक्ट (1932): पूना पैक्ट अथवा पूना समझौता भीमराव आम्बेडकर एवं महात्मा गांधी के मध्य पुणे की यरवदा सेंट्रल जेल में 24 सितम्बर, 1932 को

हुआ था। अंग्रेज सरकार ने इस समझौते को सांप्रदायिक अधिनिर्णय (कॉम्युनल एवार्ड) में संशोधन के रूप में अनुमति प्रदान की।

भारत छोड़ो आंदोलन (1942): यह आन्दोलन, द्वितीय विश्वयुद्ध के समय 8 अगस्त 1942 को आरम्भ किया गया था। यह एक आन्दोलन था जिसका लक्ष्य भारत से ब्रिटिश साम्राज्य को समाप्त करना था। यह आंदोलन महात्मा गांधी द्वारा अखिल भारतीय कांग्रेस समिति के मुम्बई अधिवेशन में शुरू किया गया था।

शिमला सम्मेलन (1945): यह सम्मेलन 25 जून, 1945 ई. को हुआ था। यह शिमला में होने वाला एक सर्वदलीय सम्मेलन था, जिसमें कुल 22 प्रतिनिधियों ने हिस्सा लिया। इस सम्मेलन में भाग लेने वाले प्रमुख नेता थे- जवाहरलाल नेहरू, मुहम्मद अली जिन्ना, इस्माइल ख़ाँ, सरदार वल्लभ भाई पटेल, अबुल कलाम आज़ाद, ख़ान अब्दुल गफ़्फ़ार ख़ाँ, तारा सिंह आदि।

कैबिनेट मिशन (1946): वर्ष 1946 में ब्रिटेन के प्रधानमंत्री एटली ने भारत में एक तीन सदस्यीय उच्च-स्तरीय शिष्टमंडल भेजने की घोषणा की। इस शिष्टमंडल में ब्रिटिश कैबिनेट के तीन सदस्य- लार्ड पैथिक लारेंस (भारत सचिव), सर स्टेफर्ड क्रिप्स (व्यापार बोर्ड के अध्यक्ष) तथा ए.वी. अलेक्जेंडर (एडमिरैलिटी के प्रथम लार्ड या नौसेना मंत्री) थे। इस मिशन को विशिष्ट अधिकार दिये गये थे तथा इसका कार्य भारत को शांतिपूर्ण सत्ता हस्तांतरण के लिये, उपायों एवं संभावनाओं को तलाशना था। इस मिशन को कैबिनेट मिशन कहते है।

सही कालानुक्रमिक क्रम है: III, I, II, IV

अतः विकल्प (C) सही है।

85. आर्थिक मामलों का विभाग, भारत का वित्त मंत्रालय केंद्रीय बजट से ठीक पहले हर वर्ष संसद में आर्थिक सर्वेक्षण प्रस्तुत करता है। यह मुख्य आर्थिक सलाहकार, वित्त मंत्रालय के मार्गदर्शन में तैयार किया जाता है। यह देश के वार्षिक आर्थिक विकास पर मंत्रालय का दृष्टिकोण होता है।

अतः विकल्प (A) सही है।

86. आयकर अपने विभिन्न कार्यों के वित्तपोषण के उद्देश्य से सरकार द्वारा किसी व्यक्ति / संगठन / व्यवसाय की आय पर प्रत्यक्ष रूप से लगाया जाने वाला कर है। भारत में आयकर केंद्र सरकार द्वारा संग्रहित किया जाता है।

अतः विकल्प (D) सही है।

87. आल्प्स यूरोप में सबसे युवा और उच्चतम पर्वत प्रणाली है। वे महाद्वीप के पश्चिमी और दक्षिणी हिस्सों को एक विस्तृत चाप में फैलाते हैं। पर्वत श्रृंखला भूमध्य सागर के पास फ्रांस और इटली के बीच की सीमा से शुरू होती है। इसके बाद यह उत्तरी इटली, स्विट्जरलैंड लिकटेंस्टीन, दक्षिणी जर्मनी, ऑस्ट्रिया और स्लोवेनिया के माध्यम से उत्तर और पूर्व की ओर घटता है।

आल्प्स लगभग 1,000 किमी लंबा है, जो 260 किमी से अधिक चौड़े हिस्से में फैला हुआ है। उच्चतम शिखर, मोंट ब्लांक, फ्रांस, इटली और स्विट्जरलैंड के बीच की सीमा पर स्थित है, समुद्र तल से 4807 मीटर ऊपर है। अन्य प्रसिद्ध चोटियों में मोंटे रोजा, मैटरहॉर्न, ग्रॉसग्लकनर और जुगस्पिट्ज़ हैं।

अतः विकल्प (C) सही है।

88. पश्चिमी विक्षोभ के कारण पंजाब में वर्षा होती है। पश्चिमी विक्षोभ अतिरिक्त-उष्णकटिबंधीय तूफान हैं जो भूमध्य सागर पर उत्पन्न होते हैं और पूर्व की ओर बहते हैं। भारत में, पश्चिमी विक्षोभ पंजाब, हरियाणा और पश्चिमी उत्तर प्रदेश जैसे राज्यों में शीतकालीन वर्षा लाता है।

अतः विकल्प (A) सही है।

89. खाद्यान्न में अनाज और दाल शामिल हैं। चावल, गेहूं, ज्वार, बाजरा, मक्का आदि अनाज में शामिल हैं जबकि चना, मूंग, मसूर, अरहर, आदि दालें में शामिल हैं।

अतः विकल्प (C) सही है।

90. यह एक स्लैश है और कृषि को जलाता है। किसान अपने परिवारों को बनाए रखने के लिए भूमि का एक टुकड़ा साफ करते हैं और अनाज और अन्य खाद्य फसलों का उत्पादन करते हैं। जब मिट्टी की उर्वरता कम हो जाती है, तो किसान खेती के लिए भूमि के एक नए पैच को स्थानांतरित कर देते हैं। इस प्रकार की स्थानांतरण प्रकृति को प्राकृतिक प्रक्रियाओं के माध्यम से मिट्टी की उर्वरता को फिर से भरने की अनुमति देता है।

पूर्वोत्तर भारत के पहाड़ी इलाकों में, झूमिंग एक प्रमुख आर्थिक गतिविधि है। पहाड़ियों पर रहने वाले 86 प्रतिशत से अधिक लोग शिफ्टिंग खेती पर निर्भर हैं।

अतः विकल्प (C) सही है।

91. एशिया का पहला चावल प्रौद्योगिकी पार्क कर्नाटक सरकार द्वारा कोप्पल जिले के गंगावती में स्थापित किया जाएगा। इसके अलावा, मक्का प्रौद्योगिकी पार्क भी हवेरी जिले के रानीबेन्नूर में स्थापित किया जाएगा। पार्क चावल और मक्का उत्पादकों की समस्याओं को हल करने के लिए सार्वजनिक-निजी भागीदारी मॉडल पर आधारित होंगे। यह तुंगभद्रा कमांड क्षेत्र और कृष्णा कमांड क्षेत्र के धान की खेती में भी मदद करता है। इसके अतिरिक्त, प्रौद्योगिकी पार्क में चावल का आटा, चावल का रवा, चावल की भूसी का तेल, नूडल्स, चावल पर आधारित शराब, पशु और पोल्ट्री फीड, और बिजली उत्पादन और ईंट बनाने के लिए उपयोग किए जाने वाले धान की भूसी की सुविधाएं होंगी।

अतः विकल्प (C) सही है।

92. आंध्र प्रदेश भारत में मिर्च का सबसे बड़ा उत्पादक है और मिर्च के तहत कुल क्षेत्र में लगभग 26% का योगदान देता है, इसके बाद महाराष्ट्र (15%), कर्नाटक (11%), उड़ीसा (11%), मध्य प्रदेश (7%), और अन्य राज्य मिर्च के अंतर्गत कुल क्षेत्रफल में लगभग 22% का योगदान करते हैं।

अतः विकल्प (B) सही है।

93. यह 1 अप्रैल 1937 को ब्रिटिश शासन के दौरान आगरा और अवध के संयुक्त प्रांत के रूप में बनाया गया था और 1950 में उत्तर प्रदेश का नाम बदलकर इसे यूपी का नाम दिया गया था। राज्य को 18 मंडलों और 75 जिलों में विभाजित किया गया है, जिसमें राजधानी लखनऊ है।

अतः विकल्प (B) सही है।

94. राजीव रत्न गांधी का जन्म 20 अगस्त 1944 को बॉम्बे, बॉम्बे प्रेसीडेंसी, ब्रिटिश भारत में हुआ था।

अतः विकल्प (D) सही है।

95. 1947 में ब्रिटिश शासन से भारत की स्वतंत्रता के बाद, सरोजिनी नायडू को संयुक्त प्रांत (वर्तमान उत्तर प्रदेश) के राज्यपाल के रूप में नियुक्त किया गया, जिससे वह भारत की पहली महिला राज्यपाल बनीं। वह मार्च 1949 (वृद्ध 70) में अपनी मृत्यु तक पद पर बने रहे।

अतः विकल्प (B) सही है।

96. भारतीय उपमहाद्वीप के उत्तरी भाग में कई शक्तियाँ, जो ग्वालियर (अब मध्य प्रदेश में हैं) के सिंधिया, और नेपाल के गोरखाओं से लड़ी गईं, पहली बार बंगाल प्रांत के रूप में ज्ञात ब्रिटिश प्रांत के भीतर रखी गई थीं, लेकिन 1833 में उन्हें उत्तर-पश्चिमी बनाने के लिए अलग किया गया।

अतः विकल्प (C) सही है।

97. भारत कला भवन बनारस हिंदू विश्वविद्यालय, वाराणसी, भारत में स्थित एक विश्वविद्यालय संग्रहालय है।

अतः विकल्प (D) सही है।

98. उत्तर प्रदेश में आम का उत्पादन 2.5 लाख हेक्टेयर क्षेत्र में होता है। लखनऊ, प्रतापगढ़, इलाहाबाद, बुलंदशहर, सहारनपुर, फैजाबाद, वाराणसी, मुरादाबाद, बाराबंकी, मेरठ, उन्नाव, सीतापुर, हरदोई, गोरखपुर, बस्ती, जेपी नगर, मिर्जापुर और मथुरा राज्य में प्रमुख आम हैं।

अतः विकल्प (D) सही है।

99. लखीमपुर खीरी उत्तर प्रदेश में भारत का सबसे बड़ा जिला है, जो नेपाल की सीमा पर है। इसकी प्रशासनिक राजधानी लखीमपुर शहर है। लखीमपुर खीरी जिला लखनऊ मंडल का एक हिस्सा है, जिसका कुल क्षेत्रफल लगभग 7,680 वर्ग किलोमीटर (2,970 वर्ग किलोमीटर) है।

अतः विकल्प (A) सही है।

100. 26 जनवरी 1950 को, संयुक्त प्रांत के प्रमुख गोविंद बल्लभ पंत, नए नाम वाले उत्तर प्रदेश के पहले मुख्यमंत्री बने।

अतः विकल्प (C) सही है।

101. अथर्ववेद "अथर्ववेद को ज्ञान का भंडार" भी कहा जाता हैं , अथर्ववेद में दैनिक जीवन की सभी प्रक्रियाओं का वर्णन है।

इसको कभी-कभी" जादुई सूत्रों का वेद कहा जाता है। अथर्ववेद संहिता जादुई सूत्रों का मात्र संकलन है।

अतः विकल्प (D) सही है।

102. पाण्ड्य तीन प्राचीन तमिल राजवंशों में से एक थे (चोल और चेरा अन्य दो थे) जिन्होंने 15 वीं शताब्दी के अंत तक पूर्व-ऐतिहासिक समय से तमिल देश पर शासन किया था। उन्होंने शुरुआत में भारतीय प्रायद्वीप के सबसे दक्षिणी छोर पर एक बंदरगाह, कोरकाई से शासन किया, और बाद के वर्षों में मदुरै चले गए।

अतः विकल्प (D) सही है।

103. फोर्ट विलियम कॉलेज (जिसे फोर्ट विलियम का कॉलेज) भी कहा जाता है। ब्रिटिश भारत के तत्कालीन गवर्नर जनरल लॉर्ड वेलेजली द्वारा स्थापित ओरिएंटल अध्ययन का एक अकादमी और शिक्षा केंद्र था। ब्रिटिश ईस्ट इंडिया कंपनी के निदेशकों का न्यायालय कभी भी पक्ष में नहीं था। कोलकाता में प्रशिक्षण कॉलेज और इस तरह, हमेशा कॉलेज चलाने के लिए धन की कमी थी। इसके बाद, उद्देश्य के लिए एक अलग कॉलेज, हैलेबरी (इंग्लैंड) में ईस्ट इंडिया कंपनी कॉलेज, 1807 में स्थापित किया गया था।

लॉर्ड मिंटो ने पश्चिमी विज्ञान और साहित्य के अध्ययन को प्रोत्साहित करके उच्च शिक्षा का यूरोपीयकरण किया।

मद्रास प्रांत के गवर्नर के रूप में अपने कार्यकाल के दौरान सर थॉमस मुनरो ने राजस्व संग्रह की रैयतवाड़ी प्रणाली लागू की। अंत में लॉर्ड कार्नवालिस ने भारत में मिशनरियों के प्रवेश का पक्ष में सहमति नहीं दर्शाई।

अतः विकल्प (A) सही है।

104. 1) उन्होंने 1917 में अपने पहले राजनीतिक अभियान की शुरुआत बिहार के चंपारण में नील की खेती करने वाले किसानों के समर्थन के लिए की थी।

2) उन्हें 'रिक्रूटिंग सार्जेंट' का उपनाम दिया गया था क्योंकि उन्होंने प्रथम विश्व युद्ध में अंग्रेजों का समर्थन किया था, उन्हें-कैसर-ए-हिंद' का खिताब भी दिया गया था।

3) गांधी लियो टॉलस्टॉय के 'द किंगडम ऑफ़ गॉड इस विथ इन यू' से अत्यधिक प्रभावित थे।

अतः विकल्प (C) सही है।

105. अकबर के शासनकाल में भारत नाम का कोई देश नहीं था, इसे मुग़ल सल्तनत कहा जाता था। कोई आधिकारिक भाषा नहीं थी, सभी प्रशासनिक उद्देश्यों के लिए फ़ारसी का उपयोग अकबर के दरबार में किया गया था।

अतः विकल्प (D) सही है।

106. वैदिक हाइम्स या मंत्रों के संग्रह को संहिता के रूप में जाना जाता था। ऋग्वेद संहिता सबसे प्राचीन वैदिक ग्रन्थ है। सस्वर पाठ के लिए, ऋग्वेद की प्रार्थनाओं को धुन पर सेट किया गया था, और इस संशोधित संग्रह को साम वेदा संहिता के रूप में जाना जाता था। इसके अतिरिक्त ऋग वैदिक काल में दो अन्य संग्रहों की रचना हुई। ये थे- यजुर वेद संहिता और अथर्ववेद संहिता। यजुर वेद में न केवल संस्कार होते हैं, बल्कि अनुष्ठान भी होते हैं, जिसमें उनका पाठ करना होता है। अथर्ववेद में बुराइयों और बीमारियों को दूर करने के लिए मंत्र और मंत्र शामिल हैं। इसकी सामग्री गैर-आर्यों की मान्यताओं और प्रथाओं पर प्रकाश डालती है।

अतः विकल्प (B) सही है।

107. 1919 के भारत सरकार अधिनियम ने देश में पहली बार द्विसदनीयता और प्रत्यक्ष चुनावों का प्रारम्भ हुआ। इस प्रकार, भारतीय विधान परिषद को एक उच्च सदन (राज्य परिषद) और एक निचले सदन (विधान सभा) से मिलकर द्विसदनीय विधायिका द्वारा प्रतिस्थापित किया गया था। दोनों सदनों के अधिकांश सदस्यों को प्रत्यक्ष चुनाव द्वारा चुना गया था।

अतः विकल्प (B) सही है।

108. बलबन ने 'रक्त और लौह' की नीति अपनाई। यह उन कुछ राजपूत जमींदारों से निपटने के लिए किया गया था जिन्होंने सरकार को बदनाम किया था और क्षेत्र में किलों की स्थापना की थी। मध्यकालीन समाज बड़ी विषमताओं का समाज था। यह मुस्लिम समाज में हिंदू की तुलना में कहीं अधिक परिलक्षित होता था, बाद में मुख्यतः ग्रामीण था जहां असमानताएं कम चिह्नित थीं। फ़िरोज़ तुगलक के दौरान हुआ था कि जजिया एक पृथक कर बन गया था। पहले यह भू-राजस्व का एक हिस्सा था। उन्होंने ब्राह्मणों को जजिया के भुगतान से छूट देने से इनकार कर दिया क्योंकि यह शरीयत में प्रदान नहीं किया गया था। केवल महिलाओं, बच्चों, विकलांगों और अपात्र जिनके पास आजीविका का कोई साधन नहीं था, उन्हें इससे छूट दी गई थी। अलाउद्दीन अपने सैनिकों को नकद में भुगतान करने वाला पहला सुल्तान था। इससे पहले, तुर्की के सैनिकों को अपने वेतन के भुगतान के लिए दोआब में कई गांवों को सौंपा गया था। लेकिन अलाउद्दीन ने कलम के एक झटके से इन पकड़ को खत्म कर दिया।

अतः विकल्प (C) सही है।

109. संविधान का भाग V निम्नलिखित अध्यायों में अनुच्छेद 52-151 के माध्यम से संघ को शामिल करता है:

अध्याय I- संघ के कार्यकारी

अध्याय II- संवेदनशीलता

अध्याय III - राष्ट्रपति की कानूनी शक्तियाँ

अध्याय IV- संघ न्यायपालिका

अध्याय V- भारत के नियंत्रक और महालेखा परीक्षक

अतः विकल्प (D) सही है।

110. b और c गलत तरीके से मेल खाते हैं।

जल्लीकट्टू:

जल्लीकट्टू एक ग्रामीण बुल-टेमिंग खेल है जो तमिलनाडु में मट्टू पोंगल दिवस (मध्य जनवरी) में खेला जाता है

कंबला:

कंबाला एक वार्षिक भैंस दौड़ है जो नवंबर और मार्च के बीच कर्नाटक के दक्षिण कन्नड़ और उडुपी जिलों में कृषक समुदाय द्वारा आयोजित की जाती है।

मारमदी

दक्षिण भारत में केरल के गाँवों में फसल कटाई के मौसम के दौरान होने वाले वार्षिक मरमाडी उत्सव में एक अजीबोगरीब बैल दौड़ होती है

बैलगाड़ी श्यात:

महाराष्ट्र के कुछ हिस्सों में बैल-गाड़ी की दौड़ एक लोकप्रिय परंपरा रही है, जिसे राज्य के विभिन्न हिस्सों में 'बेलगडा शरतत' या 'शंकरपाट' के नाम से जाना जाता है।

अतः विकल्प (D) सही है।

111. भारत में, माध्यमिक क्षेत्र केवल 16 प्रतिशत कर्मचारियों को रोजगार प्रदान करता है। लगभग 24 फीसदी कर्मचारी सेवा क्षेत्र में हैं। तीन-चौथाई से अधिक महिला कार्यबल प्राथमिक क्षेत्र में कार्यरत हैं।भारतीय अर्थव्यवस्था - रोजगार - काम करने के पीछे मकसद केवल अपने लिए कमाना नहीं है, तीन-चौथाई कार्यबल ग्रामीण क्षेत्रों से है। भारत में, महिलाओं की तुलना में वेतनभोगी श्रमिकों के रूप में पुरुषों की संख्या अधिक है। प्राथमिक क्षेत्र में, पुरुषों का लगभग 43% और महिलाओं का लगभग 62.8% कार्यबल है।

अतः विकल्प (B) सही है।

112. प्रधान मंत्री के मंत्रियों के अनुरोध पर राष्ट्रपति द्वारा आपातकाल लगाया जाता है। भारतीय संविधान के अनुच्छेद 352 में कहा गया है कि सशस्त्र विद्रोह, युद्ध या बाहरी आक्रमण के कारण राष्ट्रीय सुरक्षा के लिए आसन्न खतरे की स्थिति में आपातकाल को बुलाया जा सकता है। प्रत्येक उद्घोषणा को संसद के प्रत्येक सदन के समक्ष रखने की आवश्यकता होती है, यह अपने मुद्दे की तारीख से एक महीने के बाद काम करना बंद कर देगा, जब तक कि इस बीच इसे संसद द्वारा अनुमोदित नहीं किया जाता है, उद्घोषणा राष्ट्रपति द्वारा 6 महीने की अवधि के लिए जारी रह सकती है।

अतः विकल्प (A) सही है।

113. राष्ट्रपति संवैधानिक रूप से मंत्रियों की परिषद द्वारा उन्हें दी गई सहायता और सलाह के अनुसार कार्य करने के लिए बाध्य है। 44 वें संशोधन अधिनियम, 1978 के बाद राष्ट्रपति को ऐसी सलाह पर पुनर्विचार करने के लिए मंत्रिपरिषद की आवश्यकता होती है। हालाँकि, पुनर्विचार सलाह बाध्यकारी होगी।

अतः विकल्प (B) सही है।

114. वार्षिक वित्तीय विवरण को राष्ट्रपति द्वारा संसद के दोनों सदनों के समक्ष रखे जाने के कारण होता है। भारतीय संविधान के अनुच्छेद 112 में कहा गया है कि हर साल "भारत के राष्ट्रपति को संसद के दोनों सदनों" "वार्षिक वित्तीय विवरण" के सामने रखा जाएगा। यह लोकप्रिय रूप से बजट के रूप में जाना जाता है। बजट उस वर्ष के लिए भारत सरकार की अनुमानित प्राप्तियों और व्यय की पूरी तस्वीर देता है। यह तस्वीर वास्तव में पिछले वर्षों के बजट आंकड़ों पर आधारित है।

अतः विकल्प (A) सही है।

115. भारत में विदेशी निवेश आकर्षित करने के लिए सरकार द्वारा कई कदम उठाए गए हैं। ये हैं: औद्योगिक क्षेत्र, जिसे विशेष औद्योगिक क्षेत्र (एसईजेड) कहा जाता है, की स्थापना की गई है। इनमें विश्व स्तरीय सुविधाएं हैं: बिजली, पानी, सड़क, परिवहन, भंडारण, मनोरंजन और शैक्षिक सुविधाएं।

अनिवार्य लाइसेंसिंग तब होती है जब कोई सरकार पेटेंट मालिक की सहमति के बिना किसी और को पेटेंट उत्पाद या प्रक्रिया का उत्पादन करने की अनुमति देती है। यह विदेशी कंपनियों को देश में निवेश करने से रोक सकता है क्योंकि उन्हें अपने पेटेंट की सुरक्षा का आश्वासन नहीं दिया जा सकता है।

अतः विकल्प (B) सही है।

116. 1861 का भारतीय उच्च न्यायालय अधिनियम भारतीय कॉलोनी में उच्च न्यायालय बनाने के लिए क्राउन को अधिकृत करने के लिए यूनाइटेड किंगडम की संसद का एक अधिनियम था। महारानी विक्टोरिया ने 1865 में पत्र पेटेंट द्वारा कलकत्ता, मद्रास और बॉम्बे में उच्च न्यायालयों का निर्माण किया।

अतः विकल्प (C) सही है।

117. लखनऊ अधिवेशन 1916 का सत्र लगभग एक दशक के बाद कांग्रेस में नरमपंथियों और अतिवादियों को फिर से आम मंच पर लाया।

अतः विकल्प (C) सही है।

118. यद्यपि भारत में संघीय शासन प्रणाली है, संविधान में 'संघीय' शब्द का कहीं उल्लेख नहीं है। इसके बजाय, अनुच्छेद -1 भारत को "राज्यों के संघ" के रूप में परिभाषित करता है।

अतः विकल्प (D) सही है।

119. 8 अगस्त, 1942 को मुंबई के ऐतिहासिक गोवालिया टैंक मैदान में भारत छोड़ो आंदोलन की शुरुआत हुई। अखिल भारतीय कांग्रेस कमेटी 8 अगस्त, 1942 को बॉम्बे में मिली और जुलाई 1942 में वर्धा में अपनाए गए भारत छोड़ो प्रस्ताव को पारित किया।

अतः विकल्प (B) सही है।

120. अशोक के अध्यादेश और शिलालेख अशोक के स्तम्भों साथ ही साथ बोल्डर और गुफा की दीवारों के 33 शिलालेखों के संग्रह को संदर्भित करते है। इन्हें सम्राट अशोक ने 272 से 231 ईसा पूर्व अपने शासनकाल के दौरान बनाया था। वे आधुनिक पाकिस्तान, नेपाल और भारत के क्षेत्रों में फैले हुए थे। जेम्स प्रिंसप एक यूरोपीय विद्वान थे। उसने अशोक के शिलालेखों की व्याख्या की।

अतः विकल्प (A) सही है।

121. पहला कथन गलत है क्योंकि कानून का अज्ञान कानून के उल्लंघन का कोई बहाना नहीं है।

बेनामी लेनदेन (निषेध) अधिनियम, 1988 को बेनामी लेनदेन (निषेध) संशोधन अधिनियम, 2016 के माध्यम से संशोधित किया गया है। संशोधित कानून निर्दिष्ट अधिकारियों को बेनामी संपत्तियों को अनंतिम रूप से संलग्न करने का अधिकार देता है जिन्हें अंततः जब्त किया जा सकता है।

अधिनियम, अधिनिर्णय प्राधिकरण और अपीलीय न्यायाधिकरण के रूप में अपीलीय तंत्र प्रदान करता है।

अतः विकल्प (B) सही है।

122. समुद्री घास विशिष्ट एंजियोस्पर्म (समुद्री फूल वाले पौधे) होते हैं जो दिखने में घास के समान होते हैं। भारत में प्रमुख समुद्री घास के मैदान तमिलनाडु के दक्षिण पूर्वी तट के साथ और कुछ लक्षद्वीप द्वीपसमूह के आगोश में होते हैं। अंडमान और निकोबार द्वीप समूह के आसपास भी कुछ घास के बिस्तर हैं।

वे खारे पानी में जीवन के लिए अनुकूलित उच्च पौधों का एकमात्र समूह हैं।

अतः विकल्प (B) सही है।

123. आर्य समाज में दो कर एकत्र किए गए थे। वो थे:

I. भगा - अनिवार्य कर

II. बाली - स्वैच्छिक कर

इस प्रकार, ऋग्वेदिक काल में राजा को कर एकत्र करने का कोई अधिकार नहीं था। जैसा कि पहले "बोलि" या "भगा" को कहा गया था कि वह अपने लोगों से स्वैच्छिक उपहार प्राप्त करता था, न कि उनका वैध अधिकार। इस प्रकार, वे मुख्य कर दाता थे और सुद्रा को कर के रूप में थोड़ी राशि का भुगतान करना पड़ता था।

वैदिक युग में राजा लोगों से बाली एकत्र करते थे जो राजा या भगवान को दिया जाने वाला प्रसाद होता है। ऋग-वैदिक काल में इसे स्वेच्छा से भुगतान किया गया था लेकिन बाद में इसे अनिवार्य कर दिया गया था।

अतः विकल्प (A) सही है।

124.

- मुगल चित्रकला विद्यालय की उत्पत्ति भारत में चित्रकला के इतिहास में एक ऐतिहासिक स्थल माना जाता है। मुगल साम्राज्य की स्थापना के साथ, मुगल चित्रकला विद्यालय की उत्पत्ति 1560 में अकबर के शासनकाल में हुई थी।
- क्लीवलैंड म्यूज़ियम ऑफ़ आर्ट (यूएसए) में तुती-नामा की एक सचित्र पांडुलिपि मुगल विद्यालय द्वारा किया गया पहला कार्य प्रतीत होती है। इस पांडुलिपि में चित्रकला की शैली मुगल शैली को उसके प्रारंभिक चरण में दिखाती है। उसके कुछ समय बाद, 1564-69 के बीच ई.पू. को कपड़ा पर हमजा-नाम चित्र के रूप में

एक बहुत ही महत्वाकांक्षी परियोजना पूरी की गई, जिसमें मूल रूप से सत्रह खंडों में 1400 पत्ते शामिल थे। प्रत्येक पत्ती को लगभग "27x20" मापा जाता है। हमजा-नाम की शैली तुति-नाम की तुलना में अधिक विकसित और परिष्कृत है।

अतः विकल्प (C) सही है।

125. यह एक नवपाषाण युग स्थल है जो पाकिस्तान के बलूचिस्तान के कच्छी मैदान में बोलन दर्रे के पास स्थित है। मेहरगढ़ सिंधु नदी के पश्चिम में और वर्तमान में, सिबी, कलात और क्वेटा के पाकिस्तानी शहरों के बीच स्थित है। इस स्थल पर कृषि के आरंभिक साक्ष्यों से पता चलता है कि मेहरगढ़ स्थल पर 7000 ईसा पूर्व से पहले सभ्यता उपस्थित थी जो हड़प्पा सभ्यता से 3500 वर्ष प्राचीन थी। इस स्थल में कृषि तकनीकों के विकास और दक्षिण एशिया के प्राचीन पाषाण काल के कृषि जीवन शैली पर नयी शालिका की खोज की। इस स्थल की खोज 1974 में फ्रांसीसी पुरातत्वविदों कैथरीन जारिजे और जीन-फ्रांस्वा जारिग द्वारा निर्देशित एक पुरातत्व टीम द्वारा की गई थी और 1974 से 1986 के बीच और फिर 1997 से 2000 के बीच लगातार खुदाई की गई थी। भारतीय पुरातत्व सर्वेक्षण ने उस क्षेत्र में कृषि खेती और किसानी के कुछ प्रारम्भिक साक्ष्यों का पता लगाया है । मेहरगढ़ पूर्वी नवपाषाण स्थलों के पास के स्थलों से मृदभांडों के बीच समानता के साथ, खेती, घरेलू गेहूं की किस्मों अन्य पुरातात्विक कलाकृतियों, कुछ पालतू पशुओं और पौधों से प्रभावित था। इस क्षेत्र में प्रारम्भिक कृषि को अर्ध-घुमंतू समुदाय के व्यक्तियों द्वारा विकसित किया गया था जिसमें जौ-गेहूं जैसे फसल और गौवंश, बकरी और भेड़ जैसे पशुओं का उपयोग किया गया था।

अतः विकल्प (B) सही है।

126. 93 वें संवैधानिक संशोधन, 2005 के अंतर्गत सामाजिक और शैक्षिक रूप से कमजोर लोगों के शैक्षिक संस्थानों में प्रवेश से संबंधित आरक्षण का प्रावधान करता है।

27% आरक्षण का विस्तार:

93 वाँ संवैधानिक संशोधन सरकार को "किसी भी सामाजिक और शैक्षणिक रूप से पिछड़े वर्गों के नागरिकों की उन्नति" के लिए विशेष प्रावधान करने की अनुमति देता है, जिसमें सहायता प्राप्त या गैर-निजी शैक्षणिक संस्थानों में उनका प्रवेश भी शामिल है।

अतः विकल्प (B) सही है।

127. प्रथम तीर्थंकर ऋषभदेव थे। 23 वें तीर्थंकर पार्श्वनाथ थे।

वर्धमान महावीर जैन धर्म के 24 वें तीर्थंकर थे।

अतः विकल्प (D) सही है।

128. सही मिलान है:

	संविधान सभा के अध्यक्ष की समितियाँ		सभा
A.	प्रारूप समिति	4.	बीआर अंबेडकर
B.	मौलिक और अल्पसंख्यक अधिकारों पर समिति	1.	वल्लभभाई पटेल
C.	संघ की संविधान समिति	2.	जवाहर लाल नेहरू
D.	कार्यसमिति	3.	कन्हैयालाल मुंशी

अतः विकल्प (D) सही है।

129. टुण्ड्रा का शाब्दिक अर्थ बंजर भूमि है क्योंकि ये वहा पाए जाते है जहा पर्यावरणीय स्थिति अत्यंत गंभीर होती है। वृक्ष रेखा के ऊपर ऊंचे पर्वतों पर टुंड्रा अक्षांश पर होता है क्योंकि सभी अक्षांशों में वृक्ष रेखा के ऊपर होता है क्योंकि पहाड़ सभी अक्षांशों पर दिन और रात के तापमान में भिन्नता के साथ पाए जाते हैं।

अतः विकल्प (C) सही है।

130.

- पट्टचित्र ओडिशा और पश्चिम बंगाल की एक कपड़ा-आधारित कुंडलित पटचित्र कला है ,इन चित्रों में तेज, कोणीय बोल्ड रेखाएं महाकाव्यों, देवी, देवताओं का चित्रण करती हैं।
- कलमकारी का शाब्दिक अर्थ है, 'कलम के साथ चित्र' भारत में यह दो प्रकार के होते हैं: मछलीपट्टनम, जो आंध्र प्रदेश के मछलीपट्टनम में होती है और दूसरे प्रकार की श्रीकालहस्ती है जो उसी राज्य में चितूर में होती है।
- राजस्थान में उत्पन्न, फाड़ मुख्य रूप से लोक देवताओं पाबूजी या देवनारायण को दर्शाती पटचित्र कला का एक धार्मिक रूप है।
- मधुबनी कला को मिथिला कला भी कहा जाता है, इसकी उत्पत्ति नेपाल में और वर्तमान बिहार में हुई थी। यह सबसे लोकप्रिय भारतीय लोक कलाओं में से एक है, जो ज्यादातर उन महिलाओं द्वारा प्रचलित है जो भगवान में विलीन हो जाती है।

अतः विकल्प (A) सही है।

131. हिंदुस्तान सोशलिस्ट रिपब्लिकन एसोसिएशन (HSRA) एक क्रांतिकारी संगठन था, जिसे 1928 में नई दिल्ली के फिरोज शाह कोटला में स्थापित हिंदुस्तान सोशलिस्ट रिपब्लिकन आर्मी के रूप में भी जाना जाता है। बिहार के क्रांतिकारी, फ़रिंद्रनाथ घोष, ने वर्ष1928 में हिंदुस्तान सोशलिस्ट रिपब्लिकन आर्मी की बैठक में भाग लिया था।

अतः विकल्प (A) सही है।

132.

- अशोक के शिलालेख अलग-अलग देशों में लिखे गए थे।
- अफगानिस्तान क्षेत्र में यूनानी (ग्रीक) और अरामाइक भाषा और लिपि में लिखा गया था।
- पाकिस्तान क्षेत्र में प्राकृतिक भाषा और उसकी लिपि का उपयोग किया गया था| अन्य सभी क्षेत्रों के शिलालेख ब्राह्मी लिपि में प्राकृतिक भाषा में हैं।

अतः विकल्प (D) सही है।

133. महिपाल, पाल वंश के एक उल्लेखनीय राजा थे जिन्होंने 8 वीं और 12 वीं शताब्दी के बीच पूर्वी भारत के अधिकतर पर शासन किया था। वह विगरापाल द्वितीय के पुत्र और उत्तराधिकारी थे। महान संस्कृत कवि एवं नाटककार राजशेखर इन्ही के दरबार से सम्बन्धित थे।

अतः विकल्प (B) सही है।

134. तीसरी शताब्दी ईसा पूर्व में, मगध के महान सम्राट अशोक ने पूरे भारतीय उपमहाद्वीप और दक्षिण एशिया में हजारों स्तूपों का निर्माण शुरू किया। कहा जाता है कि 84 हजार स्तूपों का निर्माण अशोक की शिक्षाओं और मार्गदर्शन द्वारा किया गया था।

अतः विकल्प (A) सही है।

135. मुख्य रूप से इंडो-गंगा-ब्रह्मपुत्र नदियों द्वारा जमा किए गए गांठ के कारण जलोढ़ मिट्टी का निर्माण होता है। तटीय क्षेत्रों में लहरों के कारण कुछ जलोढ़ जमा का निर्माण होता है। हिमालय की चट्टानें मूल सामग्री का निर्माण करती है।

अतः विकल्प (C) सही है।

136. पीटि और दलदली मिट्टी आम तौर पर केरला, ओडिशा के तटीय क्षेत्रों, तमिलनाडु और पश्चिम बंगाल के सुंदरवन में पाए जाते हैं और यह चावल और जूट की खेती के लिए उपयोगी है।

अतः विकल्प (B) सही है।

137. खरीफ फसलें या मानसून फसलें घरेलू पौधों हैं जिनकी बरसात के मौसम के दौरान भारत में खेती और कटाई की जाती हैं, जो क्षेत्र के आधार पर अप्रैल से अक्टूबर तक चलती है।

अतः विकल्प (C) सही है।

138. प्रारूप समिति के अध्यक्ष डॉ भीम राव अम्बेडकर ने भारतीय संविधान के 'हृदय और आत्मा' के रूप में संवैधानिक उपचारों के मौलिक अधिकार को बताया| इस अधिकार के अनुसार, एक व्यक्ति अपने मौलिक अधिकारों का उल्लंघन होने के मामले में सर्वोच्च न्यायालय जा सकता है| भारतीय संविधान में, अनुच्छेद 32 के अनुसार 5 रिटें हैं जो सर्वोच्च न्यायालय को किसी व्यक्ति के मौलिक अधिकार को लागू करने के लिए सशक्त बनाता है।

अतः विकल्प (B) सही है।

139. 1793 का चार्टर अधिनियम, जिसे ईस्ट इंडिया कंपनी अधिनियम 1793 के रूप में भी जाना जाता है, ब्रिटिश संसद में पारित किया गया था जिसमें कंपनी चार्टर को नवीनीकृत किया गया था। इस अधिनियम की एक विशेषता यह थी कि कंपनी को भारत में व्यापार करने के लिए व्यक्तियों और कंपनी के कर्मचारियों को अनुज्ञा पत्र देने का अधिकार दिया गया था। इसे 'विशेषाधिकार' या 'देश व्यापार' के रूप में जाना जाता था। इसके चलते चीन को अफीम का नौप्रेषण करना पड़ा।

अतः विकल्प (D) सही है।

140. संविधान के अनुच्छेद 21 के अन्तर्गत , 'जीवन और व्यक्तिगत स्वतंत्रता' का प्रावधान है।

जीवन का अधिकार सबसे कीमती अधिकार है जिसकी गारंटी भारतीय संविधान के मौलिक अधिकारों के तहत दी गई है। भारतीय संविधान का अनुच्छेद 21 इस प्रकार प्रदान करता है: "किसी व्यक्ति को उसके प्राण या दैहिक स्वतंत्रता से विधि द्वारा स्थापित प्रक्रिया के अनुसार ही वंचित किया जाएगा, अन्यथा नहीं"।

अतः विकल्प (B) सही है।

सामान्य अध्ययन (पेपर-I) : मॉक टेस्ट 04

Q.1 भारत के केंद्रीय बजट को वार्षिक वित्तीय विवरण भी कहा जाता है। संविधान के किस अनुच्छेद के तहत बजट का उल्लेख किया जाता है?

A. अनुच्छेद 113 **B.** अनुच्छेद 112
C. अनुच्छेद 111 **D.** अनुच्छेद 110

Q.2 निम्नलिखित में से कौन सी नई जल संरक्षण योजना है जिसकी घोषणा वित्त मंत्री निर्मला सीतारमण ने बजट 2019 के दौरान की थी?

A. जल जीवन मिशन **B.** जल ही जीवन मिशन
C. जल अधिकार मिशन **D.** जल संरक्षण मिशन

Q.3 बजट 2019 में सालाना 400 करोड़ रुपये तक के टर्नओवर वाली कंपनियों के लिए कर की दर कम की गई है। कंपनियों को अब कितना कर देना होगा?

A. 35% **B.** 15% **C.** 30% **D.** 25%

Q.4 जून 2019 में फिच ने वित्त वर्ष 2015 के लिए भारत की वृद्धि का अनुमान 6.8% से घटाकर __________ कर दिया है।

A. 6.7% **B.** 6.6% **C.** 6.4% **D.** 6.3%

Q.5 निम्नलिखित में से कौन वित्तीय स्थिरता और विकास परिषद (FSDC) का अध्यक्ष है?

A. रक्षा मंत्री **B.** ग्रह मंत्री **C.** वित्त मंत्री **D.** प्रधानमंत्री

Q.6 निम्नलिखित में से कौन सा देश FATF की पूर्ण सदस्यता प्रदान करने वाला पहला अरब देश बन गया है?

A. ओमान **B.** सऊदी अरब
C. संयुक्त अरब अमीरात **D.** इनमें से कोई नहीं

Q.7 'अखिल भारतीय ट्रेड यूनियन कांग्रेस' के प्रथम अध्यक्ष कौन थे?

A. बाल गंगाधर तिलक **B.** लाला लाजपत राय
C. विपिनचन्द्र पाल **D.** अरबिन्दो घोष

Q.8 'स्ट्रेची आयोग' निम्नलिखित में से किससे सम्बन्धित था?

A. वर्नाक्यूलर प्रेस एक्ट से
B. शिक्षा से
C. स्थानीय स्वायत्त शासन से
D. अकाल से

Q.9 निम्नलिखित में से किसने 'विधवा विवाह मण्डल' की स्थापना की थी?

A. गोपाल कृष्ण गोखले
B. वी. डी. सावरकर
C. एम. जी. रानाडे
D. स्वामी सहजानंद सरस्वती

Q.10 किस स्थान पर 'वर्नाक्यूलर प्रेस एक्ट' लागू नहीं हुआ था?

A. कोलकाता **B.** मुम्बई **C.** चेन्नई **D.** हैदराबाद

Q.11 समाचार पत्रों के इतिहास में निम्न में से कौन-सा अख़बार ब्रिटिश सरकार का समर्थक और भारतीयों का आलोचक था?

A. पायनियर **B.** स्टेट्समैन
C. हिन्दुस्तान स्टैण्डर्स **D.** उपरोक्त में से कोई नहीं

Q.12 पुस्तक "अनहैप्पी इण्डिया" के लेखक कौन थे?

A. बाल गंगाधर तिलक
B. लाला लाजपत राय
C. मौलाना अबुल कलाम आज़ाद
D. जवाहरलाल नेहरू

Q.13 गुप्तकालीन प्रशासन में नगर के मुख्य अधिकारी को क्या कहा जाता था?

A. भोक्ता **B.** नगरश्रेष्ठि **C.** पुरपाल **D.** गौल्मिक

Q.14 निम्न में से किस क्रांतिकारी ने 'राणा प्रताप', 'सम्राट चन्द्रगुप्त' और 'भारत दुर्दशा' नामक नाटकों में अभिनय किया था?

A. भगत सिंह **B.** सुभाष चन्द्र बोस
C. करतार सिंह सराभा **D.** रामप्रसाद बिस्मिल

Q.15 कुषाण शासक कनिष्क के निर्माण कार्यों का निरीक्षक अभियन्ता अधिकारी कौन था?

A. अग्रमस **B.** विम तक्षम
C. अगेसिलोस **D.** मोअस

Q.16 इतिहास में दूसरी जैन सभा कहाँ पर आयोजित हुई थी?

A. वल्लभीपुर **B.** पाटलिपुत्र **C.** कश्मीर **D.** वैशाली

Q.17 भारत में निम्न में से किस राज्य में सर्वाधिक ग्रामीण साक्षरता पाई जाती है?

A. महाराष्ट्र **B.** गोवा **C.** मणिपुर **D.** गुजरात

Q.18 किस मिट्टी को कम सिंचाई की आवश्यकता होती है?

A. जलोढ़ मिट्टी **B.** काली मिट्टी
C. लाल मिट्टी **D.** लैटेराइट मिट्टी

Q.19 देशांतरीय दूरी एक घण्टे के किस समयांतराल के बराबर होती है?

A. 15 डिग्री **B.** 45 डिग्री **C.** 30 डिग्री **D.** 60 डिग्री

Q.20 राजस्थान की सीमा किस पड़ोसी राज्य से सबसे अधिक लगती है?

A. उत्तर प्रदेश **B.** गुजरात
C. मध्य प्रदेश **D.** हरियाणा

Q.21 खनिज तेल के खनन के लिए प्रसिद्ध है, वह है?

A. जोहांसबर्ग **B.** कूचबिहार
C. बाकू **D.** इनमे से कोई नहीं

Q.22 दक्षिण भारत का सर्वोच्च पर्वत शिखर कौन-सा है?

A. अनाईमुदी **B.** दोदाबेट्टा **C.** महाबलेश्वर **D.** महेन्द्रगिरी

Q.23 भारत की कौन-सी पर्वत श्रेणी नवीनतम है?

A. सह्यादि **B.** अरावली **C.** हिमालय **D.** सतपुड़ा

Q.24 प्रायद्वीपीय भारत की सबसे बड़ी नदी कौन सी है?

A. नर्मदा नदी **B.** गोदावरी नदी
C. महानदी **D.** कावेरी नदी

Q.25 नर्मदा नदी का अधिकांश भाग भारत के किस राज्य में होकर बहता है?

A. गुजरात **B.** महाराष्ट्र **C.** मध्य प्रदेश **D.** राजस्थान

Q.26 तुजू दर्रा भारत को किस देश से जोड़ता है?

A. चीन **B.** म्यांमार **C.** नेपाल **D.** भूटान

Q.27 निम्नलिखित नदियों में से भारत में किस पर सबसे लम्बा सड़क सेतु है?

A. सोन **B.** नर्मदा **C.** महानदी **D.** गंगा

Q.28 निम्नलिखित में से कौन-सी नदी दक्षिण से उत्तर की ओर प्रवाहित होती है?

A. गोदावरी **B.** कावेरी **C.** कृष्णा **D.** बेतवा

Q.29 निम्नलिखित में से किस नदी को 'उड़ीसा का शोक' कहा जाता है?

A. महानदी **B.** ब्राह्मणी **C.** वैतरणी **D.** दामोदर

Q.30 निम्नलिखित में से कौन-सी नदी एश्चुअरी डेल्टा नहीं बनाती है?

A. नर्मदा **B.** ताप्ती **C.** मांडवी **D.** महानदी

Q.31 निम्न में से कौन महाराष्ट्र में स्थित नहीं है?

A. एलीफैण्टा की गुफ़ाएं **B.** एलोरा की गुफ़ाएं
C. अजंता की गुफ़ाएं **D.** अमरनाथ की गुफ़ाएं

Q.32 सातवीं पंचवर्षीय योजना में भारत में खाद्यान्नों का औसत वार्षिक उत्पादन कितना हुआ?

A. 1750 लाख टन **B.** 1650 लाख टन
C. 1550 लाख टन **D.** 1450 लाख टन

Q.33 अग्रिम कर किन-किन महीनों में देय होता है?

A. अप्रैल, अगस्त, दिसम्बर **B.** फ़रवरी, जून, अक्टूबर
C. मार्च, सितम्बर, दिसम्बर **D.** किसी भी महीने में

Q.34 यामिनी कृष्णमूर्ति का सम्बन्ध किस शास्त्रीय नृत्य से है?

A. भरतनाट्यम **B.** कथकली
C. ओडिसी **D.** कुचिपुड़ि

Q.35 लीला सैम्सन का सम्बन्ध किस शास्त्रीय नृत्य शैली से है?

A. भरतनाट्यम **B.** कुचिपुड़ी
C. ओडिसी **D.** कथकली

Q.36 प्रियंवदा मोहंती का सम्बन्ध किस शास्त्रीय नृत्य कला शैली से है?

A. कथकली **B.** भरतनाट्यम
C. ओडिसी **D.** कूडियाट्टम

Q.37 मृणालिनी साराभाई का सम्बन्ध किस शास्त्रीय नृत्य कला से है?

A. कथकली **B.** भरतनाट्यम
C. कूडियाट्टम **D.** कुट्टी अट्टम

Q.38 शास्त्रीय संगीत का प्रारम्भिक स्रोत कौन-सा वेद है?

A. ऋग्वेद **B.** यजुर्वेद **C.** सामवेद **D.** अथर्ववेद

Q.39 'राग भैरव' या 'राग भैरवी' कब गाया जाता है?

A. रात्रि का प्रथम प्रहर **B.** रात्रि का द्वितीय प्रहर
C. रात्रि का तृतीय प्रहर **D.** प्रातःकाल

Q.40 राग देस किस प्रहर में गाया जाता है?

A. मध्य रात्रि **B.** प्रातःकाल
C. रात्रि का प्रथम प्रहर **D.** रात्रि का द्वितीय प्रहर

Q.41 निम्नलिखित में से कौन गायन में सुविख्यात है?

A. शोभना नारायण **B.** पण्डित युवराज
C. एम. एस. गोपालकृष्णन **D.** एम. एस. सुब्बुलक्ष्मी

Q.42 पन्ना लाल घोष का संबंध किस वाद्य यंत्र से है?

A. बाँसुरी **B.** शहनाई **C.** सरोद **D.** तबला

Q.43 किसने पेंटिंग की शुरुआत फ़िल्म के पोस्टरों से की?

A. सतीश गुजराल **B.** मंजीत बाबा
C. एम.एफ. हुसैन **D.** अमृता शेरगिल

Q.44 बनी-ठनी किस चित्रशैली से सम्बन्धित है?

A. बूँदी शैली **B.** किशनगढ़ शैली
C. चावण्ड शैली **D.** जयपुर शैली

Q.45 'इण्डियन सोसायटी ऑफ़ ओरियण्टल आर्ट' की स्थापना किसने की थी?

A. अवनीन्द्र नाथ टैगोर **B.** नन्दलाल बोस
C. असित कुमार हलधर **D.** अमृता शेरगिल

Q.46 बिहार का प्रमुख त्योहार कौन-सा है?

A. वैशाखी **B.** ओणम **C.** पोंगल **D.** छठ पूजा

Q.47 राजस्थानी चित्रकला का आरम्भिक मुख्य केन्द्र था?

A. बीकानेर **B.** जयपुर **C.** बूँदी **D.** जैसलमेर

Q.48 झारखंड में स्थित कोडरमा निम्नलिखित से किस खनिज का अग्रणी उत्पादक है?

A. बॉक्साइट **B.** अभ्रक
C. लौह अयस्क **D.** ताँबा

Q.49 निम्नलिखित चट्टानों में से किस चट्टान के स्तरों में खनिजों का निक्षेपण और संचयन होता है?

A. तलछटी चट्टानें **B.** आग्नेय चट्टानें
C. कायांतरित चट्टानें **D.** इनमें से कोई नहीं

Q.50 मोनाजाइट रेत में निम्नलिखित में से कौन-सा खनिज पाया जाता है?

A. खनिज तेल **B.** यूरेनियम
C. थोरियम **D.** कोयला

Q.51 भारत में मानसून की उत्पत्ति में निम्न में से कौन-सा पठार महत्त्वपूर्ण है?

A. तिब्बत का पठार **B.** शान का पठार
C. गोबी का पठार **D.** छोटा नागपुर पठार

Q.52 मादा मैंगो लीफ़ हॉपर्स अपने अंडे कहाँ देती है?

A. पत्ती की ऊपरी सतह पर
B. पत्ती की निचली सतह पर
C. पत्ती की मध्य शिरा के अंदर
D. पत्ती के किनारे के ऊतकों के अंदर

Q.53 बाग़ में दीमक से बचाव हेतु किसका प्रयोग किया जाता है?

A. अण्डी की खली **B.** महुआ की खली
C. सरसों की खली **D.** नीम की खली

Q.54 मृदा में किस तत्त्व की मात्रा सर्वाधिक होती है?

A. ऑक्सीजन **B.** सिलिकॉन
C. आयरन **D.** ऐलुमिनियम

Q.55 दुग्ध दुहने की सर्वोत्तम विधि कौन सी है?

A. नकलिंग विधि **B.** स्ट्रिपिंग विधि
C. फिस्टिंग विधि **D.** इनमें से कोई नहीं

Q.56 एस्कार्बिक एसिड की कमी से होने वाला रोग कौन सा है?

A. ऑस्टीमलेरिया **B.** एन्थेक्स
C. जीरोफ्थेलमिया **D.** स्कर्वी

Q.57 भारत में सिंचाई का सर्वप्रथम स्रोत क्या है?

A. नहरें **B.** तालाब
C. कुआँ व नलकूप **D.** अन्य स्रोत

Q.58 'कृषि लागत एवं मूल्य आयोग' कहाँ स्थित है?

A. मुम्बई **B.** नई दिल्ली **C.** पुणे **D.** चेन्नई

Q.59 भारत में 'हरित क्रान्ति' की शुरुआत कब हुई?
A. 1960-61 ई. **B.** 1964-65 ई.
C. 1966-67 ई **D.** 1970-71 ई.

Q.60 विश्व में रेशम उत्पादन में अग्रणी राष्ट्र कौन-सा है?
A. भारत **B.** चीन
C. जापान **D.** दक्षिण कोरिया

Q.61 'हरित क्रांति' शब्द के प्रतिपादक कौन थे?
A. डॉ. नॉर्मन बोरलॉग **B.** विलियम गॉड
C. वर्गीज़ कुरियन **D.** एम. एस. स्वामीनाथन

Q.62 फिल्मफेयर अवार्ड्स 2021 में किसे बेस्ट अभिनेता का अवार्ड दिया गया है?
A. इरफान खान **B.** अजय देवगन
C. आयुष्मान खुराना **D.** अर्जुन कपूर

Q.63 आईपीएल टीम दिल्ली कैपिटल्स ने निम्न में से किस पूर्व विकेटकीपर को अपना सहायक कोच नियुक्त किया है?
A. पार्थिव पटेल **B.** अजय रात्रा
C. दीप दासगुप्ता **D.** विजय दहिया

Q.64 विश्व ऑटिज्म जागरूकता दिवस निम्न में से किस दिन मनाया जाता है?
A. 10 जनवरी **B.** 15 मार्च **C.** 12 अगस्त **D.** 2 अप्रैल

Q.65 सुप्रीम कोर्ट ने किस राज्य सरकार की एक अपील खारिज करते हुए अदालत का समय बर्बाद करने के लिए राज्य सरकार पर 20 हजार रुपये जुर्माना लगाया है?
A. तमिलनाडु **B.** कर्नाटक **C.** बिहार **D.** दिल्ली

Q.66 केंद्र सरकार ने नए वाहनों की खरीद से पहले पुराने वाहन के स्क्रैप सर्टिफिकेट जमा करने पर कितने प्रतिशत कर छूट का प्रस्ताव रखा है?
A. 20 प्रतिशत **B.** 25 प्रतिशत
C. 35 प्रतिशत **D.** 10 प्रतिशत

Q.67 किस बैंक को एशियामनी बेस्ट बैंक अवॉर्ड्स 2021 में 'भारत का सर्वश्रेष्ठ एसएमई बैंक' चुना गया है?
A. एचडीएफसी बैंक **B.** ऐक्सिस बैंक
C. आईसीआईसीआई बैंक **D.** यस बैंक

Q.68 चीन और किस देश के बीच 25 साल के "रणनीतिक सहयोग समझौते" पर हस्ताक्षर किए गए हैं?
A. ईरान **B.** नेपाल **C.** जापान **D.** भारत

Q.69 फ्रांस के राष्ट्रपति इमैन्युएल मैक्रों ने कोरोना के खतरे को देखते हुए पूरे देश में कितने हफ्ते के लिए लॉकडाउन लगा दिया है?
A. 1 हफ्ते **B.** 2 हफ्ते **C.** 4 हफ्ते **D.** 3 हफ्ते

Q.70 विश्व बैंक ने वित्त वर्ष 2021-22 में भारत की ग्रोथ रेट 7.5 प्रतिशत से कितने प्रतिशत के बीच रहने का अनुमान जताया है?
A. 10.5 प्रतिशत **B.** 12.5 प्रतिशत
C. 11.5 प्रतिशत **D.** 8.5 प्रतिशत

Q.71 आईपीएल टीम दिल्ली कैपिटल्स ने हाल ही में किस खिलाड़ी को टीम का कप्तान नियुक्त किया है?
A. शिखर धवन **B.** अमित मिश्रा
C. अक्षर पटेल **D.** ऋषभ पंत

Q.72 किस मशहूर मराठी लेखक को सरस्वती सम्मान 2020 मिला है?
A. शरण कुमार लिंबाले **B.** श्रीकांत मोघे
C. आनंद यादव **D.** रंगनाथ पठारे

Q.73 30 मार्च को निम्न में से किस राज्य का स्थापना दिवस मनाया गया है?
A. बिहार **B.** झारखंड **C.** राजस्थान **D.** पंजाब

Q.74 भारत और किस देश के विशेष बलों के बीच हिमाचल प्रदेश में 'वज्र प्रहार' अभ्यास का आयोजन किया गया?
A. नेपाल **B.** अमेरिका **C.** चीन **D.** रूस

Q.75 मुख्यमंत्री योगी आदित्यनाथ ने किस शहर में शहीद अशफाक उल्ला खान चिड़ियाघर (गोरखपुर चिड़ियाघर) का उद्घाटन किया है?
A. फैजाबाद **B.** कानपुर **C.** लखनऊ **D.** गोरखपुर

Q.76 इंडोनेशिया की मौद्रिक इकाई है:
A. दिनार **B.** यूरो **C.** सोम **D.** रुपया

Q.77 आयरलैंड की मौद्रिक इकाई है:
A. पेसो **B.** लेक **C.** दिनार **D.** यूरो

Q.78 संविधान सभा के सदस्यों को विभिन्न प्रांतों के विधान मंडलों द्वारा निर्वाचित किया गया था और रियासतों के शासकों द्वारा मनोनीत किया गया था।संविधान सभा के सदस्यों को सीधे क्यों नहीं चुना गया था?
A. कांग्रेस और मुस्लिम लीग ने इस विधि के माध्यम से संविधान सभा सदस्यों के सदस्यों के चुनाव की मांग की थी।
B. भारत के विभिन्न वर्गों के बीच कैबिनेट मिशन के साथ असहमति थी और सीधे निर्वाचित सदस्यों द्वारा संविधान सभा का गठन संभव नहीं था।
C. भारत के लोगों ने पहले से ही विभिन्न प्रांतों के विधानसभा के निर्वाचित सदस्यों से एक संविधान सभा बनाने के लिए एक आदेश दिया था।
D. रियासतों ने संविधान सभा के सदस्यों के लिए सीधे चुनाव के लिए विरोध किया था।

Q.79 भारत में वित्त आयोग के सदस्यों के रूप में नियुक्त होने के लिए योग्यता कौन निर्धारित करता है?
A. भारत का राष्ट्रपति **B.** मंत्रिपरिषद
C. कानून द्वारा संसद **D.** केंद्रीय कैबिनेट

Q.80 भारत में राजनीतिक दल की सही परिभाषा क्या है?
A. राजनीतिक दल का मतलब भारत के संविधान के अनुच्छेद 324 के प्रावधानों के तहत चुनाव आयोग के साथ एक राजनीतिक दल के रूप में भारत के व्यक्तिगत नागरिकों का एक संगठन या निकाय है।
B. राजनीतिक दल का अर्थ भारत के निर्वाचन आयोग द्वारा भारत के व्यक्तिगत नागरिकों के एक संगठन या निकाय को राजनीतिक दल के रूप में अधिसूचित किया जाता है।
C. राजनीतिक दल का मतलब भारत के व्यक्तिगत नागरिकों का एक संघ या निकाय है जो चुनाव आयोग द्वारा निर्धारित कुछ वोटों को सुरक्षित करने में सक्षम है।
D. राजनीतिक दल का अर्थ है भारत के व्यक्तिगत नागरिकों का एक संघ या निकाय, चुनाव आयोग के साथ लोकसभा अधिनियम, 1951 की धारा 29ए के प्रावधानों के तहत एक राजनीतिक दल के रूप में पंजीकृत है।

Q.81 106वां संविधान संशोधन और 111वां संविधान संशोधन क्रमशः किससे संबंधित है?
A. पंचायत, सहकारी समिति
B. सहकारी समिति, पंचायत
C. पंचायत, पंचायत
D. सहकारी समिति, सहकारी समिति

Q.82 विश्व में सबसे ज्यादा पाई जाने वाली ग्रीन हाउस गैस है:
A. कार्बन डाइऑक्साइड **B.** जलवाष्प

C. सल्फर डाई ऑक्साइड D. ओजोन

Q.83 मुख्य न्यायाधीश की अनुपस्थिति में राष्ट्रपति किसके समक्ष शपथ लेता है?

A. उपराष्ट्रपति
B. महान्यायवादी
C. लोकसभाध्यक्ष
D. सर्वोच्च न्यायालय का वरिष्ठ न्यायाधी

Q.84 क्या सैनिक न्यायालयों के निर्णय के विरुद्ध न्यायालयों से अपील की जा सकती है?

A. हाँ B. नहीं
C. कुछ मामलों में D. इनमें से कोई नहीं

Q.85 क्या राष्ट्रपति लोक सभा की भाँति राज्य सभा को भंग कर सकता है?

A. नहीं
B. हाँ
C. सदन के 3/4 सदस्यों द्वारा पारित प्रस्ताव पर
D. संसद के संयुक्त अधिवेशन में 3/4 सदस्यों द्वारा प्रस्ताव पारित करने पर

Q.86 किस लोक सभा में निर्वाचित महिला सांसदों की संख्या सबसे कम थी?

A. प्रथम लोक सभा B. द्वितीय लोक सभा
C. पाँचवीं लोक सभा D. छठी लोक सभा

Q.87 मंत्रिपरिषद व्यक्तिगत रूप से किसके प्रति उत्तरदायी होती है?

A. राष्ट्रपति B. प्रधानमंत्री
C. लोक सभाध्याक्ष D. संसद के प्रति

Q.88 अंतर्राष्ट्रीय व्यापार का मूल आधार है :

A. निरपेक्ष लाभ तथा तुलनात्मक लाभ दोनों
B. केवल निरपेक्ष लाभ
C. केवल सापेक्ष लाभ
D. विनिमय दर

Q.89 अंतराष्ट्रीय व्यापार का प्रमुख प्रहरी है?

A. I.M.F. B. I.B.R.D. C. W.T.O. D. I.F.C

Q.90 मुक्त व्यापार से क्या तात्पर्य है?

A. आयात को कम किया जाता है
B. आयात एवं निर्यात पर कोई प्रतिबंध नहीं होता है
C. आयात और निर्यात पर कोई शुल्क नहीं होता है
D. आयातित वस्तुएँ कर मुक्त होती है

Q.91 सुपर 301 है?

A. यह भारत द्वारा विकसित एक सुपर कम्पूटर का ब्राण्ड नाम है
B. चावल की नई विकसित किस्म है
C. अमेरिकी व्यापार कानून की वह धारा जो उन्हें अपने आयात पर उच्च सीमा शुल्क लगाने की शक्ति देती है
D. यह एड्स से निपटने के लिए खोजी गयी नई औषधि का नाम है

Q.92 डंकल ड्राफ्ट था :

A. उरग्वे चक्र समझौते से सम्बधित
B. नाभिकीय शक्ति से युक्त देशों पर आर्थिक प्रतिबंधो से संबधित
C. विश्व सांस्कृतिक धरोहर के भवनों को सुरक्षित रखने संबधित
D. मादक औषधि के व्यापार को रोकने से संबधित

Q.93 ब्रेक इवन बिंदु क्या है?

A. वह स्थिति जब फार्म लाभ उठा रही है
B. वह स्थित जब फर्म को हानि हो रही है
C. वह स्थित जब फर्म को न लाभ और न हानि हो रही हो
D. इसका लाभ - हानि से कोई संबन्ध नहीं है

Q.94 उत्तर प्रदेश भारतीय गणतन्त्र का एक पूर्ण राज्य कब बना?

A. 27 जनवरी, 1950 B. 26 जनवरी, 1950
C. 6 दिसंबर, 1950 D. 21 मार्च, 1947

Q.95 उत्तर प्रदेश की सीमा किस देश के साथ लगती है?

A. नेपाल B. पाकिस्तान
C. बांग्लादेश D. इनमें से कोई नहीं

Q.96 उत्तर प्रदेश की सबसे लम्बी सीमा किस राज्य से लगती है?

A. राजस्थान B. हरियाणा C. मध्य प्रदेश D. छत्तीसगढ़

Q.97 उत्तर प्रदेश की सबसे छोटी सीमा किस राज्य से लगती है?

A. बिहार B. हिमाचल प्रदेश
C. उत्तराखंड D. राजस्थान

Q.98 कब उत्तर प्रदेश का विभाजन करके उत्तराखंड राज्य का गठन किया गया?

A. 9 नवंबर, 2000 B. 16 नवंबर, 2000
C. 26 जनवरी, 2001 D. 15 अगस्त, 2001

Q.99 'उत्तर प्रदेश राज एक्ट' पर गवर्नर जनरल द्वारा कब हस्ताक्षर किए गए थे?

A. 7 दिसंबर, 1947 B. 10 मार्च, 1948
C. 7 जनवरी, 1947 D. 19 दिसंबर, 1948

Q.100 उत्तर प्रदेश में विधान सभा का गठन कब हुआ?

A. 1937 B. 1945 C. 1942 D. 1940

Q.101 उत्तर प्रदेश के किस क्षेत्र से चरकुला लोकनृत्य का संबंध है?

A. गोरखपुर B. ब्रज
C. कानपुर D. इनमें से कोई नहीं

Q.102 उत्तर प्रदेश के मैदानी क्षेत्रों में न्यूनतम वर्षा किस ज़िले में होती है?

A. बदायूँ B. बनारस C. मथुरा D. इलाहाबाद

Q.103 उत्तर प्रदेश के किस क्षेत्र में लट्ठमार होली मनाये जाने की परंपरा है?

A. बरसाना B. चित्रकूट
C. बरेली D. इनमें से कोई नहीं

Q.104 उत्तर प्रदेश का प्रथम राज्यपाल बनने का गौरव किसे प्राप्त है?

A. सरोजिनी नायडू
B. गोविंद बल्लभ पंत
C. कन्हैयालाल माणिकलाल मुंशी
D. मर्री चेन्ना रेड्डी

Q.105 आर्किओप्टेरिक्स किनका संयोजक था?

A. सरीसृपों व पक्षियों का B. पक्षियों व स्तनियों
C. उभयचरों व सरीसृपों D. सरीसृपों व स्तनियों

Q.106 विज्ञान की वह शाखा जिसमें जीवाश्मों का अध्ययन होता है?

A. पैलिओंटोलॉजी B. इकोलॉजी
C. इथोलॉजी D. इनमें से कोई नही

Q.107 जीव विकास को सर्वप्रथम किसने समझाया था?

A. लैमार्क B. न्यूटन
C. आइन्स्टीन D. इनमें से कोई नही

Q.108 कौन सा पक्षी उड़ नही सकता है?

A. मोर **B.** बत्तख **C.** स्टॉर्क **D.** एमू

Q.109 निम्नलिखित में से कौन अंडे देता है और सीधे बच्चे नही देता है?
A. एकिडना **B.** कंगारू **C.** सेही **D.** व्हेल

Q.110 कीवी पक्षी पाया जाता है?
A. दक्षिणी अमेरिका में **B.** भारत वर्ष में
C. न्यूजीलैंड में **D.** पूर्वी इंडीज में

Q.111 मैमथ पूर्वज है?
A. आदिमानव **B.** घोड़े का **C.** हाथी का **D.** कुत्ते का

Q.112 डायनासोर थे?
A. सिनोजोइक सरीसृप **B.** मेसोजोइक सरीसृप
C. मेसोजोइक पक्षी **D.** इनमें से कोई नही

Q.113 एस्बेस्टॉस द्वारा फैला रोग.........होता है?
A. वातस्फीति **B.** लकवा
C. अतिसार **D.** पेचिश

Q.114 निम्नलिखित में से अश्रु-गैस का घटक कौन सा है?
A. एथेन **B.** एथानॉल
C. ईथर **D.** क्लोरोपिक्रिन

Q.115 बायोगैस बनाने के लिए सामान्यत: प्रयुक्त द्रव्य है?
A. पशुओं का अपशिष्ट **B.** शस्य अवशेष
C. जलीय पादप **D.** वन अवशेष

Q.116 चूहों के विष का रासायनिक नाम है?
A. जिंक ऑक्साइड **B.** लैड नाइट्रेट
C. सिल्वर नाइट्रेट **D.** जिंक फॉस्फाइड

Q.117 निम्नलिखित में से कौन सी 'ग्रीन हाउस गैस' नहीं है?
[UPSSSC Preliminary Eligibility Test, 2021]
A. क्लोरोफ्लोरो कार्बन **B.** मीथेन
C. कार्बन डाइ आक्साइड **D.** नाइट्रोजन

Q.118 'बोन ऐश' में होता है?
A. कैल्सियम सल्फेट
B. फॉस्फोरिक एसिड
C. कैल्सियम फॉस्फेट
D. कैल्सियम हाइपो फॉस्फेट

Q.119 सूखी बर्फ क्या है?
A. बिना पानी की ठोस बर्फ
B. बेंजोइक एसिड
C. ग्लेसियल एसिटिक एसिड
D. ठोस कार्बन डाइऑक्साइड

Q.120 निम्नलिखित युग्मों में से किन भौतिक राशियों के सामान विमीय सूत्र नही है?
A. बल एवं दाब **B.** कार्य एवं उर्जा
C. आवेग एवं संवेग **D.** भार एवं बल

Q.121 नौसेना के निम्नलिखित जहाजों में से विमान वाहक की पहचान कीजिए?
A. आई. एन. एस. विराट **B.** आई. एन. एस. तलवार
C. आई. एन. एस. राजपूत **D.** आई. एन. एस. मैसूर

Q.122 वायुयान का अविष्कार किसने किया था?
A. ऑरविल राइट एंड विल्बर राइट
B. सर फ्रैंक ह्विटले
C. माइकल फैराडे
D. क्रिश्चियन ह्यूजेनस

Q.123 बारूद का अविष्कार किसने किया था?
A. एल्फ्रेड नोबेल **B.** रोजर बैकन
C. एलेक्जेंडर फ्लेमिंग **D.** एल्बर्ट आइन्स्टीन

Q.124 पक्षियों को बहुत ऊंचाई पर उड़ते समय सांस की परेशानी क्यों नहीं महसूस होती?
A. उनके फेफड़े बहुत बड़े होते है
B. वे निष्क्रियता के साथ उड़ते है
C. उनमें अतिरिक्त वायु-कोश होते है
D. वे कम ऑक्सीजन का प्रयोग करते है

Q.125 निम्न विकल्पों में से विषम चुनिए:
A. 671 **B.** 352 **C.** 352 **D.** 211

Q.126 निम्नलिखित में से कौन सी जोड़ी सही है?

क्र.स.	अनुच्छेद	विषय वस्तु
1	अनुच्छेद 38	आय, स्थिति में असमानताओं को कम करने के लिए, सुविधाएं और अवसर
2	अनुच्छेद 43	नशीले पदार्थों के सेवन पर रोक लगाना पेय और ड्रग्स जो स्वास्थ्य के लिए चोट हैं
3	अनुच्छेद 47	कुटीर उद्योगों को बढ़ावा देना
4	अनुच्छेद 48	कृषि और पशुपालन को व्यवस्थित करना आधुनिक और वैज्ञानिक तर्ज पर

नीचे दिए गए कोड का उपयोग करके सही उत्तर चुनें:
A. केवल 1 और 4 **B.** केवल 2 3
C. केवल 1, 2 4 **D.** केवल 1, 2 3

Q.127 X कहता है Y से, "यद्यपि मैं तुम्हारे पिता का पुत्र हूँ, तुम मेरे भाई नहीं हो." X का Y से क्या रिश्ता है?
A. बहन **B.** पुत्र **C.** पुत्री **D.** पिता

Q.128 निम्न विकल्पों में से विषम चुनिए:
A. 3 **B.** 7 **C.** 9 **D.** 11

Q.129 निम्न विकल्पों में से विषम चुनिए:
A. शेर **B.** बाघ **C.** मुर्गी **D.** गाय

Q.130 निम्न विकल्पों में से विषम चुनिए:
A. अंग्रेज़ी **B.** हिंदी **C.** उर्दू **D.** संस्कृत

Q.131 निर्देश: निम्नलिखित प्रश्न में दिए गए विकल्पों में से संबंधित शब्द को चुनिए।
गोली मारना : हत्या
A. अपमान : अपमानित होना
B. अपशब्द : खुशी
C. कुत्ता : भौंकना
D. चोट : तीक्ष्ण

Q.132 निम्नलिखित अनुक्रम को देखते हुए, श्रृंखला में अगला शब्द बताइये?
0, 2, 4, 6, 8, 12, 12, 20, 16, ____
A. 20 **B.** 24 **C.** 18 **D.** 30

Q.133 निर्देश: निम्नलिखित प्रश्न में (::) के बाएं ओर दिए गए दो शब्दों में एक सम्बन्ध है , वैसा ही सम्बन्ध (::) के दाईं ओर के दो शब्दों में होना चाहिए|

निम्नलिखित विकल्पों में से दाईं ओर का शब्द चुनिए, जो सही सम्बन्ध बनाता हो।

JDRC : GGOF : : SPKW : ?

A. KPRF **B.** KKOV **C.** PSHZ **D.** TMUS

Q.134 इस श्रृंखला में: 6, 9, 7, 10, 8, 11 ... अगली संख्या क्या होगी?

A. 14 **B.** 8 **C.** 9 **D.** 10

Q.135 यदि एक निश्चित कोड में "RANGE" को 12345 के रूप में कोडित किया गया है और "RANDOM" को 123678 के रूप में कोडित किया गया है। तब "MANGO" शब्द का कोड होगा?

A. 82357 **B.** 89343 **C.** 84629 **D.** 82347

Q.136 एक निश्चित कोड भाषा में, 'no more food' को 'ta ka da' और 'इससे 'more than that' को 'sa pa ka' लिखा जाता है। उस कोड भाषा में 'that' को कैसे लिखा जायेगा ?

A. sa **B.** ka
C. sa या pa **D.** डेटा अपर्याप्त है

Q.137 यदि आनंद बिमला का भाई है; बिमला चेतन की बहन है; और चेतन D का पिता है, D आनंद से कैसे संबंधित है?

A. भाई **B.** नीस **C.** नेफ्यू **D.** बहन

Q.138 G, S की डोटर-इन-लॉ है जिसके केवल एक बच्चा है। D, B का पिता है। B Z का ब्रदर इन लॉ है, जो S का पुत्र है। W के केवल दो बच्चे हैं एक बेटा और एक बेटी। W, B की मां है। F और E, S के ग्रैंडसन है। W के संबंध में E का क्या संबंध है?

A. अंकल **B.** पिता **C.** बेटा **D.** ग्रैंडसन

Q.139 दीपिका श्रद्धा से कहती है, "तुम्हारी मां के पिता के पुत्र मेरी बहन के पति है" दीपिका का श्रद्धा से क्या रिश्ता हैं?

A. सिस्टर-इन लॉ **B.** कजिन
C. चाची **D.** आंकड़े अपर्याप्त

Q.140 एक व्यक्ति दक्षिण की ओर 30 मी चलता है। फिर, वह अपने दायीं ओर मुड़ता है और 30 मी चलता है। फिर वह अपनी बायीं ओर मुड़ता है और 20 मी चलता है। फिर वह अपनी बायीं ओर मुड़ता है और 30 मी चलता है। अब वह अपने प्रारंभिक बिंदु से कितनी दूर है?

A. 20 मीटर **B.** 30 मीटर
C. 60 मीटर **D.** इनमें से कोई नहीं

// स्मार्ट उत्तर पुस्तिका //

सही उत्तर उन छात्रों के प्रतिशत को इंगित करता है जिन्होंने प्रश्नों का सही उत्तर दिया था।

छोड़ दिया उन छात्रों के प्रतिशत को इंगित करता है जिन्होंने प्रश्नों को छोड़ दिया था।

प्रश्न संख्या	उत्तर	सही उत्तर	छोड़ दिया
1	B	20.9 %	17.91 %
2	A	13.43 %	64.18 %
3	D	5.97 %	64.18 %
4	B	11.94 %	64.18 %
5	C	22.39 %	65.67 %
6	B	13.43 %	64.18 %
7	B	10.45 %	67.16 %
8	D	14.93 %	65.67 %
9	C	20.9 %	64.17 %
10	C	8.96 %	65.67 %
11	A	10.45 %	65.67 %
12	B	13.43 %	64.18 %
13	C	4.48 %	62.68 %
14	A	19.4 %	64.18 %
15	C	11.94 %	65.67 %
16	A	14.93 %	64.17 %
17	B	22.39 %	65.67 %
18	B	13.43 %	65.67 %
19	A	34.33 %	47.76 %
20	C	10.45 %	62.68 %
21	C	20.9 %	61.19 %
22	A	26.87 %	64.17 %
23	C	29.85 %	55.22 %
24	B	20.9 %	64.17 %
25	C	13.43 %	65.67 %
26	B	16.42 %	64.18 %
27	D	29.85 %	61.19 %
28	D	17.91 %	65.67 %
29	A	20.9 %	61.19 %
30	D	28.36 %	64.18 %
31	D	20.9 %	65.67 %
32	B	5.97 %	64.18 %
33	B	11.94 %	58.21 %
34	D	13.43 %	64.18 %
35	A	5.97 %	65.67 %
36	C	17.91 %	64.18 %
37	B	11.94 %	65.67 %
38	A	11.94 %	64.18 %
39	D	14.93 %	65.67 %
40	D	2.99 %	67.16 %
41	D	13.43 %	62.69 %
42	A	5.97 %	65.67 %
43	C	17.91 %	64.18 %
44	B	11.94 %	65.67 %
45	A	17.91 %	62.69 %
46	D	23.88 %	64.18 %
47	C	10.45 %	65.67 %
48	B	10.45 %	65.67 %
49	A	5.97 %	68.66 %
50	C	17.91 %	65.67 %
51	B	2.99 %	65.67 %
52	B	13.43 %	64.18 %
53	D	13.43 %	65.67 %
54	A	13.43 %	65.67 %
55	C	16.42 %	65.67 %
56	D	14.93 %	65.67 %
57	C	20.9 %	65.67 %
58	B	16.42 %	65.67 %
59	C	17.91 %	65.67 %
60	B	16.42 %	64.18 %
61	B	10.45 %	67.16 %
62	A	14.93 %	65.67 %
63	B	1.49 %	65.67 %
64	D	10.45 %	65.67 %
65	C	7.46 %	67.17 %
66	B	7.46 %	65.67 %
67	A	10.45 %	65.67 %
68	A	2.99 %	65.67 %
69	C	4.48 %	67.16 %
70	B	2.99 %	67.16 %
71	D	23.88 %	61.19 %
72	A	19.4 %	64.18 %
73	C	4.48 %	67.16 %
74	B	13.43 %	65.67 %
75	D	23.88 %	65.67 %
76	D	25.37 %	65.67 %
77	D	16.42 %	68.65 %
78	B	10.45 %	67.16 %
79	C	10.45 %	62.68 %
80	D	11.94 %	64.18 %

प्रश्न संख्या	उत्तर	सही उत्तर	छोड़ दिया
81	D	5.97 %	62.69 %
82	B	8.96 %	64.17 %
83	D	17.91 %	65.67 %
84	B	10.45 %	67.16 %
85	A	13.43 %	68.66 %
86	D	13.43 %	65.67 %
87	A	2.99 %	65.67 %
88	A	11.94 %	67.16 %
89	C	14.93 %	65.67 %
90	B	8.96 %	67.16 %
91	C	16.42 %	64.18 %
92	A	8.96 %	65.67 %

प्रश्न संख्या	उत्तर	सही उत्तर	छोड़ दिया
93	C	14.93 %	62.68 %
94	B	17.91 %	67.16 %
95	A	19.4 %	65.67 %
96	C	22.39 %	64.18 %
97	B	14.93 %	68.65 %
98	A	16.42 %	67.16 %
99	A	5.97 %	65.67 %
100	A	25.37 %	65.67 %
101	B	16.42 %	64.18 %
102	C	22.39 %	67.16 %
103	A	17.91 %	65.67 %
104	A	25.37 %	65.67 %

प्रश्न संख्या	उत्तर	सही उत्तर	छोड़ दिया
105	A	11.94 %	68.66 %
106	A	20.9 %	65.67 %
107	A	19.4 %	64.18 %
108	D	16.42 %	65.67 %
109	A	16.42 %	62.68 %
110	C	25.37 %	65.67 %
111	C	19.4 %	62.69 %
112	B	11.94 %	65.67 %
113	A	11.94 %	62.69 %
114	D	25.37 %	64.18 %
115	A	29.85 %	64.18 %
116	D	26.87 %	65.67 %

प्रश्न संख्या	उत्तर	सही उत्तर	छोड़ दिया
117	C	8.96 %	62.68 %
118	C	14.93 %	64.17 %
119	D	19.4 %	62.69 %
120	A	17.91 %	62.69 %
121	A	11.94 %	65.67 %
122	A	22.39 %	64.18 %
123	B	19.4 %	62.69 %
124	C	29.85 %	64.18 %
125	D	20.9 %	64.17 %
126	A	14.93 %	65.67 %
127	A	17.91 %	62.69 %
128	C	13.43 %	67.17 %

प्रश्न संख्या	उत्तर	सही उत्तर	छोड़ दिया
129	C	25.37 %	62.69 %
130	C	7.46 %	64.18 %
131	A	22.39 %	62.68 %
132	D	17.91 %	62.69 %
133	C	13.43 %	67.17 %
134	C	19.4 %	64.18 %
135	D	19.4 %	62.69 %
136	C	13.43 %	65.67 %
137	A	14.93 %	61.19 %
138	D	8.96 %	65.67 %
139	C	19.4 %	64.18 %
140	D	25.37 %	62.69 %

कार्य विश्लेषण	
औसत अंक (%)	15.0%
टॉपर्स स्कोर (%)	66.43%
आपका स्कोर	

//संकेत और समाधान//

1. भारतीय संविधान के अनुच्छेद 112 के अनुसार, एक वर्ष के केंद्रीय बजट को वार्षिक वित्तीय विवरण (AFS) के रूप में भी जाना जाता है, यह उस विशेष वर्ष के लिए सरकार की अनुमानित प्राप्तियों और व्यय का विवरण है।

अत: विकल्प (B) सही है।

2. केंद्र में नरेंद्र मोदी की अगुवाई वाली सरकार अपने जल जीवन मिशन के तहत 2024 तक हर ग्रामीण भारतीय परिवार को प्रति व्यक्ति प्रतिदिन 43-55 लीटर पानी देने की योजना बना रही है।

अत: विकल्प (A) सही है।

3. सीतारमण ने कहा कि सभी कंपनियों के कदम 99.3 प्रतिशत हैं। पिछले साल तत्कालीन वित्त मंत्री अरुण जेटली ने 250 करोड़ रुपये तक के टर्नओवर वाली कंपनियों के लिए कॉर्पोरेट आयकर की दर को 25 प्रतिशत तक घटा दिया था। कॉपोरिशन टैक्स कंपनी की शुद्ध आय पर लगाया जाने वाला कर है।

अत: विकल्प (D) सही है।

4. जून 2019 में, पिछले वर्षों में विनिर्माण और कृषि क्षेत्रों के धीमे होने के कारण फिच ने चालू वित्त वर्ष (FY20) के लिए भारत का विकास अनुमान 6.8% से घटाकर 6.6% कर दिया।

अत: विकल्प (B) सही है।

5.

- वित्तीय स्थिरता और विकास परिषद (एफएसडीसी) का गठन दिसंबर, 2010 में किया गया था।
- परिषद की अध्यक्षता केंद्रीय वित्त मंत्री करते हैं।

अत: विकल्प (C) सही है।

6.

- सऊदी अरब पहला अरब देश बन गया है जिसे वित्तीय कार्रवाई कार्य बल (एफएटीएफ) की पूर्ण सदस्यता प्रदान की गई है।
- एफएटीएफ में अब 39 पूर्ण सदस्य हैं, जिसमें संयुक्त राष्ट्र सुरक्षा परिषद के स्थायी सदस्य और जी -20 के अधिकांश देश शामिल हैं।

अत: विकल्प (B) सही है।

7. 'लाला लाजपत राय' को भारत के महान् क्रांतिकारियों में गिना जाता है। आजीवन ब्रिटिश राजशक्ति का सामना करते हुए अपने प्राणों की परवाह न करने वाले लाला लाजपत राय 'पंजाब केसरी' भी कहे जाते हैं। जब वी. पी. वाडिया ने भारत में 'मद्रास श्रमिक संघ' की स्थापना की, तब लालाजी के प्रयासों से ही 1926 ई. में 'श्रमिक संघ अधिनियम' पारित किया गया। 1920 ई. में स्थापित 'अखिल भारतीय ट्रेड यूनियन कांग्रेस' (ए.आई.टी.यू.सी.) में तत्कालीन, लगभग 64 श्रमिक संघ शामिल हो गये। एन. एम. जोशी, लाला लाजपत राय एवं जोसेफ़ बैपटिस्टा के प्रयत्नों से 1920 ई. में स्थापित 'अखिल भारतीय ट्रेड यूनियन कांग्रेस' पर वामपंथियों का प्रभाव बढ़ने लगा। 'एटक' (ए.आई.टी.यू.सी) के प्रथम अध्यक्ष लाला लाजपत राय थे। यह सम्मेलन 1920 ई. में बम्बई में हुआ था। इसके उपाध्यक्ष जोसेफ़ बैप्टिस्टा तथा महामंत्री दीवान चमनलाल थे।

अत: विकल्प (B) सही है।

8. 'अकाल' से अभिप्राय है- 'ऐसा समय, जिसमें अनाज आदि खाने की वस्तुओं की बहुत अधिक कमी हो जाये और वे बड़ी कठिनाई से प्राप्त हों।' अकाल का सबसे बड़ा कारण होता है- वर्षा का न होना, जिस कारण अन्न आदि खाद्य वस्तुओं की पैदावार नहीं हो पाती और सूखे की समस्या उत्पन्न हो जाती है। 'अकाल' भारत के आर्थिक जीवन की एक दु:खद विशेषता है। मेगस्थनीज़ ने लिखा है कि- "भारत में अकाल नहीं पड़ता", लेकिन यह कथन बाद के इतिहास में सही नहीं सिद्ध होता। सच तो यह है कि भारत जैसे देश में मुख्यत: खेती ही जीवन-यापन का साधन है और वह मुख्यत: अनिश्चित मानसून की वर्षा पर निर्भर रहती है। अत: यहाँ अकाल प्राय: पड़ता रहता है।

अत: विकल्प (D) सही है।

9. 'महादेव गोविन्द रानाडे' भारत के प्रसिद्ध राष्ट्रवादी, समाज सुधारक, विद्वान् और न्यायविद थे। उन्होंने विभिन्न प्रकार के समाज सुधार के कार्यों में बढ़-चढ़ कर हिस्सा लिया था। प्रार्थना समाज, आर्य समाज और ब्रह्म समाज का महादेव गोविन्द रानाडे के जीवन पर बहुत प्रभाव था। प्रार्थना समाज के मंच से रानाडे ने महाराष्ट्र में अंधविश्वास और हानिकारक रूढ़ियों का जमकर विरोध किया था। धर्म में उनका अंधविश्वास नहीं था। वे मानते थे कि देश काल के अनुसार धार्मिक आचरण बदलते रहते हैं। उन्होंने स्त्री शिक्षा का प्रचार किया। वे 'बाल विवाह' के कट्टर विरोधी और 'विधवा विवाह' के समर्थक थे। इसके लिए उन्होंने एक समिति 'विधवा विवाह मण्डल' की स्थापना भी की थी। महादेव गोविन्द रानाडे 'दकन एजुकेशनल सोसायटी' के संस्थापकों में भी प्रमुख थे।

अत: विकल्प (C) सही है।

10. 'चेन्नई' (भूतपूर्व मद्रास), तमिलनाडु राज्य की राजधानी, दक्षिण भारत, 'बंगाल की खाड़ी' के कोरोमण्डल तट पर स्थित है। तमिलनाडु की राजधानी चेन्नई भारत के चार महानगरों में से एक है। समुद्र किनारे बसे इस शहर में बंदरगाह भी हैं। पहले इस शहर को 'मद्रास' के नाम से जाना जाता था। मद्रास मछुआरे के गाँव मद्रासपटनम का छोटा रूप था, जहाँ ब्रिटिश ईस्ट इण्डिया कम्पनी ने 1639-1640 में एक क़िले और व्यापारिक चौकी का निर्माण किया था। उस समय सूती कपड़े की बुनाई एक स्थानीय उद्योग था और अंग्रेज़ों ने बुनकरों तथा स्थानीय व्यापारियों को क़िले के आस-पास बसने के लिए बुलाया था। 1652 तक फ़ोर्ट सेंट जार्ज फ़ैक्ट्री को प्रेज़िडेंसी की प्रतिष्ठा मिल गई और 1668 और 1749 के बीच कम्पनी ने अपने नियंत्रण का विस्तार किया।

अत: विकल्प (C) सही है।

11. भारत में समाचार पत्रों का इतिहास यूरोपीय लोगों के भारत में प्रवेश के साथ ही प्रारम्भ होता है। सर्वप्रथम भारत में प्रिंटिंग प्रेस लाने का श्रेय पुर्तग़ालियों को दिया जाता है। 1557 ई. में गोवा के कुछ पादरी लोगों ने भारत की पहली पुस्तक छापी। 1684 ई. में अंग्रेज़ ईस्ट इण्डिया कम्पनी ने भारत की पहली पुस्तक की छपाई की। ब्रिटिश शासन में अंग्रेज़ी समाचार पत्रों एवं भारतीय समाचार पत्रों के दृष्टिकोण में अंतर होता था। जहाँ अंग्रेज़ी समाचार पत्रों को भारतीय समाचार पत्रों की अपेक्षा ढेर सारी सुविधायें उपलब्ध थीं, वहीं भारतीय समाचार पत्र पर प्रतिबन्ध लगा था। सभी समाचार पत्रों में 'इंग्लिश मैन' सर्वाधिक रूढ़िवादी एवं प्रतिक्रियावादी था। 'पायनियर' ब्रिटिश सरकार का पूर्ण समर्थक समाचार-पत्र था, जबकि 'स्टेट्समैन' कुछ तटस्थ दृष्टिकोण रखता था।

अत: विकल्प (A) सही है।

12. 'लाला लाजपत राय' को भारत के महान् क्रांतिकारियों में गिना जाता है। आजीवन ब्रिटिश राजशक्ति का सामना करने वाले लाला लाजपत राय 'पंजाब केसरी' भी कहे जाते हैं। वे उच्च कोटि के राजनीतिक नेता ही नहीं थे, अपितु ओजस्वी लेखक और प्रभावशाली वक्ता भी थे। 'बंगाल की खाड़ी' में हज़ारों मील दूर मांडले जेल में लाला लाजपत राय का किसी से भी किसी प्रकार का कोई संबंध या संपर्क नहीं था। अपने इस समय का उपयोग उन्होंने लेखन कार्य में किया। लालाजी ने भगवान श्रीकृष्ण, अशोक, शिवाजी, स्वामी दयानंद सरस्वती, गुरुदत्त, मत्सीनी और गैरीबाल्डी की संक्षिप्त जीवनियाँ भी लिखी। 'नेशनल एजुकेशन', 'अनहैप्पी इंडिया' और 'द स्टोरी ऑफ़ माई डिपोर्डेशन' उनकी अन्य महत्त्वपूर्ण रचनाएँ हैं। उन्होंने 'पंजाबी', 'वंदे मातरम्' (उर्दू) में और 'द पीपुल' इन तीन समाचार पत्रों की स्थापना करके इनके माध्यम से देश में 'स्वराज' का प्रचार किया।

अत: विकल्प (B) सही है।

13. गुप्त प्रशासन राजतंत्रात्मक व्यवस्था पर चलता था। राजपद वंशानुगत सिद्धान्त पर आधारित था। राजा अपने बड़े पुत्र को युवराज घोषित करता था। कुशल प्रशासन के लिए विशाल गुप्त साम्राज्य कई प्रान्तों में बंटा था। प्रान्तों को 'देश', 'भुक्ति' अथवा 'अवनी' कहा जाता था। जो सम्राट द्वारा स्वयं शासित होता था, उसकी सबसे बड़ी प्रशासनिक ईकाई 'देश' या 'राष्ट्र' कहलाती थी। 'भुक्ति' का विभाजन जनपदों में किया गया था। जनपदों को 'विषय' कहा जाता था,

जिसका प्रधान अधिकारी 'विषयपति' होता था। नगरों का प्रशासन नगर महापालिकाओं द्वारा चलाया जाता था। पुरपाल नगर का मुख्य अधिकारी होता था। वह कुमारामात्य के श्रेणी का अधिकारी होता था। जूनागढ़ के लेख से ज्ञात होता है कि गिरनार नगर का पुरपाल चक्रपालित था।

अत: विकल्प (C) सही है।

14. 'अमर शहीद सरदार भगत सिंह' का नाम विश्व में 20वीं शताब्दी के अमर शहीदों में बहुत ऊँचा है। भगत सिंह ने देश की आज़ादी के लिए जिस साहस के साथ शक्तिशाली ब्रिटिश सरकार का मुक़ाबला किया, वह आज के युवकों के लिए एक बहुत बड़ा आदर्श है। गाँधीजी के 'असहयोग आंदोलन' से प्रभावित होकर 1921 में भगत सिंह ने स्कूल छोड़ दिया था। आंदोलन से प्रभावित छात्रों के लिए लाला लाजपतराय ने लाहौर में 'नेशनल कॉलेज' की स्थापना की थी। इसी कॉलेज में भगत सिंह ने भी प्रवेश लिया। 'पंजाब नेशनल कॉलेज' में उनकी देश भक्ति की भावना फलने-फूलने लगी थी। इसी कॉलेज में यशपाल, भगवतीचरण, सुखदेव, तीर्थराम, झण्डा सिंह आदि क्रांतिकारियों से उनका संपर्क हुआ। कॉलेज में एक 'नेशनल नाटक क्लब' भी था। इसी क्लब के माध्यम से भगत सिंह ने देशभक्तिपूर्ण नाटकों में अभिनय भी किया। ये नाटक थे- 'राणा प्रताप', 'सम्राट चन्द्रगुप्त' और 'भारत दुर्दशा'।

अत: विकल्प (A) सही है।

15. कनिष्क का सिक्का 'कुषाण वंश' का प्रमुख प्रतापी सम्राट कनिष्क 'भारतीय इतिहास' में अपनी विजय, धार्मिक प्रवृत्ति, साहित्य तथा कला का प्रेमी होने के नाते विशेष स्थान रखता है। कुमारलात की 'कल्पनामंड' नामक टीका के अनुसार इसने भारत विजय के पश्चात् मध्य एशिया में ख़ोतान जीता और वहीं पर राज्य करने लगा। कल्हण ने भी अपनी 'राजतरंगिणी' में कनिष्क और हुविष्क द्वारा कश्मीर पर राज्य तथा वहाँ अपने नाम पर नगर बसाने का उल्लेख किया है। इनके आधार पर यह कहा जा सकता है कि सम्राट कनिष्क का राज्य कश्मीर से उत्तरी सिंध तथा पेशावर से सारनाथ के आगे तक फैला था। कुषाण राजा कनिष्क के निर्माण कार्यों का निरीक्षक अभियन्ता एक यवन अधिकारी 'अगेसिलोस' था।

अत: विकल्प (C) सही है।

16. 'वल्लभीपुर' या 'बल्लभीपुर' प्राचीन भारत का नगर, जो पाँचवीं से आठवीं शताब्दी तक मैत्रक वंश की राजधानी रहा था। यह पश्चिमी भारत के सौराष्ट्र में और बाद में गुजरात राज्य के भावनगर बंदरगाह के पश्चिमोत्तर में 'खम्भात की खाड़ी' के मुहाने पर स्थित था। माना जाता है कि वल्लभीपुर की स्थापना लगभग 470 ई. में मैत्रक वंश के संस्थापक सेनापति भट्टारक ने की थी। वल्लभीपुर ज्ञान का महत्त्वपूर्ण केन्द्र था और यहाँ कई बौद्ध मठ भी थे। एक जैन परम्परा के अनुसार पाँचवीं या छठी शताब्दी में दूसरी जैन परिषद यहीं आयोजित की गई थी। इसी परिषद में जैन ग्रन्थों ने वर्तमान स्वरूप ग्रहण किया था। यह नगर अब लुप्त हो चुका है, लेकिन 'वल' नामक गाँव से इसकी पहचान की गई है, जहाँ मैत्रकों के ताँबे के अभिलेख और मुद्राएँ पाई गई हैं।

अत: विकल्प (A) सही है।

17. गोवा में साक्षरता का प्रतिशत 82.32 है, जो भारत में केरल (90.86) और मिज़ोरम (88.80) के बाद तीसरी सबसे अधिक है। गोवा में पुरुष 88.88 प्रतिशत और स्त्री 75.51 प्रतिशत साक्षर है।

अत: विकल्प (B) सही है।

18. काली मिट्टी की जलधारण क्षमता अधिक है। यही कारण है कि यह मिट्टी शुष्क कृषि के लिए अनुकूल है। कपास की खेती के लिए सर्वाधिक उपयुक्त होने के कारण इसे 'कपास की काली मिट्टी' अथवा कपासी मृदा भी कहा जाता है।

अत: विकल्प (B) सही है।

19. देशांतर:- यह ग्लोब पर उत्तर से दक्षिण की ओर खींची जाने वाली काल्पनिक रेखाएँ हैं। ये रेखाएँ उत्तरी तथा दक्षिण ध्रुव पर एक बिन्दु पर मिल जाती हैं। एक देशांतर का अंतर होने पर समय में 4 मिनट का अंतर होता है, इसलिए 1 घण्टा (60 मिनट) में 15 डिग्री देशांतर होगा।

अत: विकल्प (A) सही है।

20. मध्य प्रदेश दूसरा सबसे बड़ा भारतीय राज्य है। भौगोलिक दृष्टि से यह देश में केन्द्रीय स्थान रखता है। इसकी राजधानी भोपाल है। मध्य का अर्थ बीच में है, मध्य प्रदेश की भौगोलिक स्थिति भारतवर्ष के मध्य अर्थात् बीच में होने के कारण इस प्रदेश का नाम मध्य प्रदेश दिया गया, जो कभी 'मध्य भारत' के नाम से जाना जाता था।

अत: विकल्प (C) सही है।

21. बाकू अजरबैजान की राजधानी है। बाकू खनिज तेल के लिए प्रसिद्ध है। खनिज तेल शब्द का प्रयोग दो अलग-अलग अर्थों में किया जाता है :

पहला, 'क्रूड आयल' या प्राकृतिक रूप से मिलने वाला पेट्रोलियम तथा दूसरा पेट्रोलियम के आसवन से प्राप्त उत्पाद।

अत: विकल्प (C) सही है।

22. अनाई शिखर, पूर्वी केरल राज्य में स्थित है। यह शिखर, पश्चिमी घाट, दक्षिणी-पश्चिमी भारत में है। यह अनाईमुदी शिखर के नाम से भी प्रसिद्ध है।

अत: विकल्प (A) सही है।

23. हिमालय पर्वतमाला की गणना वैज्ञानिक विश्व की नवीन पर्वत मालाओं से करते हैं। इसका निर्माण सागर-तल के उठने से आज से पाँच-छह करोड़ वर्ष पहले हुआ। हिमालय को अपनी पूरी ऊँचाई प्राप्त करने में 60 से 70 लाख वर्ष लगे। हिमालय अपनी ऊँची चोटियों के लिये प्रसिद्ध है। विश्व का सर्वोच्च शिखर माउंट एवरेस्ट हिमालय की ही एक चोटी है। विश्व के 100 सर्वोच्च शिखरों में कई हिमालय की चोटियाँ हैं। अन्य पर्वतों की अपेक्षा यह काफ़ी नया है।

अत: विकल्प (C) सही है।

24. गोदावरी नदी के तट पर ही त्र्यंबकेश्वर, नासिक, पैठन जैसे प्रसिद्ध तीर्थस्थल हैं। इसे पुराण दक्षिणी गंगा भी कहते हैं। इसका काफ़ी भाग दक्षिण भारत में हैं। इसकी कुल लंबाई 1465 किमी है, जिसका 48.6 भाग महाराष्ट्र, 20.7 भाग मध्य प्रदेश, 14 कर्नाटक, 5.5 उड़ीसा, और 23.8 आंध्र प्रदेश में पड़ता है।

अत: विकल्प (B) सही है।

25. मध्य प्रदेश की जलवायु मानसून पर निर्भर करती है। ग्रीष्म ऋतु गर्म व शुष्क होती है और गर्म हवाएँ चलती हैं। राज्य का औसत तापमान 29 डिग्री से. रहता है। कुछ भागों में तापमान 48 डिग्री से. तक पहुँच जाता है। सर्दियाँ खुशनुमा और शुष्क होती हैं। दिसम्बर और जनवरी में समुचित वर्षा होती है, जिसका सम्बन्ध राज्य के पश्चिमोत्तर भाग में होने वाले उष्णकटिबंधीय विक्षोभ से है।

अत: विकल्प (C) सही है।

26. भारत के पूर्व में स्थित एक विशाल देश है। जिसे पटकोई पर्वत श्रृंखला, घने जंगलों तथा बंगाल की खाड़ी ने भारत से अलग कर रखा है। म्यांमार अथवा 'ब्रह्मा' को 'पैगोडा का देश' कहते हैं। यह एक स्वतंत्र देश है जो 1937 ई. से पूर्व भारत का ही एक अंग था। म्यांमार का प्रारम्भिक इतिहास यहाँ की मूल जातियों (बर्मी व मोन) के संघर्ष का इतिहास है। भारत के बौद्ध प्रचारकों के प्रयासों से यहाँ बौद्ध धर्म की स्थापना हुई थी।

अत: विकल्प (B) सही है।

27. भारत की सबसे महत्त्वपूर्ण नदी गंगा, जो भारत और बांग्लादेश में मिलाकर 2,510 किलोमीटर की दूरी तय करती हुई उत्तरांचल में हिमालय से लेकर बंगाल की खाड़ी के सुंदरवन तक विशाल भू भाग को सींचती है, देश की प्राकृतिक संपदा ही नहीं, जन जन की भावनात्मक आस्था का आधार भी है।

अत: विकल्प (D) सही है।

28. बेतवा नदी मध्य प्रदेश में भोपाल के दक्षिण पश्चिम से निकलती है। निकलने के पश्चात् भोपाल, ग्वालियर, झाँसी, औरय्या और जालौन से होती हुई हमीरपुर के निकट यह यमुना नदी में मिल जाती है।

अत: विकल्प (D) सही है।

29. महानदी नदी, मध्य भारत, के मध्य छत्तीसगढ़ राज्य की पहाड़ियों में सिहावा के पास से उदगम है। महानदी को 'उड़ीसा का शोक' कहा जाता है। जिसका कारण इसकी बाढ़ विभीषिका है। उड़ीसा प्राचीन समय से बाढ़ और सूखे से ग्रसित रहा है।

अत: विकल्प (A) सही है।

30. महानदी नदी, मध्य भारत, के मध्य छत्तीसगढ़ राज्य की पहाड़ियों में सिहावा के पास से उदगम है। इसका ऊपरी प्रवाह उत्तर की ओर महत्त्वहीन धारा के रूप में होता है और छत्तीसगढ़ मैदान के पूर्वी हिस्से को अपवाहित करता है।

अत: विकल्प (D) सही है।

31. अमरनाथ हिन्दुओं का एक प्रमुख तीर्थस्थल है। यह जम्मू - कश्मीर राज्य के श्रीनगर शहर के उत्तर - पूर्व में 135 सहस्त्रमीटर दूर समुद्र तल से 3888 मीटर (13,500 फुट) की ऊंचाई पर स्थित है। इस गुफा की लंबाई (भीतर की ओर गहराई) 19 मीटर और चौड़ाई 16 मीटर है। यह गुफा लगभग 150 फीट क्षेत्र में फैली है और गुफा 11 मीटर ऊंची है तथा इसमें हज़ारों श्रद्धालु समा सकते हैं।

अत: विकल्प (D) सही है।

32. 7वी पंचवर्षीय की योजना का मुख्य उद्देश्य आर्थिक उत्पादकता बढाना, अनाज के उत्पादन और रोजगार के अवसर पैदा कर क्षेत्रों में विकास की स्थापना के थे। छठे पंचवर्षीय योजना के एक परिणाम के रूप में, वहाँ कृषि, मुद्रास्फीति की दर पर नियंत्रण और जो सातवीं पंचवर्षीय आगे आर्थिक विकास के लिए आवश्यकता पर निर्माण की योजना के लिए एक मजबूत आधार प्रदान किया था। सातवीं पंचवर्षीय योजना में भारत में खाद्यान्नों का औसत वार्षिक 1650 लाख टन उत्पादन हुआ।

अत: विकल्प (B) सही है।

33. वेतन से आमदनी के अलावा जिस व्यक्ति की अन्य स्रोत से आय पर सालाना टैक्स देनदारी 10 हजार रुपये से ज्यादा बनती है, उन्हें भी हर तिमाही में कुल टैक्स का एक तय हिस्सा जमा करना पड़ता है. इसे ही अग्रिम कर या एडवांस टैक्स कहा जाता है अग्रिम कर किसी भी महीने में देय होता है।

अत: विकल्प (B) सही है।

34. कुचिपुड़ि आंध्र प्रदेश की एक स्वदेशी नृत्य शैली है जिसने इसी नाम के गाँव में जन्म लिया और पनपी, इसका मूल नाम कुचेलापुरी या कुचेलापुरम था, जो कृष्णा ज़िले का एक कस्बा है।

अतः विकल्प (D) सही है।

35. शास्त्रीय नृत्य का यह एक प्रसिद्ध नृत्य है। भरतनाट्यम, भारत के प्रसिद्ध नृत्यों में से एक है तथा इसका संबंध दक्षिण भारत के तमिलनाडु राज्य से है। यह नाम 'भरत' शब्द से लिया गया तथा इसका संबंध 'नृत्यशास्त्र' से है।

अतः विकल्प (A) सही है।

36. प्रियंवदा मोहंती ओडिसी शास्त्रीय नृत्य शैली से जुड़ी हैं।

प्रियंबदा मोहंती हेजमादी ओडिसी की एक भारतीय शास्त्रीय नृत्यांगना, कला लेखक, जीवविज्ञानी और संबलपुर विश्वविद्यालय के पूर्व कुलपति हैं। ओडिसी को पुरातात्विक साक्ष्यों के आधार पर सबसे पुराने जीवित शास्त्रीय नृत्य रूपों में से एक माना जाता है। ओडिशा के पारंपरिक नृत्य, ओडिसी का जन्म मंदिर में नृत्य करने वाली देवदासियों के नृत्य से हुआ था।

अतः विकल्प (C) सही है।

37. मृणालिनी साराभाई भारतीय शास्त्रीय नृत्य के सबसे ज्यादा पहचाने जाने वाले चेहरों में से एक थीं| वह भरतनाट्यम और कथकली में एक विशेषज्ञ नर्तक थीं, और साथ-ही-साथ एक नृत्य निर्देशक और नृत्य प्रशिक्षक भी थीं। एक गतिशील व्यक्तित्व, उनका मानना था कि नए नृत्य रूप समय के साथ विकसित होते हैं, लेकिन यह भी महत्वपूर्ण है कि वे पारंपरिक शास्त्रीय आधार से विकसित होते हों।

अतः विकल्प (B) सही है।

38. ऋग्वेद सनातन धर्म अथवा हिन्दू धर्म का स्रोत है। इसमें 1028 सूक्त हैं, जिनमें देवताओं की स्तुति की गयी है। इस ग्रंथ में देवताओं का यज्ञ में आह्वान करने के लिये मन्त्र हैं। यही सर्वप्रथम वेद है। ऋग्वेद को दुनिया के सभी इतिहासकार हिन्द-यूरोपीय भाषा-परिवार की सबसे पहली रचना मानते हैं।

अतः विकल्प (A) सही है।

39. 'राग भैरव' या 'राग भैरवी' की उत्पत्ति ठाठ भैरवी से मानी गई है। इसमें रे, ग, ध और नि, कोमल लगते हैं और म को वादी तथा सा को संवादी स्वर माना गया है। गायन समय प्रात:काल है।

अतः विकल्प (D) सही है।

40. राग देस काफीथाट से निकलता है। इसके अवरोह में सब स्वर लगाये जाते हैं। गाने बजाने का समय रात का दूसरा प्रहर माना जाता है।

अतः विकल्प (D) सही है।

41. 'मदुरै षण्मुखवडिवु सुब्बुलक्ष्मी' अथवा एम. एस. सुब्बुलक्ष्मी को कर्नाटक संगीत का पर्याय माना जाता है और भारत की वह ऐसी पहली गायिका थीं जिन्हें सर्वोच्च नागरिक अलंकरण भारत रत्न से सम्मानित किया गया। उनके गाये हुए गाने, ख़ासकर भजन आज भी लोगों के बीच काफ़ी लोकप्रिय हैं।

अत: विकल्प (D) सही है।

42. बाँसुरी अत्यंत लोकप्रिय सुषिर वाद्य यंत्र माना जाता है, क्योंकि यह प्राकृतिक बांस से बनायी जाती है, इसलिये लोग इसे 'बांस बांसुरी' भी कहते हैं। बाँसुरी बनाने की प्रक्रिया काफ़ी कठिन नहीं है। सबसे पहले बांसुरी के अंदर की गांठों को हटाया जाता है। फिर उसके शरीर पर कुल सात छेद खोदे जाते हैं। सबसे पहला छेद मुँह से फूंकने के लिये छोड़ा जाता है, बाक़ी छेद अलग-अलग आवाज़ निकालने का काम देते हैं।

अत: विकल्प (A) सही है।

43. एम.एफ. हुसैन ने पेंटिंग की शुरुआत फ़िल्म के पोस्टरों से की। एम.एफ. हुसैन महाराष्ट्र के प्रसिद्ध चित्रकार जिनका पूरा जीवन चित्रकला को समर्पित था और जिन्हें प्रगतिशाली चित्रकार माना जाता है। मक़बूल फ़िदा हुसैन को कला के क्षेत्र में भारत सरकार द्वारा सन 1991 में भारत के दूसरे सर्वोच्च नागरिक पुरस्कार पद्म विभूषण से सम्मानित किया गया।

अत: विकल्प (C) सही है।

44. बनी-ठनी किशनगढ़ शैली से सम्बन्धित है। राजस्थान की किशनगढ़ चित्रकला शैली अपने श्रृंगारिक चित्रों के लिए सम्पूर्ण भारत में जानी जाती है। किशनगढ़ के राजा सामंतसिंह, श्रृंगारप्रिय व अच्छे साहित्यकार थे, जो नागरीदास के नाम से प्रसिद्ध हुए। इनकी प्रेमिका 'बनी-ठनी' राधा का सौन्दर्य इनके काव्य पर आधारित है। किशनगढ़ शैली पर मुग़लकला का भी प्रभाव पड़ा था।

अत: विकल्प (B) सही है।

45. अवनीन्द्र नाथ टैगोर ने 'इण्डियन सोसायटी ऑफ़ ओरियण्टल आर्ट' की स्थापना की थी। अवनीन्द्रनाथ ठाकुर भारत के प्रख्यात चित्रकार तथा साहित्यकार थे। उन्हें राष्ट्र से बड़ा प्रेम था। सांस्कृतिक गुलामी से मुक्ति के लिए उन्होंने अपने अग्रज गगनेन्द्रनाथ ठाकुर के सहयोग से 1907 में कोलकाता (भूतपूर्व कलकत्ता) में 'इंडियन सोसायटी ऑफ़ ओरियण्टल आर्टस' नामक संस्था की स्थापना की थी।

अत: विकल्प (A) सही है।

46. उत्तराखंड का 'उत्तरायण पर्व' हो या केरल का ओणम, कर्नाटक की 'रथसप्तमी' हो या बिहार का छठ पूजा, सभी इसका प्रमाण हैं कि, भारत मूलत: सूर्य संस्कृति के उपासकों का देश है तथा बारह मास के तीज-त्योहार सूर्य के

संवत्सर चक्र के अनुसार मनाए जाते हैं। छठ से जुड़ी पौराणिक मान्यताओं और लोकगाथाओं पर गौर करें, तो पता चलता है कि भारत के आदिकालीन सूर्यवंशी राजाओं का यह मुख्य पर्व था।

अत: विकल्प (D) सही है।

47. राजस्थान के दक्षिण-पूर्व में स्थित बूँदी एक पूर्व रियासत एवं ज़िला मुख्यालय है। इसकी स्थापना सन 1242 ई. में राव देवाजी ने की थी। बूँदी पहाड़ियों से घिरा सघन वनाच्छादित सुरम्य नगर है। यहाँ के शासक राव सुर्जन हाड़ा ने अकबर की अधीनता स्वीकार कर ली थी। शाहजहाँ के समय बूँदी के शासक छत्रसाल हाड़ा ने दारा की ओर से धरमत की लड़ाई में भाग लिया था, किंतु वह इस युद्ध में मारा गया। बूँदी अपनी विशिष्ट चित्रकला शैली के लिए विख्यात है, जो इस अंचल में मध्यकाल में विकसित हुई।

अत: विकल्प (C) सही है।

48. कोडरमा झारखंड के उन जिलों में से एक है, जो प्रचुर मात्रा में प्राकृतिक संसाधनों और खनिज संपदा से समृद्ध है| पहले यह विश्व स्तर पर अभ्रक के उत्पादन के लिए प्रसिद्ध था और इसे भारत की माइका कैपिटल या अब्राह-नागरी के रूप में जाना जाता था। अभ्रक एक ऐसा खनिज है जो प्लेटों अथवा पत्रण क्रम में पाया जाता है। इसका चादरों में विपाटन आसानी से हो सकता है।

अत: विकल्प (B) सही है।

49. अवसादी चट्टानें दूसरी महान चट्टान वर्ग हैं। जबकि आग्नेय चट्टानें गर्म पैदा होती हैं, तलछटी चट्टानें पृथ्वी की सतह पर ठंडी पैदा होती हैं, ज्यादातर पानी के नीचे। वे आमतौर पर परतों या स्ट्रैट से मिलकर होते हैं ; इसलिए उन्हें स्तरीकृत चट्टानें भी कहा जाता है। तलछटी चट्टान के स्तरों में खनिजों का निक्षेपण और संचयन होता है।

अत: विकल्प (A) सही है।

50. मोनाज़ाइट एक लाल-ख़ाकी रंग का फास्फेट खनिज है जिसमें दुर्लभ मृदा तत्व (रेर अर्थ एलिमेन्ट) पाये जाते हैं। यह अक्सर छोटे क्रिस्टलों में पाया जाता है जो किसी रेत, मिट्टी या अन्य पत्थरों के बीछ बिखरे हुये होते हैं। मोनाज़ाइट थोरियम, लैन्थनम और सीरियम तत्वों को उपलब्ध करने के लिये महत्वपूर्ण खनिज हैं।

अत: विकल्प (C) सही है।

51. पठार धरातल का वह विशिष्ट स्थल रूप है, जो कि अपने आस-पास के स्थल से पर्याप्त ऊँचाई का तथा जिसका शीर्ष भाग चौड़ा और सपाट होता है। सामान्यतः पठार की ऊँचाई 300 से 500 फीट तक होती है। शान राज्य बर्मा के पूर्व में स्थित एक राज्य है। इसकी उत्तर में कचिन राज्य और चीन का युन्नान प्रान्त, पूर्व में लाओस और दक्षिण में थाईलैण्ड स्थित है। इस प्रांत में 3000 फुट औसत ऊँचाई वाले शान पठार हैं। यहाँ की मुख्य चट्टान नीस है। राज्य में कुछ जवाहरातों की खानें भी हैं।

अत: विकल्प (B) सही है।

52. मादा मैंगो लीफ़ हॉपर पत्ती की निचली सतह पर अपने अंडे देती है। यह कीट आम के पौधों को बहुत नुकसान पहुँचाता है। यह कीट अपने साथ स्टाइकेट सीट छोड़ता है, जिससे उसके ऊपर कवक की वृद्धि हो जाती है।

अत: विकल्प (B) सही है।

53. दीमक एक छोटा सामाजिक कीट है, जो कि जटिलतम प्रकार का सामाजिक जीवन प्रदर्शित करता है। कुछ समय पहले तक दीमकों को एक गण अर्थात ' आर्डर' स्तर का दर्जा प्राप्त था और आर्डर आइसोप्टेरा में वर्गीकृत किया जाता था लेकिन वर्तमान में इन्हें एक मान्य एपिफ़ेमिली टर्मि टोइडी बनाकर (तिलचट्टे) अर्थात कॉकरोच वाले गण ब्लोटीडिया में रखा गया है। बाग़ान में दीमक द्वारा होने वाले नुकसान से बचने के लिए नीम की खली अधिक लाभप्रद होती है।

अत: विकल्प (D) सही है।

54. मृदा में ऑक्सीजन की मात्रा सर्वाधिक होती है। ऑक्सीजन पृथ्वी के अनेक पदार्थों में रहता है और वास्तव में अन्य तत्वों की तुलना में इसकी मात्रा सबसे अधिक है। ऑक्सीजन वायुमंडल में स्वतंत्र रूप में मिलता है और आयतन के अनुसार उसका लगभग पाँचवाँ भाग है। यौगिक रूप में पानी, खनिज तथा चट्टानों का यह महत्त्वपूर्ण अंश है।

अत: विकल्प (A) सही है।

55. दूध दुहने की सबसे उत्तम विधि 'फिस्टिंग विधि' है। नकलिंग विधि तथा स्ट्रिप विधि से पशुओं की दुहाई करने से इनमें थनैला रोग हो जाता है।

अत: विकल्प (C) सही है।

56. स्कर्वी विटामिन सी और एस्कार्बिक एसिड की कमी के कारण होने वाला एक रोग होता है। ये विटामिन मानव में कोलेजन के निर्माण के लिये आवश्यक होता है। इसमें शरीर खासकर जांघ और पैर में चकत्ते पड जाते हैं। रोग बढने पर मसूढ़े सूज जाते हैं और फ़िर दांत गिरने लगते हैं।

अत: विकल्प (D) सही है।

57. सिंचाई मिट्टी को कृत्रिम रूप से पानी देकर उसमे उपलब्ध जल की मात्रा में वृद्धि करने की क्रिया है और आमतौर पर इसका प्रयोग फसल उगाने के दौरान, शुष्क क्षेत्रों या पर्याप्त वर्षा ना होने की स्थिति में पौधों की जल आवश्यकता पूरी करने के लिए किया जाता है। भारत में सिंचाई के सर्वप्रथम स्रोत कुआँ व नलकूप है।

अत: विकल्प (C) सही है।

58. 'कृषि लागत एवं मूल्य आयोग' नई दिल्ली मे स्थित है। यहाँ पर कृषि मंत्रालय के कृषि लागत एवं मूल्य आयोग के अंतर्गत विभिन्न कृषि उत्पादों के न्यूनतम समर्थन मूल्यों की जानकारी प्राप्त कर सकते हैं। आप विभिन्न फसलों जैसे धान, ज्वार, बाजरा, रागी, मूँग, उड़द, गेंहूँ, चना, जूट, गन्ना इत्यादि के मूल्यों की जानकारी प्राप्त कर सकते हैं। विभिन्न कृषि उत्पादों के 2007-08 से 2013-14 तक के सिफारिस मूल्य एवं निश्चित मूल्य की भी जानकारी यहाँ दी गयी है।

अत: विकल्प (B) सही है।

59. रित क्रान्ति से आशय छठे दशक के अन्तिम दिनों में सम्पूर्ण विश्व में कृषि के उत्पादन में हुई उस अभूतपूर्व वृद्धि से है, जो कुछ थोड़े समय में उन्नतशील बीजों, रासायनिक खादों एवं नवीन तकनीकि के फलस्वरूप हुई। भारत में 'हरित क्रान्ति' की शुरुआत 1966-67 ई. में हुई।

अत: विकल्प (C) सही है।

60. विश्व में रेशम उत्पादन में अग्रणी राष्ट्र चीन है। चीन, विश्व को इसकी आपूर्ति करने में अग्रणी रहा है । रेशम के सर्वाधिक उत्पादन में भारत द्वितीय स्थान पर है, साथ ही विश्व में भारत रेशम का सबसे बड़ा उपभोक्ता भी है।

अत: विकल्प (B) सही है।

61. 'हरित क्रांति' शब्द के प्रतिपादक विलियम गॉड थे। भारत के हरित क्रांति के जनक एम. के. स्वामीनाथन हैं। ऐसी दिशा में उठाए गए कुछ महत्वपूर्ण कदमों ने सूखा, बाढ़, चक्रवात, आग, तथा बीमारी के लिए फसल बीमा के प्रावधान और किसानों को कम दर पर सुविधाएं प्रदान करने के लिए ग्रामीण बैंक, सहकारी समितियों और बैंकों की स्थापना सम्मिलित थे। किसानों के लाभ के लिए भारत सरकार ने किसान क्रेडिट कार्ड और दुर्घटना बीमा योजना (पीएआईएस) भी शुरू की।

अत: विकल्प (B) सही है।

62. 66वें फिल्मफेयर अवार्ड्स का आयोजन 27 मार्च 2021 को मुंबई में किया गया। इस सेरेमनी में साल 2020 में रिलीज हुईं फिल्मों को सम्मानित किया गया। सेरेमनी में दिवंगत एक्टर इरफान खान को फिल्म अंग्रेजी मीडियम के लिए सर्वश्रेष्ट अभिनेता के खिताब से नवाजा गया। साथ ही लाइफटाइम अचीवमेंट अवॉर्ड से भी सम्मानित किया गया। इरफान खान के बेटे बाबिल अपने पिता की ओर से अवॉर्ड लेने के लिए पहुंचे थे।

अत: विकल्प (A) सही है।

63. इंडियन प्रीमियर लीग (आईपीएल) फ्रेंचाइजी दिल्ली कैपिटलस ने घोषणा की कि उसने लुभावनी लीग के 14वें सत्र से पहले पूर्व भारतीय विकेटकीपर अजय रात्रा को टीम का सहायक कोच नियुक्त किया है। दिल्ली कैपिटल्स पिछले चरण के फाइनल में मुंबई इंडियंस से हारकर उप विजेता रही थी। आईपीएल का आगामी चरण नौ अप्रैल से शुरू होगा। उन्होंने हाल में सैयद मुश्ताक अली टूर्नामेंट और विजय हजारे ट्राफी में असम टीम को कोचिंग दी थी।

अत: विकल्प (B) सही है।

64. विश्व ऑटिज़्म जागरूकता दिवस हर साल 2 अप्रैल को मनाया जाता है। इस दिन ऑटिज़्म से पीड़ित बच्चों के जीवन में बेहतरी और सुधार को लेकर कामना की जाती साथ ही कई कठम उठाये जाते हैं। संयुक्त राष्ट्र महासभा ने साल 2007 में 2 अप्रैल को विश्व ऑटिज़्म जागरूकता दिवस की घोषणा की थी।

अत: विकल्प (D) सही है।

65. सुप्रीम कोर्ट ने बिहार सरकार की एक अपील खारिज करते हुए अदालत का समय बर्बाद करने के लिए राज्य सरकार पर 20 हजार रुपये जुर्माना लगाया है। यह अपील विभिन्न पक्षों के एक मामले पर सहमत होने के बाद पटना हाई कोर्ट द्वारा मामले का निस्तारण करने से जुड़ी हुई थी। न्यायमूर्ति एस. के. कौल और न्यायमूर्ति आर. एस. रेड्डी ने कहा कि राज्य सरकार ने उच्च न्यायालय की बेंच के आदेश के खिलाफ पिछले वर्ष सितंबर में सुप्रीम कोर्ट में विशेष अनुमति याचिका यानी एसएलपी दाखिल की थी।

अत: विकल्प (C) सही है।

66. केंद्र सरकार ने नए वाहनों की खरीद से पहले पुराने वाहन के स्क्रैप सर्टिफिकेट जमा करने पर 25 प्रतिशत कर छूट का प्रस्ताव रखा है। नियमों के प्रारूप में कहा गया है कि लोगों को वाहन स्क्रैप सर्टिफिकेट के साथ व्यक्तिगत वाहनों की खरीद पर 25 प्रतिशत तक रियायत मिलेगी जबकि वाणिज्यिक वाहनों की खरीद पर कर राहत 15 प्रतिशत होगी। व्यक्तिगत वाहनों में, कर रियायतें आठ साल तक ली जा सकती है। जबकि वाणिज्यिक वाहनों के लिए यह अवधि 15 वर्ष तक होगी। इस अवधि की गणना पहले पंजीकरण की तारीख से की जाएगी।

अत: विकल्प (B) सही है।

67. एचडीएफसी बैंक को एशियामनी बेस्ट बैंक अवॉर्ड्स 2021 में 'भारत का सर्वश्रेष्ठ एसएमई बैंक' चुना गया है। एचडीएफसी बैंक पिछले कुछ वर्षों में सूक्ष्म, लघु और मध्यम आकार के उद्यम (एमएसएमई) व्यवसाय के परिवर्तन के चलते इस पुरस्कार का योग्य विजेता बना है।

अत: विकल्प (A) सही है।

68. चीन और ईरान के बीच 25 साल के "रणनीतिक सहयोग समझौते" पर हस्ताक्षर किए गए हैं। इस संधि का मुख्य उद्देश्य दोनों राष्ट्रों के बीच संबंधों को प्रभावी रूप से समन्वित और गहरा करना है और ऊर्जा, उद्योग परिवहन, सेवाओं और बंदरगाहों के क्षेत्र में निवेश के लिए एक डिजाइन स्थापित करने में मदद करेगा। इस समझौते में राजनीति, अर्थव्यवस्था और रणनीति के विभिन्न पहलू और घटक शामिल हैं।

अत: विकल्प (A) सही है।

69. फ्रांस के राष्ट्रपति इमैन्युएल मैक्रों ने कोरोना के खतरे को देखते हुए पूरे देश में 4 हफ्ते के लिए लॉकडाउन लगा दिया है। राष्ट्रपति मैक्रों ने कहा कि स्कूलों को कम से कम तीन सप्ताह के लिए बंद किया जाए। लॉकडाउन का यह फैसला उस समय लिया गया जब फ्रांस में कोरोना की तीसरी लहर चल रही है। 4 सप्ताह तक लगाए हुए देशव्यापी लॉकडाउन के दौरान केवल जरूरी सामान की दुकानों को खुलने की इजाजत होगी।

अत: विकल्प (C) सही है।

70. विश्व बैंक ने वित्त वर्ष 2021-22 में भारत की ग्रोथ रेट 7.5 प्रतिशत से 12.5 प्रतिशत के बीच रहने का अनुमान जताया है। विश्व बैंक ने साउथ एशिया वैक्सीनेट्स नाम की अपनी रिपोर्ट में यह अनुमान जताया है। आईएमएफ ने कहा था कि भारतीय अर्थव्यवस्था तेजी से सुधार के रास्ते पर है. हालांकि, कोरोना संक्रमण के फिर से बढ़ रहे मामलों को देखते हुए लागू होने वाले लॉकडाउन से सुधार को झटका लग सकता है।

अत: विकल्प (B) सही है।

71. इंडियन प्रीमियर लीग के 14वें एडिशन के लिए दिल्ली कैपिटल्स ने ऋषभ पंत को कप्तान नियुक्त किया है। ऋषभ पंत चोटिल श्रेयस अय्यर की जगह लेंगे जो कंधे में चोट के कारण इस टी20 लीग से बाहर हो गए हैं। बतौर कप्तान ऋषभ पंत पहली बार आईपीएल में उतरेंगे। उन्होंने इससे पहले घरेलू क्रिकेट में दिल्ली की कप्तानी की है। पंत साल 2017 में सैयद मुश्ताक अली ट्रॉफी में दिल्ली के कप्तान थे।

अत: विकल्प (D) सही है।

72. मशहूर मराठी लेखक शरण कुमार लिंबाले को सरस्वती सम्मान 2020 मिला है। लिंबाले को यह सम्मान केके बिरला फाउंडेशन की ओर से दिया जाएगा। फाउंडेशन ने प्रेस विज्ञप्ति में कहा कि चयन परिषद ने डॉक्टर शरण कुमार लिंबाले के मराठी उपन्यास 'सनातन' को वर्ष 2020 के तीसवें सरस्वती सम्मान के लिए चुना है। भारतीय भाषाओं के किसी एक लेखक को 15 लाख रुपये का यह सम्मान केके बिरला फाउंडेशन हर साल देता है।

अत: विकल्प (A) सही है।

73. राजस्थान दिवस को राजस्थान का स्थापना दिवस भी कहा जाता है। हर वर्ष 30 मार्च को राजस्थान दिवस मनाया जाता है। 30 मार्च 1949 में जोधपुर, जयपुर, जैसलमेर और बीकानेर रियासतों का विलय होकर 'वृहत्तर राजस्थान संघ' बना था। यही राजस्थान की स्थापना का दिन माना जाता है। राजस्थान को मरू-भूमि कहा जाता है। राजस्थान की जलवायु शुष्क से उप-आर्द्र मानसूनी जलवायु है। प्राचीन समय में राजस्थान में क्षत्रिय राजपूत वंश के राजाओ का शासन था।

अत: विकल्प (C) सही है।

74. भारत और अमेरिका के विशेष बलों के बीच हिमाचल प्रदेश में 'वज्र प्रहार' अभ्यास का आयोजन किया गया। यह अभ्यास हिमाचल प्रदेश के चंबा जिले के बकलोह में आयोजित किया गया। इस अभ्यास का आयोजन बारी-बारी से अमेरिका और भारत में किया जाता है। इस अभ्यास का मुख्य उद्देश्य दोनों देशों के बलों के बीच इंटरओपेराबिलिटी को बढ़ावा देना है।

अत: विकल्प (B) सही है।

75. मुख्यमंत्री योगी आदित्यनाथ ने गोरखपुर में शहीद अशफाक उल्ला खान चिड़ियाघर (गोरखपुर चिड़ियाघर) का उद्घाटन किया है। यह राज्यव के पूर्वांचल क्षेत्र में पहला और सबसे बड़ा तथा उत्तर प्रदेश में तीसरा चिड़ियाघर है। इस परियोजना की परिकल्पना लगभग एक दशक पूर्व मई 2011 में की गई थी। ज्ञात हो कि इस चिड़ियाघर का नाम क्रांतिकारी स्वतंत्रता सेनानी अशफाक उल्ला खान के नाम पर रखा गया है।

अत: विकल्प (D) सही है।

76. रुपया इण्डोनेशिया की आधिकारिक मुद्रा है। इसका आईएसओ 4217 कोड IDR है तथा इसे बैंक इण्डोनेशिया द्वारा जारी किया जाता है। रुपया एक भारतीय शब्द है, जो कि संस्कृत भाषा के रूप्यकम् शब्द से लिया गया है। इण्डोनेशियाई लोग अनौपचारिक रूप से रुपया के लिये "पेराक" शब्द का भी उपयोग करते हैं, जिसका अर्थ इण्डोनेशियाई भाषा में चांदी होता है। एक इण्डोनेशियाई रुपया 100 सेन में विभाजित होता है, मगर महंगाई बढ़ने के कारण बैंक इण्डोनेशिया ने सारे सेन के नोट व सिक्के बंद कर दिये हैं।

अत: विकल्प (D) सही है।

77. आयरलैंड की मौद्रिक इकाई यूरो (EUR, कोड 978) है। यूरो रूबल और अन्य मुद्राओं को दाईं ओर मुद्रा परिवर्तक पर देखा जा सकता है।1 यूरो में 100 यूरो सेंट होते हैं। आयरलैण्ड, जिसे आयरलैण्ड गणराज्य भी कहा जाता हैं, उत्तरी-पश्चिमी यूरोप का एक सम्प्रभु राज्य है। इस देश की राजधानी और सबसे

बड़ा शहर डबलिन है, जो द्वीप के पूर्वी भाग में स्थित है, और जिसका महानगरीय क्षेत्र देश के 4.75 मिलियन निवासियों में से एक तिहाई का घर है।

अत: विकल्प (D) सही है।

78. जब 1940 के दशक में क्लेमेंट एटली के तहत लेबर पार्टी की सरकार सत्ता में आई, तो ब्रिटेन की भारतीय नीति में बदलाव आया।क्लेमेंट एटली सरकार ने भारत के लिए संविधान सभा के मामले को देखने के लिए कैबिनेट मिशन नियुक्त किया था। भारत के विभिन्न वर्गों के बीच कैबिनेट मिशन के साथ असहमति थी और यह प्राथमिक कारण था कि सीधे निर्वाचित सदस्यों द्वारा संविधान सभा का गठन संभव नहीं था। चूंकि, जिन्ना और मुस्लिम लीग भारत के लिए दो संविधान सभाएं और एक भविष्य पाकिस्तान के लिए चाहते थे, यह निर्णय लिया गया कि प्रांतीय असेंबली के नव निर्वाचित विधायकों द्वारा एक संविधान सभा का गठन किया जाना है।इस प्रकार, इस आधार पर, प्रांतों को तीन क्षेत्रों में समूहीकृत किया गया था जैसे कि मुख्य रूप से हिंदू, मुख्य रूप से मुस्लिम और वे दोनों जहां संख्या में लगभग बराबर थे।

अत: विकल्प (B) सही है।

79. अनुच्छेद 280 (2)संसद कानून द्वारा योग्यता निर्धारित कर सकती है जो आयोग के सदस्यों के रूप में नियुक्ति के लिए आवश्यक होगी और जिस तरीके से उन्हें चुना जाएगा। उपरोक्त आलेख के संदर्भ में, संसद ने वित्त आयोग (विविध प्रावधान) अधिनियम 1951 को अधिनियमित किया।

अत: विकल्प (C) सही है।

80. जन प्रतिनिधित्व अधिनियम, 1951 का धारा 29(A) का कहना है- राजनीतिक दलों के रूप में संघों और निकायों के चुनाव आयोग के साथ पंजीकरण। – 1. भारत के व्यक्तिगत नागरिकों का कोई भी संगठन या निकाय खुद को एक राजनीतिक दल कहता है और इस भाग के प्रावधानों का लाभ उठाने का इरादा रखता है, इस अधिनियम के प्रयोजनों के लिए राजनीतिक दल के रूप में पंजीकरण के लिए चुनाव आयोग को आवेदन देगा।

अत: विकल्प (D) सही है।

81. 106वां संविधान संशोधन 22 मई 2006 को स्वैच्छिक गठन, स्वायत्त कार्य, लोकतांत्रिक नियंत्रण और पेशेवर प्रबंधन के माध्यम से सहकारी समितियों को सशक्त बनाने के उद्देश्य से पेश किया गया। पारित होने के लिए लोकसभा में विधेयक पर चर्चा नहीं की जा सकी। विधेयक 18.05.2009 को 14 वीं लोक सभा के विघटन पर समाप्त हो गया। संविधान में संशोधन के लिए विधेयक को फिर से पेश करने का निर्णय लिया गया। तदनुसार, 30.09.2009 को लोकसभा में संविधान (111वां) संशोधन विधेयक पेश किया गया था।

अत: विकल्प (D) सही है।

82. जलवाष्प सबसे ज्यादा पाई जाने वाली ग्रीन हाउस गैस है। यह साफ आसमान में 36 से 66 और बादलों वाले आकाश में 66 से 86 प्रतिशत ग्रीन हाउस प्रभाव उत्पन्न करती है।

अत: विकल्प (B) सही है।

83. मुख्य न्यायाधीश की अनुपस्थिति में राष्ट्रपति सर्वोच्च न्यायालय के वरिष्ठ न्यायाधीश के समक्ष शपथ लेता है। भारत का उच्चतम न्यायालय अथवा भारत का सर्वोच्च न्यायालय भारत का शीर्ष न्यायिक प्राधिकरण है, जिसे भारतीय संविधान के भाग 5, अध्याय 4 के तहत स्थापित किया गया है। भारतीय संघ की अधिकतम और व्यापक न्यायिक अधिकारिता उच्चतम न्यायालय को प्राप्त हैं।

अत: विकल्प (D) सही है।

84. सैनिक न्यायाल सशस्त्र सेनाओं से सम्बन्धित व्यक्तियों द्वारा किये गये अपराधों के परीक्षण के लिये गठित न्यायालय होते हैं। यह एक तरह की कोर्ट होती है। जो खास आर्मी कर्मचारियों के लिए होती है। इसका काम आर्मी में अनुशासन तोड़ने या अन्य अपराध करने वाले आर्मी मैन पर केस चलाना, उसकी सुनवाई करना और सजा सुनाना होता है। ये ट्रायल मिलिट्री लॉ के तहत होता है। इस लॉ में 70 तरह के क्राइम को लेकर सजा का प्रावधान है।ये न्यायालय उच्चतम न्यायालय के अधिकार क्षेत्र से बाहर है,अर्थात इसके फैसले की उच्चतम न्यायालय में अपील नही की जा सकती है।

अत: विकल्प (B) सही है।

85. राज्य सभा में अधिकाधिक 250 सदस्य होंगे। 238 सदस्य राज्यों तथा संघ राज्य क्षेत्रों के प्रतिनिधि होंगे तथा 12 सदस्यों को राष्ट्रपति द्वारा नामांकित किया जाएगा। राज्य सभा एक स्थायी निकाय है तथा इसे भंग नहीं किया जा सकता। तथापि, इसके एक तिहाई सदस्य प्रत्येक दूसरे वर्ष सेवानिवृत्त होते हैं तथा उन्हें नए निर्वाचित सदस्यों द्वारा प्रतिस्थापित किया जाता है। प्रत्येक सदस्य को छ: वर्ष की अवधि के लिए निर्वाचित किया जाता है। भारत का उपराष्ट्रपति राज्य सभा का पदेन सभापति है।

अत: विकल्प (A) सही है।

86. छठी लोक सभा में निर्वाचित महिला सांसदों की संख्या सबसे कम थी। प्रथम लोकसभा का गठन 17 अप्रैल, 1952 को हुआ था। इसकी पहली बैठक 13 मई, 1952 को हुई थी। लोकसभा के गठन के सम्बन्ध में संविधान के दो अनुच्छेद, यथा 81 तथा 331 में प्रावधान किया गया है।लोकसभा के सदस्य भारत के उन नागरिकों द्वारा चुने जाते हैं, जो कि वयस्क हो गये हैं।

अत: विकल्प (D) सही है।

87. ब्रिटेन के संविधान का अनुकरण करते हुए भारत में संविधान द्वारा संसदीय शासन की स्थापना की गयी है। जिस तरह ब्रिटेन में शासन की प्रमुख वहाँ की साम्राज्ञी होती है, उसी प्रकार से भारत में राज्य का प्रमुख राष्ट्रपति होता है। ब्रिटेन की साम्राज्ञी की तरह भारत का राष्ट्रपति राज्य का औपचारिक प्रमुख होता है। भारत में राष्ट्रपति का पद संविधान के अनुच्छेद 52 द्वारा उपबंधित है।

अत: विकल्प (A) सही है।

88. अंतर्राष्ट्रीय व्यापार, अंतर्राष्ट्रीय सीमाओं या क्षेत्रों के आर-पार पूंजी, माल और सेवाओं का आदान-प्रदान है। अधिकांश देशों में, यह सकल घरेलू उत्पाद (जीडीपी) के महत्त्वपूर्ण अंश का प्रतिनिधित्व करता है। अंतराष्ट्रीय व्यापार का मूल आधार निरपेक्ष लाभ तथा तुलनात्मक लाभ दोनों है।

अत: विकल्प (A) सही है।

89. अंतराष्ट्रीय व्यापार का प्रमुख प्रहरी W.T.O. (विश्व व्यापार संगठन) है। विश्व व्यापार संगठन को वर्ष 1947 में संपन्न हुए प्रशुल्क एवं व्यापार पर सामान्य समझौते के स्थान पर अपनाया गया। विश्व व्यापार संगठन के निर्माण की पृष्ठभूमि गैट के उरुग्वे दौर (वर्ष 1986-94) की वार्ता में तैयार हुई तथा 1 जनवरी, 1995 को विश्व व्यापार संगठन द्वारा कार्य शुरू किया गया।

अत: विकल्प (C) सही है।

90. देशों द्वारा आयात-निर्यात में भेदभाव को समाप्त करने की नीति को "मुक्त व्यापार" कहते हैं। इसके तहत विभिन्न अर्थव्यवस्था वाले देशों के ख़रीददार और विक्रेता स्वेच्छा से सरकार, वस्तुओं और सेवाओं पर टैरिफ, कोटा, सब्सिडी या किसी अन्य प्रतिबंध की चिंता किये बिना व्यापार कर सकते हैं।

अत: विकल्प (B) सही है।

91. सुपर 301 अमेरिकी व्यापार कानून की वह धारा जो उन्हें अपने आयात पर उच्च सीमा शुल्क लगाने की शक्ति देती है। 'सुपर 301' मुक्त व्यापार में अवरोध संबंधित है | सुपर 301 का प्रयोग अमेरिका द्वारा उन देशों के विरूद्ध किया जाता है जो उसके व्यापारिक हितों को नुकसान पहुँचाते हैं, या यदि वह ऐसा समझता है।

अत: विकल्प (C) सही है।

92. 1990 में अमेरिका एवं यूरोपीय समुदाय के मध्य उभरे कृषि सब्सिडी विवाद के कारण जब उरुग्वे वार्ता टूट गयी तब तत्कालीन गैट महानिदेशकऑर्थर डंकल द्वारा दिसंबर 1991 में प्रस्तावों की एक सूची प्रस्तुत की गयी, जिसे डंकल ड्राफ्ट या डंकल टेक्स्ट कहा गया।

अत: विकल्प (A) सही है।

93. ब्रेक–इवन बिंदु को उस बिंदु के रूप में परिभाषित किया गया है जिस पर व्यवसाय चलाने के लिए व्यवसाय के मालिक द्वारा किए गए कुल लागत या व्यय, और व्यवसाय चलाने से कुल बिक्री या राजस्व बराबर है। यह वह बिंदु है जहां फर्म का कोई शुद्ध लाभ नहीं है लेकिन किसी भी नुकसान का सामना नहीं कर रहा है।

अत: विकल्प (C) सही है।

94. उत्तर प्रदेश भारत की जनसंख्या के आधार पर सबसे बड़ा राज्य है। लखनऊ प्रदेश की प्रशासनिक राजधानी और इलाहाबाद न्यायिक राजधानी है। 26 जनवरी, 1950 को भारत के गणतंत्र बनने पर राज्य को अपना वर्तमान नाम "उत्तर प्रदेश" मिला था। 26 जनवरी, 1950 को उत्तर प्रदेश भारतीय गणतन्त्र का एक पूर्ण राज्य बना।

अत: विकल्प (B) सही है।

95. उत्तर प्रदेश की सीमा नेपाल देश के साथ लगती है। उत्तर प्रदेश भारत का सबसे बड़ा (जनसंख्या के आधार पर) राज्य है। राज्य के उत्तर में उत्तराखण्ड तथा हिमाचल प्रदेश, पश्चिम में हरियाणा, दिल्ली तथा राजस्थान, दक्षिण में मध्य प्रदेश तथा छत्तीसगढ़ और पूर्व में बिहार तथा झारखंड(झारखण्ड) राज्य स्थित हैं। इनके अतिरिक्त राज्य की की पूर्वोत्तर दिशा में नेपाल देश है।

अत: विकल्प (A) सही है।

96. उत्तर प्रदेश की सबसे लम्बी सीमा मध्य प्रदेश से लगती है। मध्य प्रदेश की सीमाऐं पाँच राज्यों की सीमाओं से मिलती है। इसके उत्तर में उत्तर प्रदेश, पूर्व में छत्तीसगढ़, दक्षिण में महाराष्ट्र, पश्चिम में गुजरात, तथा उत्तर-पश्चिम में राजस्थान है।

अत: विकल्प (C) सही है।

97. उत्तर प्रदेश की सबसे छोटी सीमा हिमाचल प्रदेश से लगती है। हिमाचल प्रदेश पश्चिमी भारत में स्थित राज्य है। यह उत्तर में जम्मू और कश्मीर, पश्चिम तथा दक्षिण-पश्चिम में दक्षिण में हरियाणा एवं उत्तर प्रदेश, दक्षिण-पूर्व में उत्तराखंड तथा पूर्व में तिब्बत से घिरा है।

अत: विकल्प (B) सही है।

98. उत्तराखण्ड (पूर्व नाम उत्तरांचल), उत्तर भारत में स्थित एक राज्य है जिसका निर्माण 9 नवम्बर 2000 को कई वर्षों के आन्दोलन के पश्चात भारत गणराज्य के सत्ताइसवें राज्य के रूप में किया गया था। सन 2000 से 2006 तक यह उत्तरांचल के नाम से जाना जाता था। जनवरी 2007 में स्थानीय लोगों की भावनाओं को ध्यान में रखते हुए राज्य का आधिकारिक नाम बदलकर उत्तराखण्ड कर दिया गया।

अत: विकल्प (A) सही है।

99. 7 दिसंबर, 1947 को 'उत्तर प्रदेश राज एक्ट' पर गवर्नर जनरल द्वारा हस्ताक्षर किए गए थे। गवर्नर-जनरल ब्रिटिश भारत का एक सर्वोच्च अधिकारी का पद हुआ करता था। ब्रिटिश भारत के समय कोई भी भारतीय इस पद पर नहीं रखा गया, क्योंकि यह पद बहुत ही महत्त्वपूर्ण पद था और इस पर सिर्फ़ अंग्रेज़ों का ही अधिकार था।

अत: विकल्प (A) सही है।

100. उत्तर प्रदेश में विधान सभा का गठन 1937 में हुआ। विधान सभा भारत के राज्यों में लोकतन्त्र की निचली प्रतिनिधि सभा है। यह विधान मण्डल का अंग है। इसके सदस्यों का चुनाव प्रत्यक्ष तौर पर मतदान के द्वारा होता है जिसमें 18 वर्ष से ऊपर के सभी भारतीय नागरिक मतदान करते हैं। मुख्यमंत्री विधान सभा का नेता होता है जिसे बहुमत दल के सभी सदस्य या कई दल संयुक्त रुप से चुनते हैं।

अत: विकल्प (A) सही है।

101. उत्तर प्रदेश के ब्रज से चरकुला लोकनृत्य का संबंध है। ब्रज भगवान श्रीकृष्ण की लीला स्थली के रूप में सारे विश्व में प्रसिद्ध है। वर्तमान समय में उत्तर प्रदेश के मथुरा सहित वह भू-भाग, जो श्रीकृष्ण के जन्म और उनकी विविध लीलाओं से सम्बंधित है, ब्रज कहलाता है।

अत: विकल्प (B) सही है।

102. उत्तर प्रदेश के मैदानी क्षेत्रों में न्यूनतम वर्षा मथुरा में होती है।सर्वाधिक वर्षा गोरखपुर में होती है जहां वर्षा की मात्रा 184.7 सेमी होती है जबकि सबसे कम वर्षा मथुरा में होती है जहां 54.4 सेमी तक वर्षा होती है। पूर्वी मैदानी क्षेत्रों में औसत वर्षा 112 सेमी , मध्यवर्ती मैदानों में 94 सेमी, पश्चिमी मैदानी क्षेत्र में 84 सेमी, दक्षिणी पहाड़ी पठारी क्षेत्र में औसत वर्षा 91 सेमी होती है।

अत: विकल्प (C) सही है।

103. उत्तर प्रदेश के बरसाना में लट्ठमार होली मनाये जाने की परंपरा है। बरसाना हिन्दुओं का प्रसिद्ध धार्मिक स्थल है। यह मथुरा ज़िले की छाता तहसील के नन्दगाँव ब्लॉक में स्थित एक क़स्बा और नगर पंचायत है। प्राचीन समय में इसे 'वृषभानुपुर' के नाम से जाना जाता था।

अत: विकल्प (A) सही है।

104. सरोजिनी नायडू सुप्रसिद्ध कवयित्री और भारत देश के सर्वोत्तम राष्ट्रीय नेताओं में से एक थीं। वह भारत के स्वाधीनता संग्राम में सदैव आगे रहीं। उनके संगी साथी उनसे शक्ति, साहस और ऊर्जा पाते थे। सरोजिनी नायडू का जन्म 13 फ़रवरी, सन् 1879 को हैदराबाद में हुआ था। और ये उत्तर प्रदेश की प्रथम राज्यपाल भी थी। सरोजिनी नायडू की जब 2 मार्च सन् 1949 को मृत्यु हुई तो उस समय वह राज्यपाल के पद पर ही थीं।

अत: विकल्प (A) सही है।

105. आद्यपक्षी या आर्किओप्टेरिक्स पहला ज्ञात पक्षी है। इसकी उत्पत्ति जुरेसिक काल में 140 करोड़ वर्ष पहले हुई थी। यह सरीसृप एवं पक्षी वर्ग के बीच के कड़ी है। 1.5 फीट लम्बे इस जीवाश्म पक्षी में पक्षियों एवं डायनासोर दोनों के लक्षण थें जो यह प्रमाणित करता है कि पक्षियों का विकास सरीसृपों से हुआ है और मध्य में आर्कियोप्टेरिक्स जैसे जन्तु हुए।

अत: विकल्प (A) सही है।

106. पैलिओंटोलॉजी का कार्य क्षेत्र काफी बड़ा है इसके अंतर्गत एक कोशीय जीवों के जीवाश्म से लेकर सभी रीड धारी जंतुओं के जीवाश्म तक का अध्ययन किया जाता है, इसमें पेड़ पौधों के जीवाश्म का अध्ययन भी किया जाता है।

अत: विकल्प (A) सही है।

107. लैमार्कवाद, फ्रांस के जीव वैज्ञानिक लैमार्क द्वारा प्रतिपादित विकास का सिद्धान्त (विकासवाद) था जो किसी समय बहुत मान्य हुआ था किन्तु बाद में इसे अस्वीकार कर दिया गया। संक्षेप में लैमार्क का विकास वाद यह है - वातावरण के परिवर्तन के कारण जीव की उत्पत्ति, अंगों का व्यवहार या अव्यवहार, जीवनकाल में अर्जित गुणों का जीवों द्वारा अपनी संतति में पारेषण। इस मत और डार्विन के मत में यह अंतर है कि इस मत में डार्विन के प्राकृतिक वरण के सिद्धांत का अभाव है।

अत: विकल्प (A) सही है।

108. आस्ट्रेलिया का विशालकाय पक्षी एमू शुतुरमुर्ग के बाद विश्व का दूसरा सबसे बड़ा पक्षी है। इसकी ऊँचाई लगभग दो मीटर होती है। एमू पक्षी का भी शुतुरमुर्ग के समान पंख होते हुए उड़ नहीं सकता। एमू एक भारी, किन्तु बड़ा फुर्तीला पक्षी है। इसके शरीर का रंग मटमैला भूरापन लिये हुए होता है।

अत: विकल्प (D) सही है।

109. एकिडना ऑस्ट्रेलिया और नया गिनी में रहने वाले मोनोट्रीम गण के प्राणी हैं। इनकी चार ज्ञात जातियाँ हैं, और इनके अलावा केवल एक प्लैटीपुस की जाति ही मोनोट्रीम गण की पाँच अस्तित्ववान जातियाँ हैं। पूरे स्तनधारी वर्ग में केवल यह पाँच ही हैं जो अण्डे देते हैं।चारों एकिडना जातियाँ टैकीग्लोसिडाए नामक कुल में सम्मिलित हैं।

अत: विकल्प (A) सही है।

110. कीवी पक्षी जो न्यूजीलैंड में पाया जाने वाला एक पक्षी है। यह न्यूजीलैंड का राष्ट्रीय पक्षी है। यह ना उड़ सकने वाले पक्षियों में सबसे छोटा पक्षी है और यह सिर्फ न्यूजीलैंड में पाया जाता है क्योंकि यहाँ के अलावा और कहीं की जलवायु इनके अनुकूल नहीं है।

अत: विकल्प (C) सही है।

111. मैमथ, एक विशालकाय हाथी सदृश जीव था जो अब विलुप्त हो चुका है। इसका वैज्ञानिक नाम 'मैमुथस प्राइमिजीनियस'(Mammuthus primigenius) है। यह साइबेरिया के टुंड्रा प्रदेश में बर्फ में दबे एक हाथी का नाम है, जो अब विलुप्त हो चुका है, परन्तु बर्फ के कारण जिसका संपूर्ण मृत शरीर आज भी सुरक्षित मिला है।

अत: विकल्प (C) सही है।

112. डायनासोर जिसका अर्थ यूनानी भाषा में बड़ी छिपकली होता है लगभग 16 करोड़ वर्ष तक पृथ्वी के सबसे प्रमुख स्थलीय कशेरुकी जीव थे। यह ट्राइएसिक काल के अंत (लगभग 23 करोड़ वर्ष पहले) से लेकर क्रीटेशियस काल (लगभग 6.5 करोड़ वर्ष पहले), के अंत तक अस्तित्व में रहे, इसके बाद इनमें से ज्यादातर क्रीटेशियस -तृतीयक विलुप्ति घटना के फलस्वरूप विलुप्त हो गये।

अत: विकल्प (B) सही है।

113. वातस्फीति (एम्फाइज़िमा) एक दीर्घकालिक उत्तरोत्तर बढ़ने वाली फेफड़े की बीमारी है, जिसके कारण प्रारंभ में सांस लेने में तकलीफ होती है। वातस्फीति से ग्रस्त लोगों में शरीर को सहारा देने वाले ऊतक और फेफड़े के कार्य करने की क्षमता नष्ट हो जाती है। एस्बेस्टॉस द्वारा फैला रोग वातस्फीति होता है।

अत: विकल्प (A) सही है।

114. अश्रु गैस का रासायनिक नाम 'क्लोरोएसीटोफेनोन' होता है। अश्रु गैस या आंसू गैस (Tear gas) अमृत्युकर हथियार के रूप में प्रयुक्त होने वाली गैसें है। जब यह गैस आंखों के सम्पर्क में आती है तो कार्निया के स्नायु उत्तेजित हो जाते हैं जिससे आंख से आंसू निकलने लगता है, दर्द होता है और अंधापन भी हो सकता है। अश्रु-गैस का घटक क्लोरोपिक्रिन है।

अत: विकल्प (D) सही है।

115. बायोगैस सौर ऊर्जा और पवन ऊर्जा की तरह ही नवीकरणीय ऊर्जा स्रोत है. यह गैस का वह मिश्रण है जो ऑक्सीजन की अनुपस्थिति में जैविक सामग्री के विघटन से उत्पन्न होती है. इसका मुख्य घटक मीथेन है, जो ज्वलनशील है जिसे जलाने पर ताप और ऊर्जा मिलती है.बायोगैस बनाने के लिए सामान्यत: प्रयुक्त द्रव्य पशुओं का अपशिष्ट है।

अत: विकल्प (A) सही है।

116. चूहे के विष का रासायनिक नाम जिंक फॉस्फाइड है। जिंक फास्फाइड का रासायनिक सूत्र Zn_3P_2 होता है।

अत: विकल्प (D) सही है।

117. 200 सालों में कार्बन डाई आक्साइड के उत्सर्जन में 31 प्रतिशत और मीथेन में 149 प्रतिशत की वृद्धि हुई है। एक किलो गोबर से 0.037 क्यूबिक लीटर मीथेन गैस निकलती है। गोबर गैस में केवल गाय के गोबर का इस्तेमाल होता है. इसलिए ही तो इसे गोबर गैस कहते हैं।

अत: विकल्प (C) सही है।

118. बोन ऐश एक सफेद पदार्थ है जो हड्डियों के कैल्सीनेशन द्वारा निर्मित होती है। विशिष्ट बोन ऐश में लगभग 55.82% कैल्शियम ऑक्साइड, 42.39% फॉस्फोरस पेंटोक्साइड और 1.79% पानी होता है। बोन ऐश में कैल्सियम फॉस्फेट होता है।

बोन ऐश का सूत्र है: $Ca_5(OH)(PO_4)_3$

अत: विकल्प (C) सही है।

119. शुष्क बर्फ, या ड्राई आइस कार्बन डाइऑक्साइड का ठोस रूप है। इसका उपयोग मुख्य रूप से शीतलन एजेंट के रूप में किया जाता है। इसके फ़ायदों में पानी द्वारा बनी बर्फ की तुलना में कम तापमान और कोई अवशेष नहीं छोड़ना (वायुमंडल में नमी से आकस्मिक ठंड के अलावा) शामिल हैं। यह जमे हुए खाद्य पदार्थों को संरक्षित करने के लिए उपयोगी है जहां यांत्रिक शीतलन अनुपलब्ध है।

अत: विकल्प (D) सही है।

120. बल एवं दाब राशियों के सामान विमीय सूत्र नही है।

बल की विमा $= [M^1\ L^1\ T^{-2}]$

दाब की विमा $= [M^1 L^{-1}\ T^{-2}]$

अत: विकल्प (A) सही है।

121. भारतीय नौसेना पोत विराट (आई. एन. एस. विराट) भारतीय नौसेना में सेंतौर श्रेणी का एक वायुयान वाहक पोत है। 1997 में भारतीय नौसेना पोत विक्रांत के सेवामुक्त कर दिए जाने के बाद इसी ने विक्रांत के रिक्त स्थान की पूर्ति की थी। इस समय यह हिंद महासागर में उपस्थित दो वायुयान वाहक पोतों में से एक है।

अत: विकल्प (A) सही है।

122. आधुनिक वायुयान को सबसे पहले राइट बंधुओं ने बनाया था। विल्वर और ओरविल में केवल चार साल का अंतर था। जिस समय उन्हें हवाई जहाज बनाने का ख्याल आया, उस समय विल्वर सिर्फ 11 साल का था और ओरविल की उम्र 7 साल थी।

अत: विकल्प (A) सही है।

123. बारूद एक विस्फोटक रासायनिक मिश्रण है। इसे गन पाउडर या अपने काले रंग के कारण काला पाउडर (black powder) भी कहते हैं। बारूद गंधक, कोयला एवं शोरा (पोटैसिअम नाइट्रेट या साल्टपीटर) का मिश्रण होता है और यह मानव इतिहास का सर्वप्रथम निर्मित विस्फोटक था। बारूद का अविष्कार रोजर बैकन ने किया था।

अत: विकल्प (B) सही है।

124. पक्षियों को बहुत ऊंचाई पर उड़ते समय सांस की परेशानी नहीं महसूस होती क्योकि उनमें अतिरिक्त वायु-कोश होते है। पक्षियों की खोखली हड्डियाँ होती हैं जो बहुत हल्की और मजबूत होती हैं। उनके पंख हल्के हैं और उनके पंखों का आकार हवा को पकड़ने के लिए एकदम सही है।

अत: विकल्प (C) सही है।

125. मध्य संख्या पहली और तीसरी संख्या का योग है।

$\Rightarrow 6 + 1 = 7$

$\Rightarrow 3 + 2 = 5$

$\Rightarrow 5 + 1 = 6$

$\Rightarrow 2 + 1 = 3$

इस प्रकार, 211 एक विषम है।

अत: विकल्प (D) सही है।

126. अनुच्छेद 38: न्याय - सामाजिक, आर्थिक और राजनीतिक द्वारा अनुमत सामाजिक व्यवस्था को सुरक्षित करके लोगों के कल्याण को बढ़ावा देना और आय, स्थिति, सुविधाओं और अवसरों में असमानताओं को कम करना।

अनुच्छेद 43: राज्य, सभी श्रमिकों, कृषि, औद्योगिक या अन्य, कार्य, एक जीवित मजदूरी, जीवन की पूर्ण मानक और पूर्ण आनंद को सुनिश्चित करने वाले कार्य की शर्तों को उपयुक्त कानून या आर्थिक संगठन या किसी अन्य तरीके से सुरक्षित करने का प्रयास करेगा। अवकाश और सामाजिक और सांस्कृतिक

अवसरों और, विशेष रूप से, राज्य ग्रामीण क्षेत्रों में एक व्यक्ति या सहकारी आधार पर कुटीर उद्योगों को बढ़ावा देने का प्रयास करेगा।

अनुच्छेद 47: राज्य अपने प्राथमिक कर्तव्यों के बीच पोषण के स्तर को बढ़ाने और अपने लोगों के जीवन स्तर और सार्वजनिक स्वास्थ्य में सुधार के संबंध में, विशेष रूप से, राज्य को छोड़कर उपभोग के निषेध को लाने का प्रयास करेगा मादक पेय और औषधियों के औषधीय प्रयोजनों के लिए जो स्वास्थ्य के लिए हानिकारक हैं।

अनुच्छेद 48: राज्य आधुनिक और वैज्ञानिक तर्ज पर कृषि और पशुपालन को संगठित करने का प्रयास करेगा और विशेष रूप से, नस्लों के संरक्षण और सुधार के लिए कदम उठाएगा, और गायों और बछड़ों और अन्य दुधारू और मवेशियों का वध करने पर प्रतिबंध लगाएगा।

अत: विकल्प (A) सही है।

127. X, Y के पिता का पुत्र है और Y, X की बहन है, उसे Y का भाई होना चाहिए।

अतः विकल्प (A) सही है।

128. 3, 7 और 11 अभाज्य संख्याएँ हैं। लेकिन 9 एक अभाज्य संख्या नहीं है। 3 का वर्ग 9 है।

अत: विकल्प (C) सही है।

129. मुर्गी को छोड़कर सभी जानवरों के 4 पैर हैं।

अत: विकल्प (C) सही है।

130. उर्दू को छोड़कर सभी भाषाएं बाएं से दाएं लिखी जाती हैं, जबकि उर्दू दाएं से बाएं लिखी जाती है

अत: विकल्प (C) सही है।

131. जैसे गोली मारने से हत्या होती है, वैसे ही अपमान करने से अपमानित होते हैं।

अतः विकल्प (A) सही है।

132. उपरोक्त श्रृंखला दो श्रृंखलाओं का एक संयोजन है, जहां दोनों श्रृंखलाओं को वैकल्पिक रूप से रखा गया है।

श्रृंखला-1

0, 4, 8, 12, 16, 20, 24 और इसी तरह ...

इस श्रृंखला में, प्रत्येक पद अपने पिछले कार्यकाल से 4 अधिक है।

श्रृंखला -2

2, 6, 12, 20, 30...

यदि हम इस श्रृंखला को देखते हैं तो हम यह पता लगा सकते हैं कि,

6 = 2 + 4

12 = 6 + 6

20 = 12 + 8

30 = 20 + 10

अंततः श्रृंखला है,

0, 2, 4, 6, 8, 12, 12, 20, 16, **30,** 20....

तो, अगला पद 30 होगा।

अत: विकल्प (D) सही है।

133.

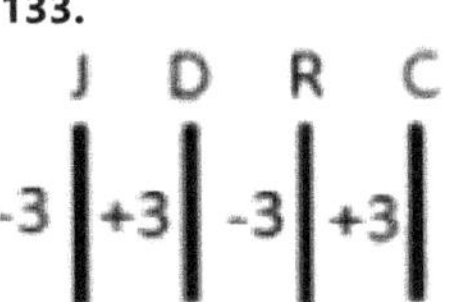

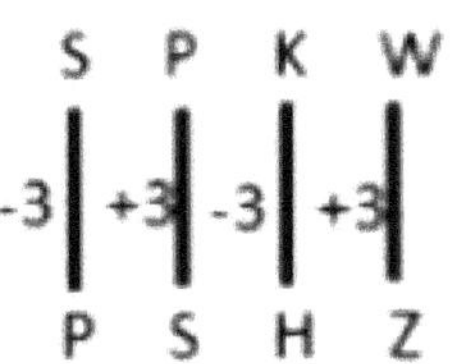

इसलिए सही उत्तर PSHZ होगा।

अत: विकल्प (C) सही है।

134. यह एक सरल वैकल्पिक जोड़ और घटाव श्रृंखला है।

पैटर्न इस प्रकार है:

6 + 3 = 9

9 – 2 = 7

7 + 3 = 10

10 – 2 = 8

8 + 3 = 11

11 – 2 = 9

स्पष्ट रूप से अगला पद 9 है।

अत: विकल्प (C) सही है।

135. दिया गया है:

RANGE के लिये:

R → 1

A → 2

N → 3

G → 4

E → 5

RANDOM के लिये:

R → 1

A → 2

N → 3

D → 6

O → 7

M → 8

अब MANGO को कोडित किया गया है:

M → 8

A → 2

N → 3

G → 4

O → 7

इस प्रकार MANGO को '82347' के रूप में कोडित किया गया है।

अतः विकल्प (D) सही है।

136. 'no more food' = 'ta ka da'

'more than that' = 'sa pa ka'

स्पष्ट रूप से, 'more' को ' ka' के रूप में कोडित किया गया है।

कथन II से, Than और That को 'sa pa' के रूप में कोडित किया गया है।

इसलिए, 'That' के लिए कोड या तो 'sa' या 'pa' हो सकता है।

अतः विकल्प (C) सही है।

137.

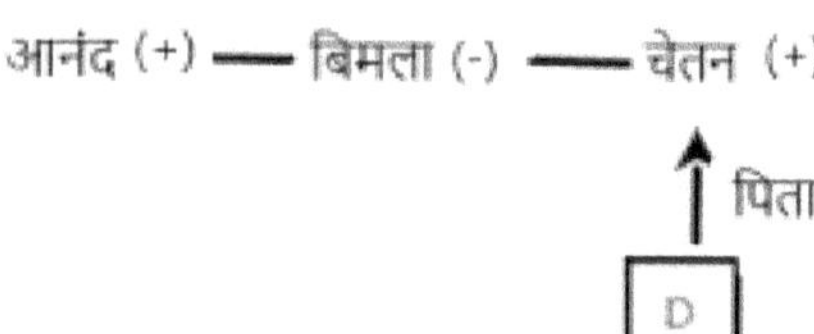

यहाँ पुरुष → '+' और महिला → '–'

चूंकि D का लिंग ज्ञात नहीं है इसलिए D या तो आनंद का नेफ्यू है या नीस है।

अतः विकल्प (A) सही है।

138.

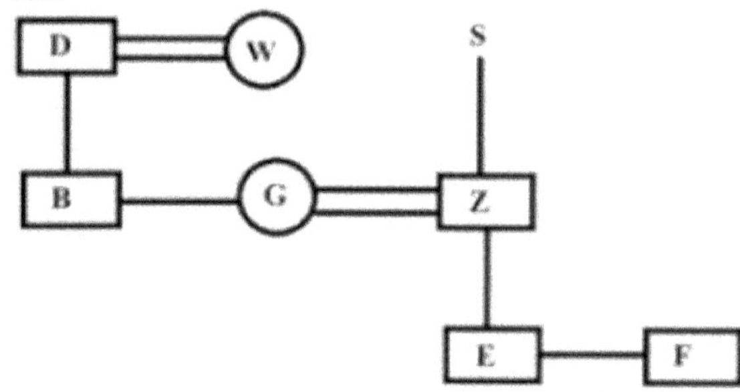

E, W का ग्रेंडसन है।

अतः विकल्प (D) सही है।

139. श्रद्धा की माँ के पिता का बेटा (= श्रद्धा का मामा)। श्रद्धा के मामा दीपिका की बहन के पति हैं। दीपिका श्रद्धा की 'चाची' हैं।

अतः विकल्प (C) सही है।

140.

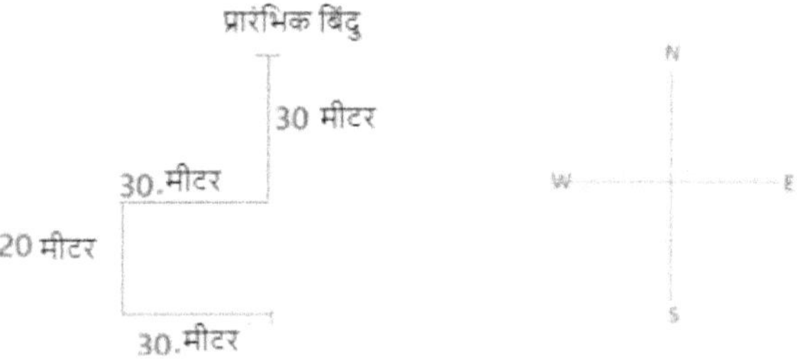

So, he is 50 m away from his initial position.

Hence, the correct option is (D).

सामान्य अध्ययन (पेपर-I) : मॉक टेस्ट 05

Q.1 जन्म दर को एक वर्ष में ___ पर जन्म की संख्या के रूप में परिभाषित किया जा सकता है।

A. जनसंख्या का 1000 **B.** जनसंख्या का 10000
C. जनसंख्या का 100 **D.** इनमें से कोई नहीं

Q.2 ब्रिटिश सरकार ने भारत में कुछ औद्योगिक इकाइयां स्थापित कीं हालांकि यह देश में औद्योगीकरण को बढ़ावा नहीं दे सका क्योंकि:

1) देश में निरक्षरता की प्रबलता
2) सामाजिक पिछड़ेपन की प्रबलता
3) पूंजीगत वस्तुओं के उद्योग की कमी

A. केवल 1और 2 **B.** केवल 3
C. केवल 2 **D.** 1 और 3

Q.3 निम्न में से कौन सा कथन सही हैं:

1) उपभोग वस्तुएँ और पूंजीगत वस्तुएँ अन्तिम वस्तुएँ होती हैं।
2) खाद्य और कपड़ों और मनोरंजन जैसी सेवाएं पूँजीगत वस्तु के उदाहरण हैं।
3) उपकरण, सामग्री और मशीनें उपभोग वस्तुओं के उदाहरण हैं।

A. केवल 1 **B.** केवल 1और 2
C. केवल 2और 3 **D.** 1, 2 और 3

Q.4 अन्तर्राष्ट्रीय तरलता की समस्या निम्नलिखित में से किसकी अनुपब्लधता से सम्बन्धित है?

A. वस्तुएँ और सेवाएँ
B. सोना और चाँदी
C. डॉलर और अन्य दुर्लभ मुद्राएँ
D. निर्यातयोग्य आधिक्य

Q.5 'सिनात्रा सिद्धांत', जो हाल में खबरो में था, किस अंतर्राष्ट्रीय संघ द्वारा अपनाया गया है?

A. आसियान **B.** ब्रिक्स
C. यूरोपीय संघ **D.** जी -20

Q.6 निम्नलिखित कथनों पर विचार कीजिये:

1) भारतीय रिजर्व बैंक द्वारा सरकारी प्रतिभूतियों की खरीद और बिक्री को 'खुले बाजार परिचालन' कहते है।
2) 'खुले बाजार परिचालन' सरकार का राजकोषीय नीति उपकरण है जो बाजार में मुद्रा की आपूर्ति को विनियमित करता है।
3) मुद्रास्फीति को नियंत्रित करने के लिए रिजर्व बैंक सीआरआर और एसएलआर को कम करता है।
4) केंद्रीय बैंक द्वारा जनता से सरकारी प्रतिभूतियों की खरीद से अर्थव्यवस्था में मुद्रा की आपूर्ति में वृद्धि होगी।

ऊपर दिए गए विकल्पों में से कौन सही हैं:

A. 1 और 2 **B.** 1 और 4
C. उपरोक्त सभी **D.** कोई नहीं

Q.7 समावेशी विकास के बारे में निम्नलिखित कथनों पर विचार करें:

1) समावेशी विकास एक विकास प्रक्रिया है जो व्यापक आधार पर लाभ देता है और सभी के लिए अवसर की समानता सुनिश्चित करता है।
2) 12वीं योजना में समावेशी विकास पर वास्तविक ध्यान दिया गया था।
3) 12वीं योजना का नारा 'तेज़, सतत और अधिक समावेशी विकास' है।

उपरोक्त में से कौन से विकल्प सही हैं:

A. केवल 1 और 2 **B.** केवल 1 और 3
C. केवल 2 और 3 **D.** केवल 3

Q.8 वैश्विक वित्तीय स्थिरता रिपोर्ट ___ द्वारा प्रकाशित किया जाता है।

A. विश्व बैंक **B.** आईएमएफ
C. अंकटाड **D.** यूएनआईडीओ

Q.9 विश्व में हरित क्रांति के जनक कौन हैं?

A. नॉर्मन बोरलॉग **B.** एम. एस. स्वामीनाथन
C. राज कृष्णा **D.** आर. के. वी. राव

Q.10 निम्न में से कौन सा वैश्वीकरण के परिणाम हैं:

1) बढ़ती असमानताएं
2) नौकरी की असुरक्षा
3) प्रतियोगिता में वृद्धि
4) संस्कृति का नुकसान

A. केवल 1और 2 **B.** केवल 1, 2 और 3
C. केवल 1, 3 और 4 **D.** 1, 2, 3 और 4

Q.11 उच्च न्यायालय के संबंध में निम्नलिखित कथनों पर विचार करें:

1) भारत में, उच्च न्यायालय संस्था 1862 में उत्पन्न हुई थी।
2) राष्ट्रपति एक उच्च न्यायालय के अधिकार क्षेत्र को किसी भी केंद्रशासित प्रदेश तक बढ़ा सकते हैं या किसी भी केंद्र शासित प्रदेश को उच्च न्यायालय के क्षेत्राधिकार से बाहर कर सकते हैं।
3) उच्च न्यायालय के न्यायाधीशों की नियुक्ति राज्यपाल द्वारा की जाती है।

उपरोक्त में से कौन सा विकल्प सही हैं:

A. केवल 1 **B.** केवल 2
C. केवल 1 और 2 **D.** 1, 2 और 3

Q.12 "अतिथि देवो भवः" किस उपनिषद से लिया गया है?

A. महानारायण उपनिषद **B.** चैतन्य उपनिषद
C. मैत्री उपनिषद **D.** तैत्तिरीय उपनिषद

Q.13 पोषण पखवाड़ा 2021 को किस केंद्रीय मंत्रालय ने मनाया?

A. केंद्रीय कृषि मंत्रालय
B. केंद्रीय खाद्य प्रसंस्करण मंत्रालय
C. केंद्रीय महिला और बाल विकास मंत्रालय
D. केंद्रीय स्वास्थ्य मंत्रालय

Q.14 निम्नलिखित कथनों पर विचार करें:

1) राष्ट्रपति शासन की घोषणा अनुच्छेद 356 के तहत अनुच्छेद 365 में उल्लेखित पृष्ठभूमि के आधार पर की जाती है।
2) राष्ट्रपति शासन लागू करने की घोषणा को संसद के दोनों सदनों द्वारा इसके जारी होने की तारीख से एक महीने के भीतर अनुमोदित किया जाना चाहिए।
3) 1978 के 44 वें संशोधन अधिनियम ने एक वर्ष से अधिक राष्ट्रपति शासन की घोषणा को आगे बढ़ाने के लिए संसद की शक्ति पर संयम रखा है।

उपरोक्त कथनों में से कौन सा सही हैं:

A. केवल 1और 2 **B.** केवल 2और 3
C. केवल 1और 3 **D.** 1, 2 और 3

Q.15 राष्ट्रीय आपातकाल घोषित करने के लिए संविधान में "सशस्त्र विद्रोह" शब्द कब जोड़ा गया था?

A. 44वें संविधान संशोधन अधिनियम के बाद

B. 42वें संविधान संशोधन अधिनियम के बाद
C. 40वें संविधान संशोधन अधिनियम के बाद
D. 38वें संविधान संशोधन अधिनियम के बाद

Q.16 निम्नलिखित में से कौन सी समितियां / आयोग ने केंद्र-राज्य संबंधों की जांच के लिए है:
1) प्रशासनिक सुधार आयोग (1966)
2) राजामन्नार समिति
3) सरकारिया आयोग
4) पुंछी आयोग

A. केवल 1और 2 **B.** केवल 1, 2और 3
C. केवल 2, 3और 4 **D.** उपरोक्त सभी

Q.17 अध्यक्षात्मक सरकार की प्रणाली में निम्नलिखित गुण हैं:
1) विस्तृत प्रतिनिधित्व
2) विधायिका और कार्यकारी के बीच सद्भाव
3) स्थिर सरकार
4) विशेषज्ञों द्वारा सरकार
उपरोक्त में से कौन से विकल्प सही हैं:

A. 1 और 2 **B.** 2 और 3
C. 3 और 4 **D.** 1, 2 और 3

Q.18 निम्नलिखित वाक्यों पर विचार करें:
1) सरकार की संसदीय प्रणाली में, कार्यकारी विधायिका के प्रति जिम्मेदार है।
2) सरकार की राष्ट्रपति व्यवस्था में, कार्यपालिका संवैधानिक रूप से विधायिका से स्वतंत्र होती है।
3) अध्यक्षात्मक सरकार को सरकार की गैर-जिम्मेदार प्रणाली के रूप में भी जाना जाता है।
4) सरकार की संसदीय प्रणाली ब्राजील, रूस और श्रीलंका में प्रचलित है।
उपरोक्त में से कौन से विकल्प सही हैं:

A. 1 और 2 **B.** 1, 2 और 3
C. 1, 2, 3 और 4 **D.** 2, 3 और 4

Q.19 संयुक्त राष्ट्र द्वारा घोषित रूप में, दुनिया भर में अंतर्राष्ट्रीय प्रसन्नता दिवस कब मनाया जाता है?

A. 18 मार्च **B.** मार्च 20 **C.** 22 मार्च **D.** 24 मार्च

Q.20 निम्नलिखित में कौन राज्यपाल को उसके कार्यालय से हटा सकता है?

A. राज्य विधानसभा **B.** संसद
C. राष्ट्रपति **D.** इनमें से कोई नहीं

Q.21 सार्वजनिक वितरण प्रणाली का संचालन किसके द्वारा किया जाता है?
1- केंद्र सरकार
2- राज्य सरकार

A. केवल 1 **B.** केवल 2
C. 1 और 2 **D.** इनमें से कोई नहीं

Q.22 राज्य हड़प नीति के बारे में निम्नलिखित कथनों पर विचार कीजिये।
1). यह लार्ड डलहौजी ने लागू की थी।
2). लार्ड डलहौजी के शासन के दौरान अवध अंतिम राज्य था जिस पर कुप्रबंधन के कारण इस नीति के तहत अधिकार किया गया था।
ऊपर दिए गए कथनों में से कौन सा सही हैं?

A. केवल 1 **B.** केवल 2
C. 1 और 2 दोनों **D.** दोनों में से कोई नहीं

Q.23 निम्नलिखित कथनों पर विचार कीजिये
1). लार्ड माउंटबेटन शिमला सम्मेलन के दौरान वायसराय थे
2). भारतीय नौसेना विद्रोह, 1946 तब घटित हुआ जब केवल मुंबई में नाविकों ने सरकार के खिलाफ विद्रोह किया
ऊपर दिए गए बयान में से कौन सा / से सही हैं?

A. केवल 1 **B.** केवल 2
C. 1 और 2 दोनों **D.** दोनों में से कोई नही

Q.24 भारतीय संविधान की छठी अनुसूची किन चार राज्यों में अनुसूचित क्षेत्रों और अनुसूचित जनजातियों के प्रशासन और नियंत्रण से संबंधित है?

A. मणिपुर, मिजोरम, त्रिपुरा, नागालैंड
B. असम, मेघालय, त्रिपुरा, मिजोरम
C. असम, मेघालय, अरुणाचल प्रदेश, नागालैंड
D. असम, मेघालय, मिजोरम, नागालैंड

Q.25 निम्नलिखित में से कौन सा कथन सही है?

A. विलियम बेंटिक ने कई अलोकप्रिय प्रतिगामी सामाजिक-आर्थिक नीतिगत उपाय किए
B. लॉर्ड वारेंन हेस्टिंग्स सहायक संधि की प्रणाली शुरू की
C. लॉर्ड कार्नवालिस ने शक्ति के विभाजन के सिद्धांत को संहिताबद्ध किया
D. तीसरा आंग्ल-मैसूर युद्ध लॉर्ड वेलेजली के शासनकाल के दौरान लड़ा गया था

Q.26 1857 के विद्रोह के संदर्भ में, निम्नलिखित कथनों पर विचार करें।
1) आधुनिक शिक्षित भारतीयों ने विद्रोह का समर्थन नहीं किया।
2) इसके विपरीत, ग्वालियर के सिंधिया, इंदौर के होल्कर और अन्य कई सत्तारूढ़ प्रमुखों ने अंग्रेजों के खिलाफ विद्रोह का समर्थन किया।
सही कथन चुनें।

A. केवल 1 **B.** केवल 2
C. दोनों 1 और 2 **D.** उपरोक्त में से कोई नहीं

Q.27 नौरोज क्या है?

A. यूएसए अंतरिक्ष मिशन
B. ईरानी और फारसी नववर्ष का त्योहार
C. नया क्षुद्रग्रह
D. कोविड का टीका

Q.28 कौन सी वैश्विक रेटिंग एजेंसी 'ग्लोबल इकोनॉमिक आउटलुक' जीईओ नामक एक रिपोर्ट जारी करती है?

A. फिच रेटिंग्स **B.** क्रिसिल
C. स्टैण्डर्ड एण्ड पुअर **D.** इण्ड-आरए

Q.29 किस देश की संसद ने 2024 से अपने वर्तमान राष्ट्रपति को दो और कार्यकालों के लिए सक्षम बनाने के लिए एक विधेयक पारित किया है?

A. चीन **B.** रूस
C. संयुक्त राज्य अमेरिका **D.** कनाडा

Q.30 निम्न में से किसे 'द किंग मैकर्स' के रूप में जाना जाने लगा था?

A. सहायक संधि पेश होने के बाद ब्रिटिश को
B. जुल्फीकार अली खान तथा उनके समर्थक
C. अब्दुला खान तथा हुसैन अली
D. उपरोक्त में से कोई नहीं

Q.31 नीचे दिए गए कौन से गुंफित जलमार्ग से जुड़े कारक के रूप में माने जा सकते हैं?
1) जमाव
2) पार्श्व अपरदन
3) कम बहाव
4) भारी भार

A. 3 और 4 **B.** 2 और 3
C. 1, 2 और 4 **D.** 1, 2, 3 और 4

Q.32 निम्नलिखित में से कौन सा पर्वत 'भूमध्य सागर के प्रकाशस्तंभ' के रूप में जाना जाता है?

A. माउंट विसुवियस **B.** माउंट स्ट्रॉम्बोली
C. माउंट पोपाकाटापेटी **D.** माउंट फ्यूजी

Q.33 निम्नलिखित में से सही कथन चुनें:

1) नदी तलछट से बने एक नदी तल को निष्क्रिय बाढ़ के मैदान के रूप में देखा जाता है जबकि किनारे के ऊपर बाढ़ के मैदान सक्रिय बाढ़ के मैदान हैं।

2) निष्क्रिय बाढ़ के मैदान में मूल रूप से दो प्रकार के तलछट होते हैं - बाढ़ तलछट और प्रवाह तलछट

A. केवल 1 **B.** केवल 2 **C.** दोनों **D.** कोई नहीं

Q.34 निम्नलिखित पर विचार करें:

1) निम्न वायुदाब पेटी में, समुद्र स्तर सापेक्ष रूप से ऊंचा रहता है।

2) उष्ण कटिबंधीय क्षेत्रों में, हम वर्ष भर निम्न वर्षा देखते हैं।

सही विकल्प चुनें:

A. केवल 1 **B.** केवल 2 **C.** दोनों **D.** कोई नहीं

Q.35 टोक्यो ग्रीष्मकालीन ओलंपिक के लिए मशाल रिले किस देश से प्रारम्भ की गई?

A. अमेरीका **B.** कनाडा **C.** रूस **D.** जापान

Q.36 निम्नलिखित कथनों में से कौन-सा एक सही नहीं है?

A. ऐसी खाड़ियाँ, जिसका अग्रभाग संकीर्ण तथा पिछला भाग चौड़ा होता है, में उच्च ज्वार आते हैं
B. जब कोई खाड़ी खुले सागर से संकीर्ण चैनल द्वारा जुड़ी होती है, तब वहाँ ज्वारीय धाराएँ आती हैं
C. जब ज्वार किसी नदी की संकीर्ण तथा उथली ज्वारनदमुख (एस्चुअरी) में प्रवेश करती हे तथा ज्वारीय भित्ति बनती है
D. हुगली नदी के मुख पर उसकी ज्वारीय प्रकृति कोलकाता बन्दरगाह के लिए अति महत्वपूर्ण है

Q.37 भारत ने किस मित्र देश के साथ 'पर्यावरण का वर्ष' लॉन्च किया?

A. नेपाल **B.** फ्रांस **C.** ब्राज़िल **D.** जापान

Q.38 विश्व बैंक द्वारा सह-प्रायोजित, STARS परियोजना में 'R' क्या है, जो हाल ही में खबरों में था?

A. प्रतिक्रिया **B.** परिणाम **C.** दूरस्थ **D.** निवारण

Q.39 'IN FAC T-81' क्या था, जो हाल ही में खबरों में देखा गया था?

A. कोविद टीका उम्मीदवार **B.** नौ-सैनिक पोत
C. सुपर कंप्यूटर **D.** वर्चुअल इंटेलिजेंस टूल

Q.40 स्वामित्व के आधार पर संसाधनों के बारे में निम्नलिखित कथनों पर विचार करें-

1) तट से समुद्रीय क्षेत्र के 24 नॉटिकल मील (38.4 किमी) तक प्रादेशिक पानी के रूप में जाना जाता है और उसमें उपलब्ध संसाधन उस देश के लिए राष्ट्रीय संसाधनों के रूप में जाने जाते हैं।

2) तटरेखा से 200 नॉटिकल मील की दूरी के समुद्री संसाधन खुले समुद्र से सम्बन्ध रखते हैं और कोई भी देश अंतरराष्ट्रीय संस्थाओं की सहमति के बिना इनका उपयोग नहीं कर सकता। वे अंतरराष्ट्रीय संसाधन कहे जाते हैं।

उपरोक्त में से कौन सा गलत है?

A. केवल 1 **B.** केवल 2 **C.** दोनों **D.** कोई नहीं

Q.41 भारत का पहला अपंग क्लिनिक हाल ही में किस शहर में लॉन्च किया गया है?

A. चंडीगढ़ **B.** हैदराबाद
C. वाराणसी **D.** अहमदाबाद

Q.42 अक्सर सुर्खियों में रहने वाली 'स्टेम कोशिकाओं' सन्दर्भ में, निम्नलिखित में से कौन-सा/से कथन सही है/हैं?

(1) स्टेम कोशिकाएँ केवल स्तनपायी जीवों से ही प्राप्त की जा सकती हैं।

(2) स्टेम कोशिकाएँ नई औषधियों को परखने के लिए प्रयोग की जा सकती हैं।

(3) स्टेम कोशिकाएँ चिकित्सा थेरेपी के लिए प्रयोग की जा सकती है।

निम्नलिखित कूटों के आधार पर सही उत्तर चुनिए:

A. केवल 1और 2 **B.** केवल 2 और 3
C. केवल 3 **D.** 1, 2 और 3

Q.43 पुनः संयोजक डीएनए प्रौधोगिकी (अनुवांशिक इंजीनियरी) जीनों को स्थानान्तरित होने देता हैः

1) पौधों की विभिन्न जातियों में

2) जन्तुओं से पौधों में

3) सूक्ष्म जीवों से उच्त्तर जीवों में

नीचे दिए गए कूट का प्रयोग कर सही उत्तर चुनिए।

A. केवल 1 **B.** केवल 2 और 3
C. केवल 1 और 3 **D.** 1, 2 और 3

Q.44 सैयद मुश्ताक अली ट्रॉफी किस खेल से संबंधित है?

A. हॉकी **B.** क्रिकेट **C.** फुटबॉल **D.** गोल्फ़

Q.45 भू-स्थिर कक्ष के संदर्भ में, निम्नलिखित में से कौन सा कथन सही है?

1) यह पृथ्वी के भूमध्य रेखा से 35,786 किलोमीटर ऊपर की एक वृत्ताकार कक्ष है।

2) संचार उपग्रहों और मौसम उपग्रहों को अक्सर भू-स्थिर कक्षाओं में रखा जाता है।

3) एक भू-स्थिर कक्ष एक विशेष प्रकार की भू-तुल्यकालिक कक्ष है।

नीचे दिए गए कोड का उपयोग करके सही उत्तर चुनें

A. केवल 1 और 2 **B.** केवल 1 और 3
C. केवल 3 **D.** 1, 2 और 3

Q.46 जीएसएलवी एमके-III में होती है ः

A. एक तरल ईंधन चरण, एक ठोस ईंधन, एक क्रायोजेनिक चरण
B. एक तरल ईंधन चरण, तीन ठोस ईंधन, एक क्रायोजेनिक चरण
C. एक तरल ईंधन चरण, एक ठोस ईंधन, दो क्रायोजेनिक चरण
D. इनमे से कोई भी नहीं

Q.47 प्रोजेक्ट लून के संदर्भ में, निम्नलिखित में से कौन सा कथन सही है?

1) प्रोजेक्ट लून एलोन मस्क के स्पेसएक्स का एक हिस्सा है।

2) प्रोजेक्ट लून मौसम प्रणालियों का अनुमान लगा सकता है।

3) प्रोजेक्ट लून का उद्देश्य दुनिया के दूरदराज के इलाकों में इंटरनेट सेवाएं प्रदान करना है।

4) यह भू-स्थिर कक्षा में स्थित नैनो उपग्रहों पर आधारित है।

नीचे दिए गए कोड का उपयोग करके सही उत्तर चुनें

A. केवल 1 और 2 **B.** केवल 1, 2 और 4
C. केवल 2 और 3 **D.** 1, 2, 3 और 4

Q.48 सीएफएल (CFL)तथा एलइडी (LED) लैंप में क्या अंतर है?

1) प्रकाश उत्पन्न करने के लिए सीएफएल पारा-वाष्प और फास्फोर का प्रयोग करता है, जबकि एलइडी लैंप अर्धचालक पदार्थों का प्रयोग करता है |

2) सीएफएल की औसत जीवन-अवधि एलइडी लैंप से बहुत अधिक होती है |

3) एलइडी लैंप की तुलना में सीएफएल कम उर्जा-सक्षम है |

उपर्युक्त में से कौन-सा/कौन-से कथन सही है/हैं ?

A. केवल 1 B. केवल 2 और 3
C. केवल 1 और 3 D. 1, 2 और 3

Q.49 डी. टी. पी. का टीका ___ से सुरक्षा हेतु दिया जाता है।

A. टिटेनस, पोलियो, प्लेग
B. टी.बी., पोलियो, डिप्थीरिया
C. डिप्थीरिया , कुकर-खाँसी, टिटेनस
D. डिप्थीरिया , पोलियो, कुष्ठ रोग

Q.50 किस टेक्नोलॉजी कंपनी ने 'स्टार्टअप स्कूल' नामक एक नई पहल शुरू की है?

A. माइक्रोसॉफ्ट B. गूगल
C. अमेजन D. एप्पल

Q.51 पट्टाचित्र, जो हाल ही में खबरो में था, किस राज्य / केन्द्र शासित प्रदेश का एक लोकप्रिय कला रूप है?

A. आंध्र प्रदेश B. केरल
C. ओडिशा D. जम्मू और कश्मीर

Q.52 2020 के लोकतंत्र सूचकांक में भारत की रैंक कितनी है?

A. 53 B. 57 C. 61 D. 67

Q.53 किस केंद्रीय मंत्रालय ने पीएम-सवनिधि योजना को लागू करने के लिए जोमैटो के साथ समझौता किया है?

A. कृषि और किसान कल्याण मंत्रालय
B. खाद्य प्रसंस्करण मंत्रालय
C. आवास और शहरी मामलों के मंत्रालय
D. श्रम और रोजगार मंत्रालय

Q.54 'चाह बागीचा धन पुरस्कार' किस भारतीय राज्य / केंद्रशासित प्रदेश की एक पहल है?

A. राजस्थान B. असम C. मध्य प्रदेश D. ओडिशा

Q.55 कॉर्पोरेट उत्कृष्टता के लिए इकोनॉमिक टाइम्स अवार्ड्स में 'बिजनेस रिफॉर्मर ऑफ द ईयर अवार्ड' किसने जीता?

A. उर्जित पटेल B. रघुराम राजन
C. शक्तिकांत दास D. अमिताभ पंत

Q.56 किस योजना को लागू करने के लिए सरकार को डीप-सी फिशिंग वेसल्स (DSFV) के लिए डिजाइन तैयार करना है?

A. प्रधानमंत्री किसान योजना
B. प्रधानमंत्री मत्स्य सम्पदा योजना
C. प्रधानमंत्री मत्स्य किसान योजना
D. प्रधानमंत्री मछली विकास योजना

Q.57 'बायोएशिया' किस भारतीय राज्य / केंद्रशासित प्रदेश द्वारा आयोजित एक प्रमुख शिखर सम्मेलन है?

A. आंध्र प्रदेश B. तेलंगाना C. गुजरात D. तमिलनाडु

Q.58 प्रश्न चिह्न के स्थान पर क्या आएगा?

8, 22, 64, 190, 568, ?

A. 1702 B. 7767 C. 6992 D. 6913

Q.59 प्रश्न चिह्न के स्थान पर क्या आएगा?

5760, 2880, 960, 240, 48, ?

A. 6 B. 8 C. 12 D. 16

Q.60 प्रश्न चिह्न के स्थान पर क्या आएगा?

6, 24, 60, 120, 210, ?

A. 336 B. 366 C. 330 D. 660

Q.61 नीचे दिए गए कोड का प्रयोग करते हुए सही कालानुक्रम में निम्नलिखित समाचार पत्र/ पत्रिकाओं को व्यवस्थित करें:

1) मिरात-उल-अखबार
2) केसरी
3) बंगाल गजट
4) अमृता बाजार पत्रिका

A. 2,4,3,1 B. 1,2,3,4 C. 3,1,4,2 D. 3,2,4,1

Q.62 निम्न में से किस योजना/ मिशन का मुख्य प्रस्ताव "भारत, यूनाइटेड किंगडम से जुड़ा एक अधिराज्य होगा" था?

A. कैबिनेट मिशन, 1946 B. अगस्त ऑफर, 1940
C. क्रिप्स मिशन, 1942 D. वावेल योजना, 1945

Q.63 निर्देश: दिए गए प्रश्न में, चार शब्द दिए गए हैं, जिनमें से तीन किसी तरह से समान हैं और एक अलग है। विषम चुनें।

A. क्रिकेट B. फुटबाल C. शतरंज D. रग्बी

Q.64 निर्देश: दिए गए प्रश्न में, चार शब्द दिए गए हैं, जिनमें से तीन किसी तरह से समान हैं और एक अलग है। विषम चुनें।

A. लखनऊ B. पणजी C. कोलकाता D. कानपुर

Q.65 निर्देश: दिए गए प्रश्न में, चार शब्द दिए गए हैं, जिनमें से तीन किसी तरह से समान हैं और एक अलग है। विषम चुनें।

A. सेंकना B. छिलना C. तलना D. उबालना

Q.66 उत्तर प्रदेश का वर्तमान राज्यपाल कौन है?

A. फागू चौहान B. गंगा प्रसाद
C. सत्य पाल मलिक D. आनंदीबेन पटेल

Q.67 किस भारतीय राज्य / केन्द्र शासित प्रदेश ने वकीलों को बीमा प्रदान करने के लिए 40 करोड़ रुपये से अधिक की मंजूरी दी है?

A. तमिलनाडु B. दिल्ली C. कर्नाटक D. केरल

Q.68 इस्तमरारी (स्थायी) बंदोबस्त की योजना किसने बनाई थी?

A. लॉर्ड कॉर्नवालिस B. जॉन शोर
C. लॉर्ड मुनरो D. चार्ल्स रीड

Q.69 निम्नलिखित में से कौन अफगानिस्तान में खोजा गया एक सिंधु घाटी स्थल था?

A. माकन B. दिलमुन C. मुंडीगाक D. मेलुहा

Q.70 विभिन्न प्रकार की वनस्पतियों के संबंध में, "ग्रान चाको" किसे संदर्भित करता है?

A. उष्ण समशीतोष्ण वन
B. उष्णकटिबंधीय घास के मैदान
C. मैंग्रोव वन
D. भूमध्यरेखीय वर्षा-वन

Q.71 व्यापारिक पवनें ___ के बीच चलती हैं।

A. उपोष्णकटिबंधीय उच्च और भूमध्यरेखीय निम्न
B. भूमध्यरेखीय निम्न और उपोष्णकटिबंधीय उच्च
C. उपोष्णकटिबंधीय उच्च और उप-ध्रुवीय निम्न
D. उप-ध्रुवीय निम्न और उपोष्णकटिबंधीय उच्च

Q.72 निम्नलिखित में से कौन भारत में अच्छी मानसून वर्षा का अनुग्रह नहीं करता है?

A. पश्चिमी जेट प्रवाह
B. ला नीना
C. एल नीनो

D. हिमालयी पर्वत श्रृंखला का अभिविन्यास

Q.73 स्वतंत्र भारत में संसदीय सचिव का पद किस वर्ष सृजित किया गया था?

A. 1951 **B.** 1952 **C.** 1957 **D.** 1962

Q.74 निम्नलिखित में से कौन सा हीरे की विशेषता नहीं है?

A. यह विद्युत का संचालक है।
B. इसमें प्रकाश को प्रतिबिंबित करने की क्षमता होती है।
C. इसका उपयोग कांच और अन्य कठोर सामग्री को काटने के लिए किया जाता है।
D. इसका उपयोग चट्टानों की ड्रिलिंग के लिए भी किया जाता है।

Q.75 नाभिकीय रिएक्टर में इनमें से कौनसा ईंधन का काम करता है?

A. कोयला **B.** यूरेनियम **C.** रेडियम **D.** डीजल

Q.76 रोहित दक्षिण की ओर 25 मीटर तक चला। फिर वह अपनी बाईं ओर मुड़ा और 20 मीटर तक चला। फिर वह अपने बाईं ओर मुड़ा और 25 मीटर तक चला। वह फिर से अपनी दाईं ओर मुड़ा और 15 मीटर तक चला। वह प्रारंभिक बिंदु से किस दूरी पर और किस दिशा में है?

A. 35 मीटर, उत्तर **B.** 30 मीटर, दक्षिण
C. 35 मीटर, पूर्व **D.** 30 मीटर, उत्तर

Q.77 अपने घर से, लोकेश उत्तर में 15 किलोमीटर दूर गया। फिर वह पश्चिम की ओर मुड़ा और 10 किलोमीटर की दूरी तय की। फिर उसने दक्षिण की ओर मुड़कर 5 किलोमीटर की दूरी तय की। अंत में, पूर्व की ओर मुड़ते हुए उसने 10 किलोमीटर की दूरी तय की। वह अपने घर से किस दिशा में है?

A. पूर्व **B.** उत्तर **C.** पश्चिम **D.** दक्षिण

Q.78 एक कुत्ता पूर्व की ओर 20 मीटर चलता है और दाएं मुड़ता है, 10 मीटर चलता है और दाईं ओर मुड़ता है, 9 मीटर चलता है और फिर से बाएं तरफ मुड़ता है, 5 मीटर चलता है और फिर बाईं ओर मुड़ता है, 12 मीटर चलता है और अंत में बाईं ओर मुड़ता है और 6 मीटर चलता है । अब किस दिशा में कुत्ते का मुँह है?

A. पूर्व **B.** उत्तर **C.** पश्चिम **D.** दक्षिण

Q.79 दाचीगाम राष्ट्रीय उद्यान कहाँ है?

A. जम्मू कश्मीर **B.** हिमाचल प्रदेश
C. उत्तराखंड **D.** पंजाब

Q.80 अर्थ ऑवर किसके द्वारा मनाया जाता है?

A. यूनेस्को **B.** वर्ल्ड वाइल्डलाइफ फंड
C. संयुक्त राष्ट्र **D.** आईयूसीएन

Q.81 निम्नलिखित में से कौन सा व्यापारिक पवनो के बारे में सही है ?

1) वे पछुवा पवनो की तुलना में कम आर्द्रता लाती हैं।
2) वे दिशा तथा गति में सबसे स्थिर रहते हैं।
3) व्यापारिक पवनो का एक व्यापक क्षेत्र होता है।

A. 1 तथा 3 **B.** 2 तथा 3
C. केवल 1 **D.** 1, 2 तथा 3

Q.82 सामाजिक पूंजी के रूप में माने जाने के लिए, जनसंख्या में निम्न में से कौन सी विशेषताएँ होनी चाहिए?

1) नागरिक अनुबंध
2) राजनितिक गुणवत्ता
3) एकता, विश्वास और सहिष्णुता
4) एक मजबूत सहभागी जीवन

A. 1 और 3 **B.** 2 और 4
C. 1, 3 और 4 **D.** 1, 2, 3 और 4

Q.83 मानव विकास सूचकांक (एचडीआई) की गणना करते समय निम्नलिखित में से किन मापदंडों को ध्यान में रखा जाता है?

1) लिंग अनुपात
2) जीवन प्रत्याशा
3) शैक्षणिक उपलब्धि
4) जीवन स्तर

A. 1, 3 और 4 **B.** 1, 2 और 3
C. 2, 3 और 4 **D.** 1, 2, 3 और 4

Q.84 निम्नलिखित में से कौन सा कथन गलत है?

1) प्रवासन देश के भीतर आबादी को पुनर्वितरण की ओर ले जाता है।
2) प्रवासी सामाजिक परिवर्तन के एजेंट के रूप में कार्य करता है।
3) प्रवासन लोगों को विविध संस्कृतियों से अलगाव की ओर ले जाता है।

A. केवल 1 **B.** केवल 2
C. केवल 3 **D.** सभी सही है

Q.85 निम्न में से क्या पौष्टिक स्तरों पर हमेशा एक खाद्य श्रृंखला में घट जाती है?

A. ऊर्जा **B.** संख्या
C. रसायन **D.** इनमें से कोई नहीं

Q.86 रमेश ने कहा, उसके बेटे महेश की शादी मीता से हुई है। मीता का संबंध रमेश से कैसे है?

A. बहू **B.** लड़की **C.** बहन **D.** भांजी

Q.87 ''भारत छोड़ों' का नारा किसने दिया था?

A. महात्मा गाँधी **B.** जवाहरलाल नेहरू
C. युसूफ मेहर अली **D.** अरूणा आसफ अली

Q.88 निर्देश: निम्नलिखित प्रश्न में दो शब्द होते हैं जिनमें एक-दूसरे से एक निश्चित संबंध होता है, इसके बाद चार अक्षर के जोड़े दिए हैं। उस अक्षर वाले जोड़े का चयन करें, जिसमें शब्दों की मूल जोड़ी के समान संबंध हो।

बैडमिण्टन: कोर्ट

A. हॉकी : स्टिक **B.** क्रिकेट : बैट
C. स्केटिंग : रिंक **D.** फुटबॉल : गोल

Q.89 किस भारतीय राज्य को सार्वजनिक मामलों के सूचकांक 2020 में सर्वश्रेष्ठ शासित राज्य घोषित किया गया है?

A. आंध्र प्रदेश **B.** केरल **C.** तमिलनाडु **D.** तेलंगाना

Q.90 निम्नलिखित में से कौन एक महासागरीय धारा नहीं है?

A. क्यूरोशियो **B.** ब्राजीलियन
C. गल्फ-स्ट्रीम **D.** जेट-स्ट्रीम

Q.91 निम्नलिखित में से कौन अरब सागर पर स्थित एक बंदरगाह नहीं है?

A. पणजी **B.** विशाखापट्टनम
C. मुंबई **D.** मंगलौर

Q.92 निम्नलिखित में से कौन-सा एक पर्यावरणी परिवर्तन के प्रति सर्वाधिक संवेदनशील है?

A. उभयचर **B.** सरीसृप **C.** स्तनपायी **D.** कीट

Q.93 निर्देश: निम्नलिखित प्रश्न में दो शब्द होते हैं जिनमें एक-दूसरे से एक निश्चित संबंध होता है, इसके बाद चार शब्दो के जोड़े दिए गए हैं। उस शब्द वाले जोड़े का चयन करें, जिसमें शब्दों की मूल जोड़ी के समान संबंध हो।

कोशिकाएं : काइटोलॉजी

A. कीड़े : पक्षी विज्ञान **B.** कीड़े : एंटोमोलॉजी
C. रोग : फिजियोलॉजी **D.** ऊतक : आकृति विज्ञान

Q.94 निर्देश: पहले दो शब्द एक विशेष तरीके से संबंधित हैं। दिए गए विकल्पों में से शब्द का चयन करें जो उसी तरीके से तीसरे से संबंधित हो।
लाल किला : दिल्ली :: ताजमहल : ?

A. आगरा **B.** कानपुर **C.** हरियाणा **D.** पंजाब

Q.95 निम्नलिखित में से कौन-सा एक कार्बन का अपरूप नहीं है?

A. कोयला **B.** हीरा **C.** ग्रेफाइट **D.** ग्रैफीन

Q.96 प्रश्न चिह्न को कौन सी संख्या प्रतिस्थापित करेगी?

4	9	2
3	5	7
8	1	?

A. 9 **B.** 6 **C.** 15 **D.** 14

Q.97 प्रश्न चिह्न को कौन सी संख्या प्रतिस्थापित करेगी?

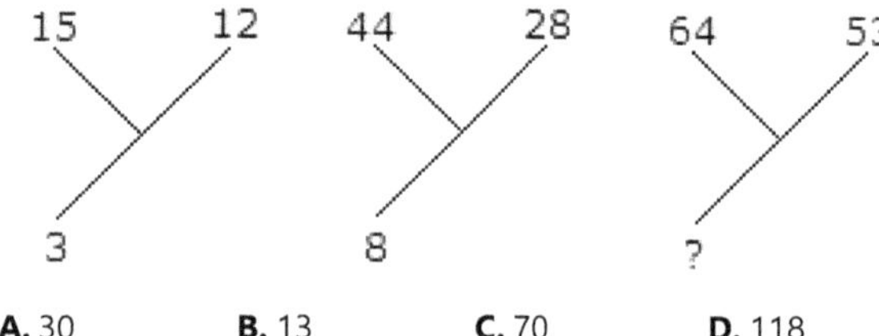

A. 30 **B.** 13 **C.** 70 **D.** 118

Q.98 निम्नलिखित में से गलत कथन ज्ञात कीजिए:

A. श्वेत क्रांति का सम्बन्ध दुग्ध उत्पादन से है
B. नीली क्रांति का सम्बन्ध मछली उत्पादन बढ़ाने से है
C. पर्यावरण गुणवत्ता के साथ समझौता किये बिना खाद्य उत्पादन में वृद्धि करना धारणीय कृषि कहलाता है
D. उपरोक्त में से कोई नहीं

Q.99 कथनों पर विचार करें:

1) एंटीबायोटिक केवल जीवाणु से उत्पन्न होते हैं
2) एंटीबायोटिक्स सर्दी और बुखार में प्रभावी नहीं होते हैं क्योंकि ये विषाणु के कारण होते हैं।
3) जानवरों में माइक्रोबियल संक्रमण की जांच के लिए एंटीबायोटिक्स पशु और कुक्कुटों के भोजन के साथ मिश्रित होते हैं।

सही विकल्प है:

A. केवल 1 **B.** केवल 2 और 3
C. केवल 1 & 2 **D.** 1, 2 और 3

Q.100 कौन सा एक आणविक कैंची के रूप में कार्य करता है?

A. एंजाइम **B.** हार्मोन **C.** दोनों **D.** कोई नहीं

Q.101 भारत में 'खीर भवानी मेला' 2019 कहाँ मनाया गया?

A. मणिपुर **B.** पश्रिम-बंगाल
C. जम्मू-कश्मीर **D.** झारखंड

Q.102 निम्नलिखित में से कौन सा संयोजी ऊतक का एक प्रकार है?

A. रक्त **B.** हड्डियां
C. स्नायु **D.** इनमें से सभी

Q.103 बथुकम्मा उत्सव, 2019 का आयोजन भारत के किस राज्य में हुआ?

A. अरुणाचल प्रदेश **B.** हिमाचल प्रदेश
C. मेघालय **D.** तेलंगाना

Q.104 सबरीमाला मंदिर स्थित है:

A. केरल **B.** कर्नाटक **C.** तमिलनाडु **D.** उड़ीसा

Q.105 प्रतिवर्ष आयोजित होने वाले "चैत्र जात्रा उत्सव" का संबंध किस राज्य से है?

A. छत्तीसगढ़ **B.** आंध्र प्रदेश **C.** कर्नाटक **D.** उड़ीसा

Q.106 भुवनेश्वर तथा पुरी के मंदिर किस शैली में निर्मित हैं?

A. नागर **B.** द्रविड़
C. बेसर **D.** इनमे से कोई नहीं

Q.107 निम्नलिखित ऐतिहासिक स्थलों पर विचार करें:

1. अजंता की गुफाएँ
2. लेपाक्षी मंदिर
3. सांची स्तूप

उपर्युक्त में से कौन से स्थल / भित्ति चित्रकला के लिए भी जानी जाती हैं?

A. केवल 1 **B.** केवल 1 और 2
C. 1,2 और 3 **D.** कोई नहीं

Q.108 निम्नलिखित में से किसका शिखर द्रविड़ शैली में बना हुआ है?

A. भीतरगांव मंदिर **B.** ग्वालियर का तेली मंदिर
C. कंदरिया महादेव मंदिर **D.** ओसिया मंदिर

Q.109 निम्नलिखित में से किसने द्वैत - जीवात्मा और परमात्मा के द्वैतवाद का प्रचार किया?

A. वल्लभाचार्य **B.** मीराबाई **C.** निम्बार्क **D.** माधव

Q.110 बारदोली में किसान आंदोलन का नेतृत्व किसने किया?

A. मदन मोहन मालवीय **B.** सरदार वल्लभाई पटेल
C. जवाहर लाल नेहरू **D.** राजेन्द्र प्रसाद

Q.111 नर्मदा नदी की शुरुआत पहाड़ों से होती है।

A. सतपुड़ा **B.** हिमालय
C. विंध्य **D.** इनमें से कोई नहीं

Q.112 भाखड़ा नांगल परियोजना किस नदी पर बनाई गई है?
[Sainik School Entrance Class VI, 2020]

A. कोसी **B.** झेलम **C.** सतलुज **D.** कृष्णा

Q.113 भारतीय अंतर्देशीय जलमार्ग प्राधिकरण का गठन किस वर्ष किया गया था?

A. 15 अगस्त, 1982 **B.** 2 अक्टूबर, 1958
C. 27 अक्टूबर, 1986 **D.** 12 जनवरी, 1978

Q.114 निम्न में से कौन एक संवैधानिक निकाय है?

A. निर्वाचन आयोग
B. वित्त आयोग
C. अनुसूचित जातियों के लिए राष्ट्रीय आयोग
D. उपरोक्त सभी

Q.115 दूसरे प्रशासनिक सुधार आयोग (2005) का संबंध था:

A. सुशासन के लिए संस्थागत व्यवस्था में सुधार
B. भारतीय दंड संहिता और आपराधिक न्याय प्रणाली में सुधार
C. सार्वजनिक जीवन में भ्रष्टाचार को कम करने के लिए एक लोकपाल तंत्र बनाना
D. शहरी शासन और प्रबंधन के लिए नए उपाय तैयार करना

Q.116 इनमें से कौन सा भौगोलिक क्षेत्र की जैव विविधता के लिए खतरा हो सकता है?

1) वैश्विक ऊष्मन

2) प्राकृतिक वास का खंडन

3) विदेशी प्रजातियों का आक्रमण

4) शाकाहार का प्रचार

नीचे दिए गए कोड का उपयोग करके सही उत्तर चुनें:

A. केवल 1, 2 और 3 **B.** केवल 2 और 3
C. 1 और 4 **D.** 1, 2, 3 और 4

Q.117 सभी भक्ति संतों के मध्य एक समान विशेषता थी कि उन्होंने:

A. अपनी वाणी को उसी भाषा में लिखा जिसे उनके भक्त समझते थे
B. पुरोहित वर्ग की सत्ता को नकारा
C. स्त्रियों को मंदिर जाने को प्रोत्साहित किया
D. मूर्तिपूजा को प्रोत्साहित किया

Q.118 मुगलकाल में निम्नलिखित में से किस महिला ने ऐतिहासिक विवरण लिखे?

A. गुलबदन बेगम **B.** नूरजहां बेगम
C. जहांआरा बेगम **D.** जेबुन्निसां बेगम

Q.119 निम्न में से किसे समुद्र के वर्षावन कहा जाता है?

A. कच्छ वनस्पति **B.** प्रवाल भित्तियाँ
C. समुद्री घास **D.** कस्तूरी

Q.120 साइलेंट वैली नेशनल पार्क कहाँ है?

A. केरल **B.** कर्नाटक **C.** तमिलनाडु **D.** आंध्र प्रदेश

Q.121 निम्न में से किस किले का निर्माण अकबर के राज्य काल में नहीं कराया गया था?

A. दिल्ली का लाल किला **B.** आगरा का किला
C. इलाहाबाद का किला **D.** लाहौर का किला

Q.122 निम्न में से कौनसा एक खनिज उत्तर प्रदेश में नहीं पाया जाता है?

A. चूना पत्थर **B.** अभ्रक **C.** बॉक्साइट **D.** जिप्सम

Q.123 निम्न में से कौन उत्तर प्रदेश की पेयजल परियोजना है?

A. शारदा सहायक नहर परियोजना
B. ज्ञानपुर पम्प नहर परियोजना
C. गोकुल बैराज परियोजना
D. पथरई बाँध

Q.124 हिन्द मुस्लिम एकता का प्रतीक 'सुलहकुल उत्सव' उत्तर प्रदेश में आयोजित किया जाता है:

A. मेरठ में **B.** अलीगढ़ में
C. लखनऊ में **D.** आगरा में

Q.125 सूची-I व II को सुमेलित कर सही उत्तर चुने:

सूची-I	सूची-II
A. वी. वी. गिरि नेशनल लेबर इन्स्टीट्यूट	1. आगरा
B. सेन्ट्रल ड्रग रिसर्च इन्स्टीट्यूट	2. मेरठ
C. नेशनल जालमा इन्स्टीट्यूट फॉर लेप्रसी	3. लखनऊ
D. सेन्ट्रल इन्स्टीट्यूट फॉर रिसर्च ऑन कैटिल	4. नोएडा

कूट:

A. A-3, B-4, C-2, D-1 **B.** A-1, B-2, C-3, D-4
C. A-4, B-3, C-2, D-1 **D.** A-4, B-3, C-1, D-2

Q.126 शाकम्भरी देवी का मंदिर किस जनपद में स्थित हैं?

A. मेरठ **B.** बरेली **C.** सहारनपुर **D.** लखनऊ

Q.127 'बन्दगान' शब्द को अक्सर भारत के मध्यकालीन इतिहास में देखा जाता है। बन्दगान ___ को संदर्भित करता है:

A. विशेष जेलों
B. युद्धों में पकड़े गए राजाओं
C. रईसों
D. सैन्य सेवा के लिए खरीदे गए विशेष दासों

Q.128 भारत में बॉक्साइट के उत्पादन और भंडारण में, किस राज्य का पहला स्थान है?

A. गुजरात **B.** झारखण्ड **C.** उड़ीसा **D.** महाराष्ट्र

Q.129 शरीर का तापमान किसके द्वारा नियंत्रित होता है:

[Bihar PSC, 2019], [Bihar PSC, 2018]

A. थैलेमस **B.** हाइपोथैलेमस
C. सेरिबैलम **D.** मेड्यूला

Q.130 2011 की जनगणना के अनुसार भारत के निम्नलिखित राज्यों में कौन सर्वाधिक जनसंख्या वाला राज्य है?

A. मध्य प्रदेश **B.** आन्ध्र प्रदेश
C. ओडिसा **D.** उत्तर प्रदेश

Q.131 मिर्जापुर प्रसिद्ध है:

[Super TET Paper - I, 2019]

A. कजरी के लिये **B.** चरकुला नृत्य के लिये
C. पवारा के लिये **D.** नकटा के लिये

Q.132 नवीनीकरण ऊर्जा मंत्रालय द्वारा ग्रिड आधारित सौर ऊर्जा संयंत्र स्थापित करने संबंधी योजना का नाम क्या है?

A. आदर्श **B.** स्वाभिमान **C.** सुखद **D.** कुसुम

Q.133 'किसान दिवस' मनाया जाता है:

A. 23 अगस्त **B.** 23 अक्टूबर
C. 23 दिसम्बर **D.** 23 फरवरी

Q.134 भारत में प्रतिवर्ष राष्ट्रीय उत्पादकता दिवस किस तिथि को आयोजित किया जाता है?

A. 11 फरवरी **B.** 12 फरवरी **C.** 13 फरवरी **D.** 14 फरवरी

Q.135 भारत का प्रथम राज्य कौन सा है जिसने राज्य भूमि रिकॉर्ड को प्रधानमंत्री फसल बीमा योजना से एकीकृत किया ?

A. उत्तर प्रदेश **B.** महाराष्ट्र
C. छत्तीसगढ़ **D.** गुजरात

Q.136 देश की निम्नलिखित मिट्टियों में से किसे 'स्वतः कृष्य मिट्टी' कहा जाता है?

A. जलोढ़ मिट्टी **B.** लैटेराइट मिट्टी
C. कपास की काली मिट्टी **D.** मरूस्थलीय मिट्टी

Q.137 सूची-I (घटना) को सूची-II (स्थान) से सुमेलित कीजिए तथा सूचियों के नीचे दिए गए कूट का प्रयोग कर सही उत्तर चुनिए :

सूची-I (घटना)	सूची-II (स्थान)
A. चम्पारण सत्याग्रह	1. केरल
B. पटना किसान आन्दोलन	2. पूर्वी बंगाल
C. मोपला विद्रोह	3. बिहार
D. दक्कन उपद्रव	4. अहमदनगर

A. केवल 1 और 2 **B.** केवल 2
C. केवल 1, 3 और 4 **D.** केवल 1, 2, 3 और 4

Q.138 निम्न में से किसका मिलान सही है?

1) धर आयोग: भाषाई कारक के बजाय प्रशासनिक सुविधा के आधार पर राज्यों के पुनर्गठन की सिफारिश की

2) फजल अली आयोग : राज्यों के पुनर्गठन के लिए भाषा के आधार को अस्वीकार किया।

3) जे.वी.पी समिति: राज्यों के पुनर्गठन के लिए भाषा को आधार के रूप में स्वीकार किया।

नीचे दिए गए कोड का उपयोग कर सही उत्तर का चयन करें:

A. केवल 1 **B.** केवल 1 और 3
C. केवल 2 और 3 **D.** 1, 2 और 3

Q.139 लायल कमीशन का क्या मुद्दा था?

A. दुर्भिक्ष **B.** राजस्व व्यवस्था
C. न्याय सम्बन्धी सुधार **D.** कानून व्यवस्था

Q.140 निम्नलिखित में से कौन भारत में उपनिवेशवाद का आर्थिक आलोचक है?

1. दादाभाई नौरोजी

2 जी सुब्रमण्य अय्यर

3. आर सी दत्त

सही उत्तर चुनने के लिए नीचे दिए गए कोड का उपयोग करें।

A. केवल 1 **B.** केवल 1 और 2
C. केवल 2 और 3 **D.** 1, 2 और 3

// स्मार्ट उत्तर पुस्तिका //

सही उत्तर उन छात्रों के प्रतिशत को इंगित करता है जिन्होंने प्रश्नों का सही उत्तर दिया था।

छोड़ दिया उन छात्रों के प्रतिशत को इंगित करता है जिन्होंने प्रश्नों को छोड़ दिया था।

प्रश्न संख्या	उत्तर	सही उत्तर	छोड़ दिया
1	A	7.84 %	19.61 %
2	B	0 %	100 %
3	A	5.88 %	64.71 %
4	C	19.61 %	64.7 %
5	C	3.92 %	62.75 %
6	B	3.92 %	64.71 %
7	B	7.84 %	64.71 %
8	B	11.76 %	64.71 %
9	A	13.73 %	64.7 %
10	D	23.53 %	62.74 %
11	A	1.96 %	62.75 %
12	D	7.84 %	62.75 %
13	C	11.76 %	62.75 %
14	C	1.96 %	62.75 %
15	A	11.76 %	62.75 %
16	C	13.73 %	62.74 %
17	C	9.8 %	60.79 %
18	B	11.76 %	62.75 %
19	B	17.65 %	49.02 %
20	C	9.8 %	62.75 %
21	C	13.73 %	62.74 %
22	D	0 %	100 %
23	D	5.88 %	60.79 %
24	B	7.84 %	64.71 %
25	C	9.8 %	62.75 %
26	A	15.69 %	62.74 %
27	B	17.65 %	64.7 %
28	A	3.92 %	62.75 %
29	B	13.73 %	64.7 %
30	C	21.57 %	62.74 %
31	D	9.8 %	64.71 %
32	B	21.57 %	62.74 %
33	B	5.88 %	62.75 %
34	C	9.8 %	64.71 %
35	D	7.84 %	64.71 %
36	A	5.88 %	64.71 %
37	B	15.69 %	62.74 %
38	B	3.92 %	62.75 %
39	B	5.88 %	64.71 %
40	A	5.88 %	64.71 %
41	A	0 %	100 %
42	B	11.76 %	64.71 %
43	D	11.76 %	64.71 %
44	B	13.73 %	64.7 %
45	D	15.69 %	64.7 %
46	A	5.88 %	64.71 %
47	C	7.84 %	64.71 %
48	C	9.8 %	62.75 %
49	C	25.49 %	60.78 %
50	B	19.61 %	62.74 %
51	C	15.69 %	62.74 %
52	A	17.65 %	64.7 %
53	C	5.88 %	64.71 %
54	B	11.76 %	64.71 %
55	C	7.84 %	64.71 %
56	B	9.8 %	62.75 %
57	B	5.88 %	64.71 %
58	A	7.84 %	62.75 %
59	B	11.76 %	62.75 %
60	A	11.76 %	64.71 %
61	C	13.73 %	62.74 %
62	C	17.65 %	62.74 %
63	C	11.76 %	64.71 %
64	B	11.76 %	62.75 %
65	B	17.65 %	60.78 %
66	D	31.37 %	62.75 %
67	B	17.65 %	62.74 %
68	B	3.92 %	62.75 %
69	C	11.76 %	64.71 %
70	A	5.88 %	64.71 %
71	A	11.76 %	62.75 %
72	C	11.76 %	64.71 %
73	A	9.8 %	62.75 %
74	A	17.65 %	62.74 %
75	B	17.65 %	64.7 %
76	C	9.8 %	64.71 %
77	B	7.84 %	62.75 %
78	B	9.8 %	64.71 %
79	A	9.8 %	62.75 %
80	B	5.88 %	62.75 %

प्रश्न संख्या	उत्तर	सही उत्तर	छोड़ दिया
81	B	13.73 %	64.7 %
82	D	17.65 %	62.74 %
83	C	9.8 %	62.75 %
84	C	9.8 %	64.71 %
85	A	9.8 %	64.71 %
86	A	13.73 %	64.7 %
87	C	9.8 %	62.75 %
88	C	13.73 %	64.7 %
89	B	13.73 %	64.7 %
90	D	19.61 %	64.7 %
91	B	21.57 %	64.7 %
92	A	11.76 %	62.75 %

प्रश्न संख्या	उत्तर	सही उत्तर	छोड़ दिया
93	B	13.73 %	62.74 %
94	A	11.76 %	62.75 %
95	A	11.76 %	62.75 %
96	C	3.92 %	64.71 %
97	B	11.76 %	62.75 %
98	D	17.65 %	62.74 %
99	B	3.92 %	62.75 %
100	A	5.88 %	62.75 %
101	C	15.69 %	62.74 %
102	D	21.57 %	62.74 %
103	D	7.84 %	64.71 %
104	A	9.8 %	64.71 %

प्रश्न संख्या	उत्तर	सही उत्तर	छोड़ दिया
105	D	9.8 %	62.75 %
106	A	5.88 %	64.71 %
107	B	11.76 %	62.75 %
108	B	9.8 %	64.71 %
109	D	9.8 %	62.75 %
110	B	27.45 %	62.75 %
111	D	11.76 %	60.79 %
112	C	31.37 %	62.75 %
113	C	19.61 %	62.74 %
114	D	11.76 %	62.75 %
115	A	11.76 %	62.75 %
116	A	25.49 %	62.75 %

प्रश्न संख्या	उत्तर	सही उत्तर	छोड़ दिया
117	A	11.76 %	62.75 %
118	A	17.65 %	62.74 %
119	B	11.76 %	62.75 %
120	A	15.69 %	60.78 %
121	A	19.61 %	62.74 %
122	B	11.76 %	62.75 %
123	C	9.8 %	62.75 %
124	D	9.8 %	62.75 %
125	D	13.73 %	62.74 %
126	C	15.69 %	64.7 %
127	D	19.61 %	62.74 %
128	C	19.61 %	62.74 %

प्रश्न संख्या	उत्तर	सही उत्तर	छोड़ दिया
129	B	17.65 %	62.74 %
130	D	29.41 %	62.75 %
131	A	19.61 %	62.74 %
132	D	7.84 %	62.75 %
133	C	25.49 %	60.78 %
134	B	5.88 %	64.71 %
135	B	13.73 %	62.74 %
136	C	13.73 %	60.78 %
137	C	11.76 %	64.71 %
138	A	3.92 %	64.71 %
139	A	3.92 %	64.71 %
140	D	13.73 %	64.7 %

कार्य विश्लेषण	
औसत अंक (%)	8.57%
टॉपर्स स्कोर (%)	70.71%
आपका स्कोर	

//संकेत और समाधान//

1. जन्म दर एक शब्द है जिसका इस्तेमाल प्रति वर्ष 1000 लोगों की जनसंख्या में जन्म लेने वाले शिशुओं की संख्या को परिभाषित करने के लिए किया जाता है।
अतः विकल्प (A) सही है।

2. पूंजीगत उत्पादन उद्योग का मतलब उन उद्योगों से है जो मशीनी साधनों का उत्पादन कर सकते हैं, जिनका इस्तेमाल मौजूदा उपभोग के लिए सामग्री तैयार करने के लिए किया जाता है। भारत में औद्योगिकीकरण को बढ़ावा देने में मदद करने के लिए शायद ही कोई पूंजीगत उत्पादन उद्योग था।
अतः विकल्प (B) सही है।

3. उपभोग वस्तुएँ और पूंजीगत वस्तुएँ अन्तिम वस्तुएँ होती हैं। खाद्य और कपड़ों और मनोरंजन जैसी सेवाएं उपभोग वस्तुओं के उदाहरण हैं उपकरण, सामग्री और मशीनें पूंजीगत सामान के उदाहरण हैं।
अतः विकल्प (A) सही है।

4. अंतर्राष्ट्रीय तरलता विशेष देश के अंतरराष्ट्रीय भंडार से संबंधित है जो विश्व मौद्रिक और व्यापार प्रणाली में भाग लेता है। अंतर्राष्ट्रीय तरलता अंतरराष्ट्रीय भुगतानों से जुड़ी होती है जो अंतर्राष्ट्रीय व्यापार से प्रकट होती है। चूंकि डॉलर विदेशी मुद्रा में दुनिया भर में वर्चस्व रखने वाली मुद्रा का कमांडर है, इसलिए डॉलर और अन्य संबंधित मुद्राओं की अनुपलब्धता अंतरराष्ट्रीय तरलता की समस्या से सम्बन्धित चिन्ताएँ है।
अतः विकल्प (C) सही है।

5. यूरोपीय संघ ने हाल ही में 'सिनात्रा सिद्धांत' को अपनाया है। मध्य और पूर्वी यूरोप (सीईई) के सदस्य देशों ने इस सिद्धांत को स्वीकार किया है।

सिद्धांत में जलवायु परिवर्तन, कोविड-19 जैसी वैश्विक चुनौतियों को संबोधित करने में चीन के साथ निरंतर सहयोग शामिल है, जबकि अपनी अर्थव्यवस्था के तकनीकी क्षेत्रों की रक्षा करते हुए यूरोपीय संघ की संप्रभुता को मजबूत करना है।
अतः विकल्प (C) सही है।

6. खुले बाजार परिचालन (ओएमओ) बैंकिंग प्रणाली में धन की मात्रा को कम या वृद्धि करने के क्रम में, खुले बाजार में सरकारी प्रतिभूतियों की बिक्री और खरीद को संदर्भित करता है। जब भारतीय रिजर्व बैंक बाजार में सरकारी प्रतिभूतियाँ बेचता है तो बैंक उन्हें खरीद लेती है। इससे बैंकों की पैसे उधार देने के क्षमता कम हो जाती है। यह कम नकदी अधिशेष (सरप्लस) मुद्रास्फीति को कम करता है। जब भारतीय रिजर्व बैंक प्रतिभूतियों को खरीदता है तब, वाणिज्यिक बैंकों को अधिशेष नकदी (सरप्लस मनी) मिलती है। अतः बैंक उद्योगों को ज्यादा पैसा उधार दे सकता है। यह अपस्फीति का सामना करता है। खुले बाजार परिचालन(ओपन मार्केट आपरेशन) भारतीय रिजर्व बैंक द्वारा प्रयुक्त एक मौद्रिक उपकरण है। राजकोषीय नीति वित्त मंत्रालय द्वारा संचालित है।
नकद आरक्षित अनुपात (सीआरआर): यह एक नकद राशि है जो सभी बैंको को भारतीय रिजर्व बैंक के पास रखना होता है।

सांविधिक तरलता अनुपात (एसएलआर): बैंकों को तरल संपत्ति के रूप में अपने कुल शुद्ध समय और मांग देनदारियों का एक अंश रखना होता है।

सीआरआर और एसएलआर में कटौती से बैंकों के पास अधिक नकदी होगी। अतः बैंक बाजार में ज्यादा पैसा उधार दे सकता है। यह मुद्रास्फीति की दर को बढ़ाता है।
अतः विकल्प (B) सही है।

7. समावेशी विकास को ग्यारहवीं योजना में 'विकास प्रक्रिया के रूप में परिभाषित किया गया है, जो व्यापक आधारित लाभ देता है और सभी के लिए अवसर की समानता सुनिश्चित करता है', यह 'न्यायसंगत विकास' या 'सामाजिक न्याय के साथ विकास' के लिए खड़ा है, जोकि भारत में नियोजित विकास के शब्द रहे हैं।

बारहवीं पंचवर्षीय योजना का उद्देश्य लोगों की आर्थिक और सामाजिक स्थितियों को कम करना है। इस लक्ष्य को प्राप्त करने के लिए, योजनाकारों ने तेज, स्थायी और अधिक समावेशी विकास की वकालत की। जीडीपी में वृद्धि से लोगों की आय में वृद्धि होगी और उनके जीवन स्तर में वृद्धि होगी, जिसके परिणामस्वरूप समावेशी और तेज विकास होगा।
अतः विकल्प (B) सही है।

8. वैश्विक वित्तीय स्थिरता रिपोर्ट वैश्विक वित्तीय प्रणाली और बाजारों का आकलन प्रदान करती है, और वैश्विक संदर्भ में उभरते बाजार वित्तपोषण का पता लगाता है। यह मौजूदा बाजार की स्थितियों पर केंद्रित है, जो व्यवस्थित मुद्दों पर प्रकाश डालती है जो उभरते बाजार के उधारकर्ताओं द्वारा वित्तीय स्थिरता और निरंतर बाजार पहुंच के लिए जोखिम पैदा कर सकता है। रिपोर्ट आईएमएफ के विश्व आर्थिक आउटलुक द्वारा उजागर किये गए आर्थिक असंतुलन का वित्तीय असर दिखाती है। इसमें विशेष सुविधाएँ, विश्लेषणात्मक अध्याय या अंतरराष्ट्रीय वित्तीय स्थिरता से संबंधित संरचनात्मक या प्रणालीगत मुद्दों पर निबंध शामिल हैं।
अतः विकल्प (B) सही है।

9. 1940 के दशक में मेक्सिको में नॉर्मन बोरलॉग द्वारा हरित क्रांति की शुरुआत की गई थी। उनकी सफलता ने दुनिया का ध्यान आकर्षित किया, और जल्द ही ये प्रौद्योगिकियां फैल गईं, दुनिया भर में किसानों को प्रति एकड़ भोजन की अधिक कैलोरी बनाने में मदद मिली।
अतः विकल्प (A) सही है।

10. अंतर्राष्ट्रीय व्यापार की वृद्धि ने आय की असमानता को बढ़ा दिया है। वैश्विक वाणिज्य का विस्तार पारम्परिक निगमों द्वारा किया जाता है जो व्यक्तिगत देशों या स्थानीय आबादी के विकास की जरूरतों के संबंध में लाभ को अधिकतम करने का प्रयास करते हैं। सांस्कृतिक विशिष्टता को एकीकरण और "सार्वभौमिक संस्कृति" के पक्ष में लुप्त हो जाता है जो कि अमेरिकी संस्कृति से आता है।
अतः विकल्प (D) सही है।

11. उच्च न्यायालय की संस्था 1862 में भारत में उत्पन्न हुई जब कलकत्ता, बॉम्बे और मद्रास में उच्च न्यायालय स्थापित किए गए थे। संसद एक उच्च न्यायालय के अधिकार क्षेत्र को किसी भी केंद्रशासित प्रदेश तक बढ़ा सकते हैं या किसी भी केंद्र शासित प्रदेश को उच्च न्यायालय के क्षेत्राधिकार से बाहर कर सकते हैं। राष्ट्रपति द्वारा उच्च न्यायालय के न्यायाधीशों की नियुक्ति की जाती है।
अतः विकल्प (A) सही है।

12. "अतिथि देवो भवः" तैत्तिरीय उपनिषद से लिया गया है। अतिथि देवो भवः, मेजबान-अतिथि संबंधों के एक क्रियाशीलता को निर्धारित करता है। यह एक प्राचीन संस्कृत पाठ है, जिसमें हिंदू धर्म की कुछ दार्शनिक अवधारणाएं और विचार शामिल हैं, जिन्हें जैन धर्म और बौद्ध धर्म जैसी धार्मिक परंपरा के साथ साझा किया गया है।
अतः विकल्प (D) सही है।

13. केंद्रीय महिला एवं बाल विकास मंत्रालय इस वर्ष 16 से 31 मार्च तक वर्ष 2021 के लिए पोषण पखवाड़ा मना रहा है।

इस वर्ष के पोषण पखवाड़ा के दौरान प्रमुख ध्यान खाद्य वानिकी के माध्यम से पोषण संबंधी चुनौतियों का सामना करना होगा। पोषण अभियान 8 मार्च 2018 को प्रधान मंत्री द्वारा शुरू की गई मंत्रालय की प्रमुख योजना है।
अतः विकल्प (C) सही है।

14. राष्ट्रपति शासन को अनुच्छेद 356 के तहत दो आधारों पर घोषित किया जा सकता है- एक का उल्लेख अनुच्छेद 356 में और दूसरा अनुच्छेद 365 में किया गया है। राष्ट्रपति शासन को लागू करने की घोषणा को संसद के दोनों सदनों द्वारा अपनी जारी तिथि से दो महीने के भीतर अनुमोदित किया जाना चाहिए।

1978 के 44 वें संशोधन अधिनियम ने एक राज्य में राष्ट्रपति शासन का विस्तार करने के लिए संसद की शक्ति पर संयम रखने का एक नया प्रावधान पेश किया। इस प्रावधान के अनुसार, राष्ट्रपति शासन को निम्नलिखित शर्तों के तहत हर 6 महीने में केवल एक वर्ष तक बढ़ाया जा सकता है:

- पूरे भारत में या राज्य के किसी भी हिस्से में पहले से ही एक राष्ट्रीय आपातकाल है।
- चुनाव आयोग प्रमाणित करता है कि संबंधित राज्य में चुनाव नहीं हो सकते हैं।

अतः विकल्प (C) सही है।

15. 1978 में 44वें संविधान संशोधन अधिनियम द्वारा, "आंतरिक गड़बड़ी" शब्द को "सशस्त्र विद्रोह" द्वारा प्रतिस्थापित किया गया था।

राष्ट्रीय आपातकाल घोषित करने के निम्न आधार हैं-

यदि सम्पूर्ण भारत अथवा इस के किसी भाग की सुरक्षा को युद्ध के कारण खतरा उत्पन्न हो गया हो।

यदि सम्पूर्ण भारत अथवा इसके किसी भाग पर बाह्य आक्रमण किया गया हो या खतरा उत्पन्न हो गया हो।

यदि सम्पूर्ण भारत अथवा इसके किसी भाग पर "सशत्र विद्रोह" के कारण खतरा उत्पन्न हो गया हो।
अतः विकल्प (A) सही है।

16. राजामन्नार समिति, सरकारिया आयोग, पुंछी आयोग का गठन केंद्र सरकार द्वारा केंद्र-राज्य संबंधों की जांच करने के लिए की गई थी। जबकि प्रशासनिक सुधार आयोग (ARC) भारत की सार्वजनिक प्रशासन प्रणाली की समीक्षा के लिए सिफारिशें देने के लिए भारत सरकार द्वारा नियुक्त समिति है।
अतः विकल्प (C) सही है।

17. सरकार की अध्यक्षीय प्रणाली में, संकीर्ण प्रतिनिधित्व पर ध्यान दिया जाता है और विधायिका और कार्यपालिका के बीच संघर्ष होता है।
अध्यक्षीय प्रणाली के लाभ

- प्रत्यक्ष चुनाव: एक राष्ट्रपति प्रणाली में, राष्ट्रपति को अक्सर लोगों द्वारा सीधे चुना जाता है।
- शक्तियों का पृथक्करण: एक राष्ट्रपति प्रणाली राष्ट्रपति और विधायिका को दो समानांतर संरचनाओं के रूप में स्थापित करती है।
- गति और निर्णयकता: मजबूत शक्तियों वाला एक राष्ट्रपति आमतौर पर परिवर्तनों को तुरंत लागू कर सकता है।
- स्थिरता: एक राष्ट्रपति, एक निश्चित अवधि के आधार पर, एक प्रधानमंत्री की तुलना में अधिक स्थिरता प्रदान कर सकता है, जिसे किसी भी समय खारिज किया जा सकता है।

अतः विकल्प (C) सही है।

18. सरकार की संसदीय प्रणाली में, कार्यपालिका विधायिका के प्रति उत्तरदायी होती है।

सरकार की राष्ट्रपति प्रणाली में, कार्यपालिका विधायिका से संवैधानिक रूप से स्वतंत्र है।

राष्ट्रपति सरकार को सरकार की गैर-जिम्मेदार प्रणाली के रूप में भी जाना जाता है।

सरकार की राष्ट्रपति प्रणाली ब्राजील, रूस और श्रीलंका में प्रचलित है।
अतः विकल्प (B) सही है।

19. 20 मार्च को अंतर्राष्ट्रीय प्रसन्नता दिवस के रूप में मनाया जाता है। यह संयुक्त राष्ट्र द्वारा नामित "लोगों के जीवन में खुशी के महत्व" के लिए समर्पित दिन है।
अतः विकल्प (B) सही है।

20. आमतौर पर राज्यपाल का कार्यकाल पाँच वर्ष का होता है परन्तु वह राष्ट्रपति के प्रसादपर्यंत कार्य करता है, इसलिए राष्ट्रपति जब भी चाहे राज्यपाल को हटा सकता है।
अतः विकल्प (C) सही है।

21. सार्वजनिक वितरण प्रणाली का संचालन केंद्र और राज्य दोनों सरकारों द्वारा किया जाता है।

FCI के माध्यम से केंद्र सरकार की निम्नलिखित जिम्मेदारियां हैं: 1. खरीद, भंडारण, अनाज का परिवहन 2. राज्य सरकारों को अनाज का बल्क आवंटन।

राज्य सरकार की ज़िम्मेदारी परिचालन है। वे निम्नानुसार हैं: गरीबी रेखा से नीचे परिवारों की पहचान, राशन कार्ड जारी करना, उचित मूल्य दुकानों के कामकाज का पर्यवेक्षण।
अतः विकल्प (C) सही है।

22. डलहौजी ने राज्य हड़प नीति का आविष्कार नहीं किया। ईस्ट इंडिया कंपनी के निदेशकों ने इस नीति की खोज 1834 में की थी। हालांकि लार्ड डलहौजी ने इस नीति में खुद को निपुण किया और समान रूप से इसे लागू किया।

सिद्धांत के अनुसार, कोई भी राजसी राज्य या क्षेत्र जोकि ब्रिटिश ईस्ट इंडिया कंपनी के प्रत्यक्ष अधिकार में आता था, उस पर ब्रिटिश सहायक प्रणाली के तहत अधिकार किया जा सकता था यदि शासक या तो "प्रकट रूप से अक्षम हो या एक पुरुष वारिस के बिना मर गया हो।

दूसरा कथन भी गलत है क्योंकि अवध को ब्रिटिश निवासी कर्नल स्लीमन द्वारा तैयार करवायी गयी रिपोर्ट के आधार पर कुशासन के बहाने अधिकृत कर लिया गया था।
अतः विकल्प (D) सही है।

23. शिमला सम्मेलन 1945 के दौरान, लार्ड वावेल भारत के गवर्नर जनरल थे। शिमला सम्मेलन वायसराय और प्रमुख राजनीतिक नेताओं के बीच एक बैठक थी। इस सम्मेलन में भारत की स्वायत्ता के लिए आपसी सहमति बनी और साथ में मुस्लिमो के लिए एक अलग प्रतिनिधित्व देने पर भी सहमति बनी। इसके साथ ही दोनों समुदायों के बहुमत क्षेत्रों लिए कम बहुमत शक्तियां दी जाए।

रॉयल इंडियन नेवी विद्रोह मे बम्बई के बाद कराची मुख्य केंद्र था जहां अन्य के साथ एचएमआईएस हिंदुस्तान हड़ताल करने पर चला गया।
अतः विकल्प (D) सही है।

24. संविधान की 5वीं अनुसूची असम, मेघालय, त्रिपुरा और मिजोरम के 4 राज्यों को छोड़कर, किसी भी राज्य में अनुसूचित क्षेत्रों और अनुसूचित जनजातियों के प्रशासन और नियंत्रण से संबंधित है। जबकि असम, मेघालय, त्रिपुरा और मिजोरम राज्यों में अनुसूचित क्षेत्रों और अनुसूचित जनजातियों के प्रशासन और नियंत्रण से संविधान का भाग 6 सम्बन्धित है।
अतः विकल्प (B) सही है।

25. गवर्नर जनरल लार्ड कार्नवालिस ने अपने कार्नवालिस कोड 1793 के साथ न्याय के प्रशासन से राजस्व प्रशासन को अलग करने की मांग की, इस प्रकार कार्नवालिस कोड ने सभी न्यायिक शक्ति को कलेक्टर से वापस ले ली है और उसके पास केवल राजस्व प्रशासन के कार्य को रखा।

लार्ड विलियम बेनटिक ने सामाजिक सुधार करने के लिए कई कदम उठाए अर्थात् सती 1829-1830 में समाप्त कर दिया, शिशु और बाल बलिदान और ठगी का दमन किया।

लॉर्ड वारेन हेस्टिंग्स ने सहायक संधि पेश नहीं किया, यह सहायक गठबंधन नीति फ्रेंच गवर्नर जनरल डूप्ले ने पहली बार पेश किया गया था और नीति धीरे-धीरे विकसित की और बाद में लॉर्ड वेलेजली द्वारा बड़े पैमाने पर इस्तेमाल किया गया।

तीसरा आंग्ल-मैसूर युद्ध (1790-1792) लार्ड कार्नवालिस के शासन के दौरान लड़ा गया था और चौथा एंग्लो-मैसूर युद्ध, 1799 वेलेजली के शासन के दौरान लड़ा गया था।
अतः विकल्प (C) सही है।

26. 1) आधुनिक शिक्षित भारतीयों ने विद्रोह का समर्थन नहीं किया। वे विद्रोहियों के अंधविश्वासों की अपील और प्रगतिशील सामाजिक उपायों के उनके विरोध से अपमानित थे। वे देश के पिछड़ेपन को समाप्त करना चाहते थे,

लेकिन उन्हे गलत विश्वास था कि ब्रिटिश शासन उन्हें आधुनिकता के इन कार्यों को पूरा करने में मदद करेगा।

2) ग्वालियर के सिंधिया, इंदौर के होल्कर, हैदराबाद के निजाम, जोधपुर के राजा और अन्य राजपूत शासकों और कई अन्य सत्तारूढ़ प्रमुखों ने ब्रिटिशों का समर्थन किया और विद्रोह को दबाने के लिए सक्रिय मदद दी।
अतः विकल्प (A) सही है।

27. नौरोज ईरानी और फारसी नव वर्ष का त्योहार है। बीजिंग में शंघाई सहयोग संगठन के सचिवालय में आयोजित नौरोज समारोह में भारत ने भाग लिया।

एससीओ चीन, रूस, कजाकिस्तान, किर्गिस्तान, ताजिकिस्तान, उज्बेकिस्तान, भारत और पाकिस्तान से मिलकर बनी एक अंतर-सरकारी संगठन है। इसका मुख्यालय बीजिंग, चीन में है।
अतः विकल्प (B) सही है।

28. अमेरिकी क्रेडिट रेटिंग एजेंसी फिच ने 'ग्लोबल इकोनॉमिक आउटलुक जीईओ' शीर्षक से रिपोर्ट जारी की। अपने हालिया संस्करण में, इसने अगले वित्त वर्ष के लिए भारत की जीडीपी वृद्धि अनुमान को संशोधित कर 12.8% कर दिया है।

इससे पहले, रेटिंग एजेंसी ने 11% की वृद्धि दर का अनुमान लगाया था। इसके पीछे बताए गए कारण एक मजबूत कैरीओवर प्रभाव, एक ढीला राजकोषीय रुख और बेहतर वायरस नियंत्रण हैं। फिच ने वित्त वर्ष 2023 में जीडीपी वृद्धि के 5.8% तक कम होने की आशा की है।
अतः विकल्प (A) सही है।

29. रूस की संसद के निचले सदन स्टेट ड्यूमा ने हाल ही में एक विधेयक को मंजूरी दी है, जिससे उसके राष्ट्रपति व्लादिमीर पुतिन को 2024 से शुरू होने वाले दो और कार्यकालों के लिए सक्षम बनाया जा सके।

जुलाई 2020 में एक राष्ट्रव्यापी जनमत संग्रह में अपनाए गए संवैधानिक संशोधनों के बाद चुनावों पर मसौदा कानून को मंजूरी दी गई। बिल ने पुतिन को 2036 तक दो और कार्यकाल के लिए पदभार ग्रहण करने की संभावना दी है।
अतः विकल्प (B) सही है।

30. सैय्यद बंधु - अब्दुल्ला खान और हुसैन अली औरंगज़ेब की मृत्यु के बाद बहादुर शाह की ताजपोशी करवाने में सहायक थे। उन्हें विधिवत पुरस्कृत किया गया और उनकी रैंक बढ़ाई गई।

बाद में उन्होंने जहाँदार शाह के खिलाफ फर्रुखसियर का समर्थन किया। इसी कारण से उन्हें किंग मेकर के रूप में जाना जाने लगा।
अतः विकल्प (C) सही है।

31. गुंफित जलमार्ग के गठन के लिए किनारो पर निक्षेपण और पार्श्व अपरदन जरूरी है। या, वैकल्पिक रूप से, जब बहाव कम होता है और घाटी में भार अधिक होता है, प्रवाह रोधिका और रेत, बजरी और कंकड़ के द्वीप प्रवाह के तह पर विकसित हो जाते हैं और जल प्रवाह को कई तंतुओ में विभाजित हो जाता है। पानी की ये तंतु जैसी धाराएं एक बार फिर से जुड़ती हैं और बार-बार विभाजित होती हैं ताकि एक विशिष्ट गुंफित जलमार्ग पाया जा सके।
अतः विकल्प (D) सही है।

32. स्ट्रोम्बोली पृथ्वी पर सबसे सक्रिय ज्वालामुखियों में से एक है और 1932 के बाद से लगभग लगातार प्रस्फुटित हो रहा है क्योंकि यह पिछले 2000 साल से ज्यादा से सक्रिय है और उसके विस्फोट रात में लंबी दूरी तक दिखाई देते हैं, यह " भूमध्य सागर के प्रकाश स्तंभ के रूप में जाना जाता है"। यह दुनिया के सबसे ज्यादा देखे जाने वाले ज्वालामुखी में से एक है।
अतः विकल्प (B) सही है।

33. निक्षेपण एक बाढ़ के मैदान के रूप में उसी प्रकार विकसित होती है जैसे अपरदन घाटियां बना देता है। बाढ़ के मैदान, नदी निक्षेपण का एक प्रमुख भू-भाग है। बड़े आकार की सामग्री पहले निक्षेपित हो जाती है जब धारा प्रवाह एक मंद ढाल में टूट जाता है।

1) नदी तलछट से बने एक नदी तल को सक्रिय बाढ़ के मैदान के रूप में देखा जाता है जबकि किनारे के ऊपर बाढ़ के मैदान सक्रिय बाढ़ के मैदान हैं।

2) निष्क्रिय बाढ़ के मैदान में मूल रूप से दो प्रकार के निक्षेप होते हैं - बाढ़ निक्षेप और प्रवाह निक्षेप।
अतः विकल्प (B) सही है।

34. निम्न दाब क्षेत्र में, समुद्र का स्तर अपने आस-पास के क्षेत्रों की तुलना में अधिक होता है। इसलिये जल का प्रवाह निम्न दाब पेटी से उच्च दाब पेटी की ओर होता है अर्थात उच्च समुद्री स्तर से निम्न समुद्री स्तर की ओर।

ऊष्ण कटिबंधीय क्षेत्रों में, हम आकाश के मेघों से भरे होने के कारण वर्ष भर निम्न वर्षण देखते हैं। इसलिये वहाँ निम्न समुद्री स्तर पाया जाता है। उसी समय, विषुवत क्षेत्र में, वर्ष भर उच्च वर्षण के कारण, उच्च समुद्र स्तर पाया जाता है। इसलिये जल का प्रवाह विषुवत क्षेत्र से ऊष्ण कटिबंध की ओर होता है।
अतः विकल्प (C) सही है।

35. टोक्यो ग्रीष्मकालीन ओलंपिक खेलों के लिए मशाल रिले 2021 जापान से शुरू हुआ है। यह रिले जापान में 121 दिनों की अवधि तक रहेगी और इस साल जुलाई में खेल की शुरुआत के साथ समापन करेगी।
अतः विकल्प (D) सही है।

36. संकीर्ण अग्रभाग और पिछले चौड़े भाग के साथ खाड़ी उच्च ज्वार का अनुभव करती है, यह गलत कथन है। चौड़े अग्रभाग और संकीर्ण पिछले भाग वाली खाड़ी उच्च ज्वार का अनुभव करती हैं। एक चैनल के माध्यम से पानी के अंदर और बाहर की आवाजाही को एक ज्वार प्रवाह कहा जाता है।
अतः विकल्प (A) सही है।

37. पर्यावरण मंत्री प्रकाश जावड़ेकर ने अपने फ्रांसीसी समकक्ष के साथ पर्यावरण के इंडो-फ्रेंच वर्ष का शुभारंभ किया। भारत और फ्रांस के पास असम, राजस्थान और झारखंड में शुरू की जाने वाली पर्यावरण परियोजना है। इस आयोजन का उद्देश्य सतत विकास में भारत-फ्रांस सहयोग को मजबूत करना है।
अतः विकल्प (B) सही है।

38. 'STARS' का पूर्ण रुप स्ट्रेथनिंग टीचिंग-लर्निंग एण्ड रिजल्ट फाॅर स्टेट्स है। यह छह चयनित राज्यों में शिक्षा की गुणवत्ता में सुधार के लिए केंद्रीय शिक्षा मंत्रालय की एक परियोजना है।

विश्व बैंक की लगभग 3700 करोड़ रुपए की वित्तीय सहायता के साथ इस परियोजना की कुल लागत 5718 करोड़ रुपये है। हाल ही में, विश्व बैंक के साथ परियोजना के वित्तीय समर्थन के लिए समझौते पर हस्ताक्षर किए गए थे।
अतः विकल्प (B) सही है।

39. IN FAC T-81 सुपर डिवोरा MK II वर्ग का भारतीय नौसेना फास्ट अटैक पोत है, जिसने 20 वर्षों से अधिक समय तक निगरानी और खोज और बचाव में राष्ट्र की सफलतापूर्वक सेवा की।

हाल ही में इसे मुंबई के नेवल डॉकयार्ड में वापस किया गया। यह 25 मीटर लंबा जहाज है जिसमें 60 टन क्षमता है और इसे एक इजरायली निर्माता के सहयोग से गोवा शिपयार्ड लिमिटेड में बनाया गया था। INFAC को 1999 में नौसेना में शामिल किया गया था।
अतः विकल्प (B) सही है।

40. 1) तट से 12 नॉटिकल मील (38.4 किमी) तक का समुद्री क्षेत्र प्रादेशिक पानी के रूप में जाना जाता है और उसमें उपलब्ध संसाधन उस देश के लिए राष्ट्रीय संसाधनों के रूप में जाने जाते हैं।

2) तट रेखा से 200 नॉटिकल मील की दूरी के समुद्री संसाधन खुले समुद्र से सम्बन्ध रखते हैं और कोई भी देश अंतरराष्ट्रीय संस्थाओं की सहमति के बिना इनका उपयोग नहीं कर सकता। वे अंतरराष्ट्रीय संसाधन कहे जाते हैं।
अतः विकल्प (A) सही है।

41. पोस्ट ग्रेजुएट इंस्टीट्यूट ऑफ मेडिकल एजुकेशन एंड रिसर्च, चंडीगढ़ ने भारत का पहला अपंग क्लिनिक लॉन्च किया है।

'पीजीआई अपंग क्लिनिक' का उद्देश्य अपने रोगियों को सामाजिक, मानसिक और शारीरिक सहायता प्रदान करना है। इसका उद्देश्य पूर्ण अंगविच्छेद रोगी देखभाल प्रदान करना और उन अपंगो की चिकित्सा देखभाल और पुनर्वास प्रदान करना है जो लागत का वहन नहीं कर सकते।
अतः विकल्प (A) सही है।

42. स्टेम कोशिकाएँ जनक कोशिकाएँ होती हैं जो बहुकोशिकीय जीवों में पाई जाती हैं जो विशेष कोशिकाओं में अंतर कर सकती हैं जो और अधिक स्टेम कोशिकाओं का निर्माण करने के लिए विभाजित होती हैं। यह आसानी से मानव शरीर में ऊतक की मरम्मत और प्रतिस्थापित कर सकता है क्योंकि इन कोशिकाओं में ठीक करने की शक्ति होती है। ये अप्रमाणित कोशिकाएँ हैं जिन्हें प्लुरिपोटेंट स्टेम कोशिकाओं के रूप में जाना जाता है जो भ्रूण से शुरू होती हैं और हड्डी, मांसपेशियों, त्वचा, हृदय, मस्तिष्क विशेष कोशिकाओं को बनाने के लिए विशेषीकृत होती हैं। स्टेम कोशिकाएँ केवल स्तनधारियों से नही प्राप्त की जाती है।

अतः विकल्प (B) सही है।

43. पुनः संयोजक डीएनए तकनीक वह है, जहां अलग-अलग प्रजातियों में अलग-अलग जीन एक जीव से दूसरे में स्थानांतरित हो जाते हैं। हम देखते हैं कि गाजर जीन को चावल में स्थानांतरित करने पर हमें गोल्डन चावल मिलता है। ट्रांसजेनिक जीवों के उत्पादन के लिए अनुप्रयुक्त पुनः संयोजक डीएनए प्रौद्योगिकी पौधों, जानवरों और जीवाणुओं पर प्रयुक्त होती है। शोध के अनुसार, पौधे या जानवर से लिए गए आनुवंशिक पदार्थ डीएनए के संचलन को किसी में भी और इसके विपरीत रखा जा सकता है। बैक्टीरिया से आदमी या आदमी से बैक्टीरिया या बैक्टीरिया से पौधे में जीन का ट्रांसफर संभव है।

अतः विकल्प (D) सही है।

44. इस साल अहमदाबाद में आयोजित सैयद मुश्ताक अली ट्रॉफी टी 20 क्रिकेट टूर्नामेंट में, तमिलनाडु टीम ने बड़ौदा को हराकर ट्रॉफी जीता। पिछले साल तमिलनाडु ने कर्नाटक के खिलाफ ट्रॉफी गंवाई थी।

इस साल टूर्नामेंट के दौरान, तमिलनाडु फाइनल मैच तक अजेय रहा।

अतः विकल्प (B) सही है।

45. भू-स्थिर कक्ष पृथ्वी के भूमध्य रेखा से 35,786 किलोमीटर ऊपर एक वृत्ताकार भू-तुल्यकालिक कक्ष है और पृथ्वी के घूमने की दिशा का अनुसरण करती है।

संचार उपग्रहों और मौसम उपग्रहो को प्रायः भू- स्थिर कक्ष में रखा जाता है ताकि पृथ्वी-आधारित उपग्रह एंटेना (पृथ्वी पर स्थित) को उन्हें ट्रैक करने के लिए घूमना न पड़े बल्कि आकाश में उस स्थिति पर स्थायी रूप से इंगित किया जा सके जहाँ उपग्रह स्थित हैं।

भू-स्थिर कक्ष एक विशेष प्रकार की भू-तुल्यकालिक कक्ष होती है, यह भेद इसलिए है कि एक भू-तुल्यकालिक कक्ष में कोई वस्तु प्रत्येक दिन समान समय में आकाश में एक ही बिंदु पर लौटती है जबकि भू-स्थिर कक्ष में कोई वस्तु उस स्थिति को कभी नहीं छोड़ती है।

अतः विकल्प (D) सही है।

46. जियोसिंक्रोनस सैटेलाइट लॉन्च व्हीकल मुख्य रूप से जियोसिंक्रोनस ट्रांसफर ऑर्बिट में उपग्रहों के इनसैट वर्ग को लॉन्च करने के लिए विकसित किया गया था।

जीएसएलवी एक तीन-चरणीय लांचर है जो एक ठोस रॉकेट मोटर चरण, एक पृथ्वी संग्रहणीय तरल अवस्था और एक क्रायोजेनिक चरण का उपयोग करता है।

अतः विकल्प (A) सही है।

47. • परियोजना लून ग्रामीण और दूरदराज के क्षेत्रों तक इंटरनेट की पहुंच प्रदान करने के मिशन के साथ X (पूर्व में गूगल X) द्वारा विकसित एक शोध और विकास परियोजना है।

• यह परियोजना 4 जी-एलटीई गति के साथ एक हवाई वायरलेस नेटवर्क बनाने के लिए 18 किलोमीटर (11 मील) की ऊंचाई पर समतापमण्डल में उच्च-ऊंचाई वाले गुब्बारे का उपयोग करती है।

• इसे प्रोजेक्ट लून नाम दिया गया, क्योंकि गूगल ने स्वयं ही शेष 5 बिलियन जनसंख्या को इंटरनेट की पहुँच में लाने का अभूतपूर्व और अत्यंत उत्साहपूर्ण/लूनी विचार दिया।

अतः विकल्प (C) सही है।

48. सीएफएल पारा वाष्प के साथ काम करता है जो स्वास्थ्य और पर्यावरण के लिए अच्छा नहीं है और इसमें सामान्य बल्ब की तुलना में लगभग 9,000 घंटों का कम कार्य जीवन और 75% कम ऊर्जा का उपयोग करता है जबकि एलईडी लैंप 50,000 घंटे काम करते हैं जो अधिक ऊर्जा कुशल हैं क्योंकि वे सामान्य बल्ब की तुलना में 85% कम ऊर्जा का उपयोग करते हैं।

अतः विकल्प (C) सही है।

49. डी. टी. पी. टीका डिप्थीरिया, टिटेनस और कुकर-खाँसी से बचाव कर सकती है। डिप्थीरिया और कुकर-खाँसी एक व्यक्ति से दूसरे व्यक्ति में फैलता है। टिटेनस कट या घाव के माध्यम से शरीर में प्रवेश करता है। डिप्थीरिया से सांस लेने में कठिनाई, हृदयाघात, पक्षाघात या मृत्यु हो सकती है।

अतः विकल्प (C) सही है।

50. टेक प्रमुख गूगल ने एशिया प्रशांत क्षेत्र में स्टार्ट-अप संस्थापकों और उनकी टीमों को प्रशिक्षित करने के लिए 'स्टार्टअप स्कूल' नाम से एक नई पहल शुरू की है।

यह एक आभासी कार्यक्रम है जो स्टार्ट-अप संस्थापकों और उनकी टीमों के लिए मुफ्त आभासी पाठ्यक्रमों की एक श्रृंखला प्रदान करता है। डिजिटल मार्केटिंग, प्रोडक्ट नॉलेज और बिजनेस स्ट्रैटेजी पर पाठ्यक्रम फोकस क्षेत्र होंगे।
अतः विकल्प (B) सही है।

51. पट्टचित्रा ओडिशा के सबसे पुराने और सबसे लोकप्रिय कला रूपों में से एक है। यह एक कपड़े पर आधारित स्क्रॉल पर की गई पेंटिंग की पारंपरिक शैली है।

यह अद्वितीय कला रूप अपने जटिल कलात्मक कार्यों और पौराणिक कहानियों के बारे में विवरण के लिए जाना जाता है। प्रधानमंत्री नरेंद्र मोदी ने कोविड -19 के दौरान कला के रूप में अभ्यास के लिए अपने मन की बात रेडियो कार्यक्रम में एक ओडिशा छात्र का नाम लिया था।
अतः विकल्प (C) सही है।

52. इकोनॉमिस्ट इंटेलिजेंस यूनिट द्वारा जारी 2020 के लोकतंत्र सूचकांक की वैश्विक रैंकिंग में भारत दो पायदान खिसक कर 53वें स्थान पर आ गया है।

भारत का स्कोर 2014 में 7.92 से घटकर 2020 में 6.61 हो गया और 2014 में इसकी रैंकिंग 27 से गिरकर 2020 में 53 हो गई।
अतः विकल्प (A) सही है।

53. प्रधान मंत्री स्ट्रीट वेंडर आत्मनिर्भर निधि (पीएम स्वनिधि) योजना के एक भाग के रूप में, आवास और शहरी मामलों के मंत्रालय ने जोमैटो के साथ एक समझौता किया।

यह साझेदारी कंपनी को अपने प्लेटफ़ॉर्म पर स्ट्रीट फूड वेंडर्स को ऑनबोर्ड करने और व्यापक बाज़ार पहुंच के साथ अपने व्यवसाय में सुधार करने में सक्षम करेगी। आवास और शहरी मामलों के मंत्रालय ने पीएम स्वनिधि से समृद्धि के लिए मोबाइल एप्लिकेशन भी लॉन्च किया। यह योजना के लाभार्थियों को विभिन्न सरकारी योजनाओं से जोड़ता है।
अतः विकल्प (C) सही है।

54. चाय बागानों में काम करने वालों को वित्तीय सहायता प्रदान करने के लिए, चाह बागीचा धन पुरस्कार योजना 2017-18 में असम राज्य सरकार द्वारा शुरू की गई एक योजना है।

चाय बागानों में बैंक खाताधारकों को 5000 रुपये जमा किए गए थे। केंद्रीय वित्त मंत्री निर्मला सीतारमण गुवाहाटी में चाह बागीचा धन पुरस्कार मेले के तीसरे चरण में भाग लेते हुए चाय बागान क्षेत्रों में लगभग 7.5 लाख लोगों को 3000 रुपये प्रत्येक वितरित किए हैं।
अतः विकल्प (B) सही है।

55. कॉर्पोरेट उत्कृष्टता के लिए इस साल के इकोनॉमिक टाइम्स अवार्ड्स में, आरबीआई के गवर्नर शक्तिकांत दास ने बिजनेस रिफॉर्मर ऑफ द ईयर जीता।

निर्णायक मंडल का नेतृत्व एल्फाबेट के सीईओ सुंदर पिचाई ने किया था। पूर्व एचडीएफसी बैंक के एमडी आदित्य पुरी द्वारा लाइफटाइम अचीवमेंट अवार्ड जीता गया। वर्ष का उद्यमी अदार पूनावाला द्वारा जीता गया।
अतः विकल्प (C) सही है।

56. केंद्र सरकार ने प्रधान मंत्री मत्स्य सम्पदा योजना के कार्यान्वियन में तेजी लाने के लिए राज्य मत्स्य पालन विभागों की सहायता के लिए स्वीकृत डीप-सी फिशिंग वेसल्स डिजाइन और विनिर्देश को फ्रेम करने के लिए एक नोडल प्राधिकरण की स्थापना की है।
अतः विकल्प (B) सही है।

57. 'बायोएशिया' तेलंगाना राज्य द्वारा आयोजित एक प्रमुख शिखर सम्मेलन है। यह एक वैश्विक शिखर सम्मेलन है जो जीव विज्ञान पर विशेष ध्यान देने के साथ विभिन्न क्षेत्रों में वैज्ञानिकों और व्यवसायों को एकजुट करता है।

बायोएशिया का 18वां संस्करण 22-23 फरवरी, 2021 के दौरान आयोजित किया जाना है। शिखर सम्मेलन का विषय 'मूव द नीडल' है, जिसमें कोविड - 19, वैश्विक स्वास्थ्य, फार्मा और मेडटेक पर ध्यान केंद्रित किया गया है।
अतः विकल्प (B) सही है।

58. पिछला पद × 3 - 2 = अगला पद ।

पहला पद = 8

दूसरा पद = 8 × 3 - 2

= 24 - 2

= 22

तीसरा पद = 22 × 3 - 2

= 64

चौथा पद = 64 × 3 - 2

= 190

पांचवां पद = 190 × 3 - 2

= 568

छठा पद = 568 × 3 - 2

= 1704 - 2

= 1702
अतः विकल्प (A) सही है।

59. पहला पद $= 5760$

दूसरा पद $= \frac{5760}{2}$

$= 2880$

तीसरा पद $= \frac{2880}{3}$

$= 960$

चोथा पद $= \frac{960}{4}$

$= 240$

पांचवां पद $= \frac{240}{5}$

$= 48$

तो, आवश्यक पद = $\frac{48}{6}$

$= 8$
अतः विकल्प (B) सही है।

60. पहली संख्या = 1 × 2 × 3

= 6

दूसरी संख्या = 2 × 3 × 4

= 24

तीसरी संख्या = 3 × 4 × 5

= 60

चौथा नंबर = 4 × 5 × 6

= 120

पांचवीं संख्या = 5 × 6 × 7

= 210

छठी संख्या = 6 × 7 × 8

= 336

वैकल्पिक रूप से,

2 × 2 × 2 - 2 = 6

3 × 3 × 3 - 3 = 24

4 × 4 × 4 - 4 = 60

5 × 5 × 5 - 5 = 120

6 × 6 × 6 - 6 = 210

7 × 7 × 7 - 7 = 336
अतः विकल्प (A) सही है।

61. बंगाल गजट: - 1780 जेम्स ऑगस्टस हिक्की द्वारा
मिरात-उल-अखबार: - 1822 में राजा राम मोहन राय द्वारा
अमृता बाजार पत्रिका: - 1868 में शिशिर कुमार घोष और मोतीलाल घोष द्वारा
केसरी: - 1881 में बाल गंगाधर तिलक द्वारा

अतः विकल्प (C) सही है।

62. क्रिप्स मिशन का प्रस्ताव यह था कि: "भारत, यूनाइटेड किंगडम से जुड़ा एक अधिराज्य होगा"। पहली बार क्रिप्स मिशन के माध्यम से, ब्रिटिश सरकार ने भारत के लिए "प्रभुत्व का अधिकार" को मान्यता दी। भारतीयों को अपना संविधान तैयार करने में स्वतंत्रता का वादा किया गया था।

अतः विकल्प (C) सही है।

63. क्रिकेट, फुटबाल और रग्बी बाहर खेले जाने वाले खेल हैं जबकि शतरंज एक इनडोर खेल है।
अतः विकल्प (C) सही है।

64. कानपुर को छोड़कर बाकी राज्य की राजधानियाँ हैं।
अतः विकल्प (B) सही है।

65. छीलना, क्योंकि यह एकमात्र ऐसी चीज है जिसे हाथ से किया जा सकता है।
अतः विकल्प (B) सही है।

66. उत्तर प्रदेश की वर्तमान राज्यपाल आनंदीबेन पटेल हैं। सुश्री पटेल सरोजिनी नायडू के बाद राज्य की दूसरी महिला राज्यपाल होंगी।

राज्यपाल नाममात्र के प्रमुख के रूप में कार्य करता है, जबकि वास्तविक शक्ति राज्यों के मुख्यमंत्रियों और उसकी मंत्री परिषद के पास होती है।

अतः विकल्प (D) सही है।

67. दिल्ली मंत्रिमंडल ने वकीलों को चिकित्सा बीमा प्रदान करने के लिए 40 करोड़ रुपये से अधिक की मंजूरी दी है, जो राष्ट्रीय राजधानी के निवासी हैं।

मुख्यमंत्री अधिवक्ता कल्याण योजना के तहत 5 लाख रुपये का चिकित्सा बीमा और 10 लाख रुपये का जीवन बीमा प्रदान किया जाता है। अधिवक्ताओं के कल्याण के लिए निधि के उपयोग के तरीकों की सिफारिश करने के लिए राकेश कुमार खन्ना की अध्यक्षता में 13 सदस्यीय समिति का गठन किया गया था।
अतः विकल्प (B) सही है।

68. इस्तमरारी को स्थायी बंदोबस्त के रूप में भी जाना जाता है और जॉन शोर द्वारा योजना बनाई गई थी और 1793 में बंगाल, बिहार, ओडिशा और मद्रास में लॉर्ड कार्नवालिस द्वारा लागू किया गया था।
अतः विकल्प (B) सही है।

69. अफगानिस्तान में पाया जाने वाला सिंधु स्थल मुंडीगाक है। दिलमुन और माकन क्रमशः बहरीन और पाकिस्तान में प्राचीन शहर हैं। मेलुहा सुमेरियन पाठ के अनुसार सिंधु क्षेत्र को दिया गया नाम था।
अतः विकल्प (C) सही है।

70. ग्रान चाको: उत्तरी अर्जेंटीना और पश्चिमी पैराग्वे के तराई क्षेत्रों में, सर्दियों के दौरान सूखा और गर्मियों के दौरान आर्द्र होता है। भारी बारिश होती है। ये उष्ण समशीतोष्ण वन हैं। यह क्षेत्र घने जंगलों और घास के मैदानों से ढका हुआ है, जिसे ग्रान चाको के नाम से जाना जाता है।
अतः विकल्प (A) सही है।

71. भ्रमणकारी हवाओं का क्षेत्र निम्नानुसार हैं:

- व्यापारिक पवनें: उप-उष्णकटिबंधीय उच्च से भूमध्यरेखीय निम्न
- पछुवा पवनें : उपोष्णकटिबंधीय उच्च और उप-ध्रुवीय निम्न
- ध्रुवीय हवाएँ: ध्रुवीय उच्च से उप-ध्रुवीय निम्न

अतः विकल्प (A) सही है।

72. प्रशांत महासागर में अल नीनो का दुनिया भर में मौसम की स्थिति पर दूरगामी प्रभाव है। यह दुनिया के कुछ हिस्सों में व्यापक बाढ़ का कारण बन सकता है लेकिन भारत में, अल-नीनो दक्षिण-पश्चिम मानसून के कमजोर होने का कारण बनता है और अक्सर सूखे जैसी स्थिति पैदा करता है।
अतः विकल्प (C) सही है।

73. भारत में संसदीय सचिव का कार्यालय पहली बार 1951 में बनाया गया था। संसदीय सचिवों को विशुद्ध रूप से संसदीय कार्य में मंत्री की सहायता के उद्देश्य से नियुक्त किया गया था।

अतः विकल्प (A) सही है।

74. हीरा ऊष्मा का अच्छा संचालक है लेकिन विद्युत का कुचालक है। ऐसा इसलिए है क्योंकि हीरे में, बिजली के अच्छे संचाहकों के विपरीत, प्रत्येक कार्बन परमाणु सहसंयोजक के साथ चार अन्य कार्बन परमाणुओं के साथ जुड़ा होता है, इसलिए किसी मुक्त इलेक्ट्रॉन को नहीं छोड़ता है।
अतः विकल्प (A) सही है।

75. नाभिकीय रिएक्टर का सबसे बड़ा इस्तेमाल विद्युत ऊर्जा उत्पन्न करने के लिए किया जाता है। सामान्यत: सभी न्यूक्लियर रिएक्टर नाभिकीय संलयन पर आधारित हैं जिसमें ईंधन के रूप में यूरेनियम का इस्तेमाल किया जाता है।
अतः विकल्प (B) सही है।

76.

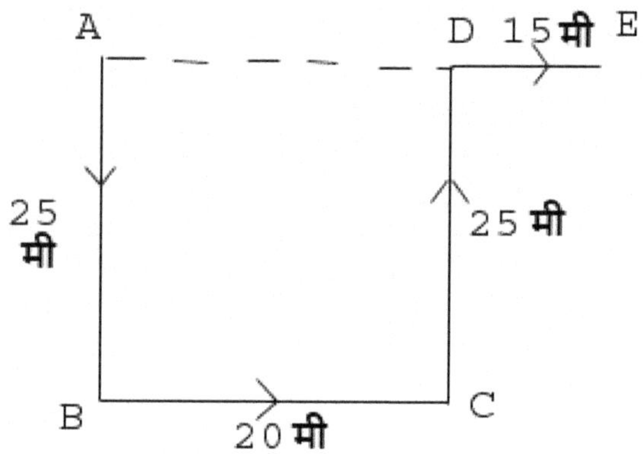

रोहित की गति को आकृति में दिखाया गया है।

शुरुआती बिंदु ए से रोहित की दूरी होगी

AE = AD + DE = 20 + 15

= 35 मीटर

और प्रारंभिक बिंदु के संदर्भ में पूर्व दिशा है।
अतः विकल्प (C) सही है।

77.

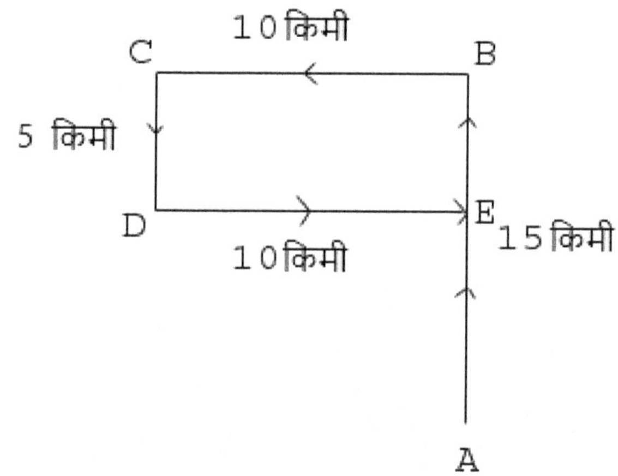

अंत में, वह अपने घर के सापेक्ष उत्तर दिशा में है।

अतः विकल्प (B) सही है।

78.

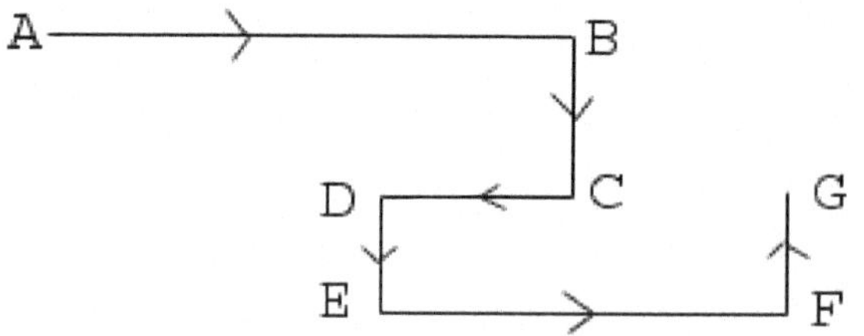

अब कुत्ते का मुँह उत्तर दिशा की ओर है।

अतः विकल्प (B) सही है।

79. दाचीगाम राष्ट्रीय उद्यान जम्मू कश्मीर में है।

यह उद्यान हंगुल या कश्मीरी हिरण के घर के तौर पर जाना जाता है। वसंत और शरद ऋतु में नीचले इलाकों में हिमालयी काला भालू दिखाई देता है।

इस उद्यान के महत्वपूर्ण वन्यजीव प्रजातियां हैं– तेंदुआ, हिम तेंदुआ, काला भालू, भूरा भालू, जंगली बिल्ली, हिमालयी मार्मोट, कस्तूरी मृग, सीरो और लाल लोमड़ी आदि हैं।

अतः विकल्प (A) सही है।

80. अर्थ ऑवर वर्ल्ड वाइल्डलाइफ फंड का एक अभियान है। जिसका मकसद लोगों को बिजली के महत्व के प्रति और पर्यावरण सुरक्षा के प्रति जागरुक करना है।

अतः विकल्प (B) सही है।

81. व्यापारिक पवनें उप-उष्णकटिबंधीय उच्च से भूमध्यवर्ती निम्न की ओर बहती हैं। ये धरातलीय पवनो के प्राथमिक संचलन का एक हिस्सा है।

1) सभी धरातलीय पवनो में ये सर्वाधिक आर्द्रता ग्रहण करती हैं। इसलिए, कथन 1सही नहीं है।

2) सबसे बेहतर परिभाषित पट्टियों के बीच ये दिशा तथा गति के रूप में सबसे स्थिर बहती है।

3) व्यापारिक पवनो के पास सबसे चौड़ा क्षेत्र अर्थात् 0-35 डिग्री उत्तर/ दक्षिण होता है।
अतः विकल्प (B) सही है।

82. उपर्युक्त सभी एक जनसंख्या के लिए आवश्यक विशेषताएं हैं जिन्हें सामाजिक पूंजी माना जाता है। इनके बिना, यह एक शाप होगा और एक वरदान नहीं।

स्वास्थ्य, अपराध और हिंसा को रोकना, शिक्षा, पर्यावरण, आर्थिक विकास, जल उपयोग और स्वच्छता आदि के रुप में सामाजिक पूंजी के कई फायदे हैं।
अतः विकल्प (D) सही है।

83. संयुक्त राष्ट्र विकास कार्यक्रम दुनिया भर के देशों के लिए वार्षिक मानव विकास सूचकांक प्रकाशित करता है। यह प्रत्येक देशो के नागरिको के स्वास्थ्य, शिक्षा और धन का मूल्यांकन करता है:

1) जीवन प्रत्याशा

2) शैक्षिक उपलब्धि - वयस्क साक्षरता और प्राथमिक, माध्यमिक और तृतीयक नामांकन।

3) जीवन स्तर - पीपीपी विनिमय दरों पर आधारित प्रति व्यक्ति वास्तविक जीडीपी।
अतः विकल्प (C) सही है।

84. प्रवासन विविध संस्कृति के लोगों को अन्तर्मिश्रण की ओर ले जाता है। इसका समग्र संस्कृति के विकास और संकीर्ण विचारों को पीछे छोड़कर बड़े पैमाने पर लोगों के मानसिक क्षितिज को चौड़ा करने जैसे सकारात्मक योगदान हैं। अतः तीसरा कथन गलत है।

अन्य दोनों सही हैं क्योंकि प्रवासी सामाजिक परिवर्तन के एजेंट के रूप में काम करता है। नई प्रौद्योगिकियों से संबंधित नए विचार, परिवार नियोजन, लड़कियों की शिक्षा आदि का उनके माध्यम से शहरी से ग्रामीण क्षेत्रों में प्रसार होता है। प्रवासन देश के भीतर आबादी को पुनर्वितरण की ओर ले जाता है।
अतः विकल्प (C) सही है।

85. एक खाद्य श्रृंखला में प्रत्येक अगले क्रम पर ऊर्जा का ह्रास होता है। अर्थात् सबसे अधिक ऊर्जा उत्पादक को प्राप्त होती है तथा तृतीयक या चर्तुथक स्तर के उपभोक्ता को निम्नतम ऊर्जा की प्राप्ति होती है।

ऊर्जा का पिरामिड हमेशा सीधा होता है।

अतः विकल्प (A) सही है।

86.

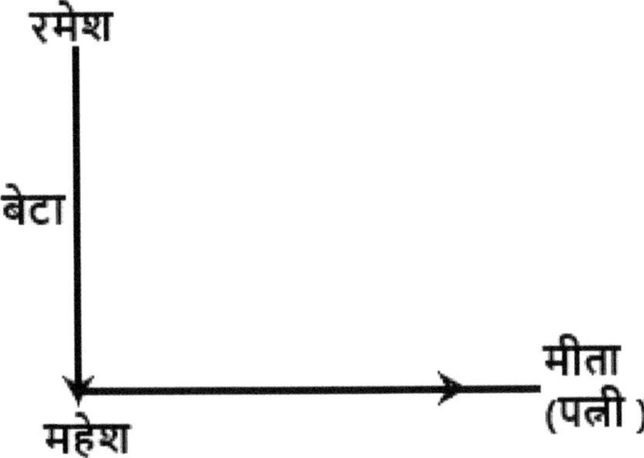

मीता, रमेश की बहू है।
अतः विकल्प (A) सही है।

87. नारा "भारत छोड़ो आंदोलन" प्रसिद्ध समाजवादी स्वतंत्रता सेनानी यूसुफ मेहर ने दिया था। भारत छोड़ो आन्दोलन की शुरूआत 8 अगस्त, 1942 को हुई। गाँधीजी ने इस आन्दोलन के दौरान 'करो या मरो' का प्रसिद्ध नारा दिया था।
अतः विकल्प (C) सही है।

88. जिस प्रकार बैडमिण्टन के खेलने के स्थान को कोर्ट कहा जाता है उसी प्रकार स्केटिंग करने के स्थान को रिंक कहा जाता है।
अतः विकल्प (C) सही है।

89. सार्वजनिक मामलों का केंद्र द्वारा जारी सार्वजनिक मामलों के सूचकांक - 2020 के अनुसार, केरल को बड़े राज्यों की श्रेणी में सर्वश्रेष्ठ शासित राज्य करार किया गया है।

स्थायी विकास में समग्र सूचकांक के आधार पर राज्यों को शासन के प्रदर्शन पर स्थान दिया गया। केरल के बाद तमिलनाडु, आंध्र प्रदेश और कर्नाटक हैं। उत्तर प्रदेश को इस सूची में सबसे नीचे स्थान दिया गया है।
अतः विकल्प (B) सही है।

90. बड़े पैमाने पर हवा के चक्रगति द्वारा महासागर की धाराएं उत्पन्न होती हैं। ये 40 प्रतिशत वैश्विक ताप यातायात के लिए उत्तरदायी हैं। कुछ प्रमुख महासागरीय धाराएँ : अलास्का, क्यूरोशियो, गल्फ-स्ट्रीम, ब्राजीलियन, कैलिफ़ोर्निया इत्यादि हैं। लेकिन जेट-स्ट्रीम किसी महासागरीय धारा का नाम नहीं है।
अतः विकल्प (D) सही है।

91. विशाखपट्टनम अरब सागर पर एक बंदरगाह शहर नहीं है। बंदरगाह शहर विशाखापत्तनम भारत के दक्षिण-पूर्वी तट पर आंध्र प्रदेश राज्य में स्थित है। विशाखापत्तनम बंदरगाह बंगाल की खाड़ी का एकमात्र प्राकृतिक बंदरगाह है।

अतः विकल्प (B) सही है।

92. उभयचर परिवर्तन के प्रति सबसे संवेदनशील समूहों में से एक है, चाहे वह निवास स्थान की हानि, आक्रामक प्रजातियों, बीमारी, व्यापार या जलवायु परिवर्तन के कारण हो। उभयचर की पारगम्य त्वचा की विशेषता आमतौर पर पर्यावरणीय खतरों के प्रति उनकी संवेदनशीलता से जुड़ी हुई है। उनके जटिल जीवन चक्र और अन्य लक्षणों को देखते हुए, उभयचरों को अक्सर पारिस्थितिकी तंत्र के स्वास्थ्य के संकेतक के रूप में मान्यता दी जाती है।

अतः विकल्प (A) सही है।

93. कोशिकाओं का अध्ययन काइटोलॉजी होता है जबकि कीड़े का अध्ययन एंटोमोलॉजी कहा जता है।

अतः विकल्प (B) सही है।

94. लाल किला, दिल्ली में अवस्थित है जबकि ताजमहल, आगरा में स्थित है।

अतः विकल्प (A) सही है।

95. प्रकृति में पाए जाने पर कुछ रासायनिक तत्वों को दो या दो से अधिक विभिन्न प्रकारो या रुपो में मौजूद रहने के लिए अपरूप कुछ रासायनिक तत्वों की विशेषता है।

हीरे, ग्रेफाइट, ग्रेफीन, फुलरीन, आदि जैसे कार्बन के कई अपरुप हैं।

कोयला कार्बन का अपरुप नहीं है क्योंकि यह 100% कार्बन नहीं है। इसमें बहुत से सिलिका, सल्फर और कार्बन के अलावा कार्बन के अन्य यौगिक शामिल हैं।
अतः विकल्प (A) सही है।

96. (4 + 9 + 2) = (3 + 5 + 7) = (8 + 1 + 6)

प्रत्येक स्थिती में योग = 15
अतः विकल्प (C) सही है।

97. $\frac{(15+12)}{9}$

$= 3$

तथा,

$\frac{(44+28)}{9}$

$= 8$

इसलिए, $\frac{(64+53)}{9}$

$= 13$
अतः विकल्प (B) सही है।

98. श्वेत क्रांति का प्रारम्भ दुग्ध उत्पादन बढाने के लिए किया गया था जबकि नीली क्रान्ति मछली उत्पादन से सम्बन्धित है। पर्यावरण गुणवत्ता के साथ समझौता किये बिना खाद्य उत्पादन में वृद्धि करना धारणीय कृषि कहलाता है।

अतः विकल्प (D) सही है।

99. • जीवाणु और कवक से एंटीबायोटिक का उत्पादन किया जा रहा है।

• एंटीबायोटिक्स सर्दी और बुखार में प्रभावी नहीं हैं क्योंकि ये विषाणु के कारण होते हैं।

• जानवरों में माइक्रोबियल संक्रमण की जांच के लिए पशुधन और कुक्कुट के भोजन के साथ एंटीबायोटिक भी मिश्रित होते हैं।
अतः विकल्प (B) सही है।

100. विशिष्ट स्थानों पर डीएनए की कटाई तथाकथित – आणविक कैंची- प्रतिबंध एंजाइमों की खोज के साथ संभव हो गई। प्रतिबंध एंजाइमों को 'आणविक कैंची' भी कहा जाता है क्योंकि वे विशिष्ट पहचान अनुक्रमों में डीएनए को निकट या निष्क्रिय करते हैं, जिन्हें प्रतिबंध स्थल के रूप में जाना जाता है। ये एंजाइम डीएनए के दो स्ट्रैंड में से प्रत्येक पर एक कर्तन बनाते हैं और इसे प्रतिबंध एंडोन्यूक्लाइज भी कहा जाता है।
अतः विकल्प (A) सही है।

101. खीर भवानी मेला जम्मू-कश्मीर में आयोजित होने वाला प्रसिद्व मेला है। यह मेला कश्मीरी पंडितों के सबसे बड़े धार्मिक उत्सवों में से एक है, यह प्रतिवर्ष ज्येष्ठ अष्टमी को आयोजित किया जाता है।
अतः विकल्प (C) सही है।

102. यह सभी शरीर के हिस्सों को जोड़ते हैं इसलिए संयोजी ऊतक के प्रकार हैं।

हमारे शरीर में विभिन्न प्रकार के संयोजी ऊतकों में डाइपोज ऊतक, हड्डी, कण्डरा, स्नायु, उपास्थि और रक्त शामिल हैं।
अतः विकल्प (D) सही है।

103. 28 सितंबर से 6 अक्तूबर, 2019 के मध्य यह उत्सव तेलंगाना राज्य में मनाया गया। इसे 'फूलों के उत्सव' के रूप में भी जाना जाता है।
अतः विकल्प (D) सही है।

104. सबरीमाला, केरल के पेरियार टाइगर अभयारण्य में स्यित एक प्रसिद्ध हिन्दू मन्दिर है। यहाँ विश्व की सबसे बड़ा वार्षिक तीर्थयात्रा होती है जिसमें प्रति वर्ष लगभग 2 करोड़ श्रद्धालु सम्मिलित होते हैं।

सबरीमाला शैव और वैष्णवों के बींच की अद्‌भुत कड़ी है। मलयालम में सबरीमाला का अर्थ होता है, पर्वत।

सबरीमला में भगवान अयप्पन का मंदिर है।

अतः विकल्प (A) सही है।

105. चैत्र जात्रा उत्सव हिंदू महीने चैत्र के मंगलवार को "तारा तारिणी पहाड़ी मंदिर" में प्रतिवर्ष आयोजित किया जाता है। तारा तारिणी पहाड़ी मंदिर, ऋषिकुल्या नदी के तट पर कुमारी पहाड़ी में स्थित है। यह उड़ीसा में शक्ति पूजा का एक प्रमुख केंद्र है। तारा तारिणी पहाड़ी मंदिर भारत में चार प्रमुख प्राचीन तंत्र पीठ और शक्ति पीठों में से एक है।

अतः विकल्प (D) सही है।

106. जगन्नाथ मंदिर, उड़ीसा राज्य के पुरी जिले में स्थित है। इसी राज्य में प्रसिद्ध लिंगराज मंदिर भुवनेश्वर में तथा कोणार्क में सूर्य मंदिर स्थित है। ये सभी मंदिर नागर शैली में बने हैं।
अतः विकल्प (A) सही है।

107. अजंता की गुफाओं एवं लेपाक्षी मंदिर में भित्ति चित्रकला के साक्ष्य एकदम स्पष्ट हैं परन्तु सांची स्तूप में भित्ति चित्रकला के साक्ष्य स्पष्ट नहीं हैं। स्तूप के चारों ओर लगे तोरण बुद्ध के जीवन की घटनाओं तथा जातक कथाओं के चित्रों से भरे हैं और नीचे से ऊपर तक अलंकृत हैं। तोरण स्तूप के भाग के रूप में नहीं माने जा सकते हैं।
अतः विकल्प (B) सही है।

108. ग्वालियर के तेली मंदिर का शिखर द्रविड़ शैली में बना है, जबकि नक्काशियां एवं मूर्तियां उत्तर भारतीय शैली में बनी हैं। इसकी वास्तु शैली में हिंदू और बौद्ध वास्तूकला का मिश्रण है।
अतः विकल्प (B) सही है।

109. • माधवाचार्य का जन्म उडुपी जिले में वेदवती और मध्यगेह भट्टा के घर हुआ था। उनका वैष्णववाद "सिद्ध वैष्णववाद" कहलाता है, उन्हें भगवान वायु का अवतार माना जाता है।

• हमारे द्वैत दर्शन के अनुसार जीवात्मा और परमात्मा दोनों अलग हैं और मुक्ति के बाद भी ये अंतर होंगे।

• माधवाचार्य के अनुसार "पंचभेद" के नाम से पाँच भेद हैं।

• माधव ने द्वैत- जीवात्मा और परमात्मा का द्वैतवाद का प्रचार किया ।

अतः विकल्प (D) सही है।

110. बारदोली सत्याग्रह, 1928 स्वतंत्रता संग्राम में एक आंदोलन था जो बारदोली के किसानों के लिए सरदार वल्लभभाई पटेल के नेतृत्व में करों के अन्यायपूर्ण आरोपण के खिलाफ था।

अतः विकल्प (B) सही है।

111. नर्मदा मध्य प्रदेश के अनूपपुर जिले के अमरकंटक पठार से निकलती है। यह उत्तर भारत और दक्षिण भारत के बीच की पारंपरिक सीमा बनाती है और खंभात की खाड़ी से होकर अरब सागर में जाने से पहले पश्चिम की ओर 1,312 किमी (815.2 मील) से अधिक प्रवाहित होती है।

अतः विकल्प (D) सही है।

112. भाखड़ा बांध उत्तरी भारत में हिमाचल प्रदेश के बिलासपुर में सतलज नदी पर एक ठोस गुरुत्वाकर्षण बांध है। बांध 226 मीटर की ऊँचाई पर स्थित है।

अतः विकल्प (C) सही है।

113. भारत के अंतर्देशीय जलमार्ग प्राधिकरण (IWAI) का गठन 27 अक्टूबर 1986 को किया गया था।

• इसे शिपिंग और नेविगेशन के लिए अंतर्देशीय जलमार्ग के विकास और विनियमन के लिए बनाया गया था।

• प्राधिकरण का मुख्य कार्यालय नोएडा, उत्तर प्रदेश में है।

• यह जहाजरानी मंत्रालय के अधीन एक सांविधिक निकाय है।
अतः विकल्प (C) सही है।

114. निर्वाचन आयोग, वित्त आयोग, अनुसूचित जातियों के लिए राष्ट्रीय आयोग, संघ लोक सेवा आयोग आदि संवैधानिक निकाय हैं।

संवैधानिक निकाय वे निकाय हैं जिनका प्रावधान भारतीय संविधान में देश की लोकतान्त्रिक व्यवस्था को चलाने के लिए किया गया है. इस प्रकार संवैधानिक निकाय टिकाऊ और ज्यादा शक्तिशाली होते हैं. दूसरी ओर गैर-संवैधानिक निकाय वे संस्थाएं होतीं हैं जिनको सरकार ने जरुरत पड़ने पर संसद में कोई बिल पास करके स्थापित किया जाता है।

अतः विकल्प (D) सही है।

115. द्वितीय प्रशासनिक सुधार आयोग (ARC) का गठन 2005 में को किया गया था, जो कि सार्वजनिक प्रशासनिक प्रणाली को पुनर्जीवित करने के लिए एक विस्तृत खाका तैयार करने के लिए श्री वीरप्पा मोइली की अध्यक्षता में जाँच आयोग के रूप में गठित किया गया था।
अतः विकल्प (A) सही है।

116. मानव गतिविधियों के परिणामस्वरूप जैव विविधता गंभीर खतरे में है। दुनिया भर में मुख्य खतरा जनसंख्या वृद्धि और संसाधनों की खपत, जलवायु परिवर्तन और वैश्विक ऊष्मन, आवास रूपांतरण और शहरीकरण, आक्रामक विदेशी प्रजातियां हैं।
अतः विकल्प (A) सही है।

117. भक्ति आन्दोलन के संतों का आचार बहुत ऊंचा था। उसमें से बहुतों ने देश का भ्रमण किया और वे कई प्रकार के लोगों से मिले जिनके विचार भिन्न थे। उन संतों ने साधारण लोगों की भाषाओं को उन्नत करने में अपना योगदान दिया। उन्होंने हिन्दी, पंजाबी, बंगला, तेलुगू कन्नड़, तमिल इत्यादि भाषाओं की उन्नति में बहुत योगदान दिया। भक्ति आंदोलन के संत अपने उपदेश क्षेत्रीय एवं स्थानीय भाषाओं में देते थे ताकि वहां के लोग उनके उपदेश आसानी से सुन और समझ सकें। इस कारण क्षेत्रीय भाषाओं का विकास हुआ।

अतः विकल्प (A) सही है।

118. गुलबदन बेगम बाबर की पुत्री थी। उन्होने अपनी प्रसिद्ध रचना हुमायूँनामा में ऐतिहासिक विवरण लिखे। अकबर उनका बहुत सम्मान करता था। गुलबदन बेगम ने स्वयं लिखा है कि उसने अकबर के आदेश पर बाबर और हुमायूं का इतिहास अपनी स्मृति में लिखा था। गुलबदन बेगम ने अपनी इस रचना में हुमायूं और कामरान के मध्य युद्ध का वर्णन भी किया है।

अतः विकल्प (A) सही है।

119. प्रवाल भित्तियों को अक्सर जीवन की अपनी समृद्ध समृद्धि के लिए "समुद्र के उष्णकटिबंधीय वर्षावन" कहा जाता है। अपनी संरचनात्मक जटिलता के कारण, प्रवाल पृथ्वी पर सबसे अधिक उत्पादक पारिस्थितिक तंत्र में से एक है, जो मत्स्य पालन, तटीय संरक्षण, दवाओं, मनोरंजन और पर्यटन सहित मानव जाति को महत्वपूर्ण सेवाएं प्रदान करता है।

अतः विकल्प (B) सही है।

120. साइलेंट वैली राष्ट्रीय उद्यान दक्षिणी भारत के केरल राज्य में स्थित एक राष्ट्रीय उद्यान है जो नीलगिरि पर्वत में है। साइलेंट वैली, शेर-पूंछ वाले मकाक की सबसे बड़ी आबादी का घर है, जो कि एक संकटग्रस्त प्रजाति है।
अतः विकल्प (A) सही है।

121. दिल्ली के लाल किले का निर्माण अकबर के राज्य काल में नहीं कराया गया था। इसका निर्माण शाहजहां के शासनकाल में कराया गया था। यह चतुर्भुजाकार लाल बलुआ पलर से निर्मित होने के कारण लाल किले के नाम से प्रसिद्ध है। इसका निर्माण 1648 ई0 में पूर्ण हुआ, जबकि आगरा का किला, इलाहाबाद का किला एवं लाहौर का किला अकबर के शासनकाल में निर्मित हुए थे।

अतः विकल्प (A) सही है।

122. अभ्रक, एक बहुपयोगी खनिज है जो आग्रेय एवं कायांतरित चट्टानों में खण्डों के रूप में पाया जाता हैं। इसे बहुत पतली-पतली परतों में काटा जा सकता है। यह रंगरहित या हलके पीले, हरे या काले रंग का होता है। अभ्रक, उत्तर प्रदेश में नहीं पाया जाता है।
अतः विकल्प (B) सही है।

123. गोकुल बैराज परियोजना उत्तर प्रदेश की एक पेयजल परियोजना है। यह परियोजना आगरा और मथुरा को पानी सुनिश्चित करने की परिकल्पना करती है। यह परियोजना गोकुल के पास यमुना नदी पर एक बैराज के निर्माण के माध्यम से पूरी हो रही है।

अतः विकल्प (C) सही है।

124. 'सुलहकुल उत्सव' - हिन्द-मुस्लिम एकता का यह उत्सव आगरा में मनाया जाता है।
अतः विकल्प (D) सही है।

125.

सूची-I	सूची-II
A. वी. वी. गिरि नेशनल लेबर इन्स्टीट्यूट	4. नोएडा
B. सेन्ट्रल ड्रग रिसर्च इन्स्टीट्यूट	3. लखनऊ
C. नेशनल जालमा इन्स्टीट्यूट फॉर लेप्रसी	1. आगरा
D. सेन्ट्रल इन्स्टीट्यूट फॉर रिसर्च ऑन कैटिल	2. मेरठ

अतः विकल्प (D) सही है।

126. शक्तिपीठ शाकम्भरी, जिसका मतलब शक्ति देवी शाकम्भरी का निवास है, यह मंदिर उत्तर प्रदेश राज्य में सहारनपुर के उत्तर में 40 किलोमीटर की दूरी पर जसमोर गांव के क्षेत्र में स्थित है।
अतः विकल्प (C) सही है।

127. • प्रारम्भिक दिल्ली सुल्तानों, विशेष रूप से इल्तुतमिश, ने अपने विशेष दासों को सैन्य सेवा के लिए खरीदा, जिसे फारसी में बंदगान कहा जाता था।

• बंदगानों को राज्य के कुछ सबसे महत्वपूर्ण राजनीतिक कार्यालयों के लिए सावधानीपूर्वक प्रशिक्षित किया गया था। चूंकि वे अपने गुरु पर पूरी तरह से निर्भर थे, सुल्तान उन पर भरोसा और विश्वास कर सकता था।
अतः विकल्प (D) सही है।

128. भारत में समग्र बॉक्साइट उत्पादन में मात्रा की दृष्टि से, सर्वाधिक (लगभग 51 फीसदी) का अंशदान उड़ीसा का है। इसके बाद गुजरात, झारखंड, छत्तीसगढ़ एवं महाराष्ट्र का स्थान है, जबकि मूल्य के अनुसार भी पहला स्थान उड़ीसा का ही है। बॉक्साइट के भण्डार की दृष्टि से भी उड़ीसा का सर्वोच्च स्थान है।
अतः विकल्प (C) सही है।

129. हमारे शरीर के आंतरिक तापमान को हमारे मस्तिष्क के एक हिस्से द्वारा नियंत्रित किया जाता है जिसे हाइपोथैलेमस कहा जाता है। हाइपोथैलेमस हमारे वर्तमान तापमान की जाँच करता है और इसकी तुलना लगभग 37°C के सामान्य तापमान से करता है।
अतः विकल्प (B) सही है।

130. वर्ष 2011 की जनगणना के अनुसार भारत के राज्यों में उत्तर प्रदेश सर्वाधिक जनसंख्या वाला राज्य है। यहां भारत की कुल आबादी का 16.50%

जनसंख्या निवास करती है। लेकिन प्रदेश का कुल श्रेत्रफल देश के क्षेत्रफल का 7.33% ही है। उत्तर प्रदेश के पश्चात् जनसंख्या में महाराष्ट्र, बिहार, बंगाल, आन्ध्रप्रदेश, तथा मध्य प्रदेश का स्थान आता है।
अतः विकल्प (D) सही है।

131. भोजपुरी शब्द कजरा या कोहल से लिया गया है यह अर्ध-शास्त्रीय गायन की एक शैली है, जो कि मिर्जापुर में प्रसिद्ध है। कजरी गायन की कुछ विख्यात व्यक्तित्व हैं- रसूलन बाई, सिद्धेश्वरी देवी, बेगम अख्तर, शोभा गुर्टू, गिरिजा देवी इत्यादि।

अतः विकल्प (A) सही है।

132. केंद्रीय नवीनीकरण ऊर्जा मंत्रालय ने ग्रिड आधारित सौर ऊर्जा संयंत्र स्थापित करने संबंधी योजना कुसुम की जानकारी सार्वजनिक की। इस योजना का पूरा नाम 'किसान ऊर्जा सुरक्षा एवं उत्थान महाभियान (KUSUM/कुसुम) है। इस योजना के तहत प्रत्येक ग्रामीण इलाके में 2 मेगावाट क्षमता की सौर ऊर्जा संयंत्र को ग्रिड से जोड़ा जाएगा। इस योजना के तहत किसान बिजली वितरण कंपनियों को अधिशेष विद्युत बेचकर अतिरिक्त आय प्राप्त कर सकेंगे।
अतः विकल्प (D) सही है।

133. भारत के किसानों को सम्मानित करने और देश के पांचवें प्रधानमंत्री चौधरी चरण सिंह की जयंती को चिह्नित करने के लिए राष्ट्रीय किसान दिवस, या किसान दिवस 23 दिसंबर को पूरे देश में मनाया जाता है।
अतः विकल्प (C) सही है।

134. देश भर में प्रतिवर्ष राष्ट्रीय उत्पादकता दिवस 12 फरवरी को आयोजित किया जाता है, जबकि 12-18 फरवरी तक राष्ट्रीय उत्पादकता सप्ताह आयोजित किया जाता है। वर्ष 2020 राष्ट्रीय उत्पादकता परिषद की 62वीं वर्षगांठ है और इसे डायमंड जयंती वर्ष के रूप में मनाया जा रहा है।

अतः विकल्प (B) सही है।

135. हाल ही में महाराष्ट्र अपने भूमि रिकॉर्ड को प्रधानमंत्री फसल बीमा योजना (पीएमएफबीवाई) के वेब पोर्टल से एकीकृत करने वाला देश का पहला राज्य बन गया है। वर्तमान समय में महाराष्ट्र को पीएमएफबीवाई के तहत दावों के भुगतान के मामले में देश के शीर्ष पाँच राज्यों में गिना जाता है।
अतः विकल्प (B) सही है।

136. काली मिट्टी में तीव्र जलधारण की क्षमता पायी जाती है। यह भीगने पर ठोस और चिपचिपी हो जाती है और सूखने पर संकुचित एवं दरारयुक्त हो जाती है । इसलिए इसे 'स्वतः जुताई' वाली मिट्टी कहा जाता है। यह मिट्टी कपास की खेती के लिए सर्वाधिक उपयुक्त है। इस मिट्टी का रंग गहरा काला से हल्का काला और चेस्टनट की तरह होता है। सामान्यतया इसमें लोहा, चूना, केल्शियम, पोटाश, एल्युमिनियम और मैग्रीशियम कार्बोनेट की प्रचुरता पाई जाती है परंतु नाइट्रोजन , फॉस्फोरस और जैव मिट्टी पदार्थों (ह्यूमस) की कमी पाई जाती है।
अतः विकल्प (C) सही है।

137.

सूची-I (घटना)	सूची-II (स्थान)
A. चम्पारण सत्याग्रह	3. बिहार
B. पटना किसान आन्दोलन	2. पूर्वी बंगाल
C. मोपला विद्रोह	1. केरल
D. दक्कन उपद्रव	4. अहमदनगर

अतः विकल्प (C) सही है।

138. • स्वतंत्रता के बाद, भाषाई आधार पर राज्यों के पुनर्गठन के लिए विभिन्न क्षेत्रों से विभिन्न मांगें सामने आईं। इन मांगों की जांच करने के लिए, सरकार ने 3 समितियों को नियुक्त किया था। धार आयोग, जेवीपी समिति और फजल अली आयोग।
• 1948 में, धर आयोग ने भाषाई कारक के बजाय प्रशासनिक सुविधा के आधार पर राज्यों के पुनर्गठन की सिफारिश की थी। हालांकि इसके कारण लोगों में आक्रोश था। सरकार ने फिर से जेवीपी समिति नियुक्त की गई लेकिन जेवीपी समिति ने भी राज्यों के पुनर्गठन के आधार के रूप में भाषा को अस्वीकार कर दिया।
• 1953 में, सरकार ने फज़ल अली आयोग नियुक्त किया, आयोग ने मोटे तौर पर राज्यों के पुनर्गठन के आधार के रूप में भाषा को स्वीकार किया।
अतः विकल्प (A) सही है।

139. लायल कमीशन का सम्बन्ध दुर्भिक्ष से है। 897 ई° में वायसराय लॉर्ड एल्गिन ने सर जेम्स लॉयल की अध्यक्षता में इस आयोग की स्थापना की। सर जेम्स लॉयल पंजाब के उप-गवर्नर थे । इस आयोग ने सन् 1880 ई में वायसराय लॉर्ड लिटन द्वारा रिचर्ड स्ट्रेची की अध्यक्षता में नियुक्त प्रथम अकाल आयोग द्वारा निर्धारित सिद्धान्तों का समर्थन किया, परन्तु कुछ क्षेत्रों में थोड़े-बहुत परिवर्तन भी कर दिए।
अतः विकल्प (A) सही है।

140. 1870 से 1905 ई0 के बीच बहुत से भारतीय बुद्धिजीवियों ने ब्रिटिश शासन के आर्थिक पहलू को विश्लेषित किया। इनमें तीन लोगो का योगदान सबसे महत्वपूर्ण रहा, वे थे- 1. दादाभाई नौरोजी 2. महादेव गोविंद रानाडे 3. आई.सी.एस. अधिकारी रमेश चंद्रा दत्ता। इन्होने भारत का आर्थिक इतिहास लिखा। इन तीनो के अतिरिक्त जी. वी. जोशी, जी. सुब्रमण्य अय्यर, गोपालकृष्ण गोखले, पृथ्वीचंद्र राय समेत अन्य राजनीतिक कार्यकर्ताओं और पत्रकारों ने तत्कालीन अर्थव्यवस्था के हर पहलू का गहराई से विश्लेषण किया। ये लोग इस निष्कर्ष पर पहुँचे कि भारत के आर्थिक विकास के रास्ते में सबसे बड़ी बाधा उपनिवेशवाद ही है।
अतः विकल्प (D) सही है।

सामान्य अध्ययन (पेपर-I) : मॉक टेस्ट 06

Q.1 उत्तर प्रदेश को पूर्व में किस नाम से जाना जाता था?
A. संयुक्त प्रांत **B.** संयुक्त राष्ट्र
C. उत्तराखंड **D.** उत्तरकाशी

Q.2 उत्तर प्रदेश के उस राष्ट्रीय उद्यान का नाम क्या है, जो कि बाघ आरक्षित भी है?
A. गिर राष्ट्रीय उद्यान **B.** दुधवा राष्ट्रीय उद्यान
C. कान्हा राष्ट्रीय उद्यान **D.** मानस राष्ट्रीय उद्यान

Q.3 उत्तर प्रदेश से उत्तरांचल को कब अलग किया गया था?
A. अप्रैल 1964 **B.** मार्च 1975
C. जुलाई 1999 **D.** नवंबर 2000

Q.4 निम्नलिखित में से उत्तर प्रदेश का शास्त्रीय नृत्य कौन सा है?
A. कथक **B.** कथकली **C.** भांगड़ा **D.** कुचीपुड़ी

Q.5 उत्तर प्रदेश के किस जिले में महान हिंदी उपन्यासकार मुंशी प्रेमचन्द का जन्म हुआ था?
A. इलाहाबाद **B.** कानपुर **C.** लखनऊ **D.** वाराणसी

Q.6 भारतीय संघ में उत्तर प्रदेश कितने राज्य या केंद्र शासित प्रदेशों के साथ सीमा साझा करता है?
A. 6 **B.** 8 **C.** 9 **D.** 11

Q.7 भारत कला भवन संग्रहालय उत्तर प्रदेश के किस शहर में स्थित है?
A. लखनऊ **B.** आगरा **C.** इलाहाबाद **D.** वाराणसी

Q.8 राज्य पुनर्गठन अधिनियम को पारित करने के साथ कब उत्तर प्रदेश को संयुक्त प्रांत के रूप में बनाया गया था?
A. 1 अप्रैल 1937 **B.** 1 जुलाई 1920
C. 1 मई 1888 **D.** 1 अगस्त 1950

Q.9 निम्न में से किस के मध्य क्षुद्रग्रह बेल्ट पाया जाता है?
A. पृथ्वी और मंगल ग्रह **B.** बृहस्पति और शनि ग्रह
C. मंगल और बृहस्पति ग्रह **D.** शनि और अरुण ग्रह

Q.10 निम्नलिखित सितारों में से किस को पल्सर के नाम से भी जाना जाता है?
A. रेड जायंट **B.** वाइट ड्वार्फ
C. न्यूट्रॉन स्टार **D.** मैसिव स्टार

Q.11 निम्नलिखित में से कौन सी रूपांतर चट्टान नहीं है?
A. जेनेसिस **B.** कोन्लोमेरेट
C. क्वार्टजाइट **D.** शिस्ट

Q.12 हिंद महासागर का सबसे बड़ा द्वीप कौन सा है?
A. मालदीव्स **B.** मेडागास्कर
C. लक्षद्वीप **D.** सुमात्रा

Q.13 निम्नलिखित में से कौन सा उष्णकटिबंधीय रेगिस्तान नहीं है?
[UPTET Social Studies, 2022]
A. अटाकामा **B.** अरब **C.** गोबी **D.** कालाहारी

Q.14 सहारा रेगिस्तान में बहने वाली गर्म स्थानीय हवा को किस रूप में जाना जाता है?
A. हबूब **B.** कराबुरण **C.** जुरान **D.** हरमट्टन

Q.15 अंधी घाटी कहाँ पाई जाती है?
A. नदी घाटी क्षेत्र **B.** शुष्क क्षेत्र
C. कार्स्ट क्षेत्र **D.** ग्लेशियर क्षेत्र

Q.16 जेट स्ट्रीम क्या है?
A. ट्रॉफ़ोस्फीयर के ऊपरी हिस्से में तेजी से उड़ाने वाली पहरियां
B. महासागर वर्तमान
C. मानसून हवाएं
D. इनमें से कोई नहीं

Q.17 सागौन और साल किसके उत्पाद हैं?
A. उष्णकटिबंधीय शुष्क पर्णपाती वन
B. उष्णकटिबंधीय सदाबहार वन
C. उष्णकटिबंधीय कांटा वन
D. अल्पाइन वन

Q.18 भारतीय वायु सेना अपने 'संख्या -18 - फ्लाइंग बुलेट्स' नामक स्क्वाड्रन को लाइट कॉम्बैट एयरक्राफ्ट, LCA तेजस के बेड़े के साथ कोयम्बटूर के पास सुल्लुर बेस पर संचालित करने के लिए तैयार है। इसका प्रक्षेपण कौन करेगा?
A. आर के एस भदौरिया **B.** बीरेंद्र सिंह धनोआ
C. अनिल खोसला **D.** हरजीत सिंह अरोड़ा

Q.19 दुनिया में प्राकृतिक रबड़ का अग्रणी उत्पादक कौन है?
A. भारत **B.** इंडोनेशिया **C.** मलेशिया **D.** थाईलैंड

Q.20 ड्रेकेंसबर्ग किसका एक पर्वत है?
A. बोत्सवाना **B.** नामीबिया
C. दक्षिण अफ्रीका **D.** झांबई

Q.21 भूमध्य रेखा निम्न में से किससे होकर गुजरती है?
A. कैमरून **B.** कोस्टा रिका
C. केन्या **D.** वेनेजुएला

Q.22 कील नहर किसे जोड़ती है?
A. कैरेबियन सागर और प्रशांत महासागर
B. बेरिंग सागर और चूकची सागर
C. लाल सागर और भूमध्य सागर
D. बाल्टिक सागर और उत्तरी सागर

Q.23 निम्नलिखित में से कौन सा ओवरपॉपुलेशन का परिणाम है?
A. प्राकृतिक संसाधनों का पर्याप्त भंडारण
B. भूमि और अन्य नवीकरणीय संसाधनों पर दबाव
C. जंगल की मात्रा बढ़ाना
D. पानी की कमी को दूर करें

Q.24 प्रोजेक्ट टाइगर किस वर्ष शुरू किया गया था?
A. 1973 **B.** 1980 **C.** 1982 **D.** 1988

Q.25 गंगा एक्शन प्लान किस वर्ष शुरू किया गया था?
A. 1984 **B.** 1985 **C.** 1986 **D.** 1990

Q.26 वर्ष 2011 में भारतीय राज्य / संघ शासित प्रदेशों में से किसका लिंग अनुपात निम्नतम है?
A. हरियाणा **B.** दमन और दीव

C. पंजाब
D. दादर और नगर हवेली

Q.27 भाखड़ा बांध किस नदी पर स्थित है?

A. रावी **B.** चिनाब **C.** झेलम **D.** सतलुज

Q.28 2011 की जनगणना के आंकड़ों के अनुसार, बाल लिंग अनुपात किससे नीचे आकर 927 हो गया है?

A. 904 **B.** 919 **C.** 922 **D.** 925

Q.29 भारत का सक्रिय ज्वालामुखी कौन सा है?

A. सैंडविच
B. कीटिंग पॉइंट
C. बंजर द्वीप
D. एलिस

Q.30 किस राज्य का जनसंख्या घनत्व सबसे कम है?

A. मेघालय
B. मिजोरम
C. अरुणाचल प्रदेश
D. सिक्किम

Q.31 भारत के संविधान के अनुच्छेद 32 के संबंध में निम्नलिखित में से कौन सा कथन सही नहीं है?

A. यह नागरिकों को मौलिक अधिकारों के प्रवर्तन के लिए उपाय प्रदान करता है।
B. यह मौलिक अधिकारों का एक हिस्सा है।
C. सुप्रीम कोर्ट अनुच्छेद 32 के तहत रिट याचिका को देरी के आधार पर खारिज नहीं कर सकता।
D. अनुच्छेद 32 के तहत संरक्षण सामान्य कानून के प्रवर्तन पर भी लागू होता है जिसका मौलिक अधिकारों से कोई लेना-देना नहीं है।

Q.32 सरकार ने किसान क्रेडिट कार्ड योजना कब पेश की?

A. अप्रैल 1853
B. अगस्त 1998
C. जुलाई 1991
D. नवंबर 1995

Q.33 व्यवसाय का अर्थ है:

A. व्यापार
B. उद्योग और वाणिज्य
C. व्यापार एवं वाणिज्य
D. माल बेचना और खरीदना

Q.34 निम्नलिखित में से किस पर्यावरणविदों ने सबसे पहले जैवविविधता के हॉटस्पॉट्स की अवधारणा दी?

A. ग्यालोर्ड नेल्सन
B. नोर्मन मायर्स
C. जॉन मूर
D. जूलिया "बटरफ्लाई " हिल

Q.35 जैव विविधता के वर्गीकरण के बारे में निम्नलिखित में से कौन-कौन सा गलत युग्म हैं?

1. अल्फा विविधता → समुदाय विविधता के मध्य
2. बीटा विविधता → समुदाय विविधता के भीतर
3. गामा विविधता → समुदाय विविधता के भीतर

नीचे दिए गए कोड से सही विकल्प का चयन करें:

A. केवल 2
B. केवल 3
C. 1 और 2
D. 1, 2 और 3

Q.36 दो अलग-अलग समुदायों के बीच संक्रमणकालीन क्षेत्र के रूप में किसे जाना जाता है?

A. इकोटाइप
B. इकेड
C. इकोस्फीयर
D. इकोटोन

Q.37 ग्रीन डेवलपमेंट के लेखक कौन हैं?

A. एमजे ब्रेडशॉ
B. एम निकोलसन
C. आरएच व्हिटेटेर
D. डब्ल्यूएम एडम्स

Q.38 अर्थ शिखर सम्मेलन किस शहर में आयोजित किया गया था?

A. शिकागो
B. कोपेनहेगन
C. रियो डी जनेरियो
D. लन्दन

Q.39 निम्नलिखित में से कौन सा राष्ट्रीय आय की माप का कोई तरीका नहीं है?

A. मूल्यवर्धित विधि
B. आय विधि
C. व्यय विधि
D. निवेश विधि

Q.40 भारत में, एक रुपये के सिक्के और नोट्स और एक रूपये से कम मूल्य वर्ग के सिक्कों को किसके द्वारा जारी किया जाता है?

A. भारतीय रिज़र्व बैंक
B. वित्त मंत्रालय
C. भारतीय स्टेट बैंक
D. यूनिट ट्रस्ट ऑफ़ इंडिया

Q.41 तारापोर समिति किसके साथ निम्नलिखित में से एक थी?

A. विशेष आर्थिक क्षेत्र
B. पूर्णत: कैपिटल खाता परिवर्तनीयता
C. भारतीय अर्थव्यवस्था पर तेल की कीमतों का प्रभाव
D. विदेशी मुद्रा रिजर्व

Q.42 'लाईसेज़-फेयर' का दर्शन किससे सम्बन्धित है?

A. गांधीवादी राज्य
B. औद्योगिक राज्य
C. समाजवादी राज्य
D. कल्याणकारी राज्य

Q.43 यूपीए सरकार की भारत निर्माण योजना में निम्न में से क्या शामिल नहीं है?

A. ग्रामीण जल आपूर्ति परियोजना
B. सिंचाई लाभ कार्यक्रम
C. ग्रामीण विद्युतीकरण
D. सर्व शिक्षा अभियान

Q.44 किस पांच वर्षीय योजना में नाबार्ड की स्थापना हुई थी?

A. पहला **B.** पांचवां **C.** छठा **D.** आठवीं

Q.45 24 मई 2020 को सरकारी एजेंसियों द्वारा गेहूं की खरीद 2019 के 341.31 लाख टन के आंकड़े को पार करके 2020 में कितने लाख टन हुई?

A. 341.45 **B.** 341.56 **C.** 341.78 **D.** 342.12

Q.46 6 फरवरी को मनाए जाने वाले महिला जननांग उत्परिवर्तन के लिए इस वर्ष के अंतर्राष्ट्रीय दिवस जीरो टॉलरेंस के लिए विषय क्या है?

A. अंत महिला जननांग विकृति
B. उन्मुक्त युवा शक्ति
C. मेरा एक टुकड़ा
D. गहन वैश्विक प्रयास

Q.47 क्रिसिल क्या है?

A. बैंक
B. बीमा कंपनी
C. डिपॉजिटरी
D. क्रेडिट रेटिंग एजेंसी

Q.48 वैश्विक प्रतिस्पर्धात्मकता रिपोर्ट 'निम्नलिखित संगठनों में से किसके द्वारा जारी की गई है?

A. विश्व व्यापार संगठन
B. यूरोपीय संघ
C. विश्व बैंक
D. विश्व आर्थिक मंच

Q.49 उत्तराखंड राज्य मंत्रिमंडल ने कॉर्बेट टाइगर रिज़र्व (CTR) के लिए प्रस्तावित इको-सेंसिटिव ज़ोन (ESZ) के लिए _______ वर्ग किमी क्षेत्र को मंजूरी दी है।

A. 289 **B.** 311 **C.** 347 **D.** 377

Q.50 संविधान के किस अनुच्छेद में लोकसभा में एंग्लो-भारतीय समुदाय के लिए किस प्रतिनिधित्व के तहत में किया गया है?

A. 331 **B.** 221 **C.** 121 **D.** 139

Q.51 भारतीय संविधान के निम्नलिखित में से किस अनुच्छेद के एक भाग को लागू करने के रूप में मनरेगा योजना शुरू की गई है?

A. अनुच्छेद 43 **B.** अनुच्छेद 45
C. अनुच्छेद 47 **D.** अनुच्छेद 50

Q.52 संविधान में संशोधन की शुरूआत की जा सकती है-

A. केवल लोकसभा में
B. केवल राज्यसभा में
C. केवल राज्य विधान सभाओं में
D. संसद का कोई भी सदन

Q.53 निम्नलिखित में से किस संवैधानिक संशोधनों में भारतीय संविधान का आधिकारिक पाठ हिंदी में प्रकाशित करने के लिए अधिकृत किया गया?

A. 57 वां संशोधन, 1987 **B.** 58 वां संशोधन, 1987
C. 59 वां संशोधन, 1988 **D.** 60 वां संशोधन,1988

Q.54 संविधान के कौन से अनुच्छेद में यह प्रावधान है कि प्रत्येक राज्य शिक्षा के प्राथमिक स्तर पर मातृ-भाषा में शिक्षा के लिए पर्याप्त सुविधा प्रदान करने का प्रयास करेगा?

A. अनुच्छेद 349 **B.** अनुच्छेद 350
C. अनुच्छेद 350-ए **D.** अनुच्छेद 351

Q.55 'स्वतंत्र श्रम पार्टी' के संस्थापक कौन थे?

A. आर श्रीनिवासन **B.** बी आर अम्बेडकर
C. सी राजगोपालाचारी **D.** लाला लाजपत राय

Q.56 दिनेश गोस्वामी समिति ने क्या सिफारिश की?

A. राज्य स्तर के चुनाव आयोग का गठन
B. लोकसभा चुनावों की सूची प्रणाली
C. संसदीय चुनावों की सरकारी फंडिंग
D. संसदीय चुनावों के लिए स्वतंत्र उम्मीदवारों की उम्मीदवारी पर प्रतिबंध

Q.57 केन्द्रीय सूचना आयुक्त का कार्यकाल कितना होता है?

A. 6 वर्ष या 65 वर्ष की आयु
B. 6 वर्ष या 62 वर्ष की आयु
C. 5 वर्ष या 62 वर्ष की आयु
D. 3 वर्ष

Q.58 निम्न में से कौन सा अन्य तीन से भिन्न स्थिति में है?

A. पिछड़ा वर्ग आयोग
B. वित्त आयोग
C. राष्ट्रीय मानवाधिकार आयोग
D. चुनाव आयोग

Q.59 संसद द्वारा किसी आपातकालीन अवधि के अनुसमर्थन के लिए निम्नलिखित में से कौन सी सीमा है?

A. 14 दिन **B.** 1 महीने **C.** 3 महीने **D.** 6 महीने

Q.60 एक नाममात्र का भागीदार ____________ है।

A. जिसके पास व्यापार या उसके मुनाफे में कोई वास्तविक रुचि नहीं है
B. जब तक कि किसी अन्य लाभ-बंटवारे के अनुपात में कोई समझौता न हो, मुनाफे में बराबर की हिस्सेदारी के लिए प्रवेश किया जाता है
C. अन्य भागीदारों के कृत्यों के लिए उत्तरदायी नहीं है
D. तीसरे पक्ष के लिए सक्षम नहीं है

Q.61 न्यायिक समीक्षा का अर्थ है कि सुप्रीम कोर्ट-

A. सभी मुद्दों पर अंतिम प्राधिकरण है
B. राष्ट्रपति के खिलाफ आरोपों की जांच कर सकता है
C. उच्च न्यायालयों द्वारा तय किए गए मुद्दों की समीक्षा कर सकता है
D. राज्य के किसी भी कानून को अवैध घोषित कर सकता है

Q.62 किस राज्य सरकार ने 'ज़ो कुटपुई 'नामक जनजातीय सांस्कृतिक महोत्सव का आयोजन किया है?

A. असम **B.** सिक्किम **C.** मेघालय **D.** मिजोरम

Q.63 निम्न में से कौन सा सही है?

A. नरम लोहा एक कठिन फेरोमैग्नेटिक पदार्थ है
B. अलनीको एक नरम फेरोमैग्नेटिक पदार्थ है
C. उच्च पर्याप्त तापमान पर, फेरोमैग्नेट एक पैरामैग्नेट बन जाता है
D. उपरोक्त सभी

Q.64 पोखरण परमाणु परीक्षण 1974 का आधिकारिक कोड नाम क्या था?

A. स्माइलिंग बुद्धा **B.** थंडर बोल्ट
C. फ्लाइंग गरुड़ **D.** अग्नि परीक्षा

Q.65 विशिष्ट दृष्टि की न्यूनतम दूरी (सेमी) कितनी होती है?

A. 25 **B.** 5 **C.** 75 **D.** 100

Q.66 निम्नलिखित में से कौन सा भारत का पहला परमाणु संयंत्र है?

A. नरोरा **B.** कल्पक्कम **C.** तारापुर **D.** कोटा

Q.67 एक पिकोग्राम किसके बराबर है?

A. 10^{-6} ग्राम **B.** 10^{-9} ग्राम
C. 10^{-12} ग्राम **D.** 10^{-16} ग्राम

Q.68 प्रकाश की तीव्रता को मापने के लिए इस्तेमाल किया जाने वाला उपकरण कौन सा है?

A. एनेमोमीटर **B.** कोलोरिमेटर
C. लक्समीटर **D.** ऑल्टिमीटर

Q.69 शेविंग के लिए किस प्रकार के दर्पण का प्रयोग किया जाता है?

A. अवतल दर्पण **B.** साधारण दर्पण
C. उत्तल दर्पण **D.** इनमें से कोई नहीं

Q.70 मूत्रालयों के पास किस गैस के कारण एक तेज़ गंध आती है?

A. सल्फर-डाई-ऑक्साइड **B.** क्लोरीन
C. अमोनिया **D.** यूरिया

Q.71 चूहे का जहर बनाने के लिए किस रासायनिक पदार्थ का उपयोग किया जाता है?

A. एथाइल अल्कोहल
B. मिथाइल इसोसाइनेट
C. पोटेशियम साइनाइड
D. एथाइल आइसोसाइनाइड

Q.72 दूध कुछ समय के लिए खुले में रखने पर खट्टा क्यों हो जाता है?

A. कार्बोनिक एसिड **B.** लैक्टिक एसिड
C. साइट्रिक एसिड **D.** एसिटिक एसिड

Q.73 खाद्य सामग्री के संरक्षण में निम्न में से कौन से पदार्थ का उपयोग किया जाता है?

A. साइट्रिक एसिड **B.** पोटेशियम क्लोराइड
C. सोडियम बेंजोएट **D.** सोडियम क्लोराइड

Q.74 विमान के टायर में हवा भरने के लिए किस गैस का इस्तेमाल होता है?

A. हाइड्रोजन **B.** नाइट्रोजन **C.** हीलियम **D.** नियॉन

Q.75 फाइव किंगडम वर्गीकरण किसके द्वारा किया गया था?

A. व्हाइटेकर **B.** हेकेल **C.** लिनेयुस **D.** कोपलैंड

Q.76 मनुष्यों द्वारा आमतौर पर पेशाब में कौन सा विटामिन उत्सर्जित होता है?

A. विटामिन ए **B.** विटामिन डी
C. विटामिन सी **D.** विटामिन ई

Q.77 रक्त को हृदय से बाहर ले जाने वाली बड़ी रक्त वाहिका को क्या कहा जाता है?

A. नसें **B.** धमनी **C.** केशिका **D.** तंत्रिका

Q.78 क्षयरोग किस कारण होता है?

A. बैक्टीरियम **B.** वायरस **C.** कवक **D.** प्रोटोजोआ

Q.79 साइमन कमीशन ने निम्नलिखित वायसराय के बीच किस काल में भारत का दौरा किया था?

A. लॉर्ड इरविन **B.** लॉर्ड चेम्सफोर्ड
C. लॉर्ड विलिंगडन **D.** लार्ड वुड

Q.80 कई उद्योगों में, टिन, स्टील और ताम्बे को किससे प्रतिस्थापित किया जाता है?

A. मिट्टी के पात्र **B.** उच्च शक्ति ग्लास फाइबर
C. प्लास्टिक **D.** इनमें से सभी

Q.81 चट्टानों पर पनपने वाले पौधों को क्या कहा जाता है?

A. एपीफाइट्स **B.** हेलोफाइट्स
C. जेरोफाइट्स **D.** लिथोफाइट्स

Q.82 कौन सा घोल सबसे अधिक संकेंद्रित है?

A. 10 मिली घोल में 6 ग्राम विलेय
B. घोल के 50 मिलीलीटर में 20.5 ग्राम विलेय
C. 120 मिली घोल में 30 ग्राम विलेय
D. घोल के 2 मिलीलीटर में विलेय के 2.6 ग्राम

Q.83 ग्रामीण इलाकों से शहरों की आबादी का परिवर्तन कहा जाता है-

A. एक पारिस्थितिक पदचिह्न
B. भूमि संरक्षण
C. शहरीकरण
D. आधारिक संरचना

Q.84 तीजन बाई किस कला से संबंधित हैं?

A. बुर्रा कथा **B.** पंडवानी **C.** लावणी **D.** नौटंकी

Q.85 सूची- I के साथ सूची- II का मिलान कीजिये और नीचे दिए गए कोड से सही उत्तर का चयन करें:

सूची-I (हड़प्पा स्थल)	सूची-II (स्थान)
A मंदा	1- राजस्थान
B दैमाबाद	2- हरियाणा
C कालीबंगा	3- जम्मू-कश्मीर
D राखीगढ़ी	4- महाराष्ट्र

A. A-1, B-2, C-3, D-4 **B.** A-2, B-3, C-4, D-1
C. A-3, B-4, C-1, D-2 **D.** A-4, B-1, C-2, D-3

Q.86 किस स्थान पर हड़प्पा संदर्भ में एक हाथीदांत का पैमाना पाया गया था?

A. कालीबंगन **B.** लोथल **C.** ढोलवीरा **D.** बनवाली

Q.87 ऋग वेद में क्या संकलित है ?

A. भजनों का संग्रह **B.** कहानियों का संग्रह
C. शब्दों का संग्रह **D.** युद्ध का पाठ

Q.88 बुद्ध द्वारा धर्मान्तरित अंतिम व्यक्ति निम्नलिखित में से कौन था?

A. आनंद **B.** वसुमित्रा **C.** गोशाल **D.** सुभदा

Q.89 नयनार कौन थे?

A. शिव **B.** शक्त **C.** वैष्णव **D.** सूर्योपासक

Q.90 निम्न में से कौन सा सुमेलित है?

A. एलोरा गुफाएं - शक
B. मीनाक्षी मंदिर - पल्लव
C. खजुराहो मंदिर - चंदेल
D. महाबलीपुरम मंदिर - राष्ट्रकूट

Q.91 गुलाम वंश के पहले शासक कौन थे?

A. इल्तुतमिश **B.** कुतुबुद्दीन एबक
C. रजिया **D.** बलबन

Q.92 अलाउद्दीन खिलजी के सेनापतियों में से कौन, मंगोलों के खिलाफ लड़ाई लड़ने में मारा गया था?

A. जफर खान **B.** नुसरत खान
C. अल्पा खान **D.** उल्लूग खान

Q.93 कृष्ण देव राय ने किस शहर की स्थापना की थी?

A. वारंगल **B.** नागलपुरा **C.** उदयगिरि **D.** चंद्रगुरी

Q.94 निम्न अनुक्रमों में से कौन सा सही कालानुक्रमिक क्रम इंगित करता है?

A. शंकराचार्य - रामानुजा - चैतन्य
B. रामानुजा - शंकराचार्य - चैतन्य
C. रामानुजा - चैतन्य - शंकराचार्य
D. शंकराचार्य - चैतन्य - रामानुजा

Q.95 निम्नलिखित शासकों में से किसने पहले 'हज़रत ए आला' का शीर्षक ग्रहण किया और बाद में 'सुल्तान' शीर्षक लिया?

A. बहलुल लोदी **B.** सिकंदर लोदी
C. शेर शाह सूरी **D.** इस्लाम शाह सूरी

Q.96 किसके शासनकाल के दौरान उपनिषदों का फारसी में अनुवाद किया गया था?

A. शाहजहां **B.** अकबर **C.** जहांगीर **D.** औरंगजेब

Q.97 सूची - I के साथ सूची- II का मिलान करें और नीचे दिए गए कोड से सही उत्तर का चयन करें:

सूची-I	सूची-II
A पांडिचेरी	1- फ्रेंच
B गोवा	2- पुर्तगाली
C ट्रेंक्यूबेर	3- डेनिश (डेन)
D सदरस	4- डच

A. A-2, B-3, C-4, D-1 **B.** A-1, B-3, C-4, D-2
C. A-1, B-2, C-4, D-3 **D.** A-1, B-4, C-3, D-2

Q.98 1802 में किसने 'बेसिन की संधि' पर हस्ताक्षर किए थे?

A. अंग्रेज और बाजीराव- I **B.** अंग्रेज और बाजीराव- II
C. फ्रेंच और बाजीराव- I **D.** डच और बाजीराव- II

Q.99 तीसरा आंग्ल-मराठा युद्ध किससे सम्बन्धित है?

A. सर जॉन शोर **B.** लॉर्ड वेलेस्ले
C. लॉर्ड हेस्टिंग्स **D.** लॉर्ड कॉर्नवॉलिस

Q.100 1857 के विद्रोह के दौरान बहादुर शाह ने निम्नलिखित में से किसे साहेब-ए-आलम बहादुर का शीर्षक दिया था?

A. अज़ीमुल्लाह **B.** बिर्जिस कादर
C. बख्त खान **D.** हसन खान

Q.101 वाघेरा विद्रोह कहाँ पर हुआ था ?

A. सूरत **B.** पूना **C.** कालीकट **D.** बड़ौदा

Q.102 सूची- I के साथ सूची- I का मिलान करें और नीचे दिए गए कोड से सही उत्तर का चयन करें:

सूची-I (समाचार पत्र)	सूची-II (संपादक)
A हिन्दू	1 दादा भाई नैरोजी
B सुधाकर	2 गोपाल कृष्ण गोखले
C वौइस् ऑफ़ इंडिया	3 जी सुब्रमण्यम अय्यर
D बंगाली	4 सुरेन्द्र नाथ बनर्जी

A. A-1, B-2, C-3, D-4 **B.** A-1, B-3, C-2, D-4
C. A-2, B-3, C-1, D-4 **D.** A-3, B-2, C-1, D-4

Q.103 सूची- I के साथ सूची- I का मिलान करें और नीचे दिए गए कोड से सही उत्तर का चयन करें:

सूची I	सूची II
A ब्रम्ह समाज	1 मुंबई
B मानव धर्म सभा	2 सूरत
C आर्य समाज	3 कोलकाता
D नदवा उल उलमा	4 लखनऊ

A. A-4, B-1, C-3, D-2 **B.** A-1, B-4, C-3, D-2
C. A-3, B-1, C-4, D-2 **D.** A-3, B-2, C-1, D-4

Q.104 निम्नलिखित में से 1885 में बॉम्बे प्रेसीडेंसी एसोसिएशन के संस्थापक कौन थे ?

A. फिरोज शाह मेहता **B.** पी आनंद चार्लू
C. एम वी राघव चेरियर **D.** एस एन बनर्जी

Q.105 सूची- I के साथ सूची- I का मिलान करें और नीचे दिए गए कोड से सही उत्तर का चयन करें:

सूची I (अध्यक्ष)	सूची II (स्थान, जहाँ भारतीय राष्ट्रीय कांग्रेस की बैठक हुई)
A अबुल कलम आजाद	1 अमृतसर 1919
B सरोजनी नायडू	2 बोम्बे 1934
C मोतीलाल नेहरु	3 कानपुर 1925
D डॉ. राजेंद्र प्रसाद	4 रामगढ 1940

A. A-1, B-2, C-3, D-4 **B.** A-2, B-3, C-4, D-1
C. A-4, B-2, C-3, D-1 **D.** A-4, B-3, C-1, D-2

Q.106 सूची- I के साथ सूची- I का मिलान करें और नीचे दिए गए कोड से सही उत्तर का चयन करें:

सूची I	सूची II
A अभिनव भारत सोसाइटी	1 श्री अरविन्द घोष
B अनुपालन समिति	2 लाला हरदयाल
C ग़दर	3 सी.आर. दास
D स्वराज पार्टी	4 वी.डी. सावरकर

A. A-4, B-1, C-3, D-2 **B.** A-1, B-4, C-3, D-2
C. A-1, B-4, C-2, D-3 **D.** A-4, B-1, C-2, D-3

Q.107 लंदन में इंडियन होम रूल सोसाइटी द्वारा शुरू किया गया था?

A. एनी बेसेंट **B.** बीजी तिलक
C. एमके गांधी **D.** श्यामजी कृष्ण वर्मा

Q.108 कैबिनेट मिशन की अध्यक्षता किसके द्वारा की गयी थी?

A. लॉर्ड एटली **B.** स्ट्रैफोर्ड क्रिप्स
C. क्लेमेंट एटली **D.** सर पी लॉरेंस

Q.109 पार्टियों के सम्मेलन के किस संस्करण की मेजबानी भारत करेगा?

A. 6 **B.** 7 **C.** 8 **D.** 9

Q.110 बैंक धोखाधड़ी पर नजर रखने के लिए भारतीय रिजर्व बैंक (आरबीआई) द्वारा किस समिति का गठन किया गया है?

A. वाई एच मालेगाम समिति
B. ए के मिश्रा कमेटी
C. नंदकुमार सरवाडे समिति
D. एस रमन समिति

Q.111 भारत के संविधान के अनुच्छेद 352 के तहत, भारत के किसी भी हिस्से की सुरक्षा को खतरा होने पर आपातकाल घोषित किया जा सकता है

1) युद्ध
2) बाहरी आक्रामकता
3) सशस्त्र विद्रोह
4) आंतरिक गड़बड़ी

नीचे दिए गए कोड का उपयोग करके सही उत्तर चुनें।

A. 1, 2 और 3 **B.** 2, 3 और 4
C. 1, 3 और 4 **D.** केवल 1 और 2

Q.112 ''गांधी अगेंस्ट कास्ट " किसके द्वारा लिखी गयी है?

A. निशिकांत कोल्गे **B.** संध्या मेनन
C. काले डीट्रिच **D.** इनमें से कोई नहीं

Q.113 किसी राज्य के राज्यपाल के संदर्भ में, निम्नलिखित कथनों पर विचार करें:

1) एक व्यक्ति को राज्य के राज्यपाल के रूप में नियुक्त होने के लिए 30 वर्ष की आयु पूरी करनी चाहिए थी।
2) भारत का संविधान निर्दिष्ट करता है कि एक व्यक्ति को उस राज्य से संबंधित नहीं होना चाहिए जहां उसे राज्यपाल के रूप में नियुक्त किया गया है।

ऊपर दिए गए कथनों में से कौन सा सही है / हैं?

A. 1 केवल **B.** 2 केवल
C. 1 और 2 दोनों **D.** न तो 1 और न ही 2

Q.114 "ग्लिम्प्सेज़ ऑफ़ वर्ल्ड हिस्ट्री" पुस्तक के लेखक निम्नलिखित में से कौन थे?

A. सरदार वल्लभभाई पटेल **B.** जवाहर लाल नेहरू
C. एम. के. गांधी **D.** दादा भाई नौरोजी

Q.115 पेरियार वन्यजीव अभयारण्य ________ राज्य में स्थित है।

A. उत्तर प्रदेश **B.** केरल
C. मध्य प्रदेश **D.** महाराष्ट्र

Q.116 तत्त्वबोधिनी सभा के संस्थापक कौन थे?

A. देबेंद्रनाथ टैगोर **B.** रवींद्रनाथ टैगोर
C. राम मोहन राय **D.** गोपाल कृष्ण गोखले

Q.117 निम्नलिखित में से कौन स्वामित्व सुरक्षा नहीं है?

A. सामान्य शेयर **B.** अधिमान शेयर
C. ऋणपत्र **D.** B और C दोनों

Q.118 2011 की जनगणना के अनुसार भारत में सबसे बड़ा शहरी समूह है-

A. ग्रेटर मुंबई यूए **B.** दिल्ली यूए
C. (A) और (B) दोनों **D.** चेन्नई यूए

Q.119 हर्यंका वंश से मगध का पहला शासक ______ था।

A. अजातशत्रु **B.** अशोका **C.** प्रसेनजित **D.** बिम्बिसार

Q.120 निम्नलिखित में से क्या एक बेमेल है?

A. एड्स - जीवाणु संक्रमण
B. पोलियो - विषाणुजनित संक्रमण
C. मलेरिया - प्रोटोजोआ संक्रमण
D. हाथीपांव - हेल्मिंथ संक्रमण

Q.121 जब भारतीय परिषद अधिनियम, 1909 अधिनियमित किया गया था तो भारत का वायसराय कौन था?

A. लॉर्ड मॉर्ले **B.** लॉर्ड मिंटो
C. लॉर्ड रिपन **D.** लॉर्ड कर्जन

Q.122 घटते क्रम में चीनी उत्पादन की अपनी क्षमता के अनुसार भारतीय राज्यों की सही व्यवस्था है:

A. उत्तर प्रदेश> महाराष्ट्र> कर्नाटक> तमिलनाडु
B. महाराष्ट्र> उत्तर प्रदेश> कर्नाटक> तमिलनाडु
C. महाराष्ट्र> उत्तर प्रदेश> तमिलनाडु> कर्नाटक
D. उत्तर प्रदेश> कर्नाटक> महाराष्ट्र> तमिलनाडु

Q.123 बम ला दर्रा _________ में स्थित है।

A. हिमाचल प्रदेश **B.** उत्तराखंड
C. जम्मू और कश्मीर **D.** अरुणाचल प्रदेश

Q.124 निम्नलिखित में से कौन सा अनुच्छेद "अनुसूचित जाति के लिए राष्ट्रीय आयोग" के बारे में बताता है?

A. अनुच्छेद 338 **B.** अनुच्छेद 339
C. अनुच्छेद 340 **D.** अनुच्छेद 341

Q.125 कठपुतली किस राज्य से सम्बन्धित है?

A. राजस्थान **B.** कर्नाटक **C.** मध्य प्रदेश **D.** उत्तराखंड

Q.126 अक्षर I, B, A, T, के साथ कितने सार्थक शब्द बनाये जा सकते हैं, प्रत्येक का प्रयोग प्रत्येक शब्द में केवल एक बार किया जाता है?

A. शून्य **B.** एक **C.** दो **D.** तीन

Ques (127-129):निर्देश: निम्नलिखित जानकारी का ध्यानपूर्वक अध्ययन करें और दिए गए प्रश्न का उत्तर दें।

'student home money' 'nt oh en' के रूप में कोडित है।

'money income hike home' 'en mo ie oh' के रूप में कोडित है।

'home school student' 'nt oh cl' के रूप में कोडित है।

'repeat income money' 'mo en et' के रूप में कोडित है।

Q.127 'Home science' के लिए कोड क्या हो सकता है?

A. oh en **B.** ie nt **C.** er cl **D.** oh er

Q.128 दी गई कूट भाषा में 'hike' का कोड क्या है?

A. nt **B.** oh **C.** ie **D.** cl

Q.129 दी गई कोड भाषा में 'income repeat' के लिए कोड क्या है?

A. mo et **B.** et oh **C.** nt et **D.** mo nt

Ques (130-131):निर्देश: ये प्रश्न निम्नलिखित सूचना पर आधारित हैं।

गाँव A, B के उत्तर में स्थित है। गाँव C, गाँव A के पूर्व में है। गाँव D गाँव B के बाईं ओर है।

Q.130 गाँव B के संबंध में गाँव C किस दिशा में स्थित है?

A. उत्तर **B.** उत्तर-पूर्व
C. उत्तर-पश्चिम **D.** दक्षिण

Q.131 गाँव C के संबंध में गाँव D किस दिशा में स्थित है?

A. पश्चिम **B.** दक्षिण-पश्चिम
C. दक्षिण **D.** उत्तर-पश्चिम

Q.132 एक महिला की ओर इशारा करते हुए, एक आदमी से रवि ने कहा, "वह मेरे दादा के इकलौते बच्चे की बेटी है।" महिला रवि से कैसे संबंधित है?

A. बेटी **B.** चाची **C.** माता **D.** बहन

Q.133 'उत्तीर्ण', 'अनुत्तीर्ण' से उसी तरह संबंधित है जिस तरह 'धकेलना' संबंधित है:

A. बल **B.** बढ़ावा **C.** खींचना **D.** चलाना

Q.134 दिए गए विकल्पों में से बेजोड़ को चुनिए।

A. इंदौर **B.** पुणे **C.** कोच्चि **D.** देशनोक

Q.135 निम्नलिखित प्रश्न में, दिए गए विकल्पों में से बेजोड़ संख्या ज्ञात कीजिए।

A. 585 **B.** 783 **C.** 657 **D.** 391

Q.136 निम्नलिखित संख्या श्रंखला में प्रश्न चिह्न (?) के स्थान पर क्या आएगा?

$0, 11, 33, 66, 110, ?$

A. 122 **B.** 133 **C.** 145 **D.** 165

Q.137 यदि एक निक्चित कूट भाषा में, TIMID को JNJUC के रूप में लिखा जाता है, तो उसी भाषा में DEBIT को किस प्रकार लिखा जाएगा?

A. IMNPO **B.** OJKLG **C.** JOPIG **D.** JCFES

Q.138 यदि एक धनात्मक पूर्णांक 'n' को 15 से विभाजित किया जाता है, तो शेषफल 4 है। यदि 'n^2' को 15 से विभाजित किया जाता है, तो शेषफल क्या है?

A. 1 **B.** 0 **C.** 2 **D.** 3

Q.139 कुनाल कंप्यूटर को 60,000 रुपये में बेचता है। यदि कंप्यूटर को 62,500 रुपये में बेचता है तो उसका लाभ प्रतिशत 5% बढ़ जाता है। कंप्यूटर का क्रय मूल्य ज्ञात कीजिए।

A. 30,000 रुपये **B.** 40,000 रुपये
C. 50,000 रुपये **D.** 60,000 रुपये

Q.140 A, और B की आय का अनुपात 3: 7 है और उनके व्यय का अनुपात क्रमशः 4: 3 है। यदि $A2400$ रुपये में से 300 रुपये बचाता है, तो B की बचत ज्ञात कीजिये।

A. 4025 रुपये **B.** 3000 रुपये
C. 575 रुपये **D.** 500 रुपये

// स्मार्ट उत्तर पुस्तिका //

सही उत्तर उन छात्रों के प्रतिशत को इंगित करता है जिन्होंने प्रश्नों का सही उत्तर दिया था।

छोड़ दिया उन छात्रों के प्रतिशत को इंगित करता है जिन्होंने प्रश्नों को छोड़ दिया था।

प्रश्न संख्या	उत्तर	सही उत्तर	छोड़ दिया
1	A	17.39 %	5.44 %
2	B	15.22 %	79.35 %
3	D	16.3 %	79.35 %
4	A	16.3 %	80.44 %
5	D	14.13 %	80.44 %
6	C	14.13 %	80.44 %
7	D	6.52 %	80.44 %
8	A	8.7 %	81.52 %
9	C	13.04 %	80.44 %
10	C	7.61 %	83.69 %
11	B	2.17 %	82.61 %
12	B	7.61 %	80.43 %
13	C	6.52 %	80.44 %
14	D	7.61 %	82.61 %
15	C	5.43 %	82.61 %
16	A	5.43 %	81.53 %
17	A	8.7 %	81.52 %
18	A	4.35 %	82.61 %
19	D	10.87 %	73.91 %
20	C	11.96 %	79.34 %
21	C	10.87 %	80.43 %
22	D	6.52 %	81.52 %
23	B	14.13 %	79.35 %
24	A	13.04 %	80.44 %
25	C	7.61 %	83.69 %
26	B	9.78 %	81.52 %
27	D	16.3 %	79.35 %
28	B	9.78 %	80.44 %
29	C	14.13 %	79.35 %
30	C	15.22 %	80.43 %
31	D	7.61 %	80.43 %
32	B	7.61 %	81.52 %
33	B	3.26 %	81.52 %
34	B	6.52 %	82.61 %
35	C	2.17 %	83.7 %
36	D	9.78 %	81.52 %
37	D	3.26 %	83.7 %
38	C	8.7 %	83.69 %
39	D	7.61 %	81.52 %
40	B	14.13 %	81.52 %
41	B	5.43 %	81.53 %
42	B	4.35 %	82.61 %
43	D	7.61 %	79.35 %
44	C	8.7 %	80.43 %
45	B	4.35 %	81.52 %
46	B	4.35 %	82.61 %
47	D	11.96 %	82.61 %
48	D	6.52 %	81.52 %
49	D	5.43 %	80.44 %
50	A	10.87 %	81.52 %
51	A	9.78 %	79.35 %
52	D	16.3 %	79.35 %
53	B	3.26 %	81.52 %
54	C	8.7 %	81.52 %
55	B	6.52 %	80.44 %
56	C	4.35 %	83.69 %
57	D	5.43 %	80.44 %
58	C	11.96 %	81.52 %
59	B	7.61 %	80.43 %
60	A	7.61 %	79.35 %
61	D	4.35 %	81.52 %
62	D	4.35 %	82.61 %
63	C	10.87 %	80.43 %
64	A	11.96 %	80.43 %
65	A	19.57 %	79.34 %
66	C	9.78 %	80.44 %
67	C	9.78 %	80.44 %
68	C	14.13 %	81.52 %
69	A	9.78 %	80.44 %
70	C	14.13 %	80.44 %
71	C	8.7 %	79.34 %
72	B	15.22 %	79.35 %
73	C	13.04 %	80.44 %
74	B	3.26 %	80.44 %
75	A	7.61 %	82.61 %
76	C	10.87 %	80.43 %
77	B	11.96 %	80.43 %
78	A	11.96 %	80.43 %
79	A	7.61 %	82.61 %
80	D	9.78 %	79.35 %

प्रश्न संख्या	उत्तर	सही उत्तर	छोड़ दिया
81	D	5.43 %	80.44 %
82	D	13.04 %	80.44 %
83	A	7.61 %	80.43 %
84	B	7.61 %	80.43 %
85	C	6.52 %	81.52 %
86	B	3.26 %	80.44 %
87	A	8.7 %	80.43 %
88	D	5.43 %	81.53 %
89	A	11.96 %	81.52 %
90	C	7.61 %	82.61 %
91	B	15.22 %	80.43 %
92	A	5.43 %	80.44 %

प्रश्न संख्या	उत्तर	सही उत्तर	छोड़ दिया
93	B	5.43 %	80.44 %
94	A	5.43 %	82.61 %
95	C	5.43 %	82.61 %
96	A	4.35 %	80.43 %
97	A	5.43 %	81.53 %
98	B	8.7 %	82.6 %
99	C	4.35 %	80.43 %
100	C	8.7 %	80.43 %
101	D	2.17 %	83.7 %
102	D	7.61 %	81.52 %
103	D	11.96 %	81.52 %
104	A	11.96 %	82.61 %

प्रश्न संख्या	उत्तर	सही उत्तर	छोड़ दिया
105	D	8.7 %	82.6 %
106	D	9.78 %	81.52 %
107	D	10.87 %	79.35 %
108	D	5.43 %	80.44 %
109	B	2.17 %	82.61 %
110	A	8.7 %	82.6 %
111	A	11.96 %	82.61 %
112	A	2.17 %	83.7 %
113	D	2.17 %	81.53 %
114	B	8.7 %	80.43 %
115	B	13.04 %	81.53 %
116	A	10.87 %	83.7 %

प्रश्न संख्या	उत्तर	सही उत्तर	छोड़ दिया
117	C	2.17 %	81.53 %
118	C	13.04 %	80.44 %
119	D	10.87 %	80.43 %
120	A	13.04 %	81.53 %
121	B	6.52 %	80.44 %
122	B	8.7 %	81.52 %
123	D	4.35 %	81.52 %
124	A	10.87 %	81.52 %
125	A	13.04 %	80.44 %
126	C	6.52 %	81.52 %
127	D	3.26 %	81.52 %
128	C	4.35 %	79.35 %

प्रश्न संख्या	उत्तर	सही उत्तर	छोड़ दिया
129	A	7.61 %	81.52 %
130	B	6.52 %	81.52 %
131	B	11.96 %	80.43 %
132	D	10.87 %	81.52 %
133	C	7.61 %	80.43 %
134	D	7.61 %	82.61 %
135	D	4.35 %	83.69 %
136	D	3.26 %	81.52 %
137	D	7.61 %	80.43 %
138	A	4.35 %	80.43 %
139	C	2.17 %	79.35 %
140	A	1.09 %	81.52 %

कार्य विश्लेषण	
औसत अंक (%)	12.86%
टॉपर्स स्कोर (%)	90.0%
आपका स्कोर	

//संकेत और समाधान//

1. नए राज्य को 'आगरा और अवध के उत्तर पश्चिमी प्रांत' कहा जाता था, जिसे 1902 में आगरा और अवध के संयुक्त प्रांत के रूप में पुनर्निमित किया गया था और इसे आमतौर पर संयुक्त प्रांत या इसके संक्षिप्त यूपी के रूप में जाना जाता था। 1920 में, प्रांत की राजधानी को इलाहाबाद से लखनऊ स्थानांतरित कर दिया गया था।

अतः विकल्प (A) सही है।

2. दुधवा नेशनल पार्क भारत के उत्तर प्रदेश के तराई में एक राष्ट्रीय उद्यान है, और 4903 किमी ^{2} (1893 वर्ग मील) के क्षेत्र को कवर करता है, 190 किमी ^{2} (73 वर्ग मील) के बफर क्षेत्र के साथ यह दुधवा टाइगर रिजर्व का हिस्सा है।

अतः विकल्प (B) सही है।

3. 9 नवंबर, 2000 को, भारत के 27 वें राज्य उत्तरांचल राज्य को उत्तर प्रदेश से बाहर किया गया था, और जनवरी 2007 में नए राज्य ने इसका नाम बदलकर उत्तराखंड कर दिया, जिसका अर्थ है "उत्तरी क्षेत्र", जो इस क्षेत्र के लिए पारंपरिक नाम था। क्षेत्रफल 19,739 वर्ग मील (51,125 वर्ग किमी) उत्तराखंड का कुल क्षेत्रफल है।

अतः विकल्प (D) सही है।

4. कथक, एक शास्त्रीय नृत्य रूप, जिसमें पूरे शरीर के साथ पैरों के सुंदर समन्वित चालों को शामिल किया गया, उत्तर प्रदेश में विकसित हुआ। कथकली दक्षिण-पश्चिमी भारत, केरल राज्य के आसपास से आती है। भरतनाट्यम की तरह, कथकली एक धार्मिक नृत्य है। यह रामायण और शैव परंपराओं की कहानियों से प्रेरणा लेता है। जबकि भांगड़ा पंजाब का है। कुचिपुड़ी आंध्र प्रदेश राज्य के लिए स्वदेशी है और गायन के समावेश से अन्य पाँच शास्त्रीय शैलियों से अलग है।

अतः विकल्प (A) सही है।

5. धनपत राय श्रीवास्तव जिन्हें मुंशी प्रेमचंद के रूप में भी जाना जाता था का जन्म 31 जुलाई 1880 को उत्तर प्रदेश में वाराणसी के पास लमही में हुआ था। वह भारतीय उपमहाद्वीप के सबसे प्रतिष्ठित लेखकों में से एक हैं और उन्हें बीसवीं शताब्दी के शुरुआती दिनों के हिंदी लेखकों में से एक माना जाता है। उनके उपन्यासों में गोदान, कर्मभूमि, गबन, मानसरोवर शामिल हैं। उन्होंने 1907 में सोज़-ए वतन नामक एक पुस्तक में पाँच लघु कहानियों का अपना पहला संग्रह प्रकाशित किया।

अतः विकल्प (D) सही है।

6. उत्तर प्रदेश 9 राज्यों के साथ अपनी सीमाओं को साझा करता है, हालांकि उत्तर प्रदेश क्षेत्रफल के मामले में चौथे स्थान पर आता है, राज्य अपनी सीमाओं को केंद्र शासित प्रदेशों के साथ साझा करता है, इसके अलावा अंतर्राष्ट्रीय सीमा नेपाल को साझा करता है |

अतः विकल्प (C) सही है।

7. भारत कला भवन एक कला और पुरातत्व संग्रहालय है, जो बनारस हन्नू भारत के वाराणसी में स्थित है | भारत कला भवन बनारस हिंदू विश्वविद्यालय, वाराणसी, भारत में स्थित एक कला और पुरातत्व संग्रहालय है। एक मामूली संग्रह के साथ स्थापित, संग्रहालय में स्थिर विकास का रिकॉर्ड है और इसकी वर्तमान पकड़ 100,000 से अधिक है। संग्रह में पुरातात्विक सामग्री, चित्र, वस्त्र और पोशाक, सजावटी कला, व्यक्तित्व संग्रह, भारतीय दार्शनिक और साहित्यिक और अभिलेखीय सामग्री शामिल हैं। इसके अधिकांश संग्रह ऐतिहासिक रूप से महत्वपूर्ण हैं, सौंदर्य की दृष्टि से सुंदर हैं और कुछ विशिष्ट विशिष्टता का आनंद लेते हैं।

अतः विकल्प (D) सही है।

8. उत्तर प्रदेश संक्षिप्त रूप में उत्तर प्रदेश, उत्तर भारत में स्थित एक राज्य है। इसे 1 अप्रैल 1937 को संयुक्त राज्य अमेरिका के पुनर्गठन अधिनियम और उत्तर प्रदेश (उत्तर प्रदेश राज्य) के पारित होने के साथ बनाया गया था।

अतः विकल्प (A) सही है।

9. क्षुद्रग्रह बेल्ट मंगल और बृहस्पति के बीच पाई जाती है। मंगल और बृहस्पति की कक्षाओं के बीच क्षुद्रग्रह बेल्ट में ज्ञात क्षुद्रग्रह कक्षा का अधिकांश हिस्सा है, या बृहस्पति के साथ सह-कक्षीय है।

अतः विकल्प (C) सही है।

10. अधिकांश न्यूट्रॉन तारों को पल्सर के रूप में माना जाता है। पल्सर बहुत नियमित अंतराल पर विकिरण के दालों को देखने वाले न्यूट्रॉन तारों को घुमा रहे हैं जो आमतौर पर मिलीसेकंड से सेकंड तक होते हैं। पल्सर में बहुत मजबूत चुंबकीय क्षेत्र होते हैं जो दो चुंबकीय ध्रुवों के साथ कणों के फनल जेट्स को निकालते हैं।

अतः विकल्प (C) सही है।

11. कोन्लोमेरेट एक मेटामॉर्फिक रॉक नहीं है | कोन्लोमेरेट एक महीन-दानेदार मैट्रिक्स के भीतर अलग-अलग विस्फोटों से युक्त एक चट्टान है जो एक साथ सीमेंटेड हो गए हैं कांग्लोमेरेट तलछटी चट्टानें हैं जो गोल टुकड़े से बने होते हैं और इस प्रकार ब्रैकियस से घेरे जाते हैं, जिसमें कोणीय विस्फोट होते हैं |

अतः विकल्प (B) सही है।

12. भारतीय महासागर का सबसे बड़ा द्वीप मेडागास्कर है, आधिकारिक तौर पर मेडागास्कर गणराज्य और जिसे पहले मालागासी गणराज्य के रूप में जाना जाता था, दक्षिण पूर्व अफ्रीका के तट से हिंद महासागर में एक द्वीप देश है।

अतः विकल्प (B) सही है।

13. गोबी एक उष्णकटिबंधीय रेगिस्तान नहीं है यह एक समशीतोष्ण रेगिस्तान है जो आंशिक रूप से उत्तरी चीन में और आंशिक रूप से मंगोलिया में स्थित है | गोबी, जिसे गोबी रेगिस्तान, महान रेगिस्तान और मध्य एशिया का अर्धचालक क्षेत्र भी कहा जाता है। गोबी (मंगोलियाई गोबी से, जिसका अर्थ है "पानी रहित स्थान") मंगोलिया और चीन दोनों के विशाल भागों में फैला है।

अतः विकल्प (C) सही है।

14. सहारा के रेगिस्तान में बहने वाली एक गर्म स्थानीय हवा को हरमाटन के नाम से जाना जाता है। द हेटटन एक शुष्क और धूलभरी पश्चिम अफ्रीकी व्यापारिक हवा है। यह उत्तरपूर्वी हवा सहारा से गिनी की खाड़ी में नवंबर के अंत और मार्च के मध्य के बीच तापमान के अनुसार कम से कम 3 डिग्री सेल्सियस हो सकती है।

अतः विकल्प (D) सही है।

15. अंधी घाटी को कार्स्ट क्षेत्र में पाया जाता है। कार्स्ट स्थलाकृति एक भूवैज्ञानिक गठन है, जो घुलनशील बेडरेक की एक परत या परतों के विघटन के आकार का होता है, आमतौर पर कार्बोनेट रॉक जैसे चूना पत्थर या डोलोमाइट, लेकिन यह भी जिप्सम में होता है।

अतः विकल्प (C) सही है।

16. जेट स्ट्रीम ट्रोपोस्फीयर के ऊपरी भाग में तेजी से उड़ने वाली वेस्टरलीज़ हैं। जेट स्ट्रीम पृथ्वी सहित कुछ ग्रहों के वायुमंडल में पाए जाने वाले तेज़ हवा की धाराएँ हैं। मुख्य जेट स्ट्रीम ट्रोपोपॉज़ के पास स्थित हैं।

अतः विकल्प (A) सही है।

17. सागौन और साल उष्णकटिबंधीय शुष्क पर्णपाती जंगलों के उत्पाद हैं उष्णकटिबंधीय और उपोष्णकटिबंधीय शुष्क व्यापक पत्ती वन बायोम, जिसे उष्णकटिबंधीय शुष्क वन के रूप में भी जाना जाता है, उष्णकटिबंधीय और उपोष्णकटिबंधीय अक्षांशों पर स्थित है।

अतः विकल्प (A) सही है।

18. भारतीय वायु सेना अपने 'संख्या -18 - फ्लाइंग बुलेट्स' नामक स्क्वाड्रन को लाइट कॉम्बैट एयरक्राफ्ट, LCA तेजस के बेड़े के साथ कोयम्बटूर के पास सुल्लुर बेस पर संचालित करने के लिए तैयार है। इसे 27 मई 2020 को वायु

सेना प्रमुख एयर चीफ मार्शल आर के एस भदौरिया द्वारा लॉन्च किया जाएगा। यह आधुनिक बहु-भूमिका वाले हल्के लड़ाकू विमान के साथ काम करने वाला दूसरा IAF स्क्वाड्रन होगा।

अतः विकल्प (A) सही है।

19. दुनिया में प्राकृतिक रबर का प्रमुख उत्पादक थाईलैंड है।

इसका प्रयोग मोटर के ट्यूब, टायर, वाटर प्रूफ कपड़े, जूते तथा विभिन्न प्रकार के दैनिक उपयोग की वस्तुओं में होता है। थाईलैंड, इण्डोनेशिया, मलेशिया, भारत, चीन तथा श्रीलंका प्रमुख उत्पादक देश है। भारत का विश्व उत्पादन में चौथा स्थान है परन्तु घरेलु खपत अधिक होने के कारण यह रबर का आयात करता है।

अतः विकल्प (D) सही है।

20. ड्रेकेंसबर्ग दक्षिण अफ्रीका की एक पर्वत श्रृंखला है। ड्रेकेंसबर्ग दक्षिणी अफ्रीका की सबसे ऊँची पर्वत श्रृंखला है, जिसकी ऊँचाई 3,482 मीटर (11,424 फीट) है, इसका भूवैज्ञानिक इतिहास इसे दुनिया की पर्वत श्रृंखलाओं के बीच एक विशिष्ट चरित्र प्रदान करता है।

अतः विकल्प (C) सही है।

21. भूमध्य रेखा केन्या से होकर गुजरती है। भूमध्य रेखा दक्षिणी अमेरिका के तीन देशो इक्वाडोर,कोलंबिया और ब्राजील से गुजरती है। यह रेखा अफ्रीका महाद्वीप के 7 देशो साओ टोमे और प्रिसिंपे जो कि अटंलाटिक महासागर मे स्थित द्वीप है, गैबोन, कांगो, जायरे या कांगो गणराज्य, यूगांडा केन्या और सोमालिया से होकर गुजरती है।

अतः विकल्प (C) सही है।

22. कील नहर बाल्टिक सागर और उत्तरी सागर को जोड़ती है। कील नहर, जिसे 1948 तक कैसर-विल्हेमकाल के रूप में जाना जाता है, जर्मन राज्य श्लेस्विग-होलस्टीन में 98 किलोमीटर लंबी नहर है। उत्तरी नहर ब्रंट्सब्यूटेल में उत्तरी सागर को बाल्टिक सागर से जोड़ती है।

अतः विकल्प (D) सही है।

23. तेजी से जनसंख्या वृद्धि के कारण भूमि और अन्य नवीकरणीय प्राकृतिक संसाधनों पर दबाव है। नवीकरणीय संसाधनों को स्थायी नुकसान के साथ वनों के पानी की अधिकता और मरुस्थलीकरण का परिणाम है। अत्यधिक दोहन,जिसे ओवरहेयरिंग भी कहा जाता है, एक अक्षय संसाधन की कटाई को कम रिटर्न के बिंदु पर संदर्भित करता है। निरंतर अत्यधिक दोहन संसाधन के विनाश के लिए नेतृत्व कर सकते हैं। इस शब्द का उपयोग मत्स्य पालन, जल विज्ञान और प्राकृतिक संसाधन प्रबंधन में कुछ अलग तरीके से किया जाता है।

अतः विकल्प (B) सही है।

24. प्रोजेक्ट टाइगर को भारत में कैलाश सांखला ने 1973 में लॉन्च किया था। इस परियोजना का उद्देश्य बंगाल टाइगर्स की एक प्राकृतिक आबादी को उनके प्राकृतिक आवासों में सुनिश्चित करना है और उन्हें विलुप्त होने से बचाना है।

अतः विकल्प (A) सही है।

25. गंगा कार्य योजना, 14 जनवरी 1986 को भारत के तत्कालीन प्रधानमंत्री श्री राजीव गांधी द्वारा शुरू की गई थी, जो प्रदूषण के उन्मूलन के मुख्य उद्देश्य के साथ, घरेलू सीवेज के इंटरसेप्शन, डायवर्जन और उपचार द्वारा पानी की गुणवत्ता में सुधार करने और विषाक्त और औद्योगिक रासायनिक प्रस्तुत करने के लिए थी तथा प्रदूषणकारी इकाइयों से निकलने वाले अपशिष्ट नदी में जो प्रवेश करते हैं उनकी पहचान करना था।

अतः विकल्प (C) सही है।

26. दमन और दीव की कुल जनसंख्या जनगणना 2011 के अनुसार 243 लाख है दमन और दीव में साक्षरता दर 8710 प्रतिशत है जबकि लिंगानुपात प्रति 1000 पर 618 महिलाओं का है।

अतः विकल्प (B) सही है।

27. भाखड़ा बांध उत्तरी भारत में हिमाचल प्रदेश के बिलासपुर में सतलज नदी पर एक ठोस गुरुत्वाकर्षण बांध है। बांध गोबिंद सागर जलाशय बनाता है। बांध, हिमाचल प्रदेश के बिलासपुर जिले में नदी के ऊपर भाखड़ा गाँव के पास एक घाट पर स्थित है, जिसकी ऊँचाई 226 मीटर है।

अतः विकल्प (D) सही है।

28. 0 से 6 वर्ष की आयु में बाल लिंग अनुपात को प्रति 1000 पुरुषों पर महिलाओं की संख्या के रूप में परिभाषित किया गया है। जनगणना 2001 में भारत का बाल लिंगानुपात 927 था जो 2011 की जनगणना में घटकर 919 हो गया। जनगणना 2011 के अनुसार, अरुणाचल प्रदेश में भारतीय राज्यों में सबसे अधिक बाल लिंगानुपात है, यानी 972, जबकि हरियाणा में सबसे कम बाल लिंगानुपात है अर्थात प्रति हजार पुरुषों पर 834।

अतः विकल्प (B) सही है।

29. बंजर द्वीप अंडमान सागर में स्थित है, जो अंडमान द्वीप समूह के सबसे पुराने इलाकों में से एक है। यह दक्षिण एशिया में एकमात्र सक्रिय ज्वालामुखी है। बंजर द्वीप, अंडमान सागर में लगभग 135 किमी एन.ई. अंडमान द्वीप समूह में पोर्ट ब्लेयर, केवल ऐतिहासिक रूप से सक्रिय ज्वालामुखी के साथ-साथ एन.एस. सुमात्रा और बर्मा (म्यांमार) के बीच फैली ज्वालामुखीय चाप के साथ है।

अतः विकल्प (C) सही है।

30. दिल्ली के राष्ट्रीय राजधानी क्षेत्र का क्षेत्रफल भारत के राज्यों के बीच 2011 की जनगणना के अनुसार सबसे अधिक जनसंख्या घनत्व है, 11,297 प्रति वर्ग किलोमीटर के आंकड़े के साथ, अरुणाचल प्रदेश राज्य का जनसंख्या घनत्व सबसे कम रिकॉर्ड है, जिसका क्षेत्रफल केवल 17 प्रति वर्ग किलोमीटर है।

अतः विकल्प (C) सही है।

31. अनुच्छेद 32 के तहत संरक्षण केवल मौलिक अधिकारों पर लागू होता है जैसा कि संविधान द्वारा प्रदान किया गया है। अनुच्छेद 32 एक संवैधानिक उपाय के अधिकार की गारंटी देता है और संविधान के भाग III द्वारा प्रदत्त अधिकारों के प्रवर्तन से संबंधित है। जब तक एक मौलिक अधिकार के प्रवर्तन का सवाल नहीं उठता, अनुच्छेद 32 लागू नहीं होता है।

अतः विकल्प (D) सही है।

32. अगस्त 1998 में KCC योजना को बैंकों में पेश किया गया था। किसान क्रेडिट कार्ड योजना (KCC) का लक्ष्य फसल की मौसम के दौरान आदानों की खरीद के लिए किसानों को उनकी अल्पकालिक ऋण जरूरतों के लिए बैंकिंग प्रणाली से पर्याप्त और समय पर सहायता प्रदान करना है।

अतः विकल्प (B) सही है।

33. व्यापार का अर्थ उद्योग और वाणिज्य है। उद्योग एक आर्थिक गतिविधि है, जो तैयार उत्पादों में कच्चे माल की खरीद और प्रसंस्करण से संबंधित है, जो ग्राहक तक पहुंचती है। वाणिज्य एक व्यावसायिक गतिविधि है, जिसमें मूल्य के लिए वस्तुओं और सेवाओं के लिए विनिमय बड़े पैमाने पर किया जाता है।

अतः विकल्प (B) सही है।

34. एक जैव विविधता हॉटस्पॉट एक ऐसा क्षेत्र है जिसमें प्रजातियों की असामान्य सांद्रता है, जिनमें से कई स्थानिक हैं। यह मनुष्यों द्वारा इसकी जैव विविधता के लिए एक गंभीर खतरे से चिह्नित है। अवधारणा 1988 में नॉर्मन मायर्स द्वारा दी गई थी।

अतः विकल्प (B) सही है।

35. 1 अल्फा -विविधता (भीतर-समुदाय विविधता) एक ही समुदाय / निवास स्थान को साझा करने वाले विविध जीवों को संदर्भित करता है।

2 बीटा -विविधता (बीच-समुदाय विविधता) प्रजातियों या समुदायों के एक ढाल के साथ प्रजातियों के प्रतिस्थापन की दर को संदर्भित करता है।

3 गामा विविधता (समग्र) कुल परिदृश्य या भौगोलिक क्षेत्र पर निवास की विविधता।

अतः विकल्प (C) सही है।

36. दो अलग-अलग समुदायों के बीच के संक्रमणकालीन क्षेत्र को इकोटोन के रूप में जाना जाता है, इसमें इन दोनों समुदायों की विशेषताएं हैं। इसमें अक्सर दोनों समुदायों की तुलना में प्रजातियों और जीवों की संख्या अधिक होती है। एक दूसरे पर दो सीमावर्ती समुदायों के प्रभाव को एज इफेक्ट मीटिंग पॉइंट्स के रूप में जाना जाता है। दो जल निकायों जैसे एस्टुरीज और लैगून इकोटोन के उदाहरण हैं।

अतः विकल्प (D) सही है।

37. "ग्रीन डेवलपमेंट" के लेखक डब्ल्यूएम एडम्स है यह पुस्तक सिद्धांत और व्यवहार दोनों में सतत विकास का एक स्पष्ट और सुसंगत विश्लेषण प्रदान करती है |

अतः विकल्प (D) सही है।

38. पर्यावरण और विकास पर संयुक्त राष्ट्र सम्मेलन (UNCED), जिसे रियो शिखर सम्मेलन या रियो सम्मेलन या पृथ्वी सम्मेलन के रूप में भी जाना जाता है, 3 जून से 14 जून 1992 तक रियो डी जनेरियो में आयोजित एक प्रमुख संयुक्त राष्ट्र सम्मेलन था।

अतः विकल्प (C) सही है।

39. निवेश विधि राष्ट्रीय आय के मापन की एक विधि नहीं है। माप की तीन विधियाँ हैं: आय विधि, उत्पाद या मूल्य वर्धित विधि और व्यय विधि।

अतः विकल्प (D) सही है।

40. भारतीय रिजर्व बैंक अधिनियम की धारा 22 के तहत एक रुपये के नोट को छोड़कर विभिन्न मूल्यवर्ग के मुद्रा नोट जारी करने का एकमात्र अधिकार भारतीय रिजर्व बैंक के पास है। एक रुपए का नोट और एक रुपए से कम मूल्य के नोटों के सिक्के वित्त मंत्रालय द्वारा जारी किए जाते हैं जिसमे वित्त सचिव के हस्ताक्षर होते है।

अतः विकल्प (B) सही है।

41. तारापोर समिति द्वारा 1997 में भारतीय रिज़र्व बैंक द्वारा एक सिद्धांत के रूप में सबसे पहले पूंजी खाता परिवर्तनीयता को गढ़ा गया था, पूर्ण पूंजी खाता परिवर्तनीयता स्थानीय मुद्रा को बिना किसी प्रतिबंध के विदेशी मुद्रा के बदले लेने की अनुमति देती है।

अतः विकल्प (B) सही है।

42. 'लाईसेज़-फेयर' का दर्शन औद्योगिक राज्य से जुड़ा है। 'लाईसेज़-फेयर' मुक्त बाजार पूंजीवाद का एक आर्थिक दर्शन है। 'लाईसेज़-फेयर' के सिद्धांत को 18 वीं शताब्दी के दौरान फ्रांसीसी फिजियोक्रेट्स द्वारा विकसित किया गया था।

अतः विकल्प (B) सही है।

43. भारत निर्माण बुनियादी ग्रामीण बुनियादी ढाँचा बनाने की एक व्यावसायिक योजना है। इसमें सिंचाई, सड़क (प्रधानमंत्री ग्राम सड़क योजना), आवास (इंदिरा आवास योजना), जलापूर्ति (राष्ट्रीय ग्रामीण पेयजल कार्यक्रम), विद्युतीकरण (राजीव गांधी ग्रामीण विद्युतीकरण योजना) परियोजनाएँ शामिल हैं।) और दूरसंचार कनेक्टिविटी इसमें सर्व शिक्षा अभियान शामिल नहीं है |

अतः विकल्प (D) सही है।

44. शिवरामन समिति, (संसद के अधिनियम 61, 1981 द्वारा) 12 जुलाई 1982 को राष्ट्रीय कृषि और ग्रामीण विकास अधिनियम 1981 को लागू करने के लिए। छठी पंचवर्षीय योजना सही उत्तर है। नाबार्ड की स्थापना वर्ष 1982 में हुई थी।

अतः विकल्प (C) सही है।

45.

- 24 मई 2020 को सरकारी एजेंसियों द्वारा गेहूं की खरीद 2019 के 341.31 लाख टन के आंकड़े को पार करके 2020 में 341.56 लाख टन हुई।
- गेहूं की कटाई आम तौर पर मार्च के अंत में शुरू होती है और हर साल अप्रैल के पहले सप्ताह में खरीद शुरू होती है।
- हालांकि, 25 मार्च से लॉकडाउन लागू होने के साथ, सभी कार्य एक ठहराव पर आ गए।

अतः विकल्प (B) सही है।

46. उन्मुक्त युवा शक्ति, महिला जननांग विकृति के लिए जीरो टॉलरेंस के अंतर्राष्ट्रीय दिवस की थीम है, जिसे दुनिया भर में 6 फरवरी को प्रतिवर्ष मनाया जाता है। जननांग विकृति, या गैर चिकित्सा कारणों के लिए महिला जननांग फेरबदल अफ्रीका में 30 देशों मध्य पूर्व और दुनिया के अन्य भागों में प्रचलित है।

2012 में, संयुक्त राष्ट्र महासभा ने महिला जननांग विकृति के लिए जीरो टॉलरेंस के अंतर्राष्ट्रीय दिवस के रूप में 6 फरवरी को नामित किया और संयुक्त राष्ट्र ने 2030 तक अभ्यास के पूर्ण उन्मूलन के लिए काम करेगा। संयुक्त राष्ट्र जनसंख्या कोष, यूनिसेफ के साथ संयुक्त रूप से इस प्रथा को समाप्त करने के लिए एक वैश्विक कार्यक्रम चलाता है।

अतः विकल्प (B) सही है।

47. क्रिसिल भारत की क्रेडिट रेटिंग एजेंसी है, क्रिसिल के अधिकांश हिस्सेदार मानक और खराब (S & P) हैं। क्रिसिल, भारत की पहली क्रेडिट रेटिंग एजेंसी है, जो महीने के 29 वें दिन शामिल की जाती है, जिसे UTI और अन्य वित्तीय संस्थानों के साथ-साथ आईसीआईसीआई लिमिटेड द्वारा बढ़ावा दिया जाता है। श्री एन वाघुल और श्री प्रदीप शाह क्रमशः क्रिसिल के पहले अध्यक्ष और प्रबंध निदेशक हैं।

अतः विकल्प (D) सही है।

48. ग्लोबल कॉम्पिटिटिवनेस रिपोर्ट (GCR) विश्व आर्थिक मंच (WEF) द्वारा 2004 से प्रकाशित एक वार्षिक रिपोर्ट है, ग्लोबल कॉम्पिटिटिवनेस रिपोर्ट ने ग्लोबल कॉम्पिटिटिवनेस इंडेक्स के आधार पर देशों को स्थान दिया है।

अतः विकल्प (D) सही है।

49. उत्तराखंड राज्य मंत्रिमंडल ने कॉर्बेट टाइगर रिज़र्व (CTR) के लिए प्रस्तावित इको-सेंसिटिव ज़ोन (ESZ) के लिए 377 वर्ग किमी क्षेत्र को मंजूरी दी है। इसका प्रस्ताव केंद्र सरकार को भेजा जाएगा। ESZ में कोई गांव शामिल नहीं किया गया है, जिसके लिए अधिकतम क्षेत्र को 7.96 किमी के रूप में परिभाषित किया गया है।

अतः विकल्प (D) सही है।

50. अनुच्छेद 331: यह बताता है कि राष्ट्रपति एंग्लो-इंडियन समुदाय के दो सदस्यों को लोकसभा में नामित कर सकते हैं यदि समुदाय का पर्याप्त प्रतिनिधित्व नहीं है। एंग्लो-इंडियन धार्मिक, सामाजिक और साथ ही भाषाई अल्पसंख्यक हैं। संख्यात्मक रूप से एक अत्यंत छोटा समुदाय होने के कारण, और पूरे भारत में अन्तर्निहित होकर, एंग्लो-भारतीयों को विधायी निकायों में आरक्षण प्रदान किया गया।

एंग्लो-इंडियन समुदाय के लिए आरक्षण को वर्ष 2020 तक 95 वें संशोधन, 2009 के माध्यम से बढ़ा दिया गया था। मूल रूप से, यह प्रावधान 1960 तक काम करना था।

अतः विकल्प (A) सही है।

51. संविधान के भाग IV (राज्य नीति के निदेशक सिद्धांत) के अनुच्छेद 43 में कहा गया है कि "राज्य सभी श्रमिकों को कृषि, औद्योगिक या अन्य किसी भी तरह से उपयुक्त कानून या आर्थिक संगठन या किसी अन्य तरीके से जीवन यापन करने, मजदूरी करने की स्थिति में सुरक्षित करने का प्रयास करेगा। जीवन का एक सभ्य मानक सुनिश्चित करना और अवकाश और सामाजिक

और सांस्कृतिक अवसरों का पूर्ण आनंद लेना। "मनरेगा इस संवैधानिक लक्ष्य को प्राप्त करने के लिए एक प्रमुख कार्यक्रम है।

अतः विकल्प (A) सही है।

52. भारत में, संविधान में संशोधन संसद के किसी भी सदन में शुरू किया जा सकता है। इसे संविधान के अनुच्छेद 368 (2) के तहत रखा गया है। संसद के पास संविधान में संशोधन करने की शक्ति सीमित है। संसद संविधान के मूल ढांचे को नुकसान नहीं पहुंचा सकती। अनुच्छेद 368 संविधान के भाग III में संशोधन के बारे में संसद को शक्ति प्रदान नहीं करता है। अनुच्छेद 368 में संशोधन करके संसद अपनी संशोधन शक्तियों में वृद्धि नहीं कर सकती है।

अतः विकल्प (D) सही है।

53. 58 वां संशोधन अधिनियम, 1987 के तहत, हिंदी में भारतीय संविधान के आधिकारिक पाठ को प्रकाशित करने के लिए अधिकृत किया गया था, क्योंकि बाद के सभी संशोधनों में वहाँ के हिंदी में संविधान के आधिकारिक पाठ के प्रकाशन की सामान्य माँग है।

अतः विकल्प (B) सही है।

54. अनुच्छेद 350-ए के अनुसार, यह भाषाई अल्पसंख्यक समूहों से संबंधित बच्चों को शिक्षा के प्राथमिक स्तर पर मातृभाषा में शिक्षा के लिए पर्याप्त सुविधाएं प्रदान करने के लिए राज्य के भीतर प्रत्येक राज्य और प्रत्येक स्थानीय प्राधिकरण का प्रयास होगा और राष्ट्रपति किसी भी राज्य को इस तरह के निर्देश जारी कर सकता है क्योंकि वह ऐसी सुविधाओं (7 वें संशोधन अधिनियम, 1956) के प्रावधान को सुरक्षित रखने के लिए आवश्यक या उचित मानता है।

अतः विकल्प (C) सही है।

55. इंडिपेंडेंट लेबर पार्टी (ILP) अगस्त 1936 में डॉ. बीआर अंबेडकर के नेतृत्व में गठित एक भारतीय राजनीतिक संगठन था | इंडिपेंडेंट लेबर पार्टी (ILP) एक भारतीय राजनीतिक संगठन था जिसका गठन अगस्त 1936 में डॉ. बीआर अंबेडकर के नेतृत्व में किया गया था। 1936 में, अंबेडकर ने स्वतंत्र लेबर पार्टी की स्थापना की, जिसने 1337 और 4 के लिए केंद्रीय विधान सभा के लिए 1937 के बॉम्बे चुनाव लड़ा था। सामान्य सीटें, और क्रमशः 11 और 3 सीटें हासिल कीं। आंबेडकर ने 15 मई 1936 को अपनी पुस्तक अननिहिलेशन ऑफ कास्ट प्रकाशित की। इसने भारत में ब्राह्मणवादी और पूंजीवादी संरचनाओं का विरोध किया, भारतीय मजदूर वर्ग का समर्थन किया और जाति व्यवस्था को खत्म करने की मांग की।

अतः विकल्प (B) सही है।

56. 1990 में दिनेश गोस्वामी संयुक्त मोर्चा सरकार में कानून मंत्री थे। जनप्रतिनिधि (संशोधन) अधिनियम, 1996 दिनेश गोस्वामी समिति की सिफारिशों पर आधारित था। इस समिति ने संसदीय चुनावों की सरकारी फंडिंग की सिफारिश की थी।

अतः विकल्प (C) सही है।

57. सूचना का अधिकार (कार्यालय, वेतन, भत्ते और अन्य नियम और मुख्य सूचना आयुक्त की सेवा की शर्तें, केंद्रीय सूचना आयोग में सूचना आयुक्त, राज्य मुख्य सूचना आयुक्त और राज्य सूचना आयोग में राज्य सूचना आयुक्त) नियम, 2019 नई नियुक्तियों पर लागू हो।

नए नियमों ने सरकार को 2019 के नियमों द्वारा विशेष रूप से कवर नहीं किए जाने वाले भत्ते या सेवा शर्तों पर निर्णय लेने का विवेक दिया है जो कि "बाध्यकारी" होंगे। सरकार ने इनमें से किसी भी नियम को शिथिल करने की शक्तियाँ भी रखी हैं। नए नियमों में आयुक्तों के कार्यकाल में तीन साल की कटौती की गई है। 2005 के अधिनियम ने उन्हें पांच वर्ष का निश्चित कार्यकाल या 65 वर्ष की सेवानिवृत्ति की आयु दी, जो भी पहले हो।

अतः विकल्प (D) सही है।

58. राष्ट्रीय मानवाधिकार आयोग एक गैर-संवैधानिक निकाय है, जबकि अन्य तीन (पिछड़ा वर्ग आयोग-अनुच्छेद 340, वित्त आयोग-अनुच्छेद 280 और चुनाव आयोग-अनुच्छेद 324) संवैधानिक निकाय हैं।

अतः विकल्प (C) सही है।

59. अनुच्छेद 352 के तहत जारी एक उद्घोषणा संसद के प्रत्येक सदन के समक्ष रखी जाएगी और एक महीने की समाप्ति पर संचालित करने के लिए बंद हो जाएगी, जब तक कि उक्त अवधि की समाप्ति से पहले इसे संसद के दोनों सदनों द्वारा पुनः अनुमोदित नहीं किया गया हो।

अतः विकल्प (B) सही है।

60. नाममात्र भागीदार व्यवसाय में एक भागीदार है, जिसके पास व्यापार या उसके मुनाफे में कोई वास्तविक रुचि नहीं है। हालांकि, व्यक्ति व्यवसाय में अपने नाम का उपयोग करने की अनुमति देता है। नाममात्र का साझेदार व्यवसाय में स्पष्ट रुचि रखने के रूप में खुद को दुनिया के सामने रखता है। एक नाममात्र का साथी एक भागीदार के रूप में उत्तरदायी होगा, क्योंकि झूठी उपस्थिति के कारण व्यक्ति दुनिया के सामने रखता है।

अतः विकल्प (A) सही है।

61. न्यायिक समीक्षा का अधिकार न्यायालय को प्राप्त वह शक्ति है जिसके द्वारा वह कार्यपालिका या विधियका द्वारा बनाये गए कानून जो की सविंधान के अनुरूप न हो ऐसे किसी भी कानून को अवैध घोषित कर सकता है |

अतः विकल्प (D) सही है।

62. मिजोरम की राज्य सरकार भारत के कई राज्यों के साथ-साथ संयुक्त राज्य अमेरिका, बांग्लादेश और म्यांमार सहित कुछ राज्यों में सांस्कृतिक उत्सव 'ज़ो कुटपुई' का आयोजन करती है। त्योहार का पहला संस्करण त्रिपुरा में शुरू होगा और अन्य राज्यों में मनाया जाएगा, जो मिजो जनजाति के लोगों का घर है। यह त्योहार कई सांस्कृतिक कार्यक्रमों और मिज़ो जनजाति की पारंपरिक घटनाओं का गवाह बनेगा जिससे उनकी एकता और भाईचारा बढ़ेगा। मिजोरम के मुख्यमंत्री, जोरमथांगा महोत्सव के पहले संस्करण का उद्घाटन करने वाले हैं।

अतः विकल्प (D) सही है।

63. फेरोमैग्नेटिक गुण तापमान पर निर्भर करती है। उच्च पर्याप्त तापमान पर, फेरोमैग्नेट एक पैरामैग्नेट बन जाता है। नरम लोहा एक नरम फेरोमैग्नेटिक सामग्री है और अलनीको एक कठिन फेरोमैग्नेटिक सामग्री है।

अतः विकल्प (C) सही है।

64. 'स्माइलिंग बुद्धा' (MEA पदनाम: पोखरण- I) मई 18,1974 में भारत के पहले परमाणु हथियार विस्फोट का निर्दिष्ट कोड नाम था | भारतीय सेना द्वारा कई प्रमुख भारतीय जनरलों की देखरेख में राजस्थान में सेना के बेस पोखरण टेस्ट रेंज (PTR) पर बम विस्फोट किया गया था। स्माइलिंग बुद्धा के साथ, भारत परमाणु बम का सफल परीक्षण करने के लिए संयुक्त राज्य अमेरिका, सोवियत संघ, ब्रिटेन, फ्रांस और चीन के बाद दुनिया की छठी परमाणु शक्ति बन गया।

अतः विकल्प (A) सही है।

65. स्पष्ट दृष्टि की कम से कम दूरी का मतलब वस्तु से आंख की न्यूनतम दूरी है ताकि हम इसे ठीक से देख सकें। मानव आंख के लिए, सबसे कम दूरी 25 सेमी है। आम तौर पर, यह डी द्वारा निरूपित किया जाता है। यह सुझाव दिया जाता है कि यदि कोई वस्तु हमारी आंख से 25 सेमी रखी जाती है, तो हमारे पास वस्तु की स्पष्ट दृष्टि होगी।

अतः विकल्प (A) सही है।

66. तारापुर परमाणु ऊर्जा स्टेशन 1969 में भारत में परिचालन करने वाला पहला परमाणु ऊर्जा संयंत्र था | महाराष्ट्र के बोईसर के पास स्थित तारापुर परमाणु ऊर्जा स्टेशन (टीएपीएस) भारत का सबसे पुराना परमाणु ऊर्जा संयंत्र है। ऊर्जा संयंत्र में एक इकाई के रूप में दो क्वथन जल रिऐक्टर जो की 120 मेगावाट के है, जिसकी स्थापना अक्टूबर 1969 में हुई थी और 2005 और

2006 के बीच दो दबाव वाले भारी जल रिएक्टर (PHWR) इकाइयाँ भी स्थापित हुई थी।

अतः विकल्प (C) सही है।

67. द्रव्यमान मापने की छोटी इकाइयां मिलिग्राम, माइक्रोग्राम, पिकोग्राम और फेमोग्राम हैं।

एक पिकोग्राम = 10^{-12} ग्राम। इसे एक के रूप में भी जाना जा सकता है - एक ग्राम का एक खरब।

अतः विकल्प (C) सही है।

68. लक्समीटर का उपयोग प्रकाश की तीव्रता को मापने के लिए किया जाता है, जबकि कलरमीटर एक उपकरण है जिसका उपयोग रंग की तीव्रता को मापने के लिए किया जाता है। एनीमोमीटर एक ऐसा उपकरण है जो हवा की गति और हवा के दबाव को मापता है। एक अल्टीमीटर एक उपकरण है जो समुद्र के स्तर से ऊपर एक स्थान की दूरी को मापता है। अधिकांश ऑल्टिमीटर बैरोमीटर हैं, जिसका अर्थ है कि वे स्थान के वायु दबाव की गणना करके ऊंचाई को मापते हैं।

अतः विकल्प (C) सही है।

69. लोग शेविंग के लिए अवतल दर्पण का उपयोग करते हैं क्योंकि जब कोई व्यक्ति अवतल दर्पण के प्रमुख फोकस और ध्रुव के बीच खड़ा होता है, तो वह अपने चेहरे के उभरे हुए, उभरे हुए और आभासी छवि को देखता है।

अतः विकल्प (A) सही है।

70. अमोनिया की उपस्थिति के कारण मूत्र की गंध होती है। मूत्र 95% से अधिक पानी का एक जलीय घोल है। जब यह अपशिष्ट उत्पादों से केंद्रित हो जाता है तो मूत्र में अमोनिया जैसी गंध आ सकती है। कई प्रकार की स्थितियां अपशिष्ट उत्पादों को मूत्र में निर्माण करने के लिए पैदा कर सकती हैं, जैसे मूत्राशय की पथरी, निर्जलीकरण और मूत्र पथ के संक्रमण। ज्यादातर मामलों में, अमोनिया जैसी गंध वाले मूत्र को तरल पदार्थ या एंटीबायोटिक दवाओं के साथ इलाज किया जा सकता है।

अतः विकल्प (C) सही है।

71. पोटेशियम साइनाइड (KCN) या जिंक फास्फाइड चूहे को मारने के लिए एक विषैले रसायन के रूप में उपयोग किया जाता है। जिंक फास्फाइड मनुष्यों के तीव्र संपर्क में अत्यधिक विषाक्त है। इसे दुर्घटनावश या जानबूझकर आत्महत्या या आत्मघाती कृत्यों के रूप में सेवन किया जा सकता है। शरीर में प्रवेश के अन्य मार्ग श्वास के माध्यम से या त्वचा के माध्यम से हो सकते हैं। जस्ता फास्फाइड गैस्ट्रिक एसिड द्वारा हाइड्रोलाइज किया जाता है और फॉस्फीन गैस में बदल जाता है।

अतः विकल्प (C) सही है।

72. दूध में लैक्टोज नामक एक शर्करा होती है। इसमें लैक्टोबैसिलस नामक हानिरहित बैक्टीरिया भी होता है, जो ऊर्जा के लिए ग्लूकोज का उपयोग करता है और उपोत्पाद के रूप में लैक्टिक एसिड बनाता है। यह लैक्टिक एसिड है जो दूध को खट्टा बनाता है। दूध में लैक्टिक एसिड या लैक्टेट की उपस्थिति लैक्टोज के किण्वन के कारण होती है जो मुख्य रूप से लैक्टिक बैक्टीरिया के कारण होती है।

अतः विकल्प (B) सही है।

73. सोडियम बेंजोएट का रासायनिक सूत्र C_6H_5COONa है। यह व्यापक रूप से एक खाद्य संरक्षक के रूप में उपयोग किया जाता है। सोडियम बेंजोएट एक परिरक्षक है। खाद्य योज्य के रूप में, सोडियम बेंजोएट में E संख्या E211 है। यह अम्लीय परिस्थितियों में बैक्टीरियोस्टेटिक और कवकनाशी है। तंत्र सेल में बेंजोइक एसिड के अवशोषण से शुरू होता है।

अतः विकल्प (C) सही है।

74. नाइट्रोजन गैस का उपयोग हवाई जहाज के टायरों में किया जाता है। ऐसा इसलिए है क्योंकि नाइट्रोजन गैस दहन का समर्थन नहीं करती है और जब विमान लैंड करता है तो व्हील फायर को रोकने में सहायता कर सकता है।

अतः विकल्प (B) सही है।

75. रॉबर्ट व्हाइटेकर ने 1969 में दुनिया के बायोटा के पांच-राज्य वर्गीकरण का प्रस्ताव सर्वप्रथम एनिमिया, प्लांटे, फंगी, प्रोतिस्ता और मोनेरा में प्रस्तुत किया था।

अतः विकल्प (A) सही है।

76. मूत्र में जो विटामिन आमतौर पर मनुष्यों द्वारा उत्सर्जित होता है वह विटामिन सी होता है | पानी में घुलनशील विटामिन हमारे शरीर में जमा नहीं होते हैं क्योंकि इसकी अधिक मात्रा मूत्र के माध्यम से बाहर निकल जाती है। इसलिए, इन विटामिनों को लगातार भरने की आवश्यकता होती है। विटामिन बी और सी पानी में घुलनशील विटामिन हैं।

अतः विकल्प (C) सही है।

77. धमनियाँ (लाल) आपके शरीर के ऊतकों तक ऑक्सीजन और पोषक तत्वों को आपके हृदय से दूर ले जाती हैं। नसें (नीला) ऑक्सीजन-खराब रक्त को वापस हृदय में ले जाती हैं। धमनी महाधमनी से शुरू होती है, हृदय को छोड़ने वाली बड़ी धमनी। वे ऑक्सीजन से भरपूर रक्त को हृदय से शरीर के सभी ऊतकों तक ले जाते हैं।

अतः विकल्प (B) सही है।

78. तपेदिक (टीबी) एक संक्रामक रोग है जो आमतौर पर जीवाणु माइकोबैक्टीरियम तपेदिक (एमटीबी) के कारण होता है, यह आमतौर पर फेफड़ों को प्रभावित करता है, लेकिन शरीर के अन्य भागों को भी प्रभावित कर सकता है।

अतः विकल्प (A) सही है।

79. 3 अप्रैल, 1926 को लॉर्ड इरविन को भारत का 30 वां वायसराय और गवर्नर-जनरल नियुक्त किया गया। 1927 में, ब्रिटिश सरकार ने सर जॉन साइमन की अध्यक्षता में एक आयोग की नियुक्ति की। आयोग को 1919 के सुधारों का अध्ययन करने और संवैधानिक सुधारों के लिए और उपाय सुझाने के लिए नियुक्त किया गया था। आयोग के पास इसमें कोई भारतीय सदस्य नहीं था। भारतीयों ने इस श्वेत आयोग का बहिष्कार किया।

अतः विकल्प (A) सही है।

80. टिन, स्टील और तांबे को सिरेमिक, उच्च शक्ति ग्लास फाइबर और प्लास्टिक द्वारा प्रतिस्थापित किया जाता है। एक सिरेमिक विभिन्न कठिन, भंगुर, गर्मी प्रतिरोधी और संक्षारण प्रतिरोधी सामग्री से बना है जो उच्च तापमान पर मिट्टी के रूप में एक गैर-खनिज खनिज को आकार देता है और फिर फायरिंग करता है। सामान्य उदाहरण मिट्टी के बरतन, चीनी मिट्टी के बरतन और ईंट हैं। स्टील लौह और कार्बन का मिश्र धातु है जिसमें 2% से कम कार्बन और 1% मैंगनीज और छोटी मात्रा में सिलिकॉन, फास्फोरस, सल्फर और ऑक्सीजन होता है। स्टील दुनिया की सबसे महत्वपूर्ण इंजीनियरिंग और निर्माण सामग्री है।

अतः विकल्प (D) सही है।

81. लिथोफाइट्स ऐसे पौधे हैं जो चट्टानों पर या अंदर बढ़ते हैं। लिथोफाइट्स बारिश के पानी से पोषक तत्वों को पोषित करते है और पौधों के पास सड़ जाते हैं, जिसमें उनके मृत ऊतक भी शामिल हैं।

अतः विकल्प (D) सही है।

82. एक केंद्रित घोल में प्रति विलायक अणुओं में सबसे अधिक विलेय अणु होंगे।

यहां दिए गए विकल्पों में,

संकेन्द्रित घोल = विलेय अणु / विलायक अणु, इसलिए

1) $\frac{6}{10} = 0.6$

2) $\frac{20.5}{50} = 0.41$

3) $\frac{30}{120} = 0.25$

4) $\frac{2.6}{2} = 1.3$

इसलिए, घोल के 2 मिलीलीटर में विलेय के 2.6 ग्राम में सबसे अधिक संकेंद्रित है।

अतः विकल्प (D) सही है।

83. यह वही है जो पारिस्थितिक पदचिह्न करता है: यह जैविक रूप से उत्पादक क्षेत्र को मापता है जो लोगों को प्रकृति से मांगने वाली हर चीज प्रदान करने के लिए आवश्यक है: फल और सब्जियां, मांस, मछली, लकड़ी, कपास और अन्य फाइबर, साथ ही जीवाश्म ईंधन से कार्बन डाइऑक्साइड का अवशोषण। इमारतों और सड़कों के लिए जलन और जगह।

अतः विकल्प (A) सही है।

84. पंडवानी महाभारत के दृश्यों / प्रसंगों का एक गेय लोक है, जो बिना रंगमंच की सामग्री के उपयोग के है। इसमें आमतौर पर एक प्रमुख गायक / कथावाचक और वाद्ययंत्र के साथ दो संगीतकार होते हैं। यह छत्तीसगढ़ में जनजातियों में विशेष रूप से पारधी समुदाय में लोकप्रिय है। परंपरागत रूप से, यह केवल पुरुषों द्वारा अभ्यास किया गया था, लेकिन 1980 के दशक के बाद से महिलाएं भी प्रदर्शन कर रही हैं।

पंडवानी की दो शैलियाँ हैं: वेदमती और कापालिक।

वेदमती में, कलाकार फर्श पर बैठता है और सरल तरीके से अभिनय करता है। कपालिक में, प्रदर्शन जीवंत है, जहां कलाकार दृश्यों / पात्रों को लागू करता है और बहुत अधिक कामचलाऊ व्यवस्था है। झाड़ूराम देवांगन (वेदमंत्री शैली) और तीजन बाई (कपालिक शैली) पंडवानी के सबसे प्रसिद्ध कलाकार हैं। कुछ समकालीन कलाकार रितु वर्मा, शांतिबाई चेलक और उषा बरले हैं।

अतः विकल्प (B) सही है।

85. हड़प्पा स्थलों और उनके सापेक्ष स्थानों का सही क्रम निम्नानुसार है:

सूची-I (हड़प्पा स्थल)	सूची-II (स्थान)
A मंदा	3- जम्मू-कश्मीर
B दैमाबाद	4- महाराष्ट्र
C कालीबंगा	1- राजस्थान
D राखीगढ़ी	2- हरियाणा

अतः विकल्प (C) सही है।

86. हड़प्पा के संदर्भ में हाथी दांत का एक स्थान लोथल में पाया गया था जो वर्तमान में गुजरात में सिंधु घाटी सभ्यता से जुड़ा हुआ है।

अतः विकल्प (B) सही है।

87. ऋग्वेद वैदिक संस्कृत भजनों का एक प्राचीन भारतीय संग्रह है | ऋग्वेद संहिता लगभग 1500 ईसा पूर्व में रचित सबसे पुराना वेद है। यह दस पुस्तकों में संगठित 1,028 वैदिक संस्कृत भजनों और सभी में 10,600 छंदों का संग्रह है। ऋग्वेद को मंत्र का वेद कहा जाता है।

अतः विकल्प (A) सही है।

88. सुभदा, कुछ शंकाओं को दूर करने के लिए एक भटकती हुई तपस्या ने बुद्ध से अपने अंतिम दिनों में बात करने के लिए जल्दबाजी की जहां आनंद ने मना कर दिया क्योंकि वह अपने अंतिम दिनों में बुद्ध को परेशान नहीं करना चाहता था लेकिन बाद में बुद्ध ने सुभद को आमंत्रित किया कि वह सुभद को बुद्ध के उत्तर से आश्वस्त करे और अनुरोधित समन्वय वह तब आनंद द्वारा ठहराया गया था और बुद्ध द्वारा परिवर्तित होने वाला अंतिम व्यक्ति था।

अतः विकल्प (D) सही है।

89. भगवान विष्णु की पूजा करने वाले भक्तों को अलवारा कहा जाता था और भगवान शिव की पूजा करने वाले भक्तों को नयनारा कहा जाता था | भगवान विष्णु की पूजा करने वाले भक्तों को अलवर कहा जाता था और भगवान शिव की पूजा करने वाले भक्तों को नयनार कहा जाता था। नयनार और अल्वार तमिल कवि-संत थे जिन्होंने 5 वीं -10 वीं शताब्दी के दौरान दक्षिणी भारत में भक्ति आंदोलन के प्रचार में महत्वपूर्ण भूमिका निभाई थी। नयनार भगवान शिव को समर्पित 63 संतों का एक समूह था जो 6 ठी से 8 वीं शताब्दी सीई के दौरान रहते थे।

अतः विकल्प (A) सही है।

90. एलोरा की गुफाएँ औरंगाबाद (महाराष्ट्र) से 25 किमी दूर पश्चिम में उत्तरी दिशा में स्थित हैं। यह रॉक-कट गुफा मंदिरों के लिए प्रसिद्ध है। यहाँ पर कुल 34 रॉक-कट गुफाएँ पाई जाती हैं। ये गुफाएँ विभिन्न काल में निर्मित हैं, लेकिन शाक मीनाक्षी मंदिर से जुड़ी नहीं थी। पांडवों द्वारा निर्मित और महाबलीपुरम मंदिर का निर्माण पल्लवों द्वारा किया गया था खजुराहो के मंदिरों का निर्माण चंदेलों द्वारा किया गया था इसलिए, विकल्प (C) का सही मिलान किया गया है।

अतः विकल्प (C) सही है।

91. गुलाम राजवंश के पहले शासक (या गुलाम वंश के रूप में नामित) कुतुबुद्दीन एबक थे, जिन्होंने 1206 से 1210 ईस्वी तक शासन किया था। ऐबक सत्ता में तब आया जब एक घुरिद श्रेष्ठ की हत्या कर दी गई। हालाँकि, दिल्ली के सुल्तान के रूप में उनका शासनकाल अल्पकालिक था क्योंकि उनकी मृत्यु 1210 में हुई थी और उनके बेटे अरम शाह सिंहासन पर बैठ गए , जिनकी 1211 में इल्तुतमिश द्वारा हत्या कर दी गई।

अतः विकल्प (B) सही है।

92. अलाउद्दीन खिलजी के प्रसिद्ध सेना-कमांडर जफर खान की मंगोलों के खिलाफ लड़ाई के दौरान मृत्यु हो गई। जफर खान ने निर्णायक रूप से आक्रमणकारियों को हराया और अपने नेता को कैदी के रूप में दिल्ली ले गए। 1299 में, वह कुटलुग ख्वाजा के नेतृत्व में मंगोल आक्रमणकारियों के खिलाफ किली की लड़ाई में मारा गया था।

अतः विकल्प (A) सही है।

93. श्री कृष्णदेव राय एक महान बिल्डर थे। राजधानी शहर में विट्ठलस्वामी मंदिर, हजारा राम मंदिर उनको समर्पित है। उन्होंने अपनी माँ का सम्मान करने के लिए नागालपुरम नामक एक नया शहर बनाया।

अतः विकल्प (B) सही है।

94. सही कालानुक्रमिक क्रम है - शंकराचार्य (788-820 ई) - रामानुज (1017-1137 ई) - चैतन्य (1486-1536)

अतः विकल्प (A) सही है।

95. 1529 में, शेर खान ने बंगाल के शासक नुसरत शाह को हराने के बाद 'हज़रत-ए-आला' की उपाधि धारण की। उन्होंने 26 जून, 1539 को चौसा की लड़ाई में हुमायूँ को हराने के बाद 'शेरशाह' का शाही खिताब ग्रहण किया और खुतबा को उसके नाम और सिक्कों के नाम से पढ़ने का आदेश दिया।

अतः विकल्प (C) सही है।

96. उपनिषदों का अनुवाद फ़ारसी भाषा में शाहजहाँ के शासनकाल में उनके पुत्र दारा शुकोह द्वारा "सर-ए-अकबर" के रूप में किया गया था। हिंदू धर्मग्रंथों का अध्ययन करने वाला पहला मुस्लिम दारा शिकोह था। शाहजहाँ के सबसे बड़े पुत्र, दारा शिकोह एक उच्च शिक्षित विद्वान और लेखक थे। उन्होंने कई हिंदू धर्मग्रंथों का अध्ययन किया और योगवशिता, भागवत गीता आदि का फारसी भाषा में अनुवाद किया।

अतः विकल्प (A) सही है।

97. सही ढंग से मिलान की गई सूची इस प्रकार है:

सूची-I	सूची-II
A पांडिचेरी	2- पुर्तगाली
B गोवा	3- डेनिश (डेन)
C ट्रेंक्यूबेर	4- डच
D सदरस	1- फ्रेंच

अतः विकल्प (A) सही है।

98. बेसिन की संधि (जिसे अब वसई कहा जाता है) पर 31 दिसंबर, 1802 को अंग्रेजी ईस्ट इंडिया कंपनी और बाजीराव द्वितीय के बीच पूना की लड़ाई के बाद भारत में पुणे (पूना) के मराठा पेशवा के बीच एक समझौता किया गया था।

अतः विकल्प (B) सही है।

99. इस युद्ध में अंग्रेजों ने लार्ड मार्क्विस हेस्टिंग्स के नेतृत्व में युद्ध लड़ा और मराठों की तरफ से बाजीराव द्वितीय एवं अन्य मराठा सरदारों ने अगवाई की थी। यह युद्ध "पूना की संधि" से समाप्त हुआ। — अंग्रेजों द्वारा पेशवा का पद समाप्त कर दिया गया।

अतः विकल्प (C) सही है।

100. बख्त खान को 1857 के विद्रोह के दौरान बहादुर शाह द्वारा 'साहेब-ए-आलम बहादुर' या लॉर्ड गवर्नर-जनरल की उपाधि से सम्मानित किया गया था। वह एक भारतीय स्वतंत्रता सेनानी और 1857 के ईस्ट इंडिया कंपनी के खिलाफ भारतीय विद्रोह में भारतीय विद्रोही बलों के कमांडर-इन-चीफ थे।

अतः विकल्प (C) सही है।

101. ब्रिटिश सरकार द्वारा समर्थित बड़ौदा के गायकवाड़ ने वाघेरा प्रमुख को हथियार उठाने के लिए मजबूर किया वाघेरों ने 1818-1819 के दौरान ब्रिटिश क्षेत्र पर हमला किया। नवंबर 1820 में एक शांति संधि का विद्रोह हुआ।

अतः विकल्प (D) सही है।

102.

सूची-I (समाचार पत्र)	सूची-II (संपादक)
A हिन्दू	3 जी सुब्रमण्यम अय्यर
B सुधाकर	2 गोपाल कृष्ण गोखले
C वौइस् ऑफ़ इंडिया	1 दादा भाई नैरोजी
D बंगाली	4 सुरेन्द्र नाथ बनर्जी

अतः विकल्प (D) सही है।

103.

सूची-I	सूची-II
A ब्रम्ह समाज	3 कोलकाता
B मानव धर्म सभा	2 सूरत
C आर्य समाज	1 मुंबई
D नदवा उल उलमा	4 लखनऊ

अतः विकल्प (D) सही है।

104. फिरोज शाह मेहता 1885 में गठित बॉम्बे प्रेसीडेंसी एसोसिएशन के संस्थापक सदस्यों में से एक थे। फिरोजशाह मेहता और केटी तेलंग के साथ, वह 1885 में बॉम्बे प्रेसीडेंसी एसोसिएशन बनाने के लिए काफी हद तक जिम्मेदार थे, एक निकाय जिसने भारतीय हितों को चैंपियन बनाया और 1885 के अंत में बॉम्बे में भारतीय राष्ट्रीय कांग्रेस की पहली बैठक की मेजबानी की। तैयबजी कांग्रेस के तीसरे राष्ट्रपति थे।

अतः विकल्प (A) सही है।

105.

सूची-I (अध्यक्ष)	सूची-II (स्थान, जहाँ भारतीय राष्ट्रीय कांग्रेस की बैठक हुई)
A अबुल कलम आजाद	4 रामगढ 1940
B सरोजनी नायडू	3 कानपुर 1925
C मोतीलाल नेहरु	1 अमृतसर 1919
D डॉ. राजेंद्र प्रसाद	2 बोम्बे 1934

अतः विकल्प (D) सही है।

106.

सूची-I	सूची-II
A अभिनव भारत सोसाइटी	4 वी.डी. सावरकर
B अनुपालन समिति	1 श्री अरविन्द घोष
C ग़दर	2 लाला हरदयाल
D स्वराज पार्टी	3 सी.आर. दास

अतः विकल्प (D) सही है।

107. फरवरी 1905 में लंदन में, श्यामी कृष्णा वर्मा ने इंडियन होम रूल सोसाइटी की स्थापना की, जिसे 'इंडियन हाउस' के नाम से भी जाना जाता है।

अतः विकल्प (D) सही है।

108. द्वितीय विश्व युद्ध के अंत में श्री एटली के नेतृत्व में लेबर पार्टी ने इंग्लैंड में चुनाव जीते थे। श्री एटली भारत की स्वतंत्रता की मांग के प्रति सहानुभूति रखते थे। 19 फरवरी, 1946 को राज्य के पेथिक-लॉरेंस के सचिव ने संवैधानिक सुधार के लिए मिशन के प्रेषण की घोषणा की। 2 अप्रैल, 1946 को दिल्ली में भारत में कैबिनेट मिशन में राज्य के सचिव श्री पेथिक लॉरेंस, सर स्टेफोर्ड क्रिप्स, व्यापार मंडल के अध्यक्ष और एवी अलेक्जेंडर, एडमिरल्टी के पहले प्रभु शामिल थे।

अतः विकल्प (D) सही है।

109. केंद्रीय स्वास्थ्य और परिवार कल्याण मंत्रालय, भारत सरकार COP7 की मेजबानी करेगा।
पार्टियों के सम्मेलन का उद्घाटन केंद्रीय स्वास्थ्य और परिवार कल्याण मंत्री जेपी नड्डा द्वारा किया जाएगा।
यह सम्मेलन ग्रेटर नोएडा के जिला गौतम बुद्ध नगर यूपी में आयोजित किया जाएगा।
यह पहला अवसर है जब भारत में एक COP बैठक आयोजित की जा रही है।
डब्ल्यूएचओ की अंतर्राष्ट्रीय सहयोग और जागरूकता बढ़ाने के लिए भारत सरकार की एक मजबूत प्रतिबद्धता है। अंतर्राष्ट्रीय स्तर पर और एसई एशियाई क्षेत्र में तंबाकू नियंत्रण पर फ्रेमवर्क कन्वेंशन।
तंबाकू नियंत्रण से निपटने के लिए उपायों का समर्थन करने के लिए दिल्ली घोषणा को भी COP7 में तैयार किया जाएगा।
डब्ल्यूएचओ फ्रेमवर्क कन्वेंशन पर तंबाकू नियंत्रण पहला अंतरराष्ट्रीय साक्ष्य आधारित सार्वजनिक स्वास्थ्य संधि है।
स्वास्थ्य के उच्चतम मानक के लोगों के अधिकारों को मान्यता दी गई है।
तंबाकू महामारी के वैश्वीकरण की प्रतिक्रिया में देशों द्वारा संधि विकसित की गई थी।
वर्तमान में, सम्मेलन में 180 पार्टियां हैं।
भारत ने 2005 में सार्वजनिक स्वास्थ्य संधि की पुष्टि की है।
यह सम्मेलन की पुष्टि करने वाला 7 वां राष्ट्र था।

अतः विकल्प (B) सही है।

110. भारतीय रिज़र्व बैंक (RBI) ने RBI के केंद्रीय निदेशक मंडल के पूर्व सदस्य वाई एच मालेगाम की अध्यक्षता में एक नई 5-सदस्यीय विशेषज्ञ समिति का गठन किया है, जो परिसंपत्ति वर्गीकरण और में बैंकों द्वारा व्यापक विचलन के कारणों पर गौर करे।

अतः विकल्प (A) सही है।

111. राष्ट्रीय आपात, अनुच्छेद 352 - इसकी घोषणा युद्ध वाह्य आक्रमण और सशस्त्र विद्रोह मेँ से किसी भी आधार पर राष्ट्रपति के द्वारा की जा सकती है।

राष्ट्रपति आपात की उदघोषणा को न्यायालय में प्रश्नगत किया जा सकता है। संघ के मंत्रिमंडल की लिखित सलाह के बाद ही राष्ट्रपति द्वारा आपात की उद्घोषणा की जा सकती है।

अतः विकल्प (A) सही है।

112. "गांधी अगेंस्ट कास्ट" 2017 में निशिकांत कोलगे द्वारा लिखी गई है। इस पुस्तक में गांधी की जाति और वर्ण व्यवस्था की समझ, और इसे खत्म करने की उनकी उभरती रणनीतियों की जांच करना है।

अतः विकल्प (A) सही है।

113. कथन 1 सही नहीं है:

संविधान एक राज्यपाल के रूप में एक व्यक्ति की नियुक्ति के लिए केवल दो योग्यता देता है। ये हैं:

1) वह भारत का नागरिक होना चाहिए।

2) उसे 35 वर्ष की आयु पूरी करनी चाहिए थी।

कथन 2 सही नहीं है:

राज्यपाल की नियुक्ति के लिए दो सम्मेलन विकसित किए गए हैं। सबसे पहले, वह एक बाहरी व्यक्ति होना चाहिए, अर्थात उसे उस राज्य से संबंधित नहीं होना चाहिए जहां उसे नियुक्त किया जाता है ताकि वह स्थानीय राजनीति से मुक्त हो। दूसरा, राज्यपाल की नियुक्ति करते समय, राष्ट्रपति को संबंधित राज्य के मुख्यमंत्री से परामर्श करने की आवश्यकता होती है, ताकि राज्य में संवैधानिक मशीनरी का सुचारू संचालन सुनिश्चित हो सके।

अतः विकल्प (D) सही है।

114. ग्लिम्प्सेज़ ऑफ़ वर्ल्ड हिस्ट्री 1934 में जवाहरलाल नेहरू ने लिखी थी। यह पुस्तक पंडित नेहरू द्वारा उनकी पुत्री इंदिरा गांधी को लिखे गए पत्रों का संग्रह है। इस पुस्तक के पीछे उनका मुख्य उद्देश्य इंदिरा गांधी को विश्व और उसके इतिहास से परिचित कराना था।

अतः विकल्प (B) सही है।

115. पेरियार वन्यजीव अभयारण्य केरल राज्य में स्थित है। केरल में कुछ अन्य प्रसिद्ध राष्ट्रीय उद्यान और अभयारण्य हैं: -

- इडुक्की वन्यजीव
- अभयारण्य, परंबिकुलम वन्यजीव
- अभयारण्य, चिनार वन्यजीव
- अभयारण्य, थाटेकड पक्षी
- अभयारण्य, वायनाड वन्यजीव
- अभयारण्य, मुथांगा वन्यजीव
- अभयारण्य, अरूणा वन्यजीव
- अभयारण्य, एराविकुलम राष्ट्रीय उद्यान और साइलेंट वैली नेशनल पार्क।

अतः विकल्प (B) सही है।

116.

- तत्त्वबोधिनी सभा के संस्थापक देबेंद्रनाथ टैगोर थे।
- तत्त्वबोधिनी सभा की स्थापना 1839 में हुई थी ।
- बंगाल में तत्त्वबोधिनी पत्रिका के साथ तत्त्वबोधिनी सभा भारत के अतीत के व्यवस्थित अध्ययन के लिए एक तर्कसंगत दृष्टिकोण और राममोहन के विचार के प्रचार के लिए समर्पित थी।
- देबेंद्रनाथ टैगोर ने ब्राह्मो समाज को एक नया जीवन दिया और आस्तिक आंदोलन को एक निश्चित रूप और आकार दिया।

अतः विकल्प (A) सही है।

117. ऋणपत्र स्वामित्व सुरक्षा नहीं है। ऋणपत्र एक प्रकार का ऋण साधन है जो संपार्श्विक द्वारा सुरक्षित नहीं होता है और आमतौर पर इसका कार्यकाल 10 वर्ष से अधिक होता है। ऋणपत्र केवल जारीकर्ता की साख और प्रतिष्ठा से समर्थित हैं। दोनों निगम और सरकार अक्सर पूंजी या धन जुटाने के लिए ऋणपत्र जारी करते हैं।

अतः विकल्प (C) सही है।

118. भारत में, "शहरी कृषि" शब्द को भारत की जनगणना में परिभाषित किया गया है - जो भारत के लोगों की विभिन्न विशेषताओं पर सांख्यिकीय जानकारी प्रदान करता है।

उदाहरण: ग्रेटर मुंबई यूए, दिल्ली यूए, आदि।

अतः विकल्प (C) सही है।

119. हर्यंका राजवंश:

- इसकी स्थापना बिम्बिसार ने की थी।
- उन्होंने अनुलग्नक और विस्तार की नीति शुरू की।
- उसने अंगा पर विजय प्राप्त की और कोसल के राजा की बेटी और प्रसेनजित की बहन के साथ एक वैवाहिक गठबंधन में प्रवेश किया।
- उनके उत्तराधिकारी उनके पुत्र अजातशत्रु हुए।

अतः विकल्प (D) सही है।

120. एड्स, विषाणुजनित संक्रमण के कारण होता है। एड्स एचआईवी संक्रमण का अंतिम चरण है जो तब होता है जब वायरस के कारण शरीर की प्रतिरक्षा प्रणाली बुरी तरह से क्षतिग्रस्त हो जाती है। अमेरिका में, एचआईवी वाले अधिकांश लोग एड्स का विकास नहीं करते हैं क्योंकि प्रति दिन एचआईवी दवा लेने से रोग की प्रगति रुक जाती है।

अतः विकल्प (A) सही है।

121. 1909 में जब भारतीय परिषद अधिनियम तैयार किया गया था तब लॉर्ड मिंटो भारत के वायसराय थे। उस दौरान लॉर्ड मॉर्ले भारत के राज्य सचिव थे। इस अधिनियम को मॉर्ले-मिंटो सुधार के रूप में भी जाना जाता है। इस अधिनियम के तहत प्रत्यक्ष चुनाव के नियम को शामिल किया गया था। इस अधिनियम ने विधान परिषद के सदस्यों को कार्यकारी परिषद के सदस्यों के पूरक प्रश्न पूछने के लिए अधिकृत किया।

अतः विकल्प (B) सही है।

122. शीर्ष चीनी उत्पादक राज्य (2011-12) हैं:

1. महाराष्ट्र - 89.6 लाख टन

2. उत्तर प्रदेश- 69.6 लाख टन

3. कर्नाटक - 37.0 लाख टन

4. तमिलनाडु - 22.4 लाख टन

अतः विकल्प (B) सही है।

123.

- बम ला दर्रा/ बोमडिला दर्रा अरुणाचल प्रदेश के तवांग जिले में स्थित है।
- यह दर्रा भारत और चीन को जोड़ता है।
- इस दर्रे के माध्यम से, चीनी सेना ने 1962 के चीनी-भारतीय युद्ध के दौरान भारत पर आक्रमण किया था।
- यह भारतीय सेना और चीन की पीपुल्स लिबरेशन आर्मी के बीच आधिकारिक रूप से सहमत बॉर्डर पर्सनेल मीटिंग पॉइंट्स में से एक है।

अतः विकल्प (D) सही है।

124. • अनुच्छेद 338- अनुसूचित जातियों के लिए राष्ट्रीय आयोग के बारे में बताता है।

• अनुच्छेद 338 A- अनुसूची जनजाति के लिए राष्ट्रीय आयोग के बारे में बताता है।

अतः विकल्प (A) सही है।

125. कठपुतली, स्ट्रिंग कठपुतली राजस्थान से संबंधित है।

कठपुतली विश्व के प्राचीनतम रंगमंच पर खेला जाने वाले मनोरंजक कार्यक्रम में से एक है कठपुतलियों को विभिन्न प्रकार की गुड्डे गुड़ियों, जोकर आदि पात्रों के रूप में बनाया जाता है इसका नाम कठपुतली इस कारण पड़ा क्योंकि पूर्व में भी लकड़ी अर्थात काष्ठ से बनाया जाता था इस प्रकार काष्ठ से बनी पुतली का नाम कठपुतली पड़ा। प्रत्येक वर्ष 21 मार्च को विश्व कठपुतली दिवस भी मनाया जाता है।

अतः विकल्प (A) सही है।

126. दिए गए पत्र: आई.बी.ए.टी.

शब्द संभव: BAIT, TABI

स्पष्ट रूप से, केवल दो ऐसे शब्द हैं।

अतः विकल्प (C) सही है।

127.

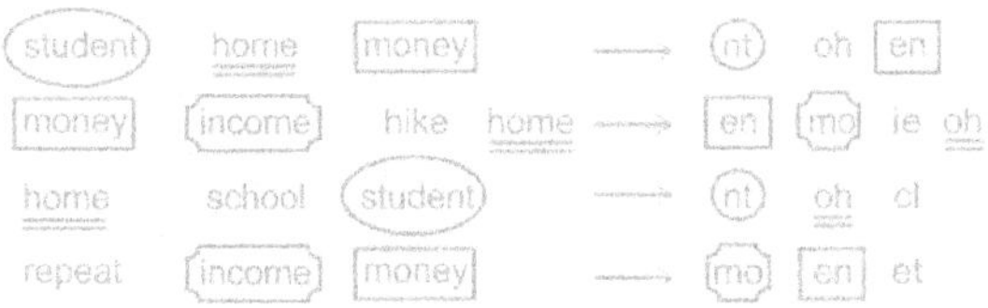

home के लिए कोड oh है।

science के लिए कोड नहीं दिया गया है। इसलिए कोड वह है जो विकल्पों में नहीं दिया गया है अर्थात् er।

तो, 'home science' के लिए कोड "oh er" है।

अतः विकल्प (D) सही है।

128.

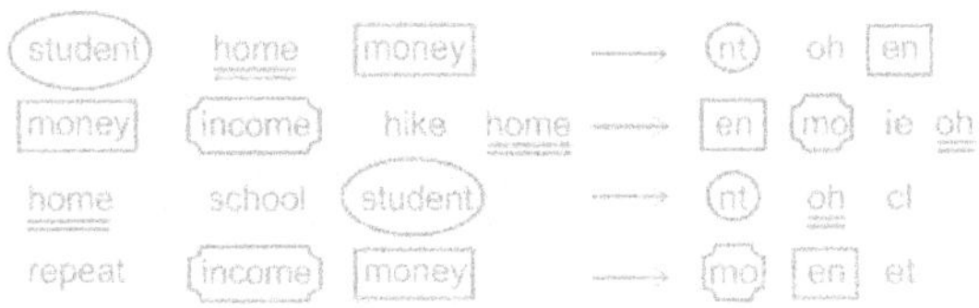

तो, 'hike' के लिए कोड "ie" है।

अतः विकल्प (C) सही है।

129.

income के लिए कोड या तो mo or et है।

एक repeat के लिए कोड या तो mo or et है।

तो, 'income repeat' के लिए कोड "mo et" है।

अतः विकल्प (A) सही है।

130. दी गई जानकारी के अनुसार, दूरी और दिशा आरेख निम्नानुसार है,

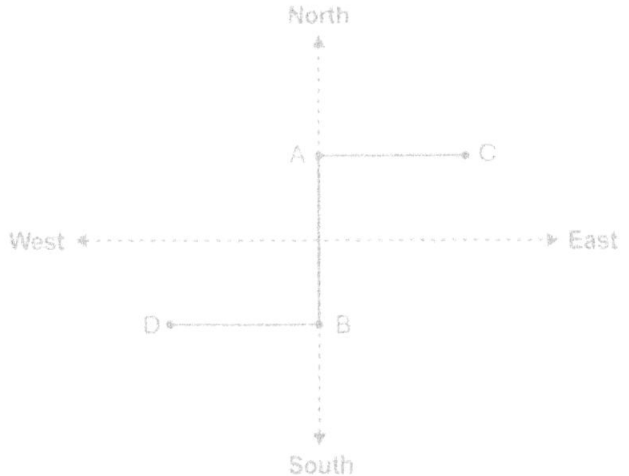

इसलिए, गाँव C, गाँव B के उत्तर-पूर्व दिशा में है।

अतः विकल्प (B) सही है।

131. दी गई जानकारी के अनुसार, दूरी और दिशा आरेख निम्नानुसार है,

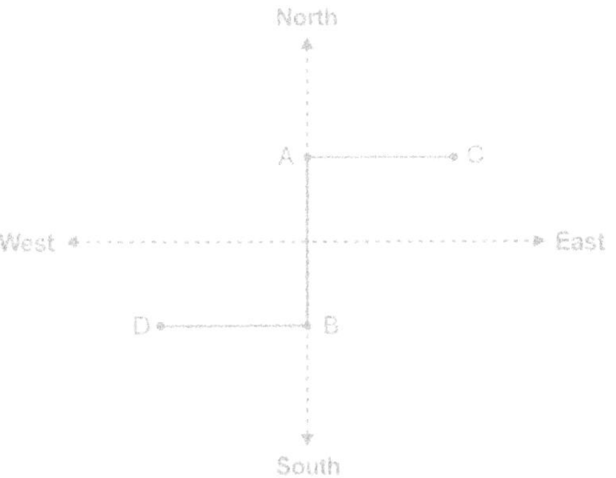

इसलिए, गाँव D, गाँव C के दक्षिण-पश्चिम दिशा में है।

अतः विकल्प (B) सही है।

132. दी गई जानकारी से,

Symbol in Diagram	Meaning
○	Female
□	Male
═	Married Couple
—	Siblings
|	Difference of A Generation

दिए गए आंकड़ों के आधार पर, हम एक पारिवारिक आरेख को खींच सकते हैं,

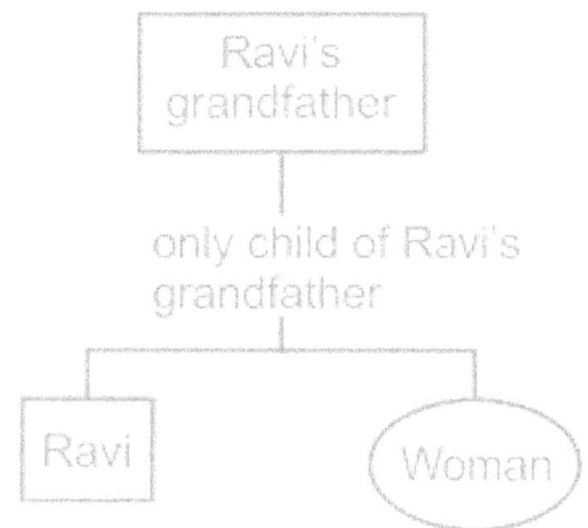

तो, महिला रवि की बहन है।

अतः विकल्प (D) सही है।

133. यहाँ निम्न तर्क है:

अनुत्तीर्ण, उत्तीर्ण का विलोम है।

इसी तरह, खींचना, धकेलना का विलोम है।

अतः विकल्प (C) सही है।

134. तर्क इस प्रकार है:

'देशनोक' को छोड़कर सभी स्थान कुछ राज्यों के शहर हैं, जबकि 'देशनोक', राजस्थान का एक कस्बा है।

अतः विकल्प (D) सही है।

135. 99 को छोड़कर, सभी दी गई संख्याओं में सभी अंकों का योग 18 है

1) $585 \rightarrow 5 + 8 + 5 = 18$

2) $783 \rightarrow 7 + 8 + 3 = 18$

3) $657 \rightarrow 6 + 5 + 7 = 18$

4) $391 \rightarrow 3 + 9 + 1 = 13$

अतः विकल्प (D) सही है।

136. तर्क है

$0 + (11 \times 1) = 0 + 11 = 11$

$11 + (11 \times 2) = 11 + 22 = 33)$

$33 + (11 \times 3) = 33 + 33 = 66$

$66 + (11 \times 4) = 66 + 44 = 110$

इसी प्रकार, हमारे पास:

$110 + (11 \times 5) = 110 + 55 = 165$

अतः विकल्प (D) सही है।

137. स्वरूप निम्न प्रकार है:

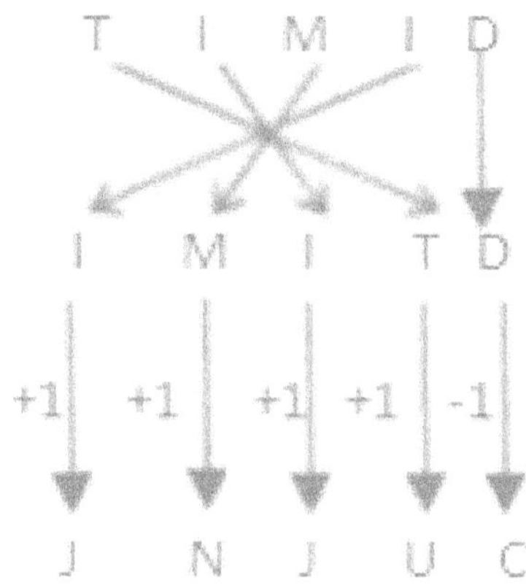

इसी तरह,

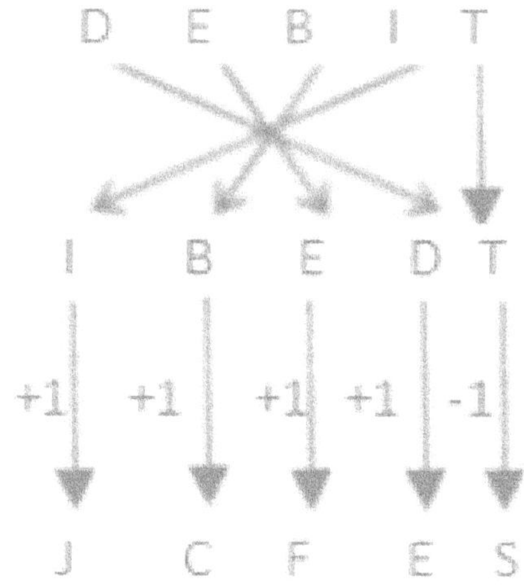

इसलिए, सही उत्तर JFES है।

अतः विकल्प (D) सही है।

138. दिया गया है:

यदि एक धनात्मक पूर्णांक 'n' को 15 से विभाजित किया जाता है, तो शेषफल 4 है।

हम जानते है,

भाज्य = (भाजक × भागफल) + शेषफल

माना कि भागफल 'a' है

प्रश्न के अनुसार,

$\Rightarrow n = (15 \times a) + 4$

दोनों पक्षों का वर्ग करने पर

$\Rightarrow n^2 = [(15 \times a) + 4]^2$

$\Rightarrow n^2 = (15a + 4)^2$

$\Rightarrow n^2 = 225a^2 + 120a + 16$

$\Rightarrow n^2 = 225a + 120a + 16$

$\Rightarrow n^2 = 15(15a + 8) + 16$

तुलना करने पर (भाज्य = (भाजक × भागफल) + शेषफल) ⇒ शेषफल $= 1$

∴ यदि 'n ^{2} ' को 15 से विभाजित किया जाता है, तो शेषफल 1 है।

अतः विकल्प (A) सही है।

139. दिया गया है:

कंप्यूटर का क्रय मूल्य = 60,000 रुपये

माना कि क्रय मूल्य x रुपये है।

$\Rightarrow 60{,}000 + 5\%x = 62{,}500$

$\Rightarrow x = 2500$ का 5%

$\Rightarrow x = \frac{(2500 \times 100)}{5}$

$\Rightarrow x = 50{,}000$ रुपये

अतः, कंप्यूटर का क्रय मूल्य 50,000 रुपये है।

अतः विकल्प (C) सही है।

140. दिया गया है

A, और B की आय का अनुपात 3: 7 है

उनके व्यय का अनुपात 4: 3 है A 2400 रुपये में से 300 रुपये बचाता है

A की आय = 2400 रुपये

$\Rightarrow 3p = 2400$ रुपये

$\Rightarrow p = 800$

B की आय = $7p$

$\Rightarrow 7 \times 800$

$\Rightarrow 5600$ रुपये

A का व्यय $= 2400 - 300$

$\Rightarrow 2100$ रुपये

$\Rightarrow 4p = 2100$

$\Rightarrow p = 525$

B का व्यय $= 525 \times 3 = 1575$

B की बचत $= 5600 - 1575 = 4025$ रुपये

$\therefore B$ की बचत 4025 रुपये

अतः विकल्प (A) सही है।

सामान्य अध्ययन (पेपर-I) : मॉक टेस्ट 07

Q.1 निम्न में से किस राज्य में प्रधानमंत्री नरेंद्र मोदी ने 'महाबाहु-ब्रह्मपुत्र' का शुभारंभ किया?

A. केरल **B.** असम **C.** तमिलनाडु **D.** ओडिशा

Q.2 निम्नलिखित में से किस देश में अमेज़न अपनी पहली डिवाइस विनिर्माण लाइन स्थापित करेगा?

A. रूस **B.** नेपाल **C.** भूटान **D.** भारत

Q.3 भारत सरकार के प्रमुख वैज्ञानिक सलाहकार के कार्यालय ने अपने किस मिशन के अंतर्गत 'स्वच्छता सारथी फेलोशिप' की शुरुआत की?

A. वेस्ट टू वेल्थ **B.** स्किल इंडिया मिशन
C. स्वच्छ भारत मिशन **D.** डिजिटल इंडिया मिशन

Q.4 उस केंद्र शासित प्रदेश का नाम बताइए जिसने खेलो इंडिया शीतकालीन राष्ट्रीय खेलों में पदक तालिका में पहला स्थान प्राप्त किया है?

A. दमन और दीव **B.** अंडमान और निकोबार
C. जम्मू और कश्मीर **D.** पुडुचेरी

Q.5 ऑल इंडिया फुटबॉल फेडरेशन (AIFF) द्वारा घोषित इंडियन विमेंस लीग 2020-21 की मेजबानी कौनसा राज्य करेगा?

A. केरल **B.** महाराष्ट्र **C.** ओडिशा **D.** खजुराहो

Q.6 'वर्ल्ड डेवलपमेंट रिपोर्ट' 2021 का विषय क्या है?

A. डेटा फॉर बेटर लाइव्स
B. कोविड के बाद विकास
C. स्व-विश्वसनीय देश
D. नौकरियों का प्रतिस्थापन

Q.7 किस भारतीय दिग्गज गायक को महाराष्ट्र राज्य का सर्वोच्च सम्मान 'महाराष्ट्र भूषण' पुरस्कार प्रदान किया गया?

A. एस पी बालासुब्रमण्यम **B.** आशा भोसले
C. लता मंगेशकर **D.** मुकेश चाँद

Q.8 'शाहीन 1-ए' किस देश द्वारा लॉन्च की गई परमाणु-सक्षम बैलिस्टिक मिसाइल है?

A. पाकिस्तान **B.** अफ़ग़ानिस्तान
C. यू ए ई **D.** इजराइल

Q.9 संयुक्त राष्ट्र के बाहरी लेखा परीक्षकों के पैनल के अध्यक्ष के रूप में किस भारतीय व्यक्तित्व को नियुक्त किया गया है?

A. जी सी मुर्मू **B.** आर के माथुर
C. ए वेणु गोपाल **D.** एस सी खुंटिया

Q.10 मृदुला सिन्हा, जिनका निधन हो गया, वह किस राज्य की पहली महिला राज्यपाल थीं?

A. महाराष्ट्र **B.** गोवा **C.** आंध्र प्रदेश **D.** केरल

Q.11 दो संख्याओं का लघुतम समापवर्त्य 32 और उनका महत्तम समापवर्त्य 8 है। एक संख्या 8 दी गई है, दूसरी संख्या ज्ञात कीजिए।

A. 24 **B.** 16 **C.** 32 **D.** 40

Q.12 यदि A = 1, BAD = 7, तो HAT = ?

A. 8 **B.** 10 **C.** 19 **D.** 29

Q.13 एक निश्चित कूट भाषा में, 724 का अर्थ 'jam from fruits' है, 291 का अर्थ 'trees from plants' है, 459 का अर्थ 'fruits in trees' है, तो 'jam' के लिए कूट ज्ञात कीजिये?

A. 7 **B.** 4 **C.** 2 **D.** 9

Q.14 A, B से दो साल बड़ा है, B, C से दोगुना बड़ा है। यदि A, B और C की आयु का कुल 27 वर्ष है, तो B की आयु क्या है?

A. 10 वर्ष **B.** 5 वर्ष **C.** 15 वर्ष **D.** 12 वर्ष

Q.15 आयताकार खेत की लंबाई और चौड़ाई का अनुपात 3: 4 है। इसका क्षेत्रफल 300 वर्ग मीटर है। खेत की परिधि क्या है?

A. 72 मी **B.** 64 मी **C.** 70 मी **D.** 75 मी

Q.16 उस विकल्प का चयन कीजिये जो तीसरे पद से उसी प्रकार संबंधित है जिस प्रकार दूसरा पद पहले पद से संबंधित है।

बैल : गाय :: शेर : ?

A. शेरनी **B.** पशुशावक **C.** घोड़ी **D.** हिरणी

Q.17 एक निश्चित कूट भाषा में 'PROTEIN' को 'QSQUGKO' के रूप में लिखा जाता है। उसी कूट भाषा में 'REMAIN' को कैसे लिखा जाएगा?

A. RGMCKN **B.** SENAIO
C. SGNCKO **D.** SGOCKP

Q.18 उस विकल्प का चयन कीजिये, जो दिये गए शब्दों की दर्पण छवि से सबसे निकटम रूप से मेल खाता हो, जब दर्पण को XY रेखा पर रखा जाता है।

[SSC Constable (GD), 2019]

A.  **B.**

C.  **D.**

Q.19 निम्नलिखित विकल्पों में दिए गए चार परिवर्तनों में से कौन-सा समीकरण को सही करेगा?

30 × 3 - 3 = 13

A. × को - से परस्पर बदलने पर
B. × को ÷ में बदलकर; - को + में बदलकर
C. × को + में बदलकर ; - को ÷ में बदलकर
D. × को - के साथ परस्पर बदलकर; 30 को 3 के साथ परस्पर बदलकर

Q.20 उस विकल्प का चयन कीजिये जो तीसरे पद से उसी प्रकार संबंधित है जिस प्रकार दूसरा पद पहले पद से संबंधित है।

11 : 169 :: 18 : ?

A. 396 **B.** 256 **C.** 361 **D.** 400

Q.21 निम्नलिखित श्रृंखला में अगली आने वाली आकृति का चयन कीजिए।

[AFCAT, 2021], [SSC MTS, 2019], [SSC Constable (GD), 2019]

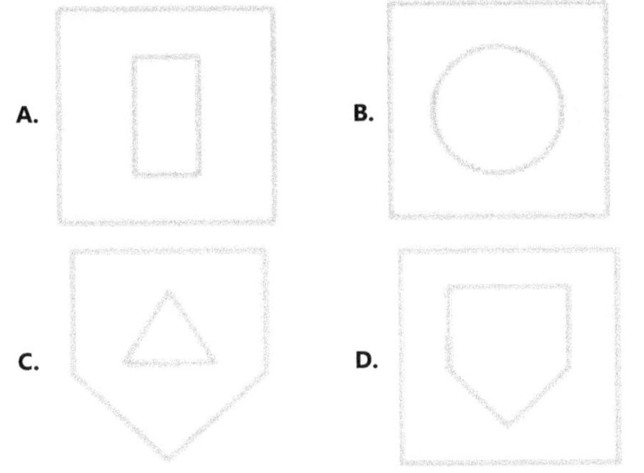

Q.22 निम्नलिखित संख्या श्रृंखला में, दो संख्याओं को कोष्ठक में रखा गया है। निम्न श्रृंखला का अध्ययन कीजिये और श्रृंखला के अनुसार सही विकल्प का चयन कीजिये।

4, 6, 10, (12), 16, (14), 22

A. पहले कोष्ठक की संख्या (बाएँ से) गलत है और दूसरी सही है
B. दोनों कोष्ठक की संख्याएँ सही हैं
C. दोनों कोष्ठक की संख्याएँ गलत हैं
D. पहले कोष्ठक की संख्या (बाएँ से) सही है और दूसरी गलत है

Q.23 निम्नलिखित श्रृंखला में अगले आने वाले अक्षर का चयन कीजिए।

O, R, U, X, A, ...

A. D **B.** C **C.** B **D.** A

Q.24 निम्नलिखित में से विषम की पहचान कीजिये।

A. LKJI **B.** ZYXW **C.** DCBA **D.** QRSP

Q.25 दिए गए पैटर्न का ध्यानपूर्वक अध्ययन करें और उस संख्या का चयन करें जो इसमें प्रश्नवाचक चिन्ह को प्रतिस्थापित कर सकती है।

14	9	7
7	4	5
?	10	4

A. 26 **B.** 10 **C.** 22 **D.** 14

Q.26 यदि CHILDREN को LIHCNERD के रूप में कूटबद्ध किया जाता है, तो MOVEMENT को .... के रूप में कूटबद्ध किया जाएगा।

A. TNEMEVOM **B.** EVOMMENT
C. EVOMTMEN **D.** EVOMTNEM

Q.27 उस विकल्प का चयन कीजिए जो दिए गए युग्म के समरूप है।

CD : HI

A. PQ : UV **B.** IJ : MN
C. KL : NO **D.** AB : XY

Q.28 निम्नलिखित में से विषम युग्म की पहचान कीजिये।

A. ईजिप्ट : काइरो **B.** इराक : दीनार
C. ग्रीस : एथेंस **D.** इटली : रोम

Q.29 $\sqrt{15-\sqrt{124-\sqrt{23-\sqrt{196}}}}$ का मान ज्ञात करें-

A. 7 **B.** 11 **C.** 2 **D.** 8

Q.30 निम्नलिखित श्रृंखला को पूरा करने के लिए सही विकल्प की पहचान कीजिये।

1, 3, 5, 11, 21, 43, 85, 171, ...

A. 354 **B.** 247 **C.** 341 **D.** 342

Q.31 चित्रकला की पट्टाचित्र शैली _____ के सबसे पुराने और सबसे लोकप्रिय कला रूपों में से एक है।

A. कर्नाटक **B.** ओडिशा **C.** केरल **D.** तमिलनाडु

Q.32 उत्तर प्रदेश में परमाणु ऊर्जा इकाइयां कहाँ पर हैं?

A. हरिद्वार **B.** मसूरी **C.** नरौरा **D.** नरेंद्रनगर

Q.33 दमयंती जोशी __________ के लिये प्रसिद्ध है।

A. कथक नर्तक **B.** बंगाली कवि
C. कर्नाटक गायक **D.** तमिल कलाकार

Q.34 निम्नलिखित में से कौन हड़प्पा संस्कृति पर प्रकाश डालता है?

A. चट्टान उत्कीर्णन **B.** साहित्य
C. पुरातात्विक खुदाई **D.** उपरोक्त सभी

Q.35 चट्टानों को काट कर बनाए गए महाबलिपुरम के मंदिरों का निर्माण किसके द्वारा करवाया गया था?

A. पल्लव **B.** चोल **C.** चालुक्य **D.** राष्ट्रकूट

Q.36 निम्नलिखित में से कौन सा भारतीय दर्शन का प्रारंभिक विद्यालय है?

A. सांख्य **B.** वैसेसिका
C. कर्म मिमांसा **D.** योग

Q.37 इब्न बतूता जो मोरक्को यात्री था, यह किसके शासनकाल में भारत आया?

A. मुहम्मद-बिन-तुगलक **B.** बाबर
C. अकबर **D.** महमूद गजनी

Q.38 किस काल के दौरान महिलाओं ने पुरुषों के साथ समानता का आनंद लिया?

A. वैदिक काल **B.** मौर्य काल
C. ये दोनों **D.** इनमें से कोई नहीं

Q.39 निम्नलिखित का मिलान करें-

	त्योहार		राज्य
1.	गणगौर	a.	पश्चिम बंगाल
2.	गणेश चतुर्थी	b.	राजस्थान
3.	दुर्गा पूजा	c.	महाराष्ट्र

A. 1-b, 2-c, 3-a **B.** 1-c, 2-a, 3-b
C. 1-b, 2-a, 3-c **D.** 1-a, 2-c, 3-b

Q.40 मेगस्थनीज राजदूत थे:

A. सेल्यूकस। निकेटर **B.** सिकंदर
C. डेरियस **D.** फारसियों

Q.41 भारत में अवध को ब्रिटिश साम्राज्य में किसके द्वारा जोड़ा गया था?

A. सहायक गठबंधन की नीति द्वारा
B. व्यपगत के सिद्धांत द्वारा
C. राज्य को कुप्रशासन के रूप में घोषित करके
D. युद्ध छेड़ने से

Q.42 निम्नलिखित महानतम व्यक्तियों में से कौन 'भारतीय पुनर्जागरण का पिता' कहलाता है?

A. स्वामी विवेकानंद **B.** राजा राम मोहन रॉय
C. रबींद्रनाथ टैगोर **D.** दयानंद सरस्वती

Q.43 भारत में ईस्ट इंडिया कंपनी की सफलता का रहस्य क्या था?

A. भारत में राष्ट्रवाद की अनुपस्थिति
B. कंपनी के पास आधुनिक हथियारों के साथ सशस्त्र पश्चिमी प्रशिक्षित पैदल सेना थी
C. भारतीय सैनिकों में राष्ट्रीय भावना का अभाव था और किसी भी व्यक्ति द्वारा उन्हें अच्छी तनख्वाह पर किराए पर लिया जा सकता था
D. उपर्युक्त सभी

Q.44 विनियमन अधिनियम (रेगुलेटिंग एक्ट) कब पारित किया गया था?

A. 1773 **B.** 1774 **C.** 1785 **D.** 1793

Q.45 मॉर्ले-मिंटो सुधार बिल कब पारित किया गया था?

A. 1905 **B.** 1909 **C.** 1911 **D.** 1920

Q.46 भारतीय संविधान में राज्य के नीति निर्देशक सिद्धांत कहाँ से लिए गए थे?

A. ब्रिटेन
B. आयरलैंड
C. सोवियत संघ (U.S.S.R)
D. फ्रांस

Q.47 निम्नलिखित में से कौन सा मौलिक अधिकारों में सम्मिलित नहीं है?

A. संपत्ति का अधिकार
B. समिति बनाने का अधिकार
C. एकत्र होने का अधिकार
D. देश के किसी भी हिस्से में जाने और रहने का अधिकार

Q.48 राज्य सभा के संबंध में निम्नलिखित में से कौन सा कथन सही है?

A. इसके एक-तिहाई सदस्य प्रत्येक दो वर्षों में सेवा-निवृत्त होते हैं
B. इसके आधे सदस्य प्रत्येक दो वर्षों में सेवा-निवृत्त होते हैं
C. इसके आधे सदस्य प्रत्येक तीन वर्षों में सेवा-निवृत्त होते हैं
D. इसके एक-तिहाई सदस्य प्रत्येक तीन वर्षों में सेवा-निवृत्त होते हैं

Q.49 भारतीय संविधान द्वारा प्रदान की जाने वाली नागरिकता किस प्रकार की है?

A. दोहरी नागरिकता
B. एकल नागरिकता
C. उपरोक्त दोनों
D. उपरोक्त में से कोई भी नहीं

Q.50 न्यायिक समीक्षा से न्यायालय के अधिकार का अर्थ है:

A. यदि वह संविधान के साथ संघर्ष में है तो किसी भी कानून या आदेश को अमान्य घोषित करें
B. निचली अदालतों के आदेश की समीक्षा करें
C. निचली अदालतों के निर्णय के खिलाफ अपील सुनवाई
D. कानूनों की समीक्षा करने के लिए यह देखने के लिए कि वे निर्धारित प्रक्रिया के अनुसार पारित किए गए हैं

Q.51 निम्नलिखित में से कौन सा युग्म असत्य है?

	राज्य	लोक नृत्य
(A)	केरल	करगम
(B)	गुजरात	गरबा
(C)	उत्तर प्रदेश	नौटंकी
(D)	पश्चिम बंगाल	जटन

A. A **B.** B **C.** C **D.** D

Q.52 ऋग्वेद के किस भजन में 21 नदियों का उल्लेख है?

A. पुरुषसूक्त **B.** नदीसूक्त **C.** हिमवंत **D.** सिंधु

Q.53 निक्लालिखित योजनाओं और कार्यक्रमों का मिलान करें।

	योजना		कार्यक्रम
A.	पहली योजना	1.	त्वरित औद्योगीकरण
B.	दूसरी योजना	2.	सामुदायिक विकास
C.	तीसरी योजना	3.	मूलभूत उद्योगों का विस्तार
D.	चौथी योजना	4.	न्यूनतम आवश्यकता कार्यक्रम
E.	पाँचवी योजना	5.	स्थिरता के साथ आत्मनिर्भरता और विकास की उपलब्धि

नीचे दिए गए कोड का सही उत्तर जुनें:

A. A-1, B-2, C-3, D-4, E-5
B. A-2, B-1, C-4, D-5, E-3
C. A-2, B-1, C-3, D-4, E-5
D. A-2, B-1, C-3, D-5, E-4

Q.54 सातवीं योजना में आईआरडीपी के तहत अपनाई गई रणनीति थी-

A. कुल होउस-होल्ड दृष्टिकोण का अंगीकरण
B. गांव के दृष्टिकोण का अंगीकरण
C. ब्लॉक दृष्टिकोण अंगीकरण
D. जिला दृष्टिकोण अंगीकरण

Q.55 सबसे पुरानी भारतीय स्वर संगीत रचना कौन सी है?

A. ग़ज़ल **B.** ध्रुपद
C. ठुमरी **D.** इसमें से कोई भी नहीं

Q.56 भुगतान शेष किसके रूप में परिभाषित किया गया है?

A. निर्यात का मूल्य घटाव आयात का मूल्य
B. एक फर्म की देनदारियों और संपत्ति के बीच का अंतर
C. सरकार के बजट में वर्तमान व्यय और वर्तमान राजस्व में अंतर
D. देश के निवासियों और बाकी दुनिया के बीच सभी आर्थिक लेन-देन का पूरा रिकॉर्ड

Q.57 अवमूल्यन है:

A. कीमतों में कमी
B. घाटे की वित्त व्यवस्था
C. विश्व बैंक और आईएमएफ से ऋण
D. मुद्रा के मूल्य में कमी

Q.58 संविधान के निम्नलिखित अनुच्छेदों में से कौन सा किसी भी रूप में अस्पृश्यता को समाप्त करने के लिए प्रदान किया गया है?

A. अनुच्छेद 14
B. अनुच्छेद 17
C. अनुच्छेद 19
D. उपरोक्त में से कोई भी नहीं

Q.59 कार्यकाल समाप्त होने से पहले भारत के राष्ट्रपति को पद से किसके द्वारा हटाया जा सकता है?

A. सत्तारूढ़ राजनीतिक दल द्वारा
B. प्रधान मंत्री द्वारा

C. महाभियोग के माध्यम से
D. अदालत द्वारा जाँच के माध्यम से

Q.60 निम्नलिखित में से किसकी तुलना 'द प्रिंस' ऑफ़ मैकियावेली से की जा सकती है?
A. कालिदास का 'मालविकाग्निमित्रम'
B. कौटिल्य का 'अर्थशास्त्र'
C. ववात्स्यायन का 'कामसूत्र'
D. थिरुवल्लुवर का 'थिरुकुरल'

Q.61 'आयुर्वेद' जो 'जीवन का विज्ञान' है, सर्वप्रथम किसमें था?
A. अरन्याकास B. सामदेव
C. यजुर्वेद D. अथर्ववेद

Q.62 भारत का महाधिवक्ता (सॉलिसिटर जनरल) है:
A. एक प्रशासनिक अधिकारी
B. एक कानूनी सलाहकार
C. प्रधान मंत्री का सलाहकार
D. भारत के राष्ट्रपति को सलाह देने के लिए एक कानून अधिकारी

Q.63 भारत में निम्न राज्यों में से कौन सा चाय का सबसे बड़ा उत्पादक है?
A. असम B. तमिलनाडु
C. अरुणाचल प्रदेश D. पश्चिम बंगाल

Q.64 भारत में निम्न में से कौन सा राज्य तम्बाकू का सबसे बड़ा उत्पादक है?
A. असम B. आंध्र प्रदेश
C. अरुणाचल प्रदेश D. पश्चिम बंगाल

Q.65 निम्नलिखित में से, भारत के किन क्षेत्रों में औसतन 200 सेमी से अधिक वर्षा होती है?
A. पश्चिमी घाट, असम, पूर्वोत्तर और मेघालय पहाड़ी
B. जम्मू और कश्मीर
C. पश्चिम बंगाल, बिहार, मध्य प्रदेश
D. असम, मणिपुर, त्रिपुरा

Q.66 विश्व का का सबसे बड़ा रेगिस्तान है:
A. कालाहारी B. गोबी C. सहारा D. थार

Q.67 छत्तीसगढ़ में 'कोरबा' किसके लिए जाना जाता है:
A. एल्युमीनियम उद्योग B. तांबा
C. अभ्रक D. स्टील

Q.68 गांधार कला संयोजन है-
A. इंडो - रोमन B. इंडो - ग्रीक
C. इंडो - इस्लामी D. इंडो - चाइना

Q.69 हरित क्रांति का सबसे अधिक प्रभाव किस पर पड़ा?
A. चावल B. मक्का C. जौ D. गेहूं

Q.70 निम्नलिखित में से किसे 'पक्षियों के महाद्वीप' के नाम से जाना जाता है?
A. यूरोप B. ऑस्ट्रेलिया
C. दक्षिण अमेरिका D. एशिया।

Q.71 कोलकाता में विक्टोरिया मेमोरियल का निर्माण _________ द्वारा किया जाने का प्रस्ताव था?
A. लॉर्ड कैनिंग B. विलियम हेस्टिंग्स
C. जॉर्ज कर्ज़न D. लॉर्ड विलियम बेंटिनक

Q.72 संघ राज्य की प्रमुख विशेषता है:
A. विकेन्द्रीकरण B. केन्द्रीकरण
C. शक्ति का विभाजन D. प्रभुसत्ता

Q.73 उत्तरी अमेरिका के आंतरिक हिस्सों में पाए जाने वाले घास के मैदानों को कहा जाता है:
A. प्रेयरी B. वेल्ड C. स्टेपी D. कछार

Q.74 टिगरिस नदी निम्नलिखित देशों में से किस से बहती है?
A. मिस्र B. ईरान C. इराक D. इटली

Q.75 निम्नलिखित में से कौन सा विश्व का सबसे संकीर्ण जलडमरूमध्य है?
A. बोस्पोरस जलडमरूमध्य
B. बाब अल-मन्देब जलडमरूमध्य
C. डार्डेनल्स जलडमरूमध्य
D. फोवोक्स जलडमरूमध्य

Q.76 महिंद्रा एंड महिंद्रा लिमिटेड के एमडी और सीईओ के रूप में (मार्च 21 में) किसे नियुक्त किया गया था?
A. गुएंटर बुत्स्चेक B. सी. पी. गुरनानी
C. पवन गोयनका D. अनीश शाह

Q.77 चंद्रशेखर आजाद, जो एक क्रांतिकारी नेता थे, ब्रिटिश द्वारा इन्हें किस प्रकार मारा गया था?
A. फांसी के द्वारा
B. मृत्यु होने तक मारने के द्वारा
C. मुठभेड़ में गोली मरने के द्वारा
D. एक सैन्य जीप से कुचलने के द्वारा

Q.78 स्वतंत्रता की पहली लड़ाई (1857) कहाँ पर आरंभ हुई?
A. कलकत्ता B. दिल्ली C. झांसी D. मेरठ

Q.79 वर्ष 1882 में भारत में स्थानीय स्व-सरकारी संस्थानों को किसके द्वारा मजबूत किया गया?
A. जोर्ज बारलो B. लॉर्ड रिपन
C. लॉर्ड कर्जन D. लॉर्ड लिटन

Q.80 खिलाफत स्वराज पार्टी किसके द्वारा बनाई गई थी?
A. राजेंद्र प्रसाद
B. सुभाष चंद्र बोस
C. सी.आर. दास और मोती लाल नेहरू
D. बी.आर. अम्बेडकर

Q.81 नीचे दिए गए विकल्पों में सूची (I) और (II) में सही मिलान करें।

	सूची I		सूची II
1.	प्रेरणा	A.	राजा राम मोहन राय
2.	ब्रह्म समाज	B.	विवेकानंद
3.	आर्य समाज	C.	दयानंद सरस्वती
4.	राम कृष्ण	D.	रानाडे
		E.	राम कृष्ण परमहंस

A. 1(A), 2(B), 3(C), 4(D)
B. 1(B), 2(E), 3(A), 4(C)
C. 1(D), 2(A), 3(C), 4(E)
D. 1(D), 2(A), 3(C), 4(B)

Q.82 राष्ट्रीय आंदोलनों की घटनाएं निम्नलिखित हैं:
I. चंपारण सत्याग्रह
II. असहयोग आंदोलन
III. 'भारत छोड़ो' आंदोलन
IV. दांडी मार्च
सही कालानुक्रमिक क्रम है:

(a) I, II, IV, III
(b) II, I, III, IV
(c) III, II, I, IV
(d) II, III, I, IV

A. (a) **B.** (b) **C.** (c) **D.** (d)

Q.83 गांधीजी के अनुसार अहिंसा है:
A. सत्य प्राप्त करने का एक तरीका
B. राजनीतिक स्वतंत्रता जीतने का एक तरीका
C. भगवान का एहसास करने का एकमात्र तरीका
D. अपने आप में एक अंत

Q.84 नीचे दिए गए कोड से निम्नलिखित का सही कालानुक्रमिक क्रम चुनें।
(a) रौलट एक्ट
(b) साइमन कमीशन
(c) होम रूल मूवमेंट
(d) गांधी-इरविन समझौता

A. (c), (d), (a), (b) **B.** (d), (b), (a), (c)
C. (a), (c), (b), (d) **D.** (c), (a), (b), (d)

Q.85 1932 के पूना समझौते के बाद, हरिजन सेवक संघ की स्थापना हुई थी, इसके अध्यक्ष कौन थे?
A. जगजीवन राम **B.** घनश्याम दास बिरला
C. बी.आर. अम्बेडकर **D.** अमृत लाल ठक्कर

Q.86 मार्च 2021 में शहीद अशफाक उल्ला खान प्राणि उद्यान का उद्घाटन कहाँ किया गया था?
A. मध्य प्रदेश **B.** नई दिल्ली
C. हरियाणा **D.** उत्तर प्रदेश

Q.87 महात्मा गांधी द्वारा व्यक्तिगत सत्याग्रह आंदोलन में पहले सत्याग्रह के रूप में किसे चुना गया था?
A. जवाहर लाल नेहरू **B.** सरदार पटेल
C. सरोजिनी नायडू **D.** विनोबा भावे

Q.88 1906 में मुस्लिम लीग की स्थापना कहाँ पर हुई थी?
A. बॉम्बे **B.** लाहौर **C.** ढाका **D.** दिल्ली

Q.89 निम्न में से कौन उदारवादी नेता नहीं था?
A. गोपाल कृष्ण गोखले **B.** बाल गंगाधर तिलक
C. ए. ओ. ह्यूम **D.** मदन मोहन मालवीय

Q.90 भारतीय राष्ट्रीय कांग्रेस का पहला मुस्लिम अध्यक्ष कौन था?
A. अबुल कालम आज़ाद **B.** रफी अहमद किदवई
C. एम.ए. अंसारी **D.** बदरुद्दीन तैयबजी

Q.91 गांधी जी ने 1922 में सत्याग्रह के आंदोलन को किसके कारण वापस ले लिया था?
A. चौरी चौरा हिंसा
B. कांग्रेसियों की गिरफ़्तारी
C. ब्रिटिश सरकार गांधीजी की मांगों को पूरा करने के लिए सहमत हुई
D. लोगों के समर्थन की अनुपस्थिति

Q.92 महात्मा गांधी को "राष्ट्र पिता" के रूप में पहली बार किसने उल्लेखित किया था?
A. सरोजिनी नायडू **B.** सरदार पटेल
C. जवाहर लाल नेहरू **D.** सुभाष चंद्र बोस

Q.93 ब्रिटिश शासन के दौरान भारत की "आर्थिक निकास" के सिद्धांत को किसने बताया?
A. एम.एन. रॉय **B.** जय प्रकाश नारायण
C. राम मनोहर लोहिया **D.** दादा भाई नौरोजी

Q.94 निम्नलिखित में से कौन सा सबसे पुराना वेद है?
A. यजुर्वेद **B.** ऋग्वेद **C.** सामवेद **D.** अथर्वेद

Q.95 उड़ीसा में कोणार्क मंदिर किसके द्वारा बनाया गया था?
A. राजा नरसिंह देव प्रथम **B.** राजा कृष्ण देव राय
C. कनिष्क **D.** पुलकेसिन द्वितीय

Q.96 अंगकोर वाट विष्णु मंदिर कहाँ पर स्थित है?
A. भारत **B.** श्रीलंका **C.** कंबोडिया **D.** जापान

Q.97 भारत के 72 वें गणतंत्र दिवस की परेड में किस देश की त्रि-सेवा सैन्य टुकड़ी ने भाग लिया?
A. श्री लंका **B.** भूटान **C.** बांग्लादेश **D.** नेपाल

Q.98 भारत में मुस्लिम शक्ति की नींव किस युद्ध द्वार रखी गई?
A. तराईन का प्रथम युद्ध **B.** तराईन का द्वितीय युद्ध
C. पानीपत का प्रथम युद्ध **D.** पानीपत का द्वितीय युद्ध

Q.99 सिंधु घाटी सभ्यता की कौन सी जगह भारत में स्थित है?
A. हड़प्पा **B.** मोहनजोदड़ो
C. लोथल **D.** इनमें से कोई भी नहीं

Q.100 मुगल भारत में राज्य की आय का मुख्य स्रोत क्या था?
A. लूट
B. लावारिस राजगामी संपत्ति
C. भूमि राजस्व
D. कर

Q.101 अमीर खुसरो किसके दरबारी कवि थे?
A. मोहम्मद-बिन-तुगलक **B.** अलाउद्दीन खिलजी
C. शेरशाह सूरी **D.** हुमायूं

Q.102 2021 में पद्म विभूषण पुरस्कार प्राप्त करने वाले एकमात्र विदेशी कौन थे?
A. रिस्प टेयिप एरडोगान **B.** डोनाल्ड ट्रम्प
C. शिन्ज़ो अबे **D.** बोरिस जॉनसन

Q.103 भारत का सबसे लम्बा राष्ट्रीय राजमार्ग कौन सा है?
A. राष्ट्रीय राजमार्ग 4 **B.** राष्ट्रीय राजमार्ग 7
C. राष्ट्रीय राजमार्ग 8 **D.** राष्ट्रीय राजमार्ग 10

Q.104 निम्न में से कौन सी ठंडी महासागरीय धारा है?
A. ब्राजील धारा **B.** गल्फ स्ट्रीम
C. कुरोशियो धारा **D.** हम्बोल्ट धारा

Q.105 सूची I और सूची II का मिलान कीजिए और नीचे दिए गए कोड से सही उत्तर का चयन करें।

	सूची I (देश)		सूची II (राजधानी)
A.	ब्राजील	1.	हवाना
B.	क्यूबा	2.	ब्राजीलिया
C.	केन्या	3.	लुसाका
D.	ज़ाम्बिया	4.	नैरोबी

A. A -1, B -2, C -3, C-4
B. A-2, B-1, C-4, D-3
C. A-2, B-3, C-1, D-4
D. A-3, B-4, C-1, D-2

Q.106 पहली बार खेलो इंडिया विंटर स्पोर्ट्स एंड यूथ फेस्टिवल कहाँ आयोजित किया गया था?
A. धर्मशाला **B.** श्रीनगर **C.** शिमला **D.** कारगिल

Q.107 दुनिया की सबसे बड़ी जहाज नहर कौन सी है?
A. कील नहर **B.** पनामा नहर
C. सू नहर **D.** स्वेज नहर

Q.108 भारत में कौन सी पर्वत प्रणाली सबसे अधिक समृद्ध खनिजयुक्त प्रणाली है?
A. कुडप्पा प्रणाली **B.** धारवार प्रणाली
C. गोंडवाना प्रणाली **D.** विंध्य प्रणाली

Q.109 निम्नलिखित में से कौन सा अक्साई चिन क्षेत्र का एक हिस्सा है?
A. काराकोरम सीमा **B.** शिवालिक सीमा
C. कश्मीर घाटी **D.** लद्दाख पठार

Q.110 भारतीय अर्थव्यवस्था की विशेषता है:
A. पिछड़ी अर्थव्यवस्था
B. विकसित अर्थव्यवस्था
C. विकासशील अर्थव्यवस्था
D. अविकसित अर्थव्यवस्था

Q.111 भारत की राष्ट्रीय आय का अनुमान किसके द्वारा लगाया जाता है?
A. योजना आयोग
B. वित्त मंत्रालय
C. केंद्रीय सांख्यिकी संगठन
D. भारतीय रिज़र्व बैंक

Q.112 जनवरी 2021 में, जकार्ता में आसियान सचिवालय में भारत के अगले राजदूत के रूप में किसे नियुक्त किया गया?
A. जयंत एन खोबरागड़े **B.** उदय शंकर
C. सुरेश चंद्र महापात्र **D.** कुलदीप हांडू

Q.113 राष्ट्रपति जो बिडेन के सर्जन जनरल के रूप में किसे नियुक्त किया गया है?
A. विवेक मूर्ति **B.** अनीता पटेल
C. प्रीति पटेल **D.** सुनील आहूजा

Q.114 निम्न में से कौन सा कर सीधे किसी वस्तु के खरीददारों की कीमत नहीं बढ़ाता है?
A. आय कर **B.** व्यापार कर
C. आयात शुल्क **D.** उत्पाद शुल्क

Q.115 निम्नलिखित में से किसे मुद्रास्फीति से सबसे अधिक लाभ होता है?
A. लेनदार **B.** देनदार
C. बचत बैंक खाता **D.** सरकारी पेंशनर्स

Q.116 न्यूट्रॉन का आविष्कार किसने किया था?
A. चैडविक **B.** रदरफोर्ड **C.** बोहर **D.** न्यूटन

Q.117 गैस इंजन का आविष्कार किसने किया था?
A. डीजल **B.** डेपी **C.** डेमलर **D.** चार्ल्स

Q.118 वातावरण की सापेक्ष आर्द्रता किसके द्वारा मापी जाती है?
A. हाइड्रोमीटर **B.** हाइग्रोमीटर
C. पोटेंशियोमीटर **D.** लैक्टोमीटर

Q.119 "द हार्ट ऑफ एशिया समिट" 2021 किस देश में आयोजित किया गया था?
A. भारत **B.** रूस
C. ताजिकिस्तान **D.** उज्बेकिस्तान

Q.120 प्राणी विज्ञान का अध्ययन किससे संबंधित है?
A. केवल जीवित जीवों
B. केवल जीवित पौधे
C. दोनों जीवित और मृत जीवों
D. दोनों जीवित और मृत पौधों

Q.121 बैक्टीरिया को किसके द्वारा देखा जा सकता है?
A. नग्न आँखों से **B.** टेलीस्कोप से
C. हाथ लेंस से **D.** इलेक्ट्रान सूक्ष्मदर्शी से

Q.122 रेटिना पर बना प्रतिबिंब है:
A. वस्तु के बराबर लेकिन उल्टा
B. वस्तु से छोटा लेकिन सीधा
C. वस्तु से छोटा लेकिन उल्टा
D. वस्तु के बराबर लेकिन सीधा

Q.123 पोलियो के लिए टीका (वैक्सीन) सबसे पहले किसने तैयार किया था?
A. पॉल एहर्लिच **B.** जोन्स सॉल्क
C. लुई पाश्चर **D.** जोसेफ लिस्टर

Q.124 विटामिन सी का सबसे अच्छा स्रोत क्या है?
A. सेब **B.** आम **C.** आँवला **D.** दूध

Q.125 दिल की धड़कन को नियंत्रित करने के लिए निम्न खनिजों में से कौन सा आवश्यक है?
A. सोडियम **B.** सल्फर **C.** पोटैशियम **D.** आयरन

Q.126 एक साबुन बुलबुले के अंदर दबाव है-
A. वायुमंडलीय दबाव से अधिक
B. वायुमंडलीय दबाव से कम
C. वायुमंडलीय दबाव के बराबर
D. वायुमंडलीय दबाव का आधा

Q.127 धूप के चश्मे की शक्ति है-
A. 0 डायोप्टर **B.** 1 डायोप्टर
C. 2 डायोप्टर **D.** 4 डायोप्टर

Q.128 जीवाणुओं को नष्ट करने के लिए निम्नलिखित में से किस गैस का प्रयोग किया जाता है?
A. क्लोरीन **B.** ऑक्सीजन
C. हाइड्रोजन **D.** नियॉन

Q.129 खतरे के संकेतों के लिए लाल प्रकाश का उपयोग किया जाता है, क्योंकि यह:
A. कम से कम बिखरती है
B. आंखों के लिए सुखदायक है
C. कम से कम रासायनिक प्रभाव है
D. हवा में कम से कम अवशोषित होती है

Q.130 वह पहला भारतीय राज्य है जिसके पास दो हरे शहर हैं?
A. बिहार **B.** राजस्थान **C.** मणिपुर **D.** दिल्ली

Q.131 निम्नलिखित में से क्या अधिकतम ऊर्जा प्राप्त करता है?
A. उपभोक्ता **B.** विघटित जीव
C. प्राथमिक उपभोक्ता **D.** द्वितीयक उपभोक्ता

Q.132 चकमा शरणार्थी कहाँ से है?
A. पाकिस्तान **B.** श्रीलंका **C.** बांग्लादेश **D.** भूटान

Q.133 छाया में बढ़ने के लिए अनुकूलित पौधे हैं:

A. बालुकोद्भिद् **B.** छायाप्रिय पौधे
C. समोद्भिद **D.** मरूद्भिद

Q.134 भारतीय संविधान अवशिष्ट शक्तियां किसको प्रदान करता है-

A. संघ सरकार
B. राज्य सरकार
C. केंद्र के साथ-साथ राज्य सरकारों को
D. न तो संघ और न ही राज्य सरकारों को

Q.135 निर्यात और आयात के बारे में सरकार की नीति को कहा जाता है?

A. मौद्रिक नीति **B.** राजकोषीय नीति
C. वाणिज्यिक नीति **D.** वित्त नीति

Q.136 कावेरी डेल्टा क्षेत्र, जिसे संरक्षित विशेष कृषि क्षेत्र घोषित किया जाता है, किस राज्य में स्थित है?

A. कर्नाटक **B.** तमिलनाडु **C.** केरल **D.** आंध्र प्रदेश

Q.137 PURA (ग्रामीण क्षेत्रों में शहरी सुविधाएं प्रदान करना) मॉडल की वकालत की गई थी

A. ए पी जे अब्दुल कलाम द्वारा
B. मनमोहन सिंह द्वारा
C. लालकृष्ण आडवाणी द्वारा
D. राजीव गांधी द्वारा

Q.138 भारत में योजनाबद्ध आर्थिक विकास प्रथम पंचवर्षीय योजना की शुरुआत के साथ _____ में शुरू हुआ।

[SSC Sub Inspector (CPO), 2020]

A. 1958 **B.** 1948 **C.** 1951 **D.** 1956

Q.139 इंद्रावती बांध किस राज्य में स्थित है?

A. ओडिशा **B.** असम **C.** झारखंड **D.** केरल

Q.140 ________ भारत में पहली पंचवर्षीय योजना में सर्वोच्च प्राथमिकता पर था।

A. कृषि **B.** बंदरगाह **C.** उद्योग **D.** रक्षा

// स्मार्ट उत्तर पुस्तिका //

सही उत्तर उन छात्रों के प्रतिशत को इंगित करता है जिन्होंने प्रश्नों का सही उत्तर दिया था।

छोड़ दिया उन छात्रों के प्रतिशत को इंगित करता है जिन्होंने प्रश्नों को छोड़ दिया था।

प्रश्न संख्या	उत्तर	सही उत्तर	छोड़ दिया
1	B	17.54 %	15.79 %
2	D	10.53 %	73.68 %
3	A	8.77 %	73.69 %
4	C	12.28 %	73.68 %
5	D	5.26 %	75.44 %
6	A	5.26 %	71.93 %
7	B	7.02 %	77.19 %
8	A	22.81 %	73.68 %
9	A	15.79 %	73.68 %
10	B	14.04 %	71.92 %
11	C	10.53 %	71.93 %
12	D	12.28 %	73.68 %
13	A	14.04 %	71.92 %
14	A	15.79 %	71.93 %
15	C	10.53 %	71.93 %
16	A	26.32 %	70.17 %

प्रश्न संख्या	उत्तर	सही उत्तर	छोड़ दिया
17	C	15.79 %	75.44 %
18	A	7.02 %	71.93 %
19	B	17.54 %	64.92 %
20	D	15.79 %	70.17 %
21	D	17.54 %	70.18 %
22	D	15.79 %	73.68 %
23	A	14.04 %	66.66 %
24	D	24.56 %	70.18 %
25	D	5.26 %	71.93 %
26	D	24.56 %	70.18 %
27	A	22.81 %	70.17 %
28	B	14.04 %	71.92 %
29	C	21.05 %	70.18 %
30	C	21.05 %	70.18 %
31	B	19.3 %	71.93 %
32	C	26.32 %	70.17 %

प्रश्न संख्या	उत्तर	सही उत्तर	छोड़ दिया
33	A	17.54 %	68.42 %
34	C	17.54 %	70.18 %
35	A	10.53 %	70.17 %
36	A	15.79 %	71.93 %
37	A	21.05 %	73.69 %
38	A	8.77 %	73.69 %
39	A	19.3 %	75.44 %
40	A	17.54 %	70.18 %
41	C	15.79 %	70.17 %
42	B	22.81 %	70.17 %
43	D	24.56 %	70.18 %
44	A	26.32 %	70.17 %
45	B	22.81 %	70.17 %
46	B	26.32 %	70.17 %
47	A	22.81 %	70.17 %
48	A	22.81 %	71.93 %

प्रश्न संख्या	उत्तर	सही उत्तर	छोड़ दिया
49	B	22.81 %	71.93 %
50	A	7.02 %	71.93 %
51	D	5.26 %	73.69 %
52	B	21.05 %	70.18 %
53	D	0 %	100 %
54	A	5.26 %	77.2 %
55	B	19.3 %	73.68 %
56	A	3.51 %	77.19 %
57	D	14.04 %	73.68 %
58	B	22.81 %	70.17 %
59	C	26.32 %	70.17 %
60	B	8.77 %	73.69 %
61	D	12.28 %	73.68 %
62	B	14.04 %	71.92 %
63	A	28.07 %	70.18 %
64	B	19.3 %	73.68 %

प्रश्न संख्या	उत्तर	सही उत्तर	छोड़ दिया
65	A	21.05 %	73.69 %
66	C	24.56 %	70.18 %
67	A	12.28 %	73.68 %
68	B	10.53 %	73.68 %
69	D	19.3 %	73.68 %
70	C	7.02 %	71.93 %
71	C	14.04 %	70.17 %
72	C	3.51 %	71.93 %
73	A	21.05 %	71.93 %
74	C	19.3 %	70.17 %
75	A	5.26 %	77.2 %
76	D	8.77 %	71.93 %
77	C	22.81 %	71.93 %
78	D	24.56 %	70.18 %
79	B	19.3 %	70.17 %
80	C	26.32 %	70.17 %

प्रश्न संख्या	उत्तर	सही उत्तर	छोड़ दिया
81	C	10.53 %	70.17 %
82	A	24.56 %	70.18 %
83	A	17.54 %	71.93 %
84	D	15.79 %	70.17 %
85	B	12.28 %	71.93 %
86	D	8.77 %	77.19 %
87	D	19.3 %	71.93 %
88	C	21.05 %	70.18 %
89	B	21.05 %	71.93 %
90	D	22.81 %	70.17 %
91	A	24.56 %	71.93 %
92	D	19.3 %	71.93 %

प्रश्न संख्या	उत्तर	सही उत्तर	छोड़ दिया
93	D	21.05 %	70.18 %
94	B	26.32 %	70.17 %
95	A	24.56 %	70.18 %
96	C	22.81 %	73.68 %
97	C	15.79 %	73.68 %
98	B	17.54 %	70.18 %
99	C	24.56 %	70.18 %
100	C	15.79 %	70.17 %
101	B	19.3 %	71.93 %
102	C	14.04 %	75.43 %
103	B	14.04 %	73.68 %
104	D	15.79 %	71.93 %

प्रश्न संख्या	उत्तर	सही उत्तर	छोड़ दिया
105	B	19.3 %	73.68 %
106	D	10.53 %	75.43 %
107	D	21.05 %	70.18 %
108	B	8.77 %	75.44 %
109	D	14.04 %	71.92 %
110	C	24.56 %	70.18 %
111	C	26.32 %	70.17 %
112	A	12.28 %	75.44 %
113	A	19.3 %	71.93 %
114	A	17.54 %	71.93 %
115	B	7.02 %	71.93 %
116	A	21.05 %	70.18 %

प्रश्न संख्या	उत्तर	सही उत्तर	छोड़ दिया
117	C	5.26 %	71.93 %
118	B	19.3 %	70.17 %
119	A	17.54 %	70.18 %
120	C	19.3 %	70.17 %
121	D	21.05 %	70.18 %
122	A	3.51 %	71.93 %
123	B	15.79 %	71.93 %
124	C	26.32 %	71.93 %
125	C	12.28 %	75.44 %
126	A	21.05 %	71.93 %
127	A	21.05 %	71.93 %
128	A	12.28 %	75.44 %

प्रश्न संख्या	उत्तर	सही उत्तर	छोड़ दिया
129	A	26.32 %	70.17 %
130	A	3.51 %	75.44 %
131	A	15.79 %	70.17 %
132	C	8.77 %	75.44 %
133	B	10.53 %	78.94 %
134	A	15.79 %	70.17 %
135	C	22.81 %	70.17 %
136	B	5.26 %	71.93 %
137	A	10.53 %	73.68 %
138	C	8.77 %	73.69 %
139	A	12.28 %	75.44 %
140	A	8.77 %	75.44 %

कार्य विश्लेषण	
औसत अंक (%)	18.57%
टॉपर्स स्कोर (%)	67.14%
आपका स्कोर	

//संकेत और समाधान//

1. 'महाबाहु-ब्रह्मपुत्र' के शुभारंभ के अवसर पर उन्होंने नीमाटी-मजुली द्वीप, उत्तरी गुवाहाटी-दक्षिण गुवाहाटी और धुबरी-हाटसिंगिमारी के बीच रो-पैक्स जहाज सेवा का उद्‌घाटन किया।

अतः विकल्प (B) सही है।

2. अमेज़न भारत में फायर टीवी स्टिक बनाने के लिए भारत में अपनी पहली डिवाइस निर्माण लाइन स्थापित कर रहा है और इस साल के अंत में चेन्नई प्लांट में डिवाइस का उत्पादन शुरू करने के लिए फॉक्सकॉन की सहायक कंपनी क्लाउड नेटवर्क टेक्नोलॉजी के साथ साझेदारी की है।

अतः विकल्प (D) सही है।

3. भारत सरकार के प्रमुख वैज्ञानिक सलाहकार के कार्यालय ने अपने मिशन 'वेस्ट टू वेल्थ' के अंतर्गत 'स्वच्छता सारथी फेलोशिप' की शुरुआत की है।

अतः विकल्प (A) सही है।

4. केन्द्र शासित प्रदेश जम्मू कश्मीर ने खेलों इंडिया शीतकालीन खेलों के दूसरे संस्करण में पदक तालिका में पहला स्थान प्राप्त किया है।

अतः विकल्प (C) सही है।

5. ऑल इंडिया फुटबॉल फेडरेशन (AIFF) ने घोषणा की है कि ओडिशा 2020-2021 हीरो इंडियन विमेंस लीग की मेजबानी करेगा।

अतः विकल्प (D) सही है।

6. वर्ल्ड डेवलपमेंट रिपोर्ट 2021 को — डेटा फॉर बेटर लाइव्स 'के विषय के साथ जारी किया गया है - गरीबों की मदद के लिए डेटा से अधिक मूल्य का लाभ उठाना।

यह पहली विश्व विकास रिपोर्ट है जो केवल विकास के लिए डेटा की भूमिका पर केंद्रित है। जैसा कि कोविड महामारी ने वैश्विक डेटा असमानताओं को और भी अधिक कर दिया है, रिपोर्ट में कहा गया है कि हम डेटा का पूरा मूल्य, गरीब लोगों के लिए समान पहुंच सुनिश्चित करने के लिए कैसे टैप करते हैं।

अतः विकल्प (A) सही है।

7. महाराष्ट्र सरकार ने घोषणा की कि दिग्गज गायिका आशा भोसले को वर्ष 2020 के महाराष्ट्र राज्य का सर्वोच्च सम्मान 'महाराष्ट्र भूषण' पुरस्कार प्रदान करेगी।

मुख्यमंत्री उद्धव ठाकरे की अध्यक्षता में एक समिति ने यह निर्णय लिया। यह पुरस्कार राज्य सरकार द्वारा 1996 से राज्य के प्रख्यात व्यक्तियों की उत्कृष्ट उपलब्धियों को पहचानने के लिए दिया जाता रहा है।

अतः विकल्प (B) सही है।

8. पाकिस्तान ने परमाणु क्षमता वाली सतह से सतह पर मार करने वाली बैलिस्टिक मिसाइल का 'शाहीन -1 ए' नाम से सफल परीक्षण किया है।

मिसाइल में परिष्कृत और उन्नत मार्गदर्शन प्रणाली के साथ 900 किलोमीटर की रेंज है। फरवरी में, पाकिस्तान ने परमाणु क्षमता वाली सतह से सतह पर मार करने वाली बैलिस्टिक मिसाइल का सफल परीक्षण किया, जो 290 किलोमीटर तक के लक्ष्य को मार सकती है।

अतः विकल्प (A) सही है।

9. भारत के नियंत्रक और महालेखा परीक्षक, गिरीश चंद्र मुर्मू को 2021 के लिए लगातार दूसरी बार संयुक्त राष्ट्र के बाहरी लेखा परीक्षकों के पैनल का अध्यक्ष नियुक्त किया गया है।

पैनल में भारत, जर्मनी, चीन, यूके, फ्रांस, स्विटजरलैंड, इटली, इंडोनेशिया, रूस सहित अन्य देश शामिल हैं।

अतः विकल्प (A) सही है।

10. भाजपा की वरिष्ठ राजनेता और गोवा की पूर्व राज्यपाल मृदुला सिन्हा का 77 वर्ष की आयु में निधन हो गया। वह गोवा राज्य की पहली महिला राज्यपाल थीं।

वह एक शिक्षिका, कवियत्री और एक अनुभवी हिंदी लेखिका थीं।

अतः विकल्प (B) सही है।

11. दिया है,

दो संख्याओं का लघुत्तम समापवर्त्य $= 32$

दो संख्याओं का महत्तम समापवर्त्य $= 8$

पहली संख्या $= 8$

जैसा कि हम जानते हैं,

दो संख्याओं का गुणणफल = महत्तम समापवर्त्य $\times$ लघुत्तम समापवर्त्य

$\Rightarrow 8 \times$ दूसरी संख्या $= 8 \times 32$

$\Rightarrow$ दूसरी संख्या $= \frac{(8\times32)}{8}$

$\Rightarrow$ दूसरी संख्या $= 32$

अतः विकल्प (C) सही है।

12. अक्षरों की स्थिति ज्ञात करते हुए:

B + A + D = 2 + 1 + 4 = 7

वैसे ही,

H + A + T = 8 + 1 + 20 = 29

अतः HAT = 29

अतः विकल्प (D) सही है।

13. दी गयी जानकारी के अनुसार,

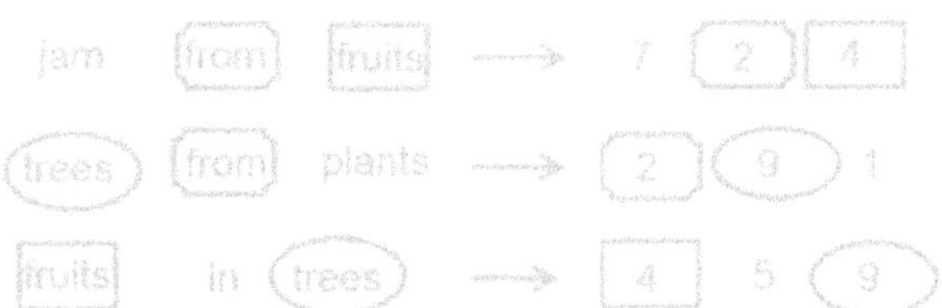

'jam' को 7 के रूप में कूटित किया गया है।

अतः विकल्प (A) सही है।

14. दिया है-

A = B+2 और B = 2C

हमें ज्ञात है, A + B + C = 27 वर्ष

⇒ (B+2) + B + C = 27 वर्ष

⇒ (2C+2) + 2C + C = 27

⇒ 5C = 25

⇒ C = 5

⇒ B की उम्र = 2×5 = 10 वर्ष

अतः विकल्प (A) सही है।

15. माना एक आयत की लंबाई और चोड़ाई $3x$ मी और $4x$ मी है

आयत का क्षेत्रफल $= 3x \times 4x = 12x^2$

$\Rightarrow 12x^2 = 300$

$\Rightarrow x^2 = \frac{300}{12} = 25$

$\therefore x = 5$

आयत की परिधि $= 2(3x + 4x) = 14x = 14 \times 5 = 70$ मी

अतः विकल्प (C) सही है।

16. एक बैल के मादा समकक्ष को गाय कहा जाता है।

इसी तरह, एक शेर के मादा समकक्ष शेरनी कहा जाएगा।

'शेरनी' तीसरे पद से उसी प्रकार संबंधित है जिस प्रकार दूसरा पद पहले पद से संबंधित है।

अतः विकल्प (A) सही है।

17. तर्क: प्रत्येक व्यंजन में 1 जोड़ें और प्रत्येक स्वर में 2 जोड़ें।

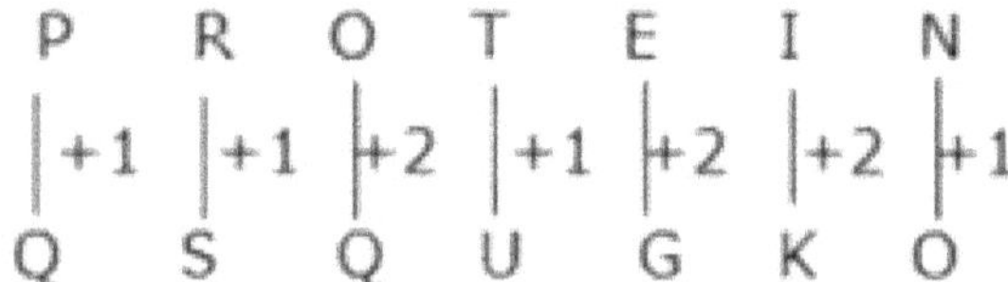

इसी तरह,

अतः विकल्प (C) सही है।

18. दिये गए शब्दों की दर्पण छवि से सबसे निकटम रूप से मेल खाता हो, जब दर्पण को XY रेखा पर रखा जाता है, इस प्रकार है,

X

ACE | ƎƆA

Y

अतः विकल्प (A) सही है।

19. दिए गए विकल्पों को परस्पर बदलकर और BODMAS नियम का उपयोग करने पर,

विकल्प (A) → × को - के साथ परस्पर बदलकर

मूल समीकरण है,

30 × 3 – 3 = 13

परस्पर बदलने के बाद,

बायाँ पक्ष = 30 - 3 × 3 = 30 – 9 = 21 ≠ दायाँ पक्ष

विकल्प (B) → × को ÷ में बदलकर; - को + में बदलकर

मूल समीकरण है,

30 × 3 – 3 = 13

बदलने के बाद,

बायाँ पक्ष = 30 ÷ 3 + 3 = 10 + 3 = 13 = दायाँ पक्ष

विकल्प (C) → × को + में बदलकर ; - को ÷ में बदलकर

मूल समीकरण है,

30 × 3 – 3 = 13

बदलने के बाद,

30 + 3 ÷ 3 = 30 + 1 = 31 = 31 ≠ दायाँ पक्ष

विकल्प (D) → × को - के साथ परस्पर बदलकर; 30 को 3 के साथ परस्पर बदलकर

मूल समीकरण है,

30 × 3 – 3 = 13

परस्पर बदलने के बाद,

3 – 30 × 30 = 3 – 900 = - 897 ≠ दायाँ पक्ष

अतः विकल्प (B) सही है।

20. यहाँ अनुसरण किया गया स्वरूप इस प्रकार है,

11 : 169 के लिए,

11 + 2 = 13

$13^2 = 169$

इसी तरह,

18 : ?

18 + 2 = 20

$20^2 = 400$

इसलिए,

18 : 400

'400' तीसरे पद से उसी प्रकार संबंधित है जिस प्रकार दूसरा पद पहले पद से संबंधित है।

अतः विकल्प (D) सही है।

21. यहाँ अनुसरण किया गया स्वरूप इस प्रकार है,

पहली आकृति में एक वृत्त है और दूसरी आकृति में वृत्त एक तीन भुजा वाली आकृति के भीतर है।

और,

तीसरी आकृति में एक त्रिभुज है, जिसके तीन भुजा है और चौथी आकृति में चार भुजा वाली आकृति तीन भुजा वाली आकृति के भीतर है।

इसी तरह,

पांचवी आकृति में चार भुजा वाली आकृति है और छठी आकृति में पाँच भुजा वाली आकृति इस आकृति के भीतर होनी चाहिए।

स्वरूप में अगली आने वाली आकृति इस प्रकार है,

अतः विकल्प (D) सही है।

22. यहाँ अनुसरण किया गया स्वरूप इस प्रकार है,

'18', '14' के स्थान पर होना चाहिए।

अत: पहले कोष्ठक की संख्या (बाएँ से) सही है और दूसरी गलत है।

अतः विकल्प (D) सही है।

23. यहाँ अनुसरण किया गया स्वरूप इस प्रकार है,

अतः विकल्प (A) सही है।

24. 1) LKJI → L – 1 = K; K – 1 = J; J – 1 = I

2) ZYXW → Z – 1 = Y; Y – 1 = X; X – 1 = W

3) DCBA → D – 1 = C; C – 1 = B; B – 1 = A

4) QRSP → Q + 1 = R; R + 1= S; S – 3 = P

'QRSP' को छोड़कर सभी एक ही स्वरूप का अनुसरण करते है।

अतः विकल्प (D) सही है।

25. यह निम्नलिखित तर्क का अनुसरण करता है:

(9 – 4) × 2 = 10

(7 – 5) × 2 = 4

इसी प्रकार,

(14 – 7) × 2 = 14

अतः विकल्प (D) सही है।

26. यहाँ अनुसरण किया गया स्वरूप इस प्रकार है,

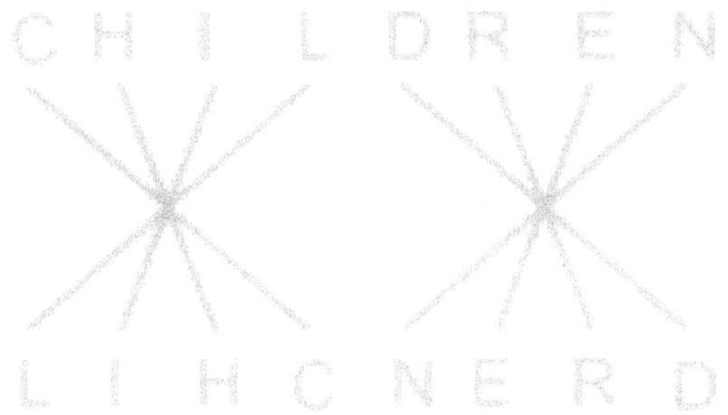

इसी तरह,

अतः विकल्प (D) सही है।

27. यहाँ अनुसरण किया गया स्वरूप इस प्रकार है,

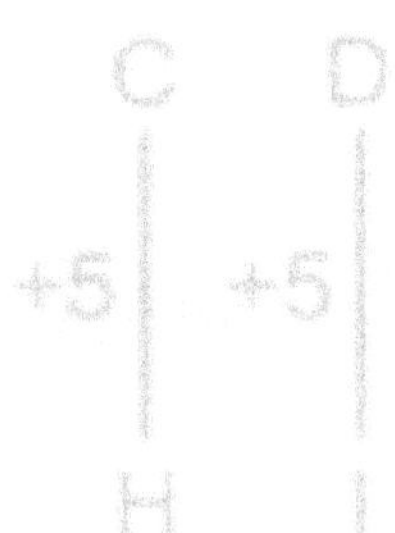

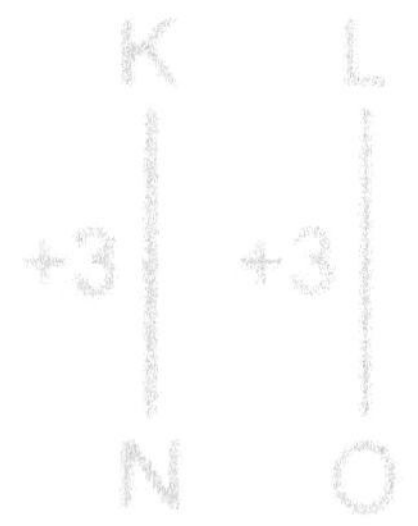

इसी तरह,

'PQ : UV' दिए गए युग्म के समरूप है।

अतः विकल्प (A) सही है।

28. दी गई जानकारी के अनुसार उन्हें व्यवस्थित करने पर,

विकल्प (A) → काइरो ईजिप्ट की राजधानी है।

विकल्प (B) → दीनार इराक की मुद्रा है।

विकल्प (C) → एथेंस ग्रीस की राजधानी है।

विकल्प (D) → रोम इटली की राजधानी है।

अतः विकल्प (B) सही है।

29. $\sqrt{15-\sqrt{124-\sqrt{23-\sqrt{196}}}}$

$\Rightarrow \sqrt{15-\sqrt{124-\sqrt{23-14}}}$

$\Rightarrow \sqrt{15-\sqrt{124-3}}$

$\Rightarrow \sqrt{15-11}$

$\Rightarrow \sqrt{4}$

$\Rightarrow 2$

अतः विकल्प (C) सही है।

30. यहाँ अनुसरण किया गया स्वरूप इस प्रकार है,

1 × 2 + 1 = 3

3 × 2 – 1 = 5

5 × 2 + 1 = 11

11 × 2 – 1 = 21

21 × 2 + 1 = 43

43 × 2 – 1 = 85

85 × 2 + 1 = 171

171 × 2 – 1 = 341

1 3 5 11 21 43 85 171 341
×2+1 ×2-1 ×2+1 ×2-1 ×2+1 ×2-1 ×2+1 ×2-1

अतः विकल्प (C) सही है।

31. चित्रकला की पट्टाचित्र शैली ओडिशा के सबसे पुराने और सबसे लोकप्रिय कला रूपों में से एक है। पट्टाचित्र कला शैली अपने जटिल विवरणों के साथ-साथ पौराणिक आख्यानों और लोककथाओं के लिए प्रचलित है।

अतः विकल्प (B) सही है।

32. उत्तर प्रदेश में बुलंदशहर जिले के नरौरा में परमाणु ऊर्जा इकाइयाँ हैं। नरौरा परमाणु ऊर्जा केंद्र (NAPS) उत्तर प्रदेश, भारत में बुलंदशहर जिले के नरौरा में स्थित एक परमाणु ऊर्जा संयंत्र है। नरौरा को देश के सबसे सुरक्षित परमाणु संयंत्रों में से एक माना जाता है और वर्ष 2000 में पर्यावरण प्रबंधन के लिए गोल्डन पीकॉक अवार्ड जीता।

अतः विकल्प (C) सही है।

33. दमयंती जोशी (5 सितंबर 1928 - 19 सितंबर 2004) कथक नृत्य में एक प्रसिद्ध भारतीय शास्त्रीय नृत्यांगना थीं। वह 1930 के दशक में मैडम मेनका की मंडली में नाचने लगी, जिसने दुनिया के कई हिस्सों की यात्रा की।

अतः विकल्प (A) सही है।

34. पुरातात्विक खुदाई में हर्रपन संस्कृति पर प्रकाश डाला गया है। पुरातात्विक उत्खनन वह प्रक्रिया है जिसके द्वारा पुरातत्वविद् जमीन में पाए जाने वाले सांस्कृतिक और जैविक अवशेषों को परिभाषित, पुनः प्राप्त और रिकॉर्ड करते हैं। अतीत की गतिविधियां घर की नींव, कब्र, कलाकृतियों, हड्डियों, बीजों और मानव अनुभव के कई अन्य निशान के रूप में निशान छोड़ती हैं।

अतः विकल्प (C) सही है।

35. महाबलिपुरम के रॉक कट (चट्टानों को काट कर) मंदिर पल्लव राजाओं के संरक्षण में बनाए गए थे।

महाबलीपुरम के रॉक-कट मंदिरों का निर्माण पल्लव राजाओं के संरक्षण में किया गया था। महाबलीपुरम कोरोमंडल तट पर स्थित है जो बंगाल की खाड़ी का सामना करता है। यह देखने के लिए एक खूबसूरत जगह है जो पल्लव वंश की 7वीं और 10वीं शताब्दी के दौरान एक अच्छी तरह से स्थापित समुद्री बंदरगाह था।

अतः विकल्प (A) सही है।

36. सांख्य हिंदू धर्म में दर्शन और धर्मशास्त्र की छह पद्धतियाँ हैं। सांख्य (कपिला): सांख्य रूढ़िवादी दार्शनिक पद्धतियाँ में सबसे प्राचीन है, और यह मानता है कि वास्तविकता में सब कुछ पुरुषा (आत्म, आत्मा या मन) और प्राकृत (पदार्थ, रचनात्मक, ऊर्जा) से उपजा है।

अतः विकल्प (A) सही है।

37. इब्न बतूता एक मुरीश यात्री था जो मुहम्मद-बिन-तुगलक के शासनकाल के दौरान भारत आया था। उनकी पुस्तक रेहला (यात्रा-वृत्तांत) मुहम्मद-बिन-तुगलक के शासनकाल और भारत में भौगोलिक, आर्थिक और सामाजिक परिस्थितियों पर प्रकाश डालती है। उन्हें दिल्ली के प्रमुख काजी के रूप में नियुक्त किया गया था।

अतः विकल्प (A) सही है।

38. प्रारंभिक वैदिक काल में महिलाओं को जीवन के सभी पहलुओं में पुरुषों के साथ समान दर्जा प्राप्त था। प्राचीन भारत में, पितृसत्तात्मक प्रणाली अत्यधिक

प्रचलित थी। पुरुष वर्चस्व था -महिलाये सम्मान और सुख का जीवन व्यतीत करती थी।

अतः विकल्प (A) सही है।

39. सही मिलान है:

	त्योहार		राज्य
1.	गणगौर	b.	राजस्थान
2.	गणेश चतुर्थी	c.	महाराष्ट्र
3.	दुर्गा पूजा	a.	पश्चिम बंगाल

अतः विकल्प (A) सही है।

40. मेगस्थनीज एक प्राचीन यूनानी इतिहासकार, राजनयिक थे। वह पाटलिपुत्र में चंद्रगुप्त मौर्य के सेल्यूकस। निकेटर के राजदूत बने। उन्होंने इंडिका नामक एक पुस्तक लिखी जो मौर्यकालीन भारत का एक लेख है। अपने अग्रणी कार्य के लिए, उन्हें भारतीय इतिहास का पिता माना जाता है।

अतः विकल्प (A) सही है।

41. ईस्ट इंडिया कंपनी के जनरल, लॉर्ड डलहौजी के आदेश से, अवध के राजा (वाजिद अली शाह) को हटा दिया गया था, और इसके राज्य को कथित आंतरिक कुशासन के आधार पर हड़प की निति के सिद्धांत के तहत ब्रिटिश भारत में वापस ले लिया गया था।

अतः विकल्प (C) सही है।

42. 22 मई, 1772 को एक बंगाली-ब्राह्मण परिवार में जन्मे, समाज सुधारक राजा राम मोहन रॉय को 'आधुनिक भारत का निर्माता' और 'भारतीय पुनर्जागरण के पिता' के रूप में जाना जाता है। उन्होंने सती प्रथा और जाति प्रथा के उन्मूलन के लिए अभियान चलाया और महिलाओं के लिए संपत्ति के अधिकार की मांग की।

अतः विकल्प (B) सही है।

43. उपरोक्त सभी कथन सही हैं।

इंग्लिश ईस्ट इंडिया कंपनी भारत में व्यापार का संचालन करने वाली एकमात्र कंपनी नहीं थी। वास्तव में, यह एक बहुत शक्तिशाली प्रतिद्वंद्वी था जिसे डच ईस्ट इंडिया कंपनी कहा जाता था। वीओसी की सफलता का रहस्य यह था कि इसमें संगठन और वित्तपोषण की उन्नत प्रणाली थी।

अतः विकल्प (D) सही है।

44. विनियमन अधिनियम, (1773), ब्रिटिश संसद द्वारा ब्रिटिश ईस्ट इंडिया कंपनी के भारतीय क्षेत्रों के विनियमन के लिए कानून पारित किया गया, जो मुख्यतः बंगाल में था।

ब्रिटिश संसद ने भारत में कंपनी की गतिविधियों को विनियमित करने के लिए आवश्यक पाया और इसके लिए, 1773 का विनियमन अधिनियम पारित किया गया। इसका उद्देश्य एक व्यापारिक कंपनी के हाथों से राजनीतिक शक्ति को हटाने की दिशा में एक कदम उठाना था।

अतः विकल्प (A) सही है।

45. भारतीय परिषद अधिनियम 1909 या मॉर्ले-मिंटो सुधार ब्रिटिश संसद द्वारा 1909 में विधायी परिषदों का दायरा बढ़ाने, भारतीय राष्ट्रीय कांग्रेस में नरमपंथियों की मांगों को समाप्त करने और भारतीयों की भागीदारी बढ़ाने के उद्देश्य से पारित किया गया था।

अतः विकल्प (B) सही है।

46. राज्य नीति के निर्देशक सिद्धांतों की अवधारणा आयरिश संविधान से उधार ली गई थी। भारत के संविधान के निर्माता आयरिश राष्ट्रवादी आंदोलन से प्रभावित थे। इसलिए, भारतीय संविधान के निर्देशक सिद्धांत आयरलैंड के निति निर्देशक सिद्धांत से काफी अधिक प्रभावित है।

अतः विकल्प (B) सही है।

47.

- समानता का अधिकार (लेख 14-18)
- स्वतंत्रता का अधिकार (लेख 19-22)
- शोषण के खिलाफ अधिकार (लेख 23-24)
- धर्म का स्वतंत्रता का अधिकार (लेख 25- 28)
- सांस्कृतिक और शैक्षिक अधिकार (लेख 29-30), और
- संवैधानिक उपचार का अधिकार (लेख 32-35)

अतः विकल्प (A) सही है।

48. राज्य सभा एक स्थायी निकाय है और विघटन के अधीन नहीं है। हालाँकि, हर दूसरे वर्ष एक-तिहाई सदस्य पदच्युत हो जाते हैं, और उनका स्थान नए निर्वाचित सदस्य ले लेते है। प्रत्येक सदस्य छह वर्ष की अवधि के लिए चुना जाता है। भारत का उपराष्ट्रपति राज्यसभा का पदेन सभापति होता है।

अतः विकल्प (A) सही है।

49. भारत का संविधान देश के लोगों को एकल नागरिकता देता है। सभी लोग चाहे वे जिस भी राज्य या क्षेत्र के हों, वे देश के नागरिक हों। यह यूएसए के विपरीत है, जहां एक नागरिक यूएसए का नागरिक है और वह जिस राज्य में रहता है।

अतः विकल्प (B) सही है।

50. न्यायिक समीक्षा संविधान की व्याख्या करने और विधायिका और कार्यकारी शून्य के ऐसे किसी भी कानून या आदेश की घोषणा करने की न्यायपालिका की शक्ति को संदर्भित करती है, अगर यह उन्हें भारत के संविधान का विरोध करता है। सर्वोच्च न्यायालय की इस शक्ति को न्यायिक समीक्षा शक्ति कहा जाता है।

अतः विकल्प (A) सही है।

51. बंगाल की प्रसिद्ध भक्तिपूर्ण नृत्यों में से एक गाहिरा है, छाउ नृत्य भारत के सबसे प्रसिद्ध आदिवासी लड़ाकू नृत्यों में से एक है। नृत्य को झारखंड में सेराइकेला छाउ, उड़ीसा में मयूरभंज चौ, और पश्चिम बंगाल में पुरुलिया छाउ के नाम से जाना जाता है।

अतः विकल्प (D) सही है।

52. ऋग वेद में वैदिक काल के प्रारंभ में 40 नदियों का उल्लेख है। नदीसूक्त भजन में पूर्व में गंगा और पश्चिम में कुभा का उल्लेख करते हुए 21 नदियां शामिल हैं। ऋग वेद सरस्वती के अनुसार सबसे पवित्र नदी है और सबसे उल्लेख की गई नदी सिंधु है इसके अलावा गंगा का उल्लेख 1 बार और यमुना का ऋग वेद में 3 बार किया गया था।

अतः विकल्प (B) सही है।

53. सही मिलान है:

	योजना		कार्यक्रम
A.	पहली योजना	2.	सामुदायिक विकास
B.	दूसरी योजना	1.	त्वरित औद्योगीकरण
C.	तीसरी योजना	3.	मूलभूत उद्योगों का विस्तार
D.	चौथी योजना	5.	स्थिरता के साथ आत्मनिर्भरता और विकास की उपलब्धि
E.	पाँचवी योजना	4.	न्यूनतम आवश्यकता कार्यक्रम

अतः विकल्प (D) सही है।

54. I.R.D.P के तहत अपनाई गई रणनीति। सातवीं योजना थी: कुल हाउस-होल्ड दृष्टिकोण को अपनाना।

अतः विकल्प (A) सही है।

55. ध्रुपद हिंदुस्तानी शास्त्रीय संगीत में एक मुखर शैली है, जिसे उस संगीत परंपरा में सबसे पुराना कहा जाता है। इसका नाम ध्रुव और पद (पद्य) शब्दों से

लिया गया है, जहां कविता (ध्रुव) का एक हिस्सा गीत में टेक के रूप में प्रयोग किया जाता है।

अतः विकल्प (B) सही है।

56. भुगतान संतुलन (बीओपी), जिसे अंतर्राष्ट्रीय भुगतान संतुलन के रूप में भी जाना जाता है, देश के व्यक्तियों, कंपनियों और सरकारी निकायों के साथ सभी लेनदेन को सारांशित करता है जो देश के बाहर व्यक्तियों, कंपनियों और सरकारी निकायों के साथ पूरा होता है।

अतः विकल्प (A) सही है।

57. अवमूल्यन एक अन्य मुद्रा, मुद्राओं के समूह, या मुद्रा मानक के सापेक्ष किसी देश के धन के मूल्य का जानबूझकर नीचे की ओर समायोजन है। जिन देशों की एक निश्चित विनिमय दर या अर्ध-स्थिर विनिमय दर है, वे इस मौद्रिक नीति उपकरण का उपयोग करते हैं।

अतः विकल्प (D) सही है।

58. अनुच्छेद 17- अस्पृश्यता का उन्मूलन - "अस्पृश्यता" को समाप्त कर दिया गया है और किसी भी रूप में इसका अभ्यास निषिद्ध है। "अस्पृश्यता" से उत्पन्न किसी भी विकलांगता का प्रवर्तन कानून के अनुसार एक दंडनीय अपराध होगा।

अतः विकल्प (B) सही है।

59. भारत की संसद द्वारा भारत के संविधान का उल्लंघन करने के लिए महाभियोग के माध्यम से कार्यकाल समाप्त होने से पहले राष्ट्रपति को हटाया जा सकता है। महाभियोग एक ऐसी प्रक्रिया है जिसके द्वारा एक विधायी निकाय सरकारी अधिकारी के खिलाफ आरोप लगाता है। महाभियोग अपने आप में आधिकारिक को कार्यालय से निश्चित रूप से नहीं हटाता है। यह आपराधिक कानून में एक अभियोग के समान है, और इस प्रकार यह अनिवार्य रूप से अधिकारी के खिलाफ आरोपों का बयान है।

अतः विकल्प (C) सही है।

60. कौटिल्य के अर्थशास्त्र की तुलना भारत के पहले प्रधानमंत्री जवाहरलाल नेहरू द्वारा निकोलो मैकियावेली की "द प्रिंस" से की गई थी।

अतः विकल्प (B) सही है।

61. आयुर्वेद कुछ विद्यालयों के अनुसार अथर्व या ऋग्वेद का एक उपवेद है या पंचम वेद है। इसे अथर्ववेद का उपंग भी माना जाता है।

अतः विकल्प (D) सही है।

62. वर्तमान में, भारत के महाधिवक्ता (सॉलिसिटर जनरल) तुषार मेहता हैं। भारत के लिए अटॉर्नी जनरल की तरह, सॉलिसिटर जनरल और अतिरिक्त सॉलिसिटर जनरल सरकार को सलाह देते हैं और लॉ ऑफिसर्स (नियम और शर्तें) नियम, 1972 के संदर्भ में भारत संघ की ओर से पेश होते हैं।

अतः विकल्प (B) सही है।

63. भारत दुनिया में चाय के सबसे बड़े उत्पादकों में से एक है। भारत में उत्पादित कुल चाय का लगभग 52% असम राज्य से आता है।

अतः विकल्प (A) सही है।

64. वित्त वर्ष 2018 के अंत में, दक्षिण भारतीय राज्य आंध्र प्रदेश में तंबाकू का उत्पादन लगभग 133 मिलियन किलोग्राम था। उसी समय के दौरान आंध्र प्रदेश और कर्नाटक भारत के दो अग्रणी तम्बाकू उत्पादक राज्य थे।

अतः विकल्प (B) सही है।

65. भारत के जम्मू और कश्मीर में औसत दो सौ मिलीमीटर वर्षा होती है। भारत में वर्षा का वितरण बहुत असमान है जहाँ एक ओर राजस्थान के अधिकांश भाग में 20 सेमी. से भी कम वर्षा होती है वहीं असम, पश्चिमी बंगाल, त्रिपुरा, मिजोरम, केरल, कर्नाटक, तमिलनाडु आदि राज्यों में औसतन 200 सेमी से अधिक वर्षा होती है।

अतः विकल्प (A) सही है।

66. पृथ्वी के शेष रेगिस्तान ध्रुवीय क्षेत्रों से बाहर हैं। सबसे बड़ा सहारा रेगिस्तान, उत्तरी अफ्रीका में एक उपोष्णकटिबंधीय रेगिस्तान है। यह लगभग 3.5 मिलियन वर्ग मील के सतह क्षेत्र को ढकता है।

अतः विकल्प (C) सही है।

67. कोरबा अपनी कोयला खदानों के लिए जाना जाता है जैसे गेवरा क्षेत्र (एशिया की सबसे बड़ी कोयला खानों में से एक), कुसमुंडा क्षेत्र और दीपका क्षेत्र, सभी कोरबा कोयला क्षेत्र में स्थित हैं। इसमें एनटीपीसी, सीएसईबी और भारत एल्युमिनियम कंपनी (बाल्को) जैसे बिजली संयंत्र भी हैं।

अतः विकल्प (A) सही है।

68. गंधार कला को ग्रीक-बौद्ध कला के रूप में भी जाना जाता है, यह तब विकसित हुई जब ग्रीक और रोम से कलात्मक प्रभाव अफगानिस्तान की बौद्ध परंपराओं के साथ मिला। कुषाण राजाओं के संरक्षण में, गांधार कला नई ऊंचाइयों पर पहुंची। उसी समय, भारत में मथुरा में कला की एक अलग शैली विकसित हो रही थी।

अतः विकल्प (B) सही है।

69. यह एक उल्लेखनीय वृद्धि थी। योजना का सबसे बड़ा लाभार्थी गेहूं अनाज था। प्रति एकड़ उपज में वृद्धि: हरित क्रांति ने न केवल कुल कृषि उत्पादन में वृद्धि की, बल्कि इससे प्रति हेक्टेयर उपज में भी वृद्धि हुई।

अतः विकल्प (D) सही है।

70. दक्षिण अमेरिका 'पक्षियों के महाद्वीप' है: यह लगभग 3436 प्रजातियों का दावा करता है, जो किसी भी अन्य की तुलना में अधिक है।

अतः विकल्प (C) सही है।

71. कोलकाता में विक्टोरिया मेमोरियल का निर्माण जॉर्ज कर्ज़न द्वारा किया जाने का प्रस्ताव था। विक्टोरिया मेमोरियल कोलकाता, पश्चिम बंगाल, भारत में एक बड़ी संगमरमर इमारत है, जिसे 1906 और 1921 के बीच बनाया गया था। यह रानी विक्टोरिया (1819-1901) की याददाश्त के लिए समर्पित है और अब यह एक संग्रहालय और संस्कृति मंत्रालय पर्यटन स्थल है।

अतः विकल्प (C) सही है।

72. संघीय प्रणाली:

1- दोहरी राजव्यवस्था

2- शक्ति का विभाजन

3- संविधान की सर्वोच्चता

4- संविधान की कठोरता

5- स्वतंत्र न्यायपालिका

6- द्विसदनीय

अतः विकल्प (C) सही है।

73. प्रेयरी – उत्तरी अमेरिका

वेल्ड – दक्षिण अफ्रीका

स्टेपी – यूरेशिया

कछार – ऑस्ट्रेलिया

अतः विकल्प (A) सही है।

74. टिगरिस और यूफ्रेट्स, अपनी सहायक नदियों के साथ, पश्चिमी एशिया में एक प्रमुख नदी प्रणाली बनाते हैं। पूर्वी तुर्की के अर्मेनियाई हाइलैंड्स में उत्पन्न होने वाले स्रोतों से वे सीरिया के माध्यम से / फारस की खाड़ी में इराक के माध्यम से प्रवाहित होते हैं।

अतः विकल्प (C) सही है।

75. अंतरराष्ट्रीय नौपरिवहन के लिए दुनिया की सबसे संकीर्ण जलडमरूमध्य का उपयोग किया जाता है, बोस्पोरस काले सागर को मरमारा सागर से और डार्डेनल्स के माध्यम से विस्तार करते हुए एजियन और भूमध्य सागर को जोड़ता है।

अतः विकल्प (A) सही है।

76. 25 मार्च 2021 को, अनीश शाह को 2 अप्रैल 2021 से महिंद्रा एंड महिंद्रा लिमिटेड (एम एंड एम) के प्रबंध निदेशक (एमडी) और मुख्य कार्यकारी अधिकारी (सीईओ) के रूप में नियुक्त किया गया था। अनीश शाह सेवारत डिप्टी एमडी और कंपनी सीएफओ हैं।

अतः विकल्प (D) सही है।

77. 27 फरवरी, 1931 को, आज़ाद ने इलाहाबाद के अल्फ्रेड पार्क (अब आज़ाद पार्क) में एक क्रांतिकारी से मिलने की व्यवस्था की। उसे पुलिस ने धोखा दिया, जिसने पार्क में घुसते ही उसे घेर लिया। बंदूक की लड़ाई हुई, जिसमें दो पुलिस अधिकारी घायल हो गए, और आज़ाद को बुरी तरह से गोली मार दी गई।

अतः विकल्प (C) सही है।

78. भारतीय विद्रोह, जिसे सिपाही विद्रोह या प्रथम स्वतंत्रता संग्राम भी कहा जाता है, 1857-59 में भारत में ब्रिटिश शासन के खिलाफ व्यापक लेकिन असफल विद्रोह था। ब्रिटिश ईस्ट इंडिया कंपनी की सेवा में भारतीय सैनिकों (सिपाहियों) द्वारा मेरठ में शुरू किया गया, यह दिल्ली, आगरा, कानपुर और लखनऊ तक फैल गया।

अतः विकल्प (D) सही है।

79. लॉर्ड रिपन ने 1882 में स्थानीय स्वशासन की शुरुआत करके भारतीयों को स्वतंत्रता का पहला स्वाद दिया था। स्थानीय स्वशासन की उनकी योजना ने उन नगर संस्थानों को विकसित किया जो देश में तब से बढ़ रहे थे जब भारत पर ब्रिटिश क्राउन का कब्जा था।

अतः विकल्प (B) सही है।

80. दिसंबर 1922 में, चित्तरंजन दास, नरसिंह चिंतामन केलकर और मोतीलाल नेहरू ने दास के साथ कांग्रेस-खिलाफत स्वराज पार्टी का अध्यक्ष और नेहरू को सचिव के रूप में गठन किया।

स्वराज पार्टी का गठन 9 जनवरी 1923 को भारतीय राजनेताओं और भारतीय राष्ट्रीय कांग्रेस के सदस्यों द्वारा किया गया था जिन्होंने चौरी चौरा त्रासदी के जवाब में 5 फरवरी 1922 को महात्मा के सभी नागरिक प्रतिरोध को निलंबित करने का विरोध किया था, जिसमें प्रदर्शनकारियों की भीड़ द्वारा पुलिसकर्मियों की हत्या कर दी गई थी।

अतः विकल्प (C) सही है।

81. सही मिलान है:

	सूची I		सूची II
1.	प्रेरणा	D.	रानाडे
2.	ब्रह्म समाज	A.	राजा राम मोहन राय
3.	आर्य समाज	C.	दयानंद सरस्वती
4.	राम कृष्ण	E.	राम कृष्ण परमहंस

अतः विकल्प (C) सही है।

82. चंपारण सत्याग्रह - 1917

असहयोग आंदोलन - 1920

दांडी मार्च - 1930

'भारत छोड़ो' आंदोलन - 1942

अतः विकल्प (A) सही है।

83. गांधी ने इसे "सत्याग्रह" कहा जिसका अर्थ है 'सत्य बल। 'इस सिद्धांत में किसी भी अहिंसक संघर्ष का उद्देश्य प्रतिद्वंद्वी को बदलना था; उसके दिमाग और उसके दिल को जीतने के लिए और उसे अपने दृष्टिकोण पर आगे बढ़ाएं।

अतः विकल्प (A) सही है।

84. होम रूल मूवमेंट - 1916

रौलट एक्ट- 1919

साइमन कमीशन - 1928

गांधी-इरविन समझौता - 1931

अतः विकल्प (D) सही है।

85. 30 सितंबर को, गांधी ने समाज में छुआछूत को दूर करने के लिए अखिल भारतीय एंटी अस्पृश्यता लीग की स्थापना की, जिसे बाद में हरिजन सेवक संघ ("अछूत समाज का नौकर") के रूप में नाम दिया गया। उस समय उद्योगपति घनश्याम दास बिरला इसके सचिव के रूप में अमृतलाल टक्कर के साथ संस्थापक अध्यक्ष थे।

अतः विकल्प (B) सही है।

86. 27 मार्च, 2021 को, सीएम योगी आदित्य नाथ ने उत्तर प्रदेश के गोरखपुर में शहीद अशफाक उल्ला खान प्राणि उद्यान का उद्घाटन किया, जिसका नाम स्वतंत्रता सेनानी शहीद अशफाक उल्ला खान के नाम पर रखा गया है ताकि क्षेत्र में पर्यटन की संभावनाएं पैदा की जा सकें।

अतः विकल्प (D) सही है।

87. पादयात्री संत और भूदान यज्ञ: विनोबा भावे द्वारा भूदान आंदोलन। 17 अक्टूबर, 1940 को, राष्ट्रपिता महात्मा गांधी ने आचार्य विनोबा भावे को व्यक्तिगत सत्याग्रह (सत्याग्रह करने वाले आंदोलन) और दूसरे के रूप में जवाहरलाल नेहरू को शुरू करने के लिए सत्याग्रह (सत्याग्रह के प्रस्तावक) के रूप में चुना था।

अतः विकल्प (D) सही है।

88. 1906 में एआईएमए सम्मेलन, ढाका नवाब परिवार के अहसन मंजिल महल में आयोजित, मुस्लिम लीग की नींव रखी।

अतः विकल्प (C) सही है।

89. बाल गंगाधर तिलक एक भारतीय राष्ट्रवादी, शिक्षक और एक स्वतंत्रता कार्यकर्ता थे। वह चरमपंथियों के लाल बाल पाल में से एक थे।

अतः विकल्प (B) सही है।

90. बदरुद्दीन तैयबजी (10 अक्टूबर 1844 - 19 अगस्त 1906) ब्रिटिश राज के दौरान एक भारतीय वकील, कार्यकर्ता और राजनेता थे। तैयबजी पहले भारतीय थे जिन्होंने बॉम्बे के उच्च न्यायालय के बैरिस्टर के रूप में अभ्यास किया, जिन्होंने भारतीय राष्ट्रीय कांग्रेस के तीसरे अध्यक्ष के रूप में कार्य किया। वह भारतीय राष्ट्रीय कांग्रेस के संस्थापक सदस्य और पहले मुस्लिम राष्ट्रपति में से एक थे।

अतः विकल्प (D) सही है।

91. चौरी चौरा उत्तर प्रदेश के गोरखपुर जिले में स्थित एक जगह है। जब गोरखपुर के चौरी चौरा में आंदोलन हुआ था, तब पुलिस ने लगभग 3,300 किसानों के जुलूस निकाले थे। गुस्साई भीड़ ने पुलिस स्टेशन को आग लगा दी, जिससे 22 पुलिसकर्मियों की मौत हो गई। गांधीजी ने हमेशा इस बात पर जोर दिया था कि पूरा आंदोलन अहिंसक और शांतिपूर्ण होना चाहिए। इस घटना के बाद, उन्होंने 1922 में एकतरफा आंदोलन को बंद कर दिया।

अतः विकल्प (A) सही है।

92. नेताजी सुभाष चंद्र बोस ने 1945 में भारतीय राष्ट्रीय सेना के साथ ब्रिटिश भारत पर हमला शुरू करने से पहले राष्ट्र को संबोधित करते हुए गांधी जी को 'राष्ट्र पिता' कहा था।

अतः विकल्प (D) सही है।

93. 1867 में, दादाभाई नौरोजी ने 'धन का निकास' सिद्धांत को सामने रखा, दादाभाई नौरोजी का काम भारत में अंग्रेजों के औपनिवेशिक शासन के दौरान भारत से इंग्लैंड तक धन की निकासी पर केंद्रित था। नौरोजी के लिए 'धन का निकास' सिद्धांत को जिम्मेदार ठहराया जाने के कारणों में से एक भारत के शुद्ध राष्ट्रीय लाभ का अनुमान लगाने का उनका निर्णय है, और विस्तार से, देश पर उपनिवेश का प्रभाव।

अतः विकल्प (D) सही है।

94. सबसे प्राचीन वेद ऋग्वेद है, जिसकी रचना लगभग 3500 वर्ष पूर्व हुई थी। ऋग्वेद में एक हजार से अधिक धार्मिक गीत शामिल हैं, जिन्हें सूक्त या ज्वेल-कहा जाता है। ऋग्वेद में कुछ भजन संवादों के रूप में हैं।

अतः विकल्प (B) सही है।

95. ब्लैक पैगोडा के रूप में संदर्भित, कोणार्क के सूर्य मंदिर का निर्माण 13 वीं शताब्दी के मध्य में गंगा राजवंश के राजा नरसिंह देव प्रथम द्वारा किया गया था।

अतः विकल्प (A) सही है।

96. अंगकोर वाट विष्णु मंदिर उत्तरी कंबोडिया में स्थित एक विशाल बौद्ध मंदिर परिसर है। यह मूल रूप से 12 वीं शताब्दी के पहले भाग में एक हिंदू मंदिर के रूप में बनाया गया था। 400 एकड़ से अधिक क्षेत्र में फैले, अंगकोर वाट को दुनिया का सबसे बड़ा धार्मिक स्मारक कहा जाता है।

अतः विकल्प (C) सही है।

97. पहली बार, 72 वीं गणतंत्र दिवस परेड में 122-मीटर की बांग्लादेशी त्रि-सेवा सैन्य टुकड़ी ने भाग लिया। बांग्लादेशी सेनाओं ने अपनी मुक्ति के 50 वर्षों के उपलक्ष्य में परेड में भाग लिया, जिसमें भारत ने प्रमुख भूमिका निभाई थी।

अतः विकल्प (C) सही है।

98. तराइन का द्वितीय युद्ध थानेश्वर (हरियाणा) के पास 1192 ई. में, राजपूत पृथ्वीराज चौहान और मुहम्मद गोरी की सेनाओं के बीच लड़ा गया था। पृथ्वीराज चौहान इस युद्ध में मुहम्मद गोरी से हार गया था और इस युद्ध के पश्चात भारत में मुस्लिम शासन का मार्ग प्रशस्त हो गया।

अतः विकल्प (B) सही है।

99. लोथल साबरमती नदी और अरब सागर के पास गुजरात, भारत में खंबात की खाड़ी के शीर्ष पर है। यह हड़प्पा के तटीय स्थल पर सबसे अधिक शोध किया गया स्थल है।

अतः विकल्प (C) सही है।

100. मुगलों के अधीन कृषि प्रणाली की केंद्रीय विशेषता भूमि के राजस्व के रूप में उनकी अधिशेष उपज (उपज के स्तर से ऊपर और ऊपर) के किसानों से अलगाव था जो राज्य की आय का मुख्य स्रोत था।

अतः विकल्प (C) सही है।

101. अमीर खुसरो ने तुर्की सुल्तानों के अधीन दरबारी, शाही कवि और दरबारी संगीतकार के रूप में काम किया। वे दिल्ली सल्तनत के सात से अधिक शासकों के शाही दरबारों से जुड़े एक प्रखर शास्त्रीय कवि थे। वह अलाउद्दीन खिलजी के दरबार से भी जुड़े हैं। अमीर खुसरो मुख्य रूप से अलाउद्दीन खिलजी के दरबारी कवि थे, लेकिन दिल्ली के 7 शासकों से जुड़े थे।

अतः विकल्प (B) सही है।

102. 25 जनवरी, 2021 को गृह मंत्रालय, भारत सरकार ने पद्म पुरस्कार 2021 की घोषणा की। इस वर्ष 1 जोड़ी मामले सहित कुल 119 पद्म पुरस्कार प्रदान किए गए।

अतः विकल्प (C) सही है।

103. राष्ट्रीय राजमार्ग 7 का नाम अब बदलकर राष्ट्रीय राजमार्ग 44 रखा गया है। यह राजमार्ग जम्मू-कश्मीर के श्रीनगर से शुरू होकर दक्षिण भारत के कन्याकुमारी तक जाता है। इसकी कुल लम्बाई 3,745 किलोमीटर है।

अतः विकल्प (B) सही है।

104. हम्बोल्ट धारा जिसे पेरू धारा भी कहा जाता है, एक ठंडा, कम लवणता वाली महासागरीय धारा है जो दक्षिण अमेरिका के पश्चिमी तट के उत्तर में बहती है।

अतः विकल्प (D) सही है।

105. सही मिलान है:

	सूची I (देश)		सूची II (राजधानी)
A.	ब्राजील	2.	ब्राजीलिया
B.	क्यूबा	1.	हवाना
C.	केन्या	4.	नैरोबी
D.	ज़ाम्बिया	3.	लुसाका

अतः विकल्प (B) सही है।

106. 21 जनवरी, 2021 को, किरेन रिजिजू, युवा मामलों और खेल राज्य मंत्री (स्वतंत्र प्रभार) ने कारगिल, लद्दाख संघ के ज़ांस्कर में पदुम में पहली बार खेले इंडिया ज़ांस्कर विंटर स्पोर्ट्स एंड यूथ फेस्टिवल 2021 का उद्घाटन किया। यह जनवरी 18-30, 2021 से 13 दिनों के लिए होगा और लद्दाख के खेल और युवा सेवा विभाग और पर्यटन विभाग द्वारा खेलो इंडिया कार्यक्रम के तहत आयोजित किया जाता है। फेस्टिवल की कुछ स्पर्धाएँ आइस क्लाइम्बिंग, फ्रोजन ज़ांस्कर रिवर, आइस हॉकी, स्नो स्कल्प्चर और एथनिक फूड फेस्टिवल पर होती हैं।

अतः विकल्प (D) सही है।

107. स्वेज नहर, मिस्र 193 किलोमीटर की नहर जो भूमध्यसागरीय और लाल समुद्र को जोड़ती है, को आधिकारिक तौर पर 17 नवंबर, 1869 को पोर्ट सईद में काफी उत्साहपूर्वक प्रारम्भ की गई थी। स्वेज नहर। 193 किमी की नहर जो लाल सागर को भूमध्य सागर से जोड़ती है, 7,000 किमी के साथ हिंद महासागर से अटलांटिक तक मालवाहक जहाजों की यात्रा को कम करने में मदद करती है।

अतः विकल्प (D) सही है।

108. इस प्रणाली का नाम धारवाड़ प्रणाली रखा है क्योंकि उनका अध्ययन पहले कर्नाटक के धारवाड़ क्षेत्र में किया गया था। लेकिन वे अरावली, तमिलनाडु, छोटानागपुर पठार, मेघालय, दिल्ली और हिमालय क्षेत्र में भी पाए जाते हैं। धारवाड़ की चट्टानें लौह अयस्क, मैंगनीज, सीसा, जस्ता, सोना, चांदी आदि से समृद्ध हैं।

अतः विकल्प (B) सही है।

109. यह कश्मीर के चीनी प्रशासित क्षेत्र के लगभग सभी क्षेत्रों का गठन करता है जो भारत द्वारा जम्मू और कश्मीर राज्य के लद्दाख क्षेत्र का हिस्सा होने का दावा किया जाता है। भौगोलिक रूप से अक्साई चिन तिब्बत के पठार का दक्षिण-पश्चिम विस्तार है।

अतः विकल्प (D) सही है।

110. भारतीय अर्थव्यवस्था को विकासशील अर्थव्यवस्था के रूप में जाना जाता है। भारतीय अर्थव्यवस्था को दुनिया की विकासशील अर्थव्यवस्था कहा जाता है। कुछ विशेषताएं जैसे प्रति व्यक्ति आय, गरीबी रेखा से नीचे की उच्च जनसंख्या, खराब बुनियादी ढांचा, कृषि आधारित अर्थव्यवस्था और पूंजी निर्माण

की कम दर, इसे दुनिया में एक विकासशील अर्थव्यवस्था के रूप में जाना जाता है।

अतः विकल्प (C) सही है।

111. राष्ट्रीय आय समिति की रिपोर्ट (1954) के अनुसार, भारत की राष्ट्रीय आय 8710 करोड़ रुपये थी और प्रति व्यक्ति आय 1948-49 में 225 रुपये थी। भारत में, केंद्रीय सांख्यिकीय संगठन (1949) जिसे अब केंद्रीय सांख्यिकी कार्यालय (CSO) के रूप में नाम दिया गया, राष्ट्रीय आय तैयार करता है।

अतः विकल्प (C) सही है।

112. 21 जनवरी, 2021 को जयंत एन खोबरागड़े को इंडोनेशिया के जकार्ता में दक्षिण-पूर्व एशियाई देशों के संगठन (आसियान) सचिवालय में भारत का अगला राजदूत नियुक्त किया गया। वह जल्द ही पद का कार्यभार संभालेंगे। वह 1995 बैच के एक भारतीय विदेश सेवा (IFS) अधिकारी हैं और वर्तमान में भारत सरकार के विदेश मंत्रालय में संयुक्त सचिव के रूप में कार्य करते हैं। आसियान क्षेत्र और भारत में कुल मिलाकर 1.85 बिलियन लोगों की आबादी है, दुनिया की एक चौथाई आबादी और उनके संयुक्त सकल घरेलू उत्पाद का अनुमान 3.8 ट्रिलियन अमरीकी डॉलर से अधिक है।

अतः विकल्प (A) सही है।

113. भारतीय-अमेरिकी डॉ. विवेक मूर्ति पूर्व राष्ट्रपति बराक ओबामा के अधीन सेवा देने के बाद जो बिडेन प्रशासन के तहत सर्जन जनरल के रूप में अपनी भूमिका को फिर से लागू करेंगे।

सर्जन जनरल के रूप में, मूर्ति ने अमेरिका में कोरोनोवायरस महामारी के प्रभाव को देखते हुए अपने कार्य में कटौती की होगी।

अतः विकल्प (A) सही है।

114. आय कर सीधे खरीदारों के लिए एक वस्तु की कीमत में वृद्धि नहीं करते हैं। वस्तुएं अत्यंत महत्वपूर्ण हैं क्योंकि वे अन्य वस्तुओं के उत्पादन में आवश्यक कारक हैं। कॉफी, गेहूं, सोना, और तेल सहित वस्तुओं की एक विस्तृत सरणी मौजूद है। इन वस्तुओं का कारोबार दुनिया भर के वस्तु विनिमय एक्सचेंजों जैसे शिकागो मर्केंटाइल एक्सचेंज, द लंदन मेटल्स एक्सचेंज और इंटरकांटिनेंटल एक्सचेंज में लगातार किया जाता है।

अतः विकल्प (A) सही है।

115. यदि मुद्रास्फीति के साथ मजदूरी बढ़ती है, और अगर मुद्रास्फीति होने से पहले ही उधारकर्ता के पास पैसा बकाया है, तो मुद्रास्फीति उधारकर्ता को लाभ देती है। इसके अलावा, मुद्रास्फीति देनदार को उधारदाताओं को पैसे के साथ वापस भुगतान करने देती है जो कि मूल रूप से उधार लेने पर इससे कम है।

अतः विकल्प (B) सही है।

116. परमाणु नाभिक की आवश्यक प्रकृति जेम्स चैडविक द्वारा न्यूट्रॉन की खोज के साथ 1932 में स्थापित की गई थी और यह दृढ़ संकल्प था कि यह एक नया प्राथमिक कण था, जो प्रोटॉन से अलग था। फरवरी 1932 में, केवल दो सप्ताह के लिए प्रयोग करने के बाद, चाडविक ने "द पॉसिबल एक्सिस्टेंस ऑफ़ अ न्यूट्रॉन," शीर्षक से एक पेपर प्रकाशित किया, जिसमें उन्होंने प्रस्ताव दिया कि सबूत गामा किरण फोटॉनों के बजाय न्यूट्रॉन का पक्ष लेते हैं, जो रहस्यमय विकिरण की सही व्याख्या के रूप में है।

अतः विकल्प (A) सही है।

117. चार-स्ट्रोक गैसोलीन इंजन 1886 में गोटलिब डेमलर और कार्ल बेंज द्वारा डिजाइन किए गए पहले आधुनिक ऑटोमोबाइल का दिल था। एक दूसरे से स्वतंत्र रूप से, दो अग्रणी ने छोटे, उच्च गति वाले इंजन विकसित किए, जो कि नए ऑटोमोबाइल की ड्राइव प्रणाली के लिए निकोलस ओटो के चार-स्ट्रोक सिद्धांत पर आधारित थे।

अतः विकल्प (C) सही है।

118. हाइग्रोमीटर एक आर्द्रतामापी एक उपकरण है जिसका उपयोग सापेक्ष आर्द्रता को मापने के लिए किया जाता है। आर्द्रता हवा में नमी की मात्रा का माप है। एक साइकोमीटर एक हाइग्रोमीटर का एक उदाहरण है।
अतः विकल्प (B) सही है।

119. भारत के विदेश मंत्री ताजिकिस्तान के दुशांबे में आयोजित 9 वीं हार्ट ऑफ एशिया-इस्तांबुल प्रक्रिया में शामिल हुए। उन्होंने "दोहरी शांति" का मतलब है जो अफगानिस्तान के भीतर शांति और अफगानिस्तान के आसपास शांति का मतलब है और यह भी कहा कि भारत इंट्रा-अफगान वार्ता (आईएएन) का समर्थन करता है।

अतः विकल्प (C) सही है।

120. प्राणी विज्ञान का अध्ययन जीवित और मृत दोनों जानवरों से संबंधित है। प्राणी विज्ञान (पशु विज्ञान के रूप में भी जाना जाता है) जीव विज्ञान की शाखा है जो पशु जीवन के अध्ययन के लिए समर्पित है। इसमें जीवों की संरचना से लेकर जीवन की उपकुलर इकाई तक के क्षेत्र शामिल हैं। कुछ प्राणी वैज्ञानिक जानवरों के विशेष समूहों की जीव विज्ञान में रुचि रखते हैं।

अतः विकल्प (C) सही है।

121. इलेक्ट्रान सूक्ष्मदर्शी (ईएम) जैविक और गैर-जैविक नमूनों की उच्च संकल्प छवियों को प्राप्त करने की एक तकनीक है। इसका उपयोग बायोमेडिकल अनुसंधान में ऊतकों, कोशिकाओं, ऑर्गेनेल और मैक्रोमोलेक्युलर परिसरों की विस्तृत संरचना की जांच करने के लिए किया जाता है। ट्रांसमिशन इलेक्ट्रॉन सूक्ष्मदर्शी (टीईएम), स्कैनिंग इलेक्ट्रॉन सूक्ष्मदर्शी (एसईएम), और प्रतिबिंब इलेक्ट्रॉन सूक्ष्मदर्शी (आरईएम) सहित कई अलग-अलग प्रकार के इलेक्ट्रॉन सूक्ष्मदर्शी हैं।

अतः विकल्प (D) सही है।

122. रेटिना पर बनने वाली छवि वास्तविक (वस्तु के बराबर) और उल्टी होती है। रेटिना में विशेष कोशिकाएं होती हैं जो प्रकाश के प्रति संवेदनशील होती हैं, जिन्हें रॉड और शंकु कोशिकाओं के रूप में जाना जाता है। ये कोशिकाएं उत्तेजित हो जाती हैं और मस्तिष्क को संकेत भेजती हैं जो उन्हें वास्तविक छवियों में बदल देती हैं जो हमें देखने की अनुमति देती हैं।

अतः विकल्प (A) सही है।

123. पोलियो टीका (वैक्सीन), पोलियो के वायरस से बचाव के लिए पहला पोलियो टीका (वैक्सीन), जिसे निष्क्रिय पोलियोवायरस वैक्सीन (आईपीवी) या साल्क वैक्सीन के रूप में जाना जाता है, को 1950 के दशक के आरंभ में अमेरिकी चिकित्सक जोन्स सॉल्क द्वारा विकसित किया गया था।

अतः विकल्प (B) सही है।

124. खट्टे रसदार फल जैसे आँवला, नारंगी, नींबू, संतरा, अंगूर, टमाटर, आदि एवं अमरूद, केला, बेर, बिल्व, कटहल, शलगम, पुदीना, मूली के पत्ते, मुनक्का, दूध, चुकंदर, चौलाई, बंदगोभी, हरा धनिया और पालक विटामिन सी के अच्छे स्रोत हैं। इसके अलावा दालें भी विटामिन सी का स्रोत होती हैं।

अतः विकल्प (C) सही है।

125. सामान्य पोटैशियम का स्तर तंत्रिका तंत्र और हृदय में विद्युत संकेतों के संचालन के लिए भी महत्वपूर्ण है। यह एक अनियमित दिल की धड़कन से बचाता है। पोटैशियम प्राकृतिक रूप से कई खाद्य पदार्थों, जैसे कि सूखा आलूबुखारा, खुबानी, मीठे आलू और लिमा बीन्स में पाया जाता है।

अतः विकल्प (C) सही है।

126. एक साबुन के बुलबुले के अंदर दबाव वायुमंडलीय दबाव से अधिक होता है। इसका मतलब है कि साबुन फिल्म दो पक्षों से दबाव महसूस करती है; अंदर और बाहर। बुलबुले के अंदर हवा का दबाव हमेशा बाहर से हवा के दबाव से बड़ा होगा। सतह के तनाव के परिणामस्वरूप साबुन फिल्म बुलबुले के रूप में संभव के रूप में छोटा करके इसके सतह क्षेत्र को कम कर देगी।

अतः विकल्प (A) सही है।

127. आदर्श रूप से, एक धूप का चश्मा आंखों को सूर्य की हानिकारक किरणों से बचाने के लिए है। वे पढ़ने या लंबी दूरी को देखने के लिए नहीं हैं।

इसलिए, उनकी शक्ति शून्य है। मूल रूप से इसका मतलब है कि धूप का चश्मा सामान्य नेत्र चश्मा नहीं है।

अतः विकल्प (A) सही है।

128. क्लोरीन जल के कोलीफार्म जीवाणु को नष्ट तो करता है किन्तु उसका अधिक प्रयोग स्वास्थ्य के लिए हानिकारक होता है। भारत में नदियों में अधिक मात्रा में क्लोरीन के प्रयोग से झाग जैसी समस्या देखने को मिल जाती है परन्तु ऐसा फंगल इन्फेक्शन जैसी समस्या से बचने के लिए करना पड़ता है।

अतः विकल्प (A) सही है।

129. खतरे के संकेतों के लिए लाल रंग के प्रकाश का उपयोग करने का प्राथमिक कारण यह है कि लाल प्रकाश हवा के अणुओं द्वारा कम से कम बिखरता है। प्रकीर्णन का प्रभाव किसी रंग की तरंग दैर्ध्य की चतुर्थ घात के व्युत्क्रमानुपाती होता है। तो लाल बत्ती कोहरे, बारिश के माध्यम से सबसे लंबी दूरी की यात्रा करने में सक्षम है।

अतः विकल्प (A) सही है।

130. बिहार राजगीर और बोधगया में दो हरित ऊर्जा कुशल शहर बनाने वाला देश का पहला राज्य बन गया है। शहर 2023 से अपनी तरह की पहली अक्षय ऊर्जा परियोजना के माध्यम से सौर ऊर्जा प्राप्त करना शुरू करेंगे।

अतः विकल्प (A) सही है।

131. ऊर्जा का प्रवाह कम होने से यह उच्च से अधिक ट्रॉफिक स्तर से गुजरता है। ऊर्जा एक ट्रॉफिक स्तर से अगले ट्रॉफिक स्तर तक घट जाती है क्योंकि ऊर्जा ऊर्जा के हस्तांतरण के दौरान चयापचय गर्मी के रूप में खो जाती है। जब खाद्य ऊर्जा उत्पादकों से शाकाहारी से मांसाहारी में गुजरती है, तो केवल 10% ऊर्जा एक ट्रॉफिक स्तर से दूसरे ट्रॉफिक स्तर पर स्थानांतरित होती है। इसलिए, उत्पादकों को अधिकतम ऊर्जा प्राप्त होती है।

अतः विकल्प (A) सही है।

132. चकमा लोग, भारतीय उपमहाद्वीप के पूर्वी क्षेत्रों से एक मूल समूह हैं, वे दक्षिण बांग्लादेश में चटगांव पहाड़ी इलाकों में और भारत के मिजोरम में सबसे बड़ा जातीय समूह हैं। चकमा और हाजोंग जातीय लोग हैं जो चटगाँव पहाड़ी इलाकों में रहते थे, जिनमें से अधिकांश बांग्लादेश में स्थित हैं। चकमा मुख्य रूप से बौद्ध हैं, जबकि हाजोंग हिंदू हैं। वे पूर्वोत्तर भारत, पश्चिम बंगाल, बांग्लादेश और म्यांमार में पाए जाते हैं।

अतः विकल्प (C) सही है।

133. चमकदार रोशनी में उगने वाले पौधों को सूर्य के पौधों या आतपोद्भिद् के रूप में कहा जाता है, जबकि आंशिक छाया या कम प्रकाश की तीव्रता में बढ़ने वाले पौधों को छाया पौधों या छायाप्रिय पौधे के रूप में कहा जाता है।

छायाप्रिय पौधे में उपजी नरम, बड़े अंतरा पर्व के साथ पतले होते हैं। पत्तियां पतली और बड़े आकार की होती हैं। चमकीला हरा रंग है। पत्ती की कोशिकाएं बड़ी होती हैं। छल्ली पतली है। स्टोमेटा सतह के साथ स्तर में हैं। पालिसैड पैरेन्काइमा कम विकसित होता है। फूल और फलने की तुलना में अधिक वनस्पति विकास होता है।

अतः विकल्प (B) सही है।

134. भारतीय संविधान केंद्र सरकार को अवशिष्ट शक्ति प्रदान करता है।

(1) संसद के पास समवर्ती सूची या राज्य सूची में शामिल किसी भी मामले के संबंध में कोई कानून बनाने की अनन्य शक्ति है।

(2) इस तरह की शक्ति में किसी भी कानून को लागू करने की शक्ति शामिल होगी जो उन सूचियों में उल्लेखित नहीं है।

अतः विकल्प (A) सही है।

135. एक वाणिज्यिक नीति एक सरकार की नीति है जो अंतर्राष्ट्रीय व्यापार को नियंत्रित करती है। वाणिज्यिक नीति एक सभी शामिल शब्द है जिसका उपयोग उन विषयों को कवर करने के लिए किया जाता है जिनमें अंतर्राष्ट्रीय व्यापार शामिल है।

अतः विकल्प (C) सही है।

136. तमिलनाडु के मुख्यमंत्री, एडप्पादी के। पलानीस्वामी ने घोषणा की कि कावेरी डेल्टा क्षेत्र को 'संरक्षित विशेष कृषि क्षेत्र' के रूप में घोषित किया जाएगा।

इस घोषणा से राज्य की खाद्य सुरक्षा सुनिश्चित होगी। तमिलनाडु के केंद्रीय जिलों में कावेरी डेल्टा क्षेत्र को संरक्षित विशेष कृषि क्षेत्र में परिवर्तित किया जाएगा। इस संबंध में विशेष कानून बनाए जाने हैं।

अतः विकल्प (B) सही है।

137.

- ए पी जे अब्दुल कलाम ने विज़न 2020 परियोजना में PURA की अवधारणा का प्रस्ताव रखा।
- इसका लक्ष्य और उद्देश्य भारत को नई ऊंचाइयों और उपलब्धियों, विकसित स्थिति और अर्थव्यवस्था प्रदान करना है।
- ग्रामीण विकास मंत्रालय पायलट योजना को पायलट आधार पर लागू कर रहा है।
- PURA का उद्देश्य- ग्रामीण क्षेत्रों में आजीविका के अवसरों और ग्रामीण शहरी-शहरी विभाजन को पाटने के लिए शहरी सुविधाओं का प्रावधान।
- इसमें सीवरेज, निर्माण और ग्राम सड़कों, ड्रेनेज, सॉलिड वेस्ट मैनेजमेंट आदि का रखरखाव शामिल है।

अतः विकल्प (A) सही है।

138. भारत में नियोजित आर्थिक विकास पहली पंचवर्षीय योजना की शुरुआत के साथ 1951 में शुरू हुआ था, आजादी से पहले ही सैद्धांतिक प्रयास बहुत पहले शुरू हो गए थे।

इसने मुख्य रूप से प्राथमिक क्षेत्र के विकास, विशेष रूप से कृषि और सिंचाई पर ध्यान केंद्रित किया।

अतः विकल्प (C) सही है।

139. इंद्रावती बांध भारत में ओडिशा राज्य के भवानी पटना से लगभग 90 किलोमीटर दूर गोदावरी की एक सहायक नदी इंद्रावती नदी पर बना एक गुरुत्व बांध है।

अतः विकल्प (A) सही है।

140. भारत में प्रथम पंचवर्षीय योजना 1951 से 1956 तक थी। यह योजना हारोड-डोमर मॉडल पर आधारित थी। देश के कृषि विकास को प्राथमिकता दी। प्रथम पंचवर्षीय योजना जवाहरलाल नेहरू द्वारा संसद के समक्ष प्रस्तुत की गई थी। अर्थशास्त्री के एन राज को इस योजना के वास्तुकार के रूप में जाना जाता है। यह सरकार के लिए अर्ध सफल था।

अतः विकल्प (A) सही है।

सामान्य अध्ययन (पेपर-I) : मॉक टेस्ट 08

Q.1 खुदाई के साक्ष्य के अनुसार, जानवरों का पालन-पोषण शुरू हुआ-

A. लघु पुरापाषाण काल **B.** मध्य पुरापाषाण काल
C. उच्च पुरापाषाण काल **D.** मध्यपाषाण काल

Q.2 सूची। (प्राचील स्थल) का, सूची ॥ (पुरातात्तिक खोज) के साथ मिलान कीजिए और सूची के नीचे दिए गए कूट का उपयोग करके सही उत्तर का चयन कीजिए:

सूची-I (प्राचीन स्थल)	सूची-II (पुरातात्तिक खोज)
A. लोथल	1. जोता हुआ क्षेत्र
B. कालीबंगन	2. पोतगाह
C. धोलावीरा	3. एक हल की टेराकोटा प्रतिकृति
D. बनवाली	4. हड़प्पा लिपि के दस बड़े आकार के चिन्हों का एक शिलालेख

A. A-1, B-2, C-3, D-4 **B.** A-2, B-1, C-4, D-3
C. A-1, B-2, C-4, D-3 **D.** A-2, B-1, C-3, D-4

Q.3 उस 'मुद्रा' का नाम बताइए, जिसे सारनाथ में प्रथम धर्मोपदेश के गान्धार बुद्ध चित्र द्वारा प्रस्तुत किया गया था?

A. अभय **B.** ध्यान **C.** धर्म चक्र **D.** भूमि स्पर्श

Q.4 हीनयान चरण का सबसे बड़ा और सबसे विकसित चट्टानों वाला चैत्य हॉल कहाँ स्थित है?

A. पीतलखोर **B.** जुन्नर **C.** कार्ले **D.** बेदसा

Q.5 निम्नलिखित में से कौन सा भारत में नास्तिक और अस्थिक प्रणाली की विशिष्ट विशेषताएं हैं?

A. ईश्वर के अस्तित्व में विश्वास
B. पुनर्जन्म के सिद्धांत में विश्वास
C. वेदों की प्रामाणिकता में विश्वास
D. स्वर्ग और नरक के अस्तित्व में विश्वास

Q.6 गोदावरी नदी के किनारे कौन सा महाजनपद स्थित था?

A. अवंती **B.** वत्स **C.** असाका **D.** कंबोज़

Q.7 निम्नलिखित में से कौन सा मौर्य मंत्रीपरिषद में संग्रह या राजस्व से जुड़ा था?

A. समाहर्ता **B.** व्यभारिका **C.** अन्तपाल **D.** प्रदेशथा

Q.8 किस मुस्लिम शासक के सिक्के पर देवी लक्ष्मी की प्रतिमा है?

A. मुहम्मद गौरी **B.** अलाउद्दीन खलजी
C. अकबर **D.** इनमें से कोई नहीं

Q.9 दिल्ली के किस सुल्तान ने पहली बार "घरी" या गृह कर लगाया?

A. बलबन **B.** अलाउद्दीन खलजी
C. मुहम्मद-बिन-तुगलक **D.** फिरोज शाह तुगलक

Q.10 निम्न में से कौन सा युग्म सही मेल खाता है?

A. दीवान-ए-बंदगाह - फिरोज शाह तुगलक
B. दीवान-ए-मुस्तखराज - बलबान
C. दीवान-ए-कोही - अलाउद्दीन खलजी
D. दीवान-ए-अर्ज़ - मुहम्मद तुगलक

Q.11 भारत के किस मध्ययुगीन राजा ने 'इक्ता प्रणाली' आरंभ की थी?

A. इल्तुतमिश **B.** बलबन
C. अलाउद्दीन खलजी **D.** इनमें से कोई नहीं

Q.12 'तबकात-ए-नासिरी' का लेखक कौन था?

A. शेख जमालुद्दीन **B.** अल-बरुनी
C. मिन्हाज़-उस-सिराज **D.** ज़ियाउद्दीन बरनी

Q.13 बहमनी राज्य किसके द्वारा स्थापित किया गया था?

A. अलाउद्दीन हसन **B.** अली आबिद शाह
C. हुसैन निजाम शाह **D.** मुजाहिद शाह

Q.14 ख़्वाजा मोईनुद्दीन चिश्ती का अनुयायी कौन था?

A. ख्वाजा अब्दल चिश्ती **B.** शाह वली उल्लाह
C. मीर दर्द **D.** ख्वाजा उस्मान हरूनी

Q.15 भारत में ब्रिटिश शासन के निम्नलिखित रियासतों पर विचार करें:

1. झाँसी
2. संबलपुर
3. सतारा

सही कालानुक्रमिक क्रम से व्यवस्थित कीजिए जिसमें उन पर ब्रिटिश द्वारा कब्ज़ा कर लिया गया था।

A. 1, 2, 3 **B.** 1, 3, 2 **C.** 3, 2, 1 **D.** 3, 1, 2

Q.16 किस गवर्नर जनरल ने दास-प्रथा को समाप्त कर दिया था?

A. लॉर्ड कॉर्नवॉलिस **B.** लॉर्ड एलनबरो
C. लॉर्ड विलियम बेन्टिंक **D.** सर जॉन शोर

Q.17 असम में पहली चाय कंपनी कब स्थापित हुई थी?

A. 1835 **B.** 1837 **C.** 1839 **D.** 1841

Q.18 किस वायसराय के कार्यकाल में, इलबर्ट बिल' पास हुआ?

A. लॉर्ड कर्जन **B.** लॉर्ड मिंटो
C. लॉर्ड हार्डिंगे **D.** लॉर्ड रिपन

Q.19 निम्नलिखित में से किसने 'सोम प्रकाश' नामक अख़बार की शुरुआत की?

A. दयानंद सरस्वती **B.** ईश्वर चंद्र विद्यासागर
C. राजा राममोहन राय **D.** सुरेंद्रनाथ बनर्जी

Q.20 वर्ष 1885 में भारत राष्ट्रीय कांग्रेस के महासचिव कौन थे?

A. ए.ओ. ह्यूम **B.** दादाभाई नौरोजी
C. डब्ल्यू.सी. बनर्जी **D.** फिरोज शाह मेहता

Q.21 ब्रिटिश वस्तुओं के बहिष्कार को राष्ट्रीय नीति के रूप में कब अपनाया गया था?

A. 1899 **B.** 1901 **C.** 1903 **D.** 1905

Q.22 वर्ष 1916 में भारतीय राष्ट्रीय कांग्रेस के लखनऊ अधिवेशन की अध्यक्षता किसके द्वारा की गई थी?

A. एनी बेसेंट **B.** लाला लाजपत राय
C. मोतीलाल नेहरू **D.** ए.सी. मजुमद।र

Q.23 मुस्लिम लीग का वार्षिक अधिवेशन, जिसने जिन्ना के दो राष्ट्र सिद्धांतो पर प्रभाव डाला, वह ___ में आयोजित किया गया था।

A. लाहौर **B.** कराची **C.** बॉम्बे **D.** लखनऊ

Q.24 क्रिप्स मिशन किस वर्ष भारत आया था?

A. 1940 **B.** 1942 **C.** 1944 **D.** 1946

Q.25 14 जून, 1947 को अखिल भारतीय कमेटी की बैठक में, किसने भारत के विभाजन के खिलाफ मतदान किया?

A. अबुल कलाम आज़ाद
B. खान अब्दुल गफ़ार खान
C. सरदार पटेल
D. गोविंद वल्लभ पंत

Q.26 निम्नलिखित अधिनियमों में से किसके द्वारा भारत में संघीय न्यायालय स्थापित किया गया था?

A. भारतीय परिषद अधिनियम, 1861
B. भारत सरकार अधिनियम, 1909
C. भारत सरकार अधिनियम, 1919
D. उपरोक्त में से कोई भी नहीं

Q.27 सूची-II के साथ सूची-I का मिलान करें और सूचियों के नीचे दिए गए कोड से सही उत्तर चुनें:

सूची-I	सूची-II
A. 7 वीं अनुसूची	1. भाषाएँ
B. 8 वीं अनुसूची	2. दलबदल के आधार पर अयोग्यता
C. 9 वीं अनुसूची	3. विधायक शक्तियों का वितरण
D. 10 वीं अनुसूची	4. कुछ अधिनियमों की वैधता

A. A-3, B-1, C-2, D-4 **B.** A-2, B-3, C-1, D-4
C. A-3, B-1, C-4, D-2 **D.** A-4, B-2, C-1, D-3

Q.28 सूची-I के साथ सूची-II का मिलान कीजिए और सूची के नीचे दिए गए कूट का उपयोग करके सही उत्तर का चयन कीजिए।

सूची-I (संविधान के अनुच्छेद)	सूची-II (विषय)
A- 124	1- संघ न्यायपालिका
B- 5	2- नागरिकता
C- 352	3- आपातकालीन प्रावधान
D- 245	4- विधायी शक्तियों का वितरण

A. A-1, B-2, C-3, D-4 **B.** A-2, B-1, C-3, D-4
C. A-3, B-4, C-2, D-1 **D.** A-4, B-3, C-1, D-2

Q.29 भारत के संविधान की प्रस्तावना में निम्नलिखित में से किसका उल्लेख नहीं है?

A. सामाजिक न्याय **B.** आर्थिक न्याय
C. राजनीतिक न्याय **D.** धार्मिक न्याय

Q.30 निम्न में से कौन सा संवैधानिक संशोधन भारतीय सिक्किम को भारतीय संघ के एक पूर्ण राज्य रूप में एकीकृत करता है?

A. 34 वां **B.** 35 वां **C.** 36 वां **D.** 37 वां

Q.31 निम्नलिखित राज्यों के गठन का सही आरोही क्रम मे का सही क्रम है-

A. नागालैंड, मेघालय, सिक्किम, अरुणाचल प्रदेश
B. मेघालय, अरुणाचल प्रदेश, नागालैंड, सिक्किम
C. अरुणाचल प्रदेश, नागालैंड, सिक्किम, मेघालय
D. सिक्किम, नागालैंड, अरुणाचल प्रदेश, मेघालय

Q.32 भारतीय संविधान का निम्नलिखित में से कौन सा अनुच्छेद एक अलग श्रेणी से संबंधित है।

A. अनुच्छेद 14 **B.** अनुच्छेद 15
C. अनुच्छेद 16 **D.** अनुच्छेद 19

Q.33 केंद्रीय मंत्रिपरिषद् सामूहिक रूप से किसके प्रति उत्तरदायी है-

A. प्रधान मंत्री **B.** राष्ट्रपति
C. संसद **D.** केवल लोकसभा के प्रति

Q.34 भारतीय संविधान का अनुच्छेद 17 किससे संबंधित है -

A. शिक्षा **B.** स्वास्थ्य
C. अस्पृश्यता का उन्मूलन **D.** खाद्य गारंटी

Q.35 लोकसभा का पहला आम चुनाव ______ में आयोजित किया गया था।

A. अक्टूबर 1948 से फरवरी 1949
B. अक्टूबर 1949 से फरवरी 1950
C. अक्टूबर 1950 से फरवरी 1951
D. अक्टूबर 1951 से फरवरी 1952

Q.36 संसद प्रणाली में 'शून्यकाल' के रूप में किस देश का योगदान है?

A. भारत **B.** अमेरिका
C. ब्रिटेन **D.** स्विट्जरलैंड

Q.37 भारत का उच्चतम न्यायालय, कानून या तथ्य के मामले में राष्ट्रपति को सलाह देता है:

A. अपनी पहल पर
B. यदि वह ऐसी सलाह चाहता है
C. यदि मामला नागरिकों के मौलिक अधिकारों से संबंधित हों
D. यदि कोई मामला देश की एकता और अखंडता के लिए खतरा बन जाए

Q.38 राज्य विधान सभा निम्नलिखित में से किसके चुनाव के लिए भाग ले सकती है:

I. भारत के राष्ट्रपति
II. भारत के उपराष्ट्रपति
III. राज्य सभा के सदस्य
IV. विधान परिषद के सदस्य
सही उत्तर का चयन कीजिए:

A. I, II और III **B.** I, III और IV
C. I और III **D.** I, II और IV

Q.39 संघ लोक सेवा आयोग को राज्य लोक सेवा आयोग के कार्यों को किसके अनुमोदन के साथ सौंपा जा सकता है-

A. भारत के मुख्य न्यायाधीश
B. प्रधान मंत्री
C. लोकसभा के अध्यक्ष
D. भारत के राष्ट्रपति

Q.40 1951 में पारित प्रथम संविधान संशोधन विधेयक किसके संबंधित था?

A. देश की सुरक्षा
B. प्रधानमंत्री की सुरक्षा
C. कुछ राज्यों में कृषि सुधारों का संरक्षण
D. अनुसूचित जाति और अनुसूचित जनजाति

Q.41 पेडोलॉजी विज्ञान किसके अध्ययन से संबंधित है?

A. वायुमंडल **B.** मृदा **C.** प्रदूषक **D.** बीज

Q.42 पपीता का पीला रंग ____ के कारण होता है।

A. पपेन **B.** लैकोपेन
C. कैरिक्सज़न्थिन **D.** कैरोटीन

Q.43 कपास का प्रमुख घटक हैं।

A. प्रोटीन **B.** फैटी एसिड
C. सेलूलोज़ **D.** ग्लीसरीन

Q.44 मानव में कितने गुणसूत्र होते हैं?

A. 36 **B.** 46 **C.** 56 **D.** 26

Q.45 मानव शरीर में सबसे मजबूत मांसपेशी कहाँ पाई जाती है?

A. जबड़े **B.** जांघ **C.** गर्दन **D.** हाथ

Q.46 रक्त है-

A. संयोजी ऊतक **B.** उपकला ऊतक
C. उपरोक्त दोनों **D.** उपरोक्त में से कोई नहीं

Q.47 निम्न में से किस प्रकार का प्रकाश, पौधों द्वारा प्रभावशाली ढंग से अवशोषित किया जाता हैं?

A. बैंगनी और नारंगी **B.** नीला और लाल
C. इंडिगो और पीला **D.** पीला और बैंगनी रंग

Q.48 किस प्रकार की खाद श्रेणी में प्रति इकाई कैलोरी की मात्रा सबसे अधिक है-

A. विटामिन **B.** वसा
C. कार्बोहाइड्रेट **D.** प्रोटीन

Q.49 थायमिन है:

A. विटामिन C **B.** विटामिन B_2
C. विटामिन B_6 **D.** विटामिन B_1

Q.50 निम्नलिखित में से कौन सा हार्मोन 'फाइट ऑफ फ्लाइट' अवधारणा से जुड़ा है?

A. इंसुलिन **B.** एड्रिनैलिन
C. एस्ट्रोजेन **D.** ऑक्सीटोसिन

Q.51 करेवा मिट्टी निम्नलिखित में से किस राज्य/केन्द्र शासित प्रदेश में पाई जाती है?

A. अरुणाचल प्रदेश **B.** जम्मू और कश्मीर
C. हिमाचल प्रदेश **D.** उत्तराखंड

Q.52 'लाल स्याही' किससे निर्मित की जाती है?

A. फिनोल **B.** एनिलिन **C.** कांगो लाल **D.** इओसिन

Q.53 पृथ्वी की आयु को मापने के लिए निम्नलिखित में से किस पद्धति का उपयोग किया जाता है?

A. लौह डेटिंग प्रक्रिया **B.** जैव प्रौद्योगिकी कानून
C. जैविक घड़ी विधि **D.** यूरेनियम प्रक्रिया

Q.54 एक कार्बन क्रेडिट किसके समतुल्य है?

[Uttarakhand Public Service Commission (UKPSC), 2014]

A. CO_2 का 10 किलो
B. CO_2 का 100 किलो
C. CO_2 का 1000 किलो
D. CO_2 का 10000 किलो

Q.55 टेबल नमक (एनएसीएल) किसका उत्पाद है?

A. कमजोर अम्ल और कमजोर क्षार
B. मजबूत अम्ल और मजबूत क्षार
C. कमजोर अम्ल और मजबूत क्षार
D. मजबूत अम्ल और कमजोर क्षार

Q.56 निम्न में से कौन सा एक सही मिलान नहीं है?

A. नाट जहाज की गति का माप
B. समुद्री मील - नेविगेशन में इस्तेमाल की जाने वाली दूरी की इकाई
C. आंग्स्ट्रॉम - प्रकाश की तरंग दैर्ध्य की इकाई
D. प्रकाश वर्ष - समय मापने की इकाई

Q.57 निम्न में से कौन ऊष्मा की इकाई नहीं है?

A. कैलोरी **B.** किलोकैलोरी
C. किलोजूल **D.** वाट

Q.58 रक्तचाप को मापने के लिए प्रयुक्त उपकरण का नाम है:

A. टेकोमीटर **B.** रक्तचापमापी
C. एक्टिनोमीटर **D.** बैरोमीटर

Q.59 यदि आप 30 दिनों के लिए प्रतिदिन 5 घंटे के लिए 60-वाट के बिजली बल्ब का उपयोग करते हैं, तो विद्युत् की कितनी इकाइयों का उपभोग किया जाएगा?

A. 12 **B.** 9 **C.** 6 **D.** 3

Q.60 सूची-I के साथ सूची- II का मिलान कीजिए और सूची के जीचे दिए गए कूट का उपयोग करके सही उत्तर का चयन कीजिए।

सूची-I (परमाणु ऊर्जा संयंत्र)	सूची-II (राज्य में स्थित)
A. कल्पकम्	1. उत्तर प्रदेश
B. नरोरा	2. गुजरात
C. काकरापार	3. तमिलनाडू
D. ट्राम्बे	4. महाराष्ट्र

A. A-1, B-2, C-3, D-4 **B.** A-3, B-1, C-2, D-4
C. A-3, B-1, C-4, D-2 **D.** A-2, B-3, C-4, D-1

Q.61 कौन सा शहर आसियान (ASEAN) शहरों के रामायण महोत्सव की मेजबानी कर रहा है?

A. लखनऊ **B.** नई दिल्ली
C. अहमदाबाद **D.** हैदराबाद

Q.62 मार्च 2021 में किस देश ने सड़क सुरक्षा विश्व श्रृंखला का फाइनल जीता?

A. भारत **B.** श्रीलंका **C.** पाकिस्तान **D.** बांग्लादेश

Q.63 'जाखम बांध' किस राज्य में स्थित है?

A. मध्य प्रदेश **B.** गुजरात
C. राजस्थान **D.** उत्तर प्रदेश

Q.64 किस राज्य सरकार ने, राज्य में गरीबों के लिए एक मुफ्त घरेलू बिजली कनेक्शन योजना 'प्रकाश है तो विकास है' की शुरुआत की है?

A. पंजाब **B.** उत्तर प्रदेश
C. हरियाणा **D.** राजस्थान

Q.65 न्यू मिलेनियम इंडियन टेक्नोलॉजी लीडरशिप इनिशिएटिव (NMITLI) कार्यक्रम, जिसका अक्सर समाचार में उल्लेख किया जाता है, एक पहल है:

A. नीति आयोग
B. विज्ञान और प्रौद्योगिकी मंत्रालय
C. वैज्ञानिक और औदोगिक अनुसंधान परिषद (CSIR)
D. इनमे से कोई भी नहीं

Q.66 किस केंद्रीय मंत्रालय ने समुद्र तट की सफाई के लिए पायलट प्रोजेक्ट 'ब्लू फ्लैग' का शुभारंभ किया है?

A. सूचना और प्रसारण मंत्रालय
B. पर्यावरण, वन और जलवायु परिवर्तन मंत्रालय
C. संचार मंत्रालय
D. श्रम और रोजगार मंत्रालय

Q.67 चक-हाओ, हाल ही में समाचार में, सुगंधित चावल की खेती निम्नलिखित में से किस राज्य में की जाती है?

A. मणिपुर **B.** असम
C. अरुणाचल प्रदेश **D.** पंजाब

Q.68 पूर्वी घाट निम्नलिखित में से किस राज्य से होकर गुजरता है?

A. ओडिशा B. कर्नाटक C. बिहार D. पंजाब

Q.69 निम्नलिखित में से कौन सा लेख दण्डी द्वारा लिखा गया है?
A. मृच्छकटिका B. मिताक्षरा
C. दशकुमारचरित D. जगद्वचनवाहिनी

Q.70 पालघाट किसके बीच स्थित है:
A. नीलगिरी और कार्डमोन पर्वतों
B. नीलगिरी और अन्नामलाई पर्वतों
C. अन्नामलाई पर्वतों और कार्डमोन पर्वतों
D. कार्डमोन पर्वतों और पलानी पर्वतों

Q.71 चंदोली राष्ट्रीय उद्यान (CNP) किस राज्य / केंद्रशासित प्रदेश में स्थित है?
A. अंडमान और निकोबार द्वीप समूह
B. उत्तर प्रदेश
C. पुडुचेरी
D. महाराष्ट्र

Q.72 _______ प्रकाश प्रकीर्णन के क्षेत्र में अपने काम के लिए भौतिकी में नोबेल पुरस्कार जीतने वाले पहले एशियाई बने।
A. सी.वी. रमन B. श्रीनिवास रामानुजन
C. श्रीनिवास कल्यानम D. इनमें से कोई नहीं

Q.73 राष्ट्रीय कृषि सहकारी विपणन संघ (NAFED) का मुख्यालय कहाँ स्थित है?
A. मुंबई B. कोच्चि C. कोलकाता D. नई दिल्ली

Q.74 निम्नलिखित सभी खरीफ की फसलें हैं, सिवाय______।
A. मक्का B. रागी C. बाजरा D. गेहूँ

Q.75 ओजोन परत का कार्य क्या है?
A. चंद्रमा की किरणों से सुरक्षा करता है
B. हानिकारक पराबैंगनी विकिरण से सुरक्षा करता है
C. मीथेन गैस से सुरक्षा करता है
D. अवरक्त विकिरण से सुरक्षा करता है

Q.76 प्रसिद्ध खजुराहो समूह का स्मारक _______ द्वारा निर्मित किया गया था।
A. चालुक्य B. चंदेल C. गढ़वाल D. सोलंकी

Q.77 विटामिन K का रासायनिक नाम क्या है?
A. फाइलोक्विनोन B. एस्कॉर्बिक एसिड
C. कोलेक्लसिफेरोल D. टोकोफेरॉल

Q.78 इनमें से कौन सा भाग आंखों में आँसुओं का स्राव करता है?
A. श्वते पटल B. संवेदी कोशिका
C. अश्रु-ग्रंथि D. अभिग्राहक

Q.79 लाल लिटमस पेपर _________ के घोल में नीले रंग में बदल जाता है।
A. क्षार B. अम्ल C. लवण D. कोई नहीं

Q.80 'तनिन्थाराई राष्ट्रीय उद्यान' (टीएनपी) किस देश में स्थित है?
A. नेपाल B. बांग्लादेश C. म्यांमार D. श्रीलंका

Q.81 इनमें से किसकी आवृत्ति सबसे अधिक है?
A. गामा किरणें B. रेडियो तरंगें
C. पराबैंगनी प्रकाश D. अवरक्त किरणें

Q.82 'ब्रेंट इंडेक्स' निम्नलिखित में से किस से सम्बंधित है?
A. कच्चे तेल की कीमतें
B. ताम्बे की भविष्य की कीमतें
C. सोने की भविष्य की कीमतें
D. शिपिंग दर सूचकांक

Q.83 एक विकासशील देश वो होता है जहाँ _______ है।
A. स्थिर कीमतों पर बढ़ती GNP
B. मौजूदा कीमतों पर GNP बढ़ती
C. स्थिर कीमतों पर GNP स्थिर रहती
D. कोई विकल्प सही नहीं है।

Q.84 निम्नलिखित में से कौन सा अनुच्छेद "संसद में लोकसभा के अध्यक्ष और उपाध्यक्ष" के बारे में बताता है?
A. अनुच्छेद 91 B. अनुच्छेद 92
C. अनुच्छेद 93 D. अनुच्छेद 94

Q.85 लोकसभा में विपक्षी पार्टी होने के लिए आवश्यक सीटों की न्यूनतम संख्या क्या है?
A. 100 B. 125 C. 50 D. 55

Q.86 दक्कन के पठार सामान्यतः ________ की ओर ढलान रखते हैं।
A. उत्तर की ओर B. पूर्व की ओर
C. दक्षिण की ओर D. पश्चिम की ओर

Q.87 ______ अदन की खाड़ी को लाल सागर से जोड़ता है।
A. टोरेस जलडमरूमध्य B. होर्मुज जलडमरूमध्य
C. मोज़ांबिक चैनल D. बाब अल-मन्देब

Q.88 महात्मा गांधी ______ के दौरान कांग्रेस के अध्यक्ष बने।
A. त्रिपुरी अधिवेशन , 1939
B. लखनऊ अधिवेशन, 1916
C. लाहौर अधिवेशन, 1929
D. बेलगाम अधिवेशन, 1924

Q.89 'हाइड्रोपोनिक्स' शब्द का अर्थ क्या है?
A. पानी में अद्वितीय मछलियों का उत्पादन
B. ऑक्सीजन के बिना पानी में बढ़ते जानवर
C. मिट्टी के बिना पानी में बढ़ते पौधे
D. वर्षा जलसंचयन विधि का प्रकार

Q.90 क्रेता बाजार उस स्थान को कहते हैं जहां ________।
A. मांग आपूर्ति से अधिक होती है
B. आपूर्ति मांग से अधिक होती है
C. वस्तुएं प्रतिस्पर्धी दरों पर उपलब्ध हैं
D. मांग और आपूर्ति अच्छी तरह से संतुलित होती हैं

Q.91 किसी कूट भाषा में, शब्द 'TRIP' का अर्थ 'QJSU' है। कूट 'LSPD' से संबंधित शब्द है:
A. ROCK B. CORK C. PORK D. RUCk

Q.92 दी गई उत्तर आकृतियों में से, उस उत्तर आकृति को चुनिए जिसमें प्रश्न आकृति छिपी/निहित है।

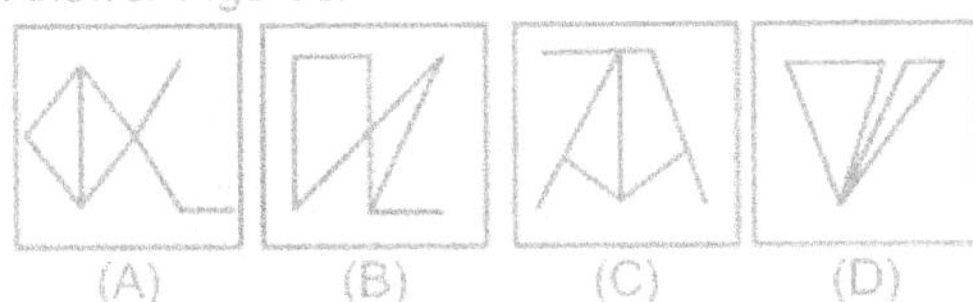

A. (A) **B.** (B) **C.** (C) **D.** (D)

Q.93 निर्देश: विकल्प के रूप में चार निष्कर्षों के बाद एक कथन दिया गया है। अपने आप कुध भी हल किए बिना, उस निष्कर्ष का चयन कीजिये जो दिए गए कथन का तार्किक रूप से अनुसरण करता है।

कथन: उस दुकान के अधिकांश खिलौने महंगे हैं।

निष्कर्ष:

A. उस दुकान में केवल जापानी खिलौने महंगे हैं।
B. उस दुकान में सस्ते खिलौने भी हैं।
C. उस दुकान में सस्ते खिलौने उपलब्ध नहीं हैं।
D. उस दुकान के कुछ खिलौने महंगे हैं।

Q.94 दिए गए विकल्पों में से सही विकल्प चयन कीजिये जो श्रृंखला को पूरा करेगा।

CXDW, EVFU, GTHS, IRJQ,?

[KVS Trained Graduate Teacher, 2018]

A. KPJM **B.** KMIN **C.** KPLO **D.** KQNR

Q.95 दी गई श्रृंखला को पूरा कीजिये: $4,6,9,13\frac{1}{2}$,?

[KVS Trained Graduate Teacher, 2018]

A. $22\frac{2}{4}$ **B.** $20\frac{1}{4}$ **C.** $18\frac{1}{4}$ **D.** $17\frac{1}{4}$

Q.96 A, P की माता है और E, B का पिता है। B, F का भाई है। यदि P, E की पत्नी है, तो A का F से क्या संबंध है?

A. नानी **B.** दादी **C.** माता **D.** बुआ

Q.97 एक लड़के की ओर इशारा करते हुए, शशि कहता है, 'वह मेरे दादाजी की इकलौती संतान का बेटा है।' लड़का शाशि के साथ केसे संबंधित है?

A. भाई **B.** कज़न **C.** अंकल **D.** ऑन्ट

Q.98 दिए गए विकल्पों में से कौन सा विकल्प निम्नलिखित शब्दों का एक शब्दकोश क्रम होगा?

(a) Epitaph
(b) Epilogue
(c) Epigraph
(d) Epithet
(e) Epileptic

[KVS Trained Graduate Teacher, 2018]

A. (c), (e), (b), (d), (a) **B.** (c), (e), (b), (a), (d)
C. (b), (c), (e), (d), (a) **D.** (e), (b), (a), (c), (d)

Q.99 उस विकल्प का चयन कीजिये जो किसी संबंध के आधार पर अक्षरों के अन्य तीन समूहों से भिन्न है।

[KVS Trained Graduate Teacher, 2018]

A. DHLP **B.** MQUY **C.** JNRV **D.** TYDI

Q.100 कागज का एक वर्गाकार टुकड़ा मोड़ा जाता है और छेद किया जाता है। दी गई आकृति में से उस आकृति का चयन कीजिये जो खोलने पर सबसे निकट स्थिति के समान है:

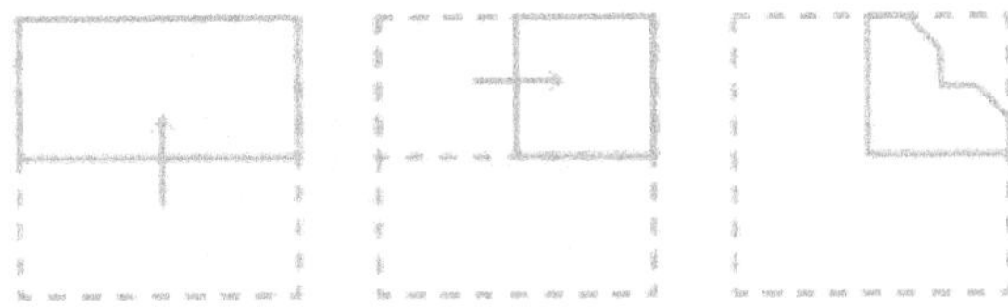

[KVS Trained Graduate Teacher, 2018]

A. 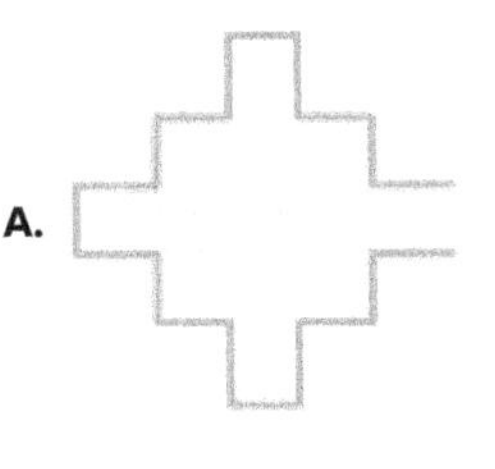

B. 

C. 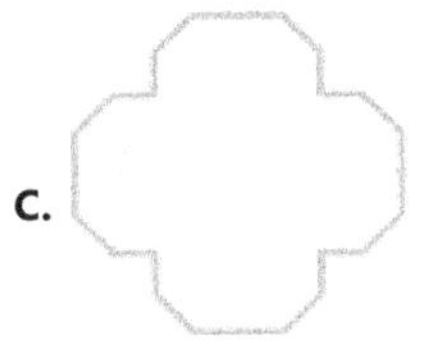

D. 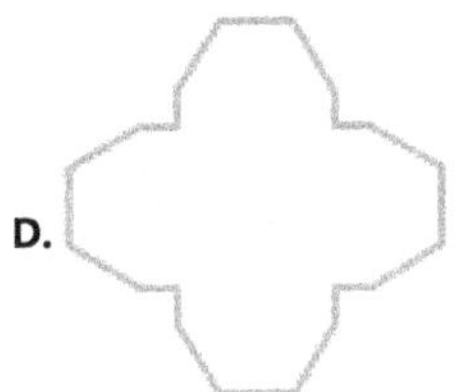

Q.101 उस सही विकल्प का चयन कीजिये जो तीसरे पद से उसी तरह संबंधित है जिस तरह दूसरा पद पहले पद से संबंधित है:

KCA: HBE :: EBH:?

[KVS Trained Graduate Teacher, 2018]

A. CBM **B.** CGE **C.** BCM **D.** CBE

Q.102 यदि 84 + $29 = 15$ और 52 + $16 = 10$ है, तो इसी तर्क का अनुसरण करने पर 83 + 25 का मान है:

[KVS Trained Graduate Teacher, 2018]

A. 17 **B.** 13 **C.** 9 **D.** 12

Q.103 दिए गए विकल्पों में से उस सही विकल्प का चयन कीजिये जो श्रृंखला को पूरा करेगा।

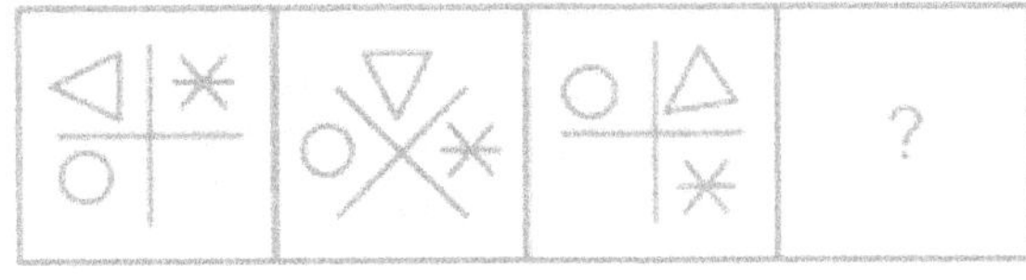

[KVS Trained Graduate Teacher, 2018]

A. 

B. 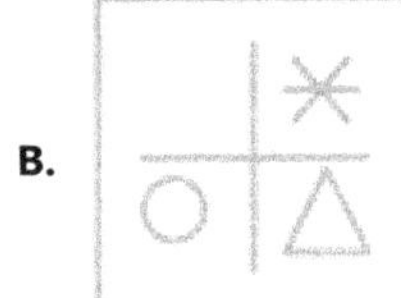

C. 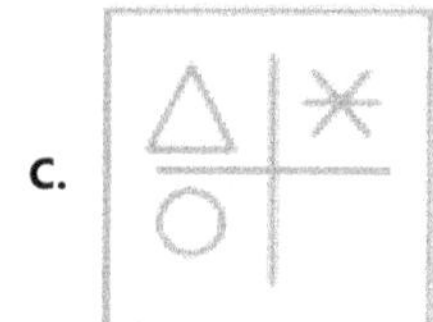 **D.** 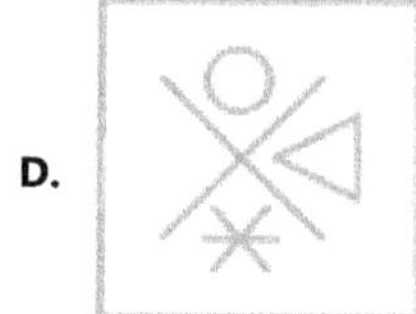

Q.104 (A), (B), (C) और (D) में से कौन सी उत्तर आकृति मुख्य (दी गई) आकृति की सही दर्पण छवि है:

A. (A) **B.** (B) **C.** (C) **D.** (D)

Q.105 भारत के 5 राज्यों में लाख टन में मक्का उत्पादन के बारे में निम्नलिखित तालिका का अध्ययन कीजिये और इसके बाद प्रश्न का उत्तर दीजिये:

State\Year	2012 – 13	2013 – 14	2014 – 15	2015 – 16
A)	23.2	19.6	24.5	26.0
B)	18.6	18.6	20.6	25.4
C)	28.4	25.6	26.4	25.8
D)	20.9	28.6	23.4	27.6
E)	19.8	20.2	22.4	26.3

किस राज्य में मक्का का उत्पादन हर साल लगातार बढ़ रहा है?

[KVS Trained Graduate Teacher, 2018]

A. B) **B.** C) **C.** D) **D.** E)

Q.106 संख्या के चार समूह दिए गए हैं। उनमें से एक कुछ आधार पर अन्यों से भिन्न है। इसे पहचानिये।

[KVS Trained Graduate Teacher, 2018]

A. 12, 24, 48, 36 **B.** 8, 16, 32, 24
C. 15, 30, 60, 45 **D.** 9, 18, 45, 27

Q.107 एक परिवार में चार बहनें हैं। इनमें नवनूर मानवी से छोटी लेकिन तोशाना से बड़ी है। साधिका तोशाना से बड़ी है लेकिन नवनूर से छोटी है। सबसे बड़ी को संख्या 1 निर्धारित किया गया है और सबसे छोटी को संख्या 4 निर्धारित किया गया है। उनमें से संख्या 2 कौन है?

[KVS Trained Graduate Teacher, 2018]

A. तोशाना **B.** साधिका **C.** मानवी **D.** नवनूर

Q.108 नीचे एक पता दर्शाया किया गया है। दिए गए विकल्पों में से ठीक समान पता ज्ञात कीजिये।

Mr A. Acharyulu
38 Triplican
Bhubaneshwar - 560065.

[KVS Trained Graduate Teacher, 2018]

A. Mr. AAcharyulu
38 Triplican
Bhubaneshwar - 560065

B. Mr A. Acharyulu
38 Triplicane
Bhubaneshwar - 560065

C. Mr A. Acharyulu
38 Triplican
Bhubaneshwar - 560065

D. Mr A. Acharyulu
38 Triplican
Bhuvneshwar - 560065

Q.109 गेंद की कीमत क्या है?

कथन I): हॉकी स्टिक और गेंद की कुल कीमत 650 रुपये है।

कथन II): हॉकी स्टिक की कीमत गेंद की लागत के दो गुना से 20 रुपये अधिक है।

A. केवल कथन I) में दिया गया विवरण प्रश्न का उत्तर देने के लिए पर्याप्त है।

B. केवल कथन II) में दिया गया विवरण प्रश्न का उत्तर देने के लिए पर्याप्त है।

C. दोनों कथनों में दिया गया विवरण प्रश्न का उत्तर देने के लिए आवश्यक है।

D. कथन I) और कथन II) में दिया गया विवरण प्रश्न का उत्तर देने के लिए पर्याप्त नहीं है।

Q.110 इनमें से कौन सा आरेख चोर, पुलिस और आपराधी का प्रतिनिधित्व करता है?

[KVS Trained Graduate Teacher, 2018]

A.  **B.** 

C.  **D.** 

Q.111 k का मान ज्ञात कीजिये यदि समीकरण $3x^3 - x^2 - kx - 45$ का शून्य 3 है।

A. 9 **B.** 6 **C.** 5 **D.** 3

Q.112 यदि $4x^2 + \frac{1}{3x^2} = 6$, तो $\left(9x^4 + \frac{1}{16x^4}\right)$ का मान ज्ञात कीजिये।

A. 19 **B.** 18.25 **C.** 18 **D.** 18.75

Q.113 यदि $x + y + z = 12$ है, $x^2 + y^2 + z^2 = 36$ है, तब $x^3 + y^3 + z^3 - 3xyz$ का मान ज्ञात कीजिए।

A. 216 **B.** 225 **C.** -216 **D.** -225

Q.114 8 संख्याओं का औसत 52 है, और पहली तीन संख्याओं का औसत 50 है, और अगली दो संख्याओं का औसत 54 है, सातवीं संख्या छठी संख्या

से 5 अधिक है और आठवीं संख्या से 2 अधिक है। सातवीं और आठवीं संख्या का औसत क्या है?

A. 54 **B.** 50 **C.** 53 **D.** 55

Q.115 नीचे दी गयी आकृति में, $\angle AED = \angle BAC, AD \parallel BC, AD:BC = 7:9$ और $AC = 36$ सेमी है, तो EC की लंबाई ज्ञात कीजिए।

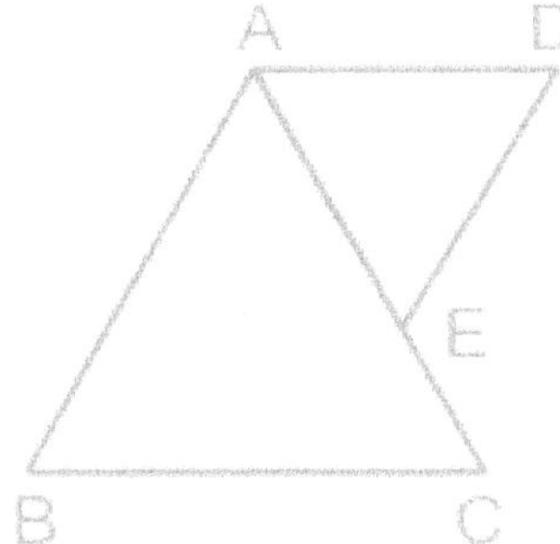

A. 10 सेमी **B.** 12 सेमी **C.** 8 सेमी **D.** 16 सेमी

Q.116 एक वृत्त त्रिभुज $\triangle ABC$ के परिगत है। O वृत्त का केंद्र है और CP वृत्त के बिंदु C पर स्पर्शरिखा है। यदि BC $\angle OCP$ को द्विविभाजित करती है, तो $\angle BAC$ का संपूरख कोण क्या है?

A. $160°$ **B.** $135°$ **C.** $140°$ **D.** $145°$

Q.117 18 व्यक्ति एक काम को 49 दिनों में कर सकते हैं। तो समान काम को कितने व्यक्ति 21 दिनों में कर सकते हैं?

A. 28 **B.** 35 **C.** 42 **D.** 36

Q.118 A और B की दक्षता $x:y$ है। यदि केवल A एक काम को 20 दिनों में कर सकता है और A और B मिलकर काम को 12 दिनों में पूरा कर सकते हैं। तो $x:y$ का मान क्या है?

(A) 3: 2

(B) $\frac{1}{2}:\frac{1}{3}$

(C) 4: 1

(D) 5: 4

A. केवल (A) **B.** (A) और (B) दोनों
C. (A), (B) और (C) **D.** इनमें से सभी

Q.119 P और Q किसी काम को अकेले क्रमशः P और Q द्वारा मिलकर लिए गए समय से 18 घंटे और 4.5 घंटे अधिक समय में पूरा कर सकते हैं। वह समय ज्ञात कीजिए जिसमें P अकेला काम को पूरा कर सकता है।

A. 22.5 घंटे **B.** 25 घंटे **C.** 32 घंटे **D.** 27 घंटे

Q.120 नल A एक टैंक को 20 घंटे में भर सकता है और नल B उसी टैंक को 24 घंटे में भर सकता है। नल C उस टैंक को 12 घंटे में खाली कर सकता है। यदि सभी नल एक साथ खोले जाते हैं, तो 12 घंटों के पश्चात टैंक का कितना भाग भर जाएगा?

A. $\frac{1}{10}$ **B.** $\frac{1}{5}$ **C.** $\frac{1}{15}$ **D.** $\frac{9}{11}$

Q.121 निम्न पेड़ों में से किस एक को पर्यावरणीय खतरा माना जाता है?

A. बबूल **B.** अमलतास
C. नीम **D.** यूकेलिप्टस

Q.122 अधिकतम जैव विविधता कहाँ पायी जाती है?

A. उष्णकटिबंधीय वर्षा वन **B.** शीतोष्ण वन
C. शंकुधारी वन **D.** आर्कटिक वन

Q.123 पहली पंचवर्षीय योजना कब लागू की गई थी?

A. 1947 **B.** 1948 **C.** 1951 **D.** 1950

Q.124 भारत का सबसे बड़ा राष्ट्रीयकृत बैंक ________ है।

A. सेंट्रल बैंक ऑफ़ इंडिया **B.** भारतीय स्टेट बैंक
C. भारतीय रिज़र्व बैंक **D.** बैंक ऑफ़ इंडिया

Q.125 राष्ट्रीय पर्यावरण अनुसंधान संस्थान कहाँ स्थित है?

A. देहरादून **B.** जयपुर **C.** नागपुर **D.** नई दिल्ली

Q.126 इनमें से किसे "हरित क्रांति का जनक" कहा जाता है?

A. मेनार्ड कीन्स **B.** नॉर्मन बोरलॉग
C. वर्गीज कुरियन **D.** रॉबर्ट क्लेन

Q.127 बैंकिंग अर्थव्यवस्था के निम्नलिखित क्षेत्रों में से किसके अंतर्गत आती है?

A. प्राथमिक क्षेत्र
B. द्वितीयक क्षेत्र
C. तृतीयक क्षेत्र
D. द्वितीयक और तृतीयक क्षेत्र दोनों

Q.128 कौन सी चित्रकला राजस्थानी और मुगल का मिश्रण है?

A. कांगड़ा चित्रकला **B.** पहाड़ी पेंटिंग
C. मधुबनी पेंटिंग **D.** बसोली पेंटिंग

Q.129 कथकली नृत्य शैली किससे संबंधित है?

A. कर्नाटक **B.** केरल **C.** तमिलनाडु **D.** आंध्र प्रदेश

Q.130 शांति स्वरूप भटनागर पुरस्कार किसके लिए दिया जाता है?

A. भारतीय भाषाओं में रचनात्मक लेखन में नए आयामों की खोज
B. विज्ञान के लिए उत्कृष्ट योगदान
C. पर्यावरण के मुद्दों पर बड़े पैमाने पर जागरूकता पैदा करने पर
D. फिल्म दिशा में उत्कृष्टता

Q.131 अर्थशास्त्र विज्ञान में नोबेल पुरस्कार कब से शुरू किया गया?

A. 1901 **B.** 1942 **C.** 1968 **D.** 1975

Q.132 भारतीय चित्रकला में अग्रसंक्षेपण की तकनीक किसके द्वारा शुरू की गई थी?

A. तुर्क **B.** अफ़ग़ान **C.** यूनानी **D.** मुगल

Q.133 निम्नलिखित में से कौन कॉफी का प्रमुख उत्पादक है?

A. कर्नाटक **B.** केरल **C.** महाराष्ट्र **D.** तमिलनाडु

Q.134 निम्नलिखित में से किसे देश के सर्वश्रेष्ठ धातुकर्म कोयले के भंडार गृह के रूप में मान्यता दी गई है?

A. बोकारो कोयला-क्षेत्र **B.** झरिया-कोयला-क्षेत्र
C. गिरिडीह-कोयला-क्षेत्र **D.** रामगढ़ कोयला-क्षेत्र

Q.135 खिलाड़ी 'सोमा बिस्वास' किससे संबंधित हैं?

A. नौकायन **B.** हॉकी
C. गोल्फ **D.** एथलेटिक्स

Q.136 जनगणना 2011 के अनुसार, निम्न में से किस राज्य का जनसंख्या घनत्व सबसे कम है?

A. सिक्किम **B.** अरुणाचल प्रदेश
C. नागालैंड **D.** गोवा

Q.137 चारकुला कहाँ का प्रसिद्ध लोक नृत्य है?

A. बुंदेलखंड
B. ब्रजभूमि
C. अवध
D. उपरोक्त में से कोई भी नहीं

Q.138 उत्तर प्रदेश का नाभिकीय ऊर्जा संयंत्र कहाँ स्थित है?

A. मथुरा **B.** सिंगरौली **C.** नरोरा **D.** अलीगढ़

Q.139 उत्तर प्रदेश के किस जिले में यूरेनियम के सीमित भण्डार की खोज की गई?

A. बांदा **B.** ललितपुर **C.** सोनभद्र **D.** हमीरपुर

Q.140 हिंडाल्को कहाँ पर स्थित है?

A. रॉबर्ट्सगंज **B.** रेणुकूट **C.** मोदीनगर **D.** गोंडा

// स्मार्ट उत्तर पुस्तिका //

सही उत्तर उन छात्रों के प्रतिशत को इंगित करता है जिन्होंने प्रश्नों का सही उत्तर दिया था।

छोड़ दिया उन छात्रों के प्रतिशत को इंगित करता है जिन्होंने प्रश्नों को छोड़ दिया था।

प्रश्न संख्या	उत्तर	सही उत्तर	छोड़ दिया
1	D	42.09 %	57.12 %
2	B	55.21 %	44.11 %
3	C	68.69 %	31.12 %
4	C	47.4 %	37.58 %
5	C	52.33 %	36.89 %
6	C	68.59 %	31.31 %
7	A	88.2 %	10.46 %
8	A	53.91 %	37.85 %
9	B	43.86 %	52.37 %
10	A	44.63 %	30.33 %
11	A	46.11 %	47.51 %
12	C	49.79 %	49.92 %
13	A	81.46 %	12.33 %
14	D	52.32 %	47.21 %
15	C	48.74 %	38.68 %
16	B	81.07 %	13.14 %
17	C	79.43 %	14.98 %
18	D	78.46 %	14.86 %
19	B	65.81 %	33.4 %
20	A	65.32 %	32.06 %
21	D	41.75 %	35.78 %
22	D	84.94 %	13.79 %
23	A	44.4 %	48.82 %
24	B	79.84 %	12.42 %
25	B	57.04 %	32.01 %
26	D	42.11 %	36.28 %
27	C	66.02 %	33.61 %
28	A	46.47 %	49.05 %
29	D	64.13 %	32.38 %
30	C	67.05 %	31.93 %
31	A	54.4 %	36.79 %
32	D	51.26 %	31.29 %
33	D	64.57 %	31.44 %
34	C	66.94 %	32.08 %
35	B	86.06 %	13.7 %
36	A	82.08 %	15.46 %
37	B	59.04 %	33.15 %
38	B	65.05 %	33.83 %
39	D	46.09 %	47.48 %
40	C	59.26 %	32.72 %
41	B	87.38 %	10.07 %
42	C	49.0 %	37.51 %
43	C	56.51 %	41.6 %
44	B	69.64 %	30.02 %
45	A	62.89 %	36.81 %
46	A	56.72 %	35.78 %
47	B	60.54 %	33.3 %
48	B	87.37 %	11.8 %
49	D	67.61 %	30.91 %
50	B	42.08 %	44.25 %
51	B	57.0 %	32.01 %
52	D	41.39 %	56.31 %
53	D	55.7 %	38.74 %
54	C	61.31 %	31.26 %
55	B	85.18 %	10.6 %
56	D	87.19 %	10.27 %
57	D	65.29 %	34.59 %
58	B	55.06 %	35.39 %
59	B	50.66 %	48.92 %
60	B	62.4 %	34.61 %
61	B	66.21 %	32.99 %
62	A	49.56 %	37.87 %
63	C	68.26 %	31.61 %
64	B	40.18 %	46.03 %
65	C	46.67 %	42.91 %
66	B	40.16 %	43.63 %
67	A	76.27 %	13.35 %
68	A	59.34 %	32.17 %
69	C	69.89 %	30.08 %
70	B	58.32 %	40.38 %
71	D	67.21 %	32.29 %
72	A	65.86 %	33.87 %
73	D	69.17 %	30.19 %
74	D	51.68 %	31.09 %
75	B	69.28 %	30.1 %
76	C	53.29 %	38.22 %
77	A	45.39 %	41.47 %
78	C	61.29 %	33.43 %
79	A	47.58 %	42.32 %
80	C	54.81 %	38.85 %

प्रश्न संख्या	उत्तर	सही उत्तर	छोड़ दिया
81	A	56.11 %	35.57 %
82	A	43.78 %	47.94 %
83	A	61.66 %	34.36 %
84	C	53.24 %	33.66 %
85	D	45.44 %	41.96 %
86	B	41.17 %	56.37 %
87	D	59.98 %	33.67 %
88	D	50.77 %	47.27 %
89	C	48.62 %	45.12 %
90	B	55.34 %	37.1 %
91	B	44.36 %	45.87 %
92	B	58.71 %	32.81 %
93	B	62.83 %	33.22 %
94	C	79.84 %	11.76 %
95	B	56.53 %	39.17 %
96	A	58.26 %	40.13 %
97	A	80.76 %	18.75 %
98	B	76.07 %	10.94 %
99	D	58.71 %	38.5 %
100	C	78.77 %	15.11 %
101	B	77.69 %	21.68 %
102	D	42.03 %	37.22 %
103	D	47.44 %	45.49 %
104	D	86.14 %	10.92 %
105	D	60.59 %	37.51 %
106	D	49.36 %	46.1 %
107	D	16.99 %	81.22 %
108	C	45.94 %	34.03 %
109	C	48.08 %	45.22 %
110	D	43.06 %	48.67 %
111	A	77.97 %	10.16 %
112	D	40.27 %	41.2 %
113	C	50.96 %	46.54 %
114	A	55.0 %	40.87 %
115	C	27.04 %	71.75 %
116	B	44.8 %	54.61 %
117	C	50.19 %	42.28 %
118	B	20.72 %	74.35 %
119	D	81.88 %	12.93 %
120	A	66.77 %	32.37 %
121	D	44.43 %	37.56 %
122	A	47.09 %	37.03 %
123	C	77.99 %	11.32 %
124	B	65.88 %	31.12 %
125	C	56.28 %	31.2 %
126	B	62.9 %	35.13 %
127	C	54.46 %	45.12 %
128	A	69.8 %	30.12 %
129	B	58.9 %	40.33 %
130	B	54.15 %	43.92 %
131	C	54.11 %	33.92 %
132	D	57.07 %	35.65 %
133	A	69.4 %	30.41 %
134	B	68.38 %	31.31 %
135	D	65.24 %	30.43 %
136	B	47.87 %	36.26 %
137	B	48.07 %	35.47 %
138	C	13.17 %	71.58 %
139	B	53.93 %	34.17 %
140	B	66.42 %	32.52 %

कार्य विश्लेषण	
औसत अंक (%)	35.71%
टॉपर्स स्कोर (%)	65.71%
आपका स्कोर	

//संकेत और समाधान//

1. उत्खनित साक्ष्यों के अनुसार, पशुओं का पालन-पोषण मध्यपाषाण काल में शुरू हुआ। भारत में पशुओं के प्रभुत्व का सबसे पहला प्रमाण आदमगढ़ (होशंगाबाद, म.प्र.) और बागोर (भीलवाड़ा, राजस्थान) में पाया गया।

अतः विकल्प (D) सही है।

2.

सूची-I (प्राचीन स्थल)	सूची-II (पुरातात्विक खोज)
A. लोथल	2. पोतगाह
B. कालीबंगन	1. जोता हुआ क्षेत्र
C. धोलावीरा	4. हड़प्पा लिपि के दस बड़े आकार के चिन्हों का एक शिलालेख
D. बनवाली	3. एक हल की टेराकोटा प्रतिकृति

अतः विकल्प (B) सही है।

3. गांधारन बुद्ध की छवि हेलेनिस्टिक यथार्थवाद से प्रेरित थी, जो फ़ारसी, साइथियन और पार्थियन मॉडल द्वारा रचित थी। इस कला का मुख्य विषय बुद्ध के जीवन पर आधारित है। चित्र में धर्म चक्र मुद्रा, ध्यान मुद्रा, अभय मुद्रा, गौतम बुद्ध की वरदा मुद्राएँ हैं।

अतः विकल्प (C) सही है।

4. चैत्य महाराष्ट्र के पुणे जिले के कार्ले में स्थित, बौद्ध धर्म के हीनयान चरण का सबसे बड़ा और सबसे विकसित गुफा मंदिर है।

अतः विकल्प (C) सही है।

5. 6वीं शताब्दी ईसा पूर्व के संदर्भ में, एस्टिका संप्रदाय वे थे, जो वेदों की प्रामाणिकता में विश्वास करते थे और नास्तिक संप्रदाय वे थे जो वेदों की प्रामाणिकता में विश्वास नहीं करते थे।

अतः विकल्प (C) सही है।

6. बौद्ध ग्रन्थ 'अंगुत्तारा निकया' और जैन ग्रन्थ 'भगवती सूत्र' के अनुसार, 6 वीं शताब्दी के दौरान गोदावरी और नर्मदा नदी के बीच 'असाका' या 'अश्मका' स्थित था, जिसकी राजधानी पैठण / पोताँ या पोताली (प्राचीन नाम प्रथिस्थाना) है।

अतः विकल्प (C) सही है।

7. मौर्य मंत्री परिषद में सामहारा द्वारा राजस्व संग्रह को विनियमित किया गया था। अंटापाल सीमा किलों का काम करते थे, जबकि उत्तर प्रदेश कमिश्नरी के प्रशासक थे। मौर्य प्रशासन में व्याहारिका मुख्य न्यायाधीश थे।

अतः विकल्प (A) सही है।

8. मुहम्मद गौरी द्वारा जारी किए गए सिक्के में देवी लक्ष्मी की एक छवि है जबकि सिक्के के विपरीत तरफ, अरबी में कलमा अंकित किया गया था।

अतः विकल्प (A) सही है।

9. अलाउद्दीन खलजी द्वारा लागू किए गए दो प्रकार के कर 'गृह कर' थे जो घरों और झोपड़ियों पर लागू किए गए थे और दूध देने वाले जानवरों पर 'चराई कर' थे।

अतः विकल्प (B) सही है।

10. दीवान-ए-बंदगन की स्थापना फिरोज शाह तुगलक ने की थी। यह विभाग गुलामो की देखरेख करता था। फ़िरोज़ के शासनकाल के दौरान दासों की संख्या में अभूतपूर्व वृद्धि हुई। नया विभाग दीवान-ए- मुस्तकीराज की स्थापना अलाउद्दीन खलजी ने की थी ताकि राजस्व व्यवस्था से भ्रष्टाचार और लूट को खत्म किया जा सके। मुहम्मद-बिन-तुगलक ने कृषि विकास के लिए विभाग 'दीवान-ए-अमीर कोही' बनाया है। दीवान-ए-आरज़ (सैन्य विभाग) बलबन द्वारा विकसित किया गया था।

अतः विकल्प (A) सही है।

11. इल्तुतमिश ने भारत में 'इक्ता ' प्रणाली शुरू की। खलीफा के इस्लामी साम्राज्य में, एक नियमित वेतन के बदले सीमित अवधि के लिए सेना के अधिकारियों को जमीन दी गई। राज्य के खजाने को राहत देने के लिए 9 वीं शताब्दी ईस्वी में इक्ता प्रणाली की स्थापना की गई थी, जब अपर्याप्त कर राजस्व और अभियानों से थोड़ी लूट ने सरकार के लिए वेतन का भुगतान करना मुश्किल बना दिया था।

अतः विकल्प (A) सही है।

12. मिन्हाज़-उस-सिराज द्वारा लिखित पाठ 'तबक़ात-ए-नसीरी' सुल्तान नसीरुद्दीन महमूद को समर्पित था। पाठ को 23 खंडों में विभाजित किया गया है और अंग्रेजी भाषा में रैवेर्टी द्वारा अनुवादित किया गया था। पाठ में भारत पर मुहम्मद गोरी की जीत का वर्णन है।

अतः विकल्प (C) सही है।

13. बहमनी साम्राज्य की स्थापना अलाउद्दीन हसन बहमन शाह (जाफ़र खान) ने की थी जिसे 1347 में हसन गंगू के नाम से भी जाना जाता है। दक्षिणी भारत के सुल्तानों ने अला-उद-दीन (1303 -1306) की विजय से अपनी उत्पत्ति प्राप्त की। दक्षिण भारत में पहला स्वतंत्र इस्लामिक साम्राज्य बहमनी साम्राज्य का बहमनी सल्तनत था।

अतः विकल्प (A) सही है।

14. ख्वाजा मुईनुद्दीन चिश्ती का जन्म 1142 शताब्दी में अफगानिस्तान के दक्षिणी प्रांत साकास्तान (सिस्तान) में हुआ था। उसके बाद, वह अपने माता-पिता के साथ खुरासान प्रांत में स्थानांतरित हो गया। ख्वाजा उस्मान चिश्ती हारुनी ने उन्हें निशापुर में शिष्य बनाया।

अतः विकल्प (D) सही है।

15. 1848 ईसवी में सतारा को डलहौजी द्वारा अधीन किया गया था, 1849 में उड़ीसा के संबलपुर को उनके द्वारा अपने साम्रज्य के अधीन किया गया था। 1853 में झांसी को उनके द्वारा अपने साम्रज्य के अधीन किया गया था।। इन सभी राज्यों को डलहौजी ने "व्यपगत का सिद्धान्त या हड़प नीति" के आधार पर अधीन किया था।

अतः विकल्प (C) सही है।

16. 1843 के अधिनियम- पांच द्वारा भारत के तत्कालीन गवर्नर जनरल लॉर्ड एलेनबरो द्वारा दासता को समाप्त कर दिया गया था। उनका कार्यकाल 1842 से 1844 ई. तक था।

अतः विकल्प (B) सही है।

17. असम कंपनी का गठन 1839 में इंग्लैंड में रुपये की पूंजी के साथ हुआ था। 5 लाख नाज़िरा में अपने मुख्यालय के साथ असम कंपनी असम की सबसे पुरानी चाय कंपनी है जो अभी भी कार्य कर रही है।

अतः विकल्प (C) सही है।

18. इलबर्ट बिल' 1883 में वायसराय लॉर्ड रिपन के शासनकाल में पेश किया गया एक बिल था, जिसे सर सी.पी. इलबर्ट ने लिखा था। उक्त अधिनियम के अनुसार, भारतीय न्यायाधीश एक यूरोपीय अभियुक्त की कोशिश कर सकते थे। रॉर्ड रिपन ने इस अधिनियम को बदलने के लिए सर सीपी इलबर्ट के साथ मैराथन चर्चा की, जिससे भारतीयों का पक्ष लिया गया। इसे प्रसिद्ध इल्बर्ट बिल या व्हाइट म्यूटिनी कहा जाता है।

अतः विकल्प (D) सही है।

19. बंगाली दैनिक सोम प्रकाश 'ईश्वर चंद्र विद्यासागर' द्वारा 1859 में प्रकाशित किया गया था। इस अखबार ने इंडिगो आंदोलन के दौरान किसानों के कल्याण का समर्थन किया था।

अतः विकल्प (B) सही है।

20. वर्ष 1885 में भारतीय राष्ट्रीय कांग्रेस के महासचिव ए. ओ. ह्यूम थे। वह भारतीय राष्ट्रीय कांग्रेस के संस्थापक थे। डब्ल्यू. सी. बनर्जी भारतीय राष्ट्रीय कांग्रेस के पहले सत्र के अध्यक्ष थे।

अतः विकल्प (A) सही है।

21. लॉर्ड कर्जन ने 19 जुलाई, 1905 को बंगाल के विभाजन की घोषणा की। परिणामस्वरूप, 7 अगस्त, 1905 को टाउनहाल, कोलकाता में स्वदेशी आंदोलन की घोषणा की गई और 'बहिष्कार प्रस्ताव' पारित किया गया। इस बैठक में राष्ट्रीय नीति के रूप में ब्रिटिश वस्तुओ का बहिष्कार अपनाया गया।

अतः विकल्प (D) सही है।

22. 1916 में, ए. सी. मजूमदार ने लखनऊ अधिवेशन की अध्यक्षता की, जहाँ प्रसिद्ध लखनऊ संधि पर हस्ताक्षर किए गए थे। यह सत्र लगभग एक दशक बाद फिर से कांग्रेस में नरमपंथियों और अतिवादियों को एक साझा मंच पर लाया, विशेषकर एनी बेसेंट के प्रयासों के कारण। कांग्रेस अध्यक्ष ने अपने संबोधन में कहा कि "अगर कांग्रेस सूरत में दफन हो जाती है, तो लखनऊ में वाजिद अली शाह के बगीचे में उसका पुनर्जन्म होता है"।

अतः विकल्प (D) सही है।

23. 23 मार्च 1940 को मुस्लिम लीग का वार्षिक अधिवेशन लाहौर में हुआ था। जिन्ना के दो-राष्ट्र सिद्धांत को लाहौर में मान्यता दी गई थी। इस प्रस्ताव से संबंधित मसौदा सिकंदर हयात खान द्वारा तैयार किया गया था और फजल उल हक ने 23 मार्च 1940 को प्रस्ताव पेश किया था।

अतः विकल्प (A) सही है।

24. जापान की बढ़ती ताकत को देखते हुए, अंतर्राष्ट्रीय समुदाय विशेष रूप से अमेरिका, चीन और ऑस्ट्रेलिया ने भारत को स्वतंत्रता प्रदान करने के लिए ब्रिटेन को लागू किया। परिणामस्वरूप, भारतीय राजनेताओं से बातचीत करने के लिए स्टेफोर्ड क्रिप्स मार्च, 1992 में भारत आए।

अतः विकल्प (B) सही है।

25. दिल्ली सत्र में आई.एन.सी. 14 जून, 1947 को, खान अब्दुल गफ्फार खान (सीमांत गांधी) ने भारत के विभाजन के खिलाफ मतदान किया। विभाजन का विरोध करने वाले गफ्फार खान ने पाकिस्तान में रहना पसंद किया, जहां उन्होंने पश्तून अल्पसंख्यक के अधिकारों और एक स्वायत्त पुश्तुनिस्तान (जिसे पख्तूनिस्तान या पश्चिम पाकिस्तान के सीमावर्ती क्षेत्रों में स्वतंत्र राज्य भी कहा जाता है) के लिए लड़ाई जारी रखी।

अतः विकल्प (B) सही है।

26. भारत में संघीय न्यायालय की स्थापना भारत सरकार अधिनियम, 1935 द्वारा 1 अक्टूबर, 1937 को की गई थी। सर मौरिस ग्वियर इसके पहले मुख्य न्यायाधीश थे।

अतः विकल्प (D) सही है।

27.

सूची-I	सूची-II
A. 7 वीं अनुसूची	3. विधायक शक्तियों का वितरण
B. 8 वीं अनुसूची	1. भाषाएँ
C. 9 वीं अनुसूची	4. कुछ अधिनियमों की वैधता
D. 10 वीं अनुसूची	2. दलबदल के आधार पर अयोग्यता

अतः विकल्प (C) सही है।

28.

सूची-I (संविधान के अनुच्छेद)	सूची-II (विषय)
A. 124	1. संघ न्यायपालिका
B. 5	2. नागरिकता
C. 352	3. आपातकालीन प्रावधान
D. 245	4. विधायी शक्तियों का वितरण

अतः विकल्प (A) सही है।

29. भारत के संविधान की प्रस्तावना में जस्टिस (सामाजिक, आर्थिक और राजनीतिक) का उल्लेख किया गया है, जबकि प्रस्तावना में धार्मिक न्याय शब्द मौजूद नहीं है।

अतः विकल्प (D) सही है।

30. सिक्किम, भारत का पूर्वोत्तर राज्य, 1975 में संविधान में 36 वां संशोधन द्वारा 22 वां राज्य बन गया। 1974 में, सिक्किम विधानसभा ने सिक्किम अधिनियम, 1974 की एक सरकार पारित की, जिसने पहली बार जिम्मेदार सरकार स्थापित करने का मार्ग प्रशस्त किया सिक्किम में और भारत के राजनीतिक संस्थानों में सिक्किम के प्रतिनिधित्व की मांग की। भारत ने 35 वां संशोधन अधिनियम 1974 भी पारित किया, जिसमें एक नया अनुच्छेद 2A {सिक्किम को एसोसिएट राज्य होना} और 36 वें संशोधन अधिनियम (1975) ने सिक्किम को भारत के पूर्ण राज्य के रूप में एकीकृत किया (22 वां राज्य)।

अतः विकल्प (C) सही है।

31. राज्य और उनके गठन के वर्षों का सही मिलान निम्नानुसार है-

राज्य का गठन	वर्ष
नागालैंड	1 दिसंबर, 1963
मेघालय	21 जनवरी, 1972
सिक्किम	16 मई, 1975
अरुणाचल प्रदेश	20 फरवरी, 1987

अतः विकल्प (A) सही है।

32. दिए गए लेख में, अनुच्छेद 19 विभिन्न श्रेणी से संबंधित है क्योंकि यह स्वतंत्रता के अधिकार की श्रेणी में आता है। अनुच्छेद 19 कुछ अधिकारों के संरक्षण से संबंधित है जैसे कि

(a) बोलने और अभिव्यक्ति की स्वतंत्रता

(b) शांतिपूर्वक और बिना हथियार के इकट्ठा करना

(c) एसोसिएशन या यूनियनों का गठन करना

(d) पूरे भारत में स्वतंत्र रूप से घूमने के लिए

(e) भारत के किसी भी हिस्से में निवास करने और बसने के लिए

(f) किसी भी पेशे का अभ्यास करने के लिए, या किसी व्यवसाय, व्यापार और व्यवसाय को चलाने के लिए।

अतः विकल्प (D) सही है।

33. परिषद सामूहिक रूप से लोकसभा के प्रति उत्तरदायी है। प्रधानमंत्री का यह कर्तव्य है कि वह राष्ट्रपति के मंत्रिपरिषद के सभी फैसलों को संघ के प्रशासन से संबंधित बताए और उनसे संबंधित कानून और सूचना के प्रस्तावों का प्रस्ताव करे।

अतः विकल्प (D) सही है।

34. अस्पृश्यता उन्मूलन को अनुच्छेद 17 के तहत मौलिक अधिकारों में शामिल किया गया है। यह व्यक्तियों के खिलाफ उपलब्ध कुछ मौलिक अधिकारों में से एक है।

अतः विकल्प (C) सही है।

35. लोकसभा का पहला आम चुनाव 25 अक्टूबर 1951 से 21 फरवरी 1952 के बीच हुआ था। कुल 489 सीटों के लिए चुनाव हुआ था। 13 मई, 1952 को पहली लोकसभा का पहला सत्र शुरू हुआ।

अतः विकल्प (C) सही है।

36. 'शून्यकाल' संसदीय प्रक्रिया के क्षेत्र में एक भारतीय नवाचार है और 1962 से अस्तित्व में है। इसका उल्लेख कार्य विधि के नियम में नहीं है। यह राष्ट्रीय और अंतर्राष्ट्रीय महत्व के मामलों को उठाने के लिए संसद के सदस्यों के लिए एक औपचारिक उपकरण है। शून्यकाल प्रश्नकाल के तुरंत बाद शुरू होता है और दिन के लिए एजेंडा (यानी संसद का नियमित कारोबार) तक चलता है। औपचारिक रूप से, यह 12: 00 दोपहर के साथ शुरू होता है और दोपहर 1 बजे पर समाप्त होता है, यानी एक घंटे के लिए।

अतः विकल्प (A) सही है।

37. भारतीय संविधान के अनुच्छेद 143 (1) के तहत, भारत का सर्वोच्च न्यायालय भारत के राष्ट्रपति के लिए एक सलाहकार निकाय के रूप में कार्य करता है, जो कानून के किसी भी मामले या सार्वजनिक महत्व के तथ्य पर सलाह मांग सकता है।

अतः विकल्प (B) सही है।

38. राज्य विधान सभा भारत के राष्ट्रपति, राज्य सभा के सदस्यों और विधान परिषद् के सदस्यों के चुनाव में भाग ले सकती है। राज्य विधान सभा भारत के उपराष्ट्रपति के चुनाव में भाग नहीं सकती है।

अतः विकल्प (B) सही है।

39. अनुच्छेद 315 (4) यह बताता है कि संघ के लिए लोक सेवा आयोग, अगर किसी राज्य के राज्यपाल द्वारा ऐसा करने का अनुरोध किया जाता है, तो राष्ट्रपति की स्वीकृति के साथ, राज्य की सभी या किसी भी आवश्यकता की पूर्ति के लिए सहमत हो सकता है।

अतः विकल्प (D) सही है।

40. पहला संविधान संशोधन 1951 में दो नए अनुच्छेद 31 (a) और 31 (b) जोड़े गए, और कुछ राज्यों में कृषि सुधारों की सुरक्षा के लिए संविधान की 9 वीं अनुसूची।

अतः विकल्प (C) सही है।

41. मृदा विज्ञान, मिट्टी विज्ञान की एक शाखा हैं जो मृदा गठन, विकास और सैद्धांतिक रूपरेखाओं को समझने और उन पर अध्ययन करने पर केंद्रित है, जिसके माध्यम से हम एक मृदा शरीरों को समझते हैं, जो प्राय: प्राकृतिक पर्यावरण के संदर्भ में होता है।

अतः विकल्प (B) सही है।

42. पपीते का वानस्पतिक नाम 'कैरिका पपीता' है। यह कैरोटीन में समृद्ध है, जो विटामिन ए का एक अग्रदूत है। पपीता में पेश किया गया पपाइन एंजाइम पाचन में सहायक होता है। पपीते का पीला रंग कैरिक्सज़न्थिन के कारण होता है।

अतः विकल्प (C) सही है।

43. अलसी (कपास) की रासायनिक संरचना इस प्रकार है-

सेलूलोज़ - 91.00%

पानी - 7.85%

अतः विकल्प (C) सही है।

44. मनुष्यों में, प्रत्येक कोशिका में सामान्यतः 46 के लिए गुणसूत्रों के 23 जोड़े होते हैं। इन जोड़ियों में से दो जोड़े, जिन्हें ऑटोसोम कहा जाता है, दोनों पुरुषों और महिलाओं में समान दिखते हैं। 23 वीं जोड़ी, सेक्स गुणसूत्र, पुरुषों और महिलाओं के बीच भिन्न होते हैं। मादाओं में X गुणसूत्र की दो प्रतियां होती हैं, जबकि पुरुषों में एक X और एक Y गुणसूत्र होता है।

अतः विकल्प (B) सही है।

45. सबसे मजबूत मांसपेशी खुद के वजन पर आधारित चर्वणिका है।। जबड़े की सभी मांसपेशियों को एक साथ काम करते हुए, यह दाढ़ पर 55 पाउंड (25 किलोग्राम) जितने बल या दाढ़ पर 200 पाउंड (90.7 किलोग्राम) के बल के साथ दांतों को बंद कर सकता है।

अतः विकल्प (A) सही है।

46. रक्त को संयोजी ऊतक माना जाता है क्योंकि इसमें एक मैट्रिक्स होता है। जीवित कोशिका प्रकार लाल रक्त कोशिकाएं हैं, जिन्हें एरिथ्रोसाइट्स भी कहा जाता है, और सफेद रक्त कोशिकाएं, जिन्हें ल्यूकोसाइट्स भी कहा जाता है। पूरे रक्त का तरल भाग, इसका मैट्रिक्स, जिसे आमतौर पर प्लाज्मा कहा जाता है।

अतः विकल्प (A) सही है।

47. प्रकाश संश्लेषण की प्रक्रिया के लिए पौधे प्रकाश से केवल कुछ रंगों का उपयोग करते हैं। क्लोरोफिल नीले, लाल और बैंगनी प्रकाश किरणों को अवशोषित करता है। प्रकाश संश्लेषण नीली और लाल प्रकाश किरणों में अधिक होता है और हरे रंग की प्रकाश किरणों में कम या बिल्कुल नहीं।

अतः विकल्प (B) सही है।

48. वसा उच्च कैलोरी युक्त होते है जिसका कारण उसकी ऑक्सीजन की कमी के कारण ऑक्सीकरण की दर अधिक होती है ।

अतः विकल्प (B) सही है।

49. थायमिन (विटामिन B_1)एक पानी में घुलनशील विटामिन है जो कार्बोहाइड्रेट और एमिनो एसिड चयापचय के लिए आवश्यक है। विटामिन B_1 खमीर, अनाज, सेम, नट्स, और मांस सहित कई खाद्य पदार्थों में पाया जाता है। यह अक्सर अन्य B विटामिन के साथ संयोजन में उपयोग किया जाता है और कई विटामिन B जटिल उत्पादों में पाया जाता है।

अतः विकल्प (D) सही है।

50. एड्रेनालाईन को आमतौर पर 'फाइट या फ्लाइट हार्मोन' के रूप में जाना जाता है। एड्रेनालाईन अधिवृक्क ग्रंथियों से निकलने वाला एक हार्मोन है।

अतः विकल्प (B) सही है।

51. करेवा मिट्टी, जम्मू और कश्मीर में पाई जाती है। करेवा कश्मीर घाटी के झील निक्षेप हैं। ये समतलीय ऊँचे पर्वत है जो चारो और से कश्मीर घाटी को घेरते है । वे तलछट, चिकनी मिट्टी, रेत और कंकरों से बनी है। वे स्तनधारियों के जीवाश्मों और पीट (एक प्रकार की घास) से बनती है। करेवा मुख्य रूप से केसर, बादाम, अखरोट, सेब और मेवों की खेती के लिए प्रयोग की जाती है।

अतः विकल्प (B) सही है।

52. इओसिन एक टेट्राब्रोमोफ्लोरेसिन है। अधिकांश लाल स्याही लाल डाई इओसिन का पतला घोल है। हिस्टोलॉजिकल जांच के लिए साइटोप्लाज्म, लाल रक्त कोशिकाओं, कोलेजन, और मांसपेशी फाइबर को दागने के लिए ईओसिन का उपयोग किया जा सकता है। यह अक्सर एच एंड ई धुंधला में हेमटॉक्सिलिन के लिए एक काउंटरस्टैन के रूप में उपयोग किया जाता है।

अतः विकल्प (D) सही है।

53. यूरेनियम-सीसा डेटिंग पृथ्वी की आयु, क्षय करने वाली चट्टानों और हड्डियों का निर्धारण करने के लिए सबसे पुरानी और परिष्कृत विधियों में से एक है। यूरेनियम खनन जमीन से यूरेनियम अयस्क के निष्कर्षण की प्रक्रिया है। 2019 में यूरेनियम का विश्वव्यापी उत्पादन 53,656 टन था। पारंपरिक खनन में, अयस्क सामग्री को समान कण आकार में पीसने और फिर रासायनिक विरंजन द्वारा यूरेनियम निकालने के लिए अयस्क का उपचार करके अयस्कों को संसाधित किया जाता है।

अतः विकल्प (D) सही है।

54. कार्बन क्रेडिट के लिए विचार 1997 के क्योटो प्रोटोकॉल से आया था। यह हवा को प्रदूषित करने की लागत पर एक मौद्रिक मूल्य दे रहा है। एक एकल कार्बन क्रेडिट आम तौर पर एक मीट्रिक टन (1,000 किलो या 2,204 पाउंड)

कार्बन डाइऑक्साइड या किसी अन्य ग्रीनहाउस गैस के बराबर द्रव्यमान का उत्सर्जन करता है।

अतः विकल्प (C) सही है।

55. मजबूत आधार और मजबूत एसिड के बीच प्रतिक्रिया के बाद गठित यौगिकों को उदासीन नमक के रूप में जाना जाता है। सोडियम क्लोराइड (NaCl) उदासीन का एक उदाहरण है जिसे नमक भी कहा जाता है जिसे टेबल नमक के रूप में जाना जाता है।

अतः विकल्प (B) सही है।

56. प्रकाश वर्ष समय की मापन की एक इकाई नहीं है , बल्कि दूरी को मापने की इकाई है। शेष जोड़े सही ढंग से मेल खाते हैं।

अतः विकल्प (D) सही है।

57. वाट इंटरनेशनल सिस्टम ऑफ यूनिट्स (SI) में एक व्युत्पन्न इकाई है। बाकी सभी ऊष्मा की इकाइयाँ हैं।

अतः विकल्प (D) सही है।

58. स्फिग्मोमेनोमीटर के तीन भाग होते हैं: एक कफ जो हवा के साथ फुलाया जा सकता है, कफ में हवा के दबाव को मापने के लिए एक प्रेशर मीटर (मैनोमीटर), और ध्वनि को सुनने के लिए एक स्टेथोस्कोप जो रक्त बनाता है जैसा कि ब्रोचियल धमनी से बहता है (आपकी ऊपरी बांह में पाई जाने वाली प्रमुख धमनी)।

अतः विकल्प (B) सही है।

59. हम जानते हैं कि यूनिट-

$$\text{किलोवाट घंटा} = \text{watt} \times \text{घंटा} \ /1000$$

$$= \frac{60\times30\times5}{1000} = 9 \text{ यूनिट}$$

अतः विकल्प (B) सही है।

60.

सूची-I (परमाणु ऊर्जा संयंत्र)	सूची-II (राज्य में स्थित)
A. कल्पकम्	3. तमिलनाडू
B. नरोरा	1. उत्तर प्रदेश
C. काकरापार	2. गुजरात
D. ट्राम्बे	4. महाराष्ट्र

अतः विकल्प (B) सही है।

61. एसोसिएशन ऑफ साउथ-ईस्ट एशियन नेशंस (आसियान) देशों का रामायण महोत्सव नई दिल्ली में 20 जनवरी से कमानी सभागार में शुरू हो गया है।

अतः विकल्प (B) सही है।

62. क्रिकेट में, इंडिया लेजेंड्स ने 21 मार्च 2021 को छत्तीसगढ़ के रायपुर में शहीद वीर नारायण सिंह अंतर्राष्ट्रीय स्टेडियम में खिताब जीतने के लिए रोड सेफ़्टी वर्ल्ड सीरीज़ के फ़ाइनल में श्रीलंका को 14 रनों से हराया। भारत के दिग्गजों के कप्तान सचिन तेंदुलकर ने टूर्नामेंट में तीसरे सबसे अधिक रन बनाने वाले खिलाड़ी के रूप में टूर्नामेंट का समापन किया। उन्होंने 234 रन बनाए।

अतः विकल्प (A) सही है।

63. जाखम बांध राजस्थान में प्रतापगढ़ जिले में स्थित है। यह जाखम नदी पर बनाया गया है, जो छोटा सदरीसुब डिवीजन में एक छोटे से गांव जाखमिया से निकलती है। डैम की लंबाई 253 मीटर है, जिसमें से स्पिल रास्ता की लम्बाई 90 मीटर है।

अतः विकल्प (C) सही है।

64. उत्तर प्रदेश सरकार ने हाल ही में पूर्व प्रधानमंत्री अटल बिहारी वाजपेयी के जन्मदिन को चिह्नित करने के लिए राज्य में गरीबों के लिए एक मुफ्त घरेलू बिजली कनेक्शन योजना ha प्रकाश है तो विकस है 'शुरू की है।

अतः विकल्प (B) सही है।

65. काउंसिल ऑफ साइंटिफिक एंड इंडस्ट्रियल रिसर्च (CSIR) ने अपने न्यू मिलेनियम इंडियन टेक्नोलॉजी लीडरशिप इनिशिएटिव (NMITLI) कार्यक्रम के माध्यम से मानव मोनोक्लोनल एंटीबॉडी (hmAbs) के विकास की दिशा में एक परियोजना को मंजूरी दी है जो रोगियों में SARS-CoV-2 को बेअसर कर सकती है।

अतः विकल्प (C) सही है।

66. पर्यावरण, वन और जलवायु परिवर्तन मंत्रालय ने समुद्र तट की सफाई और विकास के लिए एक पायलट परियोजना 'ब्लू फ्लैग' शुरू की है। ब्लू फ्लैग फ़ाउंडेशन फ़ॉर एनवायरनमेंटल एजुकेशन (FEE) द्वारा एक प्रमाणन है कि एक समुद्र तट, मरीना या स्थायी नौका विहार पर्यटन ऑपरेटर अपने मानकों को पूरा करता है। ब्लू फ्लैग एफईई के स्वामित्व वाला एक ट्रेडमार्क है जो 60 सदस्य देशों में 65 संगठनों से मिलकर एक गैर-लाभकारी गैर-सरकारी संगठन है।

अतः विकल्प (B) सही है।

67. चाक-हाओ, सुगंधित चमकदार चावल जिसे ब्लैक राइस के नाम से जाना जाता है जिसे सदियों से मणिपुर में उगाया जाता है, को जीआई (भौगोलिक संकेत) पंजीकरण मिला है।

1. मणिपुर में चाक-हाओ सुगंधित चावल की खेती है।
2. आवेदन उत्तर पूर्वी क्षेत्रीय कृषि विपणन निगम लिमिटेड (NERAMAC) द्वारा भरा गया था।
3. इसे आम तौर पर सामुदायिक दावतों के दौरान खाया जाता है और इसे चाक-हाओ खीर के रूप में परोसा जाता है।

अतः विकल्प (A) सही है।

68. पूर्वी घाट या पुरवा, जिसे दक्षिण में महेंद्र पर्वत के नाम से भी जाना जाता है, भारत के पूर्वी तट के साथ पहाड़ों की एक अलग श्रेणी है। पश्चिम बंगाल से शुरू होकर पूर्वी घाट ओडिशा, आंध्र प्रदेश, तेलंगाना और तमिलनाडु जैसे राज्यों से होकर गुजरता है और दक्षिण में कर्नाटक के कुछ हिस्सों से होकर गुजरता है। गोदावरी, महानदी, कृष्णा, और कावेरी के नाम से जानी जाने वाली प्रायद्वीपीय भारत की चार प्रमुख नदियों द्वारा इनका क्षय और कटाव होता है। पूर्वी घाट की सबसे ऊँची चोटी जिंदगडा चोटी (1690 मीटर) है। इसे अरमा कोंडा या सीताम्मा कोंडा के नाम से भी जाना जाता है।

अतः विकल्प (A) सही है।

69. दशकुमारचरित संस्कृत कांड है जो दण्डी द्वारा लिखा गया है, दशकुमारचरित संस्कृत में एक गद्य उपन्यास है, जिसका श्रेय दण्डी को दिया जाता है, माना जाता है कि यह सातवीं से आठवीं शताब्दी ईस्वी में लिखा गया। दशाकुमारचरित के अधिकांश प्रचलित ग्रंथ पूर्वापीठिका, दशकुमारचरित और उत्तरायितिका से मिलकर बने हैं।

अतः विकल्प (C) सही है।

70. पालघाट दर्रा, पश्चिमी घाट पर्वत श्रृंखला में एक बड़ा भाग, दक्षिण-पश्चिम भारत में है। यह उत्तर में नीलगिरि पहाड़ियों और दक्षिण में अन्नामलाई पहाड़ियों के बीच स्थित है। यह लगभग 20 मील (32 किमी) चौड़ा है और केरल-तमिलनाडु सीमा पर फैला है, जो उन दोनों राज्यों के बीच एक प्रमुख संचार मार्ग है।

अतः विकल्प (B) सही है।

71. चंदौली राष्ट्रीय उद्यान (CNP) एक प्राकृतिक विश्व धरोहर स्थल है और महाराष्ट्र के सतारा, कोल्हापुर और सांगली जिलों में फैला हुआ है।

अतः विकल्प (D) सही है।

72. सी.वी. रमन एक भारतीय भौतिक विज्ञानी थे। उन्होंने प्रकाश प्रकीर्णन के क्षेत्र में बहुत महत्वपूर्ण काम किया और इसके लिए उन्हें 1930 में नोबेल पुरस्कार से सम्मानित किया गया।उन्होंने रमन इफेक्ट दिया।

अतः विकल्प (A) सही है।

73. नेशनल एग्रीकल्चरल कोऑपरेटिव मार्केटिंग फेडरेशन ऑफ इंडिया लिमिटेड (NAFED) भारत में कृषि उपज के लिए विपणन सहकारी समितियों का एक शीर्ष संगठन है। इसका मुख्यालय नई दिल्ली में स्थित है।

अतः विकल्प (D) सही है।

74. खरीफ की फसल, जिसे मानसून की फसल के रूप में भी जाना जाता है, ऐसी फसलें हैं जो मानसून या बरसात के मौसम यानी जून से अक्टूबर के दौरान उगाई जाती हैं।

इन फसलों के बीज मानसून के मौसम की शुरुआत में बोए जाते हैं और मानसून के मौसम के अंत में फसलों की कटाई की जाती है।

भारत में उगाई जाने वाली मुख्य खरीफ फसलें धान, मक्का, ज्वार, बाजरा, कपास, गन्ना, मूंगफली आदि हैं।

अतः विकल्प (D) सही है।

75. ओजोन परत, समताप मंडल की परत के अंदर पृथ्वी के वातावरण की परतों में से एक है। यह पराबैंगनी विकिरणों को अवशोषित करता है और लोगों, जानवरों, पौधों और समुद्री जीवन को सूरज की हानिकारक किरणों से बचाता है।

- इसकी खोज चार्ल्स फैब्री और हेनरी बिसन ने 1913 में की थी।
- यह सूरज की पराबैंगनी किरणों के 98%को अवशोषित कर सकता है और लगभग 90% ओजोन पृथ्वी की सतह से 15 से 30 किमी की दूरी पर समताप परत में स्थित है।
- 1989 में मॉन्ट्रियल प्रोटोकॉल ओजोन परत को ख़राब करने वाले पदार्थों को छाँट कर ओजोन परत की रक्षा के लिए बनाया था।

अतः विकल्प (B) सही है।

76. चंदेल शासकों ने अपनी धार्मिक राजधानी खजुराहो में स्थापित की। जेजाकभुक्ति के चंदेल मध्य भारत में एक शाही राजवंशी थे। नन्नुक भारत के चंदेल वंश का संस्थापक था। उन्होंने 9वीं और 13वीं शताब्दी के बीच बुंदेलखंड क्षेत्र (तब जेजाकभुक्ति कहा जाता था) पर बहुत समय तक शासन किया। चंदेलों को उनकी कला और वास्तुकला के लिए जाना जाता है, विशेष रूप से उनकी मूल राजधानी खजुराहो में मंदिरों के लिए जाना जाता है।

अतः विकल्प (C) सही है।

77. फाइलोक्विनोन विटामिन K का रासायनिक नाम है और इसका रासायनिक सूत्र $C_{31}H_{46}O_2$ है। विटामिन K एक आवश्यक वसा में घुलनशील विटामिन है जो सामान्य जमावट को बनाए रखने में महत्वपूर्ण है, कई थक्के कारकों और थक्कारोधी प्रोटीनों के सक्रियण में कोफ़ेक्टर के रूप में कार्य करता है। फ़ाइलोक्विनोन फ़ाइलोक्विनोन के वर्ग का एक सदस्य है जिसमें क्रमशः 1,4-नैफ्थोक्विनोन मिथाइल और फ़ाइटल समूहों के 2 और 3 पदों पर होते हैं।

अतः विकल्प (A) सही है।

78. बहिःस्रावी ग्रंथियां जब लैक्रिमल ग्रंथियों के साथ जोड़ी जाती हैं, तो आंसु झिल्ली की जलीय परत को छिपाती है, जिसके परिणामस्वरूप प्रत्येक आंख में आँसू होते हैं।

लैक्रिमल ग्रंथियां प्रत्येक क्षेत्र के ऊपरी पार्श्व क्षेत्र में स्थित होती हैं।

एक मानव नेत्र में, लैक्रिमल ग्रंथि श्लेष्म का उत्पादन करके आंख को चिकना करती है, जिसके परिणामस्वरूप आँसू उत्पन्न होते हैं।

आंख के सामने की ओर बनने वाली एक पारदर्शी परत को श्वते पटल (कॉर्निया) कहा जाता है।

उनकी सतह पर रिसेप्टर्स के माध्यम से जानकारी का पता लगाने के लिए जिम्मेदार कोशिकाओं को संवेदी कोशिकाओं के रूप में जाना जाता है।

रिसेप्टर्स प्रोटीन अणु होते हैं जो एक कोशिका के बाहर से रासायनिक संकेत प्राप्त करते हैं।

अतः विकल्प (C) सही है।

79. लाल लिटमस पेपर क्षार के मिश्रण में नीले रंग में बदल जाता है। लाल लिटमस एक कमजोर डिप्रोटिक एसिड को नियंत्रित करता है। एसिड-बेस इंडिकेटर में इस्तेमाल होने वाले एक कमजोर एसिड में आमतौर पर एसिड फॉर्म और कंजुगेट बेस आयन फॉर्म के बीच एक अलग रंग होता है। यही कारण है कि इसमें पानी में घुलनशील क्षार को मिलाने पर यह नीला हो जाता है, और संयुग्मित आधार आयन के रंग की अनुमति देता है।

अतः विकल्प (A) सही है।

80. तनिन्थाराई राष्ट्रीय उद्यान (टीएनपी) तेनसिरिम हिल्स, म्यांमार में स्थित है और 2072 किमी² के क्षेत्र को कवर करता है। पार्क के मुख्य उद्देश्य आवास संरक्षण हैं। यह सांभर हिरण, एशियाई हाथी, बार्किंग हिरण, सेरो, लाल गोरल, मलय तापीर, बाघ, तेंदुआ और कई पक्षी प्रजातियों का घर है।

अतः विकल्प (C) सही है।

81. उपरोक्त विकल्पों में से गामा किरणों में उच्चतम आवृत्ति होती है। एक तरंग की आवृत्ति तरंगों की संख्या है जो एक सेकंड में एक बिंदु से गुजरती है। आवृत्ति को हर्ट्ज़ (Hz) की इकाई में मापा जाता है, 1 हर्ट्ज़ प्रति सेकंड एक बिंदु से गुजरने वाली एक तरंग के बराबर है। गामा किरणों की आवृत्ति 10^{19} हर्ट्ज से अधिक के क्रम में होती है। एक तरंग की ऊर्जा सीधे उसकी आवृत्ति से संबंधित होती है जो गामा किरणों को विद्युत चुम्बकीय विकिरण का सबसे उच्च ऊर्जा रूप बनाती है।

अतः विकल्प (A) सही है।

82. ब्रेंट मीठे हल्के कच्चे तेल का व्यापार वर्गीकरण है। जो दुनिया भर में तेल के क्रय के लिए एक प्रमुख बेंचमार्क मूल्य के रूप में कार्य करता है। यह उत्तरी सागर से निकाला जाता है और इसमें ब्रेंट ब्लेंड, एकोफिस्क क्रूड, फोर्टिस ब्लेंड और ओसेबर्ग शामिल होते हैं। ब्रेंट इंडेक्स 25-दिनों के ब्रेंट ब्लेंड, ओसेबर्ग, फोर्टिस, एकोफिस्क (BFOE) बाजार में उचित वितरण महीने में व्यापार की औसत कीमत के बारे में उद्योग मीडिया द्वारा सूचित और पुष्टि की गई जानकारी का प्रतिनिधित्व करता है।

अतः विकल्प (A) सही है।

83. एक विकासशील देश वो होता है जहाँ स्थिर कीमतों पर GNP बढ़ती है। GNP का अर्थ है - सकल राष्ट्रीय उत्पाद।

यह देश की भौगोलिक सीमाओं के बाहर और भीतर देश के निवासियों द्वारा प्रदान की गई संपत्ति और श्रम द्वारा प्रति वर्ष उत्पादित सभी सेवाओं और वस्तुओं का बाजार मूल्य होता है।

GNP = देश के भीतर उत्पादित हर वस्तु का मूल्य + विदेश से आने वाला धन - विदेशों में जाने वाला धन

अतः विकल्प (A) सही है।

84. अनुच्छेद 93 संसद में लोकसभा के अध्यक्ष और उपाध्यक्ष के बारे में बताता है।

अनुच्छेद 92 संसद में जब सभापति या उपसभापति को पद से हटाने का कोई संकल्प विचाराधीन है तब उसका पीठासीन ना होने के बारे में बताता है।

अनुच्छेद 94 अध्यक्ष और उपाध्यक्ष का पद रिक्त होने, पद त्याग और पद से हटाये जाने के बारे में बताता है।

अनुच्छेद 91 संसद में सभापति के पद कर्तव्यों का पालन करने या सभापति के रूप में कार्य करने की उपसभापति या अन्य व्यक्ति की शक्ति के बारे में बताता है।

अतः विकल्प (C) सही है।

85. संसद के नियमों के अनुसार, लोकसभा में विपक्षी दल के पास लोकसभा की कुल सीटों मे से कम से कम 10 प्रतिशत अर्थात 55 सीटें होनी चाहिए। संसद में लोकसभा की कुल सीटों की संख्या 545 (543 निर्वाचित + 2 मनोनीत) है, लोकसभा में विपक्ष के नेता का एक महत्वपूर्ण पद होता है। वह विभिन्न सरकारी कार्यालयों की नियुक्तियों में शामिल होता है।

अतः विकल्प (D) सही है।

86. दक्कन की औसत ऊंचाई लगभग 2,000 फीट (600 मीटर) है, जो आमतौर पर पूर्व की ओर ढलान रखती है।

दक्कन, नर्मदा नदी के दक्षिण में भारत के पूरे दक्षिणी प्रायद्वीप, एक उच्च त्रिभुजाकार पहाड़ी मैदान द्वारा केंद्रीय रूप से अंकित है।

पठार पूर्व और पश्चिम में घाटों से घिरा हुआ है, जो पठार के दक्षिणी सिरे पर मिलते हैं।

इसकी उत्तरी सीमा सतपुड़ा पर्वत श्रेणी है।

इसकी प्रमुख नदियाँ - गोदावरी, कृष्णा, और कावेरी (कावेरी) - पश्चिमी घाट से पूर्व की ओर बंगाल की खाड़ी में बहती हैं।

पठारों की जलवायु समुद्र तट की जलवायु से सूखी है और कई स्थानों पर शुष्क है।

अतः विकल्प (B) सही है।

87. बाब अल-मन्देब अदन की खाड़ी और लाल सागर जोड़ता है और इरीट्रिया जिबूती (अफ्रीका) और यमन (एशिया) अलग करता है।

अतः विकल्प (D) सही है।

88. महात्मा गांधी का जन्म 2 अक्टूबर 1869 को हुआ था। वह 9 जनवरी 1915 को भारत आए।

9 जनवरी को प्रवासी भारतीय दिवस के रूप में भी मनाया जाता है।

वह बेलगाम सत्र, 1924 के दौरान कांग्रेस के अध्यक्ष बने।

अतः विकल्प (D) सही है।

89. हाइड्रोपोनिक्स मिट्टी के बिना पानी में पौधों को उगाने की तकनीक है। पोषक तत्वों का खनिज-समृद्ध समाधान मिट्टी के बजाय पौधों के लिए बढ़ते माध्यम के रूप में उपयोग किया जाता है। हाइड्रोपोनिक्स एक जल-कुशल प्रणाली है क्योंकि यह पानी के उपयोग को कम करता है।

अतः विकल्प (C) सही है।

90. क्रेता बाजार उस स्थान को दर्शाता है जहां आपूर्ति, मांग से अधिक होती है। इस प्रकार के बाजार में, खरीदारों को मूल्य मोल-भाव का लाभ होता है। अगर मांग आपूर्ति से अधिक होती है तो इस प्रकार की बाजार स्थिति को विक्रेता बाजार कहा जाता है।

अतः विकल्प (B) सही है।

91.

Alphabets	A	B	C	D	E	F	G	H	I	J	K	L	M
Positional value	1	2	3	4	5	6	7	8	9	10	11	12	13
Positional value	26	25	24	23	22	21	20	19	18	17	16	15	14
Alphabets	Z	Y	X	W	V	U	T	S	R	Q	P	O	N

अनुसरित स्वरूप है,

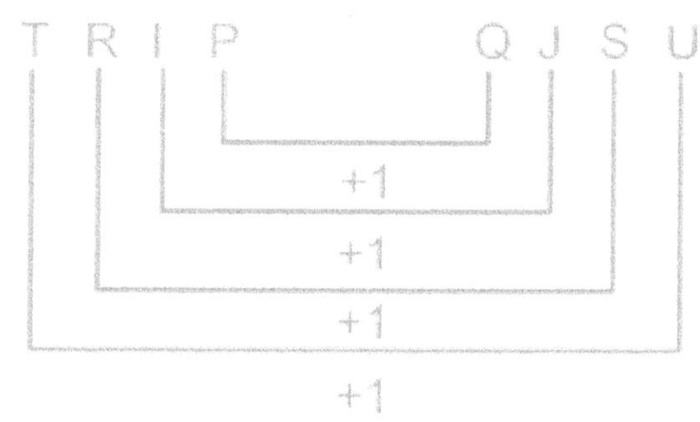

इस प्रश्न में, शब्द का कूट दिया गया है और हमें शब्द को ज्ञात करना है,

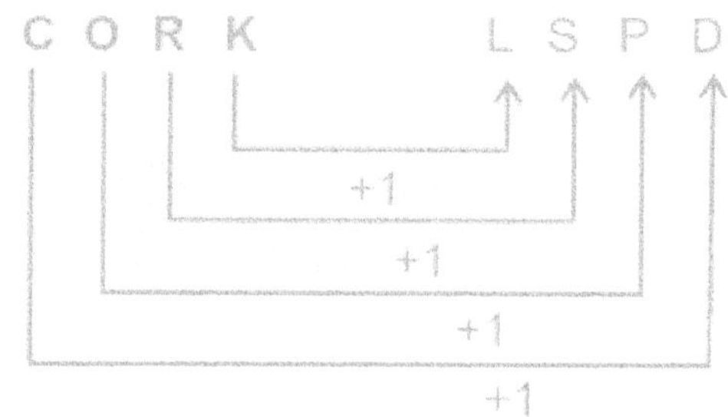

अतः विकल्प (B) सही है।

92. वह आकृति जिसमें प्रश्न आकृति सन्निहित है,

अतः विकल्प (B) सही है।

93. निष्कर्ष 1: यह अनुसरण नहीं करता है, क्योंकि कथन में जापानी खिलौनों का उल्लेख़ नहीं किया गया है।

निष्कर्ष 2: यह अनुसरण करता है, क्योंकि यह उल्लेख किया गया है कि दुकान के अधिकांश खिलौने महंगे हैं और शेष सस्ते हो सकते हैं।

निष्कर्ष 3: यह अनुसरण नहीं करता है, क्योंकि यह उल्लेख किया गया है कि दुकान के अधिकांश खिलौने महंगे हैं और शेष सस्ते हो सकते हैं।

निष्कर्ष 4: यह अनुसरण नहीं करता है, क्योंकि यह कथन में दिया गया है कि अधिकांश खिलौने महंगे हैं, कुछ खिलौने नहीं।

अतः विकल्प (B) सही है।

94.

Alphabets	A	B	C	D	E	F	G	H	I	J	K	L	M
Positional value	1	2	3	4	5	6	7	8	9	10	11	12	13
Positional value	26	25	24	23	22	21	20	19	18	17	16	15	14
Alphabets	Z	Y	X	W	V	U	T	S	R	Q	P	O	N

अनुसरित स्वरूप निम्न प्रकार है,

अतः विकल्प (C) सही है।

95. अनुसरित स्वरूप निम्न प्रकार है,

$4 \times 1.5 = 6$

$6 \times 1.5 = 9$

$9 \times 1.5 = 13.5$

$13.5 \times 1.5 = 20.25 = 20\frac{1}{4}$

अतः विकल्प (B) सही है।

96. निम्नलिखित प्रतीकों का उपयोग कर, हमें प्राप्त होता है:

Symbol in Diagram	Meaning
○	Female
□	Male
═	Married Couple
—	Siblings
|	Difference of a generation

1) A, P की माता है और E, B का पिता है।

2) B, F का भाई है।

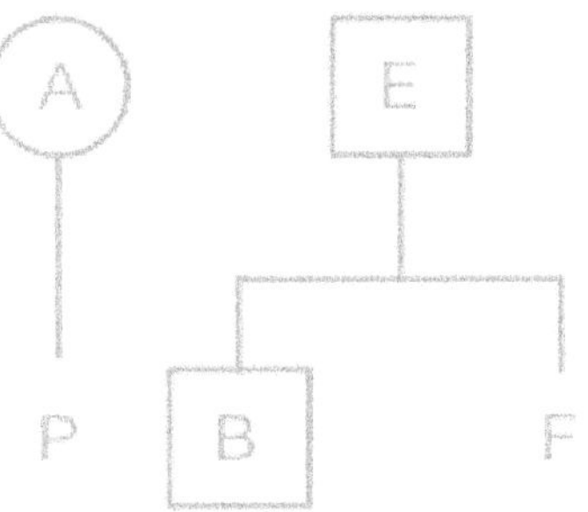

अब यदि P, E की पत्नी है,

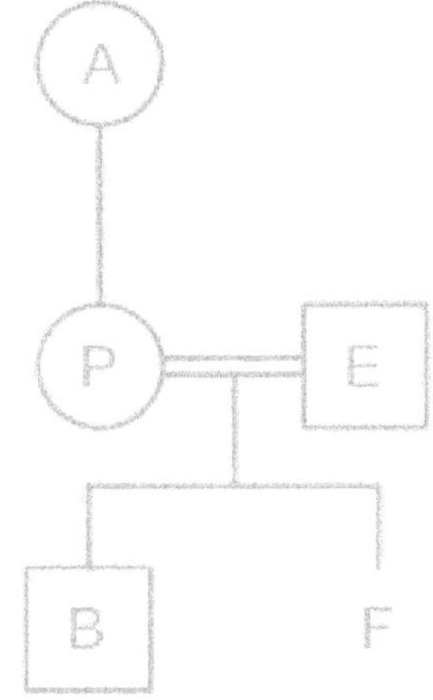

अतः, A, F की बुआ है।

अतः विकल्प (A) सही है।

97.

Symbol in Diagram	Meaning
○	Female
□	Male
═	Married Couple
—	Siblings
|	Difference of A Generation

वंश-वृक्ष रेखांकित करने पर,

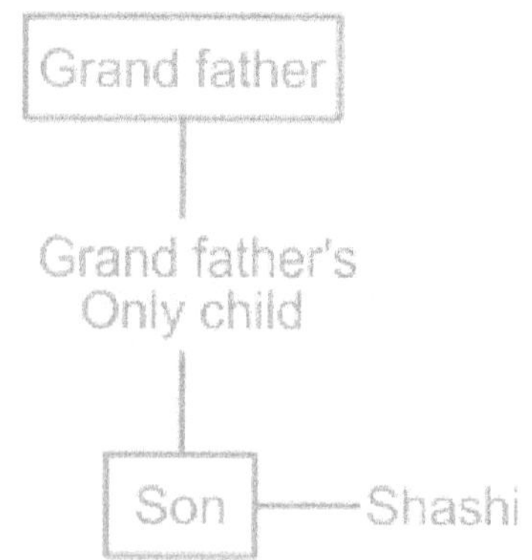

लड़का, शशि का भाई है।

अतः विकल्प (A) सही है।

98. सबसे पहले Epigraph आएगा।

Epigraph के बाद Epileptic आएगा।

Epileptic के बाद Epilogue आएगा।

Epilogue के बाद Epitaph आएगा।

Epitaph के बाद Epithet आएगा।

सही शब्दकोश क्रम है,

Epigraph → Epileptic → Epilogue → Epitaph → Epithet.

अतः विकल्प (B) सही है।

99.

Alphabets	A	B	C	D	E	F	G	H	I	J	K	L	M
Positional value	1	2	3	4	5	6	7	8	9	10	11	12	13
Positional value	26	25	24	23	22	21	20	19	18	17	16	15	14
Alphabets	Z	Y	X	W	V	U	T	S	R	Q	P	O	N

अनुसरित स्वरूप है,

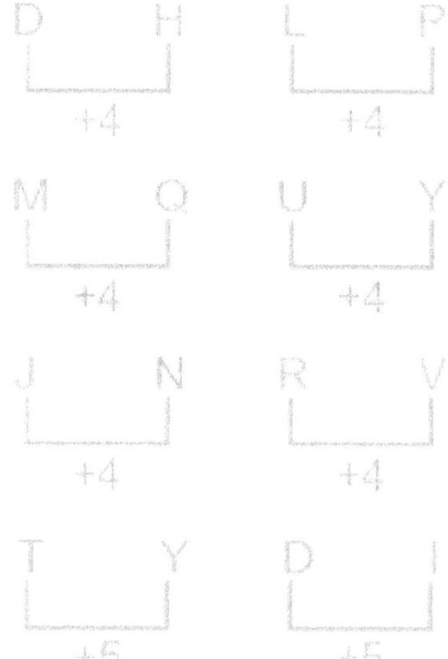

सभी इसी स्वरूप का अनुसरण करते हैं, सिवाय 'TYDI'।

तो, "TYDI" दूसरों से अलग है।

अतः विकल्प (D) सही है।

100. कागज को खोले जाने के बाद प्राप्त छवि है,

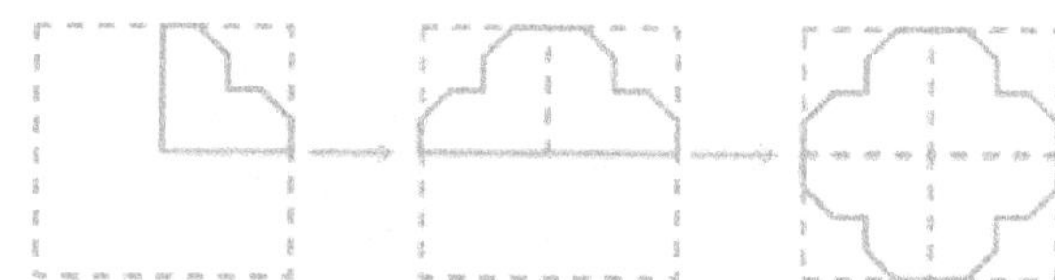

अतः विकल्प (C) सही है।

101.

Alphabets	A	B	C	D	E	F	G	H	I	J	K	L	M
Positional value	1	2	3	4	5	6	7	8	9	10	11	12	13
Positional value	26	25	24	23	22	21	20	19	18	17	16	15	14
Alphabets	Z	Y	X	W	V	U	T	S	R	Q	P	O	N

अनुसरित स्वरूप निम्न प्रकार है,

KCA का स्थानिक मान है,

K → 11

C → 3

A → 1

K + C + A =15

और,

H → 8

B → 2

E → 5

H + B + E = 15

अतः,

KCA : HBE

इसी तरह से,

E → 5

B → 2

H → 8

E + B + H = 15

और,

C → 3

G → 7

E → 5

अतः विकल्प (B) सही है।

102. क्योंकि,

$$84 + 29 = 15$$

$8+2=10$

$9-4=5$

$10+5=15$

इसलिए,

$84+29=15$

और,

$52+16=10$

$5+1=6$

$6-2=4$

$6+4=10$

इसलिए,

$52+16=10$

इसी तरह से,

$83+25$

$8+2=10$

$5-3=2$

$10+2=12$

इसलिए,

$83+25=12$

अतः विकल्प (D) सही है।

103. अनुसरित स्वरूप है,

छवि को दक्षिणावर्त दिशा में 45° पर घुमाया जाता है

आगे जो आकृति आएगी वह है,

पूरा स्वरूप है,

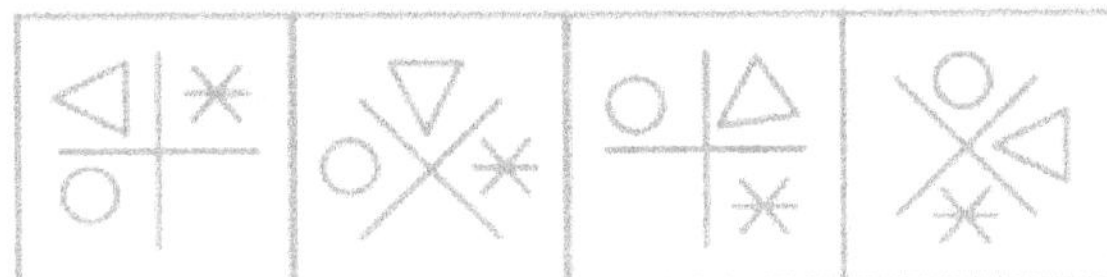

अतः विकल्प (D) सही है।

104. दी गई आकृति की दर्पण छवि है,

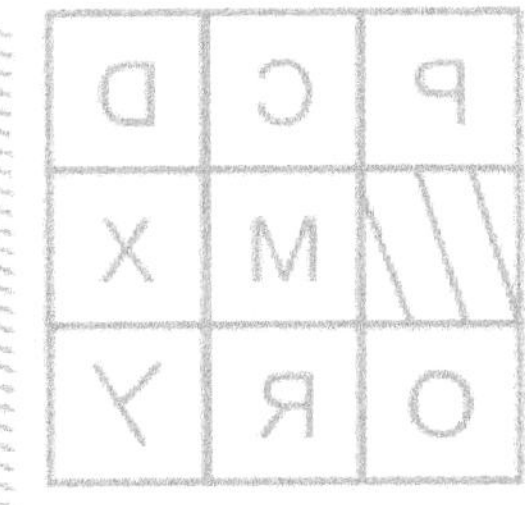

अतः विकल्प (D) सही है।

105. दी गई तालिका से,

हम देख सकते हैं कि हर साल 'E' का मक्का उत्पादन लगातार बढ़ रहा है।

$2012-2013 \rightarrow 19.8$

$2013-2014 \rightarrow 20.2$

$2014-2015 \rightarrow 22.4$

$2015-2016 \rightarrow 26.3$

अतः विकल्प (D) सही है।

106. अनुसरित स्वरूप निम्न प्रकार है,

विकल्प $1 \rightarrow 12\times 3=36$

$24\times 2=48$

विकल्प $2 \rightarrow 8\times 3=24$

$16\times 2=32$

विकल्प $3 \rightarrow 15\times 3=45$

$30\times 2=60$

विकल्प $4 \rightarrow 9\times 3=27$

$18\times 3=54,45$ नहीं

सभी समान स्वरूप का अनुसरण करते हैं, सिवाय ' 9,18,45,27'

अतः विकल्प (D) सही है।

107. दी गई जानकारी के अनुसार,

नवनूर मानवी से छोटी है लेकिन तोशाना से बड़ी है

मनवी > नवनूर तोशाना साधिका तोशना से बड़ी है लेकिन नवनूर से छोटी है

मानवी (1)> नवनूर(2)> साधिका (3)> तोशाना (4)

नवनूर उनमें से दूसरी है।

अतः विकल्प (D) सही है।

108. विकल्प $1 \rightarrow$ " Acharyulu" की वर्तनी गलत दी गई है।

विकल्प $2 \rightarrow$ "Triplican" की वर्तनी गलत दी गई है।

विकल्प $3 \rightarrow$ यह दिए गए पते के ठीक समान है।

विकल्प $4 \rightarrow$ "Bhubaneshwar" की वर्तनी गलत दी गई है।

सही पता है,

Mr A. Acharyulu

38 Triplican

Bhubaneshwar -560065

अतः विकल्प (C) सही है।

109. कथन I): मान हॉकी स्टिक की कीमत ' h' और बॉल की ' b' होगी।

दिया गया है,

$$h + b = 650$$

कथन II: हॉकी स्टिक की कीमत गेंद की लागत के दो गुना से 20 रुपये अधिक है।

$$h = 20 + 2b$$

इसको प्रतिस्थापित करने पर,

$$20 + 2b + b = 650$$

$$b = 210$$

$$h = 440$$

दोनों कथनों में दिया गया विवरण प्रश्न का उत्तर देने के लिए आवश्यक है।

अतः विकल्प (C) सही है।

110. सभी चोर अपराधी हैं।

जबकि,

पुलिस भिन्न है।

सही वेन आरेख दर्शाता है,

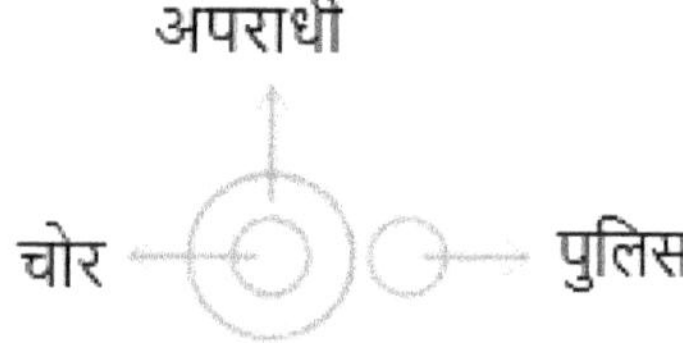

अतः विकल्प (D) सही है।

111. माना, $F(x) = 3x^3 - x^2 - kx - 45 = 0$

प्रश्न में दी गई स्थिति के अनुसार:

$$F(3) = 3(3)^3 - (3)^2 - 3k - 45 = 0$$

$$\Rightarrow \; 81 - 9 - 3k - 45 = 0$$

$$\Rightarrow \; 27 - 3k = 0$$

$$\Rightarrow \; K = 9$$

अतः विकल्प (A) सही है।

112. दिया है:

$$4x^2 + \frac{1}{3x^2} = 6$$

$$(a + b)^2 = a^2 + b^2 + 2ab$$

जैसे, $4x^2 + \frac{1}{3x^2} = 6$

दोनों पक्षों को $\frac{3}{4}$ से गुणा करने पर, हमें प्राप्त होगा

$$\Rightarrow \left(\frac{3}{4}\right) \times \left(4x^2 + \frac{1}{3x^2}\right) = 6 \times \left(\frac{3}{4}\right)$$

$$\Rightarrow 3x^2 + \frac{1}{4x^2} = \frac{9}{2}$$

अब दोनों ष्षों का वर्ग करने पर, हमें प्राप्त होगा

$$\Rightarrow \left(3x^2 + \frac{1}{4x^2}\right)^2 = \left(\frac{9}{2}\right)^2$$

$$\Rightarrow 9x^4 + \frac{1}{16x^4} + 2 \times 3x^2 \times \left(\frac{1}{4x^2}\right) = \frac{81}{4}$$

$$\Rightarrow 9x^4 + \frac{1}{16x^4} + \frac{3}{2} = \frac{81}{4}$$

$$\Rightarrow 9x^4 + \frac{1}{16x^4} = \frac{81}{4} - \frac{3}{2}$$

$$\Rightarrow 9x^4 + \frac{1}{16x^4} = 18.75$$

$\therefore 9x^4 + \frac{1}{16x^4}$ का मान 18.75 है।

अतः विकल्प (D) सही है।

113. दिया गया है:

$$\Rightarrow x + y + z = 12$$

$$\Rightarrow x^2 + y^2 + z^2 = 36$$

$$\Rightarrow x^3 + y^3 + z^3 - 3xyz$$

$$= (x + y + z)(x^2 + y^2 + z^2 - xy - yz - zx)$$

$$\Rightarrow (x + y + z)^2 = x^2 + y^2 + z^2 + 2(xy + yz + zx)$$

$$\Rightarrow x + y + z = 12$$

$$\Rightarrow (x + y + z)^2 = 12^2$$

$$\Rightarrow x^2 + y^2 + z^2 + 2(xy + yz + zx) = 144$$

$$\Rightarrow 36 + 2(xy + yz + zx) = 144$$

$$\Rightarrow 2(xy + yz + zx) = 144 - 36$$

$$\Rightarrow xy + yz + zx = \frac{108}{2}$$

$$\Rightarrow xy + yz + zx = 54$$

Now, $x^3 + y^3 + z^3 - 3xyz$

$$= (x + y + z)[x^2 + y^2 + z^2 - (xy + yz + zx)]$$

$$\Rightarrow x^3 + y^3 + z^3 - 3xyz$$

$$= 12 \times [36 - (54)]$$

$\Rightarrow x^3 + y^3 + z^3 - 3xyz$

$= 12 \times (-18)$

$\therefore x^3 + y^3 + z^3 - 3xyz$ का मान -216 है।

अतः विकल्प (C) सही है।

114. दिया है:

सभी आठ संख्याओं का औसत = 52

पहली तीन संख्याओं का औसत = 50

अगली दो संख्याओं का औसत = 54

सातवीं संख्या छठी संख्या से 5 अधिक है,

सातवीं संख्या आठवीं संख्या से 2 अधिक है,

सभी अवलोकनों का योग = औसत × अवलोकनों की संख्या

सभी संख्याओं का योग = $52 \times 8 = 416$

पहली तीन संख्याओं का योग $= 50 \times 3 = 150$

अगली दो संख्याओं का योग = $54 \times 2 = 108$

माना सातवीं संख्या x, छठी संख्या $x - 5$ और आठवीं संख्या $x - 2$ है

सभी संख्याओं का योग = $150 + 108 + x - 5 + x + x - 2$

$\Rightarrow 416 = 251 + 3x$

$\Rightarrow 3x = 416 - 251 = 165$

$\Rightarrow x = 55$

सातवां पद $= 55$

आठवां पद $= 53$

सातवें और आठवें पद का औसत = $\frac{(55+53)}{2}$

$\therefore$ सातवें और आठवें पद का औसत 54 है।

अतः विकल्प (A) सही है।

115. दिया गया है:

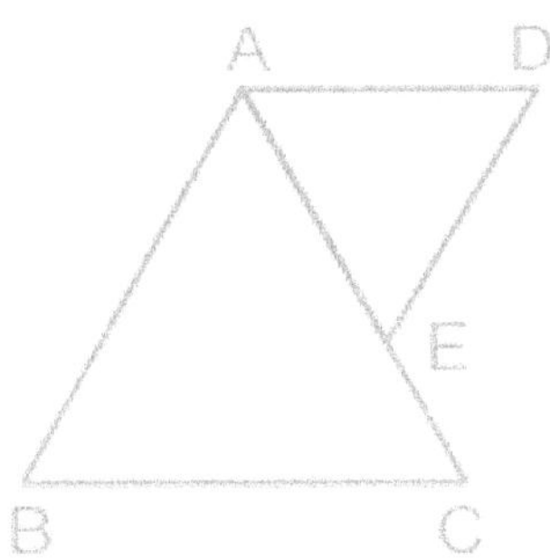

$\angle AED = \angle BAC$

$\Rightarrow AD \parallel BC$

$\Rightarrow AD : BC = 7 : 9$

$\Rightarrow AC = 36$ सेमी

त्रिभुज की समरूपता

चूँकि $\angle AED = \angle BAC$

$\angle EAD = \angle ACB$ (शीर्षाभिमुख कोण)

समरूपता का नियम AA (कोण-कोण)

ΔEDA और ΔABC समरूप हैं।

अब,

$\Rightarrow \frac{AD}{BC} = \frac{AE}{AC}$

$\Rightarrow \frac{7}{9} = \frac{AE}{36}$

$\Rightarrow AE = 28$ सेमी

अब,

$\Rightarrow EC = AC - AE = 36 - 28 = 8$ सेमी

अतः विकल्प (C) सही है।

116.

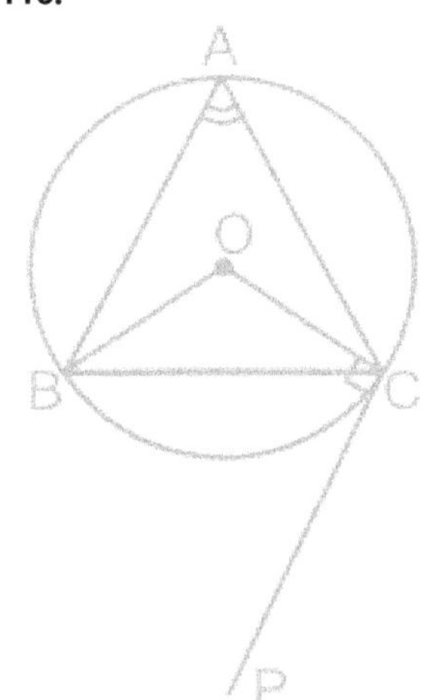

जैसा कि हम जानते हैं,

$\Rightarrow \angle OCP = 90°$ (स्पर्शरिखा)

$\Rightarrow BC, \angle OCP$ को द्विविभाजित करती है

$\angle OCB = \angle OBC = 45° [OB = OC]$

$\triangle BOC$ में

$\Rightarrow \angle OCB + \angle OBC + \angle BOC = 180°$

$\Rightarrow \angle BOC + 45° + 45° = 180°$

$\Rightarrow \angle BOC = 180° - 90° = 90°$

$\Rightarrow \angle BAC = \frac{1}{2} \times \angle BOC = \left(\frac{1}{2}\right) \times 90° = 45°$

जैसा कि हम जानते हैं,

दो सम्पूरक कोणों का योग $180°$ होता है।

माना $\angle BAC$ का पूरक कोण x है, तो

$\Rightarrow x + \angle BAC = 180°$

$\Rightarrow x = 180° - 45° = 135°$

अतः विकल्प (B) सही है।

117. सूत्र के अनुसार:

$\Rightarrow \ M_1 \times D_1 \times W_2 = M_2 \times D_2 \times W_1$

$\Rightarrow 18 \times 49 \times 1 = M_2 \times 21 \times 1$

$\Rightarrow M_2 = 42$

$\therefore$ 42 व्यक्ति समान काम को 21 दिनों में पूरा कर सकते हैं।

अतः विकल्प (C) सही है।

118. कथन (A) से,

A और B का दक्षता अनुपात $= 3:2$

केवल A द्वारा काम को पूरा करने पर कुल काम $= 3 \times 20 = 60$

$(A + B)$ द्वारा मिलकर काम को पूरा करने पर कुल काम $= (3 + 2) \times 12 = 60$ (संतुष्ट)

कथन (B) से,

A और B का दक्षता अनुपात $= \frac{1}{2}:\frac{1}{3} = 3:2$

अतः विकल्प (B) सही है।

119. दो व्यक्तियों द्वारा एक साथ लिए गए फार्मूले के अनुसार है:

P और Q द्वारा मिलकर लिया गया समय $= \sqrt{(18 \times 4.5)}$

$= \sqrt{81} = 9$ घंटे

$\therefore$ वह समय जिसमें P अकेला काम को पूरा कर सकता है

$= 9 + 18 = 27$ घंटे

अतः विकल्प (D) सही है।

120. 1 घंटे में A द्वारा भरा गया भाग = $\frac{1}{20}$

1 घंटे में B द्वारा भरा गया भाग = $\frac{1}{24}$

1 घंटे में C द्वारा खाली किया गया भाग = $\frac{1}{12}$

$\therefore$ जब सभी नल 1 घंटे के लिए खोले जाते हैं तो भरा गया भाग

$= \frac{1}{20} + \frac{1}{24} - \frac{1}{12} = \frac{(6+5-10)}{120} = \frac{1}{120}$

$\therefore$ 12 घंटे में भरा गया टैंक का भाग $= 12 \times \left(\frac{1}{120}\right) = \frac{1}{10}$

अतः विकल्प (A) सही है।

121. नीलगिरी को एक पर्यावरणीय खतरा माना जाता है क्योंकि यह भूजल तालिका को गिरा देता है। नीलगिरी की प्रजाति दूसरों की तुलना में अधिक पानी का उपभोग करती है। कम वर्षा वाले क्षेत्रों में यूकेलिप्टस बढ़ने से अन्य प्रजातियों के पानी के लिए प्रतिस्पर्धा और एलीलोपैथी की बढ़ती घटनाओं के कारण प्रतिकूल पर्यावरणीय प्रभाव हो सकता है जिसका अर्थ है अन्य पौधों की हत्या।

अतः विकल्प (D) सही है।

122. उष्णकटिबंधीय वर्षा वन में अधिकतम जैव विविधता पाई जाती है। उष्णकटिबंधीय बेल्ट कर्क रेखा और मकर रेखा के बीच फैली हुई है।

अतः विकल्प (A) सही है।

123. प्रथम पंचवर्षीय योजना (1951-56):

- स्वतंत्रता के बाद, भारत ने प्रथम प्रधानमंत्री जवाहरलाल नेहरू के समाजवादी प्रभाव के तहत 1951 में अपना पहला FYP शुरू किया।
- यह हारोड-डोमर मॉडल पर आधारित था।
- योजना कृषि, मूल्य स्थिरता, बिजली और परिवहन पर केंद्रित है।
- यह मुख्य रूप से योजना के अंतिम दो वर्षों में अच्छी फसल के कारण एक सफल योजना थी।
- शरणार्थियों के पुनर्वास, खाद्य आत्मनिर्भरता और कीमतों पर नियंत्रण के उद्देश्य कम या ज्यादा हासिल किये गए।

पंचवर्षीय योजनाएं (FYP):

- पंचवर्षीय योजनाएं (FYPs) केंद्रीकृत और एकीकृत राष्ट्रीय आर्थिक कार्यक्रम थे।
- जोसेफ स्टालिन ने 1920 के दशक के अंत में सोवियत संघ में पहला FYP लागू किया था।
- योजना आयोग की स्थापना मार्च 1950 में की गई थी, ताकि पंचवर्षीय योजनाओं (FYP) की देखरेख और कार्यान्वयन किया जा सके।
- इसे देश के सभी संसाधनों का मूल्यांकन करने, और संसाधनों के सबसे प्रभावी और संतुलित उपयोग के लिए योजना तैयार करने तथा प्राथमिकताओं का निर्धारण करने की जिम्मेदारी के साथ नियुक्त किया गया था।

अतः विकल्प (C) सही है।

124. भारतीय स्टेट बैंक भारत का सबसे बड़ा राष्ट्रीयकृत बैंक है। यह भारत का सबसे बड़ा सार्वजनिक क्षेत्र का बैंक है। संपत्ति के मामले में, इसकी बाजार हिस्सेदारी 23% है। बैंक का राष्ट्रीयकरण केंद्र या राज्य सरकारों द्वारा स्वामित्व या संचालित होने के लिए सार्वजनिक क्षेत्र की संपत्ति का हस्तांतरण है। भारतीय रिजर्व बैंक देश का केंद्रीय बैंक है।

अतः विकल्प (B) सही है।

125. राष्ट्रीय पर्यावरण अनुसंधान संस्थान (NEERI) पर्यावरण विज्ञान और इंजीनियरिंग के क्षेत्र में एक अग्रणी प्रयोगशाला है, जो नागपुर में स्थित है। NEERI अपने जनादेश के रूप में बताता है: पर्यावरण विज्ञान और इंजीनियरिंग में अनुसंधान और विकासात्मक अध्ययन करने के लिए।

अतः विकल्प (C) सही है।

126. नॉर्मन बोरलॉग - 'हरित क्रांति के जनक' के रूप में जाना जाता है। भुखमरी की कगार से एक अरब की आबादी को बचाने के लिए समाज में उनके योगदान के लिए उन्हें 1970 में 'नोबेल शांति पुरस्कार' का श्रेय दिया गया। उनका जन्म संयुक्त राज्य अमेरिका में नार्वे के पूर्वजों के साथ 1914 में हुआ था। 1965 में भारत-पाकिस्तान युद्ध के बीच, और विभिन्न अन्य बाधाओं के माध्यम से, उन्होंने पाकिस्तान को 250 टन गेहूं के बीज और 200 टन बुवाई के लिए भारत को एक सफल आपूर्ति सुनिश्चित की। डॉ. बोरलॉग ने चीन और अफ्रीकी महाद्वीप के अन्य देशों में अपने काम और सेवाओं को बढ़ाया, जो कृषि उत्पादन में कमी के कारण भुखमरी और गरीबी की समस्याओं का

सामना कर रहे थे। भूख और गरीबी उन्मूलन के प्रयासों की आवश्यकता को दोहराने के लिए, उन्होंने "विश्व खाद्य पुरस्कार" की स्थापना की। वर्गीज कुरियन को 'श्वेत क्रांति के जनक' के रूप में जाना जाता है।

अतः विकल्प (B) सही है।

127. बैंकिंग तृतीयक क्षेत्र के अंतर्गत आती है। तृतीयक क्षेत्र, जिसे सेवा क्षेत्र के रूप में भी जाना जाता है, इसमें परिवहन, बैंकिंग, भंडारण, संचार आदि शामिल हैं। प्राथमिक क्षेत्र वह है जो प्रकृति पर निर्भर होते है और कच्चे माल का उपयोग करता है। इसमें कृषि, मछली पकड़ना, खनन आदि शामिल हैं। द्वितीयक क्षेत्र का संबंध विनिर्माण, निर्माण, प्रसंस्करण आदि से है।

अतः विकल्प (C) सही है।

128. कांगड़ा चित्रकला राजस्थान और मुगल का मिश्रण है। कांगड़ा की चित्रात्मक कला भारत को कला की दुनिया के बेहतरीन उपहारों में से एक है। यह 18 वीं शताब्दी में निचले हिमालय में एक छोटे पहाड़ी राज्य 'गुलेर' में उत्पन्न हुआ था जब कश्मीरी चित्रकारों के एक परिवार ने मुग़ल शैली की पेंटिंग में प्रशिक्षित होकर गुलेर के राजा दलीप सिंह के दरबार में आश्रय लिया था।

अतः विकल्प (A) सही है।

129. कथकली शास्त्रीय भारतीय नृत्य का एक प्रमुख रूप है। यह कला की एक "कहानी का खेल" शैली है, लेकिन पारंपरिक रूप से पुरुष अभिनेता-नर्तकियों द्वारा पहने जाने वाले विस्तृत रंगीन मेकअप, वेशभूषा और चेहरे के मुखौटे से अलग है। कथकली केरल के मलयालम भाषी दक्षिण-पश्चिमी क्षेत्र में एक हिंदू प्रदर्शन कला है।

अतः विकल्प (B) सही है।

130. विज्ञान और प्रौद्योगिकी के लिए शांति स्वरूप भटनागर पुरस्कार (एसएसबी) भारत में सीएसआईआर द्वारा प्रतिवर्ष दिया जाने वाला एक पुरस्कार है जो की विज्ञान में उत्कृष्ट योगदान के लिए किया जाता है। इसका नाम CSIR के संस्थापक निदेशक के नाम पर रखा गया है और प्रत्येक के लिए 5 लाख का पुरस्कार दिया गया है।

अतः विकल्प (B) सही है।

131. अर्थशास्त्र या आर्थिक विज्ञान में नोबेल पुरस्कार 1968 में स्थापित किया गया था और बैंक की 300 वीं वर्षगांठ के अवसर पर स्वीडन के केंद्रीय बैंक, सेवरिग्स रिकबैंक द्वारा समर्थित था। जबकि विशेष रूप से नोबेल पुरस्कार 1895 में स्थापित किया गया था।

अतः विकल्प (C) सही है।

132. मुगल चित्रकला की एक विशिष्ट शैली थी क्योंकि वे फ़ारसी पूर्वकाल से ही चित्रकला करते आ रहे थे। उन्होंने भारतीय चित्रकार के प्रदर्शनों की सूची में अग्रसंक्षेपण की तकनीक को लाया। इस तकनीक के तहत वस्तुओं को इस तरह से चित्रित किया जाता था कि वे वास्तविक की तुलना में निकट और छोटे दिखाई देते थे।

अतः विकल्प (D) सही है।

133. कर्नाटक देश का सबसे बड़ा कॉफी उत्पादक राज्य है, जो लगभग 71 प्रतिशत की हिस्सेदारी रखता है। कर्नाटक के चिकमंगलूर, कोडागु और हासन जिले राज्य के प्रमुख कॉफी उत्पादक क्षेत्र हैं। नवीनतम वित्तीय वर्ष में, कर्नाटक ने 2.33 लाख मीट्रिक टन कॉफी का उत्पादन किया। कर्नाटक में, कॉफी की खेती एक विस्तृत क्षेत्र में की जाती है और भारत में कॉफी की खेती के तहत कुल क्षेत्रफल का 60% हिस्सा रखता है। कर्नाटक में बड़ी मात्रा में कॉफी के उत्पादन के लिए प्रमुख कारक आवश्यक तापमान, जलवायु और वर्षा है।

अतः विकल्प (A) सही है।

134. भारत में कोयला ऊर्जा का प्रमुख स्रोत है क्योंकि यह देश में खपत होने वाली कुल व्यावसायिक ऊर्जा का लगभग 67 प्रतिशत पूरा करता है। यह जीवाश्म ईंधन तलछटी चट्टानों के रूप में पाया जाता है और अक्सर इसे 'काला सोना' के रूप में जाना जाता है। कोयले की उत्पत्ति प्राकृतिक पदार्थ लकड़ी से होती है। जब जंगलों के बड़े हिस्सों को तलछट के नीचे दफन किया जाता है, तो नीचे से गर्मी और ऊपर से दबाव के कारण लकड़ी को जलाया और विघटित किया जाता है।

भारत के कुल कोयला भंडार का लगभग 98 प्रतिशत गोंडवाना समय से है।

- यह कोयला लगभग 250 मिलियन वर्ष पहले बनाया गया था।

तृतीयक कोयला कम पुराना है।

- 15 से 60 मिलियन साल पहले इसे विकसित किया गया था।

अतः विकल्प (B) सही है।

135. सोमा बिस्वास एक एथलीट है, जो भारत के कोलकाता में रहती है और जो हेप्टाथलॉन में माहिर है। वह प्रसिद्धि के लिए बढ़ी जब उन्होंने 2002 में दक्षिण कोरिया के बुसान में एशियाई खेलों में रजत पदक जीता। दोहा में 2006 के एशियाई खेलों में उसने एक और रजत पदक जीता।

अतः विकल्प (D) सही है।

136. जनसंख्या के घनत्व को प्रति वर्ग किमी व्यक्तियों की संख्या के रूप में परिभाषित किया गया है। 2011 में भारत का जनसंख्या घनत्व 382 प्रति वर्ग किमी था। प्रति वर्ग किलोमीटर 1,106 जनसंख्या वाले बिहार के बाद पश्चिम बंगाल (1,028) और केरल (860) सबसे अधिक आबादी वाले राज्य हैं। राष्ट्रीय राजधानी क्षेत्र दिल्ली का घनत्व 11297, भारत में सबसे अधिक है, इसके बाद चंडीगढ़ है जिसकी जनसंख्या घनत्व 9252 है। केंद्र शासित प्रदेश अंडमान और निकोबार द्वीप समूह (46) में जनसंख्या का घनत्व सबसे कम है।

अतः विकल्प (B) सही है।

137. चारकुला, उत्तर प्रदेश के ब्रज क्षेत्र में किया जाने वाला नृत्य है। इस नृत्य में, कृष्ण के गीतों पर नृत्य करती बड़ी-बड़ी बहुस्तरीय वृत्ताकार लकड़ी के पिरामिडों को अपने सिर पर बाँधती महिलाएँ है।

अतः विकल्प (B) सही है।

138. नरोरा परमाणु ऊर्जा केंद्र (NAPS) उत्तर प्रदेश, भारत में बुलंदशहर जिले के नरोरा में स्थित एक परमाणु ऊर्जा संयंत्र है। प्लांट हाउस में दो रिएक्टर शामिल हैं। प्रत्येक रिएक्टर 220 मेगावाट बिजली के उत्पादन में सक्षम एक दबाव वाले भारी-पानी रिएक्टर (PHWR) की अवधारणा पर चलता है। NAPS-1 का वाणिज्यिक संचालन 1 जनवरी 1991 से शुरू हुआ, NAPS-2 1 जुलाई 1992 को शुरू हुआ।

अतः विकल्प (C) सही है।

139. यूरेनियम का सीमित अयस्क उत्तर प्रदेश के ललितपुर जिले में खोजा गया है। उत्तर प्रदेश की विंध्य पर्वत श्रृंखला में भारी मात्रा में खनिज संसाधन पाए जाते हैं। उत्तर प्रदेश में चूना पत्थर, मैग्नेसाइट, तांबा, जिप्सम जैसे कई संसाधन हैं।

अतः विकल्प (B) सही है।

140. रेणुकूट एक औद्योगिक शहर है। यह हिंडाल्को एल्यूमीनियम संयंत्र और रिहंद बांध के लिए अच्छी तरह से जाना जाता है। यह पूर्वी उत्तर प्रदेश में छत्तीसगढ़, झारखंड, बिहार और मध्य प्रदेश के साथ सीमा साझा करता है। यह राजधानी लखनऊ से लगभग 434 किमी दूर है।

अतः विकल्प (B) सही है।

सामान्य हिंदी (पेपर-II) : मॉक टेस्ट 01

Q.1 निर्देश: नीचे दिए गए विकल्पों में से इस वाक्य में रेखांकित शब्द की वर्तनी शुद्ध कीजिये।
शारीरिक आरोज्ञ के लिए प्रात : एवं संध्याकालीन भ्रमण अन्यन्त लाभप्रद माना गया है।
A. आरोगय **B.** अरोग्य **C.** आरोग **D.** आरोग्य

Q.2 निर्देश: नीचे दिए गए विकल्पों में से सही वर्तनी का पता लगाएं।
A. शूश्रूषा **B.** सुश्रूषा **C.** शूश्रुषा **D.** शुश्रूषा

Q.3 निर्देश: नीचे दिए गए विकल्पों में से इस वाक्य में रेखांकित शब्द की वर्तनी शुद्ध कीजिये।
ग्यान का भण्डार अथाह होता है।
A. गियान **B.** ज्ञान
C. गिआन **D.** इनमें से कोई नहीं

Q.4 निर्देश: नीचे दिए गए विकल्पों में से इस वाक्य में रेखांकित शब्द की वर्तनी शुद्ध कीजिये।
विज्ञान की देन है विशलेषण, निव्यर्क्तिकता तथा तटसता।
A. निव्यर्कितकता **B.** निर्वैयक्तिकता
C. निव्यर्क्तिकता **D.** निर्वेयक्तिकता

Q.5 निर्देश: नीचे दिए गए विकल्पों में से इस वाक्य में रेखांकित शब्द की वर्तनी शुद्ध कीजिये।
रोगी में उत्कट जिजीविशा थी।
A. जीजीविषा **B.** जिजीविषा **C.** जिजिविषा **D.** जिजीविशा

Q.6 निर्देश: नीचे दिए गए विकल्पों में से इस वाक्य में रेखांकित शब्द की वर्तनी शुद्ध कीजिये।
मैं तुम्हारे उज्वल भविष्य की कामना करता हूँ।
A. उजव्ल **B.** उज्ज्वल **C.** ऊज्ज्वल **D.** उजवल

Q.7 निर्देश: नीचे दिए गए विकल्पों में से इस वाक्य में रेखांकित शब्द की वर्तनी शुद्ध कीजिये।
प्रकारान्त्र से मेरे कथन का अभिप्राय आपसे मिलता है।
A. प्राकारान्तर **B.** प्रकारान्तर
C. प्राकारनतर **D.** प्रकारान्त्र

Q.8 निर्देश: नीचे दिए गए विकल्पों में से इस वाक्य में रेखांकित शब्द की वर्तनी शुद्ध कीजिये।
रहस्य, रोमांच और वैचित्र्य का समन्वय देवकी नंदन खत्री के उपन्यासों का वैशिषट्य है।
A. वैशिष्टय **B.** वैशिश्ट्य **C.** वशिषट्य **D.** वैशिश्टय

Q.9 निर्देश: नीचे दिए गए विकल्पों में से इस वाक्य में रेखांकित शब्द की वर्तनी शुद्ध कीजिये।
जहाँ आत्मीयता हो वहां विचार विनियन में उपचारिकता नहीं होती।
A. औपचारिकता **B.** उपचारीकता
C. उपचारिकता **D.** औपचारीकता

Q.10 निर्देश: नीचे दिए गए विकल्पों में से इस वाक्य में रेखांकित शब्द की वर्तनी शुद्ध कीजिये।
दिन रात अध्ययन करके भी वह प्रथम श्रेणी प्राप्त न कर सका।
A. आध्यन **B.** आध्यनन
C. अध्ध्यन **D.** कोई त्रुटि नहीं

Q.11 निर्देश: निम्नलिखित का तत्सम शब्द का चयन कीजिए।
आँख
A. लोचन **B.** नैन **C.** अक्षि **D.** दृष्टि

Q.12 निर्देश: निम्नलिखित का तत्सम शब्द का चयन कीजिए।
कपड़ा
A. चीर **B.** कर्पट **C.** अंबर **D.** वसन

Q.13 निर्देश: निम्नलिखित का तत्सम शब्द का चयन कीजिए।
कपूर
A. कर्पूर **B.** घनसार **C.** सिताभ **D.** काफ़ूर

Q.14 निर्देश: निम्नलिखित का तत्सम शब्द का चयन कीजिए।
मक्खी
A. मक्षिका **B.** माखी **C.** मधुप **D.** उड़ान

Q.15 निर्देश: निम्नलिखित का तत्सम शब्द का चयन कीजिए।
मौत
A. अंत **B.** स्वर्गवास **C.** मृत्यु **D.** देहांत

Q.16 निर्देश: निम्नलिखित का तद्भव शब्द का चयन कीजिए।
विद्युत
A. चपला **B.** चंचला **C.** बिजली **D.** बीजुरी

Q.17 निर्देश: निम्नलिखित का तद्भव शब्द का चयन कीजिए।
अग्नि
A. पावक **B.** जलन **C.** ज्वाला **D.** आग

Q.18 निर्देश: निम्नलिखित का तद्भव शब्द का चयन कीजिए।
कार्य
A. काम **B.** काज **C.** पेशा **D.** रोजगार

Q.19 निर्देश: निम्नलिखित का तद्भव शब्द का चयन कीजिए।
कोकिला
A. कोयल **B.** पिक **C.** काकपाली **D.** श्यामा

Q.20 निर्देश: निम्नलिखित का तद्भव शब्द का चयन कीजिए।
जिह्वा
A. रसना **B.** रसज्ञा **C.** जीभ **D.** रसिका

Q.21 अपकार का विलोम शब्द है:
A. उपकार **B.** बुराई **C.** द्रोह **D.** दुष्क्रिया

Q.22 विख्यात का विलोम शब्द है:
A. मशहूर **B.** यशस्वी **C.** कुख्यात **D.** कीर्तिवान

Q.23 ठौर का विलोम शब्द है:
A. कुठौर **B.** अवसर **C.** जगह **D.** स्थान

Q.24 तितिक्षा का विलोम शब्द है:
A. सहनशीलता **B.** क्षमा
C. सहिष्णुता **D.** असहिष्णुता

Q.25 धृष्ट का विलोम शब्द है:
A. निर्लज्ज **B.** बेहया **C.** ढीठ **D.** विनीत

Q.26 सुडौल का विलोम शब्द है:
A. सुरचित **B.** सुगठित **C.** सुन्दर **D.** बेडौल

Q.27 मूक का विलोम शब्द है:
A. अवाक **B.** चुप **C.** मौन **D.** वाचाल

Q.28 स्त्री का विलोम शब्द है:
A. पुरुष **B.** सुन्दरी **C.** कान्ता **D.** नारी

Q.29 अंकुश का विलोम शब्द है:
A. नियंत्रण **B.** पाबंदी **C.** रोक **D.** निरंकुश

Q.30 अकाल का विलोम शब्द है:
A. दुर्भिक्ष **B.** कुसमय **C.** दुष्काल **D.** सुकाल

Q.31 'मीठा अमरुद' में 'मीठा' विशेषण किस कोटि का है?
A. परिमाणवाचक **B.** गुणवाचक
C. व्यक्तिवाचक **D.** संख्यावाचक

Q.32 इनमें संख्यावाचक विशेषण कौन सा है?
A. सात **B.** काला **C.** रावण **D.** खट्टा

Q.33 निम्नलिखित वाक्य में कौन-सा विशेषण है?
वह रोज चार सेब खाता है।
A. संख्यावाचक विशेषण **B.** गुणवाचक विशेषण
C. परिमाणवाचक विशेषण **D.** सार्वनामिक विशेषण

Q.34 निम्नलिखित वाक्य में कौन-सा विशेषण है?
उस मेज़ को यहाँ रख दो।
A. गुणवाचक विशेषण **B.** परिमाणवाचक विशेषण
C. संख्यावाचक विशेषण **D.** सार्वनामिक विशेषण

Q.35 किस वाक्य में 'अच्छा' शब्द का प्रयोग विशेषण के रूप में हुआ है?
A. तुमने अच्छा किया जो आ गये।
B. यह स्थान बहुत अच्छा है।
C. अच्छा तुम घर जाओ।
D. अच्छा है वह अभी आ जाए।

Q.36 आलस्य शब्द का विशेषण क्या होगा ?
A. आलसीपन **B.** अलस **C.** आलस **D.** आलसी

Q.37 निम्न में से कौन सा शब्द क्रिया विशेषण है ?
A. तेज़ **B.** पहला **C.** बुद्धिमान **D.** आदर्श

Q.38 'कोयल मीठा गाती है'- क्रिया विशेषण का कौन सा भेद है?
A. रीतिवाचक **B.** स्थानवाचक
C. कालवाचक **D.** परिमाणवाचक

Q.39 विशेषण की विशेषता बताने वाले शब्द ____ कहलाते हैं।
A. विशेष्य **B.** सुविशेषण **C.** विशेषण **D.** प्रविशेषण

Q.40 विशेषण शब्द, जिन संज्ञा या सर्वनाम शब्दों की विशेषता बताते हैं उन संज्ञा या सर्वनाम शब्दों को निम्न में से क्या कहा जाता है?
A. सर्वनाम **B.** विशेष्य **C.** विशेषण **D.** प्रविशेषण

Q.41 'आग' शब्द का पर्यायवाची है:
A. मकतल **B.** पावक **C.** मगरूर **D.** पकब

Q.42 निम्नलिखित प्रश्न में दिए गये शब्द के लिए उसके नीचे दिए गए विकल्पों में से पर्यायवाची शब्द चुनिए।
आदर
A. उपेक्षा **B.** अपमान **C.** निरादर **D.** सम्मान

Q.43 निर्देश: दिए गए वाक्यांश के लिए एक शब्द बताएं।
जो छुआ न गया हो
A. अछुता **B.** अनशन
C. अवसरवादी **D.** अवरोहण

Q.44 निर्देश: दिए गए वाक्यांश के लिए एक शब्द बताएं।
नाटक का एक भाग/पत्र-पत्रिकाओं की निश्चत समय पर प्रकाशित होने वाली प्रति
A. अतुल **B.** अंक **C.** अदम्य **D.** अनुभूत

Q.45 निर्देश: दिए गए वाक्यांश के लिए एक शब्द बताएं।
जो स्त्री कविता लिखती हो
A. खण्ड **B.** गन्तव्य **C.** खल्वाट **D.** कवयित्री

Q.46 निर्देश: दिए गए वाक्यांश के लिए एक शब्द बताएं।
चित्र बनाने वाला व्यक्ति
A. ग्रामीण **B.** चित्रकार **C.** छात्रावास **D.** छावनी

Q.47 निर्देश: दिए गए वाक्यांश के लिए एक शब्द बताएं।
करुण स्वर में चिल्लाने की ध्वनि
A. आर्त्तनाद **B.** ईशान **C.** उपर्युक्त **D.** ऐच्छिक

Q.48 निर्देश: दिए गए वाक्यांश के लिए एक शब्द बताएं।
आकाश में उड़ने वाला जीव
A. आकाशचारी **B.** आत्मघाती
C. आँधी **D.** अभिनेत्री

Q.49 निर्देश: दिए गए वाक्यांश के लिए एक शब्द बताएं।
क्षण में नष्ट होने वाला
A. क्षम्य **B.** क्षणिक **C.** गोपनीय **D.** गुप्तचर

Q.50 निर्देश: दिए गए वाक्यांश के लिए एक शब्द बताएं।
जिसको माता-पिता का आश्रय न मिला हो।
A. अनुमोदन **B.** अनाथ **C.** अदर्शनीय **D.** अनुत्तीर्ण

Q.51 निर्देश: दिए गए वाक्यांश के लिए एक शब्द बताएं।
वृक्षो-लताओं से घिरा हुआ स्थान
A. कुलीन **B.** खेचर **C.** कुंज **D.** कंकाल

Q.52 निर्देश: दिए गए वाक्यांश के लिए एक शब्द बताएं।
किसी बात को जानने की इच्छा
A. ज्वालामुखी **B.** जनतंत्र
C. त्रिलोक **D.** जिज्ञासा

Q.53 निर्देश: दिए गए वाक्यांश के लिए एक शब्द बताएं।
इतिहासकाल से पूर्व का समय
A. प्रागैतिहासिक **B.** प्रियंवदा
C. बहुरूपिया **D.** फलाहारी

Q.54 अमृत का पर्यायवाची शब्द है:
A. विष **B.** सुधा **C.** मधुप **D.** आम्र

Q.55 आकाश का पर्यायवाची शब्द है:
A. दृग **B.** विप्र
C. व्योम **D.** इनमे से कोई नहीं

Q.56 गणेश का पर्यायवाची शब्द है।
A. नरेश **B.** सुरेश **C.** गजानन **D.** दिनेश

Q.57 निम्नलिखित में कौन सा 'दन्त' शब्द का पर्यायवाची नहीं है?

A. दसन **B.** रद **C.** दांत **D.** दाड़िम

Q.58 वीणापाणी का पर्यायवाची शब्द है:

A. रम्बा **B.** सरस्वती **C.** लक्ष्मी **D.** कमल

Q.59 घर का पर्यायवाची शब्द है:

A. विहार **B.** इला **C.** निकेतन **D.** नग

Q.60 भागीरथी का पर्यायवाची शब्द है:

A. सरिता **B.** गंगा **C.** यमुना **D.** निर्झरिणी

// स्मार्ट उत्तर पुस्तिका //

सही उत्तर उन छात्रों के प्रतिशत को इंगित करता है जिन्होंने प्रश्नों का सही उत्तर दिया था।

छोड़ दिया उन छात्रों के प्रतिशत को इंगित करता है जिन्होंने प्रश्नों को छोड़ दिया था।

प्रश्न संख्या	उत्तर	सही उत्तर	छोड़ दिया
1	D	74.06 %	4.48 %
2	D	28.01 %	6.53 %
3	B	89.87 %	6.1 %
4	B	44.63 %	6.62 %
5	B	70.3 %	6.05 %
6	B	87.56 %	5.11 %
7	B	57.2 %	6.13 %
8	A	59.99 %	4.24 %
9	A	85.27 %	6.16 %
10	D	79.5 %	5.29 %
11	C	52.03 %	5.56 %
12	B	62.61 %	6.19 %

प्रश्न संख्या	उत्तर	सही उत्तर	छोड़ दिया
13	A	71.57 %	5.95 %
14	A	76.8 %	2.97 %
15	C	70.33 %	5.29 %
16	C	77.37 %	4.05 %
17	D	74.3 %	5.59 %
18	B	52.81 %	3.91 %
19	A	71.18 %	5.29 %
20	C	72.65 %	3.3 %
21	A	76.86 %	5.47 %
22	C	75.77 %	5.17 %
23	A	75.14 %	6.13 %
24	D	15.69 %	4.96 %

प्रश्न संख्या	उत्तर	सही उत्तर	छोड़ दिया
25	D	55.24 %	4.9 %
26	D	80.07 %	4.15 %
27	D	80.07 %	5.38 %
28	A	76.47 %	5.38 %
29	D	80.13 %	5.14 %
30	D	77.58 %	5.98 %
31	B	84.31 %	6.04 %
32	A	78.57 %	5.11 %
33	A	73.7 %	5.62 %
34	D	73.37 %	4.3 %
35	B	71.63 %	6.37 %
36	D	59.6 %	4.81 %

प्रश्न संख्या	उत्तर	सही उत्तर	छोड़ दिया
37	A	63.42 %	4.78 %
38	A	60.63 %	5.71 %
39	D	52.12 %	5.41 %
40	B	47.64 %	5.32 %
41	B	85.99 %	5.5 %
42	D	71.18 %	5.68 %
43	A	71.3 %	5.65 %
44	B	70.9 %	5.87 %
45	D	88.88 %	6.28 %
46	B	73.67 %	3.52 %
47	A	67.06 %	4.39 %
48	A	80.34 %	6.16 %

प्रश्न संख्या	उत्तर	सही उत्तर	छोड़ दिया
49	B	77.55 %	5.89 %
50	B	85.45 %	5.23 %
51	C	68.86 %	5.92 %
52	D	87.62 %	6.13 %
53	A	73.4 %	6.1 %
54	B	48.69 %	5.83 %
55	C	58.64 %	5.89 %
56	C	78.12 %	7.72 %
57	D	34.66 %	7.09 %
58	B	84.91 %	5.65 %
59	C	72.68 %	7.39 %
60	B	62.22 %	7.24 %

कार्य विश्लेषण	
औसत अंक (%)	61.67%
टॉपर्स स्कोर (%)	100.0%
आपका स्कोर	

//संकेत और समाधान//

1. इन सभी विकल्पों में से सही वर्तनी है- **आरोग्य**

वाक्य - शारीरिक आरोग्य के लिए प्रात: एवं संध्याकालीन भ्रमण अन्यन्त लाभप्रद माना गया है।

आरोग्य का अर्थ रोग से मुक्ति होता है।

अत: विकल्प (D) सही है।

2. दिए गए सभी विकल्पों में से सही वर्तनी 'शुश्रूषा' है।

शुश्रूषा का अर्थ है: बच्चे का पालन-पोषण या देखभाल

अत: विकल्प (D) सही है।

3. इन सभी विकल्पों में से सही वर्तनी है- **ज्ञान**

वाक्य - ज्ञान का भण्डार अथाह होता है।

ज्ञान का अर्थ: बोध, जानना, जानकारी

अत: विकल्प (B) सही है।

4. इन सभी विकल्पों में से सही वर्तनी है- **निर्वैयक्तिकता**

वाक्य - विज्ञान की देन है विशलेषण, निर्वैयक्तिकता तथा तटसता।

निर्वैयक्तिकता का अर्थ व्यक्तिगत न होने की स्थिति या भाव होता है।

अत: विकल्प (B) सही है।

5. इन सभी विकल्पों में से सही वर्तनी है- **जिजीविषा**

वाक्य - रोगी में उत्कट जिजीविषा थी।

जिजीविषा का अर्थ : जीने की इच्छा

अत: विकल्प (B) सही है।

6. इन सभी विकल्पों में से सही वर्तनी है- **उज्ज्वल**

वाक्य - मैं तुम्हारे उज्ज्वल भविष्य की कामना करता हूँ।

उज्ज्वल का अर्थ: प्रज्वलित करने की क्रिया या भाव

अत: विकल्प (B) सही है।

7. इन सभी विकल्पों में से सही वर्तनी है- **प्रकारान्तर**

वाक्य - प्रकारान्तर से मेरे कथन का अभिप्राय आपसे मिलता है

प्रकारान्तर का अर्थ: भिन्न प्रकार से

अत: विकल्प (B) सही है।

8. इन सभी विकल्पों में से सही वर्तनी है- **वैशिष्ट्य**

वाक्य - रहस्य, रोमांच और वैचित्र्य का समन्वय देवकी नंदन खत्री के उपन्यासों का <u>वैशिष्ट्य</u> है।

वैशिष्ट्य का अर्थ: किसी वस्तु में पाई जानेवाली वह विशेष बात या तत्व जिसके द्वारा वह दूसरी वस्तु से अलग मानी जाए।

अत: विकल्प (A) सही है।

9. इन सभी विकल्पों में से सही वर्तनी है- **औपचारिकता**

वाक्य - जहाँ आत्मीयता हो वहां विचार विनियन में औपचारिकता नहीं होती।

औपचारिकता का अर्थ: औपचारिक होने की अवस्था, गुण या भाव

अत: विकल्प (A) सही है।

10. इन सभी विकल्पों में से सही वर्तनी है- **अध्ययन**

वाक्य - दिन रात अध्ययन करके भी वह प्रथम श्रेणी प्राप्त न कर सका।

अध्ययन का अर्थ: पुस्तक या लेख आदि में लिखी हुई बातें या विषय देखने या पढ़ने की क्रिया

अत: विकल्प (D) सही है।

11. आँख का तत्सम अक्षि होगा, और अन्य सभी आँख के पर्यायवाची शब्द है।

संस्कृत के कुछ शब्द ऐसे होते हैं, जो हिंदी में भी बिना परिवर्तन के प्रयुक्त होते हैं उन शब्दों को तत्सम शब्द कहते हैं। तत्सम शब्दों में समय और परिस्थितियों के कारण कुछ परिवर्तन होने से जो शब्द बने हैं उन्हें तद्भव कहते हैं।

अतः विकल्प (C) सही है।

12. कपड़ा का तत्सम कर्पट होगा, और अन्य सभी कपड़ा के पर्यायवाची शब्द है।

संस्कृत के कुछ शब्द ऐसे होते हैं, जो हिंदी में भी बिना परिवर्तन के प्रयुक्त होते हैं उन शब्दों को तत्सम शब्द कहते हैं। तत्सम शब्दों में समय और परिस्थितियों के कारण कुछ परिवर्तन होने से जो शब्द बने हैं उन्हें तद्भव कहते हैं।

अत: विकल्प (B) सही है।

13. कपूर का तत्सम कर्पूर होगा, और अन्य सभी कपूर के पर्यायवाची शब्द है।

संस्कृत के कुछ शब्द ऐसे होते हैं, जो हिंदी में भी बिना परिवर्तन के प्रयुक्त होते हैं उन शब्दों को तत्सम शब्द कहते हैं। तत्सम शब्दों में समय और परिस्थितियों के कारण कुछ परिवर्तन होने से जो शब्द बने हैं उन्हें तद्भव कहते हैं।

अत: विकल्प (A) सही है।

14. मक्खी का तत्सम मक्षिका होगा, और अन्य सभी मक्खी के पर्यायवाची शब्द है।

संस्कृत के कुछ शब्द ऐसे होते हैं, जो हिंदी में भी बिना परिवर्तन के प्रयुक्त होते हैं उन शब्दों को तत्सम शब्द कहते हैं। तत्सम शब्दों में समय और परिस्थितियों के कारण कुछ परिवर्तन होने से जो शब्द बने हैं उन्हें तद्भव कहते हैं।

अत: विकल्प (A) सही है।

15. मौत का तत्सम मृत्यु होगा, और अन्य सभी मौत के पर्यायवाची शब्द है।

संस्कृत के कुछ शब्द ऐसे होते हैं, जो हिंदी में भी बिना परिवर्तन के प्रयुक्त होते हैं उन शब्दों को तत्सम शब्द कहते हैं। तत्सम शब्दों में समय और परिस्थितियों के कारण कुछ परिवर्तन होने से जो शब्द बने हैं उन्हें तद्भव कहते हैं।

अत: विकल्प (C) सही है।

16. विद्युत का तद्भव शब्द बिजली होगा, और अन्य सभी विद्युत के पर्यायवाची शब्द है।

संस्कृत के कुछ शब्द ऐसे होते हैं, जो हिंदी में भी बिना परिवर्तन के प्रयुक्त होते हैं उन शब्दों को तत्सम शब्द कहते हैं। तत्सम शब्दों में समय और परिस्थितियों के कारण कुछ परिवर्तन होने से जो शब्द बने हैं उन्हें तद्भव कहते हैं।

अत: विकल्प (C) सही है।

17. अग्नि का तद्भव शब्द आग होगा, और अन्य सभी अग्नि के पर्यायवाची शब्द है।

संस्कृत के कुछ शब्द ऐसे होते हैं, जो हिंदी में भी बिना परिवर्तन के प्रयुक्त होते हैं उन शब्दों को तत्सम शब्द कहते हैं। तत्सम शब्दों में समय और परिस्थितियों के कारण कुछ परिवर्तन होने से जो शब्द बने हैं उन्हें तद्भव कहते हैं।

अत: विकल्प (D) सही है।

18. कार्य का तद्भव शब्द काज होगा, और अन्य सभी कार्य के पर्यायवाची शब्द है।

संस्कृत के कुछ शब्द ऐसे होते हैं, जो हिंदी में भी बिना परिवर्तन के प्रयुक्त होते हैं उन शब्दों को तत्सम शब्द कहते हैं। तत्सम शब्दों में समय और परिस्थितियों के कारण कुछ परिवर्तन होने से जो शब्द बने हैं उन्हें तद्भव कहते हैं।

अत: विकल्प (B) सही है।

19. कोकिला का तद्भव शब्द कोयल होगा, और अन्य सभी कोकिला के पर्यायवाची शब्द है।

संस्कृत के कुछ शब्द ऐसे होते हैं, जो हिंदी में भी बिना परिवर्तन के प्रयुक्त होते हैं उन शब्दों को तत्सम शब्द कहते हैं। तत्सम शब्दों में समय और परिस्थितियों के कारण कुछ परिवर्तन होने से जो शब्द बने हैं उन्हें तद्भव कहते हैं।

अत: विकल्प (A) सही है।

20. जिह्वा का तद्भव शब्द जीभ होगा, और अन्य सभी जिह्वा के पर्यायवाची शब्द है।

संस्कृत के कुछ शब्द ऐसे होते हैं, जो हिंदी में भी बिना परिवर्तन के प्रयुक्त होते हैं उन शब्दों को तत्सम शब्द कहते हैं। तत्सम शब्दों में समय और परिस्थितियों के कारण कुछ परिवर्तन होने से जो शब्द बने हैं उन्हें तद्भव कहते हैं।

अत: विकल्प (C) सही है।

21. अपकार का विलोम शब्द उपकार होगा, और अन्य सभी अपकार के पर्यायवाची शब्द है।

'विलोम' शब्द का अर्थ है-उल्टा या विपरीत। अत: किसी शब्द का उल्टा अर्थ व्यक्त करने वाला शब्द विलोमार्थक शब्द कहलाता है।

अत: विकल्प (A) सही है।

22. विख्यात का विलोम शब्द कुख्यात होगा, और अन्य सभी विख्यात के पर्यायवाची शब्द है।

'विलोम' शब्द का अर्थ है-उल्टा या विपरीत। अत: किसी शब्द का उल्टा अर्थ व्यक्त करने वाला शब्द विलोमार्थक शब्द कहलाता है।

अत: विकल्प (C) सही है।

23. ठौर का विलोम शब्द कुठौर होगा, और अन्य सभी ठौर के पर्यायवाची शब्द है।

'विलोम' शब्द का अर्थ है-उल्टा या विपरीत। अत: किसी शब्द का उल्टा अर्थ व्यक्त करने वाला शब्द विलोमार्थक शब्द कहलाता है।

अत: विकल्प (A) सही है।

24. तितिक्षा का विलोम शब्द असहिष्णुता होगा, और अन्य सभी तितिक्षा के पर्यायवाची शब्द है।

'विलोम' शब्द का अर्थ है-उल्टा या विपरीत। अत: किसी शब्द का उल्टा अर्थ व्यक्त करने वाला शब्द विलोमार्थक शब्द कहलाता है।

अत: विकल्प (D) सही है।

25. धृष्ट का विलोम शब्द विनीत होगा, और अन्य सभी धृष्ट के पर्यायवाची शब्द है।

'विलोम' शब्द का अर्थ है-उल्टा या विपरीत। अत: किसी शब्द का उल्टा अर्थ व्यक्त करने वाला शब्द विलोमार्थक शब्द कहलाता है।

अत: विकल्प (D) सही है।

26. सुडौल का विलोम शब्द बेडौल होगा, और अन्य सभी सुडौल के पर्यायवाची शब्द है।

'विलोम' शब्द का अर्थ है-उल्टा या विपरीत। अत: किसी शब्द का उल्टा अर्थ व्यक्त करने वाला शब्द विलोमार्थक शब्द कहलाता है।

अत: विकल्प (D) सही है।

27. मूक का विलोम शब्द वाचाल होगा, और अन्य सभी मूक के पर्यायवाची शब्द है।

'विलोम' शब्द का अर्थ है-उल्टा या विपरीत। अत: किसी शब्द का उल्टा अर्थ व्यक्त करने वाला शब्द विलोमार्थक शब्द कहलाता है।

अत: विकल्प (D) सही है।

28. स्त्री का विलोम शब्द पुरुष होगा, और अन्य सभी स्त्री के पर्यायवाची शब्द है।

'विलोम' शब्द का अर्थ है-उल्टा या विपरीत। अत: किसी शब्द का उल्टा अर्थ व्यक्त करने वाला शब्द विलोमार्थक शब्द कहलाता है।

अत: विकल्प (A) सही है।

29. अंकुश का विलोम शब्द निरंकुश होगा, और अन्य सभी अंकुश के पर्यायवाची शब्द है।

'विलोम' शब्द का अर्थ है-उल्टा या विपरीत। अत: किसी शब्द का उल्टा अर्थ व्यक्त करने वाला शब्द विलोमार्थक शब्द कहलाता है।

अत: विकल्प (D) सही है।

30. अकाल का विलोम शब्द सुकाल होगा, और अन्य सभी अकाल के पर्यायवाची शब्द है।

'विलोम' शब्द का अर्थ है-उल्टा या विपरीत। अत: किसी शब्द का उल्टा अर्थ व्यक्त करने वाला शब्द विलोमार्थक शब्द कहलाता है।

अत: विकल्प (D) सही है।

31. "जो शब्द, किसी व्यक्ति या वस्तु के गुण, दोष, रंग, आकार, अवस्था, स्थिति, स्वभाव, दशा, दिशा, स्पर्श, गंध, स्वाद आदि का बोध कराए, 'गुणवाचक विशेषण' कहलाते हैं।" 'मीठा अमरुद' में 'मीठा' विशेषण गुणवाचक कोटि का है।

अत: विकल्प (B) सही है।

32. ऐसे विशेषण शब्द जो किसी संज्ञा या सर्वनाम की संख्या का बोध कराते हैं, वे संख्यावाचक विशेषण कहलाते हैं। जैसे: दुनिया में सात अजूबे हैं। इस वाक्य में विश्व में कितने अजूबे हैं हैं ये हमें सात शब्द से पता चल रहा है। सात शब्द हमें अजूबों की संख्या की विशेषता बता रहा है।

अत: विकल्प (A) सही है।

33. ऐसे विशेषण शब्द जो किसी संज्ञा या सर्वनाम की संख्या का बोध कराते हैं, वे संख्यावाचक विशेषण कहलाते हैं। ऊपर दिए गए वाक्य में आप देख सकते हैं चार शब्द का प्रयोग किया जा रहा है।

अत: विकल्प (A) सही है।

34. ऐसे सर्वनाम शब्द जो संज्ञा से पहले लगकर उस संज्ञा शब्द की विशेषण की तरह विशेषता बताते हैं, वे शब्द सार्वनामिक विशेषण कहलाते हैं। जैसा कि आप ऊपर दिए गए वाक्य में देख सकते हैं 'उस' शब्द पेन से पहले आकर पेन की ओर संकेत कर रहा है। और 'उस' एक सर्वनाम है। इसीलिए यहाँ पर सार्वनामिक विशेषण है।

अत: विकल्प (D) सही है।

35. 'यह स्थान बहुत अच्छा है।' वाक्य में 'अच्छा' शब्द का प्रयोग विशेषण के रूप में हुआ है।

जो शब्द गुण, दोष, भाव, संख्या, परिणाम आदि से संबंधित विशेषता का बोध कराते हैं, उसे विशेषण कहते हैं। जैसे- बड़ा, काला, लम्बा, दयालु, भारी, सुंदर, कायर, टेढ़ा–मेढ़ा, एक, दो, वीर पुरुष, गोरा, अच्छा, बुरा, मीठा, खट्टा, आदि।

अत: विकल्प (B) सही है।

36. हिंदी भाषा में जिन शब्दों का प्रयोग संज्ञा या सर्वनाम शब्दों की विशेषता बताने के लिए किया जाता है को हम विशेषण के नाम से जानते हैं। इसी प्रकार जिन संज्ञा शब्दों या सर्वनाम शब्दों की विशेषता बताई जाती है उन्हें विशेष्य कहा जाता है। दिए गए शब्द आलस्य का विशेषण शब्द अलसी होगा।

अत: विकल्प (D) सही है।

37. वह शब्द जो हमें क्रियाओं की विशेषता का बोध कराते हैं वे शब्द क्रिया विशेषण कहलाते हैं। दूसरे शब्दों में कहें तो जिन शब्दों से क्रिया की विशेषता का पता चलता है, उन शब्दों को हम क्रिया विशेषण कहते हैं।

जैसे: हिरण तेज़ भागता है।

इस वाक्य में भागना क्रिया है। तेज़ शब्द हमें क्रिया कि विशेषता बता रहा है कि वह कितनी तेज़ भाग रहा है। इसलिए **तेज़** शब्द क्रिया विशेषण है।

अत: विकल्प (A) सही है।

38. कोयल मीठा गाती है : रीतिवाचक क्रिया विशेषण भेद होता है |

रीतिवाचक क्रिया विशेषण: ऐसे अविकारी शब्द जो हमें क्रिया के होने के तरीके या विधि के बारे में बताते हैं, वे शब्द रीतिवाचक क्रिया विशेषण कहलाते है।

रीतिवाचक क्रिया विशेषण में धीरे-धीरे, जल्दी-जल्दी, तेज, सहसा, शीघ्र, मीठा, शायद, मानो, ऐसे, अचानक, स्वयं, यथाशक्ति, निःसंदेह आदि शब्दों का प्रयोग किया जाता है |

उदाहरण :-

सीता मधुर गाती है।

राम तेज दौड़ता है।

मोहन धीमे बोलता है।

अत: विकल्प (A) सही है।

39. जो शब्द विशेषण की भी विशेषता बताए उसे प्रविशेषण कहते हैं। उदाहरण के लिए बहुत गहरा पानी है। यहाँ 'गहरा' शब्द पानी की विशेषता बता रहा है और 'बहुत' शब्द गहरा शब्द की विशेषता बता रहा है। अतः वह प्रविशेषण शब्द है।

अत: विकल्प (D) सही है।

40. विशेषण जिस संज्ञा या सर्वनाम की विशेषता बताता है उसे विशेष्य कहते हैं। संज्ञा या सर्वनाम की विशेषता बताने वाले शब्द को विशेषण कहते हैं। विशेष्य या तो संज्ञा रूप में होता है या क्रिया रूप में। जब यह संज्ञा रूप में होता है तो इसे संज्ञा विशेषण कहते हैं।

अत: विकल्प (B) सही है।

41. 'आग' शब्द का पर्यायवाची पावक है।

मकतल: कत्ल करने की जगह

मगरूर: अहंकारी

पकब: समर्थ बनना

अत: विकल्प (B) सही है।

42. सम्मान, इज्जत, कद्र, पूज्यभाव, प्रतिष्ठा, समादर, प्रेम, आरंभ, सत्कार आदि आदर के पर्यायवाची हैं।

निरादर, अपमान और उपेक्षा विलोम शब्द है।

अत: विकल्प (D) सही है।

43. अछुता: जो छुआ न गया हो।

अनशन: भोजन ग्रहण न करना।

अवसरवादी: अवसर के अनुसार कार्य करने वाला व्यक्ति।

अवरोहण: नीचे उतरने की क्रिया।

अत: विकल्प (A) सही है।

44. अंक: नाटक का एक भाग/पत्र-पत्रिकाओं की निश्चत समय पर प्रकाशित होने वाली प्रति।

अतुल: जिसकी तौल-माप न हो सके।

अदम्य: जो दबाया न जा सके।

अनुभूत: जिसका अनुभव किया गया हो।

अत: विकल्प (B) सही है।

45. कवयित्री: जो स्त्री कविता लिखती हो।

खण्ड: किसी टूटी हुई वस्तु का अवशेष।

गन्तव्य: जहाँ तक जाना है।

खल्वाट: गांजे सिर वाला।

अत: विकल्प (D) सही है।

46. चित्रकार: चित्र बनाने वाला व्यक्ति।

ग्रामीण: जो गाँव में रहता हो।

छात्रावास: जहां छात्र निवास करते हैं।

छावनी: सेना के रहने का स्थान।

अत: विकल्प (B) सही है।

47. आर्त्तनाद: करुण स्वर में चिल्लाने की ध्वनि।

ईशान: पुर्व और उत्तर के बीच की दिशा।

उपर्युक्त: ऊपर कहा हुआ।

ऐच्छिक: जिस्सा करना इच्छा पर निर्भर हो।

अत: विकल्प (A) सही है।

48. आकाशचारी: आकाश में उड़ने वाला जीव।

आत्मघाती: अपनी हत्या अपने आप करने वाला व्यक्ति।

आँधी: धूलभरी जोर की हवा।

अभिनेत्री: स्ती जो अभिनय करती हो।

अत: विकल्प (A) सही है।

49. क्षणिक: क्षण में नष्ट होने वाला।

क्षम्य: जिसे क्षमा किया जा सके।

गोपनीय: छिपाने के योग्य।

गुप्तचर: गुप्त रूप से विचरने वाला राजकर्मचारी।

अत: विकल्प (B) सही है।

50. अनाथ: जिसको माता-पिता का आश्रय न मिला हो।

अनुमोदन: किसी प्रस्ताव का समर्थन करने की क्रिया

अदर्शनीय: जो देखने योग्य न हो।

अनुत्तीर्ण: जो उत्तीर्ण न हुआ हो।

अत: विकल्प (B) सही है।

51. कुंज: वृक्षो-लताओं से घिरा हुआ स्थान।

कुलीन: उच्च कुल में उत्पन्न।

कंकाल: सारे शरीर के हड्डियो का ढांचा।

खेचर: आकाश में विचरण करने वाला।

अत: विकल्प (C) सही है।

52. जिज्ञासा: किसी बात को जानने की इच्छा।

त्रिलोक: तीनों लोकों का समूह।

जनतंत्र: जनता द्वारा संचालित शासन।

ज्वालामुखी: ऐसा पहाड़, जिससे आग-धुआं आदि निकले।

अत: विकल्प (D) सही है।

53. प्रागैतिहासिक: इतिहासकाल से पूर्व का समय।

प्रियंवदा: प्रिय बोलने वाली।

बहुरूपिया: बहुत-से रूप धारण करने वाला।

फलाहारी: जो केवल फल खाकर रहता हो।

अत: विकल्प (A) सही है।

54. अमृत का पर्यायवाची शब्द सुधा है।

विष का पर्यायवाची शब्द जहर है।

मधुप का पर्यायवाची शब्द भौंरा है।

आम्र का पर्यायवाची शब्द अचल है।

अत: विकल्प (B) सही है।

55. आकाश का पर्यायवाची शब्द व्योम है।

दृग का पर्यायवाची शब्द आँख है।

विप्र का पर्यायवाची शब्द ब्राह्मण है।

अत: विकल्प (C) सही है।

56. गणेश का पर्यायवाची शब्द गजानन है।

नरेश का पर्यायवाची शब्द राजा, महीप, महीपाल है।

सुरेश का पर्यायवाची शब्द इन्द्र, अमरपति, वज्रधर है।

दिनेश का पर्यायवाची शब्द मार्तण्ड, अंशुमाली, सूर्य, रवि है।

अत: विकल्प (C) सही है।

57. 'दसन', 'रद' और 'दांत', तीनों 'दन्त' शब्द के पर्यायवाची हैं।

'दाड़िम', अनार का पर्यायवाची शब्द है।

अत: विकल्प (D) सही है।

58. वीणापाणी का पर्यायवाची शब्द सरस्वती है।

रम्बा का पर्यायवाची शब्द भानुफल, कदली, केला है।

लक्ष्मी का पर्यायवाची शब्द प्रकृति, विभूति, विद्या, श्रद्धा है।

कमल का पर्यायवाची शब्द सरोज, जलज, अब्ज, पंकज है।

अत: विकल्प (B) सही है।

59. घर का पर्यायवाची शब्द निकेतन है।

विहार का पर्यायवाची शब्द कुटी, आश्रम, स्तर है।

इला का पर्यायवाची शब्द पृथ्वी, धरा, धरती, भू है।

नग का पर्यायवाची शब्द भूधर, महीधर, शैल है।

अत: विकल्प (C) सही है।

60. भागीरथी का पर्यायवाची शब्द सुरसरिता, सुरधुनी, गंगा है।

सरिता का पर्यायवाची शब्द नदी, तटिनी, दरिया, सलिला है।

यमुना का पर्यायवाची शब्द जमुना व सूर्यसुता है।

निर्झरिणी का पर्यायवाची शब्द शैलजा, जलमाला, नद, शैवालिनी है।

अत: विकल्प (B) सही है।

सामान्य हिंदी (पेपर-II) : मॉक टेस्ट 02

Q.1 'अन्धकार' का पर्यायवाची शब्द है:
A. पंक **B.** आतंक **C.** तिमिर **D.** घन

Q.2 'निधन' का पर्यायवाची है:
A. दिवावसान **B.** देहावसान **C.** देहान्तर **D.** आमरण

Q.3 'यक्षराज' का पर्यायवाची शब्द है:
A. बादल **B.** कल्पवृक्ष **C.** कुबेर **D.** चपला

Q.4 "ऋणात्मक" का विलोम शब्द है:
A. धनात्मक **B.** रिणात्मक **C.** मानात्मक **D.** अनात्मक

Q.5 "वानर" का तद्भव रूप है:
A. वानर **B.** बन्दर **C.** बांदर **D.** बान्दर

Q.6 "कलुष" का विलोम शब्द है:
A. पापशून्य **B.** निष्पाप **C.** निष्कलुष **D.** निष्करुण

Q.7 वाक्य के अशुद्ध भाग का चयन कीजिए:
शीर्षक को छोटा, आकर्षक और विषय से संबद्ध रखना चाहिए।
A. शीर्षक को छोटा **B.** आकर्षक और
C. विषय से संबद्ध **D.** रखना चाहिए

Q.8 संज्ञा या सर्वनाम कि विशेषता बतलाने वाले शब्दों को क्या कहते हैं?
A. विशेषण **B.** विशेष्य **C.** क्रिया **D.** अव्यय

Q.9 आदर शब्द से विशेषण बनेगा:
A. आदरकारी **B.** आदरपूर्ण
C. आदरणीय **D.** इनमें से कोई नहीं

Q.10 निम्नलिखित में से वाक्य के शुद्ध रूप का चयन कीजिए:
A. वह दंड पाने योग्य है **B.** वह दंड लेने योग्य है
C. वह दंड के योग्य है **D.** वह दंड देने योग्य है

Q.11 निम्नलिखित में से वाक्य के शुद्ध रूप का चयन कीजिए:
A. भारत में अनेक जाति हैं
B. भारत में अनेकों जाति हैं
C. भारत में अनेक जातियां हैं
D. भारत में अनेकों जातियां हैं

Q.12 निम्नलिखित में से वाक्य के शुद्ध रूप का चयन कीजिए:
A. उसे अनुत्तीर्ण होने का संशय है
B. उसे अनुत्तीर्ण होने का शक है
C. उसे अनुत्तीर्ण होने की आशा है
D. उसे अनुत्तीर्ण होने की आशंका है

Q.13 निम्नलिखित में से वाक्य के शुद्ध रूप का चयन कीजिए:
A. फल बच्चे को काटकर खिलाओ
B. बच्चे को काटकर फल खिलाओ
C. बच्चे को फल काटकर खिलाओ
D. काटकर फल बच्चे को खिलाओ

Q.14 रवि <u>ईश्वर को न मानने वाला मनुष्य</u> है।
रेखांकित वाक्यांश के लिए एक शब्द का चयन कीजिए:
A. सनाथ **B.** पंडित **C.** आस्तिक **D.** नास्तिक

Q.15 "आलोक" का विलोम शब्द है:
A. अदभुत **B.** अज्ञात **C.** अन्धकार **D.** रात्रि

Q.16 'आग' का तत्सम शब्द क्या है।
A. अगनि **B.** अग्नि
C. अगनी **D.** इनमें से कोई नहीं

Q.17 निम्नलिखित में से 'अर्द्धतत्सम' शब्द कोन सा है?
A. अग्नि **B.** अगिन
C. आग **D.** इनमे से कोई नही

Q.18 पियासा' का तत्सम रूप क्या है?
A. प्यासा **B.** पिपासा **C.** पियास **D.** पयास

Q.19 रेखांकित छपे शब्द के लिए उपयुक्त विलोम शब्द का चयन करें:
वह अपने विषय का पूर्ण <u>अभिज्ञ</u> है।
A. सर्वज्ञ **B.** अल्पज्ञ **C.** अनभिज्ञ **D.** विज्ञ

Q.20 रिक्त स्थान में रेखांकित शब्द के उपयुक्त विलोम शब्द से पूर्ति करें:
<u>सम्पन्न</u> व्यक्ति _____ कि व्यथा नहीं जान सकता।
A. आसन्न **B.** विपन्न **C.** निष्पन्न **D.** विषण

Q.21 निम्नलिखित में तद्भव शब्द कौन सा है?
A. वत्स **B.** रात्रि **C.** सर्व **D.** पंख

Q.22 दिए गए विकल्पो में विशेष्य और विशेषण का कौन सा युग्म गलत है?
A. अनुपात - आनुपातिक **B.** अपेक्षा - अपेक्षित
C. अधिकार - अधिकारी **D.** आकाश - आकाशवान

Q.23 किसी व्यक्ति के रूप - गुण आदि को व्यक्त करने वाले विशेषण को क्या कहते है?
A. व्यक्तिवाचक विशेषण **B.** परिमाणवाचक विशेषण
C. गुणवाचक विशेषण **D.** सार्वनामिक विशेषण

Q.24 जिसकी विशेषता बताई जाती है, उसे क्या कहते है?
A. विशेषण **B.** विशेष्य
C. प्रविशेषण **D.** क्रिया विशेषण

Q.25 "जंगल में लगने वाली आग" वाक्यांश के लिए एक शब्द है:
A. जठरानल **B.** दावानल
C. बड़वानल **D.** इनमें से कोई नहीं

Q.26 "जिसके समान दूसरा न हो" वाक्यांश के लिए एक शब्द है:
A. अलौकिक **B.** अगम **C.** अप्रतिभा **D.** अप्रतिम

Q.27 "जो बहुत बातें करता हो" वाक्यांश के लिए एक शब्द है:
A. बधिर **B.** बहुज्ञ **C.** वचनीय **D.** वाचाल

Q.28 विशेष्य से पहले आने वाले विशेषण को क्या कहते हैं?
A. प्रविशेषण **B.** क्रिया विशेषण
C. विधेय विशेषण **D.** उद्देश्य विशेषण

Q.29 विशेष्य के पश्चात लगे विशेषण को क्या कहते हैं?
A. उद्देश्य विशेषण **B.** विधेय विशेषण
C. क्रिया विशेषण **D.** प्रविशेषण

Q.30 प्रविशेषण शब्द वे हैं जो:

A. विशेषण से पूर्व प्रयुक्त होते है।
B. विशेषण के बाद प्रयुक्त होते है।
C. विशेषण की विशेषता बताते है।
D. क्रिया से पूर्व आते है।

Q.31 "कश्मीरी सेब" मे 'कश्मीरी' शब्द मे विशेषण है:
A. गुणवाचक विशेषण **B.** संकेतवाचक विशेषण
C. व्यक्तिवाचक विशेषण **D.** भिन्नतावाचक विशेषण

Q.32 दिए गए विकल्पो में कौन सा एक 'विशेषण' शब्द है?
A. नति **B.** बलाहक **C.** पुष्पित **D.** सुषुप्ति

Q.33 "दो पर्वतों के बीच की भूमि" वाक्यांश के लिए एक शब्द होगा:
A. उपत्यका **B.** घाटी **C.** द्रोण **D.** बेसिन

Q.34 "हर कम को देर से करने वाला" वाक्यांश के लिए एक शब्द होगा:
A. दीर्घदर्शी **B.** अदूरदर्शी **C.** विलम्बी **D.** दीर्घसूत्री

Q.35 "साहित्य से संबंध रखने वाला" के लिए एक शब्द होगा:
A. साहित्यिक **B.** लेखक **C.** कवि **D.** नाटककार

Q.36 नीचे दिए गए प्रश्न में एक शब्द के चार विलोम शब्द दिए गए हैं। सही विलोम शब्द का चयन कीजिए।
आदि
A. अंतिम **B.** अंत
C. प्रथम **D.** इनमें से कोई नहीं

Q.37 'आह्वान' का विलोम बताइए?
A. विगत **B.** विसर्जन **C.** परेक्ष **D.** विग्रह

Q.38 निम्नलिखित शब्द के लिए उसके नीचे दिए गए विकल्पों में से सही विलोम शब्द चुनिए।
कृश
A. कमजोर **B.** अकिंचन **C.** स्थूल **D.** दरिद्र

Q.39 दिए गए विकल्पों में से सही विलोम शब्द चुनिए।
संशय
A. निश्चय **B.** निःसंशय
C. सुनिश्चित **D.** इनमें से कोई नहीं

Q.40 दिए गए विकल्पों में से सही विलोम शब्द चुनिए।
अधम
A. ऊँचा **B.** उत्तम **C.** निकृष्ट **D.** महँगा

Q.41 नीचे दिए गए प्रश्नों में पर्यायवाची स्वरूप चार शब्द दिए गए हैं। इनमें से एक शब्द पर्याय नहीं है, उसका चयन कीजिए।
हाथी
A. द्विप **B.** कुम्भी **C.** तरणि **D.** वारण

Q.42 नीचे दिए गए प्रश्नों में पर्यायवाची स्वरूप चार शब्द दिए गए हैं। इनमें से एक शब्द पर्याय नहीं है, उसका चयन कीजिए।
कामदेव
A. मरीचि **B.** अनंग **C.** मनोज **D.** मन्मथ

Q.43 नीचे दिए गए चार विकल्पों में से उपयुक्त पर्यायवाची शब्द का चयन कीजिए।
गेह
A. गुफा **B.** घर **C.** पर्वत **D.** सरोवर

Q.44 "पार्थिव" का अर्थ है:
A. जिसका संबंध मनुष्यों से हो
B. जिसका संबंध पृथ्वी से हो
C. जिसका संबंध ईश्वर से हो
D. जिसका संबंध प्रथा से हो

Q.45 <u>आँखों के सामने</u> घटित घटना पर विश्वात तो करना ही पड़ेगा। रेखांकित वाक्यांश के लिए एक शब्द का चयन कीजिए:
A. प्रत्यक्ष **B.** परोक्ष **C.** प्रारूप **D.** प्रत्येक

Q.46 वाक्य के अशुद्ध भाग का चयन कीजिए:
मैं पटना गया तो उस समय मेरे पास केवल बीस रुपये मात्र थे।
A. मैं पटना गया
B. तो उस समय
C. मेरे पास
D. केवल बीस रुपये मात्र थे।

Q.47 वाक्य के अशुद्ध भाग का चयन कीजिए:
राम राज्य में शेर और बकरी एक घाट पर पानी पीती थी।
A. राम राज्य में **B.** शेर और बकरी एक घाट
C. पर पानी पीती थी। **D.** कोई त्रुटि नहीं

Q.48 दिए गए विकल्पो में शुद्ध वाक्य का चयन कीजिए:
A. सीता एक विद्वान छात्रा है।
B. मैं अपनी देवी-देवताओं को मानता हूँ।
C. रीता आज मिष्ठान्न और नमकीन खरीदने गया।
D. सीता एक विदुषी छात्रा है।

Q.49 वाक्य के अशुद्ध भाग का चयन कीजिए:
छायावाद के युग में राष्ट्रवादी विचारधारा के उन्नत स्वर सुनने को मिलता है।
A. छायावाद के युग में **B.** राष्ट्रवादी विचारधारा के
C. उन्नत स्वर **D.** सुनने को मिलता है।

Q.50 दिए गए विकल्प में शुद्ध वाक्य का चयन कीजिए:
A. मैंने अनेकों स्थान देखे।
B. बार-बार एक ही बात सुनते-सुनते मेरा कान पक गया।
C. मैंने अनेक स्थान देखे।
D. इनमें से कोई नहीं

Q.51 "दर्शन" का तदभव रूप है:
A. दर्सन **B.** दरसन **C.** दर्स **D.** दसर्न

Q.52 दिए गए शब्द का विकल्पों में से पर्यायवाची शब्द चुनिए।
घोड़ा
A. अलिन्द **B.** तुरंग **C.** अखिल **D.** निखिल

Q.53 दिए गए शब्द का विकल्पों में से पर्यायवाची शब्द चुनिए।
खग
A. पक्षी **B.** पतंग **C.** विहाग **D.** मेघ

Q.54 दिए गए शब्द का विकल्पों में से पर्यायवाची शब्द चुनिए।
स्वर्ण
A. जातरुप **B.** विष्णु **C.** पयोद **D.** नीलनद

Q.55 दिए गए शब्द का विकल्पों में से पर्यायवाची शब्द चुनिए।
विनायक
A. सुर **B.** पुत्र **C.** शत्रु **D.** गणेश

Q.56 कौन सा शब्द 'तत्सम' है:
A. गोधूम **B.** शहीद **C.** पड़ोसी **D.** बहु

Q.57 निम्न में तत्सम शब्द है:

A. सत्तू **B.** हल्दी **C.** उबटन **D.** हरिद्रा

Q.58 निम्नलिखित विकल्पों में से तत्सम शब्द का चयन करें।

A. अंस **B.** अंश **C.** अस **D.** अश

Q.59 निम्न में से तत्सम शब्द का चयन कीजिये:

A. बारात **B.** वर्षा
C. हाथी **D.** इनमें से कोई नहीं

Q.60 'आँख' शब्द का तत्सम रूप है:

A. नेत्र **B.** लोचन **C.** चक्षु **D.** अक्षि

// स्मार्ट उत्तर पुस्तिका //

सही उत्तर उन छात्रों के प्रतिशत को इंगित करता है जिन्होंने प्रश्नों का सही उत्तर दिया था।

छोड़ दिया उन छात्रों के प्रतिशत को इंगित करता है जिन्होंने प्रश्नों को छोड़ दिया था।

प्रश्न संख्या	उत्तर	सही उत्तर	छोड़ दिया
1	C	55.26 %	9.57 %
2	B	65.31 %	15.55 %
3	C	55.26 %	14.12 %
4	A	45.69 %	15.55 %
5	B	80.62 %	13.16 %
6	C	45.69 %	11.49 %
7	D	50.96 %	14.35 %
8	A	76.79 %	10.77 %
9	C	71.77 %	14.35 %
10	C	36.6 %	13.64 %
11	C	35.89 %	12.2 %
12	D	46.17 %	16.99 %

प्रश्न संख्या	उत्तर	सही उत्तर	छोड़ दिया
13	C	70.33 %	13.88 %
14	D	61.24 %	5.98 %
15	C	58.37 %	10.53 %
16	B	55.26 %	9.57 %
17	B	64.59 %	14.12 %
18	B	68.18 %	7.9 %
19	C	46.41 %	15.79 %
20	B	47.13 %	15.79 %
21	D	51.91 %	14.36 %
22	D	73.21 %	9.8 %
23	C	65.79 %	16.27 %
24	B	43.3 %	10.05 %

प्रश्न संख्या	उत्तर	सही उत्तर	छोड़ दिया
25	B	58.37 %	13.16 %
26	D	35.41 %	11.48 %
27	D	79.19 %	11.0 %
28	D	45.69 %	8.38 %
29	B	49.28 %	14.83 %
30	C	28.47 %	11.72 %
31	C	44.02 %	11.0 %
32	C	60.29 %	16.27 %
33	A	26.79 %	13.64 %
34	D	23.92 %	15.55 %
35	A	71.29 %	15.31 %
36	B	63.4 %	9.57 %

प्रश्न संख्या	उत्तर	सही उत्तर	छोड़ दिया
37	B	63.4 %	14.59 %
38	C	39.0 %	11.0 %
39	A	28.71 %	15.07 %
40	B	60.77 %	10.28 %
41	C	41.63 %	15.07 %
42	A	38.52 %	12.2 %
43	B	37.8 %	15.55 %
44	B	52.39 %	16.27 %
45	A	74.64 %	13.64 %
46	D	74.88 %	10.77 %
47	C	73.92 %	10.29 %
48	D	55.98 %	16.03 %

प्रश्न संख्या	उत्तर	सही उत्तर	छोड़ दिया
49	D	33.49 %	13.88 %
50	C	37.08 %	11.96 %
51	B	24.64 %	15.55 %
52	B	71.05 %	16.03 %
53	A	74.16 %	13.4 %
54	A	50.96 %	12.92 %
55	D	81.34 %	10.53 %
56	A	61.0 %	19.38 %
57	D	61.48 %	17.47 %
58	B	62.2 %	16.51 %
59	B	69.14 %	19.14 %
60	D	35.41 %	19.37 %

कार्य विश्लेषण	
औसत अंक (%)	45.0%
टॉपर्स स्कोर (%)	95.0%
आपका स्कोर	

//संकेत और समाधान//

1. 'अन्धकार' के पर्यायवाची शब्द हैं - तम, तिमिर, तमिस्र, अँधेरा, तमस, अंधियारा इत्यादि।
अतः विकल्प (C) सही है।

2. 'निधन' के पर्यायवाची हैं – मृत्यु, स्वर्गवास, काशीवास, देहांत, गंगालाभ, देहावसान, अंत, पंचत्व, मौत, इंतकाल, निर्वाण, मरण इत्यादि।
अतः विकल्प (B) सही है।

3. 'यक्षराज' का पर्यायवाची शब्द है- कुबेर।

इसके अन्य पर्यायवाची हैं - कित्रेश, धनद, धनाधिप, राजराज।
अतः विकल्प (C) सही है।

4. "ऋणात्मक" का मतलब नकारात्मक या अभावात्मक होता है। इसका उचित विलोम "धनात्मक" होगा।
अतः विकल्प (A) सही है।

5. "वानर" संस्कृत से हिन्दी में मूल रूप में आया है इसलिए यह 'तत्सम' कहलाता है। इसका "तद्भव" होता है—बन्दर।
अतः विकल्प (B) सही है।

6. कलुष का अर्थ होता है मैल या अपवित्रता।

इसका उचित विलोम शब्द "निष्कलुष" होगा।
अतः विकल्प (C) सही है।

7. दिए गए वाक्य में "रखना चाहिए" के बजाए "होना चाहिए" का प्रयोग अधिक उपयुक्त है।

इसलिए शुद्ध वाक्य होगा-

शीर्षक को छोटा, आकर्षक और विषय से संबद्ध होना चाहिए।
अतः विकल्प (D) सही है।

8. संज्ञा अथवा सर्वनाम शब्दों की विशेषता (गुण, दोष, संख्या, परिमाण आदि) बताने वाले शब्द विशेषण कहलाते हैं।

जैसे - बड़ा, काला, लंबा, दयालु, भारी, सुन्दर, कायर, टेढ़ा-मेढ़ा, एक, दो आदि।
अतः विकल्प (A) सही है।

9. आदर शब्द का विशेषण आदरणीय होता है।

आदर का अर्थ होता है सम्मान, सत्कार आदि तथा आदरणीय का अर्थ है जो आदर के पात्र है।
अतः विकल्प (C) सही है।

10. दिए गए विकल्पों मे शुद्ध वाक्य होगा-

वह दंड के योग्य है।
अतः विकल्प (C) सही है।

11. दिए गए विकल्पो में शुद्ध वाक्य होगा-

भारत में अनेक जातियां हैं।
अतः विकल्प (C) सही है।

12. ल्प मे दिए गए वाक्यो में सर्वाधिक शुद्ध वाक्य है-

उसे अनुत्तीर्ण होने की आशंका है
अतः विकल्प (D) सही है।

13. विकल्प में दिए गए वाक्यों में सबसे शुद्ध है-

बच्चे को फल काटकर खिलाओ।
अतः विकल्प (C) सही है।

14. ईश्वर को न मानने वाला मनुष्य नास्तिक कहा जाता है। जबकि ईश्वर में आस्था रखने वाले को आस्तिक कहा जाता है।
अतः विकल्प (D) सही है।

15. आलोक का अर्थ होता है - देखना, दर्शन, दृष्टि, प्रकाश, रोशनी आदि।

इसका विलोम है - अन्धकार, तिमिर, तम आदि।
अतः विकल्प (C) सही है।

16. आग का तत्सम शब्द "अग्नि" होगा।
अतः विकल्प (B) सही है।

17. शब्दों के बनावट के आधार पर मुख्यतः तत्सम, तद्भव, देशज और विदेशज ये चार भेद हैं। किन्तु इन मुख्य भेदों के अतिरिक्त अर्धतत्सम भेद उन्हें कहा जाता है जो शब्दों के संस्कृत से हिन्दी शब्द बनने की यात्रा में बीच में बने शब्द हैं। जैसे- वत्स, बच्छा, बच्चा, अग्नि, अगिन, आग। यहां बच्छा एवं अगिन, अर्धतत्सम शब्द हैं, वत्स एवं अग्नि तत्सम शब्द हैं एवं बच्चा तथा आग तद्भव शब्द हैं।
अतः विकल्प (B) सही है।

18. पियासा का अर्थ है जिसे किसी काम या बात की प्रबल कामना या वासना हो।

इसका उचित तत्सम होगा- पिपासा।
अतः विकल्प (B) सही है।

19. अभिज्ञ का अर्थ होता है जानने वाला, ज्ञाता आदि।

जबकि अनभिज्ञ का अर्थ होता है मूर्ख, अनजान, अपरिचित आदि।
अतः विकल्प (C) सही है।

20. सम्पन्न का अर्थ होता है भली भाँति युक्त, अमीर, धनी, धनवान आदि।

जबकि विपन्न का अर्थ है - विपत्तिग्रस्त, दुखी, अभावग्रस्त आदि।
अतः विकल्प (B) सही है।

21. तद्भव एक संस्कृत शब्द है जो मध्यकालीन भारत-आर्य भाषाओं के सन्दर्भ में उन शब्दों को कहते हैं जो संस्कृत के मूल शब्द नहीं हैं बल्कि संस्कृत के किसी मूल शब्द से व्युत्पन्न हैं।

वत्स, रात्रि तथा सर्व तत्सम शब्द है जबकि पंख तद्भव है। जिसका तत्सम पक्ष होगा।
अतः विकल्प (D) सही है।

22. दिए गए विकल्पो में "आकाश - आकाशवान" का युग्म गलत है।

आकाश का उचित विशेषण "आकाशीय" होगा।
अतः विकल्प (D) सही है।

23. जो शब्द, किसी व्यक्ति या वस्तु के गुण, दोष, रंग, आकार, अवस्था, स्थिति, स्वभाव, दशा, दिशा, स्पर्श, गंध, स्वाद आदि का बोध कराए, 'गुणवाचक विशेषण' कहलाते हैं।
अतः विकल्प (C) सही है।

24. वाक्य में संज्ञा अथवा सर्वनाम की विशेषता बताने वाले शब्दों को विशेषण कहते हैं। जैसे - काला कुत्ता। इस वाक्य में 'काला' विशेषण है। जिस शब्द (संज्ञा अथवा सर्वनाम) की विशेषता बतायी जाती है उसे विशेष्य कहते हैं।
अतः विकल्प (B) सही है।

25. जंगल में लगने वाली आग को दावानल कहते है

समुद्र में लगने वाली आग को बड़वानल कहते है।
अतः विकल्प (B) सही है।

26. अप्रतिम का अर्थ है - जिसके समान दूसरा न हो

अभूतपूर्व का अर्थ है - जो पहले घटित न हुआ हो

अलौकिक का अर्थ है - जो लोक में न मिलता हो

अगम का अर्थ है - न चलने वाला
अतः विकल्प (D) सही है।

27. जो बहुत बातें करता हो - वाचाल

जो कान से ना सुनता हो - बधिर

जो बहुत कुछ जानता हो - बहुज्ञ
अतः विकल्प (D) सही है।

28. विशेष्य से पहले जो विशेषण लगते हैं उन्हें उद्देश्य विशेषण कहते हैं। जैसे - सुंदर लडकी, अच्छा लड़का, काला घोडा आदि।
अतः विकल्प (D) सही है।

29. जो विशेषण विशेष्य के बाद प्रयुक्त होता है, उसे विधेय-विशेषण कहते हैं। जैसे-यह आम मीठा है। इस वाक्य में 'मीठा' 'आम' का विशेषण है, और उसके बाद आया है, अत: विधेय-विशेषण है।
अतः विकल्प (B) सही है।

30. विशेषण की विशेषता बताना वाले शब्दों को प्रविशेषण कहते हैं। इसके मुख्य उदाहरण है - बहुत, ज्यादा, आदि। जैसे - यह साड़ी बहुत सुंदर है। इस वाक्य में बहुत प्रविशेषण है क्योंकि 'बहुत' सुंदर की विशेषता बात रहा है कि साड़ी कितनी सुंदर है।
अतः विकल्प (C) सही है।

31. "कश्मीरी सेब में" व्यक्तिवाचक विशेषण है।

जिन विशेषण शब्दों की रचना व्यक्तिवाचक संज्ञा से होती है, उन्हें व्यक्तिवाचक विशेषण कहते है। दूसरे शब्दों में- ऐसे शब्द जो असल में संज्ञा के भेद व्यक्तिवाचक संज्ञा से बने होते हैं एवं विशेषण शब्दों की रचना करते हैं, वे व्यक्तिवाचक विशेषण कहलाते हैं। लखनऊ से लखनवी, सेब से कश्मीरी सेब आदि।
अतः विकल्प (C) सही है।

32. विकल्प में दिए गए शब्दो में "पुष्पित" विशेषण शब्द है जोकि "पुष्प" की विशेषता बताता है।
अतः विकल्प (C) सही है।

33. दो पर्वतों की बीच की भूमि के लिए 'घाटी' एवं पर्वत के नीचे तलहटी की भूमि के लिए उपयुक्त शब्द 'उपत्यका' है।
अतः विकल्प (A) सही है।

34. दीर्घसूत्री का अर्थ है जो हर काम में आवश्यकता से अधिक देर लगाता हो, बहुत धीरे-धीरे काम करने वाला।

दीर्घदर्शी का अर्थ है भविष्य में बहुत दूर तक की बातें देखने या सोचनेवाला।

अदूरदर्शी का अर्थ है जो दूर तक न सोचता हो।
अतः विकल्प (D) सही है।

35. 'साहित्य में सम्बन्ध रखने वाला' के लिए एक शब्द 'साहित्यिक' है।

लेखन कार्य करने वाले को लेखक कहा जाता है।

काव्य की रचना करनेवाला कवि कहा जाता है।

नाटक लिखने वाले को नाटककार कहा जाता है।
अतः विकल्प (A) सही है।

36. आदि का अर्थ होता है - आरंभ, शुरू।

इसका विलोम शब्द अंत होगा।
अतः विकल्प (B) सही है।

37. आह्वान का अर्थ है होता है पुकार, बुलावा। जबकि विसर्जन का अर्थ होता है - त्यागना। इसलिए आह्वान का उपयुक्त विलोम शब्द विसर्जन है।
अतः विकल्प (B) सही है।

38. कृश का अर्थ है - दुबला-पतला या कमजोर।

स्थूल का अर्थ है - मोटा।
अतः विकल्प (C) सही है।

39. संशय का अर्थ होता है ऐसा ज्ञान जिसमें पूरा निश्चय न हो।

निश्चय का अर्थ होता है ऐसी धारणा या ज्ञान जिसमें कोई भ्रम या दुविधा न हो।

निःसंशय का अर्थ है संशय के बिना।

सुनिश्चित का अर्थ है दृढ़ता से निश्चय किया हुआ।

दिए गए विकल्पो में संशय का उपयुक्त विकल्प निश्चय होगा।
अतः विकल्प (A) सही है।

40. अधम का अर्थ है- नीचता, घटियापन।

जबकि उत्तम का अर्थ है- सबसे अच्छा या श्रेष्ठ।
अतः विकल्प (B) सही है।

41. हाथी के पर्यायवाची हैं- गज, हस्ती, मतंग, कुम्भी, मदकल, गजेन्द्र, कुंजर, द्विप, वारण, करीश आदि।

जबकि तरणि शब्द सूरज का पर्यायवाची है।
अतः विकल्प (C) सही है।

42. कामदेव के पर्यायवाची शब्द मदन, मनोज, अनंग, आत्मभू, कंदर्प, दर्पक, पंचशर, मनसिज, काम, रतिपति, पुष्पधन्वा, मन्मथ आदि हैं।

जबकि मरीचि के पर्यायवाची किरण, ज्योति, प्रभा, रश्मि आदि हैं।
अतः विकल्प (A) सही है।

43. गेह के पर्यायवाची शब्द भवन, धाम, निकेतन, निवास, आलय, गृह, घर हैं।
अतः विकल्प (B) सही है।

44. पार्थिव का अर्थ होता है पृथ्वी से संबंध रखनेवाला या पृथ्वी से उत्पन्न, पंचभूतो से बना हुआ आदि।
अतः विकल्प (B) सही है।

45. आँखो के सामने के लिए एक शब्द "प्रत्यक्ष" होगा।

परोक्ष का अर्थ होता है - जो आँखों के सामने न हो।

प्रारुप का अर्थ है - प्राथमिक रुप, मसौदा।

प्रत्येक का अर्थ है - हर एक।
अतः विकल्प (A) सही है।

46. दिए गए वाक्य में "केवल बीस रुपए मात्र थे" अशुद्ध होगा क्योंकि यहाँ पर केवल और मात्र दोनो का प्रयोग अनुचित है।

इसका शुद्ध वाक्य होगा-

मैं पटना गया तो उस समय मेरे पास केवल बीस रुपये थे।
अतः विकल्प (D) सही है।

47. "पर पानी पीती थी" वाक्य में अशुद्धि है। इसके बजाए "पानी पीते थे" का प्रयोग उपयुक्त होगा।

इसलिए शुद्ध वाक्य होगा-

राम राज्य में शेर और बकरी एक घाट पर पानी पीते थे।
अतः विकल्प (C) सही है।

48. दिए गए विकल्पो में शुद्ध वाक्य है-

सीता एक विदुषी छात्रा है।

दिए गए अन्य विकल्पो में लिंग सम्बन्धी अशुद्धि है।
अतः विकल्प (D) सही है।

49. "सुनने को मिलता है |" अशुद्ध भाग होगा क्योंकि इसमें वचन सम्बन्धी अशुद्धि है।

इसका शुद्धि रुप होगा - सुनने को मिलते हैं।

इसलिए शुद्ध वाक्य होगा-

छायावाद के युग में राष्ट्रवादी विचारधारा के उन्नत स्वर सुनने को मिलते हैं।
अतः विकल्प (D) सही है।

50. दिए गए विकल्पो में शुद्ध वाक्य है-

मैंने अनेक स्थान देखे।

अन्य विकल्पो में वचन सम्बन्धी अशुद्धि है।
अतः विकल्प (C) सही है।

51. दर्शन का अर्थ है- साक्षात्कार या देखना।

इसका तदभव शब्द "दरसन" है।
अतः विकल्प (B) सही है।

52. घोड़ा के पर्यावाची हैं - अश्व, घोटक, तुरंग, तुरग, बाजि, वाजि, सैंधव, हय इत्यादि।
अतः विकल्प (B) सही है।

53. चिड़िया, गगनचर, पखेरू, विहंग, नभचर, पक्षी आदि खग के पर्यायवाची हैं।
अतः विकल्प (A) सही है।

54. स्वर्ण के पर्यायवाची शब्द सुवर्ण, कंचन, हेन, हारक, जातरूप, सोना, तामरस, हिरण्य इत्यादि है।
अतः विकल्प (A) सही है।

55. गणेश के पर्यायवाची हैं - गजानन, गणनायक, गणपति, विनायक, लंबोदर, अंबिकेय, आदिपूज्य, एकदंत, गजवदन, गणाधिप, द्वैमातुर, भवानीनंदन, पार्वतीनंदन, वक्रतुंड, विघ्नहर, विघ्नेश इत्यादि।
अतः विकल्प (D) सही है।

56. गोधूम शब्द तत्सम है और इसका तद्भव 'गेंहूँ' है, शहीद, पड़ोसी, बहु तीनों तद्भव शब्द हैं।

तत्सम शब्द संस्कृत भाषा के दो शब्दों, तत् + सम् से मिलकर बना है। तत् का अर्थ है - उसके, तथा सम् का अर्थ है – समान। अर्थात - ज्यों का त्यों। जिन शब्दों को संस्कृत से बिना किसी परिवर्तन के ले लिया जाता है, उन्हें तत्सम शब्द कहते हैं।
अतः विकल्प (A) सही है।

57. 'हरिद्रा' शब्द तत्सम है और इसका तद्भव 'हल्दी' है। सत्तू और उबटन दोनों तद्भव शब्द हैं।
अतः विकल्प (D) सही है।

58. 'अंश' शब्द तत्सम है जिसका तद्भव "अंस" होता है।

अंश का अर्थ है- भाग या कोण नापने की इकाई।
अतः विकल्प (B) सही है।

59. "वर्षा" तत्सम शब्द है जिसका तद्भव बरसात होता है।

"बारात" का तत्सम वरयात्रा है।

"हाथी" का तत्सम हस्ति है।
अतः विकल्प (B) सही है।

60. 'आँख' शब्द का तत्सम रूप 'अक्षि' है।

जबकि 'नेत्र' का तत्सम रुप 'चक्षु' है।

'लोचन' का तद्भव 'लोयन' होगा।
अतः विकल्प (D) सही है।

सामान्य हिंदी (पेपर-II) : मॉक टेस्ट 03

Q.1 "कौशिक" का अनेकार्थी शब्द नहीं है-
A. विष्णु **B.** विश्वामित्र **C.** नेवला **D.** सपेरा

Q.2 "छादन" का अनेकार्थी शब्द नहीं है-
A. आच्छादन **B.** ढक्कन **C.** वस्त्र **D.** अपरस

Q.3 निम्न में से 'हंस' का अर्थ नहीं है-
A. सूर्य **B.** मराल **C.** कमल **D.** जीवात्मा

Q.4 "तारा" का अनेकार्थी शब्द नहीं है-
A. बालि की स्त्री **B.** बृहस्पति की पत्नी
C. नक्षत्र **D.** ध्रुव

Q.5 "जर" का अनेकार्थी शब्द नहीं है-
A. जरा **B.** जल **C.** जमीन **D.** जड़

Q.6 रथ पर सवार होकर यात्रा करना, वाक्य के लिए एक शब्द है-
A. सार्थ **B.** सारथी **C.** रथसंचार **D.** रथचर्या

Q.7 जिससे घृणा की जाए, वाक्य के लिए एक शब्द है-
A. घृणास्प **B.** घृणित **C.** घुणाद **D.** घृणाप्द

Q.8 उपमान का विलोम शब्द है-
A. अनन्वय **B.** व्यतिरेक **C.** अतुल **D.** उपमेय

Q.9 सृष्टि का विलोम शब्द है-
A. मरण **B.** प्रलय **C.** वृष्टि **D.** मोक्ष

Q.10 मृगेंद्र का पर्यायवाची शब्द है-
A. शार्दूल **B.** अहि **C.** हिरन **D.** कुरंग

Q.11 निम्न में से 'सौदामिनी' का पर्यायवाची नहीं है-
A. बिजली **B.** चंचला **C.** क्षणप्रभा **D.** शिलीमुख

Q.12 'रवितनया' शब्द का पर्यायवाची है:-
A. सूर्य **B.** पुत्री **C.** कालिंदी **D.** शरीर

Q.13 'हेय' शब्द का विलोम नहीं है-
A. प्रेम **B.** स्नेह **C.** प्यार **D.** घृणा

Q.14 निर्देश: दिये गए वाक्य में रेखांकित शब्द का विलोम क्या होगा?
वह अपने विषय का पूर्ण अभिज्ञ है।
A. सर्वज्ञ **B.** अल्पज्ञ **C.** अनभिज्ञ **D.** विज्ञ

Q.15 गरिमा का विलोम शब्द है-
A. अन्धकार **B.** लघिमा **C.** घृणा **D.** नीचता

Q.16 तत्सम शब्द नहीं है-
A. कोढ़ **B.** चूर्ण **C.** चंचु **D.** धृत

Q.17 "उलूक" का तद्भव शब्द है-
A. उलक **B.** मूर्ख **C.** रात्रिथ **D.** उल्लू

Q.18 'सियार' का तत्सम है-
A. शियार **B.** श्रृंगाल **C.** सिंगार **D.** श्रृंग

Q.19 तत्सम शब्द है –
A. घी **B.** गाँव **C.** मुद्रा **D.** अटारी

Q.20 उर्वर का विलोम शब्द है-
A. उत्कृष्ट **B.** उत्तमर्ण **C.** ऊसर **D.** अतिवृष्टि

Ques (21-23):निर्देश: निम्नलिखित में से प्रत्येक वाक्य-खंड के लिए उसके नीचे दिए विकल्पों में से एक शब्द चुनिए।

Q.21 जिसकी गर्दन सुंदर है
A. सुदर्शन **B.** सुगत **C.** सुगर्दन **D.** सुग्रीव

Q.22 जिसका जन्म पहले हुआ हो
A. अनुज **B.** श्रेष्ठ **C.** अग्रज **D.** द्विज

Q.23 जीतने की इच्छा
A. जिगीषा **B.** जयेच्छु **C.** जिजीविषा **D.** जिवेच्छा

Q.24 'गदहा' का तत्सम शब्द है-
A. गधा **B.** गदा **C.** गर्धभ **D.** गर्दभ

Q.25 'कपड़ा' का तत्सम है-
A. कंडूर **B.** कर्पास **C.** कर्पट **D.** पर्टक

Ques (26-27):निर्देश: निम्नलिखित वाक्य के अशुद्ध भाग का चयन कीजिए।

Q.26 प्रत्येक देशवासियों को देश की सेवा में तन, मन, धन अर्पण करना चाहिए।
A. प्रत्येक देशवासियों को
B. देश की सेवा में
C. तन, मन, धन अर्पण करना चाहिए।
D. कोई त्रुटि नहीं

Q.27 फूल में सुंगध होती है और तितली के पास सुंदर पंख।
A. फूल में सुंगध
B. होती है और
C. तितली के पास सुंदर पंख।
D. कोई त्रुटि नहीं

Q.28 निम्नलिखित में से शुद्ध वर्तनी का चयन कीजिए-
A. उन्नती **B.** उनति **C.** उनती **D.** उन्नति

Ques (29-31):निर्देश: निम्नलिखित वाक्य के अशुद्ध भाग का चयन कीजिए।

Q.29 मैं आज सुबह आपके घर गया था किन्तु तुम घर पर नहीं मिले।
A. मैं आज सुबह **B.** आपके घर गया था
C. किन्तु तुम घर **D.** पर नहीं मिले।

Q.30 रेखा ने अमित को आवाज लगाकर कहा कि राहुल का दूध रसोई में गैस के ऊपर रखा है।
A. रेखा ने अमित को आवाज लगाकर कहा
B. कि राहुल का दूध
C. रसोई में गैस के ऊपर रखा है।
D. कोई त्रुटि नहीं

Q.31 तुष्टीकरण करने की नीति अपनाकर न व्यक्ति आगे बढ़ सकता है और न राष्ट्र।

A. तुष्टीकरण करने की नीति अपनाकर
B. न व्यक्ति आगे बढ़ सकता है
C. और न राष्ट्र।
D. कोई त्रुटि नहीं

Q.32 निर्देश: दिये गए वाक्य में रेखांकित शब्द के लिए शुद्ध वर्तनी वाले शब्द का चयन कीजिए-

यह रास्ता द्रुगम है, सावधानी से चलें।

A. दुग्रम B. दुरगम C. दुर्गम D. दुंगम

Ques (33-35):निर्देश: निम्नलिखित वाक्य के अशुद्ध भाग का चयन कीजिए।

Q.33 मेरी समझ में नहीं आ रहा है कि आपके द्वारा इतने परिश्रम से कमाया गया यह धन आखिर किस काम में आएगा।

A. मेरी समझ में नहीं आ रहा है कि
B. आपके द्वारा इतने परिश्रम से कमाया गया
C. यह धन आखिर किस काम में आएगा।
D. कोई त्रुटि नहीं

Q.34 बुरा से बुरा आदमी भी सम्मान चाहता है।

A. बुरा से बुरा आदमी B. भी सम्मान
C. चाहता है। D. कोई त्रुटि नहीं

Q.35 आपके इन्हीं गुणों के कारण ही तो लोग तुम्हारी यशोगाथा का वर्णन करते अघाते नहीं।

A. आपके इन्हीं गुणों के कारण ही तो लोग
B. तुम्हारी यशोगाथा का वर्णन करते
C. अघाते नहीं।
D. कोई त्रुटि नहीं

Ques (36-39):निर्देश: निम्नलिखित प्रश्न में दिए गए शब्द के लिए सटीक विलोम शब्द का चयन कीजिए।

Q.36 लोक

A. संसार B. परलोक C. अन्तर्जगत D. परगजात

Q.37 सबल

A. निर्बल B. समर्थ C. अक्षम D. संबल

Q.38 अनुकूल

A. प्रतिरूप B. विरुप C. दुकूल D. प्रतिकूल

Q.39 पुण्य

A. दोष B. असंगति C. पाप D. पीड़ा

Ques (40-43):निर्देश: नीचे दिए गए चार विकल्पों में से उपयुक्त पर्यायवाची शब्द का चयन कीजिए।

Q.40 सविता

A. सूर्य B. नदी C. स्त्री D. पत्नी

Q.41 नाक

A. जीवनोदक B. नासिका C. निलय D. खनक

Q.42 इन्द्र

A. बाजीगर B. राजराज C. मधवा D. विनायक

Q.43 कमल

A. रजनीगंधा B. गुलाब C. अम्बुज D. मल्लिका

Q.44 संस्कृत के ऐसे शब्द जिसे हम ज्यों का त्यों प्रयोग में लाते है कहलाते है:

A. तत्सम B. तद्भव C. देशज D. विदेशज

Q.45 निम्नलिखित में से तत्सम शब्द बताइए?

A. कंचन B. अहीर C. दूध D. मौक्तिक

Q.46 निम्नलिखित में से तत्सम शब्द बताइए?

A. गाभिन B. सियार C. ससुर D. बधिर

Q.47 निम्न में से विशेषण का उदाहरण नहीं है –

A. हरी B. सुन्दर C. कड़वाहट D. दोहरा

Q.48 रेखांकित पद विशेषण के किस भेद के अंतर्गत आते हैं?

भीड़ पर अचानक कुछ लोगों ने पत्थर फेंकना शुरू कर दिया।

A. निश्चित संख्यावाचक B. निश्चित परिमाणवाचक
C. अनिश्चित संख्यावाचक D. अनिश्चित परिमाणवाचक

Q.49 संख्यावाचक विशेषण का उदाहरण निम्नलिखित में से कौन-सा वाक्य है?

A. प्रसून हॉकी का कुशल खिलाड़ी है।
B. युवराज ने पच्चीस गेदें खेलकर साठ रन बनाए।
C. मजदूर को दो किलो आटा चाहिए।
D. यह पुस्तक मलिक मोहम्मद जायसी द्वारा रचित है।

Q.50 नीचे दिए गये विकल्पों में से तद्भव शब्द का चयन कीजिये।

A. बैंक B. मुँह C. मर्म D. प्रलाप

Q.51 निम्नलिखित में से परिमाणवाचक विशेषण का उदाहरण कौन-सा है?

A. चाय में थोड़ी-सी चीनी और डाल दो।
B. रमेश ने दस कापियाँ खरीदीं।
C. यह घड़ी मुझे सुमन ने दी है।
D. यह चित्र बहुत ही खूबसूरत है।

Q.52 रेखांकित पद विशेषण के किस भेद के अंतर्गत आते हैं?

उस दुकान से फर्नीचर खरीद लेना।

A. परिमाणवाचक B. संख्यावाचक
C. गुणवाचक D. सार्वनामिक

Ques (53-55):निर्देश: नीचे दिए गए चार विकल्पों में से उपयुक्त पर्यायवाची शब्द का चयन कीजिए।

Q.53 अमृत

A. हय B. अमिय C. पुरंदर D. हुताशन

Q.54 अनुचर

A. अरब निवासी B. अरबी
C. सेवक D. भ्रमर

Q.55 नभ

A. नमक B. सारथी C. अम्बर D. घोड़ा

Q.56 'गंगा नदी बहुत पवित्र मानी जाती है।' - वाक्य में प्रविशेषण पहचानकर लिखिए।

A. गंगा B. बहुत C. नदी D. पवित्र

Q.57 'मेट्रो साइट पर काम करते हुए दो मज़दूर मारे गए।' - वाक्य में विशेष्य छाँटकर लिखिए।

A. मेट्रो साइट B. काम करते हुए
C. मज़दूर D. दो

Q.58 उत्कर्ष का विशेषण क्या होगा?

A. अपकर्ष B. अव्कर्ष C. उत्कृष्ट D. उत्कीर्ण

Q.59 रेखांकित पद विशेषण के किस भेद के अंतर्गत आते हैं?
ताजमहल का सौंदर्य अद्‌भुत है।

A. संख्यावाचक **B.** गुणवाचक
C. सार्वनामिक **D.** परिमाणवाचक

Q.60 'विद्वान व्यक्ति पूज्य होते है' में प्रयुक्त विशेषण है-

A. सार्वनामिक विशेषण **B.** गुणवाचक विशेषण
C. संख्यावाचक विशेषण **D.** परिमाणबोधक विशेषण

// स्मार्ट उत्तर पुस्तिका //

सही उत्तर उन छात्रों के प्रतिशत को इंगित करता है जिन्होंने प्रश्नों का सही उत्तर दिया था।

छोड़ दिया उन छात्रों के प्रतिशत को इंगित करता है जिन्होंने प्रश्नों को छोड़ दिया था।

प्रश्न संख्या	उत्तर	सही उत्तर	छोड़ दिया
1	A	35.53 %	18.42 %
2	B	22.37 %	39.47 %
3	C	27.63 %	40.79 %
4	D	23.68 %	38.16 %
5	C	28.95 %	39.47 %
6	D	17.11 %	35.52 %
7	B	50.0 %	36.84 %
8	D	50.0 %	34.21 %
9	B	40.79 %	38.16 %
10	A	34.21 %	36.84 %
11	D	44.74 %	35.52 %
12	C	43.42 %	36.84 %
13	D	48.68 %	38.16 %
14	C	43.42 %	32.9 %
15	B	55.26 %	32.9 %
16	A	52.63 %	32.9 %
17	D	51.32 %	36.84 %
18	B	50.0 %	32.89 %
19	C	57.89 %	36.85 %
20	C	55.26 %	38.16 %
21	D	52.63 %	38.16 %
22	C	50.0 %	38.16 %
23	A	35.53 %	36.84 %
24	D	55.26 %	34.21 %
25	C	64.47 %	32.9 %
26	A	44.74 %	36.84 %
27	C	28.95 %	38.16 %
28	D	43.42 %	34.21 %
29	C	50.0 %	32.89 %
30	B	38.16 %	35.52 %
31	A	44.74 %	34.21 %
32	C	46.05 %	32.9 %
33	C	21.05 %	39.48 %
34	A	47.37 %	36.84 %
35	B	40.79 %	38.16 %
36	B	55.26 %	38.16 %
37	A	63.16 %	35.52 %
38	D	59.21 %	36.84 %
39	C	61.84 %	36.84 %
40	A	30.26 %	38.16 %
41	B	59.21 %	36.84 %
42	C	35.53 %	38.15 %
43	C	53.95 %	36.84 %
44	A	53.95 %	38.16 %
45	D	42.11 %	35.52 %
46	D	47.37 %	38.16 %
47	C	14.47 %	38.16 %
48	C	38.16 %	36.84 %
49	B	44.74 %	36.84 %
50	B	47.37 %	32.89 %
51	A	42.11 %	36.84 %
52	D	59.21 %	38.16 %
53	B	51.32 %	38.15 %
54	C	53.95 %	35.52 %
55	C	61.84 %	35.53 %
56	B	42.11 %	46.05 %
57	C	44.74 %	46.05 %
58	C	31.58 %	46.05 %
59	B	43.42 %	46.05 %
60	B	50.0 %	46.05 %

कार्य विश्लेषण	
औसत अंक (%)	41.67%
टॉपर्स स्कोर (%)	95.0%
आपका स्कोर	

//संकेत और समाधान//

1. "कौशिक" के अनेकार्थी शब्द विश्वामित्र, नेवला, उल्लू, इंद्र, सपेरा हैं।

कौशिक का अर्थ कुशिक का वंशज है।

अतः विकल्प (A) सही है।

2. "छादन" के अनेकार्थी शब्द आच्छादन, परदा, छप्पर, वस्त्र, अपरस हैं।

छादन का अर्थ छाने या ढकने की वस्तु, आवरण है।

अतः विकल्प (B) सही है।

3. "हंस" के अनेकार्थी शब्द पक्षी, मराल, आत्मा, सूर्य, जीवात्मा हैं।

हंस का अर्थ बत्तख के आकार का एक सफ़ेद जल पक्षी है।

अतः विकल्प (C) सही है।

4. "तारा" के अनेकार्थी शब्द आँख की पुतली, नक्षत्र, तारक, प्यारा, बालि की स्त्री, बृहस्पति की स्त्री हैं।

तारा का अर्थ आकाश में चमकनेवाला नक्षत्र, सितारा है।

अतः विकल्प (D) सही है।

5. "जर" के अनेकार्थी शब्द जल, जड़, ज्वर, जरा, वृद्धावस्था हैं।

जर का अर्थ धन, संपत्ति है।

अतः विकल्प (C) सही है।

6. 'रथ पर सवार होकर यात्रा करना' के लिए उपयुक्त शब्द 'रथचर्या' होगा।

रथचर्या-रथ से यात्रा करने का अभ्यास करने वाले को भी कहते है।

अतः विकल्प (D) सही है।

7. 'जिससे घृणा की जाए' के लिए उपयुक्त शब्द 'घृणित' होगा।

घृणित को घृणा का पात्र, निंदित, तिरस्कृत भी कहते है।

अतः विकल्प (B) सही है।

8. 'उपमान' का विलोम 'उपमेय' होता है।

उपमान का अर्थ वह वस्तु या व्यक्ति जिससे उपमा दी जाए है जबकि उपमेय का अर्थ उपमा दिए जाने योग्य है।

अतः विकल्प (D) सही है।

9. 'सृष्टि' का विलोम 'प्रलय' होता है।

सृष्टि का अर्थ निर्माण, रचना है जबकि प्रलय का अर्थ नाश, विलीनता लय है।

अतः विकल्प (B) सही है।

10. मृगेन्द्र के पर्यायवाची शेर-हरि, मृगराज, व्याघ्र, मृगेन्द्र, केहरि, केशरी, वनराज, सिंह, शार्दूल, हरि, मृगराज हैं।

अतः विकल्प (A) सही है।

11. सौदामिनी के पर्यायवाची बिजली, घनप्रिया, इन्द्रवज्र, चपला, दामिनी, ताडित, विद्‌युत, चंचला, क्षणप्रभा हैं।

अतः विकल्प (D) सही है।

12. रवितनया के पर्यायवाची कालिंदी, यमुना, जमुना, सूर्यसुता, कृष्णा, अर्कजा हैं।

अतः विकल्प (C) सही है।

13. घृणा, हेय का विलोम शब्द नहीं है, क्योंकि 'हेय' शब्द का अर्थ घृणित और तुच्छ होता है।

अतः विकल्प (D) सही है।

14. दिये गए वाक्य में रेखांकित शब्द 'अभिज्ञ' का विलोम 'अनभिज्ञ' है।

अभिज्ञ का अर्थ जाननेवाला, ज्ञाता है जबकि अनभिज्ञ का अर्थ अनजान, अपरिचित है।

अतः विकल्प (C) सही है।

15. 'गरिमा' का विलोम 'लघिमा' होता है।

गरिमा का अर्थ महिमा, महत्त्व है जबकि लघिमा का अर्थ लघुता है।

अतः विकल्प (B) सही है।

16. 'कोढ़' तद्भव शब्द है जिसका तत्सम 'कुष्ठ' है।

तत्सम (तत् + सम = उसके समान) आधुनिक भारतीय भाषाओं में प्रयुक्त ऐसे शब्द जिनको संस्कृत से बिना कोई रूप बदले ले लिया गया है। हिन्दी, बांग्ला, कोंकणी, मराठी, गुजराती, पंजाबी, तेलुगू कन्नड, मलयालम, सिंहल आदि में बहुत से शब्द संस्कृत से सीधे ले लिए गये हैं क्योंकि इनमें से कई भाषाएँ संस्कृत से जन्मी हैं।

अतः विकल्प (A) सही है।

17. 'उलूक' का तद्भव शब्द 'उल्लू' है।

तत्सम शब्दों में समय और परिस्थितियों के कारण कुछ परिवर्तन होने से जो शब्द बने हैं उन्हें तद्भव कहते हैं। तद्भव का शाब्दिक अर्थ है – उससे बने (तत् + भव = उससे उत्पन्न), अर्थात जो उससे (संस्कृत से) उत्पन्न हुए हैं।

अतः विकल्प (D) सही है।

18. 'सियार' का तत्सम शब्द श्रृंगाल है।

तत्सम (तत् + सम = उसके समान) आधुनिक भारतीय भाषाओं में प्रयुक्त ऐसे शब्द जिनको संस्कृत से बिना कोई रूप बदले ले लिया गया है। हिन्दी, बांग्ला, कोंकणी, मराठी, गुजराती, पंजाबी, तेलुगू कन्नड, मलयालम, सिंहल आदि में बहुत से शब्द संस्कृत से सीधे ले लिए गये हैं क्योंकि इनमें से कई भाषाएँ संस्कृत से जन्मी हैं।

अतः विकल्प (B) सही है।

19. मुद्रा तत्सम शब्द है।

तत्सम शब्द- संस्कृत भाषा के ऐसे शब्द, जो हिन्दी में भी अपने मूल रूप में प्रचलित हैं, तत्सम कहलाते हैं, ऐसे कुछ शब्द हैं-केन्द्र, यवन, असुर, पुष्प, नीर, गण, मर्कट, रात्रि, गंगा, कदली, ताम्बूल, दीनार, सिन्दूर, मुद्रा, तीर आदि।

अतः विकल्प (C) सही है।

20. 'उर्वर' का विलोम 'ऊसर' होता है।

उर्वर का अर्थ उपजाऊ है जबकि ऊसर का अर्थ अनुपजाऊ भूमि, बंजर है।

अतः विकल्प (C) सही है।

21. 'जिसकी गर्दन सुंदर है' के लिए उपयुक्त शब्द 'सुग्रीव' होगा।

सुग्रीव को इंद्र, शिव, राजहंस, सुंदर गर्दन या ग्रीवावाला भी कहते हैं।

अतः विकल्प (D) सही है।

22. 'जिसका जन्म पहले हुआ हो' के लिए उपयुक्त शब्द 'अग्रज' होगा।

अग्रज को बड़ा भाई, ज्येष्ठ भ्राता भी कहते हैं।

अतः विकल्प (C) सही है।

23. 'जीतने की इच्छा' के लिए उपयुक्त शब्द 'जिगीषा' होगा।

जिगीषा को प्रयत्न, जय की अभिलाषा, उद्यम भी कहते हैं।

अतः विकल्प (A) सही है।

24. 'गदहा' तद्भव शब्द है जिसका तत्सम 'गर्दभ' है।

तद्भव शब्द- संस्कृत के जो शब्द प्राकृत, अपभ्रंश, पुरानी हिन्दी आदि सोपानों से गुजरने के कारण आज हिन्दी में परिवर्तित रूप में मिल रहे हैं, वे तद्भव कहलाते हैं।

अतः विकल्प (D) सही है।

25. 'कपड़ा' तद्भव शब्द है जिसका तत्सम 'कर्पट' है।

तद्भव शब्द- संस्कृत के जो शब्द प्राकृत, अपभ्रंश, पुरानी हिन्दी आदि सोपानों से गुजरने के कारण आज हिन्दी में परिवर्तित रूप में मिल रहे हैं, वे तद्भव कहलाते हैं।

अतः विकल्प (C) सही है।

26. यहाँ 'प्रत्येक देशवासियों को', के स्थान पर 'प्रत्येक देशवासी को' का प्रयोग उचित है।

सही वाक्य है: प्रत्येक देशवासी को देश की सेवा में तन, मन, धन अर्पण करना चाहिए।

अतः विकल्प (A) सही है।

27. यहाँ 'तितली के पास सुंदर पंख।', के स्थान पर 'तितली के सुंदर पंख होते है।' का प्रयोग उचित है।

सही वाक्य है: फूल में सुंगध होती है और तितली के सुंदर पंख होते है।

अतः विकल्प (C) सही है।

28. उन्नति शुद्ध वर्तनी है।

उन्नति का अर्थ उन्नत होने की अवस्था, प्रगति, उत्थान, विकास हैं।

अतः विकल्प (D) सही है।

29. यहाँ 'किन्तु तुम घर', के स्थान पर 'किन्तु आप घर' का प्रयोग उचित है।

सही वाक्य है: मैं आज सुबह आपके घर गया था किन्तु आप घर पर नहीं मिले।

अतः विकल्प (C) सही है।

30. यहाँ 'कि राहुल का दूध', के स्थान पर 'कि राहुल के लिए 'दूध' का उचित है।

सही वाक्य है: रेखा ने अमित को आवाज लगाकर कहा कि राहुल के लिए दूध रसोई में गैस के ऊपर रखा है।

अतः विकल्प (B) सही है।

31. यहाँ 'तुष्टीकरण करने की नीति अपनाकर', के स्थान पर 'तुष्टीकरण की नीति अपनाकर' का प्रयोग उचित है।

सही वाक्य है: तुष्टीकरण की नीति अपनाकर न व्यक्ति आगे बढ़ सकता है और न राष्ट्र।

अतः विकल्प (A) सही है।

32. द्रुगम की शुद्ध वर्तनी है – दुर्गम।

दुर्गम का अर्थ जहाँ पहुँचना बहुत कठिन हो, कठिन, विकट, दुरूह, अभेद्य, दुर्बोध हैं।

अतः विकल्प (C) सही है।

33. यहाँ 'यह धन आखिर किस काम में आएगा', के स्थान पर 'यह धन आखिर किस काम आएगा' का प्रयोग उचित है।

सही वाक्य है: मेरी समझ में नहीं आ रहा है कि आपके द्वारा इतने परिश्रम से कमाया गया यह धन आखिर किस काम आएगा।

अतः विकल्प (C) सही है।

34. यहाँ 'बुरा से बुरा आदमी', के स्थान पर 'बुरे से बुरा आदमी' का प्रयोग उचित है।

सही वाक्य है: बुरे से बुरा आदमी भी सम्मान चाहता है।

अतः विकल्प (A) सही है।

35. यहाँ 'तुम्हारी यशोगाथा का वर्णन करते', के स्थान पर 'आपकी यशोगाथा का वर्णन करते' का प्रयोग उचित है।

सही वाक्य है: आपके इन्हीं गुणों के कारण ही तो लोग आपकी यशोगाथा का वर्णन करते अघाते नहीं।

अतः विकल्प (B) सही है।

36. 'लोक' का विलोम 'परलोक' होता है।

लोक का अर्थ संसार (जैसे—तीनों लोक का स्वामी) है जबकि परलोक का अर्थ दूसरा लोक, स्वर्ग है।

अतः विकल्प (B) सही है।

37. 'सबल' का विलोम 'निर्बल' होता है।

सबल का अर्थ बलवान, ताक़तवर है जबकि निर्बल का अर्थ कमज़ोर

जैसे—निर्बल व्यक्ति, सहनशीलता से रहित है।

अतः विकल्प (A) सही है।

38. 'अनुकूल' का विलोम 'प्रतिकूल' होता है।

अनुकूल का अर्थ मेल रखनेवाला है जबकि प्रतिकूल का अर्थ विरुद्ध पक्ष का अवलंबन करनेवाला, जो अनुकूल न हो, विपरीत, विरुद्ध है।

अतः विकल्प (D) सही है।

39. 'पुण्य' का विलोम 'पाप' होता है।

पुण्य का अर्थ पवित्र, शुद्ध है जबकि पाप का अर्थ धर्म एवं नीति विरुद्ध किया जानेवाला आचरण, गुनाह

जैसे—गौ हत्या जघन्य पाप है।

अतः विकल्प (C) सही है।

40. सविता के पर्यायवाची भानु, दिनेश, मार्तण्ड, अंशुमाली, सूर्य, रवि, सूरज, दिनकर, प्रभाकर, दिवाकर, भास्कर हैं।

अतः विकल्प (A) सही है।

41. नाक के पर्यायवाची अस्मिता, आदर, आन-बान, आबरू, नक्र, नासिका, अडिग, अचल, ध्रुव, अविचल हैं।

अतः विकल्प (B) सही है।

42. इन्द्र के पर्यायवाची देवराज, सुरेन्द्र, सुरपति, अमरेश, देवेन्द्र, वासव, सुरराज, सुरेश, पुरंदर, महेंद्र, मधवा हैं।

अतः विकल्प (C) सही है।

43. कमल के पर्यायवाची पद्म, पंकज, नीरज, सरोज, जलज, कंज, राजीव, अरविन्द, शतदल, अम्बुज, सरसिज, नलिन, पुष्कर, पुण्डरीक हैं।

अतः विकल्प (C) सही है।

44. तत्सम शब्द: तत्सम दो शब्दों से मिलकर बना है – तत +सम, जिसका अर्थ होता है ज्यों का त्यों। जिन शब्दों को संस्कृत से बिना किसी परिवर्तन के ले

लिया जाता है उन्हें तत्सम शब्द कहते हैं। इनमें ध्वनि परिवर्तन नहीं होता है। जैसे: हिंदी, बांग्ला, मराठी, गुजराती, पंजाबी, तेलगु, कन्नड़, मलयालम आदि।

अतः विकल्प (A) सही है।

45. 'मौक्तिक' तत्सम शब्द है जिसका तद्भव 'मोती' है।

तत्सम शब्द- संस्कृत भाषा के ऐसे शब्द, जो हिन्दी में भी अपने मूल रूप में प्रचलित हैं, तत्सम कहलाते हैं; जैसे–पुष्प, पुस्तक, बालक, कन्या, विद्या, साधु, आत्मा, तपस्वी, विद्वान, राजा, पृथ्वी, नेता, माता, अहंकार, नवीन, सुन्दर, सहसा, नित्य, अकस्मात् आदि।

अतः विकल्प (D) सही है।

46. 'बधिर' तत्सम शब्द है जिसका तद्भव 'बहरा' है।

तत्सम दो शब्दों से मिलकर बना है – तत +सम , जिसका अर्थ होता है ज्यों का त्यों। जिन शब्दों को संस्कृत से बिना किसी परिवर्तन के ले लिया जाता है उन्हें तत्सम शब्द कहते हैं। इनमें ध्वनि परिवर्तन नहीं होता है। जैसे: हिंदी, बांग्ला, मराठी, गुजराती, पंजाबी, तेलगु, कन्नड़, मलयालम आदि।

अतः विकल्प (D) सही है।

47. निम्न में से विशेषण का उदाहरण कड़वाहट नहीं है।

यहाँ पर मूल शब्द 'कड़वा' एक संज्ञा-विशेषण है जिसमें तद्धित प्रत्यय (भाववाचक तद्धित प्रत्यय) 'आहट' जुडने से बना शब्द 'कड़वाहट' भाववाचक संज्ञा शब्द कहा जाएगा।

संज्ञा या सर्वनाम की विशेषता बताने वाले शब्द को विशेषण कहते हैं।

जैसे- अच्छा लड़का, तीन पुस्तकें, नई कलम इत्यादि।

अतः विकल्प (C) सही है।

48. रेखांकित पद में अनिश्चित संख्यावाचक विशेषण है।

ऐसे विशेषण जो हमें किसी संज्ञा या सर्वनाम का निश्चित बोध नहीं करा पाते एवं उनमें अनिश्चितता बनी रहती है, ऐसे विशेषण शब्द अनिश्चित संख्यावाचक विशेषण कहलाते हैं। जैसे: कुछ, अनेक, बहुत, सारे, सब, कुछ, कई, थोड़ा, सैंकड़ों, अनेक, चंद, अनगिनत, हजारों आदि।

अतः विकल्प (C) सही है।

49. 'युवराज ने **पच्चीस** गेदें खेलकर **साठ** रन बनाए।' में संख्यावाचक विशेषण है।

जिससे संख्या का बोध होता है उसे संख्यावाचक विशेषण कहते हैं। जैसे-

एक किताब, दो मनुष्य, तीन लड़के इत्यादि।

अतः विकल्प (B) सही है।

50. 'मुँह' शब्द तद्भव है जिसका तत्सम शब्द 'मुख' होता है।

तत्सम शब्दों में समय और परिस्थितियों के कारण कुछ परिवर्तन होने से जो शब्द बने हैं उन्हें तद्भव कहते हैं। तद्भव का शाब्दिक अर्थ है – उससे बने (तत् + भव = उससे उत्पन्न), अर्थात जो उससे (संस्कृत से) उत्पन्न हुए हैं।

अतः विकल्प (B) सही है।

51. 'चाय में थोड़ी-सी चीनी और डाल दो।' में 'थोड़ी सी' परिमाणवाचक विशेषण है।

जिससे किसी चीज की परिमाण का बोध होता है उसे परिमाणवाचक विशेषण कहते हैं। जैसे- थोड़ा पानी, बहुत दूध इत्यादि।

अतः विकल्प (A) सही है।

52. रेखांकित पद में सार्वनामिक विशेषण है।

ऐसे सर्वनाम शब्द जो संज्ञा से पहले लगकर उस संज्ञा शब्द की विशेषण की तरह विशेषता बताते हैं, वे शब्द सार्वनामिक विशेषण कहलाते हैं। जैसे: मेरी पुस्तक, कोई बालक, किसी का महल, वह लड़का, वह बालक, वह पुस्तक, वह आदमी, वह लड़की आदि।

अतः विकल्प (D) सही है।

53. अमृत के पर्यायवाची सुधा, अमिय, पियूष, सोम, अमी, जीवनोदक हैं।

अतः विकल्प (B) सही है।

54. अनुचर के पर्यायवाची दास, किंकर, अर्दली, चाकर, परिचर, परिचारक, नौकर, सेवक, भृत्य, ख़वास, खादिम, मुलाज़िम, गुलाम हैं।

अतः विकल्प (C) सही है।

55. नभ के पर्यायवाची गगन, अम्बर, व्योम, अनन्त, आसमान, आकाश हैं।

अतः विकल्प (C) सही है।

56. 'बहुत' में प्रविशेषण है।

हिंदी में कुछ विशेषणों के भी विशेषण होते हैं, उन्हें 'प्रविशेषण' कहा जाता है। जैसे: 'गंगा नदी बहुत पवित्र मानी जाती है!' इस उदाहरण में 'पवित्र' विशेषण है और उसका भी विशेषण है 'बहुत'।

अतः विकल्प (B) सही है।

57. 'मेट्रो साइट पर काम करते हुए दो मज़दूर मारे गए।' - वाक्य में 'मज़दूर' विशेष्य है।

संज्ञा या सर्वनाम की विशेषता बताने वाले शब्द को विशेषण कहते हैं। विशेषण जिस संज्ञा या सर्वनाम की विशेषता बताता है उसे विशेष्य कहते हैं। विशेष्य या तो संज्ञा रूप में होता है या क्रिया रूप में। जब यह संज्ञा रूप में होता है तो इसे संज्ञा विशेषण कहते हैं।

अतः विकल्प (C) सही है।

58. 'उत्कर्ष' शब्द का विशेषण 'उत्कृष्ट' है।

संज्ञा अथवा सर्वनाम शब्दों की विशेषता (गुण, दोष, संख्या, परिमाण आदि) बताने वाले शब्द विशेषण कहलाते हैं।

अतः विकल्प (C) सही है।

59. रेखांकित पद में गुणवाचक विशेषण है।

जिस विशेषण से किसी संज्ञा अथवा सर्वनाम का गुण प्रकट हो, उसे गुणवाचक विशेषण कहते हैं। जैसे: अच्छा, चालाक, बुद्धिमान, अद्‌भुत आदि।

अतः विकल्प (B) सही है।

60. 'विद्वान व्यक्ति पूज्य होते है' में प्रयुक्त विशेषण गुणवाचक विशेषण है।

"जो शब्द, किसी व्यक्ति या वस्तु के गुण, दोष, रंग, आकार, अवस्था, स्थिति, स्वभाव, दशा, दिशा, स्पर्श, गंध, स्वाद आदि का बोध कराए, 'गुणवाचक विशेषण' कहलाते हैं।"

अतः विकल्प (B) सही है।

सामान्य हिंदी (पेपर-II) : मॉक टेस्ट 04

Q.1 धाता का पर्यायवाची शब्द है:
A. विष्णु **B.** धाय **C.** पक्ष **D.** हार

Q.2 तनु का पर्यायवाची शब्द है:
A. शरीर **B.** झील **C.** चन्द्रमा **D.** खटिया

Q.3 पावक का पर्यायवाची शब्द है:
A. सुरभोग **B.** हुताशन **C.** निशिचर **D.** तम

Q.4 किरण का पर्यायवाची शब्द है:
A. अंधेरा **B.** रश्मि **C.** छाया **D.** दिनकर

Q.5 धरती का पर्यायवाची शब्द है:
A. चंचला **B.** विपुला **C.** सरसी **D.** अचला

Q.6 विनायक का पर्यायवाची शब्द है:
A. सुर **B.** आदित्य **C.** शत्रु **D.** गणेश

Q.7 अतुन का पर्यायवाची शब्द है:
A. ईश्वर **B.** कृष्ण **C.** कामदेव **D.** वसंत

Q.8 अरण्य का पर्यायवाची शब्द है:
A. पुष्प **B.** घोटक
C. वन **D.** इनमे से कोई नहीं

Q.9 वारिद का पर्यायवाची शब्द है:
A. कमल **B.** चन्द्रमा **C.** बिजली **D.** बादल

Q.10 भुजंग का पर्यायवाची शब्द है:
A. केंचुआ **B.** भुजा **C.** सर्प **D.** तोता

Q.11 निर्देश: दिए गए वाक्यांश के लिए एक शब्द बताएं?
जिस पर आक्रमण न हो सके
A. दुराक्रम्य **B.** नियमित **C.** धाय **D.** नखशिख

Q.12 निर्देश: दिए गए वाक्यांश के लिए एक शब्द बताएं?
पन्द्रहवे दिन वाला
A. प्रत्यावर्तित **B.** पाक्षिक
C. न्यायविद् **D.** पंजीकरण

Q.13 निर्देश: दिए गए वाक्यांश के लिए एक शब्द बताएं?
नये युग या नयी प्रवृत्ति को जन्म देने वाला
A. युगप्रवर्तक **B.** राजदूत **C.** लखपति **D.** वनवासी

Q.14 निर्देश: दिए गए वाक्यांश के लिए एक शब्द बताएं?
जो सबका प्यारा हो
A. सदाचारी **B.** सजातीय **C.** सहनशील **D.** सर्वप्रिय

Q.15 निर्देश: दिए गए वाक्यांश के लिए एक शब्द बताएं?
जिसका मूल्य बहुत अधिक हो
A. मुमुक्षु **B.** बहुमूल्य
C. रोमांचकारी **D.** वनवासी

Q.16 निर्देश: दिए गए वाक्यांश के लिए एक शब्द बताएं?
जो युद्ध में स्थिर हो
A. भित्तिचित्र **B.** युधिष्ठिर **C.** राजदूत **D.** लिखित

Q.17 निर्देश: दिए गए वाक्यांश के लिए एक शब्द बताएं?
न बहत ठण्डा और न बहुत गर्म
A. समशीतोष्ण **B.** शोषित
C. शाकाहारी **D.** स्थानापन्न

Q.18 निर्देश: दिए गए वाक्यांश के लिए एक शब्द बताएं?
जो कार्य प्रयासपूर्वक हो
A. सहोदर **B.** सप्रयास **C.** स्वावलम्बी **D.** स्वयम्भू

Q.19 निर्देश: दिए गए वाक्यांश के लिए एक शब्द बताएं?
जो वन्दना करने योग्य हो
A. संगीतज्ञ **B.** शास्त्रज्ञ **C.** वन्दनीय **D.** सम्पादक

Q.20 निर्देश: दिए गए वाक्यांश के लिए एक शब्द बताएं?
पुरुष जिसका विवाह हुआ हो
A. विवाहित **B.** विश्वसनीय **C.** शाश्वत **D.** विधर्मी

Q.21 अकंटक का विलोम शब्द है:
A. अकंठ **B.** अकचकाना
C. अकंपन **D.** कंटकित

Q.22 अधिमूल्यन का विलोम शब्द है:
A. अधिमूल्यांकन **B.** अधिमेलन
C. अवमूल्यन **D.** अधियज्ञ

Q.23 अवनि का विलोम शब्द है:
A. अम्बर **B.** धरती **C.** धरित्री **D.** थल

Q.24 अति का विलोम शब्द है:
A. बहुत अधिक **B.** अल्प
C. असंख्य **D.** विपुल

Q.25 अर्पण का विलोम शब्द है:
A. समर्पण **B.** अदा **C.** भेंट **D.** ग्रहण

Q.26 अल्पसंख्यक का विलोम शब्द है:
A. अल्पसंख्या **B.** बहुसंख्यक
C. माइनाॅरीटी **D.** कम संख्यावाला

Q.27 अभिसरण का विलोम शब्द है:
A. अपसरण **B.** आगे जाना
C. समीप गमन **D.** अभिक्रम

Q.28 अतिवृष्टि का विलोम शब्द है:
A. बड़ी संख्या में **B.** अतिवेगित
C. अनावृष्टि **D.** अतिवेल

Q.29 अन्वय का विलोम शब्द है:
A. खाली स्थान **B.** संयोग
C. कुल **D.** अनन्वय

Q.30 आश्रित का विलोम शब्द है:
A. अनाश्रित **B.** अधीनस्थ **C.** शरणागत **D.** निर्भर

Q.31 निर्देश: निम्नलिखित का तत्सम शब्द का चयन कीजिए।
अदरक

A. आदी **B.** आद्रक **C.** आर्द्रक **D.** शृंगवेर

Q.32 निर्देश: निम्नलिखित का तत्सम शब्द का चयन कीजिए।
आसरा
A. आच्शारी **B.** शरण **C.** गृह **D.** आवास

Q.33 निर्देश: निम्नलिखित का तत्सम शब्द का चयन कीजिए।
आम
A. रसाल **B.** मादक **C.** आम्र **D.** सौरभ

Q.34 निर्देश: निम्नलिखित का तत्सम शब्द का चयन कीजिए।
गाँठ
A. ग्रंथि **B.** गिल्टी **C.** समूह **D.** सूजन

Q.35 निर्देश: निम्नलिखित का तत्सम शब्द का चयन कीजिए।
घी
A. नवनीत **B.** घृत **C.** अमृत **D.** रोग़न

Q.36 निर्देश: निम्नलिखित का तत्सम शब्द का चयन कीजिए।
घड़ी
A. घटिका **B.** वक्त **C.** बेला **D.** अवसर

Q.37 निर्देश: निम्नलिखित का तत्सम शब्द का चयन कीजिए।
निठुर
A. मानस **B.** निर्दय
C. निष्ठुर **D.** कठोरहृदय

Q.38 निर्देश: निम्नलिखित का तत्सम शब्द का चयन कीजिए।
पत्थर
A. पाहन **B.** प्रस्तर **C.** शिला **D.** पाषाण

Q.39 निर्देश: निम्नलिखित का तत्सम शब्द का चयन कीजिए।
मच्छर
A. मत्सर **B.** डंस **C.** पिस्सू **D.** मसा

Q.40 निर्देश: निम्नलिखित का तत्सम शब्द का चयन कीजिए।
मिट्टी
A. धूल **B.** मृत्तिका **C.** मृदा **D.** माटी

Q.41 दिए गये शब्दों में शुद्ध वर्तनी वाला शब्द है:
A. सुसुप्ति **B.** सुस्प्ती **C.** सुश्प्ती **D.** सुषुप्ति

Q.42 दिए गये शब्दों में शुद्ध वर्तनी वाला शब्द है:
A. सचिदानन्द **B.** सच्चीदानंद
C. सच्चिदानंद **D.** सचितानंद

Q.43 दिए गये शब्दों में शुद्ध वर्तनी वाला शब्द है:
A. उन्नती **B.** उनति **C.** उनती **D.** उन्नति

Q.44 दिए गये शब्दों में शुद्ध वर्तनी वाला शब्द है:
A. अन्वेषण **B.** अनवेषण **C.** अन्वेशन **D.** अन्वेशण

Q.45 दिए गये शब्दों में शुद्ध वर्तनी वाला शब्द है:
A. जान्हीं **B.** जाहनवी **C.** जाह्न्वी **D.** जाहन्वी

Q.46 दिए गये शब्दों में शुद्ध वर्तनी वाला शब्द है:
A. अधोपतन **B.** आधि:पतन
C. अध:पतन **D.** आध:पतन

Q.47 दिए गये शब्दों में शुद्ध वर्तनी वाला शब्द है:
A. श्रष्टि **B.** श्रृष्टि **C.** सृष्टि **D.** श्र्ष्टी

Q.48 दिए गये शब्दों में शुद्ध वर्तनी वाला शब्द है:
A. क्रप **B.** क्रर्पा **C.** किरिपा **D.** कृपा

Q.49 दिए गये शब्दों में शुद्ध वर्तनी वाला शब्द है:
A. तहसीलदारी **B.** तहिसीलदारी
C. तहशीलदारी **D.** तहीसलदारी

Q.50 दिए गये शब्दों में शुद्ध वर्तनी वाला शब्द है:
A. अपक्रती **B.** अपकीर्ति **C.** अपकीरति **D.** अपकिती

Q.51 'यह किताब पढ़ो।' वाक्य में विशेषण है –
A. गुणवाचक **B.** निश्चयवाचक
C. अनिश्चयवाचक **D.** संकेतवाचक

Q.52 प्रविशेषण का प्रयोग किस वाक्य में हुआ है:
A. पक्षी बहुत मिठा बोलते हैं।
B. वह बहुत सुन्दर लिखता है।
C. उसने सुन्दर-सुन्दर लिखा।
D. वह बहुत अच्छा लड़का है।

Q.53 निम्न में से विशेषण का उदाहरण नहीं है:
A. हरी **B.** सुन्दर **C.** कड़वाहट **D.** दोहरा

Q.54 विशेषण की उत्तमावस्था किस विकल्प में है:
A. राम रीना से ज्यादा पढ़ता है।
B. रमेश बहुत सुन्दर है।
C. शीना सबसे सुन्दर है।
D. रीमा सीमा से ज्यादा सुन्दर है।

Q.55 इनमें से गुणवाचक विशेषण कौन-सा है?
A. चैगुना **B.** दोहरा **C.** नया **D.** कुछ

Q.56 आलस्य शब्द का विशेषण है:
A. आलस **B.** अलस **C.** आलसी **D.** आलसीपन

Q.57 विशेषण की अवस्थाएं होती हैं:
A. एक **B.** दो **C.** तीन **D.** चार

Q.58 परिमाण वाचक विशेषण का प्रयोग किस विकल्प में हुआ है –
A. तुम दस रूपये लाओ।
B. वह कम रोटियां खाता है।
C. कुछ आदमी कुछ पक्षी लाए।
D. उसने कुछ पानी पीया।

Q.59 उद्देश्य विशेषण का प्रयोग किस वाक्य में हुआ है –
A. वह सुन्दर लिखना चाहता है।
B. वह सुन्दर है।
C. उसने मीठा आम खाया।
D. वह आदमी अच्छा नहीं है।

Q.60 सार्वनामिक विशेषण –
A. संज्ञा के पहले आते है **B.** संज्ञा के बाद आते हे
C. सर्वनाम के बाद आते है **D.** इनमे से कोई नहीं

// स्मार्ट उत्तर पुस्तिका //

सही उत्तर उन छात्रों के प्रतिशत को इंगित करता है जिन्होंने प्रश्नों का सही उत्तर दिया था।

छोड़ दिया उन छात्रों के प्रतिशत को इंगित करता है जिन्होंने प्रश्नों को छोड़ दिया था।

प्रश्न संख्या	उत्तर	सही उत्तर	छोड़ दिया
1	A	34.78 %	7.25 %
2	A	24.64 %	42.03 %
3	B	34.78 %	42.03 %
4	B	31.88 %	43.48 %
5	D	42.03 %	42.03 %
6	D	42.03 %	43.48 %
7	C	26.09 %	43.48 %
8	C	31.88 %	43.48 %
9	D	30.43 %	43.48 %
10	C	30.43 %	44.93 %
11	A	39.13 %	43.48 %
12	B	43.48 %	46.38 %
13	A	39.13 %	46.38 %
14	D	42.03 %	44.93 %
15	B	43.48 %	42.03 %
16	B	36.23 %	42.03 %
17	A	43.48 %	42.03 %
18	B	31.88 %	39.13 %
19	C	28.99 %	44.92 %
20	A	36.23 %	44.93 %
21	D	43.48 %	43.48 %
22	C	44.93 %	40.58 %
23	A	49.28 %	42.02 %
24	B	39.13 %	43.48 %
25	D	34.78 %	42.03 %
26	B	47.83 %	43.47 %
27	A	37.68 %	43.48 %
28	C	37.68 %	42.03 %
29	D	36.23 %	42.03 %
30	A	44.93 %	44.93 %
31	B	23.19 %	43.48 %
32	A	20.29 %	43.48 %
33	C	39.13 %	43.48 %
34	A	30.43 %	43.48 %
35	B	46.38 %	44.92 %
36	A	34.78 %	43.48 %
37	C	21.74 %	43.48 %
38	B	21.74 %	49.27 %
39	A	33.33 %	46.38 %
40	B	46.38 %	40.58 %
41	D	33.33 %	43.48 %
42	C	33.33 %	42.03 %
43	D	39.13 %	43.48 %
44	A	34.78 %	43.48 %
45	C	33.33 %	44.93 %
46	C	13.04 %	46.38 %
47	C	39.13 %	44.93 %
48	D	34.78 %	47.83 %
49	A	37.68 %	43.48 %
50	B	40.58 %	43.48 %
51	D	28.99 %	43.47 %
52	D	27.54 %	44.92 %
53	C	27.54 %	50.72 %
54	C	21.74 %	50.72 %
55	C	24.64 %	50.72 %
56	C	27.54 %	50.72 %
57	C	18.84 %	50.73 %
58	D	13.04 %	59.42 %
59	C	23.19 %	59.42 %
60	A	23.19 %	59.42 %

कार्य विश्लेषण	
औसत अंक (%)	30.0%
टॉपर्स स्कोर (%)	91.67%
आपका स्कोर	

//संकेत और समाधान//

1. धाता के पर्यायवाची शब्द चतुरानन, प्रजाधिप, ब्रह्मा, विष्णु है।

धाय का पर्यायवाची शब्द धात्री है।

पक्ष के पर्यायवाची शब्द वर्ग, समुदाय है।

हार का पर्यायवाची शब्द पराजय है।

अत: विकल्प (A) सही है।

2. तनु के पर्यायवाची शब्द दुबला, पतला, अल्प, थोड़ा, कम, देह, शरीर, तन आदि हैं।

झील का पर्यायवाची शब्द सरोवर है।

चन्द्रमा का पर्यायवाची शब्द चन्द्र है।

खटिया का पर्यायवाची शब्द छोटी चारपाई है।

अत: विकल्प (A) सही है।

3. पावक के पर्यायवाची शब्द अग्नि, अनल, कृशानु, आग, दव, हुताशन, वैश्वानर आदि हैं।

सुरभोग का पर्यायवाची शब्द अमृत है।

निशिचर का पर्यायवाची शब्द असुर है।

तम का पर्यायवाची शब्द अंधकार है।

अत: विकल्प (B) सही है।

4. किरण के पर्यायवाची शब्द किरन, अंशु, रश्मि, मयूख, प्रभा आदि हैं।

अंधेरा का पर्यायवाची शब्द अंधकार है।

छाया प्रतिबिम्ब का पर्यायवाची शब्द परछाई है।

दिनकर भानु का पर्यायवाची शब्द सूर्य है।

अत: विकल्प (B) सही है।

5. धरती के पर्यायवाची शब्द भूमि, धरणी, वसुंधरा, अचला, मही आदि हैं।

चंचला का पर्यायवाची शब्द घनप्रिया है।

विपुला का अर्थ संख्या या परिमाण में बहुत अधिक होता है।

सरसी का पर्यायवाची शब्द सरोवर है।

अत: विकल्प (D) सही है।

6. विनायक के पर्यायवाची शब्द गणेश, गजानन, गौरीनंदन, मूषकवाहन आदि हैं।

सुर का पर्यायवाची शब्द देव है।

आदित्य का पर्यायवाची शब्द वसु है।

शत्रु का पर्यायवाची शब्द अमित्र है।

अत: विकल्प (D) सही है।

7. अतुन का पर्यायवाची शब्द कामदेव है।

ईश्वर का पर्यायवाची शब्द भगवान है।

कृष्ण का पर्यायवाची शब्द वासुदेव है।

वसंत का पर्यायवाची शब्द ऋतुराज है।

अत: विकल्प (C) सही है।

8. अरण्य के पर्यायवाची शब्द जंगल, वन, अटवी, कान्तार आदि हैं।

पुष्प का पर्यायवाची शब्द फूल है।

घोटक का पर्यायवाची शब्द तुरंग है।

अत: विकल्प (C) सही है।

9. वारिद के पर्यायवाची शब्द घन, मेघ, जलधर, बादल, नीरद आदि हैं।

कमल का पर्यायवाची शब्द सरोज है।

चन्द्रमा का पर्यायवाची शब्द चन्द्र है।

बिजली का पर्यायवाची शब्द चपला है।

अत: विकल्प (D) सही है।

10. भुजंग के पर्यायवाची शब्द साँप, सर्प, फनी, फणधर आदि है।

केंचुआ का अर्थ वर्षा ऋतु में निकलने वाला एक लंबा, पतला बरसाती कीड़ा होता है।

भुजा का पर्यायवाची शब्द बाहु है।

तोता का पर्यायवाची शब्द शुक है।

अत: विकल्प (C) सही है।

11. दुराक्रम्य: जिस पर आक्रमण न हो सके।

नियमित: निश्चित तिथि पर आने वाला।

धाय: दूसरे के बच्चे का पालन-पोषण करने वाली स्त्री।

नखशिख: नख से लेकर शिखा तक के सब अंग।

अत: विकल्प (A) सही है।

12. पाक्षिक: पन्द्रहवे दिन वाला।

प्रत्यावर्तित: जो लौट गया है।

न्यायविद्: जो न्यायशास्त्र की बात जानता हो।

पंजीकरण: किसी बात को पंजिका में चढ़ाना।

अत: विकल्प (B) सही है।

13. युगप्रवर्तक: नये युग या नयी प्रवृत्ति को जन्म देने वाला।

राजदूत: किसी देश का दूसरे देश में नियुक्त राजनीतिक प्रतिनिधि।

लखपति: जिसके पास लाख रूपये की सम्पत्ति हो।

वनवासी: वन में रहने वाला।

अत: विकल्प (A) सही है।

14. सर्वप्रिय: जो सबका प्यारा हो।

सहनशील: जिसमें सहने की शक्ति हो।

सदाचारी: जिसका आचार अच्छा हो/जो अपने आचरणों से पवित्र हो।

सजातीय: एक ही जाति का।

अत: विकल्प (D) सही है।

15. बहुमूल्य: जिसका मूल्य बहुत अधिक हो।

मुमुक्षु: मोक्ष की इच्छा रखने वाला।

रोमांचकारी: जिसे देखकर या सुनकर रोंगटे खड़े हो जाएँ।

वनवासी: वन में रहने वाला।

अत: विकल्प (B) सही है।

16. युधिष्ठिर: जो युद्ध में स्थिर हो।

भित्तिचित्र: दीवारों पर बने हुए चित्र।

राजदूत: किसी देश का दूसरे देश में नियुक्त राजनीतिक प्रतिनिधि।

लिखित: किसी बात को लिख देना।

अत: विकल्प (B) सही है।

17. समशीतोष्ण: न बहत ठण्डा और न बहुत गर्म।

शोषित: जिसका शोषण किया गया हो।

शाकाहारी: जो शाक खाता है।

स्थानापन्न: किसी दूसरे के स्थान पर काम करने वाला।

अत: विकल्प (A) सही है।

18. सप्रयास: जो कार्य प्रयासपूर्वक हो।

सहोदर: जो एक ही माता के उदर से उत्पन्न हुए हो।

स्वावलम्बी: अपने ही बल पर निर्भर रहने वाला।

स्वयम्भू: स्वयं उत्पन्न हाने वाला।

अत: विकल्प (B) सही है।

19. वन्दनीय: जो वन्दना करने योग्य हो।

संगीतज्ञ: जो संगीत जानता हो।

शास्त्रज्ञ: जो शास्त्र जानता हो।

सम्पादक: जो पत्र-पत्रिकाओं का सम्पादन करता है।

अत: विकल्प (C) सही है।

20. विवाहित: पुरुष जिसका विवाह हुआ हो।

विश्वसनीय: विश्वास करने योग्य।

शाश्वत: सदैव रहने वाला।

विधर्मी: जो अपने धर्म के विपरीत आचरण करता हो।

अत: विकल्प (A) सही है।

21. अकंटक का विलोम शब्द कंटकित होगा।

और अन्य सभी अकंटक के पर्यायवाची शब्द है।

'विलोम' शब्द का अर्थ है-उल्टा या विपरीत। अत: किसी शब्द का उल्टा अर्थ व्यक्त करने वाला शब्द विलोमार्थक शब्द कहलाता है।

अत: विकल्प (A) सही है।

22. अधिमूल्यन का विलोम शब्द अवमूल्यन होगा।

और अन्य सभी अधिमूल्यन के पर्यायवाची शब्द है।

'विलोम' शब्द का अर्थ है-उल्टा या विपरीत। अत: किसी शब्द का उल्टा अर्थ व्यक्त करने वाला शब्द विलोमार्थक शब्द कहलाता है।

अत: विकल्प (C) सही है।

23. अवनि का विलोम शब्द अम्बर होगा।

और अन्य सभी अवनि के पर्यायवाची शब्द है।

'विलोम' शब्द का अर्थ है-उल्टा या विपरीत। अत: किसी शब्द का उल्टा अर्थ व्यक्त करने वाला शब्द विलोमार्थक शब्द कहलाता है।

अत: विकल्प (A) सही है।

24. अति का विलोम शब्द अल्प होगा।

और अन्य सभी अति के पर्यायवाची शब्द है।

'विलोम' शब्द का अर्थ है-उल्टा या विपरीत। अत: किसी शब्द का उल्टा अर्थ व्यक्त करने वाला शब्द विलोमार्थक शब्द कहलाता है।

अत: विकल्प (B) सही है।

25. अर्पण का विलोम शब्द ग्रहण होगा।

और अन्य सभी अर्पण के पर्यायवाची शब्द है।

'विलोम' शब्द का अर्थ है-उल्टा या विपरीत। अत: किसी शब्द का उल्टा अर्थ व्यक्त करने वाला शब्द विलोमार्थक शब्द कहलाता है।

अत: विकल्प (D) सही है।

26. अल्पसंख्यक का विलोम शब्द बहुसंख्यक होगा।

और अन्य सभी अल्पसंख्यक के पर्यायवाची शब्द है।

'विलोम' शब्द का अर्थ है-उल्टा या विपरीत। अत: किसी शब्द का उल्टा अर्थ व्यक्त करने वाला शब्द विलोमार्थक शब्द कहलाता है।

अत: विकल्प (B) सही है।

27. अभिसरण का विलोम शब्द अपसरण होगा।

और अन्य सभी अभिसरण के पर्यायवाची शब्द है।

'विलोम' शब्द का अर्थ है-उल्टा या विपरीत। अत: किसी शब्द का उल्टा अर्थ व्यक्त करने वाला शब्द विलोमार्थक शब्द कहलाता है।

अत: विकल्प (A) सही है।

28. अतिवृष्टि का विलोम शब्द अनावृष्टि होगा।

और अन्य सभी अतिवृष्टि के पर्यायवाची शब्द है।

'विलोम' शब्द का अर्थ है-उल्टा या विपरीत। अत: किसी शब्द का उल्टा अर्थ व्यक्त करने वाला शब्द विलोमार्थक शब्द कहलाता है।

अत: विकल्प (C) सही है।

29. अन्वय का विलोम शब्द अनन्वय होगा।

और अन्य सभी अन्वय के पर्यायवाची शब्द है।

'विलोम' शब्द का अर्थ है-उल्टा या विपरीत। अत: किसी शब्द का उल्टा अर्थ व्यक्त करने वाला शब्द विलोमार्थक शब्द कहलाता है।

अत: विकल्प (D) सही है।

30. आश्रित का विलोम शब्द अनाश्रित होगा।

और अन्य सभी आश्रित के पर्यायवाची शब्द है।

'विलोम' शब्द का अर्थ है-उल्टा या विपरीत। अत: किसी शब्द का उल्टा अर्थ व्यक्त करने वाला शब्द विलोमार्थक शब्द कहलाता है।

अत: विकल्प (A) सही है।

31. अदरक का तत्सम आद्रक होगा।

और अन्य सभी अदरक के पर्यायवाची शब्द है।

संस्कृत के कुछ शब्द ऐसे होते हैं, जो हिंदी में भी बिना परिवर्तन के प्रयुक्त होते हैं उन शब्दों को तत्सम शब्द कहते हैं तद्भव शब्द वे शब्द हैं, जिनमे थोडा सा परिवर्तन करके हिंदी में प्रयुक्त किया जाता है।

अत: विकल्प (B) सही है।

32. आसरा का तत्सम आच्छारी होगा।

और अन्य सभी आसरा के पर्यायवाची शब्द है।

संस्कृत के कुछ शब्द ऐसे होते हैं, जो हिंदी में भी बिना परिवर्तन के प्रयुक्त होते हैं उन शब्दों को तत्सम शब्द कहते हैं तद्भव शब्द वे शब्द हैं, जिनमे थोडा सा परिवर्तन करके हिंदी में प्रयुक्त किया जाता है।

अत: विकल्प (A) सही है।

33. आम का तत्सम आम्र होगा।

और अन्य सभी आम के पर्यायवाची शब्द है।

संस्कृत के कुछ शब्द ऐसे होते हैं, जो हिंदी में भी बिना परिवर्तन के प्रयुक्त होते हैं उन शब्दों को तत्सम शब्द कहते हैं तद्भव शब्द वे शब्द हैं, जिनमे थोडा सा परिवर्तन करके हिंदी में प्रयुक्त किया जाता है।

अत: विकल्प (C) सही है।

34. गाँठ का तत्सम ग्रंथि होगा।

और अन्य सभी गाँठ के पर्यायवाची शब्द है।

संस्कृत के कुछ शब्द ऐसे होते हैं, जो हिंदी में भी बिना परिवर्तन के प्रयुक्त होते हैं उन शब्दों को तत्सम शब्द कहते हैं तद्भव शब्द वे शब्द हैं, जिनमे थोडा सा परिवर्तन करके हिंदी में प्रयुक्त किया जाता है।

अत: विकल्प (A) सही है।

35. घी का तत्सम घृत होगा।

और अन्य सभी घी के पर्यायवाची शब्द है।

संस्कृत के कुछ शब्द ऐसे होते हैं, जो हिंदी में भी बिना परिवर्तन के प्रयुक्त होते हैं उन शब्दों को तत्सम शब्द कहते हैं तद्भव शब्द वे शब्द हैं, जिनमे थोडा सा परिवर्तन करके हिंदी में प्रयुक्त किया जाता है।

अत: विकल्प (B) सही है।

36. घड़ी का तत्सम घटिका होगा।

और अन्य सभी घड़ी के पर्यायवाची शब्द है।

संस्कृत के कुछ शब्द ऐसे होते हैं, जो हिंदी में भी बिना परिवर्तन के प्रयुक्त होते हैं उन शब्दों को तत्सम शब्द कहते हैं तद्भव शब्द वे शब्द हैं, जिनमे थोडा सा परिवर्तन करके हिंदी में प्रयुक्त किया जाता है।

अत: विकल्प (A) सही है।

37. निठुर का तत्सम निष्ठुर होगा।

और अन्य सभी निठुर के पर्यायवाची शब्द है।

संस्कृत के कुछ शब्द ऐसे होते हैं, जो हिंदी में भी बिना परिवर्तन के प्रयुक्त होते हैं उन शब्दों को तत्सम शब्द कहते हैं तद्भव शब्द वे शब्द हैं, जिनमे थोडा सा परिवर्तन करके हिंदी में प्रयुक्त किया जाता है।

अत: विकल्प (C) सही है।

38. पत्थर का तत्सम प्रस्तर होगा।

और अन्य सभी पत्थर के पर्यायवाची शब्द है।

संस्कृत के कुछ शब्द ऐसे होते हैं, जो हिंदी में भी बिना परिवर्तन के प्रयुक्त होते हैं उन शब्दों को तत्सम शब्द कहते हैं तद्भव शब्द वे शब्द हैं, जिनमे थोडा सा परिवर्तन करके हिंदी में प्रयुक्त किया जाता है।

अत: विकल्प (B) सही है।

39. मच्छर का तत्सम मत्सर होगा।

और अन्य सभी मच्छर के पर्यायवाची शब्द है।

संस्कृत के कुछ शब्द ऐसे होते हैं, जो हिंदी में भी बिना परिवर्तन के प्रयुक्त होते हैं उन शब्दों को तत्सम शब्द कहते हैं तद्भव शब्द वे शब्द हैं, जिनमे थोडा सा परिवर्तन करके हिंदी में प्रयुक्त किया जाता है।

अत: विकल्प (A) सही है।

40. मिट्टी का तत्सम मृत्तिका होगा।

और अन्य सभी मिट्टी के पर्यायवाची शब्द है।

संस्कृत के कुछ शब्द ऐसे होते हैं, जो हिंदी में भी बिना परिवर्तन के प्रयुक्त होते हैं उन शब्दों को तत्सम शब्द कहते हैं तद्भव शब्द वे शब्द हैं, जिनमे थोडा सा परिवर्तन करके हिंदी में प्रयुक्त किया जाता है।

अत: विकल्प (B) सही है।

41. इन सभी विकल्पों में से सही वर्तनी है- **सुषुप्ति**

सुषुप्ति का अर्थ सोए होने की अवस्था, प्रगाढ़ निद्रावस्था होता है।

अत: विकल्प (D) सही है।

42. इन सभी विकल्पों में से सही वर्तनी है- **सच्चिदानंद**

सच्चिदानंद का अर्थ चित् एवं आनंद से युक्त सत्ता, ईश्वर, परमेश्वर होता है।

अत: विकल्प (C) सही है।

43. इन सभी विकल्पों में से सही वर्तनी है- **उन्नति**

उन्नति का अर्थ प्रगति होता है।

अत: विकल्प (D) सही है।

44. इन सभी विकल्पों में से सही वर्तनी है- **अन्वेषण**

अन्वेषण का अर्थ ऐसी अज्ञात अथवा दूर की बातों वस्तुओं स्थानों आदि का पता लगाना जो अब तक सामने न आई हों होता है।

अत: विकल्प (A) सही है।

45. इन सभी विकल्पों में से सही वर्तनी है- **जाह्नवी**

जाह्नवी का अर्थ जह्नु (ऋषि) से उत्पन्न नदी, गंगा होता है।

अत: विकल्प (C) सही है।

46. इन सभी विकल्पों में से सही वर्तनी है- **अध:पतन**

अध : पतन का अर्थ नीचे गिरना होता है।

अत: विकल्प (C) सही है।

47. इन सभी विकल्पों में से सही वर्तनी है-**सृष्टि**

सृष्टि का अर्थ निर्माण, रचना होता है।

अत: विकल्प (C) सही है।

48. इन सभी विकल्पों में से सही वर्तनी है- **कृपा**

कृपा का अर्थ अनुग्रह, दया होता है।

अत: विकल्प (D) सही है।

49. इन सभी विकल्पों में से सही वर्तनी है- **तहसीलदारी**

तहसीलदारी का अर्थ भूमिकर या लगान तहसीलने अर्थात् वसूल करने वाला अधिकारी होता है।

अत: विकल्प (A) सही है।

50. इन सभी विकल्पों में से सही वर्तनी है- **अपकीर्ति**

अपकीर्ति का अर्थ कुख्यात होने की अवस्था या भाव होता है।

अत: विकल्प (B) सही है।

51. वे सर्वनाम जो संज्ञा से पूर्व प्रयुक्त होकर उसकी ओर संकेत करते हुए विशेषण के रूप में प्रयुक्त होते हैं, 'संकेतवाचक विशेषण' कहलाते हैं। 'यह किताब पढ़ो' में 'यह' संकेतवाचक विशेषण है।

अत: विकल्प (D) सही है।

52. प्रविशेषण - विशेषण की विशेषता बताना वाले शब्दों को प्रविशेषण कहते हैं । इसके मुख्य उदाहरण है - बहुत, ज्यादा, आदि । 'वह बहुत अच्छा लड़का है।' में प्रविशेषण का प्रयोग हुआ है।

अत: विकल्प (D) सही है।

53. कड़वाहट विशेषण का उदाहरण नहीं है।

यहाँ पर मूल शब्द 'कड़वा' एक संज्ञा-विशेषण है जिसमें तद्धित प्रत्यय (भाववाचक तद्धित प्रत्यय) 'आहट' जुडने से बना शब्द 'कड़वाहट' भाववाचक संज्ञा शब्द कहा जाएगा।

अत: विकल्प (C) सही है।

54. वाक्य में संज्ञा अथवा सर्वनाम की विशेषता बताने वाले शब्दों को विशेषण कहते हैं। जैसे - काला कुत्ता। इस वाक्य में 'काला' विशेषण है। जब दो से अधिक व्यक्तियों या वस्तुओं के बीच तुलना की जाती है और उनमें से एक को श्रेष्ठता या निम्नता दी जाती है, तब विशेषण की उत्तमावस्था कहलाती है।

'शीना सबसे सुन्दर है।' में विशेषण की उत्तमावस्था है।

अत: विकल्प (C) सही है।

55. "जो शब्द, किसी व्यक्ति या वस्तु के गुण, दोष, रंग, आकार, अवस्था, स्थिति, स्वभाव, दशा, दिशा, स्पर्श, गंध, स्वाद आदि का बोध कराए, 'गुणवाचक विशेषण' कहलाते हैं।" 'नया' विशेषण गुणवाचक कोटि का है।

अत: विकल्प (C) सही है।

56. हिंदी भाषा में जिन शब्दों का प्रयोग संज्ञा या सर्वनाम शब्दों की विशेषता बताने के लिए किया जाता है को हम विशेषण के नाम से जानते हैं। इसी प्रकार जिन संज्ञा शब्दों या सर्वनाम शब्दों की विशेषता बताई जाती है उन्हें विशेष्य कहा जाता है। दिए गए शब्द आलस्य का विशेषण शब्द आलसी होगा।

अत: विकल्प (C) सही है।

57. विशेषण की तीन अवस्थाएं होती है:

- मूलावस्था
- उत्तरावस्था
- उत्तमावस्था

अत: विकल्प (C) सही है।

58. "वह विशेषण जो अपने विशेष्यों की निश्चित अथवा अनिश्चित मात्रा (परिमाण) का बोध कराए, 'परिमाणवाचक विशेषण' कहलाता है।" इस विशेषण का एकमात्र विशेष्य द्रव्यवाचक संज्ञा है।

'उसने कुछ पानी पीया।' मे 'कुछ' परिमाणवाचक विशेषण है।

अत: विकल्प (D) सही है।

59. विशेष्य से पहले जो विशेषण लगते हैं उन्हें उद्देश्य विशेषण कहते हैं। जैसे :- सुंदर लडकी , अच्छा लड़का , काला घोडा आदि।

'उसने मीठा आम खाया' में उद्देश्य विशेषण है।

अत: विकल्प (C) सही है।

60. यौगिक सर्वनाम वे होते हैं जो मूल सर्वनामों में प्रत्यय लगाने से बनते हैं। सर्वनाम का रूपांतरित रूप जो संज्ञा की विशेषता बताता है उसे यौगिक सार्वनामिक विशेषण कहते हैं। जैसे :- ऐसा आदमी, कैसा घर, जैसा देश, उतना काम आदि

सार्वनामिक विशेषण संज्ञा के पहले आते है।

अत: विकल्प (A) सही है।

सामान्य हिंदी (पेपर-II) : मॉक टेस्ट 05

Q.1 वह स्त्री जिसका पति आने ही वाला है, वाक्य के लिए एक शब्द है:
A. आगतपतिका **B.** प्रोषितपतिका
C. आगमिस्यतपतिका **D.** वन्ध्या

Q.2 जिसकी आशा या अपेक्षा पहले से की गई हो, वाक्य के लिए एक शब्द है:
A. प्रत्याशित **B.** अप्रत्याशित
C. अनपेक्षित **D.** अनुमानित

Q.3 "बिना घर का", वाक्य के लिए एक शब्द है:
A. अनाथ **B.** अनाहत
C. अनिकेत **D.** इनमें से कोई नहीं

Q.4 "जिसमें कुछ करने की क्षमता न हो", वाक्य के लिए एक शब्द है:
A. अवैध **B.** आद्योपान्त **C.** अक्षम **D.** वध्य

Q.5 "तीर" का पर्यायवाची शब्द नहीं है:
A. तार **B.** बाण **C.** शर **D.** अनी

Q.6 "गंगाधर" का पर्यायवाची शब्द है:
A. ब्रम्हा **B.** विष्णु **C.** महेश **D.** इंद्र

Q.7 "सम्मुख" का विलोम शब्द है:
A. उन्मुख **B.** विमुख **C.** प्रमुख **D.** अधोमुख

Q.8 दिए गए विकल्पो में शब्द-विलोम का कौन सा युग्म सही सुमेलित हैं?
A. अनुज - अग्रज **B.** अवनति - स्फूर्ति
C. आकाश - प्रदान **D.** आदान - पाताल

Q.9 "थोक" का विलोम शब्द है:
A. फुटकर **B.** थाक **C.** थोया **D.** प्रयायिक

Q.10 "भूषण" का विलोम शब्द है:
A. विष्णु **B.** भुश्क **C.** दूषण **D.** भूषा

Q.11 दिए गए विकल्पो में शब्द विलोम का कौन सा युग्म सही सुमेलित है?
A. कदाचार - बेकसूर **B.** कड़वा - मधुर
C. कठोर - कोमल **D.** कपटी - कृपा

Q.12 वाक्य के अशुद्ध भाग का चयन कीजिए:
महात्माओं का वैराग भी समय के परिवर्तन की अपेक्षा नहीं रखता।
A. महात्माओं का **B.** वैराग भी समय
C. के परिवर्तन की अपेक्षा **D.** नहीं रखता।

Q.13 दिए गए विकल्पो में शब्द-विलोम का कौन सा युग्म गलत है?
A. अमृत - विष **B.** आय - व्यय
C. अगम - सुगम **D.** आदान - अंत

Q.14 दिए गए विकल्पो में शब्द विलोम का कौन सा युग्म गलत सुमेलित है?
A. आचार - अनाचार **B.** अतिथि - आतिथेय
C. आकीर्ण - विगत **D.** अनुरक्ति - विरक्ति

Q.15 दिए गए विकल्पो में शब्द विलोम का कौन सा युग्म गलत सुमेलित है?
A. उन्मीलन - निमीलन **B.** उत्तरायण - दक्षिणायन
C. उपमेय - अनुपमेय **D.** उदार - पतन

Q.16 दिए गए विकल्पो में शब्द विलोम का कौन सा युग्म गलत सुमेलित है?
A. ओजस्वी - निस्तेज
B. औपचारिक - अनौपचारिक
C. औचित्य - उचित
D. औपन्यासिक - अनौपन्यासिक

Q.17 दिए गए विकल्पो में शब्द विलोम का कौन सा युग्म गलत सुमेलित है?
A. खुला - बन्द **B.** कुरूप - सुरूप
C. कृतज्ञ - कृतघ्न **D.** कर्कश - कृपा

Q.18 नीचे दिए गए विकल्पो में से कौन सा वाक्य अशुद्ध है?
A. कृषि हमारी व्यवस्था का आधार है।
B. मुझे सफल होने की आशा नहीं है।
C. वह मेरी बात पर ध्यान नहीं देता।
D. वह मेरे शब्दों पर ध्यान नहीं देता।

Q.19 नीचे दिए गए विकल्पो में से कौन सा वाक्य अशुद्ध है?
A. मुझे मजा आती है।
B. मुझे बहुत आनंद आता है।
C. देश के सम्मान की रक्षा करो।
D. परीक्षा की प्रणाली बदलनी चाहिए।

Q.20 दिए गए विकल्पो में शब्द विलोम का कौन सा युग्म गलत सुमेलित है?
A. गद्य - पद्य **B.** गमन - आगमन
C. गुरु - शिष्य **D.** ग्रस्त - त्रस्त

Q.21 नीचे दिए गए विकल्पो में से कौन सा वाक्य अशुद्ध है?
A. मुझे सफल होने की आशा नहीं है।
B. वे सब भले लोग हैं।
C. पैरों में गुलामी की बेड़ियाँ पड़ गई।
D. तेरे को अब जाना चाहिए।

Q.22 नीचे दिए गए विकल्पो में से कौन सा वाक्य शुद्ध है?
A. वह पढ़ना माँगता है।
B. अपना हस्ताक्षर लगा दो।
C. तुम क्या काम करता है
D. मैं दर्शन करने आया था।

Q.23 "जिसने देश के साथ विश्वासघात किया हो" वाक्य के लिए एक शब्द होगा:
A. बागी **B.** विश्वासघाती
C. देशद्रोही **D.** विद्रोही

Q.24 रसास्वादन का अर्थ है:
A. किसी रस से भरा होना
B. किसी विषय में मस्त रहना
C. किसी रस का उपभोग करना
D. किसी बात में रूचि लेना

Q.25 वर्णनातीत का अर्थ है:
A. अतीत का वर्णन **B.** अच्छा वर्णन
C. छिपा वर्णन **D.** वर्णन से परे

Q.26 नीचे दिए गए विकल्पो में से कौन सा वाक्य अशुद्ध है?
A. लाठी बड़ा उपयोगी शस्त्र है।
B. बाण बड़ा उपयोगी शस्त्र है।

C. वह नित्य गाने का अभ्यास करता है।
D. कर्मवीर व्यक्ति को सफलता अवश्य मिलती है।

Q.27 दिए गए विकल्पो में से कौ◌ॆन से शब्द की वर्तनी शुद्ध है?
A. गौरवता **B.** लाघव **C.** सौजन्यता **D.** भूगौलिक

Q.28 दिए गए विकल्पो में से कौन सा शब्द अशुद्ध है?
A. सृष्टि **B.** आवश्यक **C.** देहिक **D.** निरीक्षण

Q.29 दिए गए विकल्पों में से सही विलोम शब्द चुनिए।
निर्मूल्य
A. मूल्यवान **B.** कीमती **C.** महँगी **D.** बहुमूल्य

Q.30 निम्नलिखित प्रश्न में दिए गए शब्द के विलोम के लिए चार विकल्प प्रस्तावित हैं। उचित विकल्प का चयन कीजिए।
अविश्वास
A. श्वास **B.** विश्वास **C.** सन्तोष **D.** उच्छ्वास

Q.31 दिये गये शब्द के पर्याय (समानार्थक शब्द) के लिए उचित विकल्प का चयन कीजिये।
सुगंध
A. केसर **B.** सौरभ **C.** चंदन **D.** इत्र

Q.32 दिये गये शब्द के पर्याय (समानार्थक शब्द) के लिए उचित विकल्प का चयन कीजिये।
विवाह
A. परिणय **B.** कुसुम **C.** द्रुमदल **D.** बाग

Q.33 दिये गये शब्द के पर्यायवाची के लिए चार विकल्प दिये गये हैं। उचित विकल्प चुनियेः
पवित्र
A. पवन **B.** पावन **C.** पवस **D.** पयस

Q.34 दिये गये शब्द के पर्यायवाची के लिए चार-विकल्प दिये गये हैं। उचित विकल्प चुनिये:
जंगल
A. विटप **B.** आनन **C.** कानन **D.** वृक्ष

Q.35 दिए गए विकल्पो में से कौन से शब्द की वर्तनी अशुद्ध है?
A. गरिमा **B.** संसारिक **C.** व्यवहार **D.** गुण

Q.36 दिए गए विकल्पो मे शुद्ध वर्तनी है:
A. इतिहासिक **B.** चातुर्यता
C. आर्शीवाद **D.** अत्यधिक

Q.37 "जिसके आने की तिथि निश्चित न हो" वाक्य के लिए एक शब्द होगा:
A. अतिथि **B.** अभूतपूर्व **C.** अतीत **D.** अनवरत

Q.38 नीचे दिए गये विकल्पों में से तत्सम - तदभव शब्दो का कौन सा युग्म सही सुमेलित नहीं है?
A. आम्र - आम **B.** अंगरखा - अंगरक्षक
C. अक्षोट - अखरोट **D.** अर्द्ध - अंधा

Q.39 'जिसका कोई शत्रु पैदा ही न हुआ हो', वाक्य के लिए एक शब्द है:
A. अजातशत्रु **B.** अजेय
C. अगेय **D.** इनमें से कोई नहीं

Q.40 'वह कवि जो तत्काल कविता करने में कुशल हो' वाक्य के लिए एक शब्द है:
A. सुकवि **B.** महाकवि **C.** आशुकवि **D.** राजकवि

Q.41 नीचे दिए गये विकल्पों में से तत्सम - तदभव शब्दो का कौन सा युग्म सही सुमेलित नहीं है?
A. काक - कौआ **B.** कोकिल - कोयल
C. कुष्ठ - कोढ़ **D.** केवर्त - केवल

Q.42 नीचे दिए गये विकल्पों में से तत्सम - तदभव शब्दो का कौन सा युग्म सही सुमेलित नहीं है?
A. कच्छप - कछुआ **B.** कज्जल - काजल
C. कंटक - काँटा **D.** गर्दभ - गरदन

Q.43 निम्नलिखित प्रश्न के शब्द के पर्यायवाची के लिए चार विकल्प दिए गए हैं। उचित विकल्प चुनिए।
स्वच्छ
A. निर्मल **B.** पंकिल **C.** नीरज **D.** नीरद

Q.44 नीचे दिए गये विकल्पों में से तत्सम - तदभव शब्दो का कौन सा युग्म सही सुमेलित है?
A. गोमय - घरनी **B.** घोटक - घड़ी
C. घृत - घी **D.** गोस्वामी - ग्वाला

Q.45 नीचे दिए गये विकल्पों में से तत्सम - तदभव शब्दो का कौन सा युग्म सही सुमेलित नहीं है?
A. धृष्ठ - ढीठ **B.** धूम्र - धुआँ
C. प्रहेलिका - फूल **D.** प्रतिवेश्मिक - पड़ोसी

Q.46 नीचे दिए गये विकल्पों में से तत्सम - तदभव शब्दो का कौन सा युग्म सही सुमेलित नहीं है?
A. महिषी - मूसल **B.** भिक्षा - भीख
C. मुख - मुँह **D.** मृत्तिका - मिट्टी

Q.47 "अपकारी" किसका विशेषण है?
A. उपकार **B.** अपकार
C. परोपकार **D.** इनमें से कोई नहीं

Q.48 नीचे दिए गये विकल्पों में से तत्सम - तदभव शब्दो का कौन सा युग्म सही सुमेलित नहीं है?
A. वर्षा - बरसात **B.** वार्ता - बहस
C. स्वर्ण - सोना **D.** सर्प - साँप

Q.49 "श्रृंग" का उचित तदभव शब्द होगाः
A. श्रृग **B.** सीख **C.** सींग **D.** साँकल

Q.50 "साँवला" किसका तदभव हैः
A. सावला **B.** श्यामल **C.** साँवरा **D.** घनश्याम

Q.51 नीचे दिए गये विकल्पों में से तत्सम - तदभव शब्दो का कौन सा युग्म सही सुमेलित नहीं है?
A. सपत्नी - सौत **B.** श्राप - शाप
C. शुक - तोता **D.** व्याघ्र - व्याकुल

Q.52 दिए गए विकल्पो में विशेष्य - विशेषण का कौन सा युग्म सही सुमेलित नहीं है?
A. अर्थ - आर्थिक **B.** अभिषेक - अभिषेकित
C. अध्यापन - अध्यापित **D.** आचरण - आचरित

Q.53 दिए गए विकल्पो में विशेष्य - विशेषण का कौन सा युग्म सही सुमेलित नहीं है?
A. क्लेश - क्लिष्ट **B.** खून - खूनी
C. गुण - गुणवान **D.** नीति - नीतिशास्त्र

Q.54 दिए गए विकल्पो में विशेष्य - विशेषण का कौन सा युग्म सही सुमेलित नहीं है?

A. पुरातत्त्व - पुरातात्त्विक
B. निन्दा - निंदनीय
C. प्रतीक्षा - परीक्षा
D. प्रसंग - प्रासंगिक

Q.55 दिए गए विकल्पो में विशेष्य - विशेषण का कौन सा युग्म सही सुमेलित नहीं है?

A. लोक - लौकिक
B. राष्ट्र - राष्ट्रीय
C. विषाद - वैषादिक
D. स्मरण - स्मरणीय

Q.56 दिए गए विकल्पो में विशेष्य - विशेषण का कौन सा युग्म सही सुमेलित नहीं है?

A. सागर - सागरिक
B. संदेह - संदिग्ध
C. साहस - साहसिक
D. क्षमा - क्षम्य

Q.57 "गृहस्थ" का सही विशेष्य होगाः

A. गृहस्थी
B. घरेलू
C. गृहवान
D. इनमें से कोई नहीं

Q.58 दिए गए विकल्पो में विशेष्य - विशेषण का कौन सा युग्म सही सुमेलित है?

A. प्रतिपादन - प्रतिपादित
B. तीव्रता - तीक्ष्ण
C. तीक्ष्णता - तीव्र
D. दक्षता - दक्षवान

Q.59 दिए गए विकल्पो में विशेष्य - विशेषण का कौन सा युग्म सही सुमेलित है?

A. संताप - सताप
B. सम्पादन - सम्पादकीय
C. संदेह - संदेहात्मक
D. इनमें से कोई नहीं

Q.60 दिए गए विकल्पो में विशेष्य - विशेषण का कौन सा युग्म सही सुमेलित है?

A. स्वर्ण - स्वर्णिम
B. गेरू - गेरुआ
C. शिक्षा - शिक्षित
D. इनमें से सभी

// स्मार्ट उत्तर पुस्तिका //

सही उत्तर उन छात्रों के प्रतिशत को इंगित करता है जिन्होंने प्रश्नों का सही उत्तर दिया था।

छोड़ दिया उन छात्रों के प्रतिशत को इंगित करता है जिन्होंने प्रश्नों को छोड़ दिया था।

प्रश्न संख्या	उत्तर	सही उत्तर	छोड़ दिया
1	C	21.57 %	27.45 %
2	A	35.29 %	41.18 %
3	C	33.33 %	41.18 %
4	C	54.9 %	41.18 %
5	A	37.25 %	43.14 %
6	C	39.22 %	43.13 %
7	B	47.06 %	41.18 %
8	A	39.22 %	41.17 %
9	A	47.06 %	41.18 %
10	C	47.06 %	41.18 %
11	C	43.14 %	33.33 %
12	B	27.45 %	41.18 %
13	D	39.22 %	41.17 %
14	C	35.29 %	41.18 %
15	D	49.02 %	39.22 %
16	C	45.1 %	41.17 %
17	D	37.25 %	43.14 %
18	D	15.69 %	41.17 %
19	A	49.02 %	41.18 %
20	D	49.02 %	39.22 %
21	D	49.02 %	41.18 %
22	D	49.02 %	41.18 %
23	C	47.06 %	41.18 %
24	C	33.33 %	41.18 %
25	D	31.37 %	43.14 %
26	B	35.29 %	41.18 %
27	B	25.49 %	41.18 %
28	C	47.06 %	43.14 %
29	D	50.98 %	39.22 %
30	B	56.86 %	39.22 %
31	B	25.49 %	41.18 %
32	A	50.98 %	41.18 %
33	B	49.02 %	41.18 %
34	C	39.22 %	41.17 %
35	B	43.14 %	41.17 %
36	D	35.29 %	41.18 %
37	A	45.1 %	41.17 %
38	D	43.14 %	41.17 %
39	A	43.14 %	41.17 %
40	C	50.98 %	41.18 %
41	D	37.25 %	43.14 %
42	D	37.25 %	41.18 %
43	A	52.94 %	41.18 %
44	C	37.25 %	52.95 %
45	C	27.45 %	52.94 %
46	A	41.18 %	52.94 %
47	B	19.61 %	52.94 %
48	B	31.37 %	52.94 %
49	C	21.57 %	66.67 %
50	B	21.57 %	66.67 %
51	D	21.57 %	66.67 %
52	B	7.84 %	66.67 %
53	D	21.57 %	66.67 %
54	C	25.49 %	66.67 %
55	C	15.69 %	66.66 %
56	A	23.53 %	66.67 %
57	A	17.65 %	66.66 %
58	A	9.8 %	66.67 %
59	B	9.8 %	66.67 %
60	D	15.69 %	66.66 %

कार्य विश्लेषण	
औसत अंक (%)	33.33%
टॉपर्स स्कोर (%)	86.67%
आपका स्कोर	

//संकेत और समाधान//

1. आगमिस्यतपतिका - वह स्त्री जिसका पति आने वाला है।

आगतपतिका - वह नायिका जिसका पति परदेश से लौटा हो।

प्रोषितपतिका - पति के परदेश चले जाने पर दुःखी स्त्री।

वन्ध्या - निःसंतान स्त्री, बाँझ।
अतः विकल्प (C) सही है।

2. प्रत्याशित - जिसकी आशा या अपेक्षा पहले से की गई हो।

अप्रत्याशित - जिसकी आशा न रही हो।

अनपेक्षित - जिसकी चाह या परवाह न हो।

अनुमानित - अनुमान से समझा हुआ।
अतः विकल्प (A) सही है।

3. अनिकेत - बिना घर का।

अनाथ - असहाय, जिसका कोई मालिक न हो।

अनाहत - जो घायल न हुआ हो या जो आघात से उत्पन्न न हुआ हो।अतः विकल्प (C) सही है।

4. अक्षम- जिसमें कुछ करने की क्षमता न हो

अवैध- जो कानून के विरुद्ध हो

आद्योपान्त- आदि से अन्त तक

वध्य- वध करने के योग्य
अतः विकल्प (C) सही है।

5. तीर के पर्यायवाची शब्द शर, बाण, विशिख, शिलीमुख, अनी, सायक आदि हैं।
अतः विकल्प (A) सही है।

6. "गंगाधर" का पर्यायवाची शब्द है- शंकर, शम्भू, शिव, विश्वनाथ, नीलकंठ, रूद्र , महेश्वर, पशुपति, उमापति, कैलाशपति, गिरिजापति, गौरीपति, आशुतोष, महेश, काशीनाथ इत्यादि।
अतः विकल्प (C) सही है।

7. सम्मुख का अर्थ है - जो सामने मौजूद हो, उपयुक्त।

विमुख का अर्थ है - विरत, प्रतिकूल

उन्मुख का अर्थ है - जिसका मुख उस ओर हो

अधोमुख का अर्थ है - जिसका मुख नीचे हो
अतः विकल्प (B) सही है।

8. दिए गए विकल्पो में "अनुज - अग्रज" युग्म सही सुमेलित है।

दिए गए अन्य विकल्पो का सही सुमेल इस प्रकार है-

अवनति - उन्नति

आकाश - पाताल

आदान - प्रदान
अतः विकल्प (A) सही है।

9. थोक का अर्थ होता है- राशि, ढेर, एकत्र किया हुआ माल इत्यादि।

फुटकर का अर्थ होता है- अकेला, अलग, कई मेल का इत्यादि।
अतः विकल्प (A) सही है।

10. भूषण का अर्थ है - गहना, जेवर, सजावट।

इसका उपयुक्त विलोमं "दूषण" होगा।
अतः विकल्प (C) सही है।

11. "कठोर - कोमल" युग्म सही सुमेलित है।

विकल्प में दिए गए अन्य विकल्पो का सही सुमेल होगा-

कदाचार - सदाचार

कड़वा - मीठा

कपटी - निष्कपट
अतः विकल्प (C) सही है।

12. दिए गए वाक्य में वर्तनी सम्बन्धी अशुद्धि है।

इसमें "वैराग" की बजाए "वैराग्य" का प्रयोग होना चाहिए।
अतः विकल्प (B) सही है।

13. दिए गए विकल्पो में "आदान - अंत" युग्म गलत हैं।

"आदान" का विलोम "प्रदान" होगा

जबकि "अंत", "आदि" का विलोम होगा।
अतः विकल्प (D) सही है।

14. "आकीर्ण - संकीर्ण" गलत सुमेलित हैं।

"आकीर्ण" का विलोम "विकीर्ण" होगा जबकि "विगत", "आगामी" का विलोम है।
अतः विकल्प (C) सही है।

15. "उदार - पतन" युग्म गलत सुमेलित हैं।

"उदार" का विलोम "अनुदार" होगा जबकि "उत्थान" का विलोम "पतन" होगा।
अतः विकल्प (D) सही है।

16. दिए गए विकल्पो में "औचित्य-उचित" युग्म गलत सुमेलित हैं।

"औचित्य" का उचित विलोम "अनौचित्य" होगा जबकि "उचित" का विलोम "अनुचित" होगा।
अतः विकल्प (C) सही है।

17. दिए गए विकल्पो में "कर्कश - कृपा" युग्म गलत सुमेलित है।

"कर्कश" का विलोम "सुशील" और "कोप" का विलोम "कृपा" होगा।
अतः विकल्प (D) सही है।

18. "वह मेरे शब्दों पर ध्यान नहीं देता।" वाक्य अशुद्ध है। इसमें संज्ञा सम्बन्धी अशुद्धि है।

इसका शुद्ध रुप होगा-

वह मेरी बात पर ध्यान नहीं देता।
अतः विकल्प (D) सही है।

19. "मुझे मजा आती है।" वाक्य अशुद्ध है। इसमें लिंग सम्बन्धी अशुद्धि है।

इसका शुद्ध रुप है-

मुझे मजा आता है।
अतः विकल्प (A) सही है।

20. "ग्रस्त - त्रस्त" गलत सुमेलित है।

"ग्रस्त" का विलोम "मुक्त" होगा। अन्य विकल्प सही सुमेलित है।
अतः विकल्प (D) सही है।

21. "तेरे को अब जाना चाहिए।" अशुद्ध वाक्य है। इसमें सर्वनाम सम्बन्धी अशुद्धि व्याप्त है।

इसका शुद्ध रुप होगा-

तुम्हें अब जाना चाहिए।
अतः विकल्प (D) सही है।

22. "मैं दर्शन करने आया था।" शुद्ध वाक्य है>

अन्य वाक्यों में क्रिया सम्बन्धी अशुद्धि है। दिए गए अन्य वाक्यो का शुद्ध रुप होगा-

वह पढ़ना चाहता है।

अपना हस्ताक्षर कर दो।

तुम क्या काम करते हो ?

अतः विकल्प (D) सही है।

23. देशद्रोही - जिसने देश के साथ विश्वासघात किया हो।

बागी - बग़ावत करनेवाला, विद्रोही।

विश्वासघाती - विश्वासघात करनेवाला।

विद्रोही - विद्रोह करनेवाला।
अतः विकल्प (C) सही है।

24. रसास्वादन का अर्थ है - किसी रस का उपभोग करना।
अतः विकल्प (C) सही है।

25. वर्णनातीत का अर्थ है- वर्णन से परे।
अतः विकल्प (D) सही है।

26. "बाण बड़ा उपयोगी शस्त्र है।" वाक्य अशुद्ध है। इसमें शब्द ज्ञान सम्बन्धी अशुद्धि है।

इसका शुद्ध रुप है-

बाण बड़ा उपयोगी अस्त्र है।
अतः विकल्प (B) सही है।

27. "लाघव" शब्द की वर्तनी शुद्ध है।

अन्य शब्दो की शुद्ध वर्तनी है-

गौरवता - गौरव

सौजन्यता - सौजन्य

भूगौलिक - भौगोलिक
अतः विकल्प (B) सही है।

28. "देहिक" की वर्तनी अशुद्ध है।

इसकी शुद्ध वर्तनी है - दैहिक
अतः विकल्प (C) सही है।

29. निर्मूल्य का अर्थ है - मुफ्त, निःशुल्क, अकारथ

दिए गए विकल्पो में इसका उचिक विलोम शब्द "बहुमूल्य" होगा।
अतः विकल्प (D) सही है।

30. अविश्वास का अर्थ है विश्वास का न होना।

इसका उचित विलोम शब्द "विश्वास" होगा।
अतः विकल्प (B) सही है।

31. सुगंध के पर्यायवाची शब्द महक, सौरभ, सुरभि, खुशबू आदि होंगे।

केसर, इत्र और चंदन सुगंध देने वाली वस्तुएँ है।
अतः विकल्प (B) सही है।

32. शादी, गठबंधन, परिणय, व्याह, पाणिग्रहण आदि विवाह शब्द के पर्यायवाची हैं।
अतः विकल्प (A) सही है।

33. 'पवित्र' का समानार्थक शब्द 'पावन' है। इसके अतिरिक्त स्वच्छ, पुनीत, साफ, शुद्ध भी इसके समानार्थक शब्द हैं।
अतः विकल्प (B) सही है।

34. जंगल के पर्यायवाची हैं -
कानन, अरण्य, गहन, कान्तार, अख्य, विपिन, वन, आदि।
अतः विकल्प (C) सही है।

35. दिए गए शब्दो में "संसारिक" की वर्तनी अशुद्ध है।

इसकी शुद्ध वर्तनी है - सांसारिक
अतः विकल्प (B) सही है।

36. "अत्यधिक" की वर्तनी शुद्ध है।

विकल्प में दिए गए अन्य शब्दो की शुद्ध वर्तनी है-

इतिहासिक - ऐतिहासिक

चातुर्यता - चातुर्य

आर्शीवाद - आशीर्वाद
अतः विकल्प (D) सही है।

37. अतिथि - जिसके आने की तिथि निश्चित न हो

अभूतपूर्व - जो पहले कभी नहीं हुआ

अतीत - जो बीत चुका है

अनवरत - जो सदा से चला आ रहा है
अतः विकल्प (A) सही है।

38. "अर्द्ध - अंधा" युग्म सही सुमेलित नहीं है।

"अर्द्ध" का सही तदभव "आधा" होगा।
अतः विकल्प (D) सही है।

39. अजातशत्रु - जिसका कोई शत्रु पैदा ही न हुआ हो

अजेय - जिसे जीता न जा सके

अगेय - जो गाएं जाने योग्य न हो
अतः विकल्प (A) सही है।

40. वह कवि जो तत्काल कविता करने में कुशल हो' वाक्यांश के लिए एक शब्द आशुकवि होगा।
अतः विकल्प (C) सही है।

41. दिए गए विकल्पो में "केवर्त - केवल" युग्म गलत है।

"केवर्त" का उचित तदभव शब्द "केवट" होगा।
अतः विकल्प (D) सही है।

42. दिए गए विकल्पो में "गर्दभ - गरदन" युग्म सही सुमेलित नहीं है।

"गर्दभ" का सही तदभव "गधा" होगा।
अतः विकल्प (D) सही है।

43. "निर्मल", "स्वच्छ" शब्द का पर्यायवाची शब्द है।

जबकि "पंकिल", "मैला" का पर्यायवाची, "नीरज", "कमल" का पर्यायवाची और "नीरद", "बादल" का पर्यायवाची है।
अतः विकल्प (A) सही है।

44. दिए गए विकल्पो में "घृत - घी" युग्म सही सुमेलित है।

अन्य दिए गए शब्दो का सही युग्म इस प्रकार होगा-

गोमय - गोबर

घोटक - घोड़ा

गोस्वामी - गुसाईअतः विकल्प (C) सही है।

45. दिए गए विकल्पो में "प्रहेलिका - फूल" युग्म सही सुमेलित नहीं है।

"प्रहेलिका" का सही तदभव "पहेली" होगा तथा "फूल" "पुष्प" का तदभव है। अतः विकल्प (C) सही है।

46. दिए गए विकल्पो में "महिषी - मूसल" युग्म सही सुमेलित नहीं है।

"महिषी" का उचित तदभव "भैंस" होगा तथा "मूसल", "मुषल" का तदभव है। अतः विकल्प (A) सही है।

47. "अपकारी" शब्द अपकार का विशेषण है।

अपकार का अर्थ होता है - उपकार के विपरीत काम या अनुचित या बुरा काम। अतः विकल्प (B) सही है।

48. दिए गए विकल्पो में "वार्ता - बहस" युग्म गलत सुमेलित है।

"वार्ता" का उचित तदभव "बात" होगा।
अतः विकल्प (B) सही है।

49. "श्रृंग" का उचित तदभव शब्द "सींग" होगा।

"श्रृंग" का शाब्दिक अर्थ शिखर या चोटी होता है।
अतः विकल्प (C) सही है।

50. "श्यामल" का उचित तदभव "साँवला" होता है।
अतः विकल्प (B) सही है।

51. "व्याघ्र - व्याकुल" युग्म सही सुमेलित नहीं है।

"व्याघ्र" का उचित तदभव "बाघ" होता है।
अतः विकल्प (D) सही है।

52. दिए गए विकल्पो में "अभिषेक - अभिषेकित" युग्म सही सुमेलित नहीं है।

"अभिषेक" का उचित विशेषण "अभिषिक्त" होता है।
अतः विकल्प (B) सही है।

53. दिए गए विकल्पो में "नीति - नीतिशास्त्र" युग्म सही सुमेलित नहीं है।

"नीति" का उचित विशेषण "नैतिक" होता है।अतः विकल्प (D) सही है।

54. "प्रतीक्षा - परीक्षा" युग्म सही सुमेलित नहीं है।

"प्रतीक्षा" का उचित विशेषण "प्रतीक्षित" होगा।
अतः विकल्प (C) सही है।

55. "विषाद - वैषादिक" युग्म सही सुमेलित नहीं है।

"विषाद" का उचित विशेषण "विषण्ण" होता है।
अतः विकल्प (C) सही है।

56. "सागर - सागरिक" युग्म सही सुमेलित नहीं है।

"सागर" का सही विशेषण "सागरीय" होगा।
अतः विकल्प (A) सही है।

57. "गृहस्थ" का सही विशेष्य "गृहस्थी" होता है।
अतः विकल्प (A) सही है।

58. प्रतिपादन - प्रतिपादित युग्म सही सुमेलित है।

विकल्प में दिए गए अन्य युग्मो का सही सुमेल इस प्रकार है-

तीव्रता - तीव्र

तीक्ष्णता - तीक्ष्ण

दक्षता - दक्ष
अतः विकल्प (A) सही है।

59. "सम्पादन - सम्पादकीय" युग्म सही सुमेलित है।

विकल्प में दिए गए अन्य युग्मो का सही सुमेल इस प्रकार होगा-

संताप - संतप्त

संदेह - संदिग्ध
अतः विकल्प (B) सही है।

60. दिए गए विकल्पो में सभी युग्म सही सुमेलित है।
अतः विकल्प (D) सही है।

सामान्य हिंदी (पेपर-II) : मॉक टेस्ट 06

Q.1 दिए गए विकल्पों में तद्भव शब्द ज्ञात कीजिए-
A. नृत्य **B.** स्नायु **C.** नक्षत्र **D.** नैन

Q.2 दिए गए विकल्पों में 'प्रभुत्व' कौन-सा शब्द है?
A. तत्सम **B.** तद्भव **C.** देशज **D.** विदेशज

Q.3 दिए गए विकल्पों में से 'कर्पूर' किस श्रेणी का शब्द है?
A. देशज **B.** विदेशी **C.** तत्सम **D.** तद्भव

Q.4 'पुलिस चोर को देखकर भाग गया।' वाक्य का शुद्ध रूप क्या है?
A. पुलिस ने चोर को देख कर भाग गया।
B. पुलिस चोर को देख भाग गया।
C. पुलिस को देखकर चोर भाग गया।
D. पुलिस चोर से देखकर भाग गया।

Q.5 दिए गए विकल्पों में तत्सम शब्द की पहचान कीजिए।
A. वामन **B.** बत्ती **C.** फूल **D.** पुरान

Q.6 निम्नलिखित में से तद्भव शब्द कौन सा है?
A. भक्त **B.** मातृ **C.** महापात्र **D.** भाप

Q.7 'अनुकूल' शब्द का विलोम है:
A. प्रतिकूल **B.** अपकूल **C.** अनुकूलन **D.** सानुकूल

Q.8 'क्षुधा' शब्द का विलोम है-
A. तृषा **B.** तृष्ण **C.** तृप्त **D.** मृगतृष्णा

Q.9 दिए गए विकल्पों में तद्भव शब्द को पहचानिए।
A. बोतल **B.** कलाई **C.** झीना **D.** दंड

Q.10 निम्नलिखित में से कौन-सा शब्द तत्सम है?
A. कमरा **B.** कृपा **C.** घड़ा **D.** तोप

Q.11 'साक्षी' का उचित तद्भव रूप क्या है?
A. सखी **B.** सखि **C.** साखी **D.** साखि

Ques (12-14):निर्देश: निम्नलिखित प्रश्न में दिए गए शब्द के लिए सटीक विलोम शब्द का चयन कीजिए-

Q.12 अतिवृष्टि
A. अल्पवृष्टि **B.** लघुवृष्टि **C.** अनावृष्टि **D.** न्यूनवृष्टि

Q.13 आविर्भाव
A. अनाविर्भाव **B.** विभाव **C.** अविर्भाव **D.** तिरोभाव

Q.14 निर्दय
A. सह्य **B.** सहृदय **C.** सदय **D.** सभय

Q.15 'मृतिका' का तद्भव रूप बताइए।
A. मरना **B.** मारना **C.** मिट्टी **D.** बालू

Q.16 निम्नलिखित में कौन सा शब्द तत्सम है।
A. मोल **B.** मूस **C.** भ्रमर **D.** मीत

Q.17 अशुद्ध वर्तनी का चयन कीजिए-
A. शुश्रूषा **B.** आशीष **C.** कुष्ठ **D.** युधिष्टिर

Q.18 अशुद्ध वर्तनी का चयन कीजिए-
A. पुनुरुक्ति **B.** प्रसिद्ध **C.** महत्त्व **D.** ब्रिटीश

Q.19 नीचे दिए गए विकल्पो में से शुद्ध वर्तनी का चयन कीजिए–
A. अभिसप्त **B.** आभिशप्त **C.** अभिषप्त **D.** अभिशप्त

Q.20 नीचे दिए गए विकल्पो में से शुद्ध वर्तनी का चयन कीजिए–
A. ममता **B.** सचमता **C.** सरोज्नी **D.** सरोजनि

Q.21 नीचे दिए गए विकल्पो में से शुद्ध वर्तनी का चयन कीजिए–
A. दधिची **B.** दधीचि **C.** दधिचि **D.** दधीची

Ques (22-31):निर्देश: निम्नलिखित वाक्य-खंड के लिए उसके नीचे दिए विकल्पों में से एक शब्द चुनिए-

Q.22 हवन में जलाने वाली लकड़ी
A. हवनसामग्री **B.** वनकाष्ठ
C. शुष्ककाष्ठ **D.** समिधा

Q.23 जो क्षमा करने योग्य नहीं है
A. अदम्य **B.** अक्षम्य **C.** निर्गुण **D.** सक्षम

Q.24 जिसकी मति अतिशीघ्र सोचने वाली हो
A. कुशाग्र-बुद्धि **B.** प्रत्युत्पन्नमति
C. द्रुतगामी **D.** दूरदर्शी

Q.25 जिसका कोई आश्रय न हो
A. निराश्रय **B.** सदाशय **C.** पराश्रित **D.** आश्रित

Q.26 पीछे-पीछे चलने वाला
A. पूर्वगामी **B.** पूरोगामी **C.** अधोगामी **D.** अनुगामी

Q.27 एक पर ही श्रद्धा अथवा आस्था रखने वाला
A. एकाकी **B.** अलौकिक **C.** एकनिष्ठ **D.** दृढ़प्रतिज्ञ

Q.28 सबके समानधिकार पर विश्वास
A. अधिकारी **B.** समाजवाद
C. प्रगतिवाद **D.** अधिकारवाद

Q.29 जिसकी पहले से आशा न की गई हो
A. निराशा **B.** उपेक्षा
C. अप्रत्याशित **D.** असंभव

Q.30 जिसके हृदय में ममता नहीं है
A. निर्मम **B.** निर्दय **C.** निर्भय **D.** निहृदय

Q.31 खाने की इच्छा करने वाला
A. बुभुक्षु **B.** पिपासु **C.** मुमूर्षा **D.** तितीर्षा

Ques (32-36):निर्देश: निम्नलिखित वाक्य को चार भागों में बांटा गया है, जिन्हें (a), (b), (c), (d) विकल्प दिए गए हैं। आपको यह देखना है कि वाक्य के किसी भाग में व्याकरण, भाषा, वर्तनी, शब्दों के गलत प्रयोग या इसी तरह की कोई त्रुटी तो नहीं है। त्रुटी अगर होगी तो वाक्य के किसी एक भाग में ही होगी। उस भाग का विकल्प ही उत्तर है।

Q.32 चुनाव आयोग के (a)/ निवेश के अनुसार, एक (b)/ प्रत्याशी केवल 16 लाख रुपये (c)/ ही प्रचार पर खर्च कर सकता है।(d)
A. (a) **B.** (b) **C.** (c) **D.** (d)

Q.33 जो साथी, सहयोगी (a)/ और मित्र आपके लिए (b)/ अच्छा सोचते हैं उनके साथ (c)/ मोटामन रखना ठीक नहीं होगा। (d)

A. (a) **B.** (b) **C.** (c) **D.** (d)

Q.34 आर्थिक वृद्धि दर में गिरावट से पैदा (a)/ हुई चिंताओं के कारण भारतीय रिजर्व बैंक (b)/ ने यह संकेत दिया है कि वह अपनी (c)/ नीतिवान दरों का घटा सकता है। (d)

A. (a) **B.** (b) **C.** (c) **D.** (d)

Q.35 वणिक मंत्रालय ने (a)/ इस वर्ष कपास और (b)/ धागे के निर्यात पर (c)/ प्रतिबंध लगाया है। (d)

A. (a) **B.** (b) **C.** (c) **D.** (d)

Q.36 नेताजी के खराब स्वस्थ (a)/ के कारण उनके सहयोगियों (b)/ ने सोमवार को होने (c)/ वाली बैठक स्थगित कर दी है। (d)

A. (a) **B.** (b) **C.** (c) **D.** (d)

Q.37 अशुद्ध वर्तनी वाले शब्द का चयन कीजिए-

A. प्रज्वलित **B.** समुज्ज्वल **C.** उज्ज्वल **D.** समुज्वल

Q.38 अशुद्ध वर्तनी वाले शब्द का चयन कीजिए-

A. पारलौकिक **B.** निष्चेष्ट
C. टिप्पणी **D.** आशीर्वाद

Q.39 शुद्ध वर्तनी वाले शब्द का चयन कीजिए-

A. आविष्कार **B.** देवार्षी **C.** निशब्द **D.** जामाता

Q.40 शुद्ध वर्तनी वाले शब्द का चयन कीजिए-

A. कौतहल **B.** कौतूहल **C.** कौतोहल **D.** कोतोहल

Q.41 शुद्ध वर्तनी वाले शब्द का चयन कीजिए-

A. ओधोगिक **B.** औधयौगिक
C. औद्योगिक **D.** औद्योगीक

Q.42 कौन सा शब्द 'दास' का पर्यायवाची नहीं है?

A. अनुचर **B.** परिकर **C.** भृत्य **D.** सेवक

Q.43 'नैसर्गिक' का पर्यायवाची है-

A. सत्कृत **B.** चमत्कृत **C.** प्राकृतिक **D.** चतुर्दिक्

Q.44 कौन सा शब्द 'सूर्य' का पर्यायवाची नहीं है?

A. प्रभाकर **B.** मयूख **C.** दिनकर **D.** दिनेश

Q.45 कौन सा शब्द 'मछली' का पर्यायवाची नहीं है-

A. मत्स्य **B.** मीन **C.** शफरी **D.** जलोदरी

Q.46 'हाथी' का पर्यायवाची शब्द है-

A. कुरंग **B.** कुंजर **C.** कलाहंस **D.** केहरि

Q.47 'चाँदनी' का पर्यायवाची शब्द नहीं है-

A. चंद्रातप **B.** कौमुदी **C.** ज्योत्स्ना **D.** मयंक

Q.48 कौन सा शब्द 'वृक्ष' का पर्यायवाची नहीं है?

A. तरु **B.** विहग **C.** पादप **D.** शाखी

Q.49 'समुद्र का <u>भीतरी</u> हिस्सा रहस्यमयी है'- वाक्य में रेखांकित शब्द कौन सा विशेषण है?

A. गुणवाचक **B.** संबंधवाचक
C. तुलनाबोधक **D.** सार्वनामिक

Q.50 'के'घना' शब्द में कौन सा विशेषण होगा?

A. परिमाणवाचक विशेषण **B.** संख्यावाचक विशेषण
C. गुणवाचक विशेषण **D.** सार्वनामिक विशेषण

Q.51 'रेगिस्तान में <u>रेत</u> होती है।' में रेखांकित विशेषण कौन सा है?

A. सार्वनामिक विशेषण **B.** परिमाणवाचक विशेषण
C. संख्यावाचक विशेषण **D.** गुणवाचक विशेषण

Q.52 'धुँधला' शब्द में विशेषण है-

A. संख्यावाचक विशेषण **B.** गुणवाचक विशेषण
C. सार्वनामिक विशेषण **D.** उपयुक्त में से कोई नहीं

Q.53 'तीसरा' शब्द में विशेषण है-

A. पूर्णांकबोधक विशेषण **B.** आवृतिवाचक विशेषण
C. गणनावाचक विशेषण **D.** क्रमवाचक विशेषण

Q.54 'ठंडा पानी ठंड पैदा करता है।', इस वाक्य में कौन-सा शब्द विशेष्य है?

A. ठंडा **B.** ठंड
C. पानी **D.** उपर्युक्त में से कोई नहीं

Q.55 निम्नलिखित में से कौन सा युग्म विशेषण नहीं है?

A. छोटा-बड़ा **B.** हरा-पीला
C. दो-तीन **D.** राम-लक्ष्मण

Q.56 'काला घोड़ा तेज दौड़ता है' में क्रिया विशेषण है-

A. घोड़ा **B.** काला **C.** तेज **D.** दौड़ता है

Q.57 'रमेश की पुस्तक पुरानी है' इस वाक्य में 'पुस्तक' शब्द है-

A. विशेष्य **B.** विशेषण
C. क्रिया-विशेषण **D.** सर्वनाम

Q.58 'अमेरिकन' में किस प्रकार का विशेषण है?

A. संख्यावाचक विशेषण **B.** गुणवाचक विशेषण
C. परिमाणवाचक विशेषण **D.** व्यक्तिवाचक विशेषण

Q.59 कौन सा शब्द तद्भव है-

A. रुक्ष **B.** वृक्ष **C.** पल्लव **D.** खजूर

Q.60 इनमें से कौन-सा शब्द अर्थ की दृष्टि से 'कटक' से संबद्ध नहीं है?

A. सेना **B.** शिशिर **C.** समूह **D.** आब

// स्मार्ट उत्तर पुस्तिका //

सही उत्तर — उन छात्रों के प्रतिशत को इंगित करता है जिन्होंने प्रश्नों का सही उत्तर दिया था।

छोड़ दिया — उन छात्रों के प्रतिशत को इंगित करता है जिन्होंने प्रश्नों को छोड़ दिया था।

प्रश्न संख्या	उत्तर	सही उत्तर	छोड़ दिया
1	D	46.3 %	11.11 %
2	A	48.15 %	44.44 %
3	C	42.59 %	44.45 %
4	C	40.74 %	46.3 %
5	A	22.22 %	51.85 %
6	D	33.33 %	46.3 %
7	A	44.44 %	46.3 %
8	C	31.48 %	46.3 %
9	C	37.04 %	44.44 %
10	B	53.7 %	44.45 %
11	C	16.67 %	44.44 %
12	C	44.44 %	44.45 %
13	D	46.3 %	44.44 %
14	C	24.07 %	44.45 %
15	C	50.0 %	44.44 %
16	C	42.59 %	44.45 %
17	D	37.04 %	44.44 %
18	D	40.74 %	44.45 %
19	D	31.48 %	46.3 %
20	A	48.15 %	46.29 %
21	B	35.19 %	46.29 %
22	D	40.74 %	44.45 %
23	B	53.7 %	37.04 %
24	B	33.33 %	42.6 %
25	A	55.56 %	44.44 %
26	D	50.0 %	44.44 %
27	C	46.3 %	44.44 %
28	B	37.04 %	44.44 %
29	C	53.7 %	44.45 %
30	A	46.3 %	44.44 %
31	A	51.85 %	44.45 %
32	B	42.59 %	44.45 %
33	D	33.33 %	44.45 %
34	D	27.78 %	46.29 %
35	A	40.74 %	44.45 %
36	A	42.59 %	44.45 %
37	D	37.04 %	42.59 %
38	B	40.74 %	44.45 %
39	A	35.19 %	44.44 %
40	B	50.0 %	44.44 %
41	C	48.15 %	44.44 %
42	B	22.22 %	44.45 %
43	C	50.0 %	44.44 %
44	B	50.0 %	44.44 %
45	D	29.63 %	44.44 %
46	B	33.33 %	44.45 %
47	D	40.74 %	44.45 %
48	B	46.3 %	44.44 %
49	B	31.48 %	44.45 %
50	C	33.33 %	46.3 %
51	D	37.04 %	44.44 %
52	B	48.15 %	44.44 %
53	D	35.19 %	44.44 %
54	C	42.59 %	44.45 %
55	D	48.15 %	44.44 %
56	C	42.59 %	44.45 %
57	A	46.3 %	44.44 %
58	D	51.85 %	44.45 %
59	D	44.44 %	44.45 %
60	D	27.78 %	44.44 %

कार्य विश्लेषण	
औसत अंक (%)	41.67%
टॉपर्स स्कोर (%)	86.67%
आपका स्कोर	

//संकेत और समाधान//

1. दिए गए विकल्पों में 'नैन' शब्द तद्भव है जिसका तत्सम रूप 'नयन' है।

तत्सम दो शब्दों से मिलकर बना है – तत +सम, जिसका अर्थ होता है ज्यों का त्यों।

जिन शब्दों को संस्कृत से बिना किसी परिवर्तन के ले लिया जाता है उन्हें तत्सम शब्द कहते हैं।

इनमें ध्वनि परिवर्तन नहीं होता है।

समय और परिस्थिति की वजह से तत्सम शब्दों में जो परिवर्तन हुए हैं उन्हें तद्भव शब्द कहते हैं।

अतः विकल्प (D) सही है।

2. 'प्रभुत्व' शब्द तत्सम है जिसका तद्भव रूप 'पहुँच' होता है।

तत्सम दो शब्दों से मिलकर बना है – तत +सम, जिसका अर्थ होता है ज्यों का त्यों।

जिन शब्दों को संस्कृत से बिना किसी परिवर्तन के ले लिया जाता है उन्हें तत्सम शब्द कहते हैं।

इनमें ध्वनि परिवर्तन नहीं होता है।

समय और परिस्थिति की वजह से तत्सम शब्दों में जो परिवर्तन हुए हैं उन्हें तद्भव शब्द कहते हैं।

अतः विकल्प (A) सही है।

3. 'कर्पूर' शब्द तत्सम है जिसका तद्भव रूप 'कपूर' होगा।

कपूर सफ़ेद रंग का ज्वलनशील एक सुगंधित पदार्थ होता है जो वायु में वाष्प बनकर उड़ जाता है।

तत्सम दो शब्दों से मिलकर बना है – तत +सम, जिसका अर्थ होता है ज्यों का त्यों।

जिन शब्दों को संस्कृत से बिना किसी परिवर्तन के ले लिया जाता है उन्हें तत्सम शब्द कहते हैं।

इनमें ध्वनि परिवर्तन नहीं होता है।

समय और परिस्थिति की वजह से तत्सम शब्दों में जो परिवर्तन हुए हैं उन्हें तद्भव शब्द कहते हैं।

अतः विकल्प (C) सही है।

4. वाक्य का शुद्ध रूप है- 'पुलिस को देखकर चोर भाग गया।'

अतः विकल्प (C) सही है।

5. उपर्युक्त विकल्पों में 'वामन' शब्द तत्सम है जिसका तद्भव रूप 'बौना' होगा।

तत्सम दो शब्दों से मिलकर बना है – तत +सम, जिसका अर्थ होता है ज्यों का त्यों।

जिन शब्दों को संस्कृत से बिना किसी परिवर्तन के ले लिया जाता है उन्हें तत्सम शब्द कहते हैं।

इनमें ध्वनि परिवर्तन नहीं होता है।

समय और परिस्थिति की वजह से तत्सम शब्दों में जो परिवर्तन हुए हैं उन्हें तद्भव शब्द कहते हैं।

अतः विकल्प (A) सही है।

6. दिए गए विकल्पों में 'भाप' शब्द तद्भव है जिसका तत्सम शब्द 'वाष्प' होगा।

तत्सम दो शब्दों से मिलकर बना है – तत +सम, जिसका अर्थ होता है ज्यों का त्यों।

जिन शब्दों को संस्कृत से बिना किसी परिवर्तन के ले लिया जाता है उन्हें तत्सम शब्द कहते हैं।

इनमें ध्वनि परिवर्तन नहीं होता है।

समय और परिस्थिति की वजह से तत्सम शब्दों में जो परिवर्तन हुए हैं उन्हें तद्भव शब्द कहते हैं।

अतः विकल्प (D) सही है।

7. 'अनुकूल' शब्द का विलोम 'प्रतिकूल' है।

अनुकूल का अर्थ है: मेल रखनेवाला जबकि प्रतिकूल का अर्थ है: विरुद्ध पक्ष का अवलंबन करनेवाला।

अतः विकल्प (A) सही है।

8. 'क्षुधा' शब्द का विलोम 'तृप्त' है।

क्षुधा का अर्थ है: भूख या अतृप्ति जबकि तृप्त का अर्थ है: अघाया हुआ या संतुष्ट हो चुका हो।

अतः विकल्प (C) सही है।

9. 'झीना' शब्द तद्भव है जिसका तत्सम 'क्षीण' होता है।

तत्सम दो शब्दों से मिलकर बना है – तत +सम, जिसका अर्थ होता है ज्यों का त्यों।

जिन शब्दों को संस्कृत से बिना किसी परिवर्तन के ले लिया जाता है उन्हें तत्सम शब्द कहते हैं।

इनमें ध्वनि परिवर्तन नहीं होता है।

समय और परिस्थिति की वजह से तत्सम शब्दों में जो परिवर्तन हुए हैं उन्हें तद्भव शब्द कहते हैं।

अतः विकल्प (C) सही है।

10. 'कृपा' शब्द तत्सम है जिस्क तद्भव रूप 'किरपा' होगा।

तत्सम दो शब्दों से मिलकर बना है – तत +सम, जिसका अर्थ होता है ज्यों का त्यों।

जिन शब्दों को संस्कृत से बिना किसी परिवर्तन के ले लिया जाता है उन्हें तत्सम शब्द कहते हैं।

इनमें ध्वनि परिवर्तन नहीं होता है।

समय और परिस्थिति की वजह से तत्सम शब्दों में जो परिवर्तन हुए हैं उन्हें तद्भव शब्द कहते हैं।

अतः विकल्प (B) सही है।

11. 'साक्षी' शब्द तत्सम है जिसका उचित तद्भव रूप 'साखी' है।

तत्सम दो शब्दों से मिलकर बना है – तत +सम, जिसका अर्थ होता है ज्यों का त्यों।

जिन शब्दों को संस्कृत से बिना किसी परिवर्तन के ले लिया जाता है उन्हें तत्सम शब्द कहते हैं।

इनमें ध्वनि परिवर्तन नहीं होता है।

समय और परिस्थिति की वजह से तत्सम शब्दों में जो परिवर्तन हुए हैं उन्हें तद्भव शब्द कहते हैं।

अतः विकल्प (C) सही है।

12. 'अतिवृष्टि' का विलोम 'अनावृष्टि' है।

अतिवृष्टि का अर्थ है: इतनी अधिक वर्षा जो खेती या जन-धन के लिए अनिष्टकारी सिद्ध हो जबकि अनावृष्टि का अर्थ है: बिल्कुल ही वर्षा ना होना।

अतः विकल्प (C) सही है।

13. 'आविर्भाव' का विलोम 'तिरोभाव' होता है।

आविर्भाव का अर्थ है: अस्तित्व में आकर प्रकट या प्रत्यक्ष होना जबकि तिरोभाव का अर्थ है: आँखों से ओट होकर अदृश्य हो जाना।

अतः विकल्प (D) सही है।

14. 'निर्दय' का विलोम 'सदय' है।

निर्दय का अर्थ है: दया–हीन जबकि सदय का अर्थ है: दयालु।

अतः विकल्प (C) सही है।

15. 'मृतिका' तत्सम शब्द है जिसका तद्भव रूप 'मिट्टी' होता है।

तत्सम दो शब्दों से मिलकर बना है – तत +सम, जिसका अर्थ होता है ज्यों का त्यों।

जिन शब्दों को संस्कृत से बिना किसी परिवर्तन के ले लिया जाता है उन्हें तत्सम शब्द कहते हैं।

इनमें ध्वनि परिवर्तन नहीं होता है।

समय और परिस्थिति की वजह से तत्सम शब्दों में जो परिवर्तन हुए हैं उन्हें तद्भव शब्द कहते हैं।

अतः विकल्प (C) सही है।

16. दिए गए विकल्पों में 'भ्रमर' तत्सम है।

तत्सम दो शब्दों से मिलकर बना है – तत +सम, जिसका अर्थ होता है ज्यों का त्यों।

जिन शब्दों को संस्कृत से बिना किसी परिवर्तन के ले लिया जाता है उन्हें तत्सम शब्द कहते हैं।

इनमें ध्वनि परिवर्तन नहीं होता है।

समय और परिस्थिति की वजह से तत्सम शब्दों में जो परिवर्तन हुए हैं उन्हें तद्भव शब्द कहते हैं।

अतः विकल्प (C) सही है।

17. युधिष्टिर की शुद्ध वर्तनी - युधिष्ठिर है।

प्राचीन भारत के महाकाव्य महाभारत के अनुसार युधिष्ठिर पांच पाण्डवों में सबसे बड़े भाई थे। वह पांडु और कुंती के पहले पुत्र थे।

अतः विकल्प (D) सही है।

18. ब्रिटीश की शुद्ध वर्तनी - ब्रिटिश है।

ब्रिटिश राज का इतिहास, 1858 और 1947 के बीच भारतीय उपमहाद्वीप पर ब्रिटिश शासन की अवधि को संदर्भित करता है।

अतः विकल्प (D) सही है।

19. अभिशप्त में शुद्ध वर्तनी का प्रयोग किया गया है, अन्य विकल्पो में अशुद्ध वर्तनी है।

अभिशप्त का अर्थ - जिस पर मिथ्या दोष या आरोप लगाया गया हो।

अतः विकल्प (D) सही है।

20. ममता में शुद्ध वर्तनी का प्रयोग किया गया है।

ममता का अर्थ- अपनी समझना/अपनापन

अतः विकल्प (A) सही है।

21. दधीचि में शुद्ध वर्तनी का प्रयोग किया गया है, अन्य विकल्पो में अशुद्ध वर्तनी है।

दधीचि एक परोपकारी और उदार ऋषि जिनकी रीढ़ की हड्डी से इंद्र ने वज्र नामक शस्त्र बनाकर वृत्रासुर नामक दैत्य को मारा था।

अतः विकल्प (B) सही है।

22. 'हवन में जलाने वाली लकड़ी' के लिए उपयुक्त शब्द '**समिधा**' होगा।

हवन में आमतौर पर समिधा (जलने वाली लकड़ी) के रूप में आम की लकड़ी सर्वमान्य है, लेकिन अन्य समिधाएं भी विभिन्न कार्यों के लिए इस्तेमाल होती हैं।

अतः विकल्प (D) सही है।

23. 'जो क्षमा करने योग्य नहीं है' के लिए उपयुक्त शब्द '**अक्षम्य**' होगा।

वाक्य प्रयोग - जीवन जीने और जीने देने का उत्साह, तथा अपने मन में यह स्पष्ट आभास कि झगड़ालू व्यक्ति होना एक अक्षम्य अपराध है।

अतः विकल्प (B) सही है।

24. 'जिसकी मति अतिशीघ्र सोचने वाली हो' के लिए उपयुक्त शब्द '**प्रत्युत्पन्नमति**' होगा।

वाक्य प्रयोग - राजाजी की बुद्धिमत्ता, और प्रत्युत्पन्नमति बेमिसाल थी।

अतः विकल्प (B) सही है।

25. 'जिसका कोई आश्रय न हो' के लिए उपयुक्त शब्द '**निराश्रय**' होगा।

निराश्रय को आश्रयहीन, बेसहारा, निरवलंब भी कहते हैं।

अतः विकल्प (A) सही है।

26. 'पीछे-पीछे चलने वाला' के लिए उपयुक्त शब्द '**अनुगामी**' होगा।

अनुगामी को अनुगमन करने वाला, पीधे चलने वाला, अनुयायी, आज्ञाकारी भी कहते हैं।

अतः विकल्प (D) सही है।

27. 'एक पर ही श्रद्धा अथवा आस्था रखने वाला' के लिए उपयुक्त शब्द '**एकनिष्ठ**' होगा।

एकनिष्ठ को अनुराग रखने वाला, अनन्योपासक, अटल, दृढ़, कटिबद्ध भी कहते हैं।

अतः विकल्प (C) सही है।

28. 'सबके समानधिकार पर विश्वास' के लिए उपयुक्त शब्द '**समाजवाद**' होगा।

समाजवाद ऐसा सिद्धांत जिसमें यह मान्यता है कि सामाजिक विषमता को दूर कर समता स्थापित करनी चाहिए, भूमि और उत्पादन के साधनों पर सामाजिक स्वामित्व से संबंधित सामाजिक व्यवस्था का एक सिद्धांत।

अतः विकल्प (B) सही है।

29. 'जिसकी पहले से आशा न की गई हो' के लिए उपयुक्त शब्द '**अप्रत्याशित**' होगा।

अप्रत्याशित को अचानक घटित होने वाला, असंभावित भी कहते हैं।

अतः विकल्प (C) सही है।

30. 'जिसके हृदय में ममता नहीं है' के लिए उपयुक्त शब्द '**निर्मम**' होगा।

निर्मम को ममतारहित, निर्मोही, निष्ठुर, क्रूर, कठोर, हृदयहीन भी कहते हैं।

अतः विकल्प (A) सही है।

31. 'खाने की इच्छा करने वाला' के लिए उपयुक्त शब्द '**बुभुक्षु**' होगा।

बुभुक्षु को भूखा भी कहते है।

अतः विकल्प (A) सही है।

32. 'निवेश के अनुसार' के स्थान पर 'निर्देश के अनुसार' का प्रयोग होगा।

सही वाक्य है: चुनाव आयोग के निर्देश के अनुसार, एक प्रत्याशी केवल 16 लाख रुपये ही प्रचार पर खर्च कर सकता है।

अतः विकल्प (B) सही है।

33. 'मोटामन' के स्थान पर 'छोटामन' अधिक कारगर है।

सही वाक्य है: जो साथी, सहयोगी और मित्र आपके लिए अच्छा सोचते हैं उनके साथ छोटामन रखना ठीक नहीं होगा।

अतः विकल्प (D) सही है।

34. 'नीतिवान दरों' के स्थान पर 'नीतिगत दरों' का प्रयोग उचित है।

सही वाक्य है: आर्थिक वृद्धि दर में गिरावट से पैदा हुई चिंताओं के कारण भारतीय रिजर्व बैंक ने यह संकेत दिया है कि वह अपनी नीतिगत दरों का घटा सकता है।

अतः विकल्प (D) सही है।

35. 'वणिक मंत्रालय' के स्थान पर 'वाणिज्य मंत्रालय' का प्रयोग उचित है।

सही वाक्य है: वाणिज्य मंत्रालय ने इस वर्ष कपास और धागे के निर्यात पर प्रतिबंध लगाया है।

अतः विकल्प (A) सही है।

36. 'नेताजी के खराब स्वस्थ' के स्थान पर 'नेताजी के खराब स्वास्थ्य' का प्रयोग होगा।

सही वाक्य है: नेताजी के खराब स्वास्थ्य के कारण उनके सहयोगियों ने सोमवार को होने वाली बैठक स्थगित कर दी है।

अतः विकल्प (A) सही है।

37. समुज्वल की शुद्ध वर्तनी - समुज्ज्वल

समुज्ज्वल का अर्थ - जो अधिक उज्ज्वल हो, चमकीला, कांतियुक्त।

अतः विकल्प (D) सही है।

38. निष्चेष्ट की शुद्ध वर्तनी - निश्चेष्ट

निश्चेष्ट का अर्थ - जिसमें चेष्टा या गति न हो, चेष्टारहित, बेहोश, अचेत, मूर्छित, स्थिर, अचल, निश्चल।

अतः विकल्प (B) सही है।

39. आविष्कार शुद्ध वर्तनी है अन्य सभी अशुद्ध वर्तनी है।

आविष्कार का अर्थ - प्राकट्य, नई खोज, ईजाद।

अतः विकल्प (A) सही है।

40. कौतूहल शुद्ध वर्तनी है अन्य सभी अशुद्ध वर्तनी है।

कौतूहल का अर्थ - किसी वस्तु को देखने या जानने की इच्छा या चाहत, कुतूहल, जिज्ञासा

अतः विकल्प (B) सही है।

41. औद्योगिक शुद्ध वर्तनी है अन्य सभी अशुद्ध वर्तनी है।

औद्योगिक का अर्थ - उद्योग संबंधी, जिसका संबंध किसी उद्योग से हो, (सामग्री) जो उद्योगों में काम आती है।

अतः विकल्प (C) सही है।

42. 'दास' के पर्यायवाची नौकर, चाकर, सेवक, परिचारक, अनुचर, भृत्य, किंकर हैं।

अतः विकल्प (B) सही है।

43. 'नैसर्गिक' के पर्यायवाची – वास्तविक, स्वाभाविक, प्राकृतिक हैं।

अतः विकल्प (C) सही है।

44. 'सूर्य' के पर्यायवाची रवि, सूरज, दिनकर, प्रभाकर, आदित्य, मरीची, दिनेश, भास्कर, दिनकर, दिवाकर, भानु, अर्क, तरणि, पतंग, आदित्य, सविता, हंस, अंशुमाली, मार्तण्ड हैं।

अतः विकल्प (B) सही है।

45. 'मछली' के 'मछली' के पर्यायवाची मीन, झष, मत्स्य, जलजीवन, शफरी, मकर, झख हैं।

अतः विकल्प (D) सही है।

46. 'हाथी' के पर्यायवाची गज, हस्ती, मतंग, कुम्भी, मदकल, गजेन्द्र, कुंजर, द्विप, वारण, करीश हैं।

अतः विकल्प (B) सही है।

47. 'चाँदनी' के पर्यायवाची चन्द्रिका, कौमुदी, ज्योत्स्ना, चन्द्रमरीचि, उजियारी, चन्द्रप्रभा, जुन्हाई, चंद्रातप हैं।

अतः विकल्प (D) सही है।

48. 'वृक्ष' के पर्यायवाची पेड़, पादप, विटप, तरु, गाछ, द्रुम, शाखी हैं।

अतः विकल्प (B) सही है।

49. 'समुद्र का भीतरी हिस्सा रहस्यमयी है'–वाक्य में रेखांकित शब्द 'संबंधवाचक विशेषण' है।

जब विशेषण शब्दों का प्रयोग करके किसी एक वस्तु या व्यक्ति का संबंध दूसरी वस्तु या व्यक्ति के साथ बताया जाए तो वह संबंधवाचक विशेषण कहलाता है। इस तरह के विशेषण क्रिया क्रिया विशेषण आदि से बनते हैं।

अतः विकल्प (B) सही है।

50. 'घना' शब्द 'गुणवाचक विशेषण' का उदाहरण है।

जो शब्द, किसी व्यक्ति या वस्तु के गुण, दोष, रंग, आकार, अवस्था, स्थिति, स्वभाव, दशा, दिशा, स्पर्श, गंध, स्वाद आदि का बोध कराए, 'गुणवाचक विशेषण' कहलाते हैं।

अतः विकल्प (C) सही है।

51. 'रेगिस्तान में रेत होती है।'- वाक्य में रेखांकित विशेषण 'गुणवाचक विशेषण' है।

जो शब्द, किसी व्यक्ति या वस्तु के गुण, दोष, रंग, आकार, अवस्था, स्थिति, स्वभाव, दशा, दिशा, स्पर्श, गंध, स्वाद आदि का बोध कराए, 'गुणवाचक विशेषण' कहलाते हैं।

अतः विकल्प (D) सही है।

52. 'धुँधला' शब्द में गुणवाचक विशेषण है।

"जो शब्द, किसी व्यक्ति या वस्तु के गुण, दोष, रंग, आकार, अवस्था, स्थिति, स्वभाव, दशा, दिशा, स्पर्श, गंध, स्वाद आदि का बोध कराए, 'गुणवाचक विशेषण' कहलाते हैं।"

अतः विकल्प (B) सही है।

53. 'तीसरा' शब्द में क्रमवाचक विशेषण है।

क्रमवाचक निश्चित संख्यावाचक विशेषण: यह विशेषण हमें संख्या के क्रम का बोध कराता है। जैसे: पहला, दूसरा, तीसरा, सातवाँ, आठवाँ, चतुर्थ, ग्यारहवाँ, पचासवाँ आदि।

अतः विकल्प (D) सही है।

54. "ठंडा पानी ठंड पैदा करता है" इस वाक्य में 'ठंडा' शब्द विशेषण एवं 'पानी' शब्द विशेष्य है।

विशेष्य: विशेषण शब्द जिस शब्द (संज्ञा/सर्वनाम) की विशेषता बतलाता है, उसे 'विशेष्य' कहते हैं।

अतः विकल्प (C) सही है।

55. राम-लक्ष्मण युग्म विशेषण नहीं है।

संज्ञा अथवा सर्वनाम शब्दों की विशेषता (गुण, दोष, संख्या, परिमाण आदि) बताने वाले शब्द विशेषण कहलाते हैं। जैसे - बड़ा, काला, लंबा, दयालु, भारी, सुन्दर, कायर, टेढ़ा-मेढ़ा, एक, दो आदि।

अतः विकल्प (D) सही है।

56. 'काला घोड़ा तेज दौड़ता है' में 'तेज' क्रिया विशेषण है।

जिन शब्दों से क्रिया की विशेषता का बोध होता है उन्हें क्रिया विशेषण कहते हैं। जैस - काला घोड़ा तेज दौड़ता है इस वाक्य में 'दौड़ना' क्रिया है और 'तेज' उसकी विशेषता बता रहा है। अतः 'तेज' क्रिया विशेषण है।

अतः विकल्प (C) सही है।

57. 'रमेश की पुस्तक पुरानी है' इस वाक्य में 'पुस्तक' विशेष्य शब्द है।

संज्ञा या सर्वनाम की विशेषता बताने वाले शब्द को विशेषण कहते हैं। विशेषण जिस संज्ञा या सर्वनाम की विशेषता बताता है उसे विशेष्य कहते हैं।

अतः विकल्प (A) सही है।

58. 'अमेरिकन' शब्द 'व्यक्तिवाचक विशेषण' का उदाहरण है।

व्यक्तिवाचक विशेषण:-जिन विशेषण शब्दों की रचना व्यक्तिवाचक संज्ञा से होती है, उन्हें व्यक्तिवाचक विशेषण कहते है। दूसरे शब्दों में- ऐसे शब्द जो असल में संज्ञा के भेद व्यक्तिवाचक संज्ञा से बने होते हैं एवं विशेषण शब्दों की रचना करते हैं, वे व्यक्तिवाचक विशेषण कहलाते हैं। लखनऊ से लखनवी आदि।

अतः विकल्प (D) सही है।

59. दिए गए विकल्पों में 'खजूर' शब्द तद्भव है जिसका तत्सम रूप 'खर्जूर' है।

संस्कृत के कुछ शब्द ऐसे होते हैं जो हिंदी में भी बिना परिवर्तन के प्रयुक्त होते हैं, उन शब्दों को तत्सम शब्द कहते हैं। तद्भव शब्द वे शब्द हैं जिनमे थोडा सा परिवर्तन करके हिंदी में प्रयुक्त किया जाता हैं।

अतः विकल्प (D) सही है।

60. 'कटक' शब्द का संबंध सेना,शिशिर, समूह आदि से है।

'आब' से इसका कोई संबंध नहीं। आब के अनेकार्थी - पानी, चमक, छवि, शोभा आदि।

अतः विकल्प (D) सही है।

सामान्य हिंदी (पेपर-II) : मॉक टेस्ट 07

Q.1 निर्देश: निम्नलिखित प्रश्न में दिए गए शब्द के लिए सटीक विलोम शब्द का चयन कीजिए।

उत्तम

[SSC Constable (GD), 2019]

A. अधर **B.** अति **C.** बढ़िया **D.** अधम

Q.2 निम्न में से 'उन्नयन' का विलोम बताइये।

A. आगमन **B.** गतिमान **C.** अचेतन **D.** अवनयन

Ques (3-4):निर्देश: दिये गए वाक्य में रेखांकित शब्द का विलोम क्या होगा?

Q.3 भौतिक जगत में सिर्फ कृत्रिमता और दिखावा बाकी है।

A. प्राकृतिक **B.** आध्यात्मिक
C. कृत्रिम **D.** सार्वजनिक

Q.4 मेरा आग्रह सभी देशवासियों से है, कि बिना जरूरत के घर से न निकलें।

A. विग्रह **B.** दुराग्रह **C.** संग्रह **D.** आदर्श

Q.5 तद्भव शब्द है:

A. ऊन **B.** उत्थान **C.** उत्साह **D.** इक्षु

Q.6 'अम्लिका' का तद्भव है:

A. अमला **B.** अमली **C.** इमली **D.** इमिली

Q.7 तद्भव शब्द है:

A. महिष **B.** भिक्षुक **C.** बहू **D.** पटल

Q.8 'विकार' का तद्भव क्या होगा?

A. बिकना **B.** बिगाड़ **C.** बाहर **D.** बूझना

Q.9 विशेषण की विशेषता बताने वाले शब्द ______कहलाते हैं ।

A. विशेष्य **B.** सुविशेषण **C.** संज्ञा **D.** प्रविशेषण

Q.10 'मुझे लाल गुलाब अच्छा लगता है।' इस वाक्य में विशेष्य शब्द कौन सा है ?

A. अच्छा **B.** गुलाब **C.** लाल **D.** मुझे

Q.11 विशेषणों की तीन अवस्थाएं मानी गईं हैं इनमें से कौन सी एक विशेषण की अवस्था नहीं है?

A. मूलावस्था **B.** उत्तरावस्था
C. मध्यमावस्था **D.** उत्तमावस्था

Ques (12-17):निर्देश: निम्नलिखित प्रश्न में दिए गए शब्द के लिए सटीक विलोम शब्द का चयन कीजिए।

Q.12 परोक्ष

A. विपक्ष **B.** प्रत्यक्ष **C.** उत्कर्ष **D.** अपकर्ष

Q.13 स्थावर

A. दंगल **B.** जंगम **C.** मंगल **D.** दीवान

Q.14 सामिष

A. स्थूल **B.** निरामिष **C.** संक्षेप **D.** निषेध

Q.15 संकीर्ण

A. विस्तीर्ण **B.** तिरस्कार **C.** संकुचित **D.** निरर्थक

Q.16 प्राचीन

A. आप्राचीन **B.** अर्वाचीन
C. अतिप्राचीन **D.** पराप्राचीन

Q.17 कृतज्ञ

A. अस्वाभाविक **B.** कृतघ्न
C. निर्लज्ज **D.** अभिधा

Ques (18-27):निर्देश: निम्नलिखित में से प्रत्येक वाक्य-खंड के लिए उसके नीचे दिए विकल्पों में से एक शब्द चुनिए।

Q.18 जंगल में लगने वाली आग'

A. जठरानल **B.** दावानल **C.** बड़वानल **D.** कामानल

Q.19 हर काम को देर से करने वाला

A. दीर्घदर्शी **B.** अदूरदर्शी **C.** विलम्बी **D.** दीर्घसूत्री

Q.20 जिसके समान दूसरा न हो

A. अलौकिक **B.** स्वर्गिक **C.** अप्रतिभा **D.** अप्रतिम

Q.21 आशा से बहुत अधिक

A. आशावान **B.** अप्रत्याशित
C. आशातीत **D.** प्रत्याशित

Q.22 फेंककर चलाया जाने वाला हथियार

A. अस्त्र **B.** शस्त्र **C.** भाला **D.** गुलेल

Q.23 ऐसा रोग जिसका उपचार संभव न हो

A. अरोगी **B.** अतिरोगी **C.** विरोगी **D.** असाध्य

Q.24 जो कानून के अनुकूल न हो

A. अवैध **B.** जघन्य **C.** अवध्य **D.** आवेग

Q.25 जिसका कोई शत्रु पैदा ही नहीं हुआ हो

A. आजानबाहु **B.** अजातशत्रु
C. अज्ञातशत्रु **D.** अजातपूर्व

Q.26 जो व्यर्थ की बातें करता हो

A. बहुभाषी **B.** कुवक्ता **C.** वाचाल **D.** वाकपटु

Q.27 जिसे कठिनाई से जीता जा सके

A. विजित **B.** अज्ञेय **C.** अजेय **D.** दुर्जेय

Ques (28-32):निर्देश: निम्नलिखित वाक्य को चार भागों में बांटा गया है, जिन्हें (a), (b), (c), (d) विकल्प दिए गए हैं। आपको यह देखना है कि वाक्य के किसी भाग में व्याकरण, भाषा, वर्तनी, शब्दों के गलत प्रयोग या इसी तरह की कोई त्रुटी तो नहीं है। त्रुटी अगर होगी तो वाक्य के किसी एक भाग में ही होगी। उस भाग का विकल्प ही उत्तर है।

Q.28 जिस दिन (a)/ मैं उससे मिला (b)/ उस दिन उसके पास (c)/ केवल पचास रुपया था।(d)

A. (a) **B.** (b) **C.** (c) **D.** (d)

Q.29 शीर्षक को चयन (a)/ करते समय अनुच्छेद में निहित (b)/ भावों और विचारों की (c)/ परख कर लेनी चाहिए।(d)

A. (a) **B.** (b) **C.** (c) **D.** (d)

Q.30 कक्षा के सभी लड़के (a)/ गुरूजी की (b)/ मन से (c)/ श्रद्धा करते हैं।(d)

A. (a) **B.** (b) **C.** (c) **D.** (d)

Q.31 कोई भी (a)/ नहीं जानता (b)/ कि कल क्या (c)/ होने वाला है। (d)

A. (a) **B.** (b) **C.** (c) **D.** (d)

Q.32 व्यक्तित्व को मापने (a)/ के लिए किसी उचित (b)/ परीक्षण की उपयोगिता (c)/ करना आवश्यक है।(d)

A. (a) **B.** (b) **C.** (c) **D.** (d)

Q.33 निम्नलिखित शब्दों में से अशुद्ध वर्तनी वाले शब्द का चयन कीजिए-

A. न्योछावर **B.** कनिष्ठ **C.** चेष्ठा **D.** प्रविष्ट

Q.34 निम्नलिखित शब्दों में से अशुद्ध वर्तनी वाले शब्द का चयन कीजिए-

A. अनुदित **B.** ऊत्थान **C.** पैत्रिक **D.** अंत्येष्टी

Q.35 निम्नलिखित में से शुद्ध वर्तनी वाले शब्द का चयन कीजिए-

A. अनभीज्ञ **B.** उत्कृष्ट **C.** निरामीश **D.** नेसर्गिक

Q.36 निम्नलिखित में से शुद्ध वर्तनी वाले शब्द का चयन कीजिए-

A. जीजीविषा **B.** जिजीविषा **C.** जिजिविषा **D.** जिजिविशा

Q.37 निम्नलिखित में से शुद्ध वर्तनी वाले शब्द का चयन कीजिए-

A. सुगँध **B.** कुरक्षेत्र **C.** प्रतीक्रिया **D.** संभ्रांत

Q.38 निम्नलिखित विकल्पों में से कौन सा शब्द 'पर्वत' का पर्यायवाची नहीं है?

A. गिरि **B.** आद्रि **C.** तुंग **D.** धूसर

Q.39 'विद्युत' शब्द के लिए नीचे दिए विकल्पों में से पर्यायवाची शब्द छाँटिए-

A. यामिनी **B.** दामिनी **C.** चमक **D.** पयोद

Q.40 'अज' शब्द के लिए नीचे दिए विकल्पों में से पर्यायवाची शब्द छाँटिए -

A. प्रतिभा **B.** फूल **C.** वृक्ष **D.** ब्रह्मा

Q.41 निम्नलिखित विकल्पों में से कौन सा शब्द 'कमल' का पर्यायवाची नहीं है?

A. नीरज **B.** धनद **C.** सरोज **D.** पंकज

Q.42 निम्नलिखित में से कौन सा शब्द 'पानी' का पर्यायवाची नहीं है?

A. तोय **B.** नीर **C.** सलिल **D.** अशनि

Q.43 नीचे दिए गए विकल्पों में से कौन सा शब्द 'पक्षी' का पर्यायवाची नहीं है?

A. विहग **B.** पखेरू **C.** मयूख **D.** द्विज

Q.44 निम्नलिखित में से कौन सा शब्द, 'मेघ' का पर्यायवाची नहीं है?

A. वारिद **B.** नीरद **C.** तापस **D.** अभ्र

Q.45 'विपिन' शब्द के लिए उचित पर्यायवाची का चयन कीजिए-

A. वन **B.** असुर **C.** शिव **D.** अमृत

Q.46 निम्नलिखित में से कौन सा शब्द, 'रात्रि' का पर्यायवाची नहीं है?

A. यामिनी **B.** विभावरी **C.** निशा **D.** दामिनी

Q.47 नीचे दिए गए विकल्पों में से कौन सा शब्द 'अमृत' का पर्यायवाची नहीं है?

A. सुधा **B.** पीयूष **C.** अमिय **D.** वारि

Q.48 किस एक वाक्य में क्रिया-विशेषण प्रयुक्त हुआ है?

A. वह धीरे से बोलता है।

B. वह काला कुत्ता है।

C. रमेश तेज धावक है।

D. सत्य वाणी सुंदर होती है।

Q.49 निम्नलिखित शब्दों में कौन-सा शब्द विशेषण है?

A. सच्चा **B.** शीतलता **C.** नम्रता **D.** मिठास

Q.50 निम्नलिखित शब्दों में से कौन-सा शब्द क्रिया-विशेषण है?

A. सूर्योदय **B.** नीला **C.** विगत **D.** धीरे-धीरे

Q.51 निम्नलिखित में से विशेषण है-

A. सुलेख **B.** आकर्षक **C.** हव्य **D.** पौरुष

Q.52 'पशु' शब्द का विशेषण क्या है?

A. पाशविक **B.** पशुत्व **C.** पशुपति **D.** पशुता

Q.53 निम्नलिखित में से कौन सा शब्द विशेषण है?

A. सौंदर्य **B.** बेकारी **C.** वृक्ष **D.** फुफेरा

Q.54 'थोड़ा पानी दीजिए।' –इस वाक्य में 'थोडा' शब्द क्या है?

A. संज्ञा **B.** विशेषण

C. अव्यय **D.** क्रिया-विशेषण

Q.55 तत्सम शब्द का चयन कीजिए-

A. आँगन **B.** गहरा **C.** निष्ठा **D.** चैन

Q.56 तद्भव शब्द का चयन कीजिए-

A. स्वामी **B.** जलाशय **C.** पुत्र **D.** लकड़ी

Q.57 तत्सम शब्द का चयन कीजिए-

A. आम **B.** ओज **C.** कपूर **D.** हंसी

Q.58 तद्भव शब्द का चयन कीजिए-

A. सुर **B.** निडर **C.** गति **D.** कमल

Q.59 तद्भव शब्द का चयन कीजिए-

A. परीक्षा **B.** भभूत **C.** संग्राम **D.** शिथिल

Q.60 तत्सम शब्द का चयन कीजिए-

A. नौकर **B.** निर्जीव **C.** नेह **D.** निकास

// स्मार्ट उत्तर पुस्तिका //

सही उत्तर उन छात्रों के प्रतिशत को इंगित करता है जिन्होंने प्रश्नों का सही उत्तर दिया था।

छोड़ दिया उन छात्रों के प्रतिशत को इंगित करता है जिन्होंने प्रश्नों को छोड़ दिया था।

प्रश्न संख्या	उत्तर	सही उत्तर	छोड़ दिया
1	D	39.47 %	13.16 %
2	D	44.74 %	39.47 %
3	B	36.84 %	39.48 %
4	B	28.95 %	42.1 %
5	A	26.32 %	42.1 %
6	C	50.0 %	42.11 %
7	C	42.11 %	42.1 %
8	B	50.0 %	42.11 %
9	A	23.68 %	42.11 %
10	B	36.84 %	42.11 %
11	C	28.95 %	42.1 %
12	B	55.26 %	42.11 %
13	B	52.63 %	42.11 %
14	B	50.0 %	44.74 %
15	A	55.26 %	42.11 %
16	B	52.63 %	42.11 %
17	B	55.26 %	42.11 %
18	B	39.47 %	42.11 %
19	D	42.11 %	42.1 %
20	D	26.32 %	42.1 %
21	C	18.42 %	42.11 %
22	A	26.32 %	42.1 %
23	D	50.0 %	31.58 %
24	A	57.89 %	42.11 %
25	B	52.63 %	42.11 %
26	C	31.58 %	42.1 %
27	D	50.0 %	42.11 %
28	D	42.11 %	42.1 %
29	A	39.47 %	42.11 %
30	D	26.32 %	42.1 %
31	A	36.84 %	42.11 %
32	C	34.21 %	42.11 %
33	C	31.58 %	42.1 %
34	D	10.53 %	39.47 %
35	B	52.63 %	42.11 %
36	B	52.63 %	42.11 %
37	D	26.32 %	42.1 %
38	D	26.32 %	42.1 %
39	B	44.74 %	42.1 %
40	D	44.74 %	42.1 %
41	B	52.63 %	42.11 %
42	D	47.37 %	42.1 %
43	C	39.47 %	42.11 %
44	C	26.32 %	42.1 %
45	A	50.0 %	42.11 %
46	D	52.63 %	42.11 %
47	D	52.63 %	42.11 %
48	A	26.32 %	42.1 %
49	A	26.32 %	42.1 %
50	D	47.37 %	42.1 %
51	B	34.21 %	42.11 %
52	A	26.32 %	42.1 %
53	D	15.79 %	42.1 %
54	B	34.21 %	42.11 %
55	C	47.37 %	42.1 %
56	D	47.37 %	42.1 %
57	B	44.74 %	42.1 %
58	B	23.68 %	42.11 %
59	B	34.21 %	42.11 %
60	B	39.47 %	42.11 %

कार्य विश्लेषण	
औसत अंक (%)	33.33%
टॉपर्स स्कोर (%)	90.0%
आपका स्कोर	

//संकेत और समाधान//

1. 'उत्तम' का विलोम 'अधम' होता है।

उत्तम का अर्थ अच्छा है जबकि अधम का अर्थ नीच है।

अतः विकल्प (D) सही है।

2. 'उन्नयन' का विलोम 'अवनयन' होता है।

उन्नयन का अर्थ जिसकी आँखें ऊपर उठी हो जबकि अवनयन का अर्थ जिसकी आँखें नीचे झुकी हो।

अतः विकल्प (D सही है।

3. दिये गए वाक्य में रेखांकित शब्द 'भौतिक' का विलोम 'आध्यात्मिक' है।

भौतिक का अर्थ सांसरिक, लौकिक है जबकि आध्यात्मिक का अर्थ आत्मा और परमात्मा से संबन्धित है।

अतः विकल्प (B) सही है।

4. दिये गए वाक्य में रेखांकित शब्द 'आग्रह' का विलोम 'दुराग्रह' है।

आग्रह का अर्थ उचित हठ है जबकि दुराग्रह का अर्थ अनुचित हठ है।

अतः विकल्प (B) सही है।

5. 'ऊन' शब्द तद्भव है जिसका तत्सम शब्द 'ऊण' होता है।

भेड़ व अन्य जानवरों के कोमल बालों से तैयार एक प्रकार का धागा, जिससे गरम कपड़े तैयार किए जाते हैं।

अतः विकल्प (A) सही है।

6. 'अम्लिका' शब्द का शुद्ध तद्भव रूप 'इमली' है।

इमली स्त्रीलिंग शब्द है। यह एक खट्टा फल जिसकी चटनी बनाई जाती है। इमली को 'चिंचा या तेतर' भी कहा जाता है।

अतः विकल्प (C) सही है।

7. दिए गए विकल्पों में 'बहू' शब्द तद्भव है जिसका तत्सम शब्द 'वधू' होता है।

बहू के पर्यायवाची शब्द हैं - कलत्र, प्राणप्रिया, गृहलक्ष्मी, संगिनी, सहचरी, बेगम, पत्नी, भार्या, अर्धांगिनी, वनिता, दारा, जोरू, वामांगिनी।

अतः विकल्प (C) सही है।

8. 'विकार' शब्द का उचित तद्भव रूप 'बिगाड़' होगा।

विकार के पर्यायवाची शब्द हैं -दोष, बुराई, बिगाड़, खराबी, त्रुटि, कमी। विकार का विलोम शब्द 'अविकार' होता है।

अतः विकल्प (B) सही है।

9. विशेषण शब्द जिसकी विशेषता बताये, उसे विशेष्य कहते हैं, अतः विद्यार्थी, धरमपुर, वह और आदमी शब्द विशेष्य हैं।

अतः विकल्प (A) सही है।

10. इस वाक्य में विशेष्य शब्द 'गुलाब' है।

वाक्य में संज्ञा अथवा सर्वनाम की विशेषता बताने वाले शब्दों को विशेषण कहते हैं। जैसे - लाल गुलाब। इस वाक्य में 'लाल' विशेषण है। जिस शब्द (संज्ञा अथवा सर्वनाम) की विशेषता बतायी जाती है उसे विशेष्य कहते हैं।

अतः विकल्प (B) सही है।

11. विशेषणों की तीन अवस्थाएँ-

मूलावस्था - इसमें विशेषणों का सामान्य प्रयोग होता है। यहाँ किसी के साथ तुलना नही की जाती।

उत्तरावस्था - इसमें दो वस्तुओं या व्यक्तियों की तुलना करके एक की न्यूनता अथवा अधिकता बतलाई जाती हैं। जैसे - राम श्याम से अधिक वीर है।

उत्तमावस्था - इसमें दो से अधिक वस्तुओं या व्यक्तियों की तुलना की जाती हैं।

अतः विकल्प (C) सही है।

12. 'परोक्ष' का विलोम 'प्रत्यक्ष' होता है।

परोक्ष का अर्थ जो आँखों के सामने न हो, आँखों से ओझल है जबकि प्रत्यक्ष का अर्थ स्पष्ट दिखाई पड़नेवाला है।

अतः विकल्प (B) सही है।

13. 'स्थावर' का विलोम 'जंगम' होता है।

स्थावर का अर्थ स्थिर है जबकि जंगम का अर्थ जो चल सकता है।

अतः विकल्प (B) सही है।

14. 'सामिष' का विलोम 'निरामिष' होता है।

सामिष का अर्थ मांस से युक्त (जैसे—सामिष भोजन) है जबकि निरामिष का अर्थ मांसरहित है।

अतः विकल्प (B) सही है।

15. 'संकीर्ण' का विलोम 'विस्तीर्ण' होता है।

संकीर्ण का अर्थ सँकरा, तंग है जबकि विस्तीर्ण का अर्थ विस्तृत है।

अतः विकल्प (A) सही है।

16. 'प्राचीन' का विलोम 'अर्वाचीन' होता है।

प्राचीन का अर्थ पुराना है जबकि अर्वाचीन का अर्थ आधुनिक है।

अतः विकल्प (B) सही है।

17. 'कृतज्ञ' का विलोम 'कृतघ्न' होता है।

कृतज्ञ का अर्थ उपकार माननेवाला, एहसानमंद है जबकि कृतघ्न का अर्थ किए हुए उपकार को न माननेवाला है।

अतः विकल्प (B) सही है।

18. 'जंगल में लगने वाली आग' के लिए उपयुक्त शब्द 'दावानल' होगा।

वन में वृक्षों की रगड़ से अपने आप से लगने वाली आग जो दूर- दूर तक फैल जाती है, उसे दावानल कहते है, ये आग अक्सर जंगल में गर्मियों में खुद लग जाती है।

अतः विकल्प (B) सही है।

19. 'हर काम को देर से करने वाला' के लिए उपयुक्त शब्द 'दीर्घसूत्री' होगा।

दीर्घसूत्री को बहुत धीरे-धीरे काम करने वाला भी कहते है।

अतः विकल्प (D) सही है।

20. 'जिसके समान दूसरा न हो' के लिए उपयुक्त शब्द 'अप्रतिम' होगा।

अप्रतिम को अनुपम, बेजोड़, अद्वितीय भी कहते हैं।

अतः विकल्प (D) सही है।

21. 'आशा से बहुत अधिक' के लिए उपयुक्त शब्द 'आशातीत' होगा।

आशातीत को आशा से परे भी कहते है।

अतः विकल्प (C) सही है।

22. 'फेंककर चलाया जाने वाला हथियार' के लिए उपयुक्त शब्द 'अस्त्र' होगा।

अस्त्र को हथियार, नश्तर, धनुष-बाण भी कहते हैं।

अतः विकल्प (A) सही है।

23. 'ऐसा रोग जिसका उपचार संभव न हो' के लिए उपयुक्त शब्द 'असाध्य' होगा।

असाध्य को दुष्कर, दुरूह, लाइलाज भी कहते हैं।

अतः विकल्प (D) सही है।

24. 'जो कानून के अनुकूल न हो' के लिए उपयुक्त शब्द 'अवैध' होगा।

अवैध को गैरकानूनी, अनधिकृत, अनाधिकार, मानवताविरोधी भी कहते हैं।

अतः विकल्प (A) सही है।

25. 'जिसका कोई शत्रु पैदा ही नहीं हुआ हो' के लिए उपयुक्त शब्द 'अजातशत्रु' होगा।

अजातशत्रु को शत्रुविहीन भी कहते हैं।

अतः विकल्प (B) सही है।

26. 'जो व्यर्थ की बातें करता हो' के लिए उपयुक्त शब्द 'वाचाल' होगा।

वाचाल को बकवादी, अतिभाषी, बातूनी, मुँहज़ोर भी कहते हैं।

अतः विकल्प (C) सही है।

27. 'जिसे कठिनाई से जीता जा सके' के लिए उपयुक्त शब्द 'दुर्जेय' होगा।

दुर्जेय को परमेश्वर भी कहते हैं।

अतः विकल्प (D) सही है।

28. यहाँ 'केवल पचास रुपया था', के स्थान पर 'केवल पचास रुपये थे' का प्रयोग उचित है।

सही वाक्य है: जिस दिन मैं उससे मिला उस दिन उसके पास केवल पचास रुपये थे।

अतः विकल्प (D) सही है।

29. यहाँ 'शीर्षक को चयन' के स्थान पर 'शीर्षक का चयन' का प्रयोग उचित है।

सही वाक्य है: शीर्षक का चयन करते समय अनुच्छेद में निहित भावों और विचारों की परख कर लेनी चाहिए।

अतः विकल्प (A) सही है।

30. यहाँ 'श्रद्धा करते हैं' के स्थान पर ''इज्जत करते हैं' का प्रयोग उचित है।

सही वाक्य है: कक्षा के सभी लड़के गुरूजी की मन से इज्जत करते हैं।

अतः विकल्प (D) सही है।

31. यहाँ 'कोई भी' के स्थान पर 'कोई' का प्रयोग उचित है।

सही वाक्य है: कोई नहीं जानता कि कल क्या होने वाला है।

अतः विकल्प (A) सही है।

32. यहाँ 'परीक्षण की उपयोगिता' के स्थान पर 'परीक्षण का उपयोग' का प्रयोग उचित है।

सही वाक्य है: व्यक्तित्व को मापने के लिए किसी उचित परीक्षण का उपयोग करना आवश्यक है।

अतः विकल्प (C) सही है।

33. चेष्ठा की शुद्ध वर्तनी है – चेष्टा।

चेष्टा का अर्थ प्रयास, कोशिश, प्रयत्न, मुद्रा, इच्छा, परिश्रम हैं।

अतः विकल्प (C) सही है।

34. अंत्येष्ठी की शुद्ध वर्तनी है – अंत्येष्टि।

अंत्येष्टि का अर्थ मृतक का अंतिम संस्कार, दाहकर्म, मृतककर्म हैं।

अतः विकल्प (D) सही है।

35. उत्कृष्ट शुद्ध वर्तनी है।

उत्कृष्ट का अर्थ श्रेष्ठ, उच्च कोटि का, उन्नत हैं।

अतः विकल्प (B) सही है।

36. जिजीविषा शुद्ध वर्तनी है।

जिजीविषा का अर्थ जीने की इच्छा या उत्कट कामना, जीवटता, जीवन की चाह हैं।

अतः विकल्प (B) सही है।

37. संभ्रांत शुद्ध वर्तनी है।

संभ्रांत का अर्थ प्रतिष्ठित, उत्तेजित, स्फूर्तियुक्त हैं।

अतः विकल्प (D) सही है।

38. पर्वत के पर्यायवाची पहाड़, गिरि, अचल, भूमिधर, तुंग आद्रि, शैल, धरणीधर, धराधर, नग, भूधर, महीधर हैं।

अतः विकल्प (D) सही है।

39. विद्युत के पर्यायवाची बिजली, तड़ित्, चंचला, चपला, अशनि, इन्द्रवज्र, करका, क्षणप्रभा, क्षणिका, गाज, दामिनी, वज्र, शंपा, सौदामिनी, बीजुरी, कौंधा, घनप्रिया हैं।

अतः विकल्प (B) सही है।

40. अज के पर्यायवाची ब्रह्मा, आत्मभू, प्रजापति, प्रजाधिप, चतुरानन, लोकेश, विरंच, विरंचि, सृष्टिकर्ता, स्रष्टा, स्वयंभू, जगद्योनि, धाता, पितामह, बिधना, विधाता, विधि, चतुर्मुख, परमेष्ठी, हंसवाहन, हिरण्यगर्भ, अब्जयोनि हैं।

अतः विकल्प (D) सही है।

41. कमल के पर्यायवाची सरोज, जलज, अब्ज, पंकज, अरविंद, पद्म, शतदल, अंबुज, सरसिज, सारंग, राजीव, वारिज, पुंडरिक, मृणाल, तामरस,नीरज हैं।

अतः विकल्प (B) सही है।

42. पानी के पर्यायवाची जल, नीर, सलिल, अंबु, अंभ, उदक, तोय, जीवन, वारि, पय, अमृत, मेघपुष्प, सारंग हैं।

अतः विकल्प (D) सही है।

43. पक्षी के पर्यायवाची खेचर, दविज, पतंग, पंछी, खग, विहग, परिन्दा, शकुन्त, अण्डज, चिडिया, गगनचर, पखेरू, विहग, नभचर, द्विज हैं।

अतः विकल्प (C) सही है।

44. मेघ के पर्यायवाची घन, जलधर, वारिद, बादल, नीरद, वारिधर, पयोद, अम्बुद, पयोधर, अभ्र हैं।

अतः विकल्प (C) सही है।

45. विपिन के पर्यायवाची जंगल, कानन, वन, अरण्य, गहन, कांतार, बीहड़, विटप हैं।

अतः विकल्प (A) सही है।

46. रात्रि के पर्यायवाची निशा, क्षया, रैन, रात, यामिनी, रजनी, त्रियामा, क्षणदा, शर्वरी, तमस्विनी, विभावरी हैं।

अतः विकल्प (D) सही है।

47. अमृत के पर्यायवाची सुरभोग सुधा, सोम, पीयूष, अमिय, जीवनोदक हैं।

अतः विकल्प (D) सही है।

48. 'वह धीरे से बोलता है' वाक्य में क्रिया-विशेषण का प्रयोग हुआ है।

क्रिया विशेषण-

वह शब्द जो हमें क्रियाओं की विशेषता का बोध कराते हैं वे शब्द क्रिया विशेषण कहलाते हैं। दुसरे शब्दों में कहें तो जिन शब्दों से क्रिया की विशेषता का पता चलता है, उन शब्दों को हम क्रिया विशेषण कहते हैं।

अतः विकल्प (A) सही है।

49. 'सच्चा' एक विशेषण शब्द है।

वाक्य में संज्ञा अथवा सर्वनाम की विशेषता बताने वाले शब्दों को विशेषण कहते हैं।

जैसे - बड़ा, काला, लंबा, दयालु, भारी, सुन्दर, कायर, टेढ़ा-मेढ़ा, एक, दो आदि।

अतः विकल्प (A) सही है।

50. 'धीरे-धीरे' क्रिया विशेषण है।

जिन शब्दों से क्रिया की विशेषता का पता चलता है उन्हें क्रिया विशेषण कहते हैं दूसरे शब्दों में कहें तो जिन शब्दों से क्रिया की विशेषता का पता चलता है, उन शब्दों को हम क्रिया विशेषण कहते हैं। जैसे- हिरण तेज़ भागता है।

अतः विकल्प (D) सही है।

51. 'आकर्षक' एक विशेषण है।

संज्ञा अथवा सर्वनाम शब्दों की विशेषता (गुण, दोष, संख्या, परिमाण आदि) बताने वाले शब्द विशेषण कहलाते हैं। जैसे - बड़ा, काला, लंबा, दयालु, भारी, सुन्दर, कायर, टेढ़ा-मेढ़ा, एक, दो आदि।

अतः विकल्प (B) सही है।

52. 'पशु' शब्द का विशेषण पाशविक है।

संज्ञा अथवा सर्वनाम शब्दों की विशेषता (गुण, दोष, संख्या, परिमाण आदि) बताने वाले शब्द विशेषण कहलाते हैं। जैसे - बड़ा, काला, लंबा, दयालु, भारी, सुन्दर, कायर, टेढ़ा-मेढ़ा, एक, दो आदि।

अतः विकल्प (A) सही है।

53. फूफा या फूफी के नाते का, जैसे- फुफेरा भाई। फुफेरा - विशेषण [हिंदी फूफा + एरा (प्रत्यय)] [विशेषण स्त्रीलिंग फुफेरी] फूफा से उत्पन्न। जैसे, फुफेरा भाई, फुफेरी बहन।

अतः विकल्प (D) सही है।

54. 'थोड़ा पानी दीजिए।' –इस वाक्य में 'थोड़ा' शब्द विशेषण है।

संज्ञा अथवा सर्वनाम शब्दों की विशेषता (गुण, दोष, संख्या, परिमाण आदि) बताने वाले शब्द विशेषण कहलाते हैं। जैसे - बड़ा, काला, लंबा, दयालु, भारी, सुन्दर, कायर, टेढ़ा-मेढ़ा, एक, दो आदि।

अतः विकल्प (B) सही है।

55. निष्ठा तत्सम शब्द है।

तत्सम दो शब्दों से मिलकर बना है – तत +सम, जिसका अर्थ होता है ज्यों का त्यों। जिन शब्दों को संस्कृत से बिना किसी परिवर्तन के ले लिया जाता है उन्हें तत्सम शब्द कहते हैं। इनमें ध्वनि परिवर्तन नहीं होता है। जैसे- हिंदी, बांग्ला, मराठी, गुजराती, पंजाबी, तेलगु, कन्नड़, मलयालम आदि।

अतः विकल्प (C) सही है।

56. लकड़ी तद्भव शब्द है इसका तत्सम लगुड़ है।

संस्कृत के कुछ शब्द ऐसे होते हैं जो हिंदी में भी बिना परिवर्तन के प्रयुक्त होते हैं। उन शब्दों को तत्सम शब्द कहते हैं। तद्भव शब्द वे शब्द हैं जिनमे थोडा सा परिवर्तन करके हिंदी में प्रयुक्त किया जाता हैं।

अतः विकल्प (D) सही है।

57. ओज तत्सम शब्द है।

तत्सम दो शब्दों से मिलकर बना है – तत +सम, जिसका अर्थ होता है ज्यों का त्यों। जिन शब्दों को संस्कृत से बिना किसी परिवर्तन के ले लिया जाता है उन्हें तत्सम शब्द कहते हैं। इनमें ध्वनि परिवर्तन नहीं होता है। जैसे- हिंदी, बांग्ला, मराठी, गुजराती, पंजाबी, तेलगु, कन्नड़, मलयालम आदि।

अतः विकल्प (B) सही है।

58. निडर तद्भव शब्द है इसका तत्सम निर्दर है।

संस्कृत के कुछ शब्द ऐसे होते हैं जो हिंदी में भी बिना परिवर्तन के प्रयुक्त होते हैं . उन शब्दों को तत्सम शब्द कहते हैं . तद्भव शब्द वे शब्द हैं जिनमे थोडा सा परिवर्तन करके हिंदी में प्रयुक्त किया जाता हैं।

अतः विकल्प (B) सही है।

59. भभूत तद्भव शब्द है इसका तत्सम विभूति है।

तद्भव शब्द- संस्कृत शब्दों से विकृत होकर बने शब्द अर्थात संस्कृत के जो शब्द प्राकृत अपभ्रंश, पुरानी हिंदी आदि से गुजरने के कारण आज परिवर्तित रूप में मिलते हैं, तद्भव शब्द कहलाते हैं।

अतः विकल्प (B) सही है।

60. निर्जीव तत्सम शब्द है।

तत्सम दो शब्दों से मिलकर बना है – तत +सम, जिसका अर्थ होता है ज्यों का त्यों। जिन शब्दों को संस्कृत से बिना किसी परिवर्तन के ले लिया जाता है उन्हें तत्सम शब्द कहते हैं। इनमें ध्वनि परिवर्तन नहीं होता है। जैसे- हिंदी, बांग्ला, मराठी, गुजराती, पंजाबी, तेलगु, कन्नड़, मलयालम आदि।

अतः विकल्प (B) सही है।

सामान्य हिंदी (पेपर-II) : मॉक टेस्ट 08

Q.1 शुद्ध वाक्य है :
A. बिजली गरज रही है।
B. तूफान आने का भय है।
C. बेटी तो पराया धन होता है।
D. मैंने नहीं जाना।

Q.2 निम्नलिखित चार विकल्पों में से शुद्ध वाक्य का चयन कीजिए -
A. दूध में जामुन डालने से दही बनता है।
B. दूध में जामुनी डालने से दही बनता है।
C. दूध में जाम डालने से दही बनता है।
D. दूध में जामन डालने से दही बनता है।

Q.3 शुद्ध वाक्य का चयन कीजिए:
A. दो गाड़ियों में टक्कर हो गई।
B. वह लगभग दौड़ रहा है।
C. हम सब परस्पर आपस में बराबर हैं।
D. उसके बाद फिर क्या हुआ।

Q.4 दिए गए विकल्पों में से 'प्रत्यक्ष' का विलोम क्या होगा ?
A. अपरोक्ष **B.** परोक्ष **C.** पीछे **D.** पुराना

Q.5 दिए गए विकल्पों में से 'घमंडी' का विलोम क्या होगा ?
A. सामान्य **B.** मिलन **C.** विनयी **D.** कृतज्ञ

Q.6 दिए गए विकल्पों में से 'लिप्त' का विलोम क्या होगा ?
A. व्यक्त **B.** निर्लिप्त **C.** लघु **D.** समाहित

Q.7 'जिसका आदर न किया गया हो' वाक्यांश के लिए एक शब्द :
A. अनादृत **B.** अप्रहत **C.** अव्यवहत **D.** अशक्य

Q.8 'मुमुक्षु' के लिए वाक्यांश :
A. महान व्यक्तियों की मृत्यु
B. मोक्ष की इच्छा रखने वाला
C. जिंदा रहने की इच्छा
D. सुख की कामना

Q.9 'भोजन करने की इच्छा' के लिए एक शब्द है :
A. बुभुक्षा **B.** क्षुधातुर **C.** मांसाहारी **D.** निरामिष

Q.10 'बहुत तेज चलने वाला' के लिए एक शब्द है :
A. अनायास **B.** द्रुतगामी **C.** अंतर्यामी **D.** अशक्य

Q.11 मौन का विलोम शब्द है:
A. मुखर **B.** मौखिक **C.** मयंक **D.** विकार

Q.12 रेखांकित छपे शब्द के लिए अपयुक्त विलोम शब्द का चयन करो - वह अपने विषय का पूर्ण " अभिज्ञ" है-
A. सर्वज्ञ **B.** अल्पज्ञ **C.** अनभिज्ञ **D.** विज्ञ

Q.13 निम्नलिखित चार विकल्पों में से शुद्ध वाक्य का चयन कीजिए -
A. वे अनेक कला जानते हैं।
B. मैं दर्शन करने आया हूँ।
C. मैं सारी रात भर जागती रही।
D. शाहजहाँ ने सड़कों को बनवाई।

Q.14 शुद्ध वाक्य का चयन कीजिए :
A. मैं सोमवार के दिन तुम्हारे घर आऊँगा।
B. आपकी महती कृपा होगी।
C. विगत वर्ष अनेक यंत्रों की उत्पत्ति हुई।
D. वह जा चुका वहाँ।

Q.15 निम्नलिखित में से शुद्ध वर्तनी का चयन कीजिए :
A. कलस **B.** आधीन **C.** स्थान **D.** अनवेषण

Q.16 निम्नलिखित में से शुद्ध वर्तनी का चयन कीजिए:
A. अन्तीम **B.** कविता **C.** जलांजली **D.** चरीतार्थ

Q.17 नीचे दी गयीं वर्तनी में से शुद्ध वर्तनी कौन सी है?
A. नायिका **B.** मानसक **C.** माचस **D.** क्षणक

Q.18 निम्नलिखित में से अशुद्ध वर्तनी का चयन कीजिए:
A. लालायित **B.** बहिरंगा **C.** स्थायित्व **D.** कुमुदिनी

Q.19 निम्नलिखित में से शुद्ध वर्तनी का चयन कीजिए:
A. सूचिपत्र **B.** तृकोण **C.** एकान्त **D.** भानू

Q.20 'भित्तिचित्र' शब्द के लिए वाक्यांश है :
A. दीवार पर बने हुए चित्र **B.** सुंदर चित्र बनाना
C. टाइप करने की कला **D.** फर्श पर रंगों से बना चित्र

Q.21 'तत्वज्ञ' के लिए उचित वाक्यांश होगा :
A. तीनों लोकों का स्वामी
B. तत्तव को जानने वाला
C. तीन कालों की बात जानने वाला
D. तप करने वाला

Q.22 'जहाँ नदियों का मिलन हो' इस वाक्यांश के लिए शब्द होगा :
A. अगम **B.** अगम्य **C.** सघन **D.** संगम

Q.23 'फड़' के लिए वाक्यांश :
A. जिस कागज पर मानचित्र, विवरण या कोषक अंकित हो
B. जिस स्थान पर बैठकर माल खरीदा और बेचा जाता हो
C. जिस स्थान पर अभिनेता अपना वेश-विन्यास करते हैं
D. इनमें से कोई नहीं

Q.24 'अनुचित बात के लिए हठ' इस वाक्यांश के लिए एक शब्द होगा :
A. दुराचारी **B.** स्वार्थी **C.** दुराग्रह **D.** दुर्दम्य

Q.25 गमन का विलोम शब्द है:
A. जाना **B.** उतरना **C.** आगमन **D.** चढना

Q.26 'अनाथ' का विलोम शब्द है-
A. धनी **B.** सनाथ **C.** निर्धन **D.** वेकार

Q.27 'अलंकेश' का पर्यायवाची शब्द है-
A. बादल **B.** कल्पवृक्ष **C.** कुबेर **D.** चपला

Q.28 'असुर' का पर्यायवाची शब्द नहीं है-
A. दनुज **B.** दानव **C.** दैत्य **D.** यक्ष

Q.29 'हनुमान' का पर्यायवाची शब्द नहीं है-
A. पवनसुत **B.** अंजनीपुत्र **C.** मारुति **D.** विनायक

Q.30 दिये गए विकल्पों में से तत्सम शब्द चुनें-

A. चितेरा B. जनम C. लवण D. दच्छ

Q.31 'केला' का तत्सम शब्द क्या है?
A. केलक: B. कदली C. कदलिक: D. कदर्लिक:

Q.32 'साखी' का मूल तत्सम शब्द क्या है?
A. शिक्षा B. साक्षी
C. दिया D. इनमे से कोई नहीं

Q.33 क्षीर का तद्भव शब्द चुनें।
A. भविष्य B. खीर C. गली D. गेहूँ

Q.34 निम्नलिखित में कौन सा शब्द तद्भव है।
A. नग्न B. नृत्य C. नाक D. निद्रा

Q.35 दिए गए विकल्पों में से 'कर्पूर' किस श्रेणी का शब्द है?
A. देशज B. विदेशी C. तत्सम D. तद्भव

Q.36 'पूड़ी' का तत्सम शब्द है-
A. पुरी B. पूरी C. पुड़ी D. पूपालिका

Q.37 अमरूद का अंदरूनी हिस्सा लाल है।- इस वाक्य में प्रयुक्त विशेषण कौन सा है?
A. गुणवाचक विशेषण B. संबंधवाचक विशेषण
C. तुलनाबोधक विशेषण D. सार्वनामिक विशेषण

Q.38 'मोहन ने अखिल से अच्छा भाषण दिया'- वाक्य में प्रयुक्त विशेषण कौन सा है?
A. गुणवाचक विशेषण B. सम्बन्धवाचक विशेषण
C. तुलनाबोधक विशेषण D. सार्वनामिक विशेषण

Q.39 'चार घूंट अंदर हर कोई सिकंदर'- इस वाक्य में प्रयुक्त विशेषण कौन सा है?
A. संख्यावाचक विशेषण B. संबंधवाचक विशेषण
C. तुलनाबोधक विशेषण D. सार्वनामिक विशेषण

Q.40 नीचे दिये गए शब्द किस विशेषण के प्रकार है?
दो लीटर, थोड़ा, बहुत
A. संख्यावाचक विशेषण B. परिमाणवाचक विशेषण
C. सार्वनामिक विशेषण D. तुलनाबोधक विशेषण

Q.41 निम्नलिखित शब्दों में से 'देह' किसका पर्यायवाची शब्द है?
A. काया B. अम्बु C. वासर D. दर्प

Q.42 निम्नलिखित शब्दों में से 'सर्प' किसका समानार्थी है?
A. भुजा B. विषधर C. भवन D. भवानी

Q.43 'शत्रु' का पर्यायवाची शब्द बताएं।
A. रिपु B. खग C. तुरंग D. पीयूष

Q.44 निम्नलिखित में से कौन सा शब्द 'अग्नी' का पर्यायवाची नहीं है?
A. अनल B. पावक C. कृशानु D. ध्वजा

Q.45 'लहर' का पर्यायवाची बताएं।
A. तरणि B. तरंग C. तपस्या D. तीर

Q.46 निम्नलिखित में से कौन सा शब्द समानार्थी नहीं है?
A. होम B. हवन C. यज्ञ D. रण

Q.47 निम्नलिखित में से कौन सा शब्द 'सूर्य' का समानार्थी नहीं है?
A. भास्कर B. सूरज C. शोणित D. रवि

Q.48 दिए गए विकल्पों में से 'अकाल' का विलोम क्या होगा ?
A. मृत्यु B. सुकाल C. दीर्घकाल D. जीवन

Q.49 दिए गए विकल्पों में से 'वेदना' का विलोम क्या होगा ?
A. हर्ष B. वरदान C. स्तुति D. मृदु

Q.50 दिए गए विकल्पों में से 'निरामिष' का विलोम क्या होगा ?
A. परामिष B. शाकाहरी C. सामिष D. कोई नहीं

Q.51 'प्रतिदिन' किस प्रकार का क्रिया-विशेषण है?
A. रीतिवाचक B. परिणामवाचक
C. स्थानवाचक D. कालवाचक

Q.52 'वह श्रेष्ठ उपासक है' में विशेष्य हैं?
A. वह B. श्रेष्ठ C. उपासक D. है

Q.53 'सुगंधित कस्तूरी के लोभी शिकारी राजस्थानी हिरणों का अवैध शिकार करते हैं- वाक्य में हैं?
A. तीन विशेषण और तीन विशेष्य
B. दो विशेषण और दो विशेष्य
C. चार विशेषण और चार विशेष्य
D. तीन विशेषण और चार विशेष्य

Q.54 'दशरथ के प्राण राम के लिए आकुल थे'- वाक्य में मुख्य विशेष्य हैं?
A. दशरथ B. राम C. प्राण D. आकुल

Q.55 निम्नलिखित में से कौन-सा शब्द विशेष्य हैं?
A. आसीन B. अग्नि C. मधुर D. कर्मठ

Q.56 निम्नलिखित विशेष्य-विशेषण युग्मों में एक गलत है?
A. सर्व-सुलभ B. ताजी-रोटी
C. कर्मनिष्ठ D. भाव-विह्वल

Q.57 'मृतिका' का तद्भव रूप बताइए।
A. मरना B. मारना C. मिट्टी D. बालू

Q.58 'मगही' शब्द है?
A. विदेशज B. तत्सम C. देशज D. तद्भव

Q.59 'प्रस्तर' का तद्भव शब्द है-
A. पत्थर B. फत्तर C. पत्तर D. फत्थर

Q.60 जिस तर्क को काटा न जा सके-
A. मान्य B. ग्राह्य C. निर्विवाद D. अकाट्य

// स्मार्ट उत्तर पुस्तिका //

सही उत्तर उन छात्रों के प्रतिशत को इंगित करता है जिन्होंने प्रश्नों का सही उत्तर दिया था।

छोड़ दिया उन छात्रों के प्रतिशत को इंगित करता है जिन्होंने प्रश्नों को छोड़ दिया था।

प्रश्न संख्या	उत्तर	सही उत्तर	छोड़ दिया
1	B	28.89 %	11.11 %
2	D	37.78 %	48.89 %
3	A	40.0 %	48.89 %
4	B	28.89 %	48.89 %
5	C	40.0 %	48.89 %
6	B	40.0 %	48.89 %
7	A	35.56 %	48.88 %
8	B	46.67 %	48.89 %
9	A	40.0 %	48.89 %
10	B	35.56 %	48.88 %
11	A	37.78 %	48.89 %
12	C	44.44 %	48.89 %
13	B	44.44 %	48.89 %
14	B	37.78 %	48.89 %
15	C	35.56 %	48.88 %
16	B	46.67 %	48.89 %
17	A	48.89 %	48.89 %
18	D	28.89 %	48.89 %
19	C	37.78 %	40.0 %
20	A	42.22 %	46.67 %
21	B	33.33 %	48.89 %
22	D	46.67 %	48.89 %
23	B	35.56 %	48.88 %
24	C	44.44 %	48.89 %
25	C	44.44 %	48.89 %
26	B	33.33 %	48.89 %
27	C	37.78 %	48.89 %
28	D	48.89 %	48.89 %
29	D	40.0 %	48.89 %
30	C	46.67 %	48.89 %
31	B	33.33 %	48.89 %
32	B	26.67 %	48.89 %
33	B	48.89 %	48.89 %
34	C	40.0 %	48.89 %
35	C	46.67 %	48.89 %
36	D	35.56 %	48.88 %
37	B	24.44 %	48.89 %
38	C	46.67 %	48.89 %
39	A	24.44 %	48.89 %
40	B	28.89 %	48.89 %
41	A	46.67 %	48.89 %
42	B	33.33 %	48.89 %
43	A	33.33 %	48.89 %
44	D	40.0 %	48.89 %
45	B	40.0 %	48.89 %
46	D	46.67 %	48.89 %
47	C	31.11 %	48.89 %
48	B	48.89 %	48.89 %
49	A	22.22 %	48.89 %
50	C	33.33 %	48.89 %
51	D	28.89 %	48.89 %
52	C	33.33 %	48.89 %
53	C	33.33 %	48.89 %
54	C	13.33 %	48.89 %
55	B	40.0 %	48.89 %
56	A	20.0 %	48.89 %
57	C	33.33 %	48.89 %
58	D	35.56 %	48.88 %
59	A	46.67 %	48.89 %
60	D	31.11 %	48.89 %

कार्य विश्लेषण	
औसत अंक (%)	38.33%
टॉपर्स स्कोर (%)	88.33%
आपका स्कोर	

//संकेत और समाधान//

1. दिए गए विकल्पों में से शुद्ध वाक्य 'तूफान आने का भय है।' होगा।

तूफान विदेशज शब्द है,

वाक्य शुद्धि: वाक्य भाषा की अत्यंत महत्वपूर्ण इकाई है। इस्सिए लिखने या बोलने के समय यह ध्यान रखना चाहिए कि वह स्पष्ट और व्याकरणिक दृष्टि से शुद्ध हो। वाक्यों के विभिन्न अंग यथास्थान होने चाहिए।

अतः विकल्प (B) सही है।

2. दिए गए विकल्पों में से शुद्ध वाक्य 'दूध में जामन डालने से दही बनता है।' होगा।

वाक्य शुद्धि: वाक्य भाषा की अत्यंत महत्वपूर्ण इकाई है। इसलिए लिखने या बोलने के समय यह ध्यान रखना चाहिए कि वह स्पष्ट और व्याकरणिक दृष्टि से शुद्ध हो। वाक्यों के विभिन्न अंग यथास्थान होने चाहिए।

अतः विकल्प (D) सही है।

3. दिए गए विकल्पों में से शुद्ध वाक्य हैं - दो गाड़ियों में टक्कर हो गई। गाड़ियों बहिवाचन शब्द है इसका एकवचन शब्द 'गाड़ी' होगा। टक्कर का अर्थात है - आपस में भिड़ जाना, भिड़ंत।

वाक्य शुद्धि: वाक्य भाषा की अत्यंत महत्वपूर्ण इकाई है। इस्सिए लिखने या बोलने के समय यह ध्यान रखना चाहिए कि वह स्पष्ट और व्याकरणिक दृष्टि से शुद्ध हो। वाक्यों के विभिन्न अंग यथास्थान होने चाहिए।

अतः विकल्प (A) सही है।

4. 'प्रत्यक्ष' का उचित विलोम शब्द 'परोक्ष' होगा।

'प्रत्यक्ष' का मतलब होता है- स्पष्ट दिखाई पड़ने वाला 'परोक्ष' का अर्थ होगा- जो आँखों के सामने न हो।

विकल्प 'अपरोक्ष' व्याकरणिक दृष्टि से गलत विकल्प है।

विलोम/ विपरीतार्थक शब्द- विपरीत (उल्टा) अर्थ बताने वाले शब्दों को विलोम शब्द कहते हैं। विलोम शब्दों को प्रतिलोमार्थक और विपरीतार्थक शब्द भी कहते हैं।

अतः विकल्प (B) सही है।

5. 'घमंडी' शब्द का उचित विलोम शब्द 'विनयी' होगा।

'घमंडी' अर्थात- घमंड करने वाला, अभिमानी, अहंकारी।

विनयी अर्थात- विनयशील।

विलोम/ विपरीतार्थक शब्द- विपरीत (उल्टा) अर्थ बताने वाले शब्दों को विलोम शब्द कहते हैं। विलोम शब्दों को प्रतिलोमार्थक और विपरीतार्थक शब्द भी कहते हैं।

अतः विकल्प (C) सही है।

6. 'लिप्त' शब्द का विलोम शब्द 'निर्लिप्त' होगा।

'लिप्त' शब्द का अर्थ है- 1.किसी कार्य में डूबा हुआ, रमा हुआ, लीन 2. शामिल, मिला हुआ। '

'निर्लिप्त' शब्दि का अर्थ है- संबंध विहीन।

विलोम/ विपरीतार्थक शब्द- विपरीत (उल्टा) अर्थ बताने वाले शब्दों को विलोम शब्द कहते हैं। विलोम शब्दों को प्रतिलोमार्थक और विपरीतार्थक शब्द भी कहते हैं।

अतः विकल्प (B) सही है।

7. 'जिसका आदर न किया गया हो' वाक्यांश के लिए एक शब्द है : अनादृत। 'अनादृत' शब्द के पर्यायवाची शब्द हैं - अपमानित, तिरस्कृत, अनादर।

वाक्यांश- भाषा को सुंदर, आकर्षक और प्रभावशाली बनाने के लिए अनेक शब्दों के स्थान पर एक शब्द का प्रयोग किया जाता है तो वह वाक्यांश के लिए एक शब्द कहलाता है।

अतः विकल्प (A) सही है।

8. 'मुमुक्षु' शब्द के लिए उचित वाक्यांश होगा - मोक्ष की इच्छा रखने वाला,

वाक्यांश- भाषा को सुंदर, आकर्षक और प्रभावशाली बनाने के लिए अनेक शब्दों के स्थान पर एक शब्द का प्रयोग किया जाता है तो वह वाक्यांश के लिए एक शब्द कहलाता है।

अतः विकल्प (B) सही है।

9. 'भोजन करने की इच्छा' के लिए एक शब्द है : बुभुक्षा।

बुभुक्षा के पर्यायवाची शब्द हैं - क्षुधा, अशना।

वाक्यांश- भाषा को सुंदर, आकर्षक और प्रभावशाली बनाने के लिए अनेक शब्दों के स्थान पर एक शब्द का प्रयोग किया जाता है तो वह वाक्यांश के लिए एक शब्द कहलाता है।

अतः विकल्प (A) सही है।

10. 'बहुत तेज चलने वाला' के लिए एक शब्द है : द्रुतगामी।

द्रुतगामी के पर्यायवाची शब्द हैं - तीव्रगामी, तेज़ , रफ़्तार वाला, आशुगामी, आशुग।

वाक्यांश- भाषा को सुंदर, आकर्षक और प्रभावशाली बनाने के लिए अनेक शब्दों के स्थान पर एक शब्द का प्रयोग किया जाता है तो वह वाक्यांश के लिए एक शब्द कहलाता है।

अतः विकल्प (B) सही है।

11. 'मौन' का विलोम मुखर होगा।

विलोम/ विपरीतार्थक शब्द- विपरीत (उल्टा) अर्थ बताने वाले शब्दों को विलोम शब्द कहते हैं। विलोम शब्दों को प्रतिलोमार्थक और विपरीतार्थक शब्द भी कहते हैं।

अतः विकल्प (A) सही है।

12. 'अभिज्ञ' शब्द का विलोम शब्द 'अनभिज्ञ' होगा।

विलोम/ विपरीतार्थक शब्द- विपरीत (उल्टा) अर्थ बताने वाले शब्दों को विलोम शब्द कहते हैं। विलोम शब्दों को प्रतिलोमार्थक और विपरीतार्थक शब्द भी कहते हैं।

अतः विकल्प (C) सही है।

13. दिए गए विकल्पों में से शुद्ध वाक्य 'मैं दर्शन करने आया हूँ।' होगा।

वाक्य शुद्धि: वाक्य भाषा की अत्यंत महत्वपूर्ण इकाई है। इस्सिए लिखने या बोलने के समय यह ध्यान रखना चाहिए कि वह स्पष्ट और व्याकरणिक दृष्टि से शुद्ध हो। वाक्यों के विभिन्न अंग यथास्थान होने चाहिए।

अतः विकल्प (B) सही है।

14. दिए गए विकल्पों में शुद्ध वाक्य 'आपकी महती कृपा होगी।' होगा।

वाक्य शुद्धि: वाक्य भाषा की अत्यंत महत्वपूर्ण इकाई है। इस्सिए लिखने या बोलने के समय यह ध्यान रखना चाहिए कि वह स्पष्ट और व्याकरणिक दृष्टि से शुद्ध हो। वाक्यों के विभिन्न अंग यथास्थान होने चाहिए।

अतः विकल्प (B) सही है।

15. दिए गए विकल्पों में स्थान शब्द की वर्तनी शुद्ध है।

वर्तनी: लिखने की रीति को वर्तनी कहते हैं। 'वर्तनी शब्द का अर्थ उच्चारित होने वाले शब्द के लेखन में प्रयोग होने वाले लिपि चिहों के व्यवस्थित रूप को वर्तनी कहा जाता है।

अतः विकल्प (C) सही है।

16. दिए गए विकल्पों में कविता शब्द की वर्तनी शुद्ध है। अन्य सभी शब्दों की वर्तनी त्रुटि पूर्ण हैं।

वर्तनी: लिखने की रीति को वर्तनी कहते हैं। 'वर्तनी शब्द का अर्थ उच्चारित होने वाले शब्द के लेखन में प्रयोग होने वाले लिपि चिहों के व्यवस्थित रूप को वर्तनी कहा जाता है।

अतः विकल्प (B) सही है।

17. दिए गए विकल्पों में नायिका शब्द की वर्तनी शुद्ध है। अन्य सभी शब्दों की वर्तनी त्रुटि पूर्ण हैं।

वर्तनी: लिखने की रीति को वर्तनी कहते हैं। 'वर्तनी शब्द का अर्थ उच्चारित होने वाले शब्द के लेखन में प्रयोग होने वाले लिपि चिहों के व्यवस्थित रूप को वर्तनी कहा जाता है।

अतः विकल्प (A) सही है।

18. 'कुमुदिनी' का अर्थ कमल की तरह का एक जलीय पौधा जिसमें सफ़ेद रंग के फूल लगते हैं' है।

वर्तनी: लिखने की रीति को वर्तनी कहते हैं। वर्तनी शब्द का अर्थ उच्चारित होने वाले शब्द के लेखन में प्रयोग होने वाले लिपि चिहों के व्यवस्थित रूप को वर्तनी कहा जाता है।

अतः विकल्प (D) सही है।

19. दिए गए विकल्पों में एकान्त शब्द की वर्तनी शुद्ध है। अन्य सभी शब्दों की वर्तनी त्रुटि पूर्ण हैं।

वर्तनी: लिखने की रीति को वर्तनी कहते हैं। 'वर्तनी शब्द का अर्थ उच्चारित होने वाले शब्द के लेखन में प्रयोग होने वाले लिपि चिहों के व्यवस्थित रूप को वर्तनी कहा जाता है।

अतः विकल्प (C) सही है।

20. 'भित्तिचित्र' शब्द के लिए वाक्यांश है : दीवार पर बने हुए चित्र।

भित्ति चित्र को मिट्टी व गाय के गोबर का घोल बनाकर दीवारों पर लिपाई की जाता है।

वाक्यांश- भाषा को सुंदर, आकर्षक और प्रभावशाली बनाने के लिए अनेक शब्दों के स्थान पर एक शब्द का प्रयोग किया जाता है तो वह वाक्यांश के लिए एक शब्द कहलाता है।

अतः विकल्प (A) सही है।

21. 'तत्वज्ञ' के लिए उचित वाक्यांश होगा : 'तत्तव को जानने वाला'

तत्वज्ञ के पर्यायवाची शब्द हैं- अध्यात्मवेत्ता, ब्रह्मज्ञानी, तत्वज्ञानी।

वाक्यांश- भाषा को सुंदर, आकर्षक और प्रभावशाली बनाने के लिए अनेक शब्दों के स्थान पर एक शब्द का प्रयोग किया जाता है तो वह वाक्यांश के लिए एक शब्द कहलाता है।

अतः विकल्प (B) सही है।

22. 'जहाँ नदियों का मिलन हो' इस वाक्यांश के लिए शब्द होगा: संगम।

संगम के पर्यायवाची शब्द हैं - मेल, मिलाप, संयोग, संग, साथ, सम्बन्ध, संगति।

वाक्यांश- भाषा को सुंदर, आकर्षक और प्रभावशाली बनाने के लिए अनेक शब्दों के स्थान पर एक शब्द का प्रयोग किया जाता है तो तह वाक्यांश के लिए एक शब्द कहलाता है।

अतः विकल्प (D) सही है।

23. दिए गए विकल्पों में फड़' के लिए वाक्यांश है - 'जिस स्थान पर बैठकर माल खरीदा और बेचा जाता हो।

जुआ खेलने की जगह या बिसात को भी फड़ कहा जाता है।

फड़ चित्रकला भारत की प्रमुख लोककलाओं में से एक है।

फड़ राजस्थान में भीलवाड़ा ज़िले की विशेषता है।

अतः विकल्प (B) सही है।

24. 'अनुचित बात के लिए हठ' इस वाक्यांश के लिए एक शब्द होगा - दुराग्रह।

वाक्यांश- भाषा को सुंदर, आकर्षक और प्रभावशाली बनाने के लिए अनेक शब्दों के स्थान पर एक शब्द का प्रयोग किया जाता है तो वह वाक्यांश के लिए एक शब्द कहलाता है।

अतः विकल्प (C) सही है।

25. 'गमन' शब्द का विलोम शब्द 'आगमन' होगा।

विलोम/ विपरीतार्थक शब्द- विपरीत (उल्टा) अर्थ बताने वाले शब्दों को विलोम शब्द कहते हैं। विलोम शब्दों को प्रतिलोमार्थक और विपरीतार्थक शब्द भी कहते हैं।

अतः विकल्प (C) सही है।

26. 'अनाथ' का विलोम शब्द 'सनाथ' होगा।

विलोम/ विपरीतार्थक शब्द- विपरीत (उल्टा) अर्थ बताने वाले शब्दों को विलोम शब्द कहते हैं। विलोम शब्दों को प्रतिलोमार्थक और विपरीतार्थक शब्द भी कहते हैं।

अतः विकल्प (B) सही है।

27. 'अलंकेश' का पर्यायवाची 'कुबेर' है।

पर्यायवाची- जो विभिन्न शब्द एक ही अर्थ का बोध कराएं, उन्हें पर्यायवाची शब्द कहते हैं। सामान्य भाषा में इनको समानार्थक शब्द भी कहते हैं।

अतः विकल्प (C) सही है।

28. 'असुर' का पर्यायवाची 'यक्ष' नहीं है।

पर्यायवाची- जो विभिन्न शब्द एक ही अर्थ का बोध कराएं, उन्हें पर्यायवाची शब्द कहते हैं। सामान्य भाषा में इनको समानार्थक शब्द भी कहते हैं।

अतः विकल्प (D) सही है।

29. 'हनुमान' का पर्यायवाची शब्द 'विनायक' नहीं है।

पर्यायवाची- जो विभिन्न शब्द एक ही अर्थ का बोध कराएं, उन्हें पर्यायवाची शब्द कहते हैं। सामान्य भाषा में इनको समानार्थक शब्द भी कहते हैं।

अतः विकल्प (D) सही है।

30. लवण (तत्सम) - नमक (तद्भव) और चितेरा, जनम, दच्छ के तत्सम क्रमशः चित्रकार, जन्म और दक्ष हैं।

अतः विकल्प (C) सही है।

31. निम्न विकल्पों में से केला' का तत्सम शब्द है 'कदली' है।

तत्सम- संस्कृत भाषा के वे शब्द जो हिन्दी में अपने वास्तविक रूप में प्रयुक्त होते है, उन्हें तत्सम शब्द कहते है।

अतः विकल्प (B) सही है।

32. निम्न विकल्पों में से 'साखी' शब्द का तत्सम रूप है साक्षी'।

तत्सम- संस्कृत भाषा के वे शब्द जो हिन्दी में अपने वास्तविक रूप में प्रयुक्त होते है, उन्हें तत्सम शब्द कहते है। जैसे- कवि, माता, नदी।

अतः विकल्प (B) सही है।

33. दिए गए विकल्पों में से तद्भव शब्द खीर है।

समय और परिस्थिति की वजह से तत्सम शब्दों में जो परिवर्तन हुए हैं उन्हें तद्भव शब्द कहते हैं। संस्कृत के जो शब्द प्राकृत, अपभ्रंश, पुरानी हिन्दी आदि से गुजरने के कारण आज परिवर्तित रूप में मिलते हैं, वे तद्भव शब्द कहलाते हैं।

अतः विकल्प (B) सही है।

34. समय और परिस्थिति की वजह से तत्सम शब्दों में जो परिवर्तन हुए हैं उन्हें तद्भव शब्द कहते हैं। संस्कृत के जो शब्द प्राकृत, अपभ्रंश, पुरानी हिन्दी आदि से गुजरने के कारण आज परिवर्तित रूप में मिलते हैं, वे तद्भव शब्द कहलाते हैं।

नासिका का तद्भव नाक हैं।

अतः विकल्प (C) सही है।

35. 'कर्पूर' शब्द तत्सम है जिसका तद्भव रूप 'कपूर' होगा। तत्सम शब्द का अर्थ होता है ज्यों का त्यों। जिन शब्दों को संस्कृत से बिना किसी परिवर्तन के ले लिया जाता है उन्हें तत्सम शब्द कहते हैं। इनमें ध्वनि परिवर्तन नहीं होता है। समय और परिस्थिति की वजह से तत्सम शब्दों में जो परिवर्तन हुए हैं उन्हें तद्भव शब्द कहते हैं।

अतः विकल्प (C) सही है।

36. तत्सम दो शब्दों से मिलकर बना है – तत +सम , जिसका अर्थ होता है ज्यों का त्यों। जिन शब्दों को संस्कृत से बिना किसी परिवर्तन के ले लिया जाता है उन्हें तत्सम शब्द कहते हैं। इनमें ध्वनि परिवर्तन नहीं होता है।

अतः विकल्प (D) सही है।

37. अमरूद का अंदरूनी हिस्सा लाल है।-वाक्य में 'संबंधवाचक विशेषण' है।

संबंधवाचक विशेषण- विशेषण शब्दों का प्रयोग करके किसी एक वस्तु या व्यक्ति का सम्बन्ध दूसरी वस्तु या व्यक्ति के साथ दर्शाया जाये।

अतः विकल्प (B) सही है।

38. 'मोहन ने अखिल से अच्छा भाषण दिया'-वाक्य में तुलनाबोधक विशेषण है।

तुलनाबोधक विशेषण- जब वस्तुओं के गुण- दोष की तुलना आपस में की जाये।

अतः विकल्प (C) सही है।

39. 'चार घूंट अंदर हर कोई सिकंदर'- वाक्य में 'संख्यावाचक विशेषण' है।

संख्यावाचक विशेषण- ऐसे शब्द जो संज्ञा या सर्वनाम की संख्या का बोध कराते हैं।

अतः विकल्प (A) सही है।

40. दो लीटर, थोड़ा, बहुत आदि शब्द परिमाणवाचक विशेषण है।

परिमाणवाचक विशेषण- ऐसे शब्द जो संज्ञा या सर्वनाम की मात्रा का बोध कराते हैं। उदाहरण- चार किलो, एक मीटर, दो लीटर थोड़ा, बहुत आदि।

अतः विकल्प (B) सही है।

41. 'देह' का पर्यायवाची 'काया' है। 'देह' के अन्य पर्यायवाची शब्द हैं - शरीर, तन, वपु, विग्रह आदि है।

पर्यायवाची- जो विभिन्न शब्द एक ही अर्थ का बोध कराएं, उन्हें पर्यायवाची शब्द कहते हैं। सामान्य भाषा में इनको समानार्थक शब्द भी कहते हैं।

अतः विकल्प (A) सही है।

42. 'सर्प' का अर्थ होता है 'सांप'। 'सर्प' के अन्य पर्यायवाची शब्द हैं - सांप, नाग, अहि, व्याल, विषधर, उरग।

पर्यायवाची- जो विभिन्न शब्द एक ही अर्थ का बोध कराएं, उन्हें पर्यायवाची शब्द कहते हैं। सामान्य भाषा में इनको समानार्थक शब्द भी कहते हैं।

अतः विकल्प (B) सही है।

43. 'शत्रु' रिपु का पर्यायवाची शब्द है।

पर्यायवाची- जो विभिन्न शब्द एक ही अर्थ का बोध कराएं, उन्हें पर्यायवाची शब्द कहते हैं। सामान्य भाषा में इनको समानार्थक शब्द भी कहते हैं।

अतः विकल्प (A) सही है।

44. 'आग' के अन्य पर्यायवाची हैं- अग्नी, वैश्वानर, देहन, ज्वलन, शुचि, ज्वाला, धूमकेतु, कृशानु। 'ध्वजा' का अर्थ 'झंडा' होता है।

पर्यायवाची- जो विभिन्न शब्द एक ही अर्थ का बोध कराएं, उन्हें पर्यायवाची शब्द कहते हैं। सामान्य भाषा में इनको समानार्थक शब्द भी कहते हैं।

अतः विकल्प (D) सही है।

45. 'लहर' शब्द 'तरंग' का पर्यायवाची है। अन्य सभी शब्द 'लहर' के पर्यायवाची नहीं हैं।

पर्यायवाची- जो विभिन्न शब्द एक ही अर्थ का बोध कराएं, उन्हें पर्यायवाची शब्द कहते हैं। सामान्य भाषा में इनको समानार्थक शब्द भी कहते हैं।

अतः विकल्प (B) सही है।

46. होम, हवन, यज्ञ पर्यायवाची शब्द हैं। 'रण' भिन्न अर्थ का द्योतक है।

पर्यायवाची- जो विभिन्न शब्द एक ही अर्थ का बोध कराएं, उन्हें पर्यायवाची शब्द कहते हैं। सामान्य भाषा में इनको समानार्थक शब्द भी कहते हैं।

अतः विकल्प (D) सही है।

47. भास्कर, सूरज, रवि शब्द 'सूर्य' के पर्यायवाची शब्द हैं। 'शोणित' भिन्न अर्थ का द्योतक है।

पर्यायवाची- जो विभिन्न शब्द एक ही अर्थ का बोध कराएं, उन्हें पर्यायवाची शब्द कहते हैं। सामान्य भाषा में इनको समानार्थक शब्द भी कहते हैं।

अतः विकल्प (C) सही है।

48. 'अकाल' शब्द का विलोम शब्द 'सुकाल' होगा।

'अकाल' का अर्थ होता है- भुखमरी या अशुभ समय।

'सुकाल' का मतलब है- अच्छा या शुभ समय।

विलोम/ विपरीतार्थक शब्द- विपरीत (उल्टा) अर्थ बताने वाले शब्दों को विलोम शब्द कहते हैं। विलोम शब्दों को प्रतिलोमार्थक और विपरीतार्थक शब्द भी कहते हैं।

अतः विकल्प (B) सही है।

49. 'वेदना का सही विलोम शब्द 'हर्ष' होगा।

'वेदना' का अर्थ- दुःख, उदासी, विषाद या अवसाद होता है।

'हर्ष' से आशय है- खुशी।

विलोम/ विपरीतार्थक शब्द- विपरीत (उल्टा) अर्थ बताने वाले शब्दों को विलोम शब्द कहते हैं। विलोम शब्दों को प्रतिलोमार्थक और विपरीतार्थक शब्द भी कहते हैं।

अतः विकल्प (A) सही है।

50. 'निरामिष' का सही विलोम शब्द 'सामिष' है।

'निरामिष' अर्थात मांस रहित या मांस न खाने वाला, शाकाहारी

'सामिष' अर्थात मांस से युक्त, मांसाहारी।

विलोम/ विपरीतार्थक शब्द- विपरीत (उल्टा) अर्थ बताने वाले शब्दों को विलोम शब्द कहते हैं। विलोम शब्दों को प्रतिलोमार्थक और विपरीतार्थक शब्द भी कहते हैं।

अतः विकल्प (C) सही है।

51. 'प्रतिदिन' कालवाचक क्रिया-विशेषण है।

जिन शब्दों से क्रिया की विशेषता का पता चलता है उन्हें क्रिया विशेषण कहते हैं।

कालवाचक क्रिया-विशेषण: जब क्रिया होती है उस समय का बोध कराने वाले शब्दों को कालवाचक क्रियाविशेषण कहलाते हैं।

अतः विकल्प (D) सही है।

52. 'वह श्रेष्ठ उपासक है' में विशेष्य उपासक हैं, तथा श्रेष्ठ विशेषण है।

उपासना या पूजा करने वाला व्यक्ति उपासक कहलाता है।

अतः विकल्प (C) सही है।

53. 'सुगंधित कस्तूरी के लोभी शिकारी राजस्थानी हिरणों का अवैध शिकार करते हैं- वाक्य में, चार विशेषण और चार विशेष्य है।

विशेषण जिस संज्ञा या सर्वनाम की विशेषता बताता है उसे विशेष्य कहते हैं। विशेष्य या तो संज्ञा रूप में होता है या क्रिया रूप में।

अतः विकल्प (C) सही है।

54. 'दशरथ के प्राण राम के लिए आकुल थे'- वाक्य में प्राण विशेष्य हैं।

विशेषण जिस संज्ञा या सर्वनाम की विशेषता बताता है उसे विशेष्य कहते हैं। विशेष्य या तो संज्ञा रूप में होता है या क्रिया रूप में।

अतः विकल्प (C) सही है।

55. अग्नि शब्द विशेष्य हैं।

विशेषण जिस संज्ञा या सर्वनाम की विशेषता बताता है उसे विशेष्य कहते हैं। विशेष्य या तो संज्ञा रूप में होता है या क्रिया रूप में।

अतः विकल्प (B) सही है।

56. 'सर्व-सुलभ' विशेष्य-विशेषण युग्म नहीं है।

संज्ञा या सर्वनाम की विशेषता बताने वाले शब्द को विशेषण कहते हैं। विशेषण जिस संज्ञा या सर्वनाम की विशेषता बताता है उसे विशेष्य कहते हैं। विशेष्य या तो संज्ञा रूप में होता है या क्रिया रूप में।

अतः विकल्प (A) सही है।

57. 'मिट्टी' एक तद्भव शब्द है।

तद्भव- ऐसे शब्द, जो संस्कृत और प्राकृत से विकृत होकर हिंदी में आये है, तद्भव कहलाते है।

अतः विकल्प (C) सही है।

58. 'मगही' तद्भव शब्द है।

तद्भव- ऐसे शब्द, जो संस्कृत और प्राकृत से विकृत होकर हिंदी में आये है, तद्भव कहलाते है।

अतः विकल्प (D) सही है।

59. 'प्रस्तर' शब्द का तद्भव 'पत्थर' है।

तद्भव- ऐसे शब्द, जो संस्कृत और प्राकृत से विकृत होकर हिंदी में आये है, तद्भव कहलाते है।

अतः विकल्प (A) सही है।

60. जिस तर्क को काटा न जा सके- अकाट्य,

वाक्यांश- भाषा को सुंदर, आकर्षक और प्रभावशाली बनाने के लिए अनेक शब्दों के स्थान पर एक शब्द का प्रयोग किया जाता है तो वह वाक्यांश के लिए एक शब्द कहलाता है।

अतः विकल्प (D) सही है।

// टिप्पणियाँ //

// टिप्पणियाँ //

www.ingramcontent.com/pod-product-compliance
Ingram Content Group UK Ltd.
Pitfield, Milton Keynes, MK11 3LW, UK
UKHW061703190726
13853UKWH00008B/2378

9 789390 893843